KB085273

숲길

나남
nanam

옮긴이 **신상희**

건국대 철학과를 졸업하고 독일 프라이부르크대학에서 철학박사 학위를 받았다.
건국대 인문과학연구소 학술연구교수를 지냈다.

주요 저서로 *Wahrheitsfrage und Kehre bei Martin Heidegger*(《하이데거의 진리
물음과 전회》, K&N Verlag, 1993), 《시간과 존재의 빛: 하이데거의 시간이해
와 생기사유》(한길사, 2000), 《하이데거와 신》(철학과 현실사, 2007), 《하이
데거의 언어사상》(공저) 등이 있으며, 역서로는 《하이데거》(발터 비멜), 《하
이데거의 존재와 시간을 찾아서》(F. W. 폰 헤르만), 《야스퍼스》(한스 자너),
《동일성과 차이, 초연한 내맡김》(하이데거), 《이정표》(하이데거), 《강연과 논
문》(하이데거), 《사유의 사태로》(하이데거), 《언어로의 도상에서》(하이데거),
《회상》(하이데거) 등이 있다.

나남신서 2031

숲길

2008년 3월 15일 초판 발행
2010년 3월 15일 초판 2쇄
2020년 2월 1일 2판 발행
2021년 10월 25일 2판 2쇄

지은이   마르틴 하이데거
옮긴이   신상희
발행자   趙相浩
발행처   (주) 나남
주소   10881 경기도 파주시 회동길 193
전화   (031) 955-4601 (代)
FAX   (031) 955-4555
등록   제 1-71호(1979. 5. 12)
홈페이지   http://www.nanam.net
전자우편   post@nanam.net

ISBN 978-89-300-4031-0
ISBN 978-89-300-8215-0 (세트)

책값은 뒤표지에 있습니다.

제 2 판

숲길

마르틴 하이데거 지음 ∣ 신상희 옮김

나남
nanam

숲길

차
례

5

수풀(*Holz*, 林)은 숲(*Wald*)을 지칭하던 옛 이름이다. 숲에는 대개 풀이 무성히 자라나 더 이상 걸어갈 수 없는 곳에서 갑자기 끝나버리는 길들이 있다.

　그런 길들을 숲길(*Holzwege*)이라고 부른다.

　길들은 저마다 뿔뿔이 흩어져 있지만 같은 숲속에 있다. 종종 하나의 길은 다른 길과 같은 것처럼 보인다. 그러나 그렇게 보일 뿐이다.

　나무꾼과 산지기는 그 길들을 잘 알고 있다. 그들은 숲길을 걷는다는 것이 무엇을 뜻하는지 알고 있다.

예술작품의 근원

Der Ursprung
des Kunstwerkes

여기서 근원(*Ursprung*)[1]이라 함은, 그것으로부터 그리고 그것을 통하여 사태가 사태 자신의 본질〔*Was-sein*, 무엇임〕과 그 자신의 방식〔*Wie-sein*, 어떠함〕으로 존재하게 되는 그런 것을 뜻한다. 어떤 것이 무엇으로 어떻게 존재한다고 말할 경우에, 우리는 이러저러한 방식으로 존재하는 이러한 무엇을 그것의 본질이라고 부른다. 어떤 것의 근원이란 〔거기로부터〕 그것의 본질이 비롯하는 그 유래(*Herkunft*)이다.

---

* 레클람 판본(1960년)에 따르면, "예술작품의 근원"에 관해 1935년에서 1937년 사이에 사유되었던 처음의 시도는 결코 충분히 사유된 것이 아니다. 왜냐하면 '진리'라는 명칭이 그 당시에는 여전히 유보된 채로 머물러 있던 '환한 밝힘'과 '환히 밝혀진 것'을 지칭하기에는 부적절한 방식으로 사용되었기 때문이다. 이에 관해서는 다음의 글을 참조하라. "헤겔과 그리스인", 《이정표》(268쪽 이하), "철학의 종말과 사유의 과제", 《사유의 사태로》(77쪽 각주). 여기서 예술이란, 생기 안에서 이루어지는 산출행위, 즉 '스스로를 은닉하면서 간직하는 환한 밝힘'(*Lichtung des Sichverbergens-Bergens*)을 형태(*Ge-Bild*)로 이끌어내어-나타나게-하는 그런 산출행위를 가리킨다. 이러한 산출행위(*Her-vor-bringen*)와 형성행위(*Bilden*)에 관해서는, 《언어와 고향》(*Sprache und Heimat*), 《사유의 경험으로부터》(*Aus der Erfahrung des Denkens*)를 참조할 것.

1) 레클람 판본(1960년)에서는, '근원'이라는 말이 오해의 여지가 있다고 했다.

예술작품의 근원에 대한 물음은 그것의 본질유래에 대해 묻는 것이다. 일반적 통념에 따르면, 작품은 예술가의 활동으로부터 또 이러한 활동을 통해 발원한다. 그러나 무엇을 통해 그리고 무엇으로부터 예술가는 본래 예술가가 되는 것[2]일까? 작품을 통해서 그렇게 되는 것이다. 왜냐하면 어떤 하나의 작품이 거장을 찬송한다는 것은, 곧 그 작품을 통해 비로소 예술가가 예술의 거장으로서 출현한다는 것을 뜻하기 때문이다. 예술가는 작품의 근원이며, 작품은 예술가의 근원이다. 둘 중의 어느 하나도 다른 하나가 없이는 있을 수 없다. 하지만 이 둘 가운데 어느 하나가 일방적으로 다른 하나를 지탱해주지도 않는다. 예술가와 작품은 각기 그 자체로 그리고 이 둘의 상호연관 속에서 어떤 제 삼자에 의해 존재한다. '어떤 제 삼자'란 사태에 따르면 일차적인 것이다. 즉, 예술가와 예술작품이 저마다 예술가라는 칭호와 예술작품이라는 이러한 명칭을 얻게 되는 까닭은 이 둘의 근원적 바탕이 바로 예술에 있기 때문이며, 이런 까닭에 예술은 일차적인 것.

예술가가 작품의 근원이라는 것과 작품이 예술가의 근원이라는 것은 서로 다른 방식으로 필연적인 사실이듯이, 예술이 예술가와 작품의 근원이 된다는 사실도 이와는 또 다른 방식으로 확실한 것이다. 그러나 도대체 예술이 근원이 될 수 있을까? 예술은 어디에 있으며, 또 어떻게 존재하는가? 예술이란, 아직은 그 이름에 상응하는 현실적인 것이 전혀 없는〔공허한〕개념에 불과할 뿐이다. 이 개념은, 오로지 예술에 의해서만 현실적으로 존재하게 되는 그것을 ─ 즉〔예술〕작품들과 예술가들을 ─ 총괄하는 어떤 집합개념으로서 통용될 수 있을지도 모른다. 예술이라는 낱말이 집합개념 이상의 의미를 마땅히 지니고 있다고 한다면, 바로 이 경우에도 예술이라는 낱말이 의미하는 그것은 오

---

2) "본래 예술가가 되는 것"이라는 표현은, 《숲길》에서는 "das, was er ist"라고 말해지지만, 레클람 판본(1960년)에서는 "der, der er ist"라고 말해졌다.

직 작품과 예술가가 현실적으로 존재하고 있을 경우에만 — 오직 이런 근본바탕 위에서만 — 존재할 수 있을 것 같다. 혹시 사태는 그 역이 아닐까? 〔즉〕 예술이 〔작품과 예술가의〕 근원으로 존재하는 한에서만,3) 작품과 예술가는 존재하는 것이 아닐까?

결정이 어떻게 내려지든지 간에, 예술작품의 근원에 대한 물음은 예술의 본질에 대한 물음이 된다. 그러나 '예술이 도대체 존재하기는 하는 것일까 또 존재한다면 어떻게 존재하는 것일까'라는 물음은 잠시 접어두고, 의심할 여지도 없이 예술이 현실적으로 주재하는 곳에서 우리는 예술의 본질을 찾아보고자 한다. 예술은 예술작품 속에서 현성한다(wesen). 그러나 예술의 '작품'이란 무엇이며 또 어떻게 존재하는가?

예술이 무엇인지는, 작품에서부터 그 해명의 실마리를 찾지 않으면 안 된다. 〔하지만〕 작품이 무엇인지는, 오직 예술의 본질로부터만 우리는 경험할 수 있다. 〔그렇다면〕 우리가 순환구조 속에 빠져 있다는 사실을 누구나 쉽사리 깨닫게 될 것이다. 이러한 순환은 논리학〔의 법칙〕에 위배되는 것이기 때문에, 일상적인 이성은 이러한 순환을 피하라고 요구할 것이다. 사람들은 눈앞에 놓인 예술작품들을 비교하며 고찰하는 가운데 예술이 무엇인지를 파악할 수 있다고 생각한다. 그러나 우리가 이렇게 고찰하기 위해서 그 이전에 예술이 무엇인지를 먼저 알고 있지 않는 한, 그것이 예술작품이라는 사실을 우리는 어떻게 확언할 수 있겠는가? 눈앞에 있는 예술작품들의 특성들을 수집함으로써 예술의 본질을 파악할 수 없듯이, 상위의 개념들로부터 연역적으로 도출함으로써 예술의 본질이 파악될 수 있는 것도 아니다. 왜냐하면 이러한 연역적 도출은 우리가 우선적으로 예술작품이라고 간주하고 있는

---

3) 레클람 판본(1960년)에서는, "예술이 존재하는 한에서만"(sofern die Kunst ist)이라는 표현 대신에, "그것이 예술을 주고 있는 한에서만"(sofern Es die Kunst gibt)이라고 했다.

그것을 하나의 예술작품으로서 충분하게 규정해주어야만 하는 그런 규정들을 이미 그 이전에 알고 있어야 하기 때문이다. 눈앞에 있는 것의 특징들을 수집한다거나 근본원리들로부터 연역적으로 도출한다거나 하는 것은 여기서 마찬가지로 다 불가능한 일이며, 만일 이러한 일이 행해진다면, 그것은 자기기만에 불과할 뿐이다.

그러므로 우리는 이러한 순환의 과정을 밟아 나가야만 한다. 이것은 응급조치도 아니며, 결함도 아니다. 이러한 길을 밟아 나간다는 것은 적극적인 행위이다. 사유한다는 것 역시 하나의 세심한 작업 활동〔Handwerk, 사전적 의미는 수공업을 의미〕인 한, 이러한 길에 머문다는 것은 사유를 굳건히 다지는 행위가 된다. 작품으로부터 예술에 이르는 우리의 주된 발걸음은 예술로부터 작품에 이르는 발걸음과 마찬가지로 하나의 순환을 이룰 뿐만 아니라, 우리가 내딛는 걸음걸음이 모두 이러한 순환 속에서 맴돌 것이다.

작품 속에 현실적으로 주재하고 있는 예술의 본질을 발견하기 위하여, 우리는 실제로 현실적인 작품을 찾아가서 '작품이란 무엇이며 어떻게 존재하는지'를 묻고자 한다.

예술작품들은 누구에게나 잘 알려져 있다. 건축작품과 회화작품은 공공장소에서 찾을 수 있으며, 교회와 집안에 이르기까지 마련되어 있다. 박물관과 전시장에는 각 시대의 여러 민족의 예술작품들이 수집되어 있다. 우리가 작품들을 아무것에 의해서도 침해되지 않은 그것들의 현실성을 고려하면서 바라본다고 한다면, 이러한 경우에 작품들은 마치 사물들이 눈앞에 현존하듯이 그렇게 자연스럽게 현존해 있을 뿐이라는 사실이 밝혀질 것이다. 그림은 사냥꾼의 총이나 모자가 벽에 걸려 있듯이 그렇게 〔단순히〕 걸려 있을 뿐이다. 예컨대, 한 켤레의 농부의 신발을 그린 반 고흐(van Gogh)의 유화는 이 전시장에서 저 전시장으로 옮겨 다닌다. 작품들은 루르 지방의 석탄이나 슈바르츠발트의 원목처럼 운송된다. 횔덜린의 송가는 야전을 나갈 때 총기를 손질할 도구를 배낭 속에 꾸려 넣듯이 그렇게 꾸려 넣어진다. 베토벤의 현악 사중주곡의 악보는 지하실에 저장된 감자처럼 출판사의 저장창고에 처박혀 있다.

모든 작품들은 이러한 사물적 성격〔das Dinghafte, 사물적 측면〕을 갖는다. 이러한 성격이 없다면 그것은 〔도대체〕 무엇이란 말인가? 그러나 우리는 아마도 작품에 관해 이렇게 조잡하고도 피상적인 견해에 대하여 반감을 느낄 것이다. 화물운송업자나 박물관의 청소부는 예술작품에 관해 이러한 생각을 품은 채 행동할 수도 있을 것이다. 하지만 우리는 작품을 체험하고 향유하는 사람들의 입장에서 작품을 대하며 받아들여야 한다. 그러나 아무리 호평을 받는 미적 체험이라 하더라도 예술작품의 사물적 성격을 간과하지 못한다. 건축 작품에는 돌의 요소가 존재하며, 목각작품 속에는 나무의 요소가 존재하고, 유화그림 가운데에는 색채의 요소가 존재한다. 문학작품 속에는 언어의 울림이 존재하고, 음악작품 속에는 음향이 존재한다. 예술작품 가운데 사물적 성격이 존재한다는 것은 너무나 분명한 사실이기에, 우리는 오히려 다음과 같이 거꾸로 말해야 할지 모른다. 건축 작품이 돌 가운데 존재하고, 목각작품이 나무 가운데 존재하며, 유화그림이 색조 가운데 존재하고, 문학작품이 언어의 울림 가운데 존재하며, 음악작품이 음향 가운데 존재한다고 말이다. 사람들은 〔이러한 대답이〕 지당하다고 말할 것이다. 그러나 예술작품 가운데 이렇게 지당하게 존재하는 사물적 성격이란 무엇인가?

예술작품은 사물적 성격을 넘어서 존재하는 다른 어떤 것이기 때문에, 이러한 물음을 되물어 나간다는 것은 어쩌면 쓸데없이 혼란만을 일으키는 짓일지도 모른다. 예술작품에 결합되어 있는 이 다른 것이 예술적 성격 (das Künstlerische) 을 형성한다. 물론 예술작품은 제작된 사물이다. 그러나 그것은 단순한 사물 자체와는 달리 '다른 어떤 것을 말하고 있다' (ἄλλο ἀγορεύει). 작품은 다른 것을 공개적으로 알려주고,

다른 것을 개시한다. 작품은 알레고리〔*Allegorie*, 비유〕이다. 예술작품 가운데에는 제작된 사물에 다른 어떤 것이 결합되어 있다. '결합한다'는 말은 그리스어로는 '심발레인'(συμβάλλειν)이라고 한다. 작품은 심볼〔*Symbol*, 상징〕이다.

이렇게 해서 예술작품을 근본적으로 특징짓는 커다란 개념의 틀로서의 '알레고리와 상징'이라는 개념이 생기게 되었으며, 이러한 개념의 궤도 안에서 예술작품의 특징을 규명하는 작업이 오랫동안 진행되어 왔다〔알레고리와 상징은 개념의 틀을 제공해주는데, 이런 개념의 시야궤도 안에서 오랫동안 예술작품의 특징을 규명하는 작업이 진행되어 왔다〕. 물론 작품 속에서 다른 어떤 것을 알려주는 동시에 다른 어떤 것과 결합되어 있는 그 한 가지 요소는 예술작품 가운데 존재하는 사물적 성격이다. 예술작품 가운데 존재하는 사물적 성격은 마치 하부구조와도 같은 것이어서, 이러한 하부구조 속에는 그리고 이러한 하부구조 위에는 〔사물적 성격과는〕 다른 어떤 본래적인 〔예술적〕 성격이 구축되는 것처럼 보인다. 그러나 그렇다면 예술가가 순수 작업에 몰두하여 만들어내고 있는 것은 본래, 작품에 있어서 사물적 성격이 아닌가?

우리는 예술작품의 직접적이고도 온전한 현실성을 접하고자 한다. 왜냐하면 오직 이러한 것이 이루어짐으로써만 우리는 예술작품 속에서 현실적 예술을 또한 발견할 수 있기 때문이다. 따라서 우리는 우선 작품의 사물적 성격에 주목해야만 한다. 그러기 위해서는 사물이 무엇인지를 분명히 알아야 한다. 그런 다음에야 비로소 예술작품이 하나의 사물인지 아닌지를, 〔또 사물이라면〕 거기에 어떤 다른 요소가 곁들여진 사물인지를 말할 수 있을 것이다. 이런 이후에야 비로소 작품은 근본적으로 사물과는 완전히 다른 어떤 것이어서 결코 한갓된 사물이 아니라는 점이 결정될 수 있을 것이다.

사물과 작품 *Das Ding und das Werk*

사물이 하나의 사물로 존재하고 있는 한에서, 사물이란 참으로 무엇인가? 이렇게 물을 때, 우리는 사물의 사물존재(*Dingsein*), 즉 사물성(*Dingheit*)을 알고자 하는 것이다. 〔이 경우에 우리는〕 사물의 사물적 성격을 경험하는 것이 중요하다. 그러기 위해서는 우리가 오래 전부터 '사물'이라는 이름으로 불러왔던 존재자 모두가 귀속해 있는 그 영역을 인지해야만 한다.

길가의 돌도 하나의 사물이며, 밭에 있는 흙덩이도 하나의 사물이다. 단지도 사물이고, 길가의 샘도 그렇다. 그러나 단지 속의 우유와 샘 속의 물은 어떻게 불러야 할까? 만일 하늘의 구름과 들판의 엉겅퀴, 가을바람에 흩날리는 나뭇잎과 숲 위를 맴도는 매를 사물이라고 불러도 좋다면, 우유와 물도 역시 사물이다. 그러나 방금 앞에서 열거한 것과는 달리 자기 자신을 나타내 보여주지 않는 것, 즉 현상하지 않는 것조차도 사람들이 사물이라고 부른다면, 이 모든 것들은 사실상 사물이라고 불러야 마땅할 것이다. 칸트에 따르면, 스스로는 현상하지 않는 사물, 즉 사물 자체(*Ding an sich*)는 예컨대 세계 전체이며, 심지어 신 자체도 그러한 사물이다. 현상하는 사물들만이 아니라 사물 자체와 같이 현상하지 않는 것들 모두가, 즉 일체의 존재하는 모든 것들이 철학용어로는 사물이라고 불린다.

비행기와 라디오는 오늘날 가장 친근한 사물들에 속한다. 그러나 죽음이나 심판과도 같이 최종적인 것들까지도 사물이라고 부를 수는 있다고 하더라도, 이러한 사물은 여타의 사물과는 전혀 다른 것이라고 우리는 생각한다. 일반적으로 이 경우에 사물이라는 말은 단적으로 무가 아닌 그런 것을 말한다. 이러한 어의에 따르면, 예술작품도 또한, 그것이 도대체 존재하는 어떤 것인 한에서, 사물일 것이다. 하지만 이러한 사물개념은, 작품이라는 존재방식으로 존재하는 존재자에 대해서 사물이라는 존재방식으로 존재하는 존재자를 구분하고자 하는 우리의 의도에 직접적으로는 아무런 도움도 주지 못한다. 게다가 우리는 또한 신을 사물이라고 부르기를 꺼려한다. 또한 이와 마찬가지로 우리는 밭에서 일하는 농부와 증기기관 앞에서 땀을 흘리는 기관사 그리고 학교에 계신 선생님을 사물로 간주하기를 꺼린다. 인간은 사물이 아니다. 물론 우리는 힘겨운 과제에 시달리는 어린 소녀를 어린 것〔가련한 사물〕이라고 부르기도 한다. 그러나 그것은, 우리들이 이 소녀의 경우에 〔성숙한〕 인간이라고 보기에는 아직 무엇인가가 부족하다고 느끼고 오히려 사물의 사물적 성격을 형성하는 어떤 것을 발견한다고 생각하기 때문이다. 심지어 우리는 숲 속의 빈터에 노니는 노루나, 풀잎에 붙어 있는 풍뎅이, 그리고 풀줄기를 사물이라고 부르기조차 꺼려한다. 우리들에게 사물로 보이는 것들은 망치나 신발 혹은 손도끼나 시계와 같은 것일 뿐이다. 그러나 이런 것들은 〔도구이지〕 단순한 사물(*ein bloßes Ding*)이 아니다. 단순한 사물이란 돌이라든지 흙덩이라든지 혹은 나무조각 등과 같은 것일 뿐이다. 즉, 자연적으로 존재하는 무생물적인 것과 〔인위적으로 존재하는〕 사용물들이 그것이다. 자연물(*Naturding*)과 사용물(*Gebrauchsding*)이 흔히 사물이라고 불리는 것들이다.

이렇듯 우리는 최상의 사물〔가장 고차원적인 존재의 단계에 속하는 '신'을 의미〕과 최종적 사물〔앞에서 언급된 '죽음'이나 '심판'을 의미〕까지 포함하여 일체의 것을 사물(여기서 '사물'이란 라틴어의 *res*나 혹은 *ens*와 동일한 의미로 사용되는 그런 '존재자'를 가리킨다)이라고 간주하는 가장 폭넓은 영역으로부터 고찰하기 시작하여 사물을 단지 단순한 사물에 한정하는 가장 협소한 영역에 이르기까지 살펴보았다. 여기서 '단순한'(*bloß*)이란 말은 순수한 사물, 즉 단순히 사물일 뿐 그 이상의 것이 아니라는 뜻인 동시에, 단지 그저 사물에 불과할 뿐이라는 경멸적인 뜻도 가지고 있다. 단순한 사물이란 심지어 사용물까지도 배제할 경우에 〔비로소〕 본래적 〔의미에서의〕 사물이라고 간주된다. 그런데 이러한 사물의 사물적 성격은 어디에 있는 것일까? 사물의 사물성(Dingheit)은 사물로부터 규정되어야만 한다. 우리는 이러한 규정에 의해서만 사물적 성격을 그 자체로서 특징지을 수 있을 것이다. 이러한 예비작업이 이루어진 이후에야 우리는 거의 손에 잡힐 듯 말 듯한 작품의 현실성을 특징지을 수 있을 것이며, 그런 다음에야 비로소 이러한 특징 속에서 여전히 숨겨져 있는 [작품의] 어떤 다른 성격[사물적 성격 이외의 어떤 다른 성격]을 파악할 수 있을 것이다.

이미 오래 전부터 '도대체 존재자란 무엇인가'라는 물음이 제기되자마자, 사물은 그것의 사물성에 있어서 언제나 거듭 [척도를 제공하는] 결정적 존재자로서의 역할을 도맡아왔다는 점은 익히 잘 알려진 사실이다. 그러므로 우리는 존재자에 대한 전승된 해석들을 살펴보는 가운데 사물의 사물성을 한계 짓고자 시도해야 할 것이다. 따라서 우리는 사물의 사물적 성격을 우리 나름의 방식으로 고유하게 탐구해 보려는 무미건조한 노고로부터 벗어나기 위해서라도, [우리에게 전해오는] 사물에 대한 전승된 견해를 명확히 확인해둘 필요가 있다. '사물이란 무엇인가'라는 물음에 대해 내려지는 [전통적] 대답들은, 이제는 더 이상 사람들이 그 물음의 배후에서 전혀 의문스러운 점을 느낄 수 없을 정도로 그렇게 친숙해지고 말았다.

서양의 사유가 진행되는 가운데 이미 지배적 해석이 되어 오랫동안 자명한 것으로 받아들여져 왔을 뿐만 아니라 오늘날에도 역시 일상적으로 통용되는 사물의 사물성에 대한 해석은 크게 세 가지로 요약될 수 있다.

예컨대 화강암은 하나의 단순한 사물이다. 그것은 단단하고, 무겁고, 부피를 지니고 있으며, 묵중하고, 무형의 형태로 있으며, 거칠고, 색조를 띠고 있고, 일부분은 윤기가 없이 둔탁해 보이지만 다른 부분은 광채를 발하며 매끄럽게 보이기도 하는 것이다. 이렇게 열거된 모든 성격들을 우리는 돌에서 감지할 수 있으며, 그리하여 이러한 특징들(Merkmale)을 우리는 인지하게 된다. 이러한 특징들은 돌 자체에 고유하게 속해 있는 것이며, 따라서 돌의 속성들(Eigenschaften)이다. 사물은 속성을 갖는다. 사물이라니 …? 우리가 지금 사물이라고 말할 때, 우리는 무엇을 생각하고 있는가? 사물은 특징들을 모아놓은 것도 아니며 속성들을 층층이 쌓아놓은 것도 아니고, 또 이러한 과정에 의해 비로소 결합체[특징들의 결합체, 즉 사물]가 형성되는 것은 분명히 아니다. 누구나 잘 알고 있다고 믿고 있듯이, 사물은 그 주변에 속성들이 결집되어 이루어진 것이다. 그래서 사람들은 사물의 핵심[근본]에 관해 말하게 된다. 그리스인들은 사물의 핵심을 휘포케이메논(τὸ ὑπκείμενον)이라고 불렀다. 그들에게는 물론 사물의 이러한 핵심적인 것은 '언제나 이미 근저에 앞서 놓여 있는 것'이었다. 그러나 특징들은 심베베코타(τὰ συμβεβηκότα)라고 말해졌는데, 이것은 '그때마다[근저에] 앞서 놓여 있는 것'과 더불어 언제나 이미 드러나고 있으면서 그렇게 [휘포케이메논과] 더불어 나타나는 것이었다.

이러한 명칭들은 결코 임의적으로 붙여진 이름이 아니다. 이러한 이름들 속에는 여기서는 더 이상 [자세히] 나타내 보일 수 없는 그리스인들의 근본경험, 즉 현존성(Anwesenheit)이라는 의미에서의 존재자의 존재에 대한 그리스적 근본경험이 말해지고 있다. 그러나 이러한 규정을 통해서 그 이후에 사물의 사물성에 대한 결정적 해석이 정초되었으며 존재자의 존재에 대한 서구적 해석이 확립되었다. 이러한 해석은 그리스어가 로마적 사유의 라틴 문화권으로 유입되면서 시작되었다. 그리스어의 '휘포케이메논'은 라틴어의 수브엑툼[subjectum, 기체]이 되었고, 휘포스타시스(ὑπόστασις)는 수브스탄티아[substantia, 실체]가 되었으며, 심베베코스는 악시덴스[accidens, 속성]가 되었다. 이렇게 그리스어가 라틴어로 번역되었다는 사실은, 사람들이 오늘날에도 여전히 전혀 아무렇지 않은 듯이 여기지만 사실은 그렇게 무해한 과정만은 결코 아니었다. 오히려 얼핏 보기에는 어의에 충실하게 번역된 것 같지만 실은 이러한 번역(*Übersetzen*)의 배후에는 그리스적 경험이 다른 방식의 사유로 '넘어가(*Über-*) 이전되는(*-setzen*)' 모종의 다른 번역(*Übersetzen*)이 숨겨져 있다. 로마적 사유는 그리스어를, 그 말이 말하고자 하는 것의 근원적 경험〔그리스적 존재경험 및 이에 상응하는 진리경험〕에 상응하지 않은 채 단지 겉으로 드러난 그 말의 피상적인 뜻에서 받아들였을 뿐이다(*übernehmen*). 서구적 사유의 기반상실(*Bodenlosigkeit*)은 이러한 번역과 더불어 시작된다.

사물의 사물성을 '우유적 속성(*Akzidens*)을 지닌 실체'로서 규정한다는 것은, 일반적인 생각에 따르면 사물에 대한 우리들의 자연스러운 견해에 일치하는 듯이 보인다. 사물에 대한 이러한 일상적 견해가 사물과 관계하는 우리들의 통상적인 태도에, 즉 사물에 관해 주장하고 말하는 우리들의 통상적인 태도와도 잘 부합하였다는 점은 결코 놀라운 사실이 아니다. 하나의 서술문은 주어(*Subjekt*)와 술어(*Prädikat*)로 구성되는데, 여기서 주어는 '휘포케이메논'의 어의가 변용된 채 라틴어로 번역된 번역어이며, 술어는 사물의 특징들을 진술하는 서술어이다. 사물과 문장 사이에 놓인, 다시 말해 사물구조(*Dingbau*)와 문장구조(*Satzbau*) 사이에 존립하는 이렇게 단순한 근본관계를 누가 감히 뒤흔들 수 있겠는가? 하지만 그럼에도 불구하고 우리는 다음과 같이 묻지 않을 수 없다. (주어와 술어의 결합으로 이루어진) 단순한 서술문의 구조는 (실체와 속성의 통합으로 이루어진) 사물의 구조를 〔정말로〕 반영하고 있는 것일까? 혹시 이렇게 생각된 사물구조란 〔사실은〕 문장의 기본구조(*Gerüst*, 골격〕에 따라 〔임의적으로〕 기획된 것은 아닐까?

인간이 문장 속에서 사물을 파악하던 방식을 〔마치 사물 자체의 구조에 입각하여 파악한 듯이 그렇게〕 사물 자체의 구조로 떠넘기는 것보다 더 손쉬운 작업이 또 있을까? 얼핏 보기에는 비판적 생각인 듯 보이지만 사실은 매우 경솔한 이러한 견해는, 사물이 이미 명백하게 드러나 있을 경우에, 문장구조를 사물에로 떠넘기는 이러한 작업이 어떻게 가능할 수 있는지를 먼저 밝혀야만 할 것이다. 문장구조와 사물구조 중에서 무엇이 일차적이며 또 척도의 역할을 하는지는 아직까지도 결정이 난 상태가 아니다. 또한 심지어 이 물음이 이러한 형태 속에서 도대체 결정될 수 있는지 그 여부조차도 의심스럽다.

근본적으로는 문장구조가 사물구조를 기획하기 위한 척도가 되는 것도 아니며, 또 사물구조가 문장구조 속에서 단순히 반영되고 있는 것도 아니다. 이 양자는, 다시 말해 문장구조와 사물구조는, 이 둘의 존재양식과 가능한 상호관계 속에서 어떤 공통적이면서도 보다 근원적인 원천으로부터 유래한다. 여하튼 간에 앞에서 맨 처음에 언급하였던 사물의 사물성에 대한 해석은, 즉 사물을 '[우유적 속성으로서의] 특징을 지탱하는 담지자(Träger)'라고 보는 그런 해석은 흔히 통상적으로 수용되고 있다고는 하더라도 그다지 자연스러운 것 같지는 않다. 그것이 우리에게 자연스럽게 보이는 까닭은, 아마도 오랜 관습에 익숙해졌기 때문일 것이다. 일단 어떤 것이 관습으로 굳어지게 되면, 굳어지기 이전의 그 어떤 것[das Ungewohnte, 비관습적인 것]은 잊혀지고 만다. 하지만 이렇게 관습화되기 이전의 것이야말로 한때는 기이하고도 낯선 것으로서 인간에게 엄습하였던 것이며, 그의 생각을 경이로움 속으로 몰아갔던 것이다.

통상적인 사물-해석에 대한 이러한 확신은 단지 피상적으로만 근거 지워지고 있을 뿐이다. 그러나 이러한 사물-개념[특징을 지탱하는 담지자로서의 사물에 대한 개념]은 단순한 본래적 사물뿐만 아니라 모든 존재자에 대해서도 통용되어 왔다. 따라서 이러한 개념에 의존할 경우에는, 비사물적 존재자에 대해서 사물적 존재자를 대립시키면서 뚜렷이 드러낼 수는 결코 없을 것이다. 하지만 우리가 그다지 깊이 숙고하지 않더라도 다만 맑은 정신으로 사물의 영역 가운데 머물러 있기만 한다면, 우리는 이러한 사물-개념이 사물의 사물적 성격에 — 즉 자생성[das Eigenwüchsige, 자발적으로 자라난다는 점]과 자족성[das Insichruhende, 자기 안에 고요히 머물러 있다는 점]에 ─ 적합하지 않다는 점을 알게 된다. 우리는 이미 오래 전부터 사물의 사물적 성격을 강제로 드러내고자 애쓰고 있기에, 이러한 강압적 과정 속에서 사유는 이미 유희가 되었고, 그 때문에 사유가 진정 사유다운 사유가 되도록 노력하는 대신에 오히려 사유를 포기해야만 하지 않을까 하는 그런 느낌에 때로는 젖어들게 된다. 그러나 오직 사유의 행위만이 언어를 가질 수 있다고 한다면, 사물의 본질을 규정함에 있어 이와 같이 확실하게 떠오르는 느낌이란 무엇이란 말인가? 우리가 여기서 이와 유사한 경우에 느낌 혹은 기분이라고 부르는 그것은 존재에게 더욱 개방적으로 열려 있기 때문에, 어쩌면 그것은 모든 이성보다도 ─ 즉 〔언어의 변천과정을 거치면서〕 그 사이에 〔라틴어의〕 라치오〔*ratio*, 이성〕가 되었고, 〔이러한 변천과정에서 그리스어의 '노에인'(νοεῖν, 받아들임, 인지함)의 시원적 의미가〕 합리적(*rational*)이라는 뜻으로 곡해되어 버린 〔독일어의〕 '이성'(*Vernunft*)보다도 ─ 더욱 이성적인(*vernünftiger*) 것에 가까울 수도 있으며, 다시 말해 〔우리가 그것을〕 좀더 잘 청취하여 받아들일(*vernehmender*) 수 있을지도 모른다. 따라서 이런 경우에는, 기형적으로 변모된 '이성적인 것'에 아무런 생각도 없이 매달리기보다는 오히려 비-이성적인 것에 한 번쯤 주의를 기울여보는 것이 묘한 도움을 주기도 한다. 통상적인 사물-개념은 언제나 모든 사물에 대해 적용되기는 하나, 그것은 현성하는(*wesen*) 사물을 파악하지 못할 뿐만 아니라, 오히려 그것〔현성하는 사물〕을 덮어버리면서 침해한다.

이러한 침해를 피해갈 수 있을까, 〔있다면〕 어떻게 피할 수 있을까? 그것은 아마도 우리가 사물에게 일종의 트인 곳〔*ein freies Feld*, 어떤 곳의 존재가 드러나는 열린 장〕을 마련해줌으로써, 사물이 자신의 사물적 성격을 직접 나타내 보이도록 함으로써만 가능할 것이다. 그러기 위해서는 우리가 사물에 대해 진술하고 파악함에 있어, 사물과 우리 사이에 끼어들 수 있는 모든 것을 우선적으로 제거〔'현상학적 판단중지'의 태도를 의미〕해야만 한다. 이런 다음에 비로소 우리 자신을 사물의 온전한〔unverstellt, 위장됨이 없이 참답게 드러나 있다는 의미〕현존에 내맡겨 보자. 그러나 사물과의 이러한 직접적 만남을 우리가 처음부터 요구하거나 시도할 필요까지는 없다. 이러한 것은 이미 오래 전부터 일어나고 있었다. 시각, 청각, 촉각이 동반하는 것 가운데에서, 즉 색채적인 것과 음향적인 것, 거칠고 딱딱한 것을 감각적으로 느낄 때, ― 흔히 하는 말로 말하자면 ― 사물은 우리를 신체적 부위에로 밀어붙인다. 사물은 '아이스테톤'(αἰσθητόν, 감각적인 것), 즉 감성적 감관 속에서 감각을 통해 인지될 수 있는 것이다. 이러한 어의에 따라 그 이후에는 감관에 주어진 다양성의 통합체(Einheit)가 곧 사물이라는 이러한 사물-개념이 널리 통용되기 시작하였다. 이 통합체가 총체(Summe)로서 파악되든 혹은 전체(Ganzheit)나 형태(Gestalt)로서 파악되든 이에 상관없이, 이러한 사물-개념을 특징짓는 척도적 요소는 전혀 변하지 않았다.

사물의 사물성에 대한 이러한 해석은 앞에서 제시한 해석만큼이나 언제나 옳은 것이며 증명될 수 있는 것이다. 하지만 우리는 이러한 해석의 진리 여부를 충분히 의심할 수 있다. 우리가 추구하고 있는 그것, 즉 사물의 사물적 성격을 곰곰이 생각해 본다면, 이러한 사물-개념도 우리에게는 그다지 도움이 되지 않는다. 이러한 사물-개념이 주장하는 바와는 달리, 우리는 사물이 나타날 때 사실은 처음부터 음향이나 소음과 같은 감각적 요소들의 쇄도함을 인지하는 것이 결코 아니라, 오히려 우리는 굴뚝 속에서 몰아치는 바람 소리를 듣는 것이며, 비행기의 비행 소리를 듣는 것이고, 또 폭스바겐과는 직접적으로 구별되는 벤츠의 운행 소리를 듣는 것이다. 모든 감각적 요소들보다도 사물 그 자체가 오히려 우리에게는 훨씬 가깝다. 우리는 집 안에서 대문을 두드리는 소리를 듣는 것이지, 결코 음향이나 단순한 소음을 듣는 것이 아니다. 오히려 순수한 소음을 듣기 위해서는 사물로부터 떠나 우리의 귀를 사물로부터 떼어놓은 후 추상적으로 들어야 한다.

지금 언급한 사물-개념 속에는 〔은폐의 한 방식인〕 사물을 덮어씌우는 어떤 침해도 일어나지 않으며, 오히려 사물을 가능한 한 가장 직접적으로 우리에게 가져오려는 시도가 이루어진다. 그러나 우리가 감각적으로 지각된 것을 사물의 사물적 성격으로 간주하려고 하는 한, 사물은 결코 〔우리가 의도하는〕 직접적인 모습으로 드러나지 못한다. 사물에 대한 첫 번째 해석이 사물을 신체로부터 분리시켜 우리와는 너무 먼 곳에 떼어놓고 있다면, 두 번째 해석은 사물을 지나치게 우리의 신체 쪽으로 밀어붙이고 있다. 이 두 가지 해석 모두에서 사물은 사라지고 만다. 그러므로 이러한 두 가지 해석의 지나친 태도를 피하는 것이 오히려 바람직할 것이다. 사물 자체는 '자기 안에 고유하게 머물러 있도록' ─ 〔즉 자족적으로 존립하도록〕 ─ 허용되지 않으면 안 된다. 사물은 자기에게 고유한 지속적 존립성(Standhaftigkeit) 속에서 받아들여져야 한다. 이것은 세 번째 해석인 듯 보이지만, 이러한 해석도 앞에서 언급한 두 가지 해석만큼이나 오래된 것이다.

사물에게 지속적이면서도 핵심적인 것을 주며, 이와 동시에 감각적 요소를 ─ 즉 색채, 음향, 단단함, 무거움 등을 ─ 야기하는 것은, 사물의 질료적 부분이다. 사물을 질료〔ὕλη, 휠레〕로서 규정할 경우에는 이와 더불어 이미 형상〔μορφή, 모르페〕도 함께 설정된다. 사물의 지속성은 질료가 형상과 결합되어 있다는 데 존립한다. 사물은 형상화된 질료이다. 사물에 대한 이러한 해석은, 사물이 보임새〔εἶδος, 에이도스〕를 통해 우리에게 다가온다는 〔우리의〕 직접적 통찰에 기인한다. 그리하여 마침내 사물은 질료와 형상의 결합이라는 사물-개념이 발견되기에 이르렀고, 이 개념은 자연적 사물(자연물)만이 아니라 도구적 사물(사용물)에 대해서도 잘 들어맞는다.

이 사물-개념은 예술작품 안에 존재하는 사물적 성격에 관한 물음에 대하여 대답할 수 있게 해준다. 작품에 내재하는 사물적 성격이란, 명백히 작품을 구성하는 질료이다. 질료는 예술적 조형작업이 이루어지는 토대이자 영역이다. 하지만 우리는 이렇게 명확히 잘 알고 있는 주장을 사실은 처음부터 제기할 수도 있었을 것이다. 그렇다면 도대체 무엇 때문에 우리는 지금까지도 여전히 통용되는 여타의 사물-개념들을 거론하면서 이러한 에움길을 걸어온 것일까? 그것은 우리가 사물을 형상화된 질료라고 생각하는 이러한 사물-개념도 역시 불신하고 있기 때문이다.

그러면 질료와 형상이라는 이러한 개념의 단짝은, 우리가 사색하고자 하는 그러한 사색의 영역 안에서는 마찬가지로 사용될 수 없다는 것인가? 물론 그렇다. 질료(재료)와 형상(형태)이라는 이러한 구분은, 비록 매우 다양한 방식으로 변모된 채 사용되고는 있지만, 실은 **모든 예술이론과 미학이 사용하는 단적인 개념-도식**이다. 그러나 아무런 논쟁의 여지도 없을 만큼 명백한 이 사실은, 질료와 형상의 구분이 충분히 근거 지워진 것이라는 사실을 증명하는 것도 아니며, 또 이러한 구분이 근원적으로 예술과 예술작품의 영역에 속한다는 점을 증명하는 것도 아니다. 더 나아가 이러한 개념의 단짝이 통용되는 범위도 이미 오래 전부터 미학의 영역을 넘어 훨씬 더 확장되고 있다. 형식(Form)과 내용(Inhalt)이라는 이러한 보편개념은 자기 안에 이러저러한 모든 것을 포섭할 수 있는 그런 개념이 되고 말았다. 만일 형상(형식)을 이성적인 것에, 그리고 질료를 비-이성적인 것에 귀속시키고, 이성적인 것을 논리적인 것으로서 그리고 비-이성적인 것을 비논리적인 것으로서 간주한다면, 형상과 질료라는 이러한 개념의 단짝은 주객-관계와 결부되고, 결국 이렇게 되면 이러한 생각은 도저히 저항할 수 없는 개념적 장치(Begriffsmechanik)를 지배하게 된다.

그러나 질료와 형상의 구분이 이와 같은 것이라면, 어떻게 이러한 도움으로 여타의 다른 존재자와 구분되는 단순한 사물의 특정한 영역을 파악할 수 있단 말인가? 아마도 우리가 질료와 형상이라는 이러한 개념의 통용범위를 확장하면서 공허하게 만드는 이러한 태도를 중지할 경우에만, 이러한 개념에 따른 특징파악은 자신의 규정력을 다시 회복하게 될 것이다. 그러나 이것은 확실히, 이 개념들이 자신의 진정한 규정력을 발휘할 수 있는 구역이 존재자의 어떠한 구역인지를 우리가 미리 알고 있다는 점을 전제로 한다. 이러한 것〔구역〕이 단순한 사물의 영역이라는 점은 지금까지 단지 하나의 가정에 불과할 뿐이다. 미학에서 이러한 개념의 구조가 널리 사용되어 왔다는 점을 생각해본다면, 우리는 곧 질료와 형상이 예술작품의 본질을 규정하던 전통적 요소이며, 또 이러한 규정이 사물에 대한 규정으로 전용되었을지도 모른다는 그런 생각에 이르게 된다. 질료와 형상이라는 이러한 개념적 결합은 예술작품의 작품적 성격과 사물의 사물적 성격 가운데 어디에서 자신의 근원을 갖는 것일까?

자기 안에 고요히 머물러 있는 화강암 덩어리는 비록 비구성적인 모습이라고는 할지언정 어떤 특정한 형상 가운데 존재하는 질료적인 것이다. 여기서 형상이란, 질료적 부분이 공간적으로 곳곳에 잘 분배되어 가지런히 배치됨으로써 결과적으로 어떤 특정한 윤곽을, 즉 어떤 덩어리의 모습을 보이고 있는 것을 말한다. 그러나 단지(Krug)도 역시 형상 가운데 존재하는 질료이며, 그것은 도끼나 신발의 경우도 마찬가지다. 그러나 〔돌의 경우와는 달리〕 단지의 경우에, 〔단지를 나타내는〕 윤곽으로서의 형상은 질료가 분배됨으로써 그 결과 비로소 생긴 것이 아니다. 오히려 그와는 반대로 형상이 질료의 배치를 규정한다. 단지 그뿐만 아니라 이 경우에는 심지어 형상이 그때마다 질료의 종류와 선택까지도 낱낱이 예시하며 규정한다. 즉, 단지의 경우에는 결코 새어서는 아니 된다는 점을 예시하며, 도끼의 경우에는 아주 단단해야 한다는 점을 예시하고, 또 신발의 경우에는 매우 질기면서도 유연성이 있어야 한다는 점을 예시한다. 여기서 보이는 질료와 형상의 긴밀한 관계는 더 나아가서 단지와 도끼 그리고 신발이 쓰이는 사용목적에 의해서도 미리부터 정해진다. 이러한 용도성(Dienlichkeit)은 단지나 도끼, 신발과 같은 종류의 존재자에게 나중에 부여되고 첨가되는 것이 결코 아니다. 그러나 이러한 용도성은 또한 어디에서나 마음대로 존재자 위에 군림하는 어떤〔초월적〕목적과도 같은 그런 것이 결코 아니다.

용도성이란, 그것으로 말미암아 존재자가 우리의 시야에 들어와 현존하게 됨으로써 존재자로서 존재하게 되는 그런 특징이다. 형상(형태)을 부여하는 조형작업만이 아니라, 이러한 작업 속에서 이루어지는 질료(재료)의 선택은 이러한 용도성 속에 근거를 가지며, 또한 재료와 형태의 결합체〔Gefüge, 결합구조〕가 지닌 위력도 이러한 용도성 속에 그 근거를 갖는다. 용도성이라는 개념 아래 종속되는 존재자는 언제나 제작의 산물〔제작된 생산물〕이다. 이러한 생산물은 언제나 '어떤 것을 하기 위한 도구'로서 제작된다. 그러므로 존재자를 규정하는 개념으로서의 질료와 형상은 도구의 본질 속에 자신의 고유한 자리를 갖는다. 그리고 이 도구라는 명칭은 본래 어떤 사용과 필요를 위해 제작된 것이라는 점을 말해준다. 〔따라서〕질료와 형상은 단순한 사물의 사물성을 근원적으로 규정하는 그런 규정이 결코 아니다.

도구, 예를 들어 신발은 제작된 것으로서 마치 단순한 사물처럼 자기 안에 고요히 머물러 있지만, 그것은 화강암처럼 자생적인 것은 아니다. 한편, 도구는 인간의 손에 의해 산출된 것이라는 점에서 예술작품과 유사성을 갖는다. 그렇지만 예술작품은〔도구와는 달리〕자족적으로 현존한다(selbstgenügsames Anwesen)는 점에서 자생적이며 무목적적 성격을 갖는 단순한 사물과 유사성을 갖기도 한다. 그럼에도 불구하고 우리는〔예술〕작품을 단순한 사물로 간주하지는 않는다. 일반적으로 우리 주변에 있는 사용물들은 우리와 아주 가까운 본래적 사물들이다. 이렇게 도구는 사물성에 의해 규정되기 때문에 적어도 절반 정도는 사물인 셈이며, 오히려 그 이상일 수도 있다. 이와 동시에 그것은〔제작된 것이라는 점에서〕절반 정도는 예술작품인 셈이지만, 그 이상은 아니다. 왜냐하면 도구는 예술작품이 지닌 자족성을 결하고 있기 때문이다. 따라서 이렇게 단순히 산술적으로 생각해도 좋다고 한다면, 도구는 사물과 작품 사이에 자기만의 독특한 위치를 갖는다.

그러나 도구의 존재를 규정하는 재료(질료)와 형태(형상)의 결합체는 모든 존재자를 직접적으로 이해할 수 있게 하는 구성틀로서 흔히 제시된다. 왜냐하면 여기서 제작하는 인간 자신은 도구가 〔제작됨으로써〕 존재하게4) 되는 그 방식에 참여하고 있기 때문이다. 그런데 도구가 단순한 사물과 작품 사이에 중간적 위치를 차지하는 한, (재료와 형태의 결합체로 존재하는) 도구존재의 도움을 빌어 비도구적 존재자인 사물과 작품을, 그리고 더 나아가 궁극적으로는 모든 존재자를 파악할 수 있을지도 모른다.

재료와 형태의 결합체를 '모든 존재자를 파악하기 위한 구성틀'로 간주하려는 이러한 경향은, 특히 성서적 신앙에 입각해 보았을 때 존재자 전체는 피조물로서 ─ 즉 제작된 것으로서 ─ 표상되는 것이기 때문에 이러한 생각으로 말미암아 아주 각별하게 강화되었다. 물론 이러한 신앙에 기초를 둔 철학은, 신의 모든 창조활동은 장인(匠人)의 활동과는 달리 생각되어야 한다는 점을 매우 잘 알고 있다. 그러나 이와 동시에 아니 어쩌면 처음부터 신앙에 토대를 둔 채 성서를 해석해 들어가는 토마스 철학의 예정된 특성으로 말미암아 피조물(ens creatum)이 질료(materia)와 형상(forma)의 통일성으로부터 사유되고 있는 한, 신앙은 그것〔철학〕의 진리가 존재자의 비은폐성 안에 놓여 있는 그런 철학으로부터 〔이미〕 해석되고 있는 셈이며, 〔이때〕 이러한 철학적 진리는 〔단지〕 신앙을 통해 믿어지는 세계와는 다른 방식으로 존재하는 것이다.5)

이제 신앙에 기초한 창조사상은 존재자 전체에 대한 앎을 주도하던 종래의 위력을 상실하고 말았다. 그러나 낯선 철학으로부터 빌려온,

---

4) 레클람 판본(1960년)에서는 '현존하게'라고 했다.

5) 초판(1950년)에는 다음의 각주가 달려 있다: ① 성서적 창조의 신앙, ② 토마스의 인과론적 설명, ③ 존재자(ὄν)에 관한 아리스토텔레스의 근원적 해석.

모든 존재자에 대한 신앙적 해석은, 즉 질료와 형상에 의거한 세계관은, 그럼에도 불구하고 여전히 존속할 수 있었다. 이러한 사건은 중세로부터 근대로 넘어가는 이행기에 일어났다. 근대의 형이상학은 중세에 각인된 '질료와 형상의 결합체'라는 개념적 구조 위에 기초하고 있으며, 또 이러한 구조는 에이도스와 휠레라는 숨겨진 개념의 본질을 일깨워 준다. 그리하여 질료와 형상에 따른 사물-해석은, 그것이 중세적 입장에 머물러 있든, 혹은 칸트의 선험적 입장에 머물러 있든 간에, 〔우리에게는〕 친근하고 자명한 것으로서 받아들여진다. 그러나 바로 그 때문에 이러한 해석은 이미 언급한 사물의 사물성에 관한 두 가지 해석 못지않게 사물의 사물-존재를 덮어씌우며 침해하고 있는 것이다.

우리가 본래적 사물을 단순한 사물이라고 불렀을 때, 이미 사태는 드러나기 시작하였다. 즉, '단순한'(*bloß*)이라는 낱말은 용도성과 제작성이라는 성격을 결여하고 있음(*Entblößung*)을 의미한다. 단순한 사물은 비록 도구의 양식으로 존재한다고는 하더라도 도구존재〔용도성과 제작성이라는 성격을 가지고 있는 도구적 존재〕를 결여한 그런 도구에 불과하다. 사물-존재는 〔도구적 존재의 성격을 배제한 다음에도〕 여전히 남아 있는 그런 존재-성격 속에 존립한다. 그러나 이 나머지 부분은 그 것의 존재-성격 속에서 고유하게 규정되지 않은 채로 남아 있다. 또한 도구적 성격을 모조리 제거하는 과정에서 과연 사물의 사물적 성격이 드러날 것인지 그 여부도 의심스럽다. 그러므로 질료(재료)와 형상(형태)의 결합구조에 입각하여 사물을 해석하는 세 번째 사물-해석도 사물을 침해하는 것임이 밝혀진다.

사물성을 규정하는 지금까지 거론된 세 가지 규정방식은 사물을 '특징들의 담지자'로서, '감각의 다양성의 통일'로서, 그리고 '형상화된 질료(형태화된 재료)'로서 파악하고 있다. 존재자에 대한 진리의 역사의 흐름 속에서 위의 해석들은 서로서로 복잡하게 얽혀져 있지만, 이러한 사실은 요즘엔 간과되고 있다. 그러한 해석들은 서로서로 복잡하게 얽혀진 가운데 더 널리 확장되어 위세를 떨치게 되었고, 그 결과 그것이 어떤 해석이든 모두 한결같은 방식으로 사물과 도구와 작품에 대해 통용되기에 이르렀다. 그리하여 이러한 해석들로부터 하나의 〔전형적인〕 사고방식이 형성되었고, 이러한 사고방식에 따라 우리는 비단 사물과 도구 그리고 작품만이 아니라 모든 존재자 일반에 대해서도 같은 생각을 하게 되었다. 오랫동안 통용되어 온 이러한 사고방식이 존재자를 직접 경험하는 모든 직접적 경험〔존재자를 존재자로서 그것의 열린 장 가운데서 있는 그대로 경험한다는 의미〕에 앞서 선취되고 있다(vorgreifen). 이러한 〔해석학적인 앞서-잡음의 태도가 아니라, 전승된 사고방식에 물든 선입견인〕 선취를 통해서 우리는 그때마다 존재하는 존재자의 존재에 대해 숙고하게 된다. 그리하여 지배적인 사물개념들은 사물의 사물적 성격에 이르는 길목을 차단할 뿐만 아니라, 도구의 도구적 성격 그리고 심지어 작품의 작품적 성격에 이르는 길을 우리에게서 차단해버리는 지경에 이르고 말았다.

이러한 사실은, 사물개념에 대해서 아는 것이 왜 필요하며, 또 이러한 앎 속에서 사물개념의 유래와 그것의 지나친 월권행위 그리고 그 개념이 지닌 자명성의 허구를 왜 우리가 진지하게 사색해 보아야 하는지를 잘 말해준다. 우리가 사물의 사물적 성격과 도구의 도구적 성격 그리고 작품의 작품적 성격을 주시하여 그것을 언어로 담아오고자 감히 시도하려고 한다면, 이러한 앎은 더욱더 긴요해진다. 그러나 이러한 목적을 성취하기 위해서 필요한 것은 오직 한 가지뿐이다. 그것은 앞에서 지적한 사고방식들이 갖는 선입견이나 덧씌우는 침해행위를 멀리하는 가운데, 예컨대 사물로 하여금 자신의 사물존재 속에 스스로 고요히 머무르도록 놓아두는(das Ding in seinem Dingsein auf sich beruhen lassen) 것이다. 〔하지만〕 존재자를 '자기 자신으로 존재하는 그런 존재자'로서 존재하게 하는 일보다 더 쉬운 일이 어디에 또 있을까? 그러나 존재자를 그것이 있는 그대로 존재하게 한다는 이러한 의도는 검증되지 않은 어떤 존재개념을 〔마련하기〕위해 존재자에게서 등을 돌리는 그런 무관심과는 정반대되는 것이라면, 이러한 과제는 어쩌면 우리로서는 가장 감당하기 힘겨운 그런 일이 아닐까? 우리는 존재자에게로 향해야 한다. 즉, 우리는 존재자의 존재에 입각하여 존재자 자체를 사유해야 한다. 그러나 이와 동시에 우리는 이러한 사유를 통해 존재자로 하여금 그것이 자신의 본질 속에 스스로 고요히 머무르도록 놓아두어야 한다.

사유의 팽팽한 긴장감은 사물의 사물성을 규정하고자 할 때 가장 커다란 저항에 부딪히는 것 같다. 그렇지 않다면, 이미 언급한 시도가 실패로 끝난 까닭을 우리는 과연 어디에서 찾을 수 있단 말인가? 그다지 눈에 잘 띄지도 않는 그런 사물이 사유에게 아주 집요하리만큼 스스로 물러난다(sich-entziehen). 단순한 사물의 이러한 뒤로 물러섬 (Sichzurückhalten)은, 다시 말해 아무것에도 강요됨이 없이 그저 자기 안에 고요히 머무르고 있음(das in sich beruhende Zunichtsgedrängtsein) 은, 바로 사물의 본질에 속하는 것이 아닐까? 그렇다면 사물의 본질 속에 거하는 저렇게 낯설고도 꽉 닫혀 있는 것(das Befremdende und Verschlossene)은 사물을 사유하고자 시도하는 그런 사유를 위해서는 친근한 것(das Vertraute)이 되어야만 하지 않을까? 사실이 그러하다면, 우리는 사물의 사물적 성격에 이르는 길을 억지로 강요해서는 안 된다.

사물의 사물성에 대해서는 매우 어렵고도 드물게만 말해질 수 있다는 사실은, 이미 〔앞에서〕 암시한 사물에 대한 해석의 역사가 뚜렷한 증거가 된다. 이러한 역사는, 서양의 사유가 지금까지 존재자의 존재를 사유할 수밖에 없었던 그런 사유의 숙명과 합치한다. 물론 우리는 이제 이러한 점을 확인할 뿐만 아니라, 이와 동시에 이러한 역사 속에서 어떤 눈짓을 감지한다. 그런데 사물에 대한 해석들 가운데 질료와 형상을 실마리로 삼아 행해진 사물-해석이 특히 우위를 차지하고 있다는 사실은 우연에 불과한 것인가? 이러한 사물규정은 도구의 도구존재를 해석하는 가운데 비롯된 것이다. 이러한 존재자는, 즉 도구(Zeug)는 우리 자신의 제작활동(Erzeugen)을 통해 [도구 자신의] 존재에 도달하는 것이기 때문에, 그것은 인간의 표상활동(Vorstellen)과 아주 친밀한 관계가 있다. 이와 동시에 이렇게 자신의 존재에 있어 매우 친숙한 존재자인 도구는 사물과 작품 사이에 독특한 중간적 위치를 갖는다. 이러한 눈짓에 따라 우선 도구의 도구적 성격에 대해 살펴보기로 하자. 어쩌면 이러한 탐색을 통해 사물의 사물적 성격과 작품의 작품적 성격에 관한 어떤 이해가 우리에게 주어질지도 모른다. 우리는 사물과 작품을 너무도 성급히 도구의 변종으로 해석하려는 그런 태도만큼은 피해야 한다. 하지만 우리는 또한 도구가 존재하는 방식들 가운데에는 본질 역사적 차이가 있을 수 있다는 그런 가능성을 도외시하지 않으면 안 된다.

그러나 도구의 도구적 성격에 이르는 길은 어떠한 길인가? 도구가 진실로 무엇인지를 우리는 어떻게 경험해야 하는가? 지금 필요한 조치는 또다시 습성적 해석의 침해를 동반하는 어떤 시도도 분명히 회피해야 한다는 점이다. 우리가 철학적 이론에 의존하지 않으면서 도구를 소박하게 기술할 때 비로소 우리는 처음으로 이러한 침해로부터 안전하게 벗어날 수 있다.

우리는 일상적 도구의 한 예로, 한 켤레의 농부의 신발을 택하기로 하겠다. 이것을 기술하기 위해서는, 이러한 종류의 사용도구들 가운데 몇 켤레의 실제적인 신발이 필요하지는 않다. 누구나 신발을 잘 알고 있다. 그러나 구체적[직접적]으로 기술하는 것이 중요하기 때문에, 쉽게 시각화하는 것이 좋을 듯싶다. 이런 일을 위해서는 삽화적 설명으로 족할 것이다. 이에 우리는 이러한 종류의 신발을 여러 차례 그린 적이 있는 반 고흐(van Gogh)의 잘 알려진 유화 한 폭을 택하기로 하겠다. 그러나 거기에서 대체로 볼 수 있는 것은 무엇인가? 누구나 신발에는 무엇이 속하는지 잘 알고 있다. 그것이 나막신이나 짚신이 아닌 다음에야 거기에는 가죽으로 된 깔창과 윗가죽이 있고, 이 두 가지는 실과 바늘로 꿰매져 있다는 것을 잘 알고 있다. 이렇게 만들어진 도구는 신기 위한 것이다. 물론 그것이 밭에서 일을 할 때 신는 것인가, 아니면 춤출 때 신는 것인가 하는 용도에 따라, 재료(질료)와 형태(형상)는 달라진다.

이러한 지적은 올바르지만, 실은 우리가 이미 알고 있는 것을 설명하고 있을 뿐이다. 도구의 도구존재는 용도성 안에 존립한다. 그러나이 용도성이란 도대체 무엇인가? 우리는 이러한 개념으로써 이미 도구의 도구적 성격을 파악한 것일까? 그것을 파악하기 위해서는 실제로 사용되는 도구의 쓰임새에서 살펴보아야만 하지 않을까? 밭일을 하는 농촌의 아낙네는 신발을 신고 있다. 이러한 경우에 비로소 신발은 신발 자신의 본질로 존재한다. 신발이 진정 신발로서 가장 참답게 존재하는 경우는, 아낙네가 일을 하면서 자기가 신고 있는 신발에 대해 생각하거나 그것에 시선이 팔리거나 혹은 그것을 느끼는 일조차 전혀 없을 때, 오직 그때만이 가장 참답다. 농촌 아낙네가 서 있든 걸어가든, 신발은 실제로 이렇게 쓰이고 있다. 이러한 도구사용의 과정에서 우리는 도구적 성격을 발견하게 된다.

이에 반해 우리가 한 켤레의 신발을 단지 일반적으로 눈앞에 떠올려 보거나, 혹은 심지어 단지 그림 속에 막연히 놓여 있는 사용되지 않는 신발을 쳐다보는 한, 우리는 도구의 도구존재가 참으로 무엇인지를 결코 경험할 수 없다. 반 고흐의 그림을 보고서는, 심지어 이 신발이 어디에 있는지조차[6] 우리는 확인할 수 없다. 한 켤레의 농부의 신발을 휘둘러본들, 이 신발의 둘레에는 그것이 어디에 쓰이는지

---

6) 레클람 판본(1960년)에서는, '신발이 누구에게 귀속하는지조차'라고 했다.

또 그것이 무엇에 귀속하는지가 전혀 알려지지 않은 채 단지 무규정적 공간이 존재하고 있을 뿐이다. 거기에는 이 구두의 용도를 암시해 주는 최소한의 밭 흙이나 길바닥의 흙조차 묻어 있지 않다. 단지 한 켤레의 농부의 신발이 있을 뿐, 더 이상은 아무 것도 없다. 그러나 그럼에도 불구하고 ⋯ .

너무 오래 신어서 가죽이 늘어나 버린 신발이라는 이 도구의 안쪽 어두운 틈새로부터 밭일을 나선 고단한 발걸음이 엿보인다. 신발이라는 이 도구의 수수하고도 질긴 무게 속에는 거친 바람이 부는 드넓게 펼쳐진 평탄한 밭고랑 사이로 천천히 걸어가는 강인함이 배어 있고, 신발가죽 위에는 기름진 땅의 습기와 풍요로움이 깃들어 있으며, 신발 바닥으로는 저물어가는 들길의 고독함이 밀려온다. 신발이라는 이 도구 가운데에는 대지의 말없는 부름이 외쳐오는 듯하고, 잘 익은 곡식을 조용히 선사해 주는 대지의 베풀음이 느껴지기도 하며, 또 겨울 들녘의 쓸쓸한 휴경지에 감도는 해명할 수 없는 대지의 거절이 느껴지기도 한다. 더 나아가 이 도구에서는, 빵을 확보하기 위한 불평 없는 근심과, 고난을 이겨낸 후에 오는 말없는 기쁨과, 출산이 임박해서 겪어야 했던 〔산모의〕 아픔과 죽음의 위협 앞에서 떨리는 전율이 느껴진다. 이 도구는 **대지**(Erde)에 속해 있으며, 농촌 아낙네의 **세계**(Welt) 속에 포근히 감싸인 채 존재한다. 이렇듯 포근히 감싸인 채 귀속함 〈das behüte Zugehören〉으로써 그 결과 도구 자체는 자기 안에 〔고요히〕 머무르게(Insichruhen) 된다.

그러나 우리는 아마도 그림 속에 있는 신발을 가만히 살펴만 보아도 이 모두를 알게 될 것이다. 이에 반해 농촌 아낙네는 그저 신발을 신고 있을 뿐이다. 하지만 이렇게 단순히 신고 있다는 것이 그렇게 단순한 것일까? 흔히 농촌 아낙네는 무척 고단하기는 하지만 건강한 피로감에 젖어든 채 저녁이 깊어서야 비로소 신을 벗어두었다가, 아직 동이 트기 전 어둑할 무렵에 다시 그 신을 주워 신는다. 혹시라도 쉬는

날에는 자기가 벗어 놓은 신 앞을 무심히 지나치기도 하지만, 설령 그럴 경우에라도 그이는 굳이 관찰하거나 주의 깊게 생각하지 않아도 이 모든 것을 알고 있다. 물론 도구의 도구존재는 그것의 용도성에 있다. 그러나 이 용도성 자체는 도구의 어떤 본질적 존재의 충만함 속에 〔평안히〕 머물러 있다. 우리는 이것을 신뢰성(*Verläßlichkeit*)이라고 부른다. 이러한 신뢰성에 힘입어, 농촌 아낙네는 신이라는 도구를 통해 대지의 침묵하는 부름 가운데로 들어서게 되며, 또 도구의 이러한 신뢰성에 힘입어 그녀는 자신의 세계를 확신하게 된다. 세계와 대지는 아낙네와 같은 농촌 사람들에게는 오직 그런 식으로만 거기에 — 즉 도구에 — 존재한다.7) 우리는 "오직"이라고 말하였으나, 이렇게 말하자마자 우리는 잘못을 범하게 된다. 왜냐하면 도구의 신뢰성이 단순한 세계에게 비로소 〔농촌 아낙네의 세계가 도구 속에 간직될 수 있도록〕 그 세계의 간직되어 있음(*Geborgenheit*)을 마련해 주고, 대지에게는 〔그녀의 대지가 언제든지 자유롭게 지속적으로 밀려들 수 있도록〕 그 대지의 지속적 쇄도의 자유를 안전하게 보장해 주기 때문이다.

도구의 도구존재, 즉 신뢰성은 모든 사물을 그때마다 그 자신의 방식과 범위(*Weite*)에 따라 자기 안에 모아들인다. 그러나 도구의 용도성은 단지 이러한 신뢰성의 본질-결과일 뿐이다. 전자는 후자 속에서 요동하는 것이며, 후자가 없다면 그것은 아무것도 아니다. 각각의 도구는 〔쉴 새 없이〕 사용되고 소모된다. 그러나 이와 동시에 쓸 만큼 쓰게 되면 '사용한다'는 사실 자체마저도 닳아 없어지거나 무디어져서 그저 일상적인 일이 되고 만다. 그리하여 도구존재는 황폐화되고 단순한 도구로 전락한다. 도구존재의 이러한 황폐화는 신뢰성의 소멸을 뜻한다. 신뢰성이 소실됨으로써 사용물들은 지루하고도 끈질긴 일상성 속

---

7) 레클람 판본(1960년)에서는, '거기에 … 존재한다'(*sind … da*)는 것은 곧 '현존한다'는 뜻이라고 했다.

에 처박힌다. 하지만 이러한 신뢰성의 소실은 도구존재의 근원적 본질을 가리키기 위한 하나의 증거가 될 뿐이다. 신뢰성이 소실된 이후에는 도구의 진부한 일상성이 마치 도구 자신에게 유일하고도 고유한 존재양식인 듯 몰아닥친다. 이제는 다만 적나라한 용도성만이 돋보일 뿐이다. 이러한 용도성은, 마치 도구의 근원이 질료(재료)에 형상(형태)을 부여하는 단순한 제작행위 속에 있는 듯한 그런 생각을 일깨운다. 그러나 도구는 더욱 넓고도 깊은 참다운 도구존재 속에서 유래하는 것이다. 질료와 형상, 그리고 이 양자의 차이도 〔실은〕 더욱 깊은 근원으로부터 존재하는 것이다.

자기 안에 〔고요히〕 머무르고 있는 도구의 이러한 고요〔Ruhe, 평안〕는 신뢰성 속에 존립한다. 이러한 신뢰성에 입각해서 우리는 비로소 도구가 진실로 무엇인지를 통찰할 수 있다. 그러나 우리는 아직도 여전히 우리가 처음에 탐구하고자 하였던 사물의 사물적 성격에 대해서 모르고 있을 뿐만 아니라, 우리가 궁극적으로 탐구하고자 하였던 예술작품이라는 의미에서의 작품의 작품적 성격에 대해서도 전혀 모르고 있다.

그런데 혹시 우리는 이제 전혀 예상 밖으로 지금까지의 논의과정에서 작품의 작품존재에 대해 어떤 것을 이미 경험하게 된 것은 아닐까?

도구의 도구존재는 〔이미〕 발견되었다. 그러나 어떤 방식으로 발견되었는가? 그것은 실제로 눈앞에 놓여 있는 신발이라는 도구를 서술하고 설명하는 가운데 발견된 것이 아니며, 또 여기저기서 실제로 사용되고 있는 도구의 이러한 사용방식을 관찰하는 가운데 발견된 것도 아니다. 오히려 그것은 단지 우리가 고흐의 그림 앞에 가까이 다가섬으로써 발견되었다. 이 그림이 〔우리에게 이미〕 말하고 있었던 것이다. 우리는 작품과 가까이〔공간적 거리의 가까움이 아니라, 그 안에서 작품존재가 드러나는 존재의 가까움〕 할 때, 우리가 일상적으로 있던 곳과는 전혀 다른 곳에 존재하고 있었던 것이다.

예술작품이 신발이라는 도구가 진실로 무엇인지를 알게 해주었다. 그러나 만일 이러한 우리의 진술이 모든 것을 마음대로 채색하고 덧칠한 것과 같은 주관적 행위에 지나지 않다고 생각한다면, 그것은 최악의 자기기만일 것이다. 여기에 의문스러운 점이 남아 있다면, 그것은 단지 우리가 작품 가까이에서 얻은 경험이 너무나 미미할 뿐이라는 점이며 또한 이러한 경험을 너무도 조잡하게 직접적으로 말한 것이 아닌가 하는 점일 뿐이다. 그러나 작품은, 그것이 처음에 어떻게 보이든 간에, 오직 도구가 무엇인지를 더욱 잘 보여주기 위해서만 쓰이고 있는 것은 물론 아니다. 오히려 작품을 통해서 비로소 그리고 오직 작품 속에서만 도구의 도구존재는 고유하게 나타났을 뿐이다.

여기에서는 무엇이 일어나고 있는가? 작품 속에서는(im Werk) 무엇이 작용하고 있는가(am Werk sein)? 반 고흐의 그림은 도구, 즉 한 켤레의 농촌 아낙네의 신발이 진실로 무엇으로 **존재하는지**(was ist)를 밝혀주고 있다〔하이데거는 동사 'ist'를 이탤릭체로 써 도구의 '존재'에 관해 작품이 말해주고 있음을 강조〕. 신발이라는 존재자가 자신의 존재의 비은폐성 가운데로 나타난〔heraustreten, 출현한〕 것이다. 그리스인들은 이러한 존재자의 비은폐성〔Unverborgenheit, 환히 드러나 있음〕을 알레테이아(ἀλήθεια)라고 불렀다. 우리는 오늘날 이 낱말을 진리(Wahrheit)라고 부르고 있으나, 이 말의 본원적 의미에 대해서는 거의 생각하지 않고 있다. 만일 작품 속에서 '존재자가 무엇이며 어떻게 존재하는지'가 열어 밝혀지고 있다고 한다면, 작품 속에는 진리의 어떤 일어남(ein Geschehen der Wahrheit)이 작용하고 있는 것이다.

예술작품 속에서는 존재자의 진리가 작품 속으로 스스로를 정립하고〔담아놓고〕 있다(sich-ins-Werk-setzen). 여기서 '정립한다'〔담아놓다〕는 말은 '서 있게 함'〔zum Stehen bringen, 들어서게 함〕을 뜻한다. 어떤 존재자가, 즉 한 켤레의 농촌 아낙네의 신발이 작품 속에서 자신의 존재의 빛 가운데로 들어선 것이다. 존재자의 존재는 지속적으로 밝혀지는 그런 〔개방된〕 장소에 이르게 된다.

그렇다고 한다면, 예술의 본질은 '존재자의 진리가 작품-속으로-스스로를-정립하고-있음'(das Sich-ins-Werk-Setzen der Wahrheit des Seienden)이다. 그러나 지금까지 예술은 대개 아름다운 것(das Schöne)이나 아름다움(das Schönheit, 美)과 관계하는 것으로 여겨졌을 뿐, 진리와의 연관 속에서는 전혀 숙고되지 않았다. 이러한 작품을 산출해내는 예술은, 도구를 제작하는 수공업적 예술과는 구분해서 미적 예술이라고 사람들은 부른다. 미적 예술에 있어서도 예술이 아름다운 것이 아니라, 그 예술이 아름다운 것을 산출해내기에 그렇게〔즉 '미적 예술'이라고〕불리어 온 것이다. 이에 반해 진리는 논리학의 영역에 귀속하였고, 아름다움(美)은 미학의 영역에서 다루어졌다.

그러나 '예술은 진리가 작품-속에서-스스로를-정립하는 것'이라는 이 명제는 혹시 '예술은 현실적인 것을 모방하여 묘사하는 것'이라는 저 오래된 견해 — 이 견해는 오늘날 다행스럽게도 극복되었다 — 를 되살리려고 하는 것은 아닐까? 눈앞에 현존하는 것을 재현하기 위해서는 물론 존재자와 일치해야 하고 합치해야 한다. 이것을 중세에서는 아데크바치오(adaequatio)라고 불렀고, 아리스토텔레스는 일찍이 그것을 호모이오시스(ὁμοίωσις)라고 불렀다. 존재자와의 일치는 이미 오랫동안 진리의 본질로서 간주되어 왔다. 그렇다면 우리는 고흐의 그림이 눈앞에 현존하는 한 켤레의 농촌 아낙네의 신발을 묘사했고 이러한 작업이 성공리에 마무리되었기에 그것을 작품이라고 생각하는 것일까? 고흐의 이 그림은 현실적인 것〔실제로 현존하는 신발〕으로부터 하나의 모상을 이끌어내어, 그것을 예술적 창작활동에 의해 하나의 창작품으로 옮겨 놓은 것에 불과한 것일까? 결코 그렇지 않다.

작품 속에서는, 그때그때 눈앞에 현존하는 개별적 존재자를 재현하는 것이 중요한 게 아니라 사물의 보편적 본질을 재현하는 것이 중요하다. 그러나 예술작품이 일치해야만 할〔사물의〕 보편적 본질은 도대체 어디에 있으며 또 어떻게 있는가? 〔만일 그리스의 신전이 하나의 예술 작품이라고 한다면〕 도대체 그 신전은 어떤 사물의 어떤 본질과 일치하고 있는 것인가? 누가 감히 그 건축 작품 속에는 신전의 이념이 표현되고 있노라고 주장할 수 있겠는가? 하지만 신전도 하나의 작품인 이상, 이 작품 속에는 진리가 작품 속으로 정립되고 있다. 혹은 횔덜린의 송가 〈라인강〉(Der Rhein)을 생각해보자. 이 경우에는 무엇이 어떻게 시인에게 앞서 주어졌기에, 시 속에서 그것이 재현될 수 있었단 말인가? 횔덜린의 이 송가나 이와 유사한 시들을 살펴볼 경우에는, 이미 실제로 존재하는 것과 예술작품 사이에는 일종의 모사관계가 성립한다는 그런 생각은 명백히 거부되고 만다. 물론 마이어(C. F. Meyer)가 지은 〈로마의 분수〉(Der römische Brunnen)와도 같은 종류의 시를 보게 되면, '작품은 모사에 불과하다'는 생각이 얼핏 보기에는 가장 잘 입증되는 것처럼 보이는 것도 사실이다.

〈로마의 분수〉

물줄기가 솟아오르다 떨어져,
둥근 대리석 물받이 위로 흘러넘치고,
그것은 물보라를 일으키며
두 번째 물받이 위로 흘러넘친다.
그 물은 수량이 더욱 풍부해져,
세 번째 물받이 위로 폭포처럼 흘러내린다.
어느 물받이나 한결같이 받은 만큼 내주면서
쏜살같이 흐르면서 고요히 쉬고 있다.

이것은 실제로 현존하는 분수를 시적으로 그려낸 것도 아니며, 또 어떤 로마의 분수의 보편적 본질을 재현한 것도 아니다. 그러나 진리는 작품 속으로 정립되고 있다. 작품 속에서는 어떠한 진리가 일어나고 있는 것일까? 진리가 도대체 일어날〔생성될〕수 있는 것이며, 그래서 역사적일 수 있는 것일까? 하지만 진리는 무시간적이며 초시간적인 것이라고 세인들은 흔히 말하지 않는가?

우리는 작품 속에 주재하는(walten) 예술을 거기에서 실제로 발견하기 위해 예술작품의 현실성을 탐구하고 있다.〔이러한 탐구의 과정에서 작품이 지닌〕사물적 하부구조(Unterbau)가 작품에서 가장 가깝게 드러나는 현실적 측면(das nächste Wirkliche am Werk)으로서 밝혀졌다. 그러나 이러한 사물적 측면(das Dingliche)을 파악하기 위해서는, 전통적인 사물-개념들은 충분한 것이 못 되었다. 왜냐하면 이러한 개념들 자체는 사물적 성격(das Dinghafte)의 본질을 결여하고 있기 때문이다. 형상화된 질료가 사물이라는 이러한 지배적인 사물-개념은 사물의 본질로부터 취해진 것이 아니라, 도구의 본질로부터 취해진 것이다. 그리고 도구존재가 이미 오래 전부터 존재자를 해석함에 있어 어떤 독특한 우위를 주장하고 있다는 사실도 밝혀졌다. 그러나 그 동안 제대로 사색되지 못했던 도구존재의 이러한 우위는, 습성화된 해석을 탈피하는 가운데, 도구적 성격에 대한 물음이 새롭게 설정되어야 한다는 암시를 주었다.

우리는 작품으로 하여금 도구가 무엇인지 말하게 하였다. 그리하여 무엇이 작품 속에서 작용하고(am Werk) 있는지가 마치 금새라도 손에 잡힐 듯 백일하에 드러났다. 그것은 자신의 존재 안에서 존재자의 밝혀짐〔Eröffnung, 개시〕이며, 다시 말해 진리의 일어남(das Geschehnis der Wahrheit)이다. 그러나 만일 작품의 현실성이 이제는 '작품 속에서 작용하고 있는 바의 그것'에 의해서만 규정될 수 있다고 한다면, 현실적인 예술작품을 그것의 현실성 속에서 구하고자 하는 우리의 의도는 어떻게 되는 것인가? 우리가 작품의 현실성을 우선적으로 작품의 사물적 하부구조 속에서 추정하고자 하는 한, 우리는 실패하고 말 것이다. 우리는 이제 여태까지 우리가 진행해 온 성찰의 주목할 만한 결과 — 만일 그런 것을 결과라고 부를 수 있다고 한다면 — 앞에 서 있다. 〔이러한 결과에 의해〕 두 가지 사실이 명백해진다.

첫째, 지배적인 사물-개념들은 작품에 있어서의 사물적 측면을 파악하기 위한 충분한 수단이 되지 못한다.

둘째, 이러한 수단에 의해 작품의 가장 가까운 현실성이라고 우리가 파악하고자 했던 그것, 즉 사물적 하부구조는 그런 식으로 작품에 속해 있는 것이 아니라는 점이다.

우리가 작품에서의 사물적 측면을 그런 식으로 보게 되면, 우리는 우리의 의도와는 달리 작품을 도구로서 받아들이는 셈이 되며, 게다가 그렇게 되면 〔도구와는 다른〕 예술적 측면을 갖는 어떤 상부구조(Oberbau)를 인정하는 셈이 되고 말 것이다. 그러나 작품은 거기에 어떤 미학적 가치가 덤으로 첨가되어 있는 그런 도구가 결코 아니다. 이것은 마치 단순한 사물이 단지 도구의 본래적 성격을 — 즉 용도성과 제작성을 — 결여하고 있는 도구라고는 말할 수 없듯이, 작품도 이와 마찬가지로 도구가 아니다.

우리는 작품에 대해서 〔본래적으로〕 묻지 못하고 오히려 절반은 사물에 대해서 그리고 나머지 절반은 도구에 대해서 물음을 제기하여 왔기 때문에, 작품에 대해 묻는 우리의 문제설정은 흔들리고 말았다. 그리고 이것은 애초에 우리가 개진하려고 하였던 문제설정은 아니며, 오히려 미학의 영역에서나 제기되는 물음이라고 하겠다. 예술작품에 대한 미학의 주된 고찰방식은 모든 존재자에 대한 전승된 해석의 지배 아래 있어 왔다. 하지만 이미 익숙해진 문제설정 자체가 흔들리고 있다는 사실이 〔우리의 논의과정에서〕 본질적인 것은 아니다. 중요한 것은, 우리가 존재자의 존재를 사유할 때에만 비로소 작품의 작품적 성격, 도구의 도구적 성격, 그리고 사물의 사물적 성격이 우리에게 더욱 가까워진다는 사실을 통찰할 수 있는 우리의 시선이 처음으로 열리게 되었다는 점이다. 그러므로 이제부터 필요한 것은, 우선 자명한 것의 울타리를 허물고 흔히 통용되는 사이비 개념을 밀어내는 일이다. 그러 므로 우리는 에움길을 가야만 한다. 그러나 이 길은 동시에 작품에 서의 사물적 성격을 규정할 수 있게 하는 그런 길로 우리를 안내한다. 작품에서의 사물적 성격이 부인되어서는 안 된다. 그러나 이 사물적 성격이 작품의 작품존재에 이미 속해 있는 것이라고 한다면, 그것은 작품적 성격으로부터만 사유되어야 한다. 사실이 이러하다면, 작품의 사물적 현실성에 대한 규정에 이르는 그 길은 사물을 통과하여 작품에 이르는 것이 아니라, 오히려 작품을 통해서 사물에 이르게 된다.

예술작품은 저 나름의 방식으로 존재자의 존재를 열어 놓는다(er- öffnen). 작품 속에서는 이러한 열어 놓음이, 탈은폐함이, 다시 말해 존재자의 진리가 일어난다. 예술작품 속에서는 존재자의 진리가 작품 속으로 스스로를 정립하고 있었던 것이다. 예술은 진리가 작품-속으 로-스스로를-정립하고-있음이다. 때로는 예술로서 스스로 생기하는 (sich ereignen) [8] 그 진리 자체란 무엇인가? 이렇게 작품-속으로-스스 로를-정립한다는 것은 무엇을 뜻하는가?

작품과 진리 Das Werk und die Wahrheit

예술작품의 근원은 예술이다. 그러나 예술이란 무엇인가? 예술은 예술작품 가운데 실제로 존재한다. 그 때문에 우리는 우선 작품의 현 실성을 탐구한다. 그것은 어디에 존립하는가? 예술작품들은, 비록 그 것들이 완전히 다른 방식으로 존재한다고 하더라도, 한결같이 사물적 성격을 내보여주고 있다. 그러나 작품의 이러한 사물-성격을 습성화

---

8) 레클람 판본(1960년)에서는, 진리가 생기로부터 발원함(Wahrheit aus Erei- gnis!)을 강조하고 있다.

된 사물 개념들에 의거해서 파악하고자 했던 시도는 실패하고 말았다. 그 이유는, 이러한 사물 개념들이 사물적 성격을 포착하지 못하기 때문이 아니라, 오히려 사물적 하부구조에 대한 물음을 제기함으로써 작품의 작품존재에 이르는 통로를 차단해버리는 그런 선입견 속에 작품을 억지로 밀어 넣었기 때문이다. 〔작품자체가 순수하게 자기 안에 고요히 머무르는 상태인〕 작품의 순수한 자립상태(*das reine Insichstehen*)가 명백히 드러나지 않는 한, 작품에서의 사물적 성격은 밝혀질 수 없다.

하지만 작품 자체는 언제 비로소 자신에게 접근될 수 있는 것일까? 이러한 것이 성취될 수 있기 위해서는, 작품을 자기 자신이 아닌 모든 여타의 관련들로부터 끄집어내어 오로지 작품 그 자체가 저 홀로(*für sich*) 자기 안에 고요히 머무를 수 있게 하는 작업(*auf sich beruhen lassen*)이 요구된다. 그러나 이미 예술가가 의도하는 가장 고유한 의도는 이러한 방향으로 향하고 있다. 이러한 예술가〔의 가장 고유한 의도〕에 따라 작품은 자신의 순수한 자립 자체 속으로 해방되어야만 한다. 사실 위대한 예술에 있어 — 여기에서는 오직 위대한 예술만이 논의의 대상이 된다 — 예술가는 작품에 비해 무관심 속에 남게 되는데, 이것은 마치 작품을 창작하기 위한 모든 과정이 작품이 완성된 이후에는 소멸되는 것과 마찬가지다.

이렇게 해서 그 이후에 작품들은 화랑이나 전시관에 내걸리게 된다. 그러나 그것들은 여기서 그 자신으로서 존재하는 그런 작품들로서 그 자체로 존재하는 것일까? 혹시 그것들은 여기서 그 보다는 오히려 예술품을 거래하는 영업활동의 대상으로서 존재하는 것은 아닐까? 작품들은 대중적이고도 개인적인 미적 애호대상으로 여겨지고, 공공기관들은 그러한 작품들의 관리와 보호를 떠맡는다. 전문가와 비평가들은 작품을 심사하느라 분주하고, 화상들은 가격을 매기고 판매하느라 애태운다. 또 예술사를 연구하는 사람은 작품을 학문의 대상으로 삼는다. 하지만 우리는 이처럼 분망한 활동 속에서 작품 자체와 만나고 있는 것일까?

뮌헨의 화랑에 있는 '에게인 조각'이나 가장 완벽한 탁본으로 전시된 소포클레스의 '안티고네'도 본래대로 존재하는 작품이기는 하지만, 그것들은 그것들 자신이 고유하게 있어야 할 본질공간으로부터 이탈되어 있다. 그것들이 아무리 질적으로 탁월한 것으로 평가되고, 그것들이 주는 감명이 아무리 크다 하더라도, 또 그것들의 보관상태가 아무리 좋고, 그것들에 대한 해석이 아무리 정확하다 하더라도, 박물관 가운데로 옮긴다는 것은 그것들을 그것들 자신의 세계로부터 빼내는 것이다. 그러나 작품들을 이렇게 옮기는 일을 포기하거나 피하려고 노력하면서, 예를 들어 제자리에 놓여 있는 파에스툼의 신전과 밤베르크의 광장에 있는 돔을 찾아가 본다고 하더라도, 현존하는 이 작품들의 세계는 이미 파괴되어 있다.

세계의 물러남(Weltentzug)과 세계의 파괴(Weltzerfall)는 결코 다시는 복구될 수 없다. 작품들은 더 이상 존재하던 본래의 것이 아니다. 우리는 물론 작품들 자체를〔여전히 지금도〕거기에서 만나고 있지만, 그러나 그것들 자체는〔이미〕존재해왔던 것들(die Gewesenen)이다. 이렇게 존재해왔던 것으로서의 그것들은 이제는 단지 전승과 보존의 영역 속에서만 우리를 향해 마주하고 있을 뿐이다. 차후에 그것들은 단지 그런 대상으로서만 머물게 된다. 작품이 이렇게 우리를 '향해 마주하며 서 있을'(Entgegenstehen) 수 있는 까닭은 예전에 이루어졌던〔순수한〕자립(Insichstehen)의 결과로 말미암은 것이지만, 그것〔우리를 향해서 마주하여 서 있는 작품〕은 더 이상 이러한〔예전의〕자립 그 자체가 아니다. 이러한 자립은 이미 작품들로부터 사라졌다. 예술의 상업적 활동이 아무리 극도로 발달하고 작품 자체를 위해 기술적으로 처리할 수 있는 모든 일을 다 한다고 하더라도, 그러한 활동은 고작해야 작품의 대상존재까지만 도달할 수 있을 뿐이다. 하지만 이러한 대상존재는 작품의 작품존재를 형성하지는 못한다.

그러나 작품은, 그것이 모든 연관(Bezug)을 떠나 있을 때에도, 여전히 작품일 수 있는가? 작품이 연관들 속에 존립한다는 사실은 작품에 속하는 것이 아닐까? 물론 그렇다. 따라서 작품이 어떤 연관들 속에 존립하는지를 우리는 물어보아야 한다.

작품은 어디에 귀속해 있는가? 작품이 작품으로서 귀속해 있는 그 영역은, 오직 작품 자체를 통해 개시되는 그 영역일 뿐이다. 왜냐하면 작품의 작품존재는 현성하고 있으며, 또 오직 이러한 열어 놓음〔Eröffnung, 개시〕 속에서만 현성하기 때문이다. 우리는 〔앞에서〕 작품 속에서는 진리의 일어남이 작용하고 있다고 말하였다. 〔우리가〕 고흐의 그림을 지적하였던 까닭은, 이러한 〔진리의〕 일어남을 지칭하기 위해서였다. 이러한 것을 가만히 주시하고 있노라면, '진리란 무엇이며, 또 진리는 어떻게 일어날 수 있는가' 하는 물음이 샘솟는다.

이제 우리는 작품을 살펴보는 가운데 진리에 대한 물음을 제기하고자 한다. 그러나 우리가 이러한 물음 속에 내포된 것과 좀더 친숙해지기 위해서는, 작품 속에서의 진리의 일어남을 새롭게 분명히 밝혀보려는 자세가 필요하다. 이러한 시도를 위해서, 〔어떤 대상을 사실적으로 묘사하는〕 조형예술에 속하지 않는 어떤 하나의 작품을 의도적으로 택해 보기로 하자.

어떤 하나의 〔예술적〕 건축 작품, 예를 들어 그리스의 신전은 아무것도 모사하고 있지 않다. 그것은 산산이 갈라진 험난한 바위계곡 한가운데 우뚝 서 있을 뿐이다. 이 건축 작품은 신의 모습을 간직하고 있으며, 이렇게 은닉된 그 모습을 열려진 주랑을 통해 성스러운 신전의 경내로 드러내고 있다. 이러한 신전을 통해 신은 신전 속에 〔본원적으로〕 현존하고 있다. 신의 이러한 현존(Anwesen)은 그 자체 성스러운 영역으로서의 경내를 확장하는 동시에 그것을 경계 짓는다. 그러나〔그렇다고 해서〕신전과 그〔성스러운〕영역이 무 규정적인 것 속으로 사라지지는 않는다. 이러한 신전으로서의 작품이 비로소 자기 주변에

〔인간들이 살아가야 할 삶의〕행로와〔헤아릴 수 없을 만큼 다양한 삶의〕 연관들을 모아들여 이어주는 동시에 통일한다. 이러한〔삶의〕행로와 연관들 속에서 탄생과 죽음, 불행과 축복, 승리와 굴욕, 흥망과 성쇠 가 인간존재에게는 숙명적인 모습으로 다가온다. 이 열려진 연관들이 편재하는 넓은 터전(die waltende Weite dieser offenen Bezüge)이 이러한 역사적 민족〔국가사회주의(나치즘)를 추종하는 게르만 민족이 아니라, 자 신의 숙명적 모습을 자신의 삶의 터전에서 새롭게 회복하려는 역사적인 인 간으로서의 터 있음(Da-sein)〕의 세계이다. 이러한 세계로부터 그리고 이러한 세계 속에서만 비로소 이 민족은 자신의 사명〔역사적 인간존재 로서 자기 자신의 고유한 규정〕을 완수하기 위해 자기 자신에게로 되돌 아간다.

거기에 서 있는 채 그 건축 작품은 암반 위에 고요히 머물러 있다. 이렇듯 고요한 머무름이〔고르지 않은〕암석으로부터 아무런 목적도 없 이 그저 육중하게 떠받치는 그 암석의〔드러나지 않은〕어둠을 이끌어 내고 있다. 거기에 서 있는 채 그 건축 작품은 자기 위로 몰아치는 세 찬 바람에 저항함으로써 비로소 그 바람이 지닌 위력 자체를 내보여준 다. 바위의 광택과 빛남은 태양의 은총에 의해서만 빛나기는 하나, 그 것은 한낮의 밝은 빛과 하늘의 넓음과 밤의 어두움을 비로소 나타나게 한다.〔신전은〕우뚝 치솟아 있음으로써 허공의 보이지 않는 공간을 보 이게 한다. 결코 흔들리지 않는 이 작품의 확고부동함은 밀려드는 바 다의 파도에 맞섬으로써, 자신의 고요함으로부터〔이러한 고요함과 대 비되는〕밀물의 광란을 드러나게 한다. 나무와 목초, 독수리와 황소, 뱀과 귀뚜라미가 비로소 그것들 자신의 선명한 모습 속에 들어오게 됨 으로써 그것들은 본래 있는 그대로 나타나게 된다. 이렇게〔은닉된 영 역으로부터〕솟아나와 피어오르는 행위(Herauskommen und Aufgehen) 그 자체 및 이러한 행위 전체를 그리스인들은 일찍이 퓌시스(φύσις)라 고 불렀다. 이 퓌시스는 동시에, 인간이 근본적으로 거주해야 할 그

바탕과 터전을 환히 밝혀주고 있다. 우리는 이것〔인간적 삶의 거주지〕을 대지(die Erde)라고 부른다. 여기서 말해지는 이 낱말의 의미는 층층이 쌓인 질료더미로서의 지층이나 혹은 하나의 행성으로서의 지구라는 천문학적 개념과는 무관하다. 대지란, 피어오르는(자라나는) 모든 것들의 피어남(자라남)이 그러한 것으로서〔즉 그 자신의 본연의 모습 그대로〕'되돌아가〔존재의 은닉 속에 다시〕간직되는'(zurückbergen) 그런 터전이다. 피어오르는 것 속에서 대지는 간직하는 것〔das Bergende, 품어 감싸주는 것〕으로서 현성한다.

신전이란 작품은 거기에 서서 세계를 열어 놓는 동시에〔대지의 품으로〕되돌아가(zurück) 그 세계를 대지 위에 세운다. 이렇게 해서 대지 자체는 비로소〔터-있음으로서의 역사적인 인간존재가 본원적으로 거주하기 위한〕고향과도 같은 아늑한 터전(der heimatische Grund)으로서 솟아나온다(출현한다). 그러나 인간과 동물, 식물과 사물들은,〔단순히 현존하는 신전을 위한〕불변하는 대상으로서 눈앞에 현존하는 것이 결코 아니다. 다시 말해 지금도 여전히 현존하고 있듯이 그렇게 어느 날 갑자기 축성된 그런 신전을 위해 부수적으로 적합한 환경을 만들어 주기 위한 목적으로 단순히 눈앞에 현존하는 것이 결코 아니다. 우리는 오히려 모든 것을 거꾸로 뒤집어[9] 생각할 때에야 비로소, '존재하고 있는 것'〔das, was ist, 있는 그대로 있는 것을 의미〕가까이에 다가가게 될 것이다. 물론, 이런 경우에 우리는 '모든 것이 얼마나 다르게 우리를 향해〔우리에게〕다가올 것인지'〔wie alles sich anders uns zukehrt, 우리를 향해 다가오는 '모든 것'이란, 존재의 비은폐성의 영역 속에 간직된 채 시원적으로 일어나는 존재자의 참다움을 가리킴〕를 투시해 보려는 자세를 먼저 갖추어야 한다.〔그러나 사태를 주시하지 못한 채〕단순히 거꾸로 향

---

9) 레클람 판본(1960년)에서는, 모든 것을 거꾸로 뒤집어(umgekehrt) 생각한다고 할 때, 이러한 역전(umkehren)의 방향은 어디로(wohin) 향하는지 묻고 있다.

하기만 한다는 것은 아무런 성과도 없을 것이다.

신전이 거기에 서 있음으로써 신전은 사물들에게는 비로소 사물들 자신의 모습을 〔밝혀〕 주고, 인간들에게는 비로소 그들 자신의 전망을 〔밝혀〕 준다. 신이 작품으로부터 달아나지 않는 한에서, 작품은 작품 으로 존재하며, 또 이렇게 작품이 작품으로 존재하는 한에서, 이러한 시야는 열려 있다. 경기에서 승리한 자가 신에게 봉헌하는 신상〔神像, 신의 형상으로 만들어진 조각상〕의 경우에도 이와 마찬가지다. 그것은 신의 모습을 좀더 쉽게 접할 수 있도록 만든 모상이 결코 아니다. 그 것은 신 자신을 현존하게 하는 하나의 작품이며, 이런 점에서 그것은 신 자신으로 **존재한다**(ist). 이와 동일한 것이 언어작품(*Sprachwerk*)에 도 해당된다. 〔그리스의〕 비극 속에서는 〔실제적 사건이〕 상연되거나 연출되는 것이 아니라, 〔거기에서는〕 옛 신들을 대항해 새로운 신들이 투쟁을 벌이고 있다. 〔그러나 그리스 민족의 구전을 통해〕 민족의 말함 속에서 생겨난 언어작품은 〔단순히〕 이러한 투쟁에 관한 이야기가 아 니라, 그것은 민족의 말함을 〔철저히〕 변화시키는 것이며, 그리하여 이제는 모든 본질적 낱말이 이러한 투쟁을 이끌어 나감으로써, 무엇이 성스럽고 무엇이 비속한지, 무엇이 위대하고 무엇이 하찮은지, 무엇 이 용감하고 무엇이 비겁한지, 무엇이 고귀하고 무엇이 덧없는지, 무 엇이 주인이고 무엇이 노예인지(헤라클레이토스, 《단편》 53: "투쟁은 만 물의 아버지이며, 만물의 왕이다. 그것은 누구는 신으로, 누구는 인간으로 나타내고, 또 누구는 노예로 삼고 누구는 자유롭게 한다")를 결정해야만 하는 그런 결단 앞으로 내세우는 것이다.

그렇다면 작품의 작품존재는 어디에 존립하는가? 방금 전에 엉성하 나마 충분히 지적된 사항을 계속 주목하는 가운데, 일단은 작품의 두 가지 본질적 특성을 좀더 분명히 제시해 보도록 하자. 여기서 우리는 이미 오래 전에 〔우리와는〕 친숙한 작품존재의 외양적 측면〔*das Vor-dergründige*, 겉으로 드러난 피상적 측면〕으로부터, 즉 일반적으로 작품을 대하는 우리의 습관적 태도에게 그 발판을 마련해 주고 있는〔작품의〕사물적 성격으로부터 시작해 보기로 한다.

　작품이 박물관에 보관되어 있거나 전시회에 걸려 있을 때, 흔히 사람들은 작품이 진열되어〔세워져〕있다(aufstellen)고 말한다. 그러나 이렇게 '진열하여 세워놓음'(Aufstellen)은, 건축 작품을 세우고(erstellen), 입상을 세워놓고(errichten), 비극작품을 축제에〔무대 위에 올려〕상연한다(darstellen)는 의미와는 본질적으로 다른 것이다. 그러한 의미에서의 '건립하여 세워놓음'(Aufstellen)은 봉헌과 찬양이라는 의미에서의 세워놓음(Errichten)이다. 여기서 '건립하여 세워놓음'은 더 이상 단순히〔어떤 것을 진열대에〕설치하여 세워놓음(Anbringen)을 뜻하지 않는다. '봉헌한다'는 것은, 작품이 세워짐으로써 성스러운 것이 성스러운 것으로서 개시되고〔그리하여〕신이〔신 자신으로 현존하는〕그의 현존성의 열린 장 속으로 들어오도록 부름 받는다는 의미에서의 '성스럽게 함'(heiligen)을 뜻한다. 이러한 봉헌에는 찬양이 속하는데, 찬양이란 신의 존엄과 영광을 기리는 행위이다. 존엄과 영광은 신에게 부수적으로 첨가되는 특성이 아니라, 오히려 이러한 존엄과 영광 속에서 신은〔신 자신으로서〕현존한다. 이렇듯 빛나는 영광의 반조 속에서 우리가 세계라고 불렀던 그것이 찬란히 빛난다, 다시 말해 스스로를 환히 밝힌다(sich lichten).〔신의 입상을〕(바로) 세워 놓는다(Errichten) 함은, 본질적인 것이 수여해 주는 그런 지침으로서의 척도, 즉〔무릇 사람이라면 마땅히 그것을〕따라가야만 하는 그런 척도로서의〔역할을 하는 그런〕'올바름을 열어놓는다'(das Recht öffnen)는 것을 뜻한다. 그러나 '작품을 건립하여 세워놓음'은 왜 '봉헌하며 찬양하는 세워놓음'일까?〔그것은〕작품이 자신의 작품존재 속에서 이러한 점을 요구하고 있기 때문이다. 작품은 어떻게 해서 이러한 건립을 요구하게 되는가?〔그것은〕작품 자체가 자신의 작품존재 속에서 건립하는 방식으로(aufstellend) 존재하기 때문이다. 작품으로서의 작품은 무엇을 건립하는 것일까? 자기-안에-우뚝-

선-채 작품은 하나의 **세계**를 열어 놓고, 이 세계가 〔작품 속에〕 편재하며 머무르게 한다.

〔작품이 작품으로서 존재하는 것인〕 작품존재는 하나의 세계를 건립함을 뜻한다. 그러나 하나의 세계, 그것은 무엇인가? 그것은 신전을 지적하던 가운데 이미 암시되었다. 세계의 본질은, 우리가 걸어가야만 하는 그런 길의 도상에서만 암암리에 알려질 수 있다. 그러나 이러한 암시적인 알림(*Anzeigen*)은, 우리의 본질적 시선을 왜곡시킬지도 모를 그런 요소에 대해 방어하는 정도로만 제한될 뿐이다.

세계란, 셀 수 있거나 셀 수 없는 것 혹은 친숙하거나 친숙하지 않은 눈앞에 현존하는 모든 사물들의 단순한 집합이 아니다. 또한 세계는 눈앞에 현존하는 것 전체를 담아내는 표상적 틀로서 상상되는 것도 아니다. **세계는 세계화한다**〔*Welt weltet*, 세계는 사물이 사물 자신으로 있는 그대로 존재하도록 허용하면서 펼쳐진다, 이런 펼쳐짐이 세계화이다〕. 이러한 세계는, 그 안에서 마치 우리가 고향에 있는 듯 아주 편안히 있다고 여겨지는 그러한 것들 ― 즉 우리가 쉽게 붙잡을 수 있고 파악할 수 있는 것들 ― 보다도 더욱 잘 존재하고(*seiender*) 있다. 세계는 우리 앞에 놓여 있어 관망될 수 있는 어떤 대상이 결코 아니다. 탄생과 죽음, 축복과 저주의 궤도가 우리를 존재〔의 열린 장〕 속으로10) 밀어 놓고 있는 한, 세계는 언제나 비대상적인 것이며, 그 안에 우리는 예속되어 있다. 우리 역사의 본질적 결정들이 내려져서, 그것이 우리에게 받아들여지기도 하고 포기되기도 하며, 또 그것이 오인되기도 하고 다시금 물어지기도 하는 바로 그곳에서, 세계는 세계화한다. 돌은 세계가 없다(*weltlos*). 식물과 동물도 〔돌과〕 마찬가지로 세계를 갖고 있지 않다. 그러나 그것들은 자신이 속박되어 있는 주위환경의 은밀한 쇄도

---

10) 레클람 판본(1960년)에서는, "터-있음(*Da-sein*) 속으로"라고 했다. 그리고 제3판(1957년)에서는, "생기 속으로"라고 했다.

에 속해 있다. 이에 반해 농촌 아낙네는 그녀 자신이 존재자의 열린 장 안에 머물고 있기 때문에 하나의 세계를 갖는다. 도구는 자신의 신뢰성 속에서, 이러한 세계에게 어떤 고유한 필연성과 가까움〔친밀함〕을 수여한다. 세계가 스스로 열림〔sich öffnen, 즉 세계가 세계화함〕으로써, 모든 사물들은 자신의 한가로움(Weile)과 바쁨(Eile)을 부여받으며〔여기서 Weile와 Eile는 사물이 세상에 머무는 시간을 가리킴〕, 또 자신의 멀음과 가까움, 그리고 넓음과 좁음을 부여받는다. 〔세계가〕 세계화하는 가운데, 그곳으로부터 〔사물들을〕 참답게-간직해주는〔bewahren, 보호해주는〕 신들의 은총이 선사되기도 하고 거절되기도 하는 그런 전체적 공간(Geräumigkeit)이 모아진다. 신이 부재한다〔Ausbleiben, 세상 밖에-머문다〕는 재앙도 또한 세계가 세계화하는 하나의 방식이다.

하나의 작품이 작품으로 존재함으로써, 그 작품은 전체적인 저 공간을 마련해준다. 〔공간을〕 마련해준다(einräumen)는 것은, 여기서 특히 열린 장의 트인 곳을 자유롭게 내어주면서(freigeben), 이렇게 트인 곳을 자신의 전체적인 특성들 속에 설립한다(ein-richten)는 것을 뜻한다. 이렇게 설립함은 이미 언급한 (바로) 세워놓음(Er-richten)으로부터 현성한다. 작품은 작품으로서 하나의 세계를 건립한다. 작품은 세계의 열린 장을 열어 놓는다. 그러나 세계의 건립은, 작품의 작품존재 속에 존립하는 (여기서 언급될 수 있는) 하나의 본질적 특성에 불과할 뿐이다. 우리는 이와 같은 방식으로 작품의 외면적 측면으로부터 출발해서, 거기〔작품의 작품존재〕에 속해 있는 또 다른 본질적 특성을 뚜렷이 제시해 보자.

하나의 작품이 이러저러한 작품재료로부터 — 즉 돌, 나무, 청동, 언어, 음향 등으로부터 — 산출되었을(hervorbringen) 때, 사람들은 흔히 그것으로 제작되었다(herstellen)고 말한다. 그러나 작품의 작품존재가 세계를 건립하는 데에 있기 때문에, 작품이 봉헌하고 찬양하는 세워놓음이라는 의미에서의 건립을 요구하고 있듯이, 작품의 작품존재는 그 자체가 제작의 성격을 갖고 있기 때문에, 제작은 필요해지는 것이다. 작품으로서의 작품은 그 본질에 있어 제작적(herstellend)이다. 그러나 작품은 무엇을 제작하는 것일까? 우리가 피상적으로 흔히 말해지는 '작품의 제작'이란 측면을 탐구해 나갈 때, 우리는 비로소 작품이 제작하는 것이 무엇인지를 경험하게 된다.

세계의 건립은 작품존재에 속한다. 이러한 규정이 이루어지는 시야 영역 속에서 생각해 볼 때, 흔히 작품의 재료라고 일컬어지는 것은 어떠한 본질을 갖는 것일까? 도구는 용도성과 유용성(Brauchbarkeit)에 의해 규정되고 있기 때문에, 그것은 자신을 구성하는 것, 즉 질료(재료)를 자신의 쓰임새(Dienst) 속에서 받아들인다. 예컨대 도끼라는 도구를 제작할 경우에, 돌은 사용되고 소모된다. 돌은 용도성 가운데서 소실된다. 질료가 도구의 도구존재에 무저항적으로 복종하면 복종할수록, 그것은 더욱 좋고 더욱 적합한 것이 된다. 이에 반해 신전이란 작품은 하나의 세계를 건립하면서 질료를 소멸시키는 것이 아니라, 오히려 처음으로 (질료 자체로서) 나타나게 하며, 그것도 작품의 세계의 열린 장 안에서 나타나게 한다. 바위는 지탱함과 머무름에 이르게 되고, 이로써 (신전을 묵묵히 지탱하면서 머무르게 함으로써) 비로소 바위가 된다. 금속은 번쩍이는 광채에 이르게 되고, 색채는 빛남에, 소리는 울림에, 그리고 낱말은 말함에[11] 이르게 된다. 작품이 돌의 육중함과 무게 속으로, 나무의 딱딱함과 유연함 속으로, 청동의 단단함과 광채 속으로, 색채의 빛남과 어둠 속으로, 소리의 울림 속으로, 낱말의 명명력(Nennkraft) 속으로 되돌아가 (거기에) 자기를 세울 때, 이 모든 것이 나타나게 된다.

거기로(Wohin) 작품이 되돌아가 자기를 세우게 되는 그곳, 다시 말

---

11) 레클람 판본(1960년)에서는, "말함"(Sagen)이라는 낱말 대신에 "발언함 (Verlauten)으로서의 말함(Sprechen)"이라고 했다.

해 이렇게 되돌아가-자기를-세우는 가운데 작품이 〔그것을 그것 자체로
서〕 나타나게 하는 바로 그것〔*was*, 작품을 산출하는 재료의 출처로서 대
지〕, 이러한 것을 우리는 대지(*Erde*) 라고 부른다. 대지는 나타나면서
〔솟아나오면서〕-감싸주는〔간직하는〕 것 (*das Hervorkommend-Bergende*) 이
다. 대지는 전혀 아무것에도 강요되지 않은 채 고단함이 없이 지치
지 않는 것 (*das zu nichts gedrängte Mühelose-Unermüdliche*) 이다. 역사
적 인간은 세계(세상)에 거주하는 자신의 거주함을 대지 위에 그리고
〔인간존재의 고향적 처소로서의〕 대지 가운데 터닦는다 (*Auf die Erde und
in sie gründet der geschichtliche Mensch sein Wohnen in der Welt*). 작품
이 하나의 세계를 건립함으로써, 작품은 대지를 〔세계의 열린 장 속으
로 불러〕 내세운다. 이러한 내세움〔*Herstellen*, 불러 내세움, 즉 은닉된
곳으로부터 개방된 곳으로 불러 내세움〕은 여기서 낱말의 엄밀한 의미에
서 사유되어야 한다.12) 작품은 대지 자체를 세계의 열린 장 속으로
밀어 넣으면서 (*rücken*) 〔거기에서 대지를〕 확고히 견지한다. **작품은 대
지를 하나의 대지로서 존재하게 한다** (*Das Werke läßt*13) *die Erde eine
Erde sein*14)).

　　그러나 왜 대지의 이러한 내세움은, 작품이 대지에로 되돌아가 〔그
곳에〕 자신을 세우는 방식으로 일어나야만 하는 것일까? 이러한 방식
으로 비은폐된 것〔*das Unverborgene*, 숨겨져 있지 않은 것〕에 이르게 되
는 대지란 무엇인가? 돌은 무겁게 내리누르면서 자신의 무거움을 알린
다. 그러나 이 돌의 무거움은 우리에게 그 육중함을 알려오면서도, 그
이면에 이 무거움은 자기 속으로의 어떠한 침입도 거부한다. 우리가

---

12) 레클람 판본(1960년)에서는, 이것도 "불충분하다"(*unzureichend*) 고 했다.
13) 레클람 판본(1960년)에서는, 〔대지를 대지로 존재하게 하는〕 이러한 läßt는
　　〔대지를 대지로 부르는〕 그런 부름(*heißt*) 이 아닌지 묻고 있다. 이에 관해서
　　는 "사방-세계"를 모아들이는 "사물"에 관해 사색해 보아야 한다.
14) 레클람 판본(1960년)에서는, 이러한 '존재'가 곧 생기(*Ereignis*) 라고 했다.

바위를 깨부숨으로써 그와 같은 것〔침입〕을 시도하더라도, 바위는 부수어진 자신의 조각들 속에서도 자신의 내부의 열려진 모습을 전혀 보여주지 않는다. 돌은 조각이 나더라도, 이러한 조각이 여전히 동일하게 지니고 있는 꽉 찬 중량감과 무거움 속으로 다시 되돌아간다. 우리가 돌을 저울에 달아봄으로써 이러한 점〔돌의 꽉 찬 중량감과 무거움〕을 다른 방식으로 파악하려고 해도, 우리는 그 무게를 단지 중량의 측정 가운데로 가져왔을 뿐이며, 아마도 돌에 대한 가장 정확한 규정일 수 있는 이런 시도조차도 단지 숫자상으로 머물 뿐, 〔실제적인 돌의〕 육중함은 우리에게서 빠져나가게 된다. 색채는 빛나고 있으며, 빛나고자 한다. 색채를 파동수로 분해하여 이해하고자 할 때, 색채는 달아나 버린다. 색채는, 그것이 탈 은폐되지 않고(unentborgen) 해명되지 않은 상태로 머물 때에만, 스스로를 나타내 보인다. 대지는 이렇게 자기 자신에게로 침입해 들어오려는 모든 행위를 그 자체 철저히 분쇄한다. 대지는, 단지 산술적으로 자기를 탐색하려고 덤벼드는 모든 시도를 파괴의 한가운데 속으로 몰아넣는다. 이러한 시도가 자연의 기술적-과학적 대상화라는 모습으로 지배와 진보의 가면을 쓴 채 나타날지라도, 이러한 지배는 〔결국 자신의 지배〕 의욕을 잃어버릴 정도로 무력한 것으로 남게 된다. 대지가 본질적으로 개시될 수 없는 것(das wesenhaft Unerschließbare)으로서 보존되고 참답게 간직되는 곳에서만, 대지는 대지 자신으로서 환히 밝혀진 채 개방되어 나타날 수 있다. 〔이렇게 개시될 수 없는 것으로서의〕 대지는 모든 개시〔Erschließung, 열어 밝힘〕 앞에서 뒤로 물러서며(zurückweichen), 다시 말해 언제나 자기를 닫아두고 있다(sich verschlossen halten). 대지 위의 모든 사물들, 즉 전체 안에 있는 사물들 자체는 서로 간의 조화로운 울림 속으로 흘러든다. 그러나 〔이렇게 흘러든다고 해서〕 이러한 흘러듬은 〔서로 간의 경계를 아예 지워버리며〕 말살하는 것이 아니다. 여기에서는 현존하는 모든 것을 자신의 현존에로 한계지우면서 흐르는 그런 경계지움의 흐름이 자기 안에 고요히 머무르며 흐른다. 그리하여 자기를 닫아두는 각각의 사물들 가운데에는 이와 동등한 '자기를 알지 못함'이 존재한다. 대지는 '본질적으로 자기를 닫아두고 있는 것'(das wesenhaft Sich-verschließende)이다. '대지를 불러-내세운다'(her-stellen)는 것은, '자기를 닫아두고 있는 것으로서의 대지를〔세계의〕열린 장 속으로 데려 온다'는 뜻이다.

작품이 대지 속으로 되돌아와〔그곳에〕자기 자신을 세움으로써, 작품은 대지의 이러한 불러 내세움을 성취한다. 그러나〔자기를 닫아두고 있는〕대지의 이러한 자기폐쇄는 획일적으로 경직된 닫혀 있음이 아니라, 그것은 소박한 방식들과 모습들의 고갈될 수 없는 충만감 속에서 전개된다. 물론 조각가도, 석공이 자기 나름대로 돌을 다루어 나가듯이, 그렇게 돌을 다룬다. 그러나 그는 돌을 소모하지 않는다. 돌을 소모한다는 것은, 작품이 실패했을 경우에나 해당된다. 물론 화가도 물감을 사용하긴 하지만, 이 경우에 색채는 소모되지 않고 오히려 비로소 빛남에 이르게 된다. 물론 시인도 낱말을 사용하지만, 이 경우에도 일상적으로 말하고 쓰는 사람들이 언어를 소모하듯이 그렇게 사용하는 것이 아니라, 오히려 낱말이 비로소 하나의 낱말이 되어 참답게 머물러 있도록 그렇게 사용한다.

작품 속에는 작품의 질료적 요소가 아예 어디에도〔남아〕있지 않다. 그러므로 심지어 도구의 본질을 규정함에 있어서도, 도구를 구성하는 그것을 단지 질료적 특성으로만 본질적으로 파악할 수 있을지는 여전히 의심스럽다.

세계의 건립(열어 세움)과 대지의 내세움(불러 내세움)은 작품의 작품존재에 속해 있는 두 가지 본질적 특성이다. 그러나 이러한 특성들은 작품존재의 통일성〔단일성〕속에 함께 속해 있다. 15) 우리가 작품의

---

15) 제3판(1957년)의 각주에서는, '작품존재의 통일성 속에서만' 함께 속해 있는 것인지 묻고 있다. 혹시 여기에서는 '단지 구성된 방식 속에서만'(nur in der gebauten Weise) 함께 속하는 것이 아닐까?

'자기-안에-서-있음'(In-sich-stehen)을 사색하고 '자기-속에-고요히-머무르는'(Auf-sich-beruhen) 이렇게 하나로 완결된 '고요함'(Ruhe)을 말하려고 시도할 경우에, 우리는 〔비로소〕이러한 통일성을 찾게 된다.

우리의 생각이 맞다고 한다면, 작품 속에는 앞에서 언급한 〔두 가지〕 본질적 특성만이 있는 게 아니라, 이와 더불어 오히려 그 이전에 어떤 일어남(Geschehen)이 존재하고 있는데, 〔이것은〕 결코 고요함이 아니다. 그러나 고요함이 운동과 대립되는 것이 아니라고 한다면, 도대체 그것〔고요함〕은 무엇인가? 그것은 자기로부터 운동을 배제하는 것이 아니라 〔자기 안에〕 운동을 포함하는 대립개념이다. 운동하는 것만이 고요히 머물 수 있다. 운동의 양식에 따라 고요히 머무는 방식도 달라진다. 물체의 단순한 장소이동을 운동이라고 볼 경우에는, 물론 고요함은 운동의 극단적인 경우이다. 고요함이 운동을 포함하고 있고, 또 운동의 양식이 이러한 고요함을 요구한다면, 가장 내밀하게 집중된 운동으로서의 '최고의 운동'인 그런 고요함이 있을 수도 있다. 자기 안에 고요히 머무는 작품의 이 고요함이 바로 이러한 종류의 것이다. 따라서 작품존재 속에서 일어나는 이러한 생성의 움직임을 통일적으로 파악하는 일이 성공적으로 이루어질 경우에, 우리는 이러한 고요함에 가까이 다가갈 수 있다. 〔여기서〕 우리는, 작품 자체 속에 내재하는 세계의 건립과 대지의 내세움은 어떤 〔공속적〕 연관을 보여주고 있는지를 묻고자 한다.

세계란, 역사적 민족의 숙명 속에서 단순하고도 소박한 본질적 결정들이 내려지는 드넓은 궤도가 스스로 열리는 개방성〔Offenheit, 열려 있음〕이다. 대지란, 언제나 자기를 꼭 닫아두고 있으면서도 그런 식으로 감싸주는 것이 전혀 아무런 강요됨도 없이 나타나고(솟아나고) 있음이다. 세계와 대지는 본질적으로 서로 다른 것이지만, 그렇다고 해서 결코 분리된 것이 아니다. 세계는 대지 위에 근거하며(터잡고 있으며), 대지는 세계를 솟아오르게 한다(durchragen). 세계와 대지 사이의 관계는 결코, 서로 아무런 관련도 없이 그저 대립되고 있는 것의 공허한 통일 속으로 위축되지 않는다. 세계는 대지 위에 고요히 머물면서 이 대지를 높여 주려고 노력한다. 세계는 스스로를 여는 것(das Sichöffnende)으로서 어떠한 폐쇄도 용납하지 않는다. 그러나 대지는 감싸주는 것으로서 그때그때 세계를 자기에게 끌어들여 자기 속에 간직해두려는 경향이 있다.

세계와 대지의 대립은 어떤 하나의 투쟁(Streit)이다. 물론 우리는 투쟁의 본질을 반목과 불화와 혼동함으로써 결국 그것을 교란과 파괴로만 생각하여, 투쟁의 본질을 오인하는 경우가 너무나 흔히 있다. 그러나 본질적 투쟁 속에서는 투쟁하는 것들이 〔서로를 파괴하는 대신에〕 각자 서로의 상대가 자신의 본질을 스스로 주장할 수 있도록 치켜세운다. 이러한 본질의 자기주장은 〔어쩌다가 우연히 취득한 자신의〕 어떤 우연한 상태를 강력히 고수함이 결코 아니라, 오히려 고유한 자기존재가 유래하고 있는 은닉된 근원성에로 자기를 넘겨주는 태도이다. 투쟁 속에서만 각자는 〔각자를 지탱할 뿐만 아니라〕 자기를 넘어 서로의 상대를 지탱해준다. 그리하여 투쟁은 언제나 더욱더 격렬해지고 더욱더 본래적으로 되어 투쟁의 본질에 이르게 된다. 투쟁이 한층 더 격해지면 격해질수록, 투쟁하는 것들은 그만큼 강력하게 단순한 자기귀속의 긴밀함〔Innigkeit, 내밀성〕 속으로 해방된다. 대지 자체가 자기를 꼭 닫아두고 있는 자기폐쇄의 해방된 쇄도 속에서 대지로서 나타나야만 한다면, 대지는 세계의 열린 장 없이는 지낼 수 없다. 또한 세계도, 그것이 모든 본질적 숙명(역사적 운명)이 펼쳐지는 드넓은 궤도로서, 어떤 결단된 것 위에 근거하고(터잡고) 있어야 한다면, 세계는 대지로부터 훌쩍 떠나갈 수는 없다.

작품은 하나의 세계를 건립하고 대지를 〔세계의 열린 장으로 불러〕 내세움으로써, 이러한 투쟁을 일으킨다. 그러나 이러한 점은, 작품이 투쟁을 하찮은 화합 속으로 억누르고 조정함으로써 일어나는 것이 아니라, 투쟁이 하나의 투쟁으로 〔고유하게〕 머무르게 됨으로써 일어난다. 세계를 건립하고 대지를 내세우면서, 작품은 이러한 투쟁을 완수한다. 작품의 작품존재는 세계와 대지 사이에서 벌어지는 이러한 투쟁의 격돌(die Bestreitung des Streites) 속에 존립한다. 투쟁은 긴밀한 소박함 속에서(im Einfachen der Innigkeit) 그 최고의 수준에 이르기 때문에, 작품의 통일성은 투쟁의 격돌 속에서 생겨난다. 투쟁의 격돌은 작품의 운동의 과도한 지속적 결집이다. 따라서 자기 안에 고요히 머물고 있는 작품의 이러한 고요한 머무름은 그 본질을 투쟁의 긴밀함 속에 지니고 있다.

작품의 이러한 고요한 머무름으로부터 비로소 우리는, 무엇이 작품 속에서 작용하고 있는지를 파악할 수 있다. '예술작품 속에서는 진리가 작품 속으로 정립된다(담겨진다)'는 명제는 아직까지는 여전히 잠정적인 주장으로 남아 있다. 그런데 과연 어느 정도로 진리는 작품의 작품존재 속에서 일어나는 것인가? 〔이 물음을〕 지금 다시 묻자면, 과연 어느 정도로 진리는 세계와 대지의 투쟁의 격돌 속에서 일어나는 것인가? 진리란 무엇인가?

진리의 본질에 대한 우리의 앎이 얼마나 빈약하고 형편없는 지는, 우리가 〔진리라는〕 이 근본낱말을 얼마나 경솔하게 사용하고 있는지를 생각해보면 쉽게 알 수 있다. 진리라는 말을 가지고서, 사람들은 대개 이러저러한 것을 진리라고 생각한다. 〔이러한 경우에〕 진리란 참다운 어떤 것을 뜻한다. 무릇 어떤 하나의 명제 속에서 진술되고 있는 어떤 인식은 이러한 〔종류의 참다운 어떤〕 것일 수 있다. 그러나 우리는 어떤 명제가 참답다고 말할 뿐만 아니라, 어떤 사태(Sache, 사물)가 참답다고 말하기도 한다. 즉, 가짜 금과 구분해서 진짜 금(참된 금)이라고 말하기도 한다. 이 경우에 참이란, 진짜로(echt) 그렇다는 뜻이며, 다시 말해 실제로(wirklich) 금이라는 뜻이다. 여기서 '실제적인 것'이라는 말은 무엇을 의미하는가? 참으로 존재하는 것〔das in Wahrheit

Seiende, 진리 속에 존재하는 것]은 우리에겐 실제적인 것이라고 여겨진다. 어떤 것이 실제적인 것에 상응한다면, 그것은 참다운 것이고, 또 어떤 것이 참으로 존재한다면, 그것은 실제적인 것이다. 이러한 순환은 다시 〔맴돌며〕 이어진다.

'참으로'(*in Wahrheit*)라는 말, 다시 말해 '진리 속에 〔있다〕'는 말은 무엇을 뜻하는가? 진리란 참된 것의 본질이다. 우리가 본질이라고 말할 때, 우리는 무엇을 생각하는가? 흔히 본질이란, 거기에서 모든 참된 것이 일치하는 공통적인 것(*das Gemeinsame*)이라고 여겨진다. 본질이란, 다수의 것에게 동일하게 타당한 어떤 일자를 표상하는 유개념과 보편개념 속에 존재한다. 그러나 이와 같이 〔무차별적으로〕 동일하게-타당한(*gleich-giltig*) 본질은, 다시 말해 에쎈치아(*essentia*)라는 의미에서의 본질성(*Wesenheit*)은, 단지 비본질적 본질(*das unwesentliche Wesen*)일 따름이다. 어떤 것의 본질적 본질은 어디에 존립하는가? 아마도 그것은, 존재자가 〔참으로〕 진리 속에 **존재한다**(*ist*)는 점에 존립할 것이다. 어떤 사태의 참된 본질은 그것의 참된 존재로부터, 즉 그때그때 존재하는 존재자의 진리로부터 규정된다. 물론 우리는 지금 본질의 진리를 찾고 있는 것이 아니라, 진리의 본질을 구하고 있다. 〔그런데 여기서 알 수 없는〕 묘한 혼란이 나타난다. 그리고 이것은 다만 하나의 묘한 현상에 불과한가, 아니면 단지 개념의 유희가 빚어내는 공허한 능변일 따름인가? 혹시 그것은 일종의 심연이 아닐까?

진리란 참된 것의 본질을 의미한다. 우리는 알레테이아(Ἀλήθεια)라는 그리스어를 회상함으로써 참된 것의 본질을 사유해 보기로 한다. 알레테이아란, 존재자의 비은폐성(*Unverborgenheit*)이라는 뜻이다. 그러나 이것은 이미 진리의 본질에 대한 하나의 규정인가? 우리는 사태를 특징짓기 위해 진리라는 말 대신에 비은폐성이라는 말을 사용함으로써, 단어 사용의 단순한 변경만을 꾀한 것은 아닌가? 물론 우리가 비은폐성이라는 낱말을 가지고서 진리의 **본질**을 말하고자 시도할 경우에, '무엇이 도대체 〔이러한 말함 속에서〕 필연적으로 일어나고 있는지'를 우리가 경험하지 못하는 한, 그것은 단지 낱말을 교환한 것에 지나지 않는다.

그렇다면 그것을 위해서는 그리스 철학의 새로운 갱신이 필요하단 말인가? 결코 그렇지 않다. 〔새로운 갱신이라는〕 이 불가능한 사실이 가능하게 될 때조차도, 그러한 갱신은 우리에게는 아무런 도움도 되지 않는다. 그리스 철학이 시작된 이래로, 그것〔그리스 철학〕은 알레테이아라는 낱말 속에서 밝게 빛나는 진리의 본질에 상응하여 그 본질 가까이에 머물지 못하고, 오히려 진리의 본질에 대한 그것의 앎과 말함〔의 방식〕은 점점 더 진리의 파생적 본질에 대한 해명 속으로 기울어지고 말았다는 점에, 그리스 철학의 은닉된 역사는 존립하기 때문이다. 알레테이아로서의 진리의 본질은 그리스인들의 사유 속에서조차 사유되지 않은 채로 남겨졌으며, 그것은 물론 그 이후의 철학 속에서는 말할 여지도 없다. 비은폐성은 그리스인들에게는 '일찍부터 현존자의 모든 현존을 규정하는 것'이었지만, 그들의 사유에서는 가장 은닉된 것이었다.

그런데 왜 우리는 이미 수세기 동안 친숙하게 지내왔던 진리의 본질을 그대로 받아들이려고 하지 않는 것일까? 진리는 이미 오래 전부터 인식과 사태의 일치를 의미하며, 이러한 점은 지금도 마찬가지다. 그러나 '인식행위'와 '그 인식을 형성하고 진술하는 명제'가 사태에 적합할 수 있기 위해서는, 또 그에 앞서 우선 사태 자체가 명제에 대하여 구속적인 역할을 할 수 있기 위해서는, 사태 자체가 그 자체로서 스스로를 내보이고 있어야만 한다. 만일 사태 자체가 은폐성으로부터 벗어나, 비은폐된 것 가운데 서지 않는다면, 과연 어떻게 그것은 스스로를 내보일 수 있단 말인가? 명제는, 그것이 비은폐된 것 ─ 다시 말해 참된 것 ─ 을 올바로 향함〈sich-richten〉으로써, 〔비로소〕 참이 된다. 명제의 진리는 언제나 이러한 올바름〔Richtigkeit, 정향성〕일 뿐이다. 데카르트 이래로 확실성(Gewißheit)으로서의 진리로부터 출발하고 있는 비판적 진리 개념들은 단지 올바름이라는 진리규정의 변종일 따름이다. 우리에게 친숙하게 통용되는 이러한 진리의 본질, 즉 표상의 올바름은 존재자의 비은폐성으로서의 진리와 그 성패를 같이 한다.

우리가 여기서 — 아니 다른 곳에서라도 — 진리를 비은폐성으로서 파악할 경우에, 우리는 단지 그리스어의 단어적 번역 가운데로 도피하는 것은 아니다. 오히려 우리는 흔히 통용되고 있는, 그리고 바로 그 때문에 낡을 대로 낡은 진리 — 올바름이라는 의미에서의 진리 — 의 본질의 근저에 놓여 있는 그것을, 다시 말해 아직까지 경험되지도 않고 사유된 적도 없는 그것을 숙고해 보고자 한다. 물론 우리가 어떤 진술의 올바름(진리)을 증명하거나 파악하기 위해서는, 〔그에 앞서〕 이미 개방되어 있는 그 어떤 것으로 되돌아가야만 한다는 사실을 사람들은 때때로 시인하지 않을 수 없다. 사실상 이러한 전제는 불가피한 것이다. 우리가 이렇게 말하고 생각하는 한, 우리는 진리를 언제나 오직 올바름으로서만 이해하고 있다. 하지만 올바름으로서의 진리는, 우리가 이미 제시하였듯이 〔존재자의 비은폐성이라는〕 어떤 전제를 여전히 필요로 한다. 그것이 어떻게 그리고 왜 전제를 필요로 하는지, 하늘은 알 것이다.

그러나 우리가 존재자의 비은폐성을 전제로 삼고 있는 것이 아니라, 오히려 존재자의 비은폐성이 (즉 존재가[16]) 우리를 다음과 같은 본질 속으로 — 즉 우리가 어떤 것을 표상할 경우에, 우리는 언제나 비은폐성 속으로 〔이미〕 들어와 있는 것이며, 따라서 비은폐성에 이끌린 채 그것의 뒤에 놓여 있게 되는 그런 식의 본질 속으로 — 옮겨놓고 있는 것이다. 〔그것을 향해〕 인식이 올바로 향하고 있는 그것이 이미 어떤 식으로든 비은폐적으로 있어야 할 뿐 아니라, '어떤 것을 올바로 향하

---

16) 레클람 판본(1960년)에서는, "생기가"라고 했다.

는' 이러한 향함 자체의 활동 영역 전체도, 그리고 이와 마찬가지로 사태에 대한 명제의 적합성을 밝혀주는 그것도, 이미 비은폐된 것 안에서 전체로서 드러나고 있어야만 한다. 그런데 만일 거기 안으로 모든 존재자가 우리를 위해 들어서고 또 거기로부터 그것이 스스로 물러서는, 〔바로 그러한 거기로서의〕 저 환히 밝혀진 〔열린〕 장 속으로 존재자의 비은폐성이 이미 우리를 〔끌어들이며 그 안으로〕 들어서지 못하게 한다면, 17) 우리가 제아무리 올바른 생각을 한다고 해도, 우리는 아무 곳에도 이를 수 없을 뿐만 아니라, 또 '우리가 올바로 향하는 그 대상은 이미 개방되어 있다'는 그런 사실조차도 아예 전제할 수 없을 것이다.

그러나 어떻게 이런 일이 발생하는가? 이러한 비은폐성으로서의 진리는 어떻게 일어나는가? 하지만 그에 앞서, 비은폐성 자체가 무엇인지, 좀더 분명히 말해져야 한다.

사물들은 존재하며, 인간도, 베품(선사)도, 희생도 존재하고, 동물과 식물도 존재하며, 도구와 작품도 존재한다. 존재자는 존재 속에 거한다. 존재를 통해서, 신적인 것과 반신적인 것 사이에 매여 있는 어떤 감추어진 숙명이 진행된다. 존재자들 가운데에는 인간이 지배할 수 없는 많은 것이 있다. 극히 적은 것만이 인식되고 있을 뿐이다. 우리가 알고 있는 것은 어떤 우연적인 것으로 머물고 있으며, 우리가 지배할 수 있는 것은 불확실한 것으로 머물고 있다. 존재자는 흔히 우리의 피조물이나 혹은 우리의 사고대상인 듯 보이지만, 사실은 결코 그런 것이 아니다. 우리가 이 전체를 한꺼번에 생각한다면, 비록 엉성하게나마 우리는 일반적으로 존재하는 모든 것을 파악한 듯한 생각이 든다.

그러나 존재자를 넘어서서, 그렇다고 존재자를 벗어나는 것이 아니라, 오히려 존재자에 앞서, 어떤 다른 것18)이 일어나고 있다. 존재자

---

17) 레클람 판본(1960년)에서는, "환한 밝힘이 일어나지 않는다면, 즉 생-기하지 않는다면"이라고 했다.

18) 제3판(1957년)에서는 이 "다른 것"이 곧 "생기"라고 했다.

전체의 한가운데(Inmitten des Seienden im Ganzen)에는 어떤 열린 장소(eine offene Stelle)가 현성한다. 〔다시 말해〕 어떤 환한 밝힘〔Lichtung, 환히 트인 터〕이 존재한다. 이것을 존재자로부터 〔존재자에 입각해서〕 사유해본다면, 그것〔환한 밝힘〕은 존재자보다 더욱 잘 존재하고(seiender) 있다. 따라서 이렇게 열린 한가운데(die offene Mitte)는 존재자에 의해 둘러싸여 갇혀 있는(umschlossen) 것이 아니라, 오히려 이 환히 밝히고 있는 한가운데 자체(die lichtende Mitte selbst)가 ― 우리가 거의 알지 못하고 있는 무(無)처럼 ― 모든 존재자를 에워싸고(umkreisen) 있다.

존재자는, 그것이 환한 밝힘에 의해 환히 밝혀진 곳〔존재의 열린 장〕으로 들어서고 〔이러한 열린 장으로〕 나와-서-있을 때〔즉, 하이데거가 《형이상학이란 무엇인가》에서 강조한 "무 속으로 들어가 머물러 있음"〕에만, 존재자로서 존재할 수 있다. 오직 이러한 환한 밝힘만이 우리들 인간에게 '우리 자신이 아닌 존재자'〔비인간적인 존재자〕와 교섭하며 이해하기 위한 통로(Durchgang)를 선사해주며 보증해줄 뿐만 아니라, '우리 자신인 존재자'〔인간적 존재자〕에 다가가기 위한 접근(Zugang)을 선사해주며 보증해준다. 이러한 환한 밝힘 덕분에, 존재자는 아무리 변화무쌍한 방식과 모습으로 있을지라도 비은폐적인 것으로 존재하게 된다. 또한 존재자가 **은닉된**다고 하더라도, 이러한 은닉은 오직 이 환히 밝혀진 곳이라는 활동공간 속에서만 이루어진다. 〔우리가〕 이러저러하게 만나고 또 마주치는 모든 존재자는, 그와 동시에 언제나 어떤 은닉성 속으로 되돌아감으로써, 현존의 이 묘한 대립〔스스로를 은닉하면서도 스스로를 탈은폐하는 존재의 은닉과 탈은폐〕을 자기 안에 지니고 있다. 그 안으로 존재자가 들어서는 저 환한 밝힘은 동시에 그 자체가 〔이미 스스로를 은닉하는〕 은닉(Verbergung)이다. 그러나 은닉은 존재자의 한가운데에서 두 가지 방식으로 편재하고 있다.

우리가 일단 존재자와 마주치게 되면, '그것이 존재 한다'고 우리는 쉽게 말하게 되지만, 이렇게 겉으로는 사소해 보이는 단 하나의 사실에 있어서조차 존재자는 우리에게 스스로를 거부하고 있다. 거부 (Versagen) 로서의 은닉은 단지 〔우리가 매사에 언제나 경험하게 되는〕 인식의 한계가 아니라, 오히려 그것은 환히 밝혀진 것〔비은폐된 존재자〕이 환히 밝혀지기 시작하는 환한 밝힘의 시원 (Anfang der Lichtung des Gelichteten) 이다. 그러나 이와 동시에 은닉은, 물론 환히 밝혀진 것의 내부에서 다른 방식〔존재자의 존재의 고유함이 드러나지 못하게 가리고 덮으며 위장하는 은폐의 다양한 방식〕으로 존재하기도 한다. 하나의 존재자가 다른 존재자 앞으로 자신을 밀착시킴 (sich verschieben) 으로써 다른 존재자를 가리기도 하고 (verschleiern) 어둡게도 하며 (verdunkeln), 소수의 것이 다수의 것을 가로막기도 하고 (verbauen), 개별적인 것이 전체를 부인하기도 한다 (verleugnen). 여기서 이러한 은닉함은 앞에서 말한 단순한 거부가 아니라, 오히려 〔이러한 은닉에 의해〕 존재자는 〔있는 그대로 존재하는〕 자기 자신과는 다르게 자신을 내어 주며 나타나게 된다.

이러한 은닉함은 위장함 (Verstellen) 이다. 〔어떤〕 존재자가 〔다른〕 존재자를 위장하는 법이 없다고 한다면, 우리가 존재자를 잘못 보고 잘못 다루는 일도 없을 것이요, 우리가 길을 잘못 들어서서 잘못 가는 일도 없을 것이며, 종국에는 헛짚는 일도 결코 없을 것이다. 가상 (Schein) 으로서의 존재자가 〔우리를〕 속일 수도 있다는 점은, 우리가 착각할 수도 있다는 사실을 위한 〔가능〕조건이 되는 것이며, 결코 그 반대가 아니다.

은닉은 거부일 수 있거나 혹은 단지 위장일 수 있을 뿐이다. 그것이 거부인지 혹은 위장인지, 우리는 결코 곧바로 확신할 수는 없다. 은닉은 자기 자신을 은닉〔거부〕하고 위장한다. 이것은 곧 다음과 같은 것을 의미한다. 즉, 존재자의 한가운데에서 〔드러나는〕 열린 곳 (offene Stelle), 다시 말해 환한 밝힘 (환히 트인 터) 은 언제나 막이 올라가 있어 그 위에서 존재자의 놀이가 상연되는 그런 고정된 〔열린〕 무대가 결코 아니라는 뜻이다. 오히려 환한 밝힘은 이러한 이중적 은닉으로서만 일어난다. 존재자의 비은폐성, 그것은 결코 눈앞에 현존하는 어떤 상태가 아니라, 〔존재의 진리가 일어나는〕 어떤 일어남〔*ein Geschehnis*, 생성〕[19] 이다. 비은폐성〔진리〕은 존재자라는 의미에서의 사물〔사태〕의 어떤 속성이나 혹은 명제의 어떤 속성이 아니다.

존재자의 가장 가까운 영역 속에 머물면서 우리는 우리 자신이 편안하다(*heimisch*)고 믿는다. 〔그곳에서〕 존재자는 친숙하며, 신뢰할 만하고, 평온한(*geheuer*) 것이다. 그럼에도 불구하고 환한 밝힘 속에는 거부와 위장이라는 이중적 형태로 나타나는 어떤 지속적인 은닉이 속속들이 배어 있다. 평온한 것이 그 근저에 있어서는 평온한 것이 아니라, 섬뜩한(*un-geheuer*) 것이다. 진리, 즉 비은폐성의 본질은 완강한 거부(*Verweigerung*)에 의해 철저히-다스려지고〔*durchwalten*, 철저히-지배되고〕 있다. 그러나 이러한 완강한 거부는, 마치 진리가 은닉된 모든 것을 완전히 털어버림으로써 〔자기 안에 은닉이나 어둠의 요소를 전혀 갖지 않은 더할 나위 없이〕 순수한 그런 비은폐성이라도 되는 듯 〔우리가 간주할 경우에, 생각해 볼 수 있는 진리의〕 어떤 결핍(*Mangel*)이나 결함(*Fehler*)이 아니다. 진리가 이러한 것이라고 한다면, 그때 진리는 더 이상 진리 자체가 아닐 것이다. **비은폐성으로서의 진리의 본질 속에는 이러한 완강한 거부가 이중적 은닉함의 방식으로 속해 있다.** 진리는 그 본질에 있어 비-진리(*Un-wahrheit*)이다. 조금은 낯설게 보이지만 그럼에도 불구하고 아주 분명하게 말하자면, 환한 밝힘으로서의 비은폐성 속에는 완강한 거부가 은닉의 방식으로 속해 있다고 말할 수 있을 것이다. '진리의 본질이 비-진리'라는 명제는 진리가 근본적으로 거짓이라는 주장은 아니다. 또 이 명제는, '진리는 결코 진리 자체가 아니라, 오히려 — 변증법적으로 생각해 보았을 때 — 언제나 자신〔진리〕과 대립되는 것이다'는 뜻도 아니다.

---

19) 초판(1950년)에서는 이러한 '일어남'이 곧 "생기"라고 했다.

거부로서의 은닉하는 완강한 거부가 비로소 모든 환한 밝힘에게 지속적인 유래를 제공해주고, 또 위장으로서의 은닉하는 완강한 거부가 모든 환한 밝힘에게 모질게 따라붙는 현혹(*Beirrung*)의 여지를 제공해주는 한에서, 진리는 진리 자체로서 현성한다. 진리의 본질 속에서는 은닉하는 완강한 거부와 더불어, 진리의 본질 속에 환한 밝힘과 은닉 사이에서 존립하는 저 대립적 성격(*das Gegenwendige*)이 말해져야 한다. 그것은 근원적 투쟁의 대립(*das Gegeneinander des ursprünglichen Streites*)이다. 진리의 본질은 그 자체에 있어서, 거기에〔열린 한 가운데에〕 존재자가 들어서 있으면서도 거기로부터 존재자가 스스로를 자기 자신에게로 물러나 세우는 저 열린 한가운데(*offene Mitte*)를 쟁취하려는 근원적-투쟁(*Urstreit*)[20]이다.

이 열린 장은 존재자 가운데에서 일어난다. 이것은 우리가 이미 말했던 하나의 본질적 특성을 나타내 보인다. 열린 장에는 세계와 대지가 속해 있다. 그러나 세계는 단순히 환한 밝힘에 상응하는 열린 장이 아니며, 또 대지는 은닉에 상응하는 '닫혀진 것'(*das Verschlossene*)이 아니다. 오히려 세계는, 그것〔본질적 지시〕에 따라 모든 결정이 내려지게 되는 그런 본질적 지시들의 궤도를 환히 밝혀주는 환한 밝힘이다. 그러나 모든 결정(결단)은, '마음대로 지배할 수 없는 어떤 것〔*ein Nichtbewältigtes*, 제압할 수 없는 것〕, 은닉된 것, 현혹시키는 것'에〔여기서 그릇된 결정의 가능성이 생긴다〕 근거하고 있으며, 만일 그렇지 않다면, 그것은 결코 결정이 아니다. 대지는 단순히 닫힌 것이 아니라, 오히려 '자기를 닫아버리는 것'(*Sichverschließendes*)으로서 개현하는 것이다. 세계와 대지는 그때마다 그 자체 자신의 본질에 따라 투쟁하고 있으며 또 〔이렇게 언제든지〕 투쟁 가능한 것이다. 오직 이러한 것으로서만 세계와 대지는 환한 밝힘과 은닉의 투쟁 속으로 들어선다.

---

20) 레클람 판본(1960년)에서는 이러한 근원적-투쟁이 "생기"라고 했다.

진리가 환한 밝힘과 은닉 사이의 근원적-투쟁으로서 일어나는 한에서만, 대지는 세계를 솟아오르게 하고(*durchragen*), 세계는 대지 위에 스스로 지반을 놓는다(*sich-gründen*). 그러나 진리는 어떻게 일어나는가(*geschehen*)? 그것은 아주 드문 본질적 방식 속에서만 일어난다고 우리는 답한다.[21] 진리가 일어나는 방식들 가운데 하나가 작품의 작품 존재이다. 세계를 건립하고 대지를 내세우는 작품은 투쟁의 격돌이며, 이러한 투쟁 속에서 존재자 전체〔*das Seiende im Ganzen*, 존재하는 일체의 것을 의미하는 동시에 존재연관 전체 안에 존재하는 존재자〕의 비은폐성이 — 즉 진리가 — 쟁취된다.

신전이 거기에 서 있는 바로 그〔열린 장〕안에서 진리는 일어난다. 그러나 이것은 여기서 어떤 것이 올바로 묘사되고 재현되고 있다는 사실을 뜻하는 것이 아니라, 존재자 전체를 비은폐성 안으로 데려옴으로써 그것을 그 안에 머물게 한다(*Halten*)는 사실을 뜻하는 것이다. 머물게 한다는 것은, 근원적으로 보호한다(*Hüten*)는 뜻이다. 반 고흐의 그림 속에서는 진리가 일어나고 있다. 이것은 여기서 눈앞에 있는 어떤 것이 올바르게 묘사되고 있다는 사실을 뜻하는 것이 아니라, 신발이라는 도구의 도구존재가 개방될 경우에 이러한〔존재자의 존재의〕개방됨 속에서는 존재자 전체가 — 즉 서로 서로 맞 대항하는 세계와 대지가 —〔존재 자체의〕비은폐성 안으로 이르게 된다는 사실을 뜻하는 것이다.

작품 속에는 진리가 작용하고 있으며, 따라서 단지 참된 어떤 것 (*ein Wahres*)만이 존재하는 것은 아니다. 농부의 신발을 보여주고 있는 그림이나, 로마의 분수를 말해주는 시는 — 이것들이 그때마다 무엇인가를 알려주고 있다고 한다면 — 이러한 개개의 존재자가 그것 자

---

21) 레클람 판본(1960년)에서는 이것은 결코 '대답이 아니라고' 했다. 왜냐하면, 이러한 방식들 속에서 일어나고 있는 그것이 무엇이냐는 물음은 여전히 남아 있기 때문이다.

체로서(*das Seiende als dieses*) 무엇인지를 알려주는 것이겠지만, 이 그림과 시는 존재자 전체와 관련하여 비은폐성이 그 자체로서 일어나게[22] 한다. 신발이 단순하면서도 본질적으로, 그리고 분수가 아무런 꾸밈도 없이 순수하게, 그것들 자신의 본질 속에서 나타나면 나타날수록, 그만큼 더 직접적이면서도 매력적으로 그것들과 더불어 모든 존재자는 더욱 잘 존재하게 된다〔존재자는 더욱더 있는 그대로 존재하게 된다〕. 이런 식으로 '스스로를 은닉하는 존재'는 환히 밝혀진다. 그런 식으로 존재하는 빛이 자신의 빛남을 작품 속으로 퍼트려 놓는다. 작품 속으로 퍼져 있는 그 빛남(*Scheinen*)이 아름다운 것(*das Schöne*)이다. 아름다움(*Schönheit*, 美)은 진리가 비은폐성으로서 현성하는 하나의 방식이다.

이제 우리는 진리의 본질을 몇 가지 관점에서 좀더 분명히 파악하게 되었다. 그 결과, 작품 속에서 작용하고 있는 것이 무엇인지가 좀더 투명하게 되었다. 그러나 이제 겨우 보이기 시작하는 작품의 작품존재는 작품의 가장 가깝고도 강압적인 현실성에 대해서는, 즉 작품에서의 사물적 성격에 대해서는 아직도 여전히 아무것도 우리에게 말해 준 적이 없다. 우리는 작품 자체의 자립성을 가능한 한 순수하게 파악해 보려는 단적인 의도에 사로잡힘으로써, 작품은 언제나 하나의 작품 — 다시 말해 만들어진 것〔창작된 것〕— 이라는 이 한 가지 사항을 〔지금까지〕완전히 간과해 온 것처럼 보인다. 만일 작품을 작품으로서 특징짓는 어떤 것이 있다고 한다면, 그것은 작품의 창작된 존재〔*das Geschaffensein*, 작품이 **창작된** 것으로서 **존재**한다는 사실〕일 것이다. 작품이 창작되고, 이러한 창작활동이 창작할 매체를 필요로 하는 한, 〔작품의 작품적 성격만이 아니라 작품의〕사물적 성격도 작품 속으로 들어오게 된다. 이러한 사실은 논쟁할 여지도 없이 분명하다. 하지만 그

---

22) 레클람 판본(1960년)에서는 이러한 '일어남'이 "생기"라고 했다.

럼에도 불구하고, 어떻게 창작된 존재가 작품에 속하게 되는지 하는 물음은 여전히 의문의 여지로 남아 있다. 그리고 이것은 다음과 같은 이중적인 물음이 해명될 경우에만 밝혀질 수 있다.

    (1) 제작된 존재〔*Angefertigtsein*, 제작되어 있음〕와 제작행위(*Ver-fertigen*)와 구분되는 창작된 존재(창작되어 있음)와 창작행위란 여기서 무엇을 말하는가?

    (2) 작품 자체의 가장 내적인 본질이란 무엇인가? 또 이 물음에 의해 비로소 다음의 이중적 물음이 측정될 수 있다. 어떤 점에서 창작된 존재는 작품에 귀속하게 되며, 또 이러한 사실은 어느 정도로 작품의 작품존재를 규정하는가?

  창작활동(*Schaffen*)은 여기서 언제나 작품과의 관계 속에서 사유된다. 작품의 본질에는 진리의 일어남이 속해 있다. 창작의 본질을, 우리는 무엇보다 먼저 존재자의 비은폐성으로서의 진리의 본질에 대해 창작〔활동〕이 맺고 있는 〔본질〕연관으로부터 규정하고자 한다. 창작된 존재가 작품 속에 귀속해 있다는 점은, 진리의 본질을 보다 근원적으로 조명해볼 경우에만, 비로소 밝혀질 수 있다. 〔그러므로〕진리 및 이 진리의 본질에 대한 물음이 다시 반복된다.

  '작품 속에서 진리가 작용하고 있다'(*Im Werk ist die Wahrheit am Werk*, 진리가 스스로를 작품 속에 정립하면서 작품화되는 과정)는 명제를 단지 하나의 단순한 주장으로만 머물게 하지 않으려면, 우리는 다시 한 번 〔진리 및 이 진리의 본질에 대해〕물어보아야 한다.

  이제 우리는 처음으로 좀더 본질적으로 다음과 같이 묻지 않으면 안 된다. 과연 어느 정도로 진리의 본질에는 '작품과 같은 것으로 향해가려는 어떤 성향'이 놓여 있는 것일까? 진리는 과연 어떠한 본질로 있기에, 그것이 작품 속으로 정립될 수 있는 것일까? 혹은 진리는 과연 어떠한 본질로 있기에, 그것이 진리로서 존재하기 위해서는 어떤 특정한 조건하에서 심지어 작품 속으로 정립되어야만 하는 것일까? 하지만 우리는 이미 작품-속으로-정립하는 진리의 이러한 정립을 예술의 본질이라고 규정했다. 그러므로 마지막으로 제기되는 물음은 다음과 같다.

그것〔즉, 진리가〕이 예술로서 일어날 수 있거나 혹은 심지어 예술로서 반드시 일어나야만 하는 그런 진리란 무엇인가? 과연 어느 정도로 예술은 〔주어져〕 있는가(*gibt es*)?

진리와 예술 *Die Wahrheit und die Kunst*

예술작품과 예술가의 근원은 예술이다. 근원이란, 그 안에서 일종의 존재자의 존재가 현성하는 그런 본질의 유래이다. 예술이란 무엇인가? 우리는 그것의 본질을 현실적 작품 속에서 찾는다. 작품의 현실성은, 작품 속에서 작용하고 있는〔*am Werk sein*, 작품화되고 있는〕 바의 그것으로부터, 즉 진리의 일어남으로부터 규정된다. 이러한 일어남을 우리는 세계와 대지 사이에서 투쟁하는 투쟁의 격돌이라고 생각한다. 이리한 투쟁의 집결된 운동 속에는 고요함이 현성한다. 자기-안에-〔고요히〕-머무르는 작품의 이러한 머무름은 여기에〔세계와 대지 사이의 투쟁의 격돌 속에서 현성하는 그런 고요함 속에〕 근거한다.

작품 속에서는 진리의 일어남이 작용하고 있다. 그러나 이렇게 작용하고 있는 그것은, 작품 속에 존재한다. 따라서 여기에서는 이미 현실적인 작품이 이러한 일어남의 담지자〔*Träger*, 진리의 일어남을 지탱해주는 사물적 기반〕로서 전제되고 있다. 〔이렇게 전제될 경우에는〕 그 즉시 눈앞에 현존하는 작품의 사물적 성격에 대한 물음이 다시금 제기된다. 그리하여 마침내 다음과 같은 한 가지 사실이 분명해진다. 즉, 그것은 우리가 〔스스로 존립하는〕 작품의 자립성에 대해 아무리 열심히 묻는다고 해도, 작품을 만들어진 것으로서 받아들이려고 하지 않는 한, 우리는 작품의 현실성을 놓치게 된다는 사실이다. 작품을 그렇게 받아들일 때, 작품(das Werk)이라는 낱말 속에서 우리는 그것이 이미 만들어진 것[das Gewirkte, 작업 활동 속에서 창작되는 가운데 진리의 일어남이 일어나고 있는 것]이라는 사실에 조용히 귀 기울이게 된다. 작품의 작품적 성격은, 그것이 예술가에 의해 창작됨으로써 존재하는 창작된 존재(Geschaffensein)라는 사실에 존립한다. 그런데 이렇게 지당하게 모든 것을 밝게 해명해주는, 작품에 대한 이러한 규정을 이제야 비로소 언급한다는 것은 어쩌면 매우 이상하게 보일지도 모른다.

그러나 작품의 창작된 존재는 오로지 창작활동이 이루어지는 과정으로부터만 명백히 파악될 수 있다. 그러므로 우리가 예술작품의 근원을 올바로 접하기 위해서는, 이러한 사실을 언제나 염두에 둔 채 예술가의 활동 속으로 진입해 들어가야만 한다는 사실을 우리는 이해해야만 한다. 작품의 작품존재[23]를 순수하게 작품 자체로부터 규정해 보려는 시도는 더 이상 실행 불가능한 것으로서 입증된다.

우리는 이제 작품을 떠나 그것을 등진 채 창작의 본질에 대해 물으면서 그 가까이 다가가고자 한다. 하지만 이 경우에도 우리는 앞서 농촌 아낙네의 신발에 대한 그림과 그리스 신전에 대해 말하였던 바를 잘 기억해둘 필요가 있다.

우리는 창작행위를 하나의 [어떤 것을 그것의 존재의 은닉된 영역으로부터 존재의 열린 장 속으로 이끌어내어-나타나게-함을 뜻하는] 산출행위(Hervorbringen)라고 생각한다. 그러나 도구의 제작도 하나의 산출행위이다. 어쩌면 이상한 말장난처럼 들릴지는 모르겠으나, 수공업적 제작행위로는 결코 어떤 작품도 '창작'하지는 못한다. 이러한 점은, 설령

---

23) 레클람 판본(1960년)에서는, 이러한 "작품존재"가 무엇을 뜻하는지 물으면서, 그 의미는 다의적이라고 했다.

우리가 필요에 따라 수공업적 제품을 공장에서 찍어낸 제품과 구별할 경우에도 마찬가지다. 그렇다면 창작행위로서의 산출행위는 무엇에 의해 제작의 방식으로 있는 산출행위와 구분되는 것일까? 단어 상으로 작품의 창작과 도구의 제작을 구별하기는 쉽지만, 그러나 이 두 가지 방식의 산출행위를 저마다의 고유한 본질적 특성들 속에서 추구한다는 것은 매우 어려운 일이다. 외관상으로 보자면, 도공의 활동과 조각가의 활동, 도색공의 활동과 가구공의 활동, 그리고 화가의 활동 속에서 우리는 똑같은 〔방식의 수공업적〕 태도를 발견하게 된다. 작품의 창작은 그 자체 수공업적 행위를 요구한다. 위대한 예술가는 너나할 것 없이 수공업적 활동능력을 최고로 평가한다. 그들은 먼저 완전한 숙달에 의해 세심히 배려하며 손질할 것을 요구한다. 그들은 그 누구보다도 수공업적 작업 활동 속에서 끊임없이 새로운 완성을 위해 노력한다. 예술작품에 대해 어느 정도 이해하고 있었던 그리스인들은 수공업과 예술을 지칭하기 위해 테크네(τεχνη) 라는 동일한 낱말을 사용하였으며, 또 테크니테스〔τεχνίτης, 장인〕라는 동일한 낱말로서 수공업자와 예술가를 지칭하였다는 사실은, 사람들이 이미 오랫동안 충분히 지적하여 잘 알려진 사실이다.

이런 이유에서 창작행위의 본질을 수공행위적 측면으로부터 규정하는 것이 좋을 듯싶다. 물론 그리스인들 자신이 겪은 사태에 대한 경험은 그들의 언어사용 속에 담겨지기 마련이라는 사실을 고려한다면, 우리는 신중하게 〔그 사태에 뒤따라〕 사유해보지 않으면 안 된다. 비록 그리스인들이 테크네라는 동일한 낱말로써 수공업과 예술을 지칭하곤 하였다는 사실이 아무리 명백하고 일반적인 사항인 것처럼 보일지라도, 사실 이러한 사항에 대한 지적은 여전히 왜곡된 채 피상적인 것으로 남아 있다. 왜냐하면 테크네는 수공업과 예술을 뜻하지 않았으며, 더욱이 오늘날의 의미에서의 기술적인 것을 의미하지도 않았고, 그것은 그 어디에서도 결코 실천적 행위의 한 방식을 의미하지 않았기 때문이다.

오히려 테크네라는 낱말은 앎의 한 방식을 지칭하는 말이다. 여기서의 '앎'(Wissen)이란, '보았음'(gesehen haben)을, 즉 넓은 의미에서의 '봄'(Sehen)을 뜻하며, 이러한 '봄'은 현존하는 것[das Anwesende, 현존자]을 그것 자체로서 받아들이며 인지하는 행위(vernehmen)를 가리킨다. 앎의 본질은 그리스적 사유에서는 알레테이아(ἀλήθεια)에, 즉 존재자의 탈은폐(Entbergung)에 깃들어 있었다. 알레테이아는 존재자와 관계하는 모든 태도를 지탱하면서 이끌어 준다. 현존하는 것을 그것 자체로서 은닉성**으로부터** 이끌어 내서 고유하게 그것 자신의 모습이 드러나는 비은폐성 **가운데로** 데려오는 행위(**aus** der Verborgenheit her eigens **in** die Unverborgenheit seines Aussehens vor bringen)가 하나의 [탁월한] 산출행위인 한에 있어서, 이렇게 그리스적으로 경험된 앎으로서의 테크네는 존재자를 산출하는 하나의 산출행위(Her-vor-bringen)이다. 테크네는 결코 만듦(Machen)의 행위를 의미하지 않았다.

예술가는 그가 수공업자와 같은 일을 하고 있기 때문에 테크니테스라고 불린 것이 아니라, 작품의 제작[Her-stellen, 내세움]과 도구의 제작이 [이끌어내어-나타나게-하는] 산출행위 속에서 이루어지기 때문에 그는 테크니테스라고 불린 것이다. 물론 이러한 산출행위란, 애초부터 존재자를 그것의 보임새로부터(von seinem Aussehen her) 그것의 현존 속으로 나타나게 하는(vor-kommen lassen) 행위이다. 그러나 이 모든 일은 '자생적으로 피어오르는 존재자', 즉 '퓌시스'의 한가운데에서 일어난다. 예술이 테크네라고 불린 까닭은, 예술가의 행위가 수공업적 행위로부터 경험되기 때문에 그런 것은 결코 아니었다. 작품의 창작행위에 있어 수공업적 행위처럼 보이는 그것은, 실은 전혀 다른 방식으로 존재한다. 이러한 행위[작품의 창작에 있어 수공업적 행위처럼 보이는 요소]는 창작의 본질로부터 규정되어 철저히 조율되면서 창작행위 속에 보존된다.

수공업을 실마리로 삼지 않는다면, 무엇을 실마리로 삼아 우리는 창작의 본질을 사유해야 하는가? 창작되어야 할 작품을 고려하는 것 이외에 달리 어떤 방도가 있겠는가? 비록 작품은 창작행위가 완수될 때 비로소 현실적으로 되는 것이며, 그러기에 작품의 현실성은 창작행위에 의존하고 있다고 하더라도, 창작의 본질은 작품의 본질에 의해 규정된다. 작품의 창작된 존재가 창작활동과의 어떤 연관 속에 존재한다고는 하더라도, 그럼에도 불구하고 창작된 존재만이 아니라 창작활동도 역시 작품의 작품존재로부터 규정되어야만 한다. 우리는 이제 궁극적으로 창작된 존재를 시야 속으로 이끌어오기 위해서, 처음부터 왜 그렇게 오랫동안 오직 작품만을 문제로 다루었던 것인지, 그 까닭에 대해 더 이상 의아하게 생각하지 않는다. '작품'이라는 단어에서 넌지시 울려오고 있듯이, 창작된 존재가 본질적으로 작품에 속해 있다면, 우리는 지금까지 작품의 작품존재로서 규정될 수 있었던 것을 좀더 본질적으로 이해하고자 시도해야만 한다.

'작품 속에서는 진리의 일어남이 작용하고 있다'는, 이미 도달된 작품의 본질경계에 대한 고찰로부터 우리는 '창작행위'를 '산출되는 어떤 것 속으로 출현하게 하는 행위'(das Hervorgehenlassen in ein Hervorgebrachtes) 라고 특징지을 수 있다. 작품이 작품화된다(Werkwerden)는 것은 진리가 생성되고 일어나는 하나의 방식이다. 진리의 본질에 모든 것이 달려 있다. 그러나 이렇게 창작되는 것 속에서 일어나야만 하는 그 진리란 무엇인가? 진리는 자신의 본질의 근본바탕에 있어 작품에로 향하는 특성을 어느 정도로 가지고 있는가? 이러한 물음은 과연 지금까지 해명된 진리의 본질로부터 파악될 수 있을까?

은닉이라는 의미에서의 '아직은-탈은폐되지-않은-것'(das Noch-nicht-Entborgene, 즉 das Un-Entborgene)의 유래영역이 진리에 속해 있는 한, 진리는 (그 본질에 있어) 비-진리(Un-Wahrheit)이다. 진리로서의 비-은폐성(Un-verborgenheit) 속에는 이와 동시에 모종의 이중적 거절(Ver-

wehrung）이라는 다른 '비-'（*Un-*）가 현성하고 있다. 진리는 환한 밝힘 （*Lichtung*）과 이중적 은닉（*zwiefache Verbergung*）의 상호대립 속에서 그 자체로서 현성한다. 스스로를 내보이기도 하고 스스로 물러서기도 하 는 그런 존재자로서의 모든 것이 거기〔열린 장〕안으로 들어서기도 하 고 또 거기로부터 물러서기도 하는 그런 열린 장이 그 안〔근원적-투쟁 속〕에서 그때마다 어떤 방식으로 쟁취되는 그런 근원적-투쟁이 곧 진리 이다. 이러한 투쟁이 언제 어떻게 돌발하여 일어나든지 간에, 그때마 다 이러한 투쟁을 통해 투쟁하는 것들은 ― 즉 환한 밝힘과 은닉은 ― 서로 갈라져 맞서게 된다. 이렇게 해서 투쟁 공간〔으로서〕의 열린 장이 쟁취된다. 이러한 열린 장의 열려 있음〔*Offenheit*, 개방성〕, 다시 말해 진리는, 그것이 자신의 열린 장 안으로 들어와 자기 자신을 설립할 때 에만 그리고 그 동안에만, 자신이 존재하는 바의 그것〔진리 자신〕으로, 즉 **이러한** 열려 있음으로 존재할 수 있다. 그러므로 〔그 안에서〕 열려 있음이 자신의 존립과 지속성을 얻게 되는 이러한 열린 장 속에서 그때 마다 무릇 존재자는 존재해야만 한다. 열려 있음이 열린 장을 차지함으 로써, 열려 있음은 이 열린 장을 열린 채로 줄곧 유지한다. '정립한 다'〔*Setzen*, 작품 속에 정립함〕는 것과 '차지한다'（*Besetzen*）는 것은, 여기 에서는 도처에서 '비은폐된 것 안에 세워놓음'（*Aufstellen*）을 뜻하는 테 시스（θέσις）라는 그리스어의 의미로부터 사유되고 있다.

　'열려 있음이 열린 장 안으로 스스로를 설립한다'（*Sicheinrichten der Offenheit in das Offene*）는[24] 이러한 지적과 더불어, 사유는 여기서는 더 이상 논의될 수 없는 어떤 구역을 건드리며 휘젓는다. 〔여기서는〕 다만 다음과 같은 사실만이 지적될 수 있을 뿐이다. 존재자의 비은폐성의 본 질이 어떤 방식으로든 존재 자체에 속한다면（《존재와 시간》, 제44절 참

---

24) 레클람 판본（1960년）에서는, 여기에 '존재론적 차이'가 깃들어 있다고 했다. 이에 관해서는 《동일성과 차이》（37쪽 이하）를 참조할 것.

조), 이 존재 자체는 자신의 본질로부터 열려 있음의 놀이공간〔터-있음의 터로서의 환히 트인 터〕을 일어나게 하고, 이 놀이공간을 그 안에서 각각의 존재자가 저마다의 방식으로 피어오르게〔출현하게〕 되는 **그런 곳**으로서 가져온다〔einbringen, 내어준다〕.

진리는 오직, 진리 자신에 의해 열리는 투쟁과 놀이공간 속에서 스스로를 설립하는 식으로만, 일어난다. 진리는 환한 밝힘과 은닉 사이의 맞선대립(das Gegenwendige)이기 때문에, 그 진리에는 여기서 설립(Einrichtung)이라고 지칭되는 그것이 속하고 있다. 그러나 진리는 애초에 홀로 뚝 떨어진 저 하늘의 별 어느 한곳에 그저 눈앞에 현존하고 있다가, 나중에 존재자들 가운데 어디에서든 그저 아무렇게나 머무르는 것이 아니다. 이러한 것은 이미 불가능하다. 왜냐하면 존재자의 열려 있음이 비로소 〔처음으로〕 이러저러한 곳이 개시될 수 있는 가능성 및 현존하는 것에 의해 채워지는 터전이 개시될 수 있는 가능성을 부여해 주기 때문이다. '열려 있음의 환한 밝힘'과 '열린 장 안으로 설립함'은 서로 공속한다. 이 양자는 진리가 일어나는 동일한 하나의 본질(dasselbe eine Wesen des Wahrheitsgeschehens)이다. 진리의 일어남은 역사적으로 다양한 방식으로 일어난다.

진리가 자신에 의해 열려진 존재자 속에서 스스로를 설립하는 하나의 본질적인 방식이 '진리가 스스로를-작품-속으로-정립함'이다. 진리가 현성하는 다른 하나의 방식은 〔폴리스로서의 국가, 즉 정의롭고 조화로운 삶의 공동체인〕 국가를 창건하는 행위〔die staatgründende Tat, 국가의 기반을 다지는 행위〕이다. 진리가 빛나게 되는 또 다른 하나의 방식은, 단적으로 하나의 존재자로 존재하지 않고 오히려 존재자 가운데 가장 잘 존재하는 것(das Seiendste des Seienden)으로 존재하는 그것〔존재자를 존재자로서 그 사진의 고유한 존재 속에 참답게 머물게 하면서 현성하는 있는 그대로의 '존재 그 자체'〕의 가까움(Nähe)이다. 그리고 진리가 스스로를 근거 짓는〔gründen, 터닦는, 즉 인과율적 관점에서 어떤 것의 원인이 되는 그런 근거를 밝히는 행위가 아니라, 진리가 일어나는 터전을 스스로 마련해놓는 행위〕 또 다른 하나의 방식은 본질적 희생이다. 또 진리가 되는(일어나는) 다른 하나의 방식은 사유가의 물음이며, 이러한 물음은 존재의 사유로서 존재를 물어봄직한 것으로 명명한다. 이에 반해 학문은 진리의 근원적 일어남이 아니라, 그때그때 이미 열린 하나의 진리-영역을 구축하며 확장할 따름이다. 물론 이러한 구축과 확장은 그 자신의 영역 내에서 가능적이고도 필연적인 올바름〔das Richtige, 진리의 올바른 척도〕에 따라 내보여지는 바의 그것을 파악하고 정초하는 가운데 이루어진다. 학문이 올바름을 넘어 진리에로, 다시 말해 존재자를 그것 자체로서 드러내는 본질적인 드러냄(Enthüllen)에로 이르게 될 경우에만, 또 그런 한에서만, 학문은 철학이 된다.

'존재자 속으로 스스로를 설립함으로써 비로소 진리가 〔일어나게〕 된다'는 점이 진리의 본질에 속하기 때문에, 존재자 자체의 한가운데에서 존재하고 있는 그런 진리의 탁월한 하나의 가능성으로서의 **'작품이 되려는 성향'**(der Zug zum Werk)이 진리의 본질 속에 놓여 있는 것이다.

작품 속으로 진리가 스스로를 설립함이란, 예전에 있어 본 적도 없고 이후에도 결코 더 이상 생기지 않을 그런 하나의 존재자를 산출함이다〔여기서 예술작품의 유일무이한 독창성이 생겨난다〕. 이 산출은 이러한 존재자를 열린 장 안으로 세워놓음으로써, 가져와야 할 것이 비로소 그 안으로 자신이 출현하게 되는 그런 열린 장의 열려 있음을 환히 밝힌다. 산출이 존재자의 열려 있음을 — 즉 진리를 — 제대로(고유한 방식으로) 가져올 경우에, 산출된 것은 하나의 작품으로 존재한다. 이러한 산출행위가 곧 창작행위이다. 이러한 가져옴(Bringen)으로서의 창작은, 비은폐성과의 〔긴밀한〕 연관 속에서 받아들이면서 끄집어내는 하나의 행위이다. 그렇다면 그에 따라 창작된 존재는 어디에 존립하는가? 그것은 두 가지 본질적 규정을 통해서 분명해진다.

진리는 작품 속으로 자신을 바로 세운다〔sich-richten, 진리의 일어남이 작품화되는 과정 속에서 세계와 대지의 투쟁으로서의 진리가 작품 속으로 스스로를 펼쳐놓는 방식〕. 진리는 세계와 대지의 상호대립 속에서 환한 밝힘과 은닉 사이의 투쟁으로서만 현성한다. 진리는 세계와 대지의 이러한 투쟁으로서 작품 속으로 바로 세워지기를 원한다〔세계와 대지의 투쟁으로서의 진리가 "작품이 되려는 성향"〕. 이러한 투쟁은 고유하게 산출되어야 할 존재자 속에서 도저히 제거될 수 없는 것으로 남아 있으며, 또 그것은 이러한 존재자 속에 그저 단순히 머무르는 것이 아니다. 오히려 투쟁은 이러한 존재자로부터 〔비로소〕 개시된다. 따라서 이러한 존재자는 자신 안에 투쟁의 본질적 특성을 마땅히 지니고 있어야 한다. 투쟁 속에서 세계와 대지의 통일이 쟁취된다. 하나의 세계가 스스로를 개방함으로써, 이 세계는 역사적 인류에게 승리와 패배, 축복과 저주, 지배와 예속을 결정하도록 한다. 피어오르는 세계는 아직은 결정되지 않은 것 과 아무런 척도도 없는 것을 나타나게 함으로써, 척도와 결정의 은닉된 필연성을 열어놓는다.

　그러나 하나의 세계가 스스로를 개방함으로써, 대지는 솟아나게 된다. 대지는 모든 것을 지탱해주는 것으로서, 그리고 자신의 법칙 가운데 간직된 채 지속적으로 자신을 닫아버리는 것으로서, 스스로를 나타내 보인다. 세계는 자신의 결정과 척도를 요구하면서, 존재자를 〔세계〕 자신의 궤도의 열린 장 안에 이르게 한다. 대지는 〔모든 것을〕 지탱하며-솟아오르면서 자신을 닫힌 채로 유지하려고 하고, 또 모든 것을 자신의 법칙에 순응하게 하고자 애쓴다. 투쟁은 단순히 쪼개져 갈라지는 어떤 균열이 결코 아니며, 그것은 투쟁하는 것 사이에 긴밀하게 공속하는 긴밀성(*Innigkeit*)이다. 이러한 〔긴밀성으로서의〕 균열〔*Riβ*, 선〕은 서로 대립하는 것을 〔첨예하게〕 가르면서도 합일적인 근본바탕〔*Grund*, 세계와 대지의 투쟁 속에서도 서로가 조화를 이루기 위해 화합하는 근원적 바탕〕으로부터 그것〔서로 대립하는 세계와 대지〕의 통일의 유래에로 모아준다. 이러한 균열이 곧 근본-균열〔*Grundriβ*, 밑그림〕이다.

이러한 근본-균열은, 존재자의 환한 밝힘의 피어오름(*Aufgehen*)의 근본 특성〔존재의 환한 밝힘으로부터 존재자가 그 자체로 피어오르며 개현되는 그런 근본 특성〕들을 나타내 보여주는, 열린-균열〔*Auf-riß*, 초벌그림, 균열의 개현〕이다. 이러한 〔열린-균열로서의〕균열은 서로 대립하는 것들을 파멸시켜 없애버리는 것이 아니라, 오히려 그것은 〔저마다 자신의〕척도와 한계를 지니고 있는 이 상호대립적인 것을 〔이 둘이 서로 화합하는〕합일적 윤곽〔*Um-riß*, 균열의 구성〕속으로 가져온다〔하이데거는 여기서, 세계와 대지 사이에서 벌어지는 투쟁의 균열이 화폭에서의 선(*Riß*)과 밑그림(*Grund-riß*)과 초벌그림(*Auf-riß*)과 윤곽(*Um-riß*)을 서서히 형성하면서 마침내 하나의 완성된 형태(*Gestalt*)를 이루게 된다는 점을 넌지시 암시하고 있다〕.

오직 투쟁이 이러한 존재자 속에서 개시되는 식으로만, 다시 말해 이러한 존재자 자체가 균열 속으로 이르게 되는 식으로만, 투쟁으로서의 진리는 산출되어야 할 존재자 속으로 스스로를 설립하는 것이다. 균열은 열린-균열과 근본-균열 그리고 다양한 균열들을 관통해 이것들을 전체적으로 짜엮는 윤곽(*Durch-und Umriß*)의 통일적 결합이다. 진리가 존재자 속에 스스로를 설립함으로써, 존재자 자체는 진리의 열린 장을 차지하게 된다. 그러나 이러한 차지함은, 오직 산출되어야 할 것이 — 즉 균열이 — 열린 장 속에서 솟아나는(*ragen*) '자기를 닫아버리는 것'에게 스스로를 내맡기는 식으로만 일어날 수 있다. 균열은 돌의 매력적인 무거움, 나무의 말없는 단단함, 색조의 어두운 작열 속으로 되돌아가야만 한다. 대지가 이러한 균열을 자기 안에 다시 받아들임으로써, 균열은 비로소 열린 장 안으로 내세워지며, 그리하여 이러한 균열은 '자기를 닫아버리면서도 보호해주는 것으로서 열린 장 안으로 솟아나는 바의 그것〔대지〕' 안에 세워지고 정립된다.

균열 속으로 데려와 대지〔예술작품에서의 대지적 차원 혹은 그런 요소〕속으로 되돌려 세워짐으로써 확립된 투쟁이 곧 **형태**(*Gestalt*)이다.

작품의 창작된 존재〔어떤 것이 작품으로 '창작되어 있음')란, 진리가 형태 속으로 확립되어 있음을 뜻한다. 형태란, 균열〔선)이 안배됨〔sich-fügen, 이어짐)으로써 구성된 전체적-짜임새(Gefüge)이다. 〔이렇게〕 안배된 균열〔der gefügte Riß, 형태를 구성하도록 작품 속에 안배된 균열로서의 선)은 진리의 빛남〔예술적 아름다움, 즉 예술미)이 〔형태를 구성하는 선으로〕이어진 것(die Fuge des Scheinens der Wahrheit)이다. 여기서 '형태'라고 말해지는 그것은, 작품이 건립되고 내세워지는 한에서, **작품**이 그러한 것으로서 현성하는 **그런** 세움(Stellen)과 모아-세움〔Ge-stell, 즉 건립하여 세워놓음(Aufstellen), 불러-내세움(Her-stellen), 되돌려-세움(Zurückstellen), 확립함(Feststellen, 확고히-세움) 등에서 말해지는 세움들 전체의 모임을 가리킴)으로부터 언제나 사유되어야 한다.

작품이 창작되는 과정 속에서 균열로서의 투쟁은 대지로 되돌아가 세워지고, 대지 자체는 '자기를 닫아버리는 것'으로서 산출되며 사용된다. 그러나 이러한 사용은 대지를 질료(소재)로서 소모하거나 남용하는 것이 아니라, 오히려 대지를 비로소 대지 자체로 해방시킨다. 이러한 대지의 사용은 대지를 가지고서 작품화하는 하나의 행위이며, 그것은 외관상으로는 마치 질료를 수공업적으로 이용하는 것처럼 보인다. 그래서 작품의 창작행위는 마치 수공업적 행위처럼 보이기도 한다. 하지만 이것은 전혀 그런 것이 아니다. 진리를 형태 속으로 확립하는 가운데(im Feststellen der Wahrheit in die Gestalt), 대지는 언제나 사용되기 마련이다. 이에 반해 도구의 제작은 진리가 일어남으로써 생기는 어떤 직접적 결과가 결코 아니다. 〔도구의 제작이 완결됨으로써 나타나게 되는〕 도구의 완성된 존재(Fertigsein)는, 단지 소모적으로 사용되기 위한 하나의 채비로서 '질료가 형상화되어 있음'〔Geformtsein, 소재의 형태화)일 뿐이다. 도구의 완성된 존재란, 그 도구가 자기 자신을 넘어 그것이 지향하고 있는 용도성 속에서 사라져버리게 된다는 사실을 뜻한다.

그러나 작품의 창작된 존재란 이런 것이 아니다. 이러한 점은 지금 언급할 두 번째 특징으로부터 명백해질 것이다.

도구의 완성된 존재와 작품의 창작된 존재는, 이 둘이 모두 산출된 존재라는 점에서 일치한다. 그러나 작품의 창작된 존재는, 이 창작된 존재가 창작된 것 안으로 함께 창작되어 들어오게 된다는 점에서 여타의 모든 산출함과는 다른 독특함을 갖는다. 그러나 이러한 점은 '산출됨으로써 어떤 식으로든 현존하는 모든 것들'에게 다 해당되는 것이 아닐까? 산출된 모든 것에게는, 그것이 무엇이든지 간에, 산출된 존재가 함께 부여된다. 그러나 작품 속에서는 창작된 존재가 고유하게 창작된 것 안으로 창작되어 들어오게 되며, 이로써 창작된 존재는 창작된 것으로부터 ─ 즉 그렇게 산출된 것으로부터 ─ 고유하게 솟아오른다(hervorragen)는 사실은 아주 분명하다. 만일 그렇다고 한다면, 우리는 또한 창작된 존재를 고유하게 작품에서 경험할 수 있어야 한다.

'창작된 존재가 작품으로부터 나타난다'(Hervorkommen)고 함은, 분명히 어떤 위대한 예술가가 그 작품을 만들었으리라는 점이 그 작품에서 뚜렷이 나타나야 한다는 사실을 뜻하지 않는다. 그것은, 창작된 작품이 어떤 유능한 작가가 이루어낸 업적으로 입증됨으로써 그 작가가 대중적 흠모의 대상으로 추앙받아야 한다는 사실을 뜻하지도 않는다. 즉, 〔그것은〕 누구누구의 작품이 잘 알려져 있다는 것을 뜻하는 게 아니라, 〔하나의 예술작품이〕 만들어졌다〔factum est, 창작되었다〕는 단순한 사실만이 작품 속에서 열린 장 가운데 보존되어야 한다는 것을 뜻할 뿐이다. 즉, 이것은 존재자의 비은폐성이 여기서〔작품 속에서〕 일어나게 되었으며, 이렇게 일어나게 된 것으로서〔존재자의 비은폐성이 작품 안에서 창작된 것으로서〕 비로소 일어나고 있다는 사실을 뜻한다. 이것은 곧, 그러한 작품이 〔분명히 현실적으로〕 **존재하고 있으며** 오히려 없는 게 아니라는 사실을 뜻한다. '작품이 이러한 작품으로서 존재한다는 〔놀라운 사실이 엄습해오는〕 충격'과 또 '이러한 눈에 보이지 않는 충격이 부단히 지속된다는 사실'이 작품에 있어서 자기-안에-머무름의 지속성을 형성한다. 작품이 생성되는 과정과 그 상황 그리고 예술가가 알려지지 않은 채 남아 있는 그곳에서, 이러한 충격이 ― 즉 〔작품이〕 창작되어 있다는 이 사실이 ― 가장 순수하게 작품으로부터 나타난다.

물론 사용될 수 있거나 현재 사용되고 있는 그런 도구에게도 '그것이 제작되었다는 사실'은 속해 있다. 그러나 이러한 '사실'은 도구에서 (am Zeug) 밖으로 나타나는 게 아니라, 오히려 그것은 용도성 속에서 사라져버린다. 어떤 하나의 도구가 사용하기 편하면 편할수록, 예컨 대 그런 하나의 망치가 있다는 사실은 더욱더 눈에 띄지 않은 채로 남아 있게 되고, 그 도구는 전적으로 자신의 도구존재 속에 머물게 된다. 우리는 눈앞에 현존하는 모든 것에서, 그것이 있다는 사실을 확연히 알아챌 수 있다. 그러나 이러한 사실은, 습관적으로 늘 그러하듯이 곧 망각될 정도로만 인지될 뿐이다. 그러나 존재자가 있다는 사실보다 더 친숙하고도 익숙한(gewönlich) 사실이 어디에 또 있겠는가? 그러나 이에 반해 작품 속에서는, '그것〔작품〕이 그러한 것으로서 **존재한다는 사실**'은 〔경이로움을 동반하므로〕 아주 기이한 것(das Ungewöhnliche)이다. 작품의 창작된 존재의〔즉, 작품의 창작된 존재가 작품 안에서 고유하게 일어나는 사건으로서의〕 생기(Ereignis)는 작품 속에서 단순히 차후에 울려오는 것이 아니라, 오히려 작품이 이러한 작품으로서 존재하고 있다는 그런 생기적 사실〔das Ereignishafte, 예술작품이 하나의 개별적 예술 작품으로서 창작되어 열린 장 안으로 들어와 생기하고 있다는 사실〕이 작품을 자기 앞으로 내던져서 그것〔작품〕이 자기 주위에 내던져진 채 지속적으로 머물게 한다. 작품이 좀더 본질적으로 자신을 열면 열수록, '작품이 있으며 오히려 없는 게 아니다'라는 이 유일무이한 사실은 그만큼 더 찬란히 빛나게 된다. 이러한 충격이 좀더 본질적으로 열린 장 안으로 들어오면 들어올수록, 그만큼 더 작품은 낯설고 고독한 것이 된다. 작품의 산출행위 속에는 '그것이 존재 한다는 〔유일무이한〕 사실'

이 제시되고 있다.

작품의 창작된 존재에 대한 물음을 통하여, 우리는 작품의 작품적 성격과 작품의 현실성에 좀더 가까이 접근하게 되었다. 창작된 존재란, '투쟁이 균열을 통해서 형태 속으로 확립되어 있음'이라고 밝혀졌다. 그리고 이 때 창작된 존재 자체는 고유하게 작품 안으로 창작되어 들어오고, 그리하여 앞에서 언급한 그런 '사실'이 적막한 충격으로서 열린 장 가운데로 〔들어와〕서있게 된다. 그러나 창작된 존재 속에서는 작품의 현실성이 남김없이 다 드러나는 것은 아니다. 오히려 이와는 반대로 작품의 창작된 존재의 본질에 대한 고찰을 통해 우리는 지금까지 말해진 모든 것이 궁극적으로 지향하는 목표에 이르기 위해 힘찬 발걸음을 내딛게 되었다.

형태로 확립된 작품이 가만히 저 홀로 자기 안에 서 있으면 서 있을수록, 또 인간과 관련된 작품의 모든 연관들이 더 순수하게 풀려난 것처럼 보이면 보일수록, 그러한 작품이 존재하고 있다는 그 충격(Stoß)은 그만큼 더 소박하게 열린 장 안으로 들어서며, 또 그만큼 더 본질적으로 어떤 섬뜩함이 우리에게 밀어닥치고(aufstoßen), 그리하여 지금까지 평온하게 보이던 것은 무너지고 만다(umstoßen). 그러나 이처럼 다양한 충격은 결코 폭력적인 것이 아니다. 왜냐하면 작품 자체가 자기 자신에 의해 개시된 존재자의 열려 있음 안으로 좀더 순수하게 밀려들면(entrücken) 밀려들수록, 그만큼 더 소박하게 작품은 이러한 열려 있음 안으로 우리를 밀어 넣으면서(einrücken), 이와 동시에 습관적으로 익숙한 것으로부터 벗어나도록 우리를 떠밀어낸다(herausrücken). 이러한 변화〔Verrückung, 삼중적인 밀어냄(Rückung)의 통일적 방식, 즉 앞 문장에서 말해진 entrücken, einrücken, herausrücken에 따른 모종의 위치-변화〕를 따른다는 것은, 작품 속에서 일어나는 진리 가운데 머물기 위해, 세계와 대지에 대한 〔종래의〕습성적 연관들을 변화시킴으로써, 장차 모든 통상적 행위와 평가, 그리고 그러한 앎과 시선을 자제하며 삼간다(ansichhalten)는 것을 뜻한다. 이렇게 머물기 위해 자제하는 태도〔작품과의 관계를 임의적으로 설정해가려는 주체적 의지를 철저히 삼가는 태도〕가 창작된 것을 비로소, 그것이 존재하는 바의 그런 작품으로 존재하게 한다〔하이데거는 창작된 것(das Geschaffene)과 작품(das Werk)을 구분하고 있다. 작품 속에서 일어나는 진리에 대한 터-있음의 참다운 머무름을 통해서만, 창작된 것은 작품으로서의 작품이 될 수 있다〕. '작품을 하나의 작품으로 존재하게 함(sein lassen)', 바로 이러한 태도를 우리는 〔작품을 참답게 보존하는〕 작품의 보존이라고 말한다. 이러한 보존을 위해서, 작품은 자신의 창작된 존재 속에서 현실적인 것으로서, 다시 말해 이제는 참답게 현존하는 작품으로서〔"작품적으로 현존하는 것으로서"〕스스로를 내어준다.

창작됨이 없이는, 어떤 작품도 존재할 수 없듯이, ―그래서 본질적으로 작품은 창작하는 자를 필요로 하지만 ― 보존하는 자가 없다면 창작된 것 자체도 존재하게 될 수는 없을 것이다.

그러나 하나의 작품이 보존하는 자를 찾지 못한다면, 다시 말해 작품 속에서 일어나는 진리에 응답하는 그런 보존자를 직접 찾지 못한다면, 이 말은 곧 '작품이 보존하는 자가 없어도 작품으로 존재한다'는 그런 뜻이 결코 아니다. 작품이 진정 하나의 작품으로 존재하는 한, 그 작품은 언제나 보존하는 자와 관련된 채 머무르기 마련이다. 그리고 작품이 오직 보존하는 자를 애타게 기다리면서 자신의 진리 속으로 그들이 들어와 머물기를 간절히 염원하고 있을 때조차도, 바로 그때에도 작품은 보존하는 자와 관련된 채 머물러 있다. 심지어 작품이 망각 속에 빠진다 하더라도, 이러한 망각조차 아무것도 아닌 것이 아니라, 오히려 그것은 여전히 보존하는 하나의 보존방식이다. 망각은 작품을 먹어 삼키며 살아간다. '작품을 보존함'은, 작품 속에서 일어나는 존재자의 열려 있음 안에 서-있음(Innestehen in der Offenheit des Seienden)을 뜻한다. 그러나 이러한 보존으로서의 '안에-서-있음'〔Inständigkeit, 내존함〕은 일종의 앎〔Wissen, 존재자의 존재에 대한 참다운 앎〕이다. 하지만 이러한 앎은 어떤 것에 대해 그저 단순히 알고 있거나 표상하는 그런 앎〔Kennen und Vorstellen〕 가운데 존립하지 않는다. 존재자를 참답게 아는 자는, 존재자의 한가운데에서 그가 원하는 것〔존재의 비은폐성 가운데 탈자적으로 서 있으면서 그때그때마다 자신의 삶의 참다운 거주지를 마련하고 터다지며 살아가는 것〕이 무엇인지를 알고 있다.

여기서 언급된 '원함'〔Wollen〕은, 앎을 〔어떤 일을 하는 데〕 적용하길 원하거나 혹은 그에 앞서 앎을 결의하길 원하는 그런 원함이 아니라, 《존재와 시간》에서 경험되는 사유의 근본경험으로부터 사유되고 있다. 앎은 원함으로 머물러 있으며, 또 원함은 앎으로 머물러 있다. 이러한 앎과 원함은 '실존하는 인간이 존재의 비은폐성 안으로 자기를 탈자적으로 관여시키는 행위'〔das ekstatische Sicheinlassen〕이다. 《존재와 시간》에서 사유된 결단성〔Ent-schlossenheit, 묶여 있거나 닫혀 있는 것을 풀어놓는다는 의미〕은, 어떤 한 주체의 결단된 〔결의적〕 행위가 아니라, 존재자 속에 사로잡혀 있는 터-있음〔Dasein〕을 이러한 상태로부터 〔풀어내어〕 존재의 열려 있음에로 개시함이다. 그러나 인간이 실존하고 있을 경우에, 그는 어떤 내부로부터 비로소 어떤 외부로 나가는 것이 아니다. 오히려 실존의 본질은, 존재자의 환한 밝힘이 드러내는 본질적 분열〔투쟁〕 가운데로 나와-서-있으면서도 그-안에-서-있음〔das ausstehende Innestehen im wesenhaften Auseinander der Lichtung des Seienden〕이다. 앞에서 언급한 '창작행위'와 지금 말한 '원함'이라는 말 속에서는, 자기 자신을 목적으로 설정하여 〔그 목적에 도달하고자〕 애쓰는 그런 주체의 〔작위적〕 실행능력이나 행동은 전혀 사유되고 있지 않다.

원함이란, '작품 속으로 정립된 것'인 '존재자의 열려 있음'에게 자기를 내맡기는 '실존하는 초월'〔das existierende Übersichhinausgehen, 실존하면서 자기를 넘어 존재의 열린 장으로 초월해감〕의 냉철한 결단성이다.

이와 같이 내존함(안에-서-있음)은 자신을 법칙〔Gesetz, 존재자의 진리(열려 있음)가 열린 장 가운데로 정립되는(-setzen) 다양한 방식들 전체(Ge-)〕 가운데로 가져온다. '작품을 보존한다'는 것은 〔이와 같은〕 앎이며, 그것은 작품 속에서 일어나는 진리의 섬뜩함 속에 냉철한 자세로 내존하는 행위이다.

원함으로서의 이러한 앎은 작품의 진리 속에 포근히 머물러 있으며, 또 오직 이런 식으로만 그것은 하나의 앎으로 머물 수 있다. 이러한 앎은 작품을 〔자기-안에-포근히-머물러-있는〕 그것의 자립성으로부터 끄집어내어 단순한 체험의 영역 속으로 끌어내리지도 않으며, 또 작품을 단지 '체험을 촉발하는 역할을 하는 것'으로 격하시키지도 않는다. 작품의 보존은, 인간으로 하여금 그들 각자가 〔저 나름의 방식으로〕 체험하도록 그렇게 인간을 개별화시키지 않으며, 오히려 작품 속에서 일어나는 진리에 귀속하도록 그들을 이러한 귀속성 속으로 밀어 넣는다. 그리하여 작품의 보존은 '서로를 위한 존재'(Füreinandersein)와 '서로 더불어 있는 존재'(Miteinandersein)를, '비은폐성에 대한 연관으로부터 〔이러한 진리의 열린 장 가운데로 나와-서-있는〕 터-있음(Da-sein)의 역사적인 나와-서-있음'(Ausstehen)으로서 근거짓는다〔이렇게 비은폐성으로서의 진리를 '견지하는' 터-있음의 '나와-서-있음'(Ausstehen, 견지함)은 그 자체가 이미 존재의 진리의 열린 장 안으로 탈자적으로 들어와 그 안에-서-있음(Innestehen)이다. 그러므로 이러한 안에-서-있음으로서의 나와-서-있음이 곧 인간을 인간으로서 참답게 드러내주는 인간존재로서의 터-있음(Da-sein)의 -있음(-sein)이다. 이러한 -있음의 의미가 드러나는 본질장소는 터-있음의 터-(Da-)이며, 바로 이러한 터가 곧 존재의 진리의 열린 장이다〕. 그리하여 마침내 보존의 방식 속에 있는 앎은 작품의 형식, 성질, 매력 자체에 대한 심미적 전문지식과는 전적으로 거리가 멀다. 〔열린 장 가운데서 생기하는 존재의 진리를〕 '보았음'(Gesehen-haben)으로서의 앎은 결단되어-있음(Entschieden-sein)이며, 또 이러한 앎은 작품이 균열하는 가운데 짜엮으며 구성한 그런 투쟁 안에-서-있음이다.

작품의 올바른 보존방식은 오직 작품 자체를 통해서만 비로소 함께 이루어지며〔창작되며〕 예시된다. 보존은 그때그때 상이하게 미치는 앎의 범위와 지속성 그리고 앎의 명확성에 따라 여러 단계에서 이루어진다. 만일 작품들이 단순히 예술적 향유만을 위해 제공된다면, 그 작품들은 아직 작품으로서 보존되고 있는 것이 아니다.

섬뜩함 가운데로 내모는 저 충격이 통속적이고도 식자적(識者的)인 것 속에 사로잡히게 되자마자, 작품을 중심으로 한 영리적 예술거래활동이 시작된다. 작품을 전승하기 위해 노력하고 또 작품을 복원하기 위해 과학적 시도를 벌인다고 해도, 이러한 노력과 시도에 의해서는 결코 작품존재에 도달하지 못하며, 단지 작품존재에 대한 기억으로 남아 있을 뿐이다. 물론 이러한 기억 역시, 거기로부터 작품이 역사를 함께 형성하는 그런 터전을〔작품에게〕 마련해 줄 수는 있다. 하지만 작품의 가장 고유한 현실성은, 오직 작품이 작품 자체를 통해 일어나는 진리 가운데 보존될 경우에만, 그리고 이러한 보존이 이루어지는 곳에서만 유지된다.

작품의 현실성이 지니는 근본특성들은 작품존재의 본질로부터 규정된다. 이제 우리는, 작품의 직접적 현실성을 보증해주는 '작품〔에서〕의 사물적 성격'은 어떤 방식으로 존재하는가 라는, 앞에서 제기된 그 물음을 다시 받아들일 수 있게 되었다. 그런데 우리는 이제 작품에서의 사물적 성격에 대한 물음을 더 이상 물어볼 수 없는 상태에 이르고 말았다. 왜냐하면 우리가 그런 물음을 제기하는 한, 우리는 그 즉시 그리고 처음부터 작품을 궁극적으로는 단지 눈앞에 현존하는 하나의 대상으로서 받아들이고 있는 것이기 때문이다. 이런 방식으로 물을 경우에, 우리는 작품으로부터가 아니라 오히려 우리 자신의 입장으로부터 물음을 던지고 있는 셈이 된다. 즉, 작품을 작품으로 존재하게 하는 것이 아니라, 우리의 이러저러한 심적 상태〔미적 쾌감〕를 야기하는 어떤 대상으로서 작품을 표상하는 그런 우리 자신의 입장으로부터 묻는 셈이 된다.

그러나 작품을 대상으로서 받아들일 경우에, 이러한 작품에서 마치 통상적인 사물 개념의 의미에서 말해지는 사물적 성격처럼 보이던 그것은, 〔사실상〕 작품 자체의 입장에서 본다면, 작품의 대지적 성격(das Erdhafte)이다. 대지는 작품 속으로 솟아오른다. 왜냐하면 작품은 그 속에서 진리가 작용하고〔일어나고〕 있는 그러한 것으로서 현성하기 때문이며, 또 진리는 하나의 존재자 속으로 스스로를 설립함으로써만 현성하기 때문이다. 그러나 열린 장의 열려 있음은 '본질적으로 자신을 닫아두고 있는 것'으로서의 대지에게서 자신의 최고 저항을 발견하게 되고, 또 이러한 저항을 통해 열려 있음은 지속적으로 존립하는 자신의 터전을 발견하게 되며, 결국 이러한 터전 안에서 형태는 확립되기에 이른다.

그렇다면 사물의 사물적 성격에 관해 물음을 제기하며 파고든다는 것은 쓸데없는 짓일까? 결코 그렇지 않다. 물론 사물적 성격으로부터 작품적 성격이 규정될 수는 없다. 오히려 이와는 반대로 작품의 작품적 성격에 대한 앎으로부터, 사물의 사물적 성격에 대한 물음은 올바른 방향으로 나갈 수 있다. 이미 오래 전부터 전승된 사유방식들이 사물의 사물적 성격을 덮치면서 존재자 전체에 대한 해석을 주도해 왔으며, 또 이러한 해석은 도구와 작품의 본질을 파악하기에는 부적합한 것일 뿐 아니라 심지어 진리의 근원적 본질에 대한 이해를 눈멀게 한다는 사실을 우리가 기억한다면, 이것은 결코 사소한 일이 아니다.

사물의 사물성을 규정하기 위해서는, 특성들의 수용체라는 견해나 혹은 통일성 가운데 감각적으로 주어진 것의 다양성이라는 견해도, 또 도구적 성격에 대한 고찰에서 얻어진 '질료(소재)와 형상(형식)의 결합'이라는 견해도 모두 불충분하다. 사물의 사물적 성격에 대한, 척도가 되는 중요한 해석을 준비하기 위해서는, 대지에 귀속하는 사물의 귀속성을 앞서 주목해 보아야만 한다. 아무런 강요됨도 없이 그저 모든 것을 지탱해주면서도 자기를 닫아두고 있는 것으로서의 대지의 본질은, 세계 속으로 들어와 솟아오르면서도 이 양자가 서로 맞서는 상호대립 속에서만 스스로를 드러낸다. 이러한 투쟁은 작품의 형태를 이루어내는 가운데 확립되며, 또한 작품에 의해서 개방된다. 도구의 경우에 우리는 작품을 통해서만 비로소 도구의 도구적 성격을 고유하게 경험할 수 있었듯이, 이러한 점은 사물의 사물적 성격에 대해서도 마찬가지로 타당하다. 우리는 사물적 성격에 관해 결코 곧바로 알지 못하며, 설령 안다고 할지라도 다만 비규정적으로만 알 뿐이어서, 작품을 필요로 하지 않을 수 없다. 바로 이러한 사실은, 작품의 작품존재 속에서는 진리의 일어남이 — 즉 존재자의 개시가 — 작용하고 있음을 간접적으로나마 보여주는 것이다.

하지만 그래서 우리는 마지막으로 다음과 같은 물음에 답하고자 한다. 작품이 사물적 성격을 열린 장 안으로 알맞게 가져온다고 해도, 작품은 자신이 창작되기에 앞서 그리고 이러한 창작됨을 위해 대지에 속한 사물들과의 연관 속으로, 즉 자연과의 연관 속으로 들어와 있어야만 하는 것은 아닌가? 알브레히트 뒤러(Albrecht Dürer)는 이러한 사실을 틀림없이 잘 알고 있는 한 사람으로서, 다음과 같은 유명한 말을 남겼다. "참으로 예술은 자연 안에 감추어져 있기 때문에, 거기〔자연〕로부터 예술을 이끌어낼 수 있는 자만이 예술을 소유한다." 여기서 이끌어낸다(reißen)는 말은, 화구를 가지고서 화판 위에 선〔균열〕을 그리면서 균열을 이루어냄을 뜻한다. 그러나 우리는 곧 다음과 같이 반문하게 된다. 만일 선이 선으로서, 다시 말해 선이 먼저 창조적 기투〔구상〕에 의해 척도〔환한 밝힘으로서의 진리〕와 비척도〔이중적 은닉으로서의 비-진리〕사이의 투쟁으로서 열린 장 가운데로 들어서지 않는다면, 그 선이 어떻게 그어질 수 있겠는가? 확실히 자연 속에는 어떤 균열〔선〕, 척도, 한계와 더불어 그와 결부된 어떤 산출가능성이, 다시 말해 예술이 감추어져 있다. 그러나 이와 마찬가지로 확실한 것은, 자연 속에 감추어진 예술은 작품을 통해서만 비로소 개시될 수 있다는 점이다. 왜냐하면 예술은 근원적으로는 작품 속에 감추어져 있는 것이기 때문이다.

작품의 현실성을 모색하려는 우리의 노력은, 현실적 작품에서 예술과 예술의 본질을 발견하기 위한 토대를 마련해 놓아야 한다. 예술의 본질에 대한 물음과, 예술에 관한 앎의 도정은, 비로소 다시금 어떤 근본바탕 위에 놓여야만 한다. 이 물음에 대한 대답은, 다른 모든 참된 대답과 마찬가지로, 물음의 기나긴 진행과정에 있어 마지막 발걸음을 내딛는 극단적 시도일 뿐이다. 모든 대답은, 그것이 물음의 과정 속에 뿌리를 내리고 있는 동안에만, 하나의 대답으로서 유효할 따름이다.

작품의 현실성은 작품의 작품존재로부터 우리에게 더욱 명백해졌을 뿐만 아니라, 이와 동시에 본질적으로도 더욱 풍부해졌다. 작품의 창작된 존재에는 본질적으로 창작하는 자만이 아니라 보존하는 자도 또한 속해 있다. 그러나 작품은, 창작하는 자를 그의 본질에서 가능하게 하고 또 그의 본질로부터 보존하는 자를 필요로 하는 그런 것이다. 예술이 작품의 근원이라고 한다면, 이 말은 곧, 예술이 작품에 본질적으로 함께 속해 있는 창작자와 보존자를 그들의 본질에서 발원하게 한다는 뜻이다. 그러나 우리가 정당하게 근원이라고 부르고 있는 그 예술 자체란 무엇인가?

작품 속에서는 진리의 일어남이, 그것도 작품의 방식에 따라, 작용하고 있다. 따라서 우선 예술의 본질은 작품-속으로의-진리의-정립 (*das Ins-Werk-Setzen der Wahrheit*) 이라고 규정되었다. 그러나 이 규정은 명백히 두 가지 의미를 함축하고 있다. 한편으로, 예술은 '스스로를 설립하는 진리를 형태 속으로 확립하는 것'이다. 이러한 일은 존재자의 비은폐성을 산출하는 행위로서의 창작행위에서 일어난다. 그러나 이와 동시에 '작품-속으로-정립한다'는 것은, '작품존재를 일어남의-과정-속으로-가져온다'는 것을 뜻한다. 이러한 일은 보존하기로서 일어난다. 따라서 예술이란, '작품 속에서 진리를 창작하며 보존하기' (die schaffende Bewahrung der Wahrheit im Werk) 이다. 그렇다면 예술이란, **진리가 생성되며 일어나는 하나의 행위**(ein Werden und Geschehen der Wahrheit) 이다. 그렇다면 진리는 무(das Nichts, 無)로부터 생기는 것일까? 만일 무가 '단순히 존재자가 아님'(das bloße Nicht des Seienden) 을 의미하고 있다면, 그리고 또한 여기서 말해지는 존재자가 '흔히 통상적으로 눈앞에 현존하는 것'으로서 생각되고 있다가, 그 이후에 작품의 존립을 통해 그것은 단지 겉으로만 참된 존재자처럼 여겨졌을 뿐이라는 사실이 백일하에 드러나게 되고, 그리하여 종래의 생각이 완전히 뿌리 채 뒤흔들리게 되는 그런 존재자를 생각하고 있을 뿐이라면, 그것은 사실이다. 눈앞에 현존하는 익숙한 것으로부터 진리는 결코 파악되지 않는다. 오히려 열린 장의 열려짐과 존재자의 환한 밝힘은 오직, 내던져져 있음(피투성)에서 도래하는 열려 있음이 기투됨으로써만 일어난다.

진리는 시작(詩作, 시 짓기) 됨으로써,[25] 그것은 존재자의 환한 밝힘과 은닉으로서 일어난다. **모든 예술**은 존재자로서의 존재자의 진리의 도래가 일어나게 함(Geschehenlassen der Ankunft der Wahrheit) 으로서 **그 본질에 있어 시 짓기**(Dichtung) 이다. 그 속에서 예술작품과 예술가가 동시에 존립하게 되는, 그런 예술의 본질이란 진리가 스스로를-작품-속으로-정립함이다. 예술의 이러한 시 짓는 본질로부터 예술이 존재자의 한가운데에서 열린 곳(offene Stelle) 을 열어젖히게 되며, 이 열린 곳의 열려 있음 안에서 모든 것이 예전과는 전혀 다르게 존재하게 된

---

25) 레클람 판본(1960년)에서는 다음의 각주가 붙어 있다: 시 짓기는 물어보아야 할 가치가 있는 의문스러운 것이다. 그것은 참말을 요하는 것(Brauch der Sage) 이다. 여기에서 환한 밝힘과 시 짓기의 관계에 대한 설명은 불충분하다.

다. 우리를 향해 던져오는(zuwerfen) 존재자의 비은폐성이 기투에 의해 작품 속으로 정립됨으로써, 〔우리에게〕 익숙하였던 종래의 모든 것들이 작품을 통해서 비존재자〔das Unseiende, 근원적으로 참답게 존재하지 않는 것〕가 된다. 이러한 비존재자는 존재를 규준으로서 부여하면서 참답게 보존하는 능력을 이미 상실하고만 것이다. 여기서 이상한 점은, 작품이 인과적 작용관계를 통해서는 종래의 존재자에 대해서는 어떤 방식으로든 전혀 아무런 작용도 미치지 못한다는 점이다. 작품의 작용(Wirkung)은 〔인과적〕 어떤 작용연관(ein Wirken) 속에 있는 것이 아니다. 그것은 작품으로부터 일어나는, 존재자의 비은폐성의 변화에, 다시 말해 존재의 변화에 고요히 거하고 있다(beruhen). 26)

　　그러나 시 짓기는 임의적인 것을 멋대로 생각해 냄이 아니며, 또 단순한 표상이나 상상을 비현실적인 것으로 마음껏 구상하는 짜엮기가 아니다. 환히 밝히는 기투로서의 시 짓기는 비은폐성을 향해 기투하는 가운데 펼쳐 보이면서 〔그것을〕 형태의 균열 속으로 앞서 내던지고 있는(vorauswerfen) 그것은 열린 장이다. 시 짓기는 이러한 열린 장〔그 안에서 존재자가 존재자로서 개시되는 그런 터-있음의 터로서의 존재의 열린 장〕을 일어나게 한다. 그것도, 이 열린 장이 존재자의 한가운데에서 비로소 이것〔존재자〕을 빛남과 울림 가운데로 가져오는 식으로 일어나게 한다. 우리가 작품의 본질을 본질적으로 통찰할 경우에, 그리고 더 나아가 존재자의 진리의 일어남에 대한 작품의 본질연관을 본질적으로 통찰해볼 경우에, 여전히 의문스러운 점은 시 짓기의 본질, 즉 기투의 본질이 상상력과 구상력의 시각에서 충분히 사유될 수도 있지 않을까 하는 점이다.

　　이제 시 짓기의 본질은 아주 광범위하게 경험되지만, 그렇다고 해

---

26) 레클람 판본(1960년)에는 다음의 각주가 붙어 있다: 비은폐성과 존재-특히 현존성으로서의 존재-의 관계는 불충분하다. 이에 관해서는 《시간과 존재》(Zeit und Sein)를 참조하라.

서 무규정적으로 경험되어서는 안 된다. 이러한 시 짓기의 본질은 여기서 비로소 사색되어야 할 물어볼 가치가 있는 의문스러운 것(*das Fragwürdige*)[27]으로서 확보된다.

모든 예술이 그 본질에 있어 시 짓기라고 한다면, 건축예술과 회화예술 그리고 음악예술은 시(*Poesie*)로 환원되어야 한다. 이러한 주장은 매우 자의적이다. 우리가 만일 시(포에지)를 좁은 의미에서의 언어예술이라는 예술의 한 장르로 특징짓고, 앞에서 언급한 예술들을 모두 이러한 언어예술의 한 변종이라고 생각하는 한, 그것은 분명히 자의적인 생각일 따름이다. 그러나 포에지로서의 시는 진리를 환히 밝히는 기투의 한 방식일 뿐이다. 다시 말해 넓은 의미에서의 시 지음(*Dichten*)의 한 방식일 뿐이다. 그럼에도 불구하고 언어예술작품은 ― 즉 좁은 의미에서의 시 짓기는 ― 모든 예술 가운데서 어떤 탁월한 위치를 차지한다.

이러한 점을 통찰하기 위해서는, 언어에 대한 올바른 개념이 필요하다. 널리 유포된 통념에 따르면, 언어는 전달(*Mitteilung*)의 한 방식으로 간주된다. 언어는 상의하고 협의를 이끌어내기 위해, 즉 일반적으로는 이해소통(*Verständigung*)을 위해 사용된다. 그러나 언어는 단지 일차적으로 '전달되어야 할 그것'의 음성적, 문자적 표현으로 그치는 것이 아니다. 언어〔인간의 언어 이전의 존재의 언어〕는 개방될 수 있는 것과 은폐된 것을 그렇게 생각된 것〔전달되어야 할 것의 음성적, 문자적 표현이라고 생각된 것〕으로서 비로소 낱말들 속에 담고 문장들 속에 담아가도록 촉구할 뿐 아니라, 존재자를 하나의 존재자로서 비로소 처음으로 〔존재의〕 열린 장 안으로 데려온다. 돌, 식물, 그리고 동물의 존재에서처럼, 언어가 현성하지 않는 곳에서는, 존재자의 열려 있음도 없으며, 따라서 비 존재자와 비어 있는 것의 열려 있음도 없다.

---

27) 레클람 판본(1960년)에서는, 예술의 고유한 특성이야말로 물어볼 가치가 있는 의문스러운 것이라고 했다.

언어〔존재하는 것을 존재의 열린 장 안으로 데려와 각각의 존재자로서 밝혀주는 선술어적 낱말로서의 언어〕가 처음으로 존재자를 부름으로써, 이러한 부름(Nennen)이 존재자를 비로소 낱말〔발성화되는 술어적 낱말〕로 가져오면서 나타나게 한다. 이러한 부름이 존재**로부터** 존재자를 자신의 존재**로** 불러낸다(ernennen). 이러한 말함〔Sagen, 이러한 말함에서 존재의 언어는 기투하는 인간의 언어로 전환됨〕은 〔환히 밝히는〕 밝힘(das Lichten)을 기투하는 하나의 행위인데, 거기에서 존재자가 무엇으로서 열린 장 안으로 들어오는지가 알려지며-말해진다(ansagen). '기투한다'[28]는 것은, 그런 것〔인간의 기투하는 본질을 위해 그 스스로 다가오며 던져오는 그런 존재 자체의 던짐〕으로서 비은폐성이 존재자로서의 존재자 속으로 자신을 보내오는 일종의 던짐〔Wurf, 존재의 던짐〕을 풀어내는 행위(Auslösen)이다. 이런 동시에 '기투하며 알리는-말함'(das entwerfende Ansagen)은 그 안에서 존재자가 자신을 감추며 물러서는[29] 그런 모든 침침한 혼란을 앞에서 거부하기(Absage)에 이른다.

이렇게 기투하는 말함〔das entwerfende Sagen, 앞서 지적한 바 있는 '응답하는 말함'(Ent-sagen)〕이 시 짓기다. 즉, 시 짓기란 세계와 대지에 대해 말하는 것(die Sage)이며, 이 양자가 투쟁하는 놀이공간에 대해 말하는 것이요, 따라서 신들의 그 모든 가까움과 멀음의 터전에 대해 말하는 것이다. 시 짓기란 존재자의 비은폐성에 관해 말하는 것(die Sage der Unverborgenheit des Seienden)이다. 각각의 언어〔각 민족의 고유한 언어〕는, 그 안에서 역사적으로 한 민족에게 그들의 세계가 열려지는 동시에 '굳게 닫혀 있는 것'으로서의 대지가 그 안에서 참답게 보존

---

28) 레클람 판본(1960년)에 의하면, 기투는 환한 밝힘 그 자체 속에서 비로소 기투되는 것이기 때문에, 기투는 환한 밝힘 그 자체를 기투하는 것이 아니라 오히려 균열을 기투할 뿐이라는 것이다.

29) 레클람 판본(1960년)에서는, 이러한 감춤과 물러섬이 "역사적 운명으로서" 일어난다고 했다. '몰아세움'(Ge-Stell)을 참조할 것.

되는 그런 말함이 일어나는 사건이다. 기투하는 말함은, 말할 수 있는 것(*das Sagbare*)을 준비하는 가운데 이와 동시에 말할 수 없는 것(*das Unsagbare*)을 그것 자체로서 세계로 가져오는 그런 말함이다. 이러한 말함에서는 어떤 하나의 역사적 민족에게 그 민족의 본질을 밝혀주는 개념들이 — 즉 세계-역사에 귀속하는 그 민족의 귀속성을 밝혀주는 개념들이 — 〔처음부터〕 앞서 새겨져(*vorgeprägt*) 있다〔예를 들어 "홍익인간 재세이화"(弘益人間 在世理化)라는 낱말도 한민족의 본질과 정체성을 밝혀주는 일종의 개념임〕.

시 짓기는 여기서 이처럼 넓은 의미에서 사유되고 있으며, 이와 동시에 언어와 낱말의 매우 내밀한 본질적 통일성〔존재의 언어와 인간의 언어의 내밀한 통일성〕속에서 사유되고 있다. 그러므로 예술이 건축예술에서부터 포에지로서의 시에 이르기까지 그 자신의 본질에 있어서 시 짓기의 본질을 충분히 길어내고 있는가 라는 물음은 여기에서는 열린 채로 남아 있을 수밖에 없다.

언어 자체는 본질적 의미에서 시 짓기다. 그러나 언어는 그 안에서 인간들에게 그때마다 비로소 존재자가 존재자로서 스스로를 개시하며 일어나는 그런 사건(*Geschehnis*)이기 때문에 포에지, 즉 좁은 의미에서의 시 짓기는 본질적 의미에서 가장 근원적인 시(*Dichtung*)다. 언어는, 그것이 근원적 포에지(*Urpoesie*)이기 때문에, 바로 이런 이유에서 시 짓기가 아니라, 오히려 언어가 시 짓기의 근원적 본질을 참답게 보존하고 있기 때문에, 포에지는 언어 속에서 스스로 생기한다(*sich-ereignen*). 이에 반해 무언가를 건축하고 조형하는 작업(*Bauen und Bilden*)은 언제나 이미 그리고 언제나 오직 말함과 부름의 열린 장 안에서만 이루어진다. 이러한 열린 장에 의해서 그러한 작업은 철저히 다스려지며 인도된다. 이런 까닭에 건축작업과 조형작업은, 진리가 스스로를 작품 속으로 올바로 세워 놓는 각각의 고유한 도정이며 방식들이다. 그 작업들은 존재자의 환한 밝힘 안에서 저마다 고유하게 시를 짓는 행위이며, 이러한 환한 밝힘은 비록 아무런 주목도 받지 못한 다고 하더라도 이미 언어 속에서 〔부단히〕 일어나고 있다.30)

예술이란 작품-속으로의-진리의-정립으로서 시 짓기다. 단지 작품 의 창작행위만이 시를 짓는 예술적 활동이 아니라, 작품의 보존도 또 한 이와 마찬가지로 나름의 고유한 방식으로 시를 짓는 예술적 활동이 다〔원문 *dichterisch*라는 낱말은 '시인의' '시인다운'이라는 뜻을 가지고 있으 나, 여기에서는 문맥의 의미를 살려 '시를 짓는 예술가적' 혹은 '시를 짓는 예술적'이라고 의역〕. 왜냐하면, 우리가 이미 우리에게 익숙한 것으로 부터 우리 자신을 탈취하여 '작품에 의해 열려진 곳' 속으로 우리 자신 을 밀어 넣는 한에서만, 그리하여 우리의 본질 자체가 존재자의 진리 속에 서 있게31) 되는 한에서만, 작품은 하나의 작품으로서 현실적으 로 존재하기 때문이다.

예술의 본질은 시 짓기다. 그러나 시 짓기의 본질은 진리의 수립 (*Stiftung*)이다. 우리는 여기서 수립함(*Stiften*)을 삼중적 의미에서 — 즉, 선사함(*Schenken*)으로서의 수립함, 터닦음〔*Gründen*, 정초함〕으로 서의 수립함, 그리고 시작함(*Anfangen*)으로서의 수립함으로 — 이해한 다. 그러나 수립은 오직 보존 속에서만 현실적이다. 그러므로 보존하 는 각각의 방식은 수립하는 각각의 방식에 상응한다. 우리는 이제 이 러한 예술의 본질구조를 간략하게나마 바라볼 수 있게 되었다. 그러나 이러한 조망이 이루어지는 그 범위는, 앞에서 작품의 본질로서 특징지 어진 것이 최초의 암시를 제공해주는 그 정도로만 가능할 뿐이다.

---

30) 레클람 판본(1960년)에서는, 이것이 무슨 뜻인지 묻고 있다. 즉, 환한 밝힘 이 언어에 의해서 일어나는 것인지, 아니면 생기하는 환한 밝힘이 비로소 참 말(*Sage*)과 응답함(*Entsagen*)을 보증해주며 따라서 언어를 보증해주는 것인 지를 묻고 있다. 언어와 신체(소리와 문자)의 관계에 대해 숙고해 볼 것.
31) 레클람 판본(1960년)에 따르면, 이러한 '서 있음'은 〔인간을 필요로 하는 존 재의〕 필요함 속에 〔인간존재가〕 내존한다는 의미이다.

작품-속으로의-진리의-정립은 섬뜩함(das Un-geheure)을 몰아오며, 동시에 평온한 것(das Geheure)과 평온하다고 믿어온 것을 뒤엎어버린다. 작품 속에서 스스로를 개시하는 진리는 종래의 것으로부터는 증명될 수도 연역될 수도 없다. 종래의 것은 자신의 배타적 현실성 속에서 작품을 통해 부정된다. 이런 까닭에 예술이 수립하고 있는 그것은, 눈앞에 현존하는 처리 가능한 것에 의해서는 보충될 수도 없고 청산될 수도 없다. 왜냐하면 수립이란 일종의 넘쳐흐름(Überfluß)이며, 일종의 선사(Schenkung)이기 때문이다.

진리의 시 짓는 기투는 작품 속으로 들어와 스스로를 형태화하고자 하지만, 이러한 기투는 결코 공허하고도 무규정적인 것을 향해 이러한 것 속으로 들어오는 가운데 수행되지는 않는다. 진리는 작품 속에서 오히려 미래의 보존자를 향해, 다시 말해 역사적인 어떤 인류를 향해 던져지면서-다가오고(zugeworfen) 있다. 그러나 이렇게 던져진 채 다가오고 있는 그것은 결코 자의적으로 추정된 어떤 것이 아니다. 참답게 시 짓는 기투는, 그 안으로 터-있음이 역사적 존재자로서 이미 내던져져 있는 그러한 터전〔대지〕을 열어 놓는 행위이다. 이러한 터전이 바로 대지이며, 그곳은 어떤 역사적 민족을 위한 그 민족의 대지가 된다. 한 민족의 대지는, 비록 그들 자신에게는 아직도 여전히 〔알려지지 않은 채〕 은닉되어 있을지언정, 이미 존재하고 있는 그 모든 것들과 함께, 그 민족이 거기에 체류하고 있는 그런 터전, 즉 자기를 닫아두고 있는 지반(der sich verschließende Grund)이다. 그러나 이것이 그 민족의 세계이며, 이러한 세계가 존재의 비은폐성과 관계하는 터-있음의 연관으로부터 〔도처에〕 편재한다. 그 때문에 인간에게 함께 주어져 있는 모든 것이 기투의 과정에서 '굳게 닫혀 있는 지반'으로부터 길어내어짐(heraufgeholt)으로써, 이 지반 위에 〔저 나름의 방식으로〕 고유하게 정립되어야 한다. 그리하여 그것은 〔모든 것을〕 지탱하는 지반으로서 비로소 정초된다.

물을 샘터에서 길어 올리듯, 이렇게 길어 올리는 행위(*Holen*) 때문에, 모든 창작(*Schaffen*)은 길어냄(*Schöpfen*)이다. 물론 현대의 주관주의는 이렇게 길어내는 창조적 행위(*das Schöpferische*)를 자주적 주체의 천재적 수행능력이라는 의미로 오해하고 있다. 진리의 수립은 자유롭게 선사한다는 의미에서의 수립일 뿐 아니라, 이와 동시에 '지반을-정초하면서 터닦는다'(*das grund-legende Gründen*)는 의미에서의 수립이다. 시 짓는 기투는 자신이 선사받은 것(*Geschenk*)을 결코 통속적인 종래의 것으로부터 취하지 않는다는 관점에서 보았을 때, 이러한 기투는 무(*Nichts*)로부터 온다고 볼 수도 있다. 그러나 시 짓는 기투는, 이러한 기투를 통해 던져진 채 다가오고 있는 그것이 단지 역사적인 터-있음 자체의 유보된 숙명〔아직은 드러나지 않은 채 역사적인 인간존재에게 그가 완수해야 할 사명으로 남아 있는 터-있음 자체의 고유한 역사적-역운적 개시가능성〕으로 존재하고 있는 한에서, 결코 무로부터 오는 것이 아니다.

선사함과 터 닦음은, 우리가 일종의 시원(*Anfang*)이라고 부르는 그것의 매개되지 않은 것을 자기 안에 지니고 있다. 그리고 매개될 수 없는 것으로부터 도약하는〔솟아나는〕32) 특성을 지닌 시원의 이러한 비매개성은, 시원이 아주 오래 전부터 눈에 띄지 않게 〔솟아날〕준비를 하고 있었다는 사실을 배제하지 않으며 오히려 그런 사실을 내포하고 있다. 진정한 시원은 도약〔*Sprung*, 솟아남〕으로서 언제나 앞서 솟아나는 앞선-도약(*Vorsprung*)이며, 이러한 앞선-도약 속에서는 다가올 모든 것이 ─ 비록 그것〔다가올 모든 것〕이 감추어져 있다고는 하더라도 ─ 이미 건너뛰어진(*übersprungen*) 상태로 〔선취되어〕 있다. 시원33)은 이미

---

32) 레클람 판본(1960년)에서는, 이러한 도약에 관해서는 《동일성과 차이》에 실린 '동일성에 관한 강연'을 참조하라고 했다.

33) 레클람 판본(1960년)에서는, 여기서 말해진 '시원'(*Anfang*)은 〔존재의 다가옴(*An-gehen*)을 인간이 받아들인다(*Emp-fangen*)는 근원적 의미에서 말해

은밀하게 종말을 간직하고 있다. 진정한 시원은 물론 태초적인 것(*das Primitive*)이라는 의미에서의 시초적 성격을 결코 갖지 않는다. 34) 태초적인 것에게는 선사하며 터 닦는 도약과 앞서 솟아나는 앞선-도약이 결여되어 있기 때문에, 그것에게는 언제나 미래가 없다(*zukunftlos*). 그것[태초적인 것]은 언제나 자기를 사로잡고 있는 것 이외에는 어떤 다른 것도 갖고 있지 않기 때문에, 그것은 더 이상 아무 것도 자기로부터 떠나보낼(*entlassen*) 수 없다.

이에 반해 시원은 언제나 섬뜩한 것이 몰고 오는, 다시 말해 평온한 것과의 투쟁으로 말미암아 빚어지는 비밀스러운 충만을 지니고 있다. 시 짓기로서의 예술은 진리의 투쟁을 시원적으로-수립한다(*Anstiftung*)는 셋째 의미에서의 수립이며, 이것이 곧 시원으로서의 수립이다. 전체 안에 존재하는 것(*das Seiende im Ganzen*)이 존재자 자체로서 터 닦음을 열려 있음 안으로 요구할 때에만, 예술은 수립이라는 자신의 역사적 본질에 이르게 된다. 예술은 서양에서는 그리스 문화권에서 처음으로 발생했다. 차후에 존재라고 말해지는 것이 결정적으로 작품 속에 정립되었다. 그렇게 열려져 전체 안에 존재하는 것이 그 다음에는 신에 의해 창조된 것이라는 의미에서의 존재자로 변하였다. 이러한 일은 중세에 일어났다. 이러한 존재자는 근세가 시작되어 진행되는 과정에서 다시금 변화되었다. 존재자는 계산적으로 지배할 수 있으며 철저히 꿰뚫어 볼 수 있는 대상이 되었다. 그때[이러한 변화가 일어날 때]마다 하나의 새롭고도 본질적인 세계가 등장했다. 또한 그때마다 존재자의 열려 있음은 진리가 굳건히-확립됨으로써 형태 속으로, 즉 존재자 자체 속으로 설립되었고, 또 그때마다 존재자의 비은폐성은 일어났다.

진] 그런 시원(*An-Fangen*)으로서 생기적으로(*ereignishaft*) 사유되어야 한다고 지적하고 있다.

34) 시원적인 것과 태초적인 것은 역사적인 것(*das Geschichtliche*)과 역사학적인 것(*das Historische*)의 구분에 상응한다.

이러한 비은폐성이 스스로를 작품 속으로 정립하면서, 예술은 이러한 정립을 완수하기에 이른다.

예술이 생성될 때마다, 즉 시원이 존재할 때마다, 역사 속으로는 어떤 충격이 가해짐으로써, 〔이런 충격으로 말미암아〕 역사는 비로소 처음으로 시작하거나 혹은 다시금 〔새롭게〕 시작하게 된다. 여기서 역사란, 그것이 제아무리 중요한 사건이라 할지라도 〔단순히〕 시간 속에 존재하는 이러저러한 사건의 시간적 추이를 뜻하지 않는다. 역사란, 한 민족에게 공동적으로 부여된 사명 속으로 그 민족을 밀어 넣는 것인 동시에 그 민족이 떠맡아야 할 과제 속으로 그 민족을 몰입하게 하는 것이다.

예술은 작품-속으로의-진리의-정립이다. 이 명제 속에는 어떤 본질적인 이중적 의미가 숨겨져 있으며, 이런 이중적 의미에 따라 진리는 정립의 주체인 동시에 객체이다. 그러나 여기서 주체와 객체라는 표현은 부적절한 명칭이다. 그 표현은 이중적 본질을 사유하지 못하도록 방해한다. 그러나 이러한 이중적 본질을 사유한다는 것은 여기서 더이상 고찰되어야 할 과제가 아니다. 예술은 역사적이다. 그리고 이렇게 역사적인 것으로서의 예술은 작품 속에 진리를 창작하며 보존하는 것이다. 예술은 시 짓기로서 일어난다. 시 짓기는 선사함, 터닦음, 그리고 시원이라는 삼중적 의미에서의 수립이다. 예술은 수립으로서 본질적으로 역사적이다. 이것은 곧, 예술이 외면적 의미에서 역사를 갖는다는 것을 말하는 것이 아니다. 즉, 예술이 시대의 변천과정에서 수없이 많은 다른 것들과 더불어 나타났다가 변화하고 사라지면서, 역사학에게 〔그때마다〕 변모하는 시각을 제공한다는 것을 말하는 것이 아니다. 오히려 예술이 역사로 존재하는 까닭은, 그것이 '역사의 지반을 터닦는다'〔역사를 근거짓는다〕는 본질적 의미에서이다.

예술은 진리를 솟아오르게〔entspringen, 발원하게〕 한다. 예술은 수립하는 보존으로서 작품 속에서 존재자의 진리를 열어 놓으며 솟아오

르게 한다(erspringen). 어떤 것을 열어 놓으며 솟아오르게 함, 즉 수
립하는 도약에서 〔어떤 것을 그것이 유래하는〕 본질유래로부터 존재 안
으로 가져옴, 이것이 근원〔Ur-sprung, 원천적으로-솟아남〕이라는 낱말
이 의미하는 참뜻이다. 예술작품의 근원, 다시 말해 창작하는 자와
보존하는 자의 근원인 동시에, 바로 이렇게 한 민족의 역사적인 터-
있음의 근원〔한 민족이 역사적인 터에(Da-) 참답게 있게(-sein) 되는 그
근원〕이 곧 예술이다. 이것은, 예술이 그 본질에 있어 하나의 근원이
기 때문에 — 즉 진리가 존재하게 되는, 다시 말해 역사적으로 되는
하나의 탁월한 방식이기 때문에 — 그런 것이다.

우리는 예술의 본질에 대하여 묻고 있다. 어째서 우리는 이렇게 묻
는 것일까? 과연 예술이 우리의 역사적인 터-있음에 있어 하나의 근원
인지 아닌지, 그리고 어떤 조건들 아래서 예술은 근원일 수 있는지 또
근원으로 존재해야 하는지, 이러한 물음들을 좀더 본래적으로 묻기 위
해서, 우리는 이렇게 묻고 있는 것이다.

이러한 숙고가 예술과 예술의 생성(Werden)을 강요할 수는 없다.
그러나 〔의미를〕 숙고하는 앎(das besinnliche Wissen)은 예술의 생성을
위해서는 선행되어야 하며, 바로 그 때문에 도저히 회피할 수 없는 준
비가 된다. 오직 이러한 앎만이 작품에게는 공간〔존재의 진리가 일어나
는 개방적 터전〕35)을, 창작자에게는 길〔이러한 개방적 터전에 다가가는
길〕을, 보존자에게는 입장〔Standort, 이러한 개방적 터전에 머물면서 진리
의 시원적인 일어남을 사유하고 경험하는 태도〕을 마련해준다.

오직 천천히 깨어날 수밖에 없는 이러한 앎 속에서, 예술은 하나의
근원일 수 있는가, 또 앞선-도약이어야 하는가, 혹은 예술은 단지 나
중에 부가된 하나의 명칭에 불과한 것이어서 차후에 범속한 문화현상

---

35) 레클람 판본(1960년)에서는, 이러한 공간이 곧 '체류의 장소'(Ortschaft des
   Aufenthaltes)〔인간존재로서의 터-있음이 진정으로 머물러 있어야 할 본원적
   인 터전으로서의 참다운 삶의 거주지〕라고 했다.

으로 전략할 수밖에 없는가 하는 것이 결정된다.

우리는 우리의 터-있음 안에서 근원에 머물면서 역사적으로 존재하는가? 우리는 근원의 본질을 알고 있는가, 다시 말해 그것을 주목하고 있는가? 혹시 우리는 예술을 접하는 가운데 이미 지나가버린 기존 지식을 주워섬기는 데 급급하고 있는 것은 아닌가?

이러한 양자택일적 물음에 결정을 내리기 위한 하나의 확실한 표식이 있다. 시인 횔덜린은 — 독일인은 아직도 그의 작품을 유지하고 보존해야 할 사명 앞에 처해 있다 — 그것을 다음과 같이 말하고 있다.

"근원 가까이에 사는 것은,
그곳을 떠나기 어렵다네."
(《방랑》, 제 4권, 헬린그라트, 167쪽)

나중말

앞에서 행해진 성찰은 예술의 수수께끼에 관한 것이며, 사실은 예술 자체가 수수께끼이다. 그러나 우리의 요구는 그 수수께끼를 풀어보고자 하는 것이 아니며, 오히려 그 수수께끼를 주시해 보려는 것이 우리의 과제이다.

예술과 예술가에 대한 고찰이 저 나름의 방식으로 고유하게 시작된 바로 그 무렵 이래로, 이러한 종류의 고찰은 미학적 고찰이라고 말해지고 있다. 미학은 예술작품을 하나의 대상으로, 특히 아이스테시스(αἴσθησις)의 대상, 즉 넓은 의미에서 감각적 지각의 대상으로서 받아들인다. 오늘날 사람들은 이러한 지각을 체험(Erleben)이라고 부른다. 인간이 예술을 체험하는 그 방식에 의해 예술의 본질은 해명될 수 있으리라고 사람들은 생각한다. 체험은 단지 예술을 향유하기 위해서만이 아니라, 예술을 창작하기 위해서도 결정적으로 중요한 원천이다. 36) 모두가 다 체험이다. 하지만 어쩌면 이러한 체험이 예술을 죽이는 근본요소일 수도 있다. 37) 이러한 죽음의 과정은 수세기를 필요로 할 정도로 서서히 진행되어 왔다.

물론 사람들은 불멸의 예술작품이라든지, 혹은 영원한 가치로서의 예술이라는 말을 하곤 한다. 그러나 사람들이 이렇게 말한다고 해서, 모든 본질적인 사물들에 있어 그것이 엄밀하게 받아들여지고 있는 것은 아니다. 왜냐하면 '엄밀하게 받아들인다'는 것은 결국은 '사유한다'는 뜻이 되는데, 바로 이러한 점을 두려워하기 때문이다. 오늘날 '사유한다'는 것에 대한 불안보다 더 큰 불안이 있을까? 불멸의 작품과 예술의 영원한 가치에 대해 논의한다는 것은 어떤 항구적 내용을 갖는 것일까? 혹시 이러한 것은, 위대한 예술이 그 자신의 본질과 더불어 인간에게서 떠나가 버린 그런 시대에서나 거론되는, 설익은 담론방식들에 불과한 것은 아닐까?

서양이 소유하고 있는 예술의 본질에 대한 숙고 ― 특히 형이상학으로부터 사유되었기에 가장 포괄적이라고 말할 수 있는 예술의 본질에 대한 숙고 ― 가운데에는, 즉 헤겔의 《미학강의》(*Vorlesungen über die*

---

36) 레클람 판본(1960년)에는 다음과 같은 주석이 붙어 있다: 현대예술은 체험적 차원으로부터 발원하는가? 혹은 이제 체험〔의 활동〕이 예전보다도 더욱더 주관화됨으로써 단지 체험되는 그것만이 변하는 것인가? 체험되는 것은 이제 고안하여 만드는 방식 ― 즉 '기술공학적 제작활동' ― 이 된다. '무형식적인 것'과 그에 따른 무규정성 그리고 그 자체가 형이상학으로 존재하는 '상징적인 것'의 텅 비어 있음. '공동사회'로서의 나의 체험.

37) 레클람 판본(1960년)에서는 다음과 같이 말한다: 이 문장은 예술 자체가 종말에 이른다는 뜻이 아니다. 그것은, 체험이 오직 예술만을 위해 근본요소로 남아 있는 그런 경우일 뿐이다. 그러나 모든 것은, 체험으로부터 벗어나와 터-있음에 도달하느냐 그렇지 못하느냐에 달려 있다. 그리고 터-있음에 도달한다는 것은 곧, 예술의 '생성'을 위해 전적으로 다른 어떤 '근본요소'를 획득한다는 것을 의미한다.

Ästhetik) 가운데에는, 다음과 같은 명제들이 있다.

"우리에게 예술은 더 이상, 그 안에서 진리가 스스로 실재하게 되는 최고의 방식[38]으로서 간주되지는 않는다"(WW. X, 1, 134쪽). "사람들은 아마도, 예술이 점점 더 상승하여 자신을 완성하게 되리라고 희망할 것이다. 그러나 예술의 형식은 정신의 최고욕구로 존재하기를 〔이미〕 포기해버렸다"(같은 책, 135쪽). "이 모든 관계들 속에서 예술은 그 최고규정의 측면에서 보았을 때 우리에게는 지나가버린 것으로 존재하며, 또 그렇게 지나가버린 것으로 남아 있다"(X, 1, 16쪽).

사람들은, 헤겔이 1828/29년 겨울학기에 베를린 대학에서 마지막으로 미학을 강의한 이후로 다양하고도 새로운 많은 예술작품들과 예술사조들이 나타나게 되었다는 사실을 확인함으로써, 헤겔이 이러한 명제들을 통해 내린 단언을 회피할 수는 없다. 헤겔은 이러한 가능성을 결코 부정하고자 하지는 않았다. 이제는 다음과 같은 물음만이 남아 있을 뿐이다. 예술은 아직도, 〔그 안에서〕 우리의 역사적 터-있음을 위해 결정적인 진리가 일어나는 그런 하나의 본질적이고도 필연적인 방식인가, 아니면 예술은 더 이상 그런 것이 아닌가? 만일 예술이 더 이상 그런 것이 아니라고 한다면, 이런 경우에는 '왜 그렇지 않은가'라는 물음이 남게 된다. 헤겔의 단언에 대한 결정은 아직도 내려지지 않고 있다. 왜냐하면 이 단언의 배후에는, 이미 생성된 존재자의 진리에 상응하는, 그리스 이래의 서구적 사유가 놓여 있기 때문이다. 이 단언에 대한 결정이 내려질 수 있다고 한다면, 그것은 존재자의 진리로부터 그리고 존재자의 진리에 대해 내려지는 결정일 뿐이다. 이러한 결정이 내려질 때까지 그 단언은 여전히 유효하다. 바로 이런 까닭에 다음과 같은 물음이 제기될 필요가 있다. 그 단언이 말하고 있는 진리

---

38) 레클람 판본(1960년)에서는, 예술이란 진리 ─ 여기에서는 절대자의 확실성으로서의 진리 ─ 의 한 방식이라고 말하고 있다.

는 과연 궁극적인 것인가, 만일 그렇다고 한다면, 진리란 무엇인가?

때로는 좀더 명쾌하게 다루어질 수도 있으나 때로는 다만 개괄적으로 다루어질 수밖에 없는 이러한 물음들은, 오직 우리가 그 이전에 예술의 본질을 사색할 경우에만, 물어질 수 있다. 우리는 예술작품의 근원에 대한 물음을 제기함으로써, 몇 걸음 앞으로 나가고자 시도하였다. 여기서 중요한 것은, 작품의 작품성격을 통찰하는 일이다. 그리고 여기서 근원이라는 낱말이 무엇을 뜻하는지는, 진리의 본질로부터 사유되어야 한다.

여기서 말해지는 진리는, 흔히 사람들이 이러한 명칭으로 알고 있는 그런 것, 즉 인식이나 학문에 어떤 질적 특성을 부여해주는 그런 것과는 일치하지 않는다. 그러한 종류의 진리는, 비이론적 행동양식의 가치를 지칭하기 위해서 타당한 미와 선에 대하여 구분하기 위한 진리일 따름이다.

진리는 존재자로서의 존재자의 비은폐성[39]이다〔다시 말해 진리란, '있는 것이 있는 그대로 드러나 있음'이다〕. 진리는 존재의 진리이다. 미는 이러한 진리 곁에 〔부수적으로〕 나타나는 것이 아니다. 진리가 작품 속으로 스스로를 정립할 때 미는 나타난다. 작품 속에서 진리의 이러한 존재〔드러나 있음〕로서 그리고 작품으로서 나타나는 것이 곧 미이다. 그러므로 미적인 것은 진리의 생기함(*das Sichereignen*)에 속해 있다. 미적인 것은 마음에 들든 아니 들든 그 흡족함의 여부에 단지 상대적으로 달려 있는 것이 아니며, 또 이러한 흡족함의 대상으로서만 존재하는 것도 아니다. 미적인 것은 형식 속에 존립한다. 그러나 이렇게 형식 속에 존립하는 까닭은, 그 형식이 한때 존재자의 존재자성으

---

39) 제3판(1957년)에는 다음과 같이 써 있다: 진리는 존재자의 '스스로를 환히 밝히는 존재'(*das sichlichtende Sein des Seienden*)이다. 진리는 사이-나눔 〔*Unter-Schied*〕(*Austrag*, 품어줌 혹은 건네줌)의 환한 밝힘이며, 여기서 환한 밝힘은 이미 차이(*Unterschied*)로부터 규정되고 있다.

로서의 존재로부터 스스로를 환히 밝힌 적이 있었기 때문이다. 그 당시 존재는 에이도스(εἶδος)로서 생기하였다. 이데아(ἰδέα)는 형태화되기에 이른다. 형태(μορφή)와 질료(ὕλη)가 결합된 전체(σύνολον), 즉 작품(ἔργον)은 현실태(ἐνεργεια)의 방식으로 **존재한다**. 현존성의 이러한 방식이 현실적인 것(ens actu)의 현실성(actualitas)이 된다. 라틴어의 악투알리타스가 독일어의 비르클리히카이트(Wirklichkeit, 현실성)가 된다. 이러한 현실성이 대상성(Gegenständlichkeit)이 된다. 대상성은 체험(Erlebnis)이 된다. 서구적으로 규정된 세계를 위해 존재자가 현실적인 것으로서 존재하는 그런 방식 가운데, 진리와 동행하는 미의 독특한 특성이 숨겨져 있다. 서양예술의 본질역사는 진리의 본질변화에 상응한다. 만일 예술에 대한 형이상학적 개념이 예술의 본질에 도달하게 되었다고 가정할 경우에, 서양예술의 본질역사가 체험에 의해서는 거의 파악될 수 없듯이, 이와 마찬가지로 미 자체만을 위해 존립하는 그런 미로부터도 그것은 거의 파악될 수 없을 것이다.

보탬말

이 글을 읽어 가는 세심한 독자라면, 〔이 책(번역본)의〕 81쪽(원본 51쪽)과 92쪽에서 말해진 "진리를 〔형태 속으로〕 확립함"(Feststellen der Wahrheit)이라는 말과 "진리의 도래가 일어나게 함"(Geschehenlassen der Ankunft der Wahrheit)이라는 말이 결코 쉽게 일치할 수 없다는 그런 인상에 의해 어떤 본질적 어려움에 봉착하게 될 것이다. 왜냐하면 "확립한다"는 말 속에는 도래를 차단하면서 방해하려는 일종의 의욕이 깃들어 있기 때문이다. 이에 반해 "일어나게 **한다**"는 말에서는 순응하면서 자유롭게 풀어주는 무의욕의 태도가 알려지고 있다.

이러한 어려움은, 우리가 '확립한다'는 말을 다음과 같은 의미에서 사유해본다면, 즉 이 글 전체를 통해 특히 작품-속으로-**정립함**[40]이라는 주도적 규정 속에서 말해진 그런 의미에서 사유해본다면, 저절로 풀릴 것이다. '세우다'(stellen)라는 말과 '정립하다'〔setzen, 담아놓다〕는 말은 '놓다'(legen)는 말과 함께 속해 있으며, 이 세 가지 낱말의 뜻은 모두 라틴어의 '포네레'〔ponere, 놓다〕라는 낱말 속에 하나로 어우러질 수 있다.

'세우다'라는 낱말을 우리는 그리스어의 테시스(θέσις)의 의미에서 사유해야 한다. 이런 맥락에서 76쪽(원본 48쪽)에서는 다음과 같이 말해졌다. "'정립한다'는 것과 '차지한다'는 것은, 여기에서는 도처에서 '비은폐된 것 안에 세워 놓음'을 뜻하는 테시스라는 그리스어의 의미로부터 사유되고 있다." 그리스적 의미에서의 '정립함'은, 가령 하나의 입상을 '소생하게-함'으로서 〔일으켜〕 '세운다'는 뜻이며, 이것은 곧 봉헌할 축성물을 〔마련해〕 '놓고' '내려놓는다'는 뜻이다. '세운다'는 말과 '놓다'는 말은, '비은폐된 것 가운데로 **이끌어내어**, 〔열린 장〕 **앞으로** 〔가져와〕 현존하는 것 속으로 데려온다, 다시 말해서 놓여-있게-한다' (Her-[41] ins Unverborgene, vor-in das Anwesende bringen, d. h. vor-liegenlassen)라는 뜻을 지니고 있다. '정립한다'는 말과 '세운다'는 말은 여기에서는 그 어디에서도, 근세적으로 파악된 '세움'의 도발적 의미, 즉 〔사유하는〕 나로서의 주체와 마주하여 〔어떤 것을 하나의 객체로서〕 서 있게 하는 그런 세움(entgegenstellen)의 의미를 결코 뜻하지 않는다. 입상의 서 있음(Stehen)은 — (즉 입상을 주시하는 가운데 그것의 참모습이

---

40) 레클람 판본(1960년)에서는, '작품-속으로-정립함'이라는 표현보다는, '작품-속으로-가져옴'(Ins-Werk-Bringen)이라는 표현 — 〔여기서의 Bringen은 이끌어내어-나타나게-함, 즉 포이에시스로서의 ' … 하게 함'(Lassen)을 뜻하는 그런 가져옴(Bringen)이다〕— 이 좀더 좋다고 했다.

41) 레클람 판본(1960년)에 따르면, 이러한 'Her'는 "환한 밝힘으로부터"(aus der Lichtung) 비은폐된 것 가운데로 이끌어낸다는 방향성을 가지고 있다.

환히 내비치는 그런 현존[Anwesen]으로서의 서 있음은) ─ 객체라는 의미에서의 대상의 서 있음과는 다른 것이다. 38쪽(원본 21쪽)에서 말해진 '서 있음'은 '지속적으로 환히 빛나고 있음'(die Ständigkeit des Scheinens)이다. 이에 반해 칸트의 변증론과 독일 관념론에서 말해지는 정립·반정립·종합(Thesis, Anti-thesis, Synthesis)은 주관적 의식의 영역 내부에서 행해지는 일종의 세움을 뜻한다. 이에 따라 헤겔은 그리스적 테시스를 '대상의 직접적 정립'이라는 의미에서 해석하였고, 이러한 해석은 그의 입장에서 보자면 정당한 것이었다. 따라서 이러한 정립은, 그것이 반정립과 종합에 의해 아직은 매개되지 않은 상태로 남아 있기 때문에, 그의 견지에서 보면 아직은 참다운 것이 아니다(이에 관해《이정표》에 실린 "헤겔과 그리스인"을 참조할 것).

하지만 우리가 예술작품에 관해 논의하기 위해 테시스의 그리스적 의미를, 즉 '빛남과 현존 속에 놓여-있게-함'(Vorliegenlassen)이라는 의미를 시야에 포착하여 간직하고 있는 한, [진리를 형태 속으로] 확립한다[Feststellen, 확고히 세우다]는 낱말에서의 "확고히"(Fest-)라는 표현어는 '단단하고, 부동적이며, 확실한'이라는 의미를 갖지 않는다.

'확고히'라는 표현은, 여기서 '윤곽이 잡히게'(umrissen), '한계 속으로 들어오게'(in die Grenze eingelassen), '윤곽이 드러나게'(in den Um-riß gebracht)라는 뜻이다(81쪽[원본 51쪽] 이하 참조). 그리스적 의미에서의 '한계'(πέρας)는 빗장을 걸어 잠그는 것이 아니라, 그것은 산출된 것 자체로서의 현존자를 비로소 빛남에로 가져온다. 한계는 비은폐된 것 안으로 자유롭게 풀어준다. 그리하여 산은 그리스적 빛 안에서 자신의 윤곽을 통해 우뚝 솟아오른 채 고요한 머무름 속에 서 있게 된다. 이렇게 확고히 서 있게 하는 한계(festigende Grenze)는 고요히 머무르는 것(das Ruhende)이며, 따라서 운동의 충만함 속에 있다. 이 모든 것이 그리스적 의미에서의 에르곤(ἔργον), 즉 작품[Werk, 작업]에 해당한다. 바로 이러한 에르곤의 '존재'가 에네르게이아(ἐνέργεια)이며,

이것은 오늘날의 에너지(*Energien*)보다도 더욱 무한한 운동을 자기 안에 모아들이고 있다.

그러므로 올바로 사유된 '진리의 확립'은 어떠한 경우에도 '일어나게 함'과는 결코 상충될 수 없다. 왜냐하면 한편으로는 여기서의 "… 하게 함"(*Lassen*)은 결코 피동적인 것이 아니라, 테시스라는 의미에서의 '최상의 행위'(*höchstes Tun*, 하이데거의 《강연과 논문》, 1954년, 49쪽 참조)이며, 이는 다시 말해 "예술작품의 근원" 86쪽 이하(원본 55쪽)에서 '존재의 비은폐성 가운데로 실존하는 인간이 탈자적으로 들어섬'이라고 특징지은 바 있는 '작용하게 함'(*Wirken*)과 '원함'(*Wollen*)이다. 다른 한편으로는, '진리가 일어나게 함'이라는 말에서의 "일어남"(*Geschehen*)이라는 낱말은, 환한 밝힘과 은닉 속에 — 좀더 정확히 말하자면 — 이 양자의 긴밀한 통일 속에 편재하는 운동을 가리킨다. 다시 말해 거기 [자기은닉]로부터 스스로를 환히 밝히는 모든 것이 비롯하는 그런 자기 은닉 그 자체(*das Sichverbergenden als solches*)의 환한 밝힘의 운동을 가리킨다. 이러한 "운동"은 심지어 이끌어내어-나타나게-한다[*Her-vor-bringen*, 산출하다]는 의미에서의 일종의 확립을 요구한다. 여기서 '이끌어내다'[*Bringen*, 가져옴]라는 말의 의미는, 창작하는 (길어내는) 산출행위가 "비은폐성과의 연관 속에서 받아들이면서 끄집어내는 하나의 행위"인 한에서, 78쪽(원본 50쪽)에서 언급된 그런 의미에서 이해되어야 한다.

지금까지 해명된 내용에 따르면, 81쪽(원본 51쪽)에서 사용된 "모아-세움"(*Ge-stell*)이라는 낱말의 뜻은 다음과 같이 규정된다. 즉, 그것은 윤곽 혹은 한계로서의 균열 속으로 이끌어내어-나타나게-하는, 즉 이끌어내어-현존하게-하는 그런 행위의 결집(*Versammlung*)을 의미한다. 이렇게 사유된 "모아-세움"에 의해, 형태를 뜻하는 모르페(μορφή)의 그리스적 의미가 밝혀진다. 한편 이러한 의미에서의 모아-세움으로부터, 사실상 현대 기술의 본질을 뚜렷이 지칭하기 위한 주도적 개념어로서 나중에 사용되기 시작한 "몰아세움"(*Ge-stell*)이라는 낱말이 사유된다. (물론 여기서의 몰아세움은 책꽂이 틀이나 혹은 조립품이라는 낱말에 입각해서 사유된 것이 **아니다**.) 이러한 연관성은, 그것이 존재역운적인 것이기 때문에, 본질적인 것이다. 현대 기술의 본질로서의 몰아세움은 그리스적으로 경험된 놓여-있게-함(*Vorliegenlassen*), 즉 로고스(λόγος, 열린 장 가운데로 모아들임)로부터 유래하며, 다시 말해 그리스어의 포이에시스(ποίησις, 산출함)와 테시스(정립함)로부터 유래한다. 몰아세움의 세움 속에서는, 다시 말해 모든 것을 안전하게 확보해 두고자 닦달하는 이러한 도발적 행위(*Herausfordern*) 속에서는, 과도한 이성(*ratio redenda*)의 요구가 말하고 있으며, 이로 말미암아 이제 몰아세움 속에 깃든 이러한 요구는 무조건적인 것의 지배력을 갖게 되어, 그것은 (어떤 것을 자기) 앞에-세우는 표상행위(*Vor-stellen*)를 그리스적 지각행위(*Vernehmen*, 존재자의 존재를 청취하며 받아들이는 행위)로부터 (어떤 것을 몰아세움의 기술적 조직망 속에) 안전하게-세우고 확고히-세우는 그런 행위에로 집결시킨다.

우리가 "예술작품의 근원"에서 말해지는 '확고히-세움'(확립)이라는 낱말과 '모아-세움'이라는 낱말에 귀 기울일 경우에, 우리는 일단 '세움'과 '몰아세움'의 근대적 의미를 아예 제켜 두어야만 한다. 그러나 이와 동시에 다른 한편으로 우리는 다음과 같은 사실을 간과해서는 안 된다. 즉, 근세시대를 규정하는 존재로서의 몰아세움은 존재의 유럽적인 역사적 운명(*Geschick*)으로부터 비롯하는 것이기에, 그것은 철학자에 의해 비로소 사유되는 것이 아니라 오히려 사유가에게 사유하도록 보내어진 것이라는 사실을 우리는 간과해서는 안 되며, 또 어떤 점에서 이런 사실이 일어나는지를 간과해서도 아니 된다(《강연과 논문》, 1954년, 28쪽 및 49쪽 참조).

77쪽(원본 48쪽)에서 말해진 바 있는, '설립함'(*Einrichten*)과 '존재자 속에 진리가 스스로를 설립함'(*Sicheinrichten der Wahrheit im Seienden*)이

라는 표현의 사태적 의미를 간단히 규정하여 논구한다는 것은 상당히 힘겨운 일이다. 우리는 다시금 '설립함'이라는 이 낱말을 현대적 의미에서 기술-강연의 방식에 따라 '조직화함'과 '완성함'이라는 의미로서 이해하려는 태도를 버려야 한다. 오히려 '설립함'이라는 낱말은, 78쪽(원본 50쪽)에서 말해졌듯이, 진리가 존재자의 한가운데에서 ─ 그 스스로 작품적으로 존재하면서 ─ [존재자적으로] 존재하게 되는 그런 성향, 즉 "진리가 작품이 되려는 성향"(Zug der Wahrheit zum Werk)을 가리키기에, 이런 의미에서 사유되어야 한다.

과연 어느 정도로 존재자의 비은폐성으로서의 진리가 존재자 그 자체의 현존을, 다시 말해 **존재**를 의미할 뿐인지를 곰곰이 사색해 본다면(93쪽[원본 60쪽] 참조), '진리가 ─ 다시 말해 존재가 ─ 존재하는 것[존재자] 속에 스스로를 설립한다'는 이러한 말은 '존재론적 차이'라는 의문스러운 점을 건드리고 있다(《동일성과 차이》, 1957년, 37쪽 이하 참조). 그래서 "예술작품의 근원"(76쪽[원본 48쪽])에서는 다음과 같이 말해지고 있다. "'열려 있음이 열린 장 안으로 스스로를 설립한다'(Sicheinrichten der Offenheit in das Offene)는 이러한 지적과 더불어, 사유는 여기서는 더 이상 논의될 수 없는 어떤 구역을 건드리며 휘젓는다." "예술작품의 근원"에서 전개되는 모든 논의는 의도적으로 ─ 하지만 겉으로는 분명히 말해지지 않은 상태로 ─ 존재의 본질에 대한 물음의 도상에서 움직이고 있다. **예술**의 본질에 대한 숙고는 오직 존재에 대한 물음으로부터만 전적으로 그리고 결정적으로 규정된다. 예술은 문화의 역량도 아니며 정신의 현상도 아니다. 예술은, 거기[생기]로부터 "존재의 의미"(《존재와 시간》 참조)가 규정되는 **생기**(Ereignis)에 귀속해 있다. '예술이 무엇이냐'는 물음은, 이 글의 논의과정 속에서는 결코 대답되지 않는 그런 물음들 가운데 하나의 물음이다. 그러나 이 글은 그러한 인상을 제공해 줌으로써, 우리는 물음을 제기하기 위한 방향-지침을 얻는다('나중말'의 첫 단락을 참조할 것).

이러한 방향-지침들 가운데는 91쪽(원본 59쪽)과 101쪽(원본 65쪽)에서 제시된 두 가지 **중요한 암시**가 속해 있는데, 그곳에서 "이중성"(*Zweideutigkeit*, 이중적 의미)에 관한 이야기가 말해지고 있다. 특히 101쪽(원본 65쪽)에서는, '작품-속으로의-진리의-정립'이라는 예술의 규정에 입각하여 어떤 "본질적 이중성"이 언급되고 있다. 이러한 이중성에 따르면, 진리는 한편으로는 "주체"이면서, 다른 한편으로는 "객체"이다. 하지만 이렇게 특징지은 **두 가지** 특징은 "부적합한" 것이다. 진리가 "주체"라면, 이 경우에 "작품-속으로의-진리의-정립"이라는 규정은 곧 "진리가 작품-속으로-**스스로를**-정립한다"(*Sich-ins-Werk-Setzen der Wahrheit*)는 말이 된다(92쪽〔원본 59쪽〕및 39쪽〔원본 21쪽〕참조). 예술은 이렇듯 생기로부터 사유되고 있다. 그러나 존재는 인간에게 다가오는 말 건넴(*Zuspruch*)이지만, 인간이 없다면 이러한〔말 건넴으로서의〕존재도 없다. 그러므로 예술은 동시에, "진리를 작품-속으로-정립함"(*Ins-Werk-Setzen der Wahrheit*)이라고 규정되며, 이런 경우에 **이제** 진리는 "객체"가 되고 예술은 창작하고 보존하는 인간적 행위가 된다.

예술에 대한 **인간적** 연관 내에서 작품-속으로의-진리의-정립의 다른 이중적 의미가 제시되는데, 그것은 92쪽(원본 59쪽) 상단 부분에서 창작함과 보존함이라고 말해진다. 91쪽(원본 58쪽)과 71쪽(원본 44쪽)의 논의에 따르면, 예술**작품**과 예술**가**는 "둘 다 동시에"(*zumal*) 예술의 본질적 영역에 존립한다. "작품-속으로의-진리의-정립"이라는 명칭 — 이러한 명칭 속에서는 **누가** 혹은 **무엇이** 어떤 방식으로 "정립하는지"가 규정되지 않은, 하지만 규정**가능한** 상태로 남아 있다 — 속에는 **존재와 인간본질의 연관**이 숨겨져 있다. 그러나 그 연관은 이미 이러한 어구적 표현으로는 적합하게 사유되지 못한다. 바로 이러한 점 때문에, 그것은 상당히 어려운 문제이기는 하나, 《존재와 시간》 이래로 그 문제는 나에게 분명해졌으며, 그것은 그 이후에 다양한 표현방식으로 언어화되었다("존재물음에로"(*Zur Seinsfrage*); "예술작품의 근원", 76쪽(원본 49

쪽) : "〔여기서는〕 다만 다음과 같은 사실만이 지적될 수 있을 뿐이다. 존재자의 비은폐성의 본질이 … 〔이하 참조〕").

여기에 놓여 있는 의문점들은, 언어의 본질과 시 짓기의 본질이 논의되며 밝혀지는 논구의 본질장소로 모여든다. 이러한 본질장소에서 다시금 이 모든 것은 오직 존재와 참말〔*Sage*, 사유해야 할 사태를 **참**으로 가리키면서 드러내는 **말**)의 공속성을 주시하는 가운데 논의되고 해명된다.

만일 독자가 이 글의 논의를 그저 자연스럽게 피상적으로만 읽어나간다면, 우선은 아무리 오랫동안 시간이 흘러간다고 할지라도 그는 사유해야 할 사태의 말해지지 않은 원천영역으로부터는 전혀 사태관계들을 생각하지도 해석하지도 못한 채 도저히 회피하기 힘든 궁핍상태 속에 남아 있게 될 것이다. 그러나 〔존재의 진리를 경험하고 사유하는〕 길의 다양한 지점에 이르러 그때마다 〔경험하고 사유한 바를〕 곧바로 아주 적절한 언어로 말한다는 것은 필자 자신의 경우에도 무척이나 힘겨운 일이다.

세계상의 시대

Die Zeit
des Weltbildes

형이상학에서는 존재자의 본질에 대한 숙고와 진리의 본질에 대한
결단이 수행되고 있다. 형이상학은 존재자에 대한 특정한 해석과 진리
에 대한 특정한 파악을 통해 〔자기가 속해 있는〕 어떤 하나의 시대에게
그 시대의 본질형태의 근거를 부여함으로써 그 시대를 근거짓는다. 이
러한 근거는 그 시대를 특징짓는 모든 현상들을 철저히 지배한다. 역으
로 이러한 현상들을 충분히 숙고하기 위해서는 이러한 현상들 속에서
〔이러한 현상들을 철저히 근거짓는〕 형이상학적 근거가 인식되지 않으면
안 된다. '숙고한다'는 것은, 고유한 전제들〔각 시대의 본질을 결정짓는
그런 전제들〕의 진리와 고유한 목표들〔각 시대가 추구하고자 하는 그때그
때의 시대적 목표들〕의 공간을 가장 물어볼 만한 것(*das Fragwürdigste*,
가장 의문스러운 것)으로 삼는 용기이다(1).

근대(*Neuzeit*)의 본질적 현상들에는 근대의 학문이 속한다. 이에 못
지않게 중요한 현상은 기계기술이다. 하지만 기계기술은 단순히 근대

---

* 《세계상의 시대》에서 논의되는 내용들은, 일찍이 하이데거가 《철학에의 기
여》(*Beiträge zur Philosophie*, 《전집》 65)의 "울려옴"(*Anklang*, 단락 73에
서 단락 80까지, 141~166쪽)에서 논의 해명한 존재사적 시각궤도 위에서
전개되고 있다.

의 수학적 자연과학을 실천에 응용한 것에 불과하다고 생각한다면, 그것은 곡해일 따름이다. 기계기술은 그 자체가, 수학적 자연과학의 적용을 비로소 요구하는 그런 실천에 의해 〔이런 실천이〕 변화된 형태로 나타나 자립적으로 존립하는 어떤 것이다. 기계기술은 근대적 기술의 본질로부터 흘러나온, 지금까지 가장 두드러지게 나타난 하나의 분파〔가지〕인데, 이러한 기술의 본질은 〔사실상〕 근대적 형이상학의 본질과 동일한 것이다.

이에 못지않게 세 번째로 중요한 근대의 본질현상은 예술이 미학의 시야영역 속으로 들어오게 되는 과정에 놓여 있다. 이것은 곧, 예술작품이 체험의 대상이 되고, 이로 말미암아 예술이 인간의 삶의 표현으로 간주된다는 사실을 의미한다.

근대의 네 번째 현상은 인간의 행위가 문화로서 파악되면서 수행된다고 하는 그런 사실에서 드러난다. 이 경우에 문화는 인간이 이루어낸 최고의 귀중품들을 보호하고 육성함으로써 최상의 가치들을 실현하는 것이다. 문화의 본질에는, 〔문화 자체가〕 이와 같이 육성된 것으로서 자기 자신을 육성하는 동시에 〔그 스스로〕 문화정치가 된다는 점이 속해 있다.

근대의 다섯 번째 현상은 탈신성화(Entgötterung)이다. 이 표현은 신들을 단순히 거부하는 입장이나 혹은 조잡한 무신론을 뜻하지 않는다. 탈신성화란, 한편으로는 세계의 근거가 무한한 것, 무조건적인 것, 절대적인 것으로서 설정되는 한에서 세계상(Weltbild)이 그리스도교적으로 변모하고, 다른 한편으로는 그리스도교가 자신의 종교성〔그리스도교성〕을 하나의 세계관(즉 그리스도교적 세계관)으로 새롭게 해석함으로써 스스로 근대화되는 이중적 과정을 가리킨다. 탈신성화는 신과 신들에 대해 아무런 결단도 내리지 못하는 무결단성의 상태이다. 이러한 상태가 초래되기까지는 그리스도교가 가장 큰 몫을 행사했다. 그러나 탈신성화는 종교성을 배제하는 것이 아니라, 오히려 그것을 통해서 비로소 신들에 대한 연관(*Bezug*)이 종교적 체험으로 전화되는 것이다. 이런 상태에 이르게 되면, 신들은 사라져버린다. 이렇게 해서 생긴 빈자리는 신화에 대한 역사학적 탐구와 심리학적 탐구를 통해 대체된다.

존재자에 대한 어떠한 파악과 진리에 대한 어떠한 해석이 이러한 현상들의 근저에 놓여 있는가?

우리는 이러한 물음을, 제일 먼저 언급한 현상에, 즉 학문에 한정할 것이다.

근대적 학문의 본질은 어디에 존립하는가?

존재자와 진리에 대한 어떠한 파악이 이러한 본질을 근거짓는가? 학문을 근대적 학문으로서 근거짓는 형이상학적 근거에 성공적으로 도달하게 된다면, 이러한 근거로부터 근대의 본질은 틀림없이 일반적으로 인식될 수 있을 것이다.

우리가 오늘날 '학문'(*Wissenschaft*)이라는 낱말을 사용할 경우에, 그것은 중세의 '교설'(*doctrina*) 및 '지식'(*scientia*)과 구분될 뿐 아니라, 그리스 시대의 '에피스테메'〔ἐπιστήμη, 인식〕와도 본질적으로 구분된 어떤 것을 의미한다. 그리스 시대의 학문은 전혀 정밀하지 않았는데, 그것은 그 학문의 본질상 정밀할 수 없었을 뿐만 아니라 정밀할 필요도 없었기 때문이었다. 따라서 근대의 학문이 고대의 학문보다 더욱 정밀하다고 생각한다면, 이러한 생각은 전혀 무의미한 것이다. 그러므로 물체의 자유낙하에 대한 갈릴레오의 학설은 참인 반면에, 가벼운 물체는 위로 향하려고 한다는 아리스토텔레스의 학설은 거짓이라고 〔그렇게 단순히〕 말할 수도 없다. 왜냐하면 물체의 본질과 장소의 본질, 그리고 이 양자〔물체와 장소〕의 관계의 본질에 대한 그리스인들의 파악은 존재자에 대한 다른 해석에 기인하고 있으며, 따라서 〔이러한 해석에 따라〕 자연의 진행과정을 다르게 보고 그것에 대해 다르게 물을 수밖에 없었기 때문이다. 어느 누구도 셰익스피어의 시가 아이스킬로스의 시보다 더욱 진보한 것이라고는 주장하지 않을 것이다. 존재자에 대한 근대적 파악이 〔존재자에 대한〕 그리스 시대의 파악보다 좀더 올바른 것이라고는 더더욱 말할 수 없다. 따라서 우리가 근대적 학문의 본질을 파악하고자 한다면, 우리는 그에 앞서 우선, 새로운 학문을 지나간 학문에 비해 단순히 진보의 관점에 따라 차등화하려는 습관적 태도로부터 벗어나지 않으면 안 된다.

오늘날 사람들이 학문이라고 부르는 그것의 본질은 연구(Forschung)이다. 연구의 본질은 어디에 존립하는가?

그것은 인식행위〔Erkennen, 존재자로서의 존재자 전체를 그것의 본질에 입각해 파악하는 사유 활동〕가 존재자의 영역 속으로 ― 즉 자연 혹은 역사의 영역 속으로 ― '접근해 들어가는 행위'〔Vorgehen, 접근해 들어감〕로서 스스로를 정립한다는 사실에 있다. 여기서 접근해 들어가는 이러한 행위는 단순히 〔어떤 것을 다루는〕 처리방식〔Verfahren, 취급방식〕이나 방법을 뜻하지 않는다. 왜냐하면 접근해 들어가는 모든 행위는 먼저 이러한 행위가 이루어지는 열린 구역〔Bezirk, '존재자 전체'의 영역 (Bereich)이 인식하는 주체에 의해 **쪼개짐**으로써 나타나는 존재자의 '한정된 특정한 영역' 혹은 '제한된 영역'〕을 필요로 하기 때문이다. 그러나 바로 이러한 구역을 열어놓는 작업이 곧 〔연구가 수행해야 할〕 연구의 근본과정이다. 이러한 근본과정은 존재자의 어떤 영역 속에서 ― 예컨대 자연 속에서 ― 〔진행되는〕 자연의 진행과정에 대한 어떤 특정한 밑그림(Grundriß)이 기투됨으로써 수행된다. 기투는 접근해 들어가는 인식행위가 어떠한 방식으로 자신을 열려진 구역에 결속하는지를 그려내 보여준다. 이러한 결속이 연구의 엄밀함이다. 〔이와 같이〕 밑그림이 기투되고 엄밀함이 규정됨으로써, 접근해 들어가는 행위는 존재영역 속에서 자신의 대상구역을 확보한다. 근대적 학문으로서는 가장 일찍이 형성되어 여타의 〔근대적〕 학문들의 척도가 되었던 수리물리학을 우리가 주시해본다면, 앞에서 말해진 생각은 〔좀더〕 분명해질 것이다. 현대의 원자물리학 역시 여전히 물리학으로 존립하고 있는 이상, 본질적인 점은 — 우리가 여기서 문제 삼고자 하는 것은 오직 본질적인 점이다 — 원자물리학에게도 마찬가지로 타당할 것이다.

근대 물리학은, 그것이 특히 아주 특정한 하나의 학문으로서의 수학을 응용하고 있다는 점에서, 수리 물리학이라고 말해진다. 그러나 근대 물리학은, 그것이 보다 깊은 의미에서 이미 수학적이기 때문에, 오직 이러한 방식 속에서만 수학적으로 취급될 수 있다. 그리스인들에게서 '타 마테마타'(Tὰ μαθήματα)는, 인간이 존재자를 고찰하고 사물들과 교섭하는 가운데 미리(im voraus, 특정한 존재자를 고찰하거나 교섭하기 이전에 이미 선행적으로) 알고 있는 그런 것을 뜻한다. 즉, '타 마테마타'는 물체의 경우에는 물체다운 것, 식물의 경우에는 식물적인 것, 동물의 경우에는 동물적인 것, 인간의 경우에는 인간다운 것을 가리킨다. 이렇게 이미 알려져 있는 것, 즉 〔'타 마테마타'로서의〕 '수학적인 것'에게는 앞에서 언급한 것 이외에도 수(Zahl, 數)가 거기에 속해 있다. 식탁 위에 사과가 3개 놓여 있을 경우, 우리는 사과가 3개 있다는 점을 인식한다. 그러나 3이라는 수, 다시 말해 3이라는 것(Dreiheit)을 우리는 이미 알고 있다. 이것은 곧, 수가 '수학적인 어떤 것'이라는 점을 의미한다. 수는 마치 〔우리들에게〕 가장 눈에 뜨일 정도로 이미-언제나-알려져-있는-것이고, 따라서 '수학적인 것' 중에서도 가장 잘 알려져 있는 것이기에, 오직 이러한 이유에서만 '수학적'이라는 명칭은 수적인 것〔das Zahlenmäßige, 한 개, 두 개, 세 개와 같이 개별적으로 셀 수 있는 것〕에게 부여되었던 것이다. 그러나 '수학적인 것'의 본질이 수적인 것〔das Zahlenhafte, 각각의 개별적인 것을 셀 수 있게 하는 수의 본질적 요소〕에 의해 규정되는 것은 결코 아니다. 물리학이 일반적으로 자연을 인식하는 것이라고 한다면, 그 경우에 특히 물리학은 질료적 물체를 그것의 운동에 있어 인식하는 것이다. 왜냐하면 질료적 물체는 — 비록 상이한 방식으로 스스로를 나타내 보이기는 하지만, 그럼에도 불구하고 — 자연적인 모든 것에서 직접적으로 그리고 어디에서나 스스로를 나타내 보이기 때문이다. 그런데 물리학이 수리 물리학의 형태로 뚜렷이 나타나게 된다면, 이것은 곧 다음을 의미한다. 즉, 수리 물리학을 통하여, 그리고 수리 물리학을 위하여 어떤 것이 이미-알려진-것으로서 어떤 비상한 방식 속에서 처음부터 확정되고 있다는 사실을 의미한다. 이렇게 '〔어떤 것을〕 확정한다'는 것은, 자연을 탐구하고 인식하기 위해 앞으로 장차 자연이라고 말해지는 그것 — 즉, 시공간적으로 관련된 질점(質點)들의 그 자체 완결된 운동 연관성 — 에 대해 '기투한다'는 것 이외에 다른 어떤 것이 아니다. 이렇게 확정된 것으로서 설정된 자연의 밑그림(기본구도) 속에는 무엇보다도 다음과 같은 규정들이 삽입되어 있다. 즉, 운동이란 장소의 이동을 의미한다. 어떤 특정한 운동이나 운동의 방향이 다른 어떤 운동이나 운동의 방향에 비해 우월한 것은 결코 아니다. 각각의 장소는 모두, 각각의 다른 장소와 동등하다. 어떤 시점도 다른 시점보다 우월하지는 않다. 모든 힘은, 그것이 얼마나 큰 운동을 초래하는가, 즉 동일한 시간적 길이 속에서 얼마나 커다란 장소의 이동을 초래하는가에 따라서 규정된다. 자연의 이러한 밑그림 속에서는 〔자연의〕 모든 진행과정이 투시되어야한다. 이러한 밑그림의 시야 속에서 자연의 진행과정 자체가 비로소 보이게 된다. 물리학적 연구는 자신의 물음을 펼쳐 나가기 위해 무엇보다 먼저 자연에 대한 이러한 기투에 스스로를 결속하는데, 바로 이러한 결속을 통해 자연에 대한 기투는 자신의 안전성을 확보한다. 이러한 결속은 — 즉, 연구의 엄밀함은 — 기투에 따라서〔기투에 의거하여〕그때마다 그 자신의 고유한 성격을 갖는다. 수학적 자연과학의 엄밀함은 곧 정밀함(Exaktheit)이다. 모든 진행과정은 여기서, 그것이 일반적으로 자연의 진행과정으로서 표상된다고 한다면, 우선은 먼저 시공간적 운동량으로서 규정되어야만 한다. 이러한 규정은 수와 계산에 입각한 측정을 통해 수행된다. 그러나 수학적인 자연-연구는 그것이 정확히 계산하기 때문에 정밀한 것이 아니라, 오히려 '그것이 자신의 대상

122

구역에 스스로를 결속하는 태도'가 정밀함이라는 성격을 갖기 때문에 〔비로소 그것은〕 정확하게 계산해야만 하는 것이다. 이에 반해 모든 정신과학들은 ― 심지어 생명체에 대한 모든 학문들은 ― 그 자신이 정말로 엄밀한 학으로 남아 있고자 한다면 반드시 부정밀해야 한다. 물론 생명체를 시공간적 운동량으로서 파악할 수는 있겠으나, 이 경우에 사람들은 더 이상 생명체를 이해하지는 못한다. 역사학적(historisch) 정신과학이 부정밀하다는 점은 결코 결함이 아니며, 오히려 이러한 방식의 연구를 위해서는 본질적으로 꼭 필요한 요구를 충족시켜주는 요소이다. 물론 역사학적 학문들의 경우에 이러한 학문들의 기투와 대상구역의 안전한 확보는 〔정밀한 과학들의 기투와 대상구역의 안전한 확보와는〕 다른 종류의 것일 뿐만 아니라, 정밀한 〔자연〕과학들의 엄밀한 수행보다도 이행하기가 훨씬 더 어렵다.

학문은 기투에 의해 연구가 된다. 다시 말해 학문은 〔탐구해야 할 대상구역에로〕 엄밀하게 접근해 들어가 안전하게 기투함으로써 연구가 된다. 그러나 기투와 엄밀함은 〔탐구해야 할 대상을 다루어나가는 특정한〕 처리방식 안에서 비로소 본질적으로 ― 즉 기투는 기투 자체로서, 그리고 엄밀함은 엄밀함 자체로서 ― 전개된다. 이러한 처리방식이 연구의 두 번째 본질성격을 나타내준다. 기투된 구역이 대상화되어야 한다면, 〔먼저〕 그 구역을 '다양하게 분류되어 얽혀져 있는 그것〔구역〕의 전체적 구조' 속에서 만나게 하는 것이 중요하다. 따라서 접근해 들어가는 행위는 〔이러한 행위 속에서 그때마다〕 만나게 되는 것〔대상구역〕의 변화가능성에 대하여 시야를 열어두어야만 한다. 언제나 다른 모습으로 변화하는 것〔자연과 역사〕을 바라보는 그런 시야영역 속에서만 특수한 개별적 사실(사건)들의 충만함이 나타난다. 그러나 이러한 사건이나 사실들은 대상화되지 않으면 안 된다. 따라서 접근해 들어가는 행위는 변화하는 것을 그것의 변화 속에서 표상하여, 그것을 〔표상하는 자의 눈앞에〕 세워 놓는 동시에, 그 운동〔die Bewegung, 변화하는 것〔즉,

자연과 역사)의 변화하는 운동〕을 하나의 운동으로〔*eine Bewegung*, 개별적 사건이나 사실의 그때마다 특정한 시공간적 변화운동〕존재하도록 〔허용〕해야 한다. 사실들을 세워 놓는 것, 그리고 이 사실들의 변화 그 자체의 지속성이 규칙이다. 변화의 필연적 흐름에도 불구하고 이러한 흐름 속에서 변화가 지속한다는 사실은 법칙이다. 규칙과 법칙의 시야 영역 속에서 비로소 사실들은 존재하는 그런 사실들로서 명백하게 드러난다. 자연의 영역 속에서 행해지는 사실연구〔사실에 대한 연구〕는 본래 그 자체가 규칙과 법칙을 제출하고 확증하는 일이다. 어떤 하나의 대상구역을 표상하는 처리방식은 명백한 사실로부터 분명하게 하는 성격, 즉 설명(*Erklärung*)의 성격을 갖는다. 설명은 언제나 이중적 측면을 지니고 있다. 즉, 설명은 알려진 것을 통해 알려지지 않은 것을 근거지우는 일이며, 또한 이와 동시에 알려지지 않은 것을 통해 알려진 것을 확증하는 일이다. 설명은 탐구 속에서 수행된다. 자연과학〔의 영역〕에서 탐구는 탐구해야 할 분야의 양식과 설명하려는 의도의 방식에 따라 그때마다 실험을 통해서 행해진다. 그러나 자연과학이 실험에 의해서 비로소 연구가 되는 것은 아니며, 오히려 거꾸로 자연에 대한 인식〔그리스 시대와 중세 시대의 자연인식〕이 연구로 전환되어 나타나는 바로 그곳에서 비로소 그리고 오직 그곳에서만 실험은 가능해진다. 근대 물리학은 그 본질에 있어 '수학적인' 것이기 때문에, 오직 이런 이유에서만 그것은 실험적일 수 있다. 그러나 중세 시대의 교설 (*doctrina*)이나 그리스 시대의 에피스테메가 연구라는 의미에서의 학문은 아니기 때문에, 그 시대에는 그것〔참다운 앎〕이 실험으로 나타나지는 않았다〔에피스테메는 퓌시스(φυσις) 자체 혹은 근원적 존재자로서의 이데아에 대한 참다운 앎을 의미. 따라서 에피스테메는 참다운 인식의 양식이었지, 실험적 탐구의 양식은 아님〕. 엠페이리아(ἐμπειρία, 라틴어의 *experientia*)의 의미를 처음으로 파악한 사상가는 아리스토텔레스였다. 그에게서 엠페이리아는 사물들 자체 및 그것들의 고유한 속성과 변화를 상호관계적 조건들〔자연을 관찰하는 4가지 방식으로서의 4 아이티아($\alpha\iota$ $\tau\iota\alpha$, 형상인, 질료인, 운동인, 목적인)〕 속에서 관찰하는 행위였으며, 따라서 사물들이 규칙 속에서 서로 관계하는 방식에 대한 앎이었다. 그러나 이러한 앎을 목적으로 삼는 관찰행위로서의 엑스페리멘툼 (*experimentum*)은 '연구로서의 학문에 속해 있는 것', 즉 '연구실험'(*Forschungsexperiment*)과는 본질적으로 다른 것이다〔중세의 엑스페리멘툼은 존재자 전체에 대한 참다운 앎을 목적으로 삼는 반면, 근대의 엑스페리멘트(실험)는 존재자의 특정한 구역에 대한 경험적 탐구를 목적으로 삼고 있기 때문임〕. 이런 점은 비록 고대와 중세의 관찰행위가 수와 자를 가지고 이루어졌다고는 하더라도 마찬가지이며, 또한 관찰행위가 특정한 장비와 작업도구의 도움을 받아 이루어졌던 그런 시대〔특히, 중세시대〕에도 마찬가지다. 왜냐하면 그 시대의 관찰행위에서는 일반적으로 실험에서 결정적으로 중요한 요소가 빠져 있기 때문이다. 실험의 결정적 요소는 법칙의 정초와 더불어 시작된다. '어떤 하나의 실험을 시도한다'는 것은, 어떤 특정한 운동의 연관성을 그것의 필연적 진행과정 속에서 추적하고 평가하며 지배하기 위한 그런 '어떤 조건을 표상한다'는 것을 뜻한다. 그러나 법칙을 설정하는 행위는 〔기투에 의해 미리 설정되어 있는〕 대상구역의 밑그림에 입각하여 수행된다. 이러한 밑그림이 척도를 제공하며, 조건〔특정한 대상을 표상하기에 앞서 그 대상을 표상하도록 이끌어주는 어떤 조건〕을 선취하여 〔그 조건을〕 표상하도록 〔이러한 표상행위 자체를〕 구속한다. 이러한 표상행위는 ─ 이러한 표상행위 속에서, 그리고 이러한 표상행위와 더불어 실험이 시작되는데 ─ 결코 자의적인 상상행위가 아니다. 그래서 뉴턴은 "hypotheses non fingo", 즉 "가설〔실험탐구의 기초가 되는 조건〕들은 고안되는 것이 아니다"라고 말했다. 이러한 가설들은 자연의 밑그림으로부터 전개되어 이 밑그림 속으로 〔다시〕 기입된다. 실험은 법칙을 확증하거나 혹은 법칙의 확증을 거부하는 그런 사실들을 도출하기 위하여 〔사물이나 사건을 다루어나가는〕처리방식이다. 이때 이러한 처리방식은 그것의 토대를 설정하고 그것을 실행해나감에 있어 '그 근저에 〔가설로서 이미 앞서〕 놓여 있는 그런 법칙'에 의해 행해지고 주도된다. 자연에 대한 밑그림 이 정밀하게 설계(기투)되면 설계될수록, 실험의 가능성은 그만큼 더 정밀해진다. 그러므로 저명한 중세 스콜라 학자인 로저 베이컨(Roger Bacon)은 근대적 실험연구가의 선구자가 결코 아니며, 오히려 아리스 토텔레스의 추종자로 머물 뿐이다. 왜냐하면 그 사이〔아리스토텔레스의 시대와 로저 베이컨의 시대 사이〕에 진리의 본래적 장소는 그리스도교의 신앙 속에, 즉 성서의 말씀과 교회의 가르침을 참되다고 여기는 그런 태도 속에 놓여 있었기 때문이다. '성서에 기록되고 교회에 의해 선포 된' 계시의 신성한 말씀에 대한 해석으로서의 신학이야말로 최고의 가 르침이며 〔참다운〕인식이 되었다. 여기서 '인식한다'는 것은 '연구하는 행위'가 아니라, 척도를 제공하는 말씀 및 이 말씀을 선포하는 권위들 을 '올바로 이해하는 행위'이다. 그래서 중세 시대에 인식을 획득하기 위해서는 다양한 권위들의 말씀과 교설을 먼저 논의해야만 했다. 성서 와 설교로부터 구성하고(componere scripta et sermones) 말씀으로부터 논의하는 일(das argumentum ex verbo)이 결정적으로 중요하며, 또한 이것은 동시에 전승된 플라톤과 아리스토텔레스의 철학이 스콜라 변증 론으로 변할 수밖에 없었다는 사실의 근거가 되기도 한다. 로저 베이 컨이 엑스페리멘툼을 요구하고 있다면 ─ 사실상 그는 이것을 요구하 였다 ─, 그는 〔이러한 표현으로써〕연구로서의 학문의 실험을 생각하 고 있는 것이 아니라, 오히려 말씀에 입각한 논의 대신에 사물에 입각 한 논의(argumentum ex re)를 요구하고 있는 것이며, 이는 곧 교설을 논의하는 대신에 사물 자체의 관찰, 즉 아리스토텔레스의 엠페이리아 를 요구하고 있는 것이다.

그러나 근대적 연구실험은 그 정도와 범위에 있어 좀더 정확한 관찰 행위일 뿐 아니라, 자연을 정밀하게 기투하는 가운데 법칙을 확증하는,

본질적으로 완전히 다른 종류의 처리방식이다. 역사학적 정신과학에서 행해지는 사료비판〔Quellkritik, 문헌비판〕은 〔근대적 자연과학에서 행해지는〕 자연연구의 실험에 상응한다. 여기서 '사료비판'이라는 이 명칭은 사료〔문헌〕를 찾아내서 그것을 분류하고 확증하며 그것의 가치를 평가하고 보존하며 해석하는 일 전체를 가리킨다. 물론 사료비판에 근거한 역사학적 설명은 사실들을 법칙들과 규칙들에로 환원하지는 않는다. 그러나 그렇다고 해서 이러한 설명은 단순히 사실들을 보고하는 일에만 국한되는 것은 아니다. 역사학적 학문에서의 처리방식은, 자연과학에서의 처리방식과 마찬가지로, 지속적인 것을 표상하면서 역사(Ge-schichte)를 대상으로 삼으려는 그런 〔유사한〕 목적을 갖는다. 역사는 과거로 흘러가 버리는 한에 있어서만 대상적으로 될 수 있다. 역사학적 설명이 역사의 유일회적이면서도 다양한 것(das Einmalige und Man-nigfaltige)을 기술할 경우에 언제나 고려하게 되는, 흘러간 과거 속에서도 현존하는 '지속적인 것'은 '언제나-이미-한때-현존하였던 것'(das Immerschon-einmal-Dagewesene)이며, 〔개별적 사건들과 언제든지〕 '비교할 수 있는 것'(das Vergleichbare)이다. 모든 것을 모든 것과 끊임없이 비교하는 가운데, 이해될 수 있는 것이 도출되어 역사의 밑그림〔역사이해를 위한 기본틀〕으로서 확증되고 고착된다. 역사학적 설명이 미치는 곳까지 역사학적 연구의 구역은 펼쳐진다. 유일하고 드물고 단순한 것, 간단히 말해 역사〔에서〕의 위대한 점은 결코 자명하지 않으며, 따라서 설명되지 않은 상태로 남겨진다. 역사학적 연구는 역사의 위대한 점을 부인하지는 않지만, 이러한 점을 예외적인 것이라고 설명한다. 이러한 설명에서는 역사의 위대함이 일상적이고도 평균적인 것에 의거해 측정된다. 설명이 이해될 수 있는 것에로의 환원을 뜻하는 한, 그리고 역사학(Historie)이 연구, 즉 설명으로 머무는 한, 결코 다른 방식의 역사학적 설명은 존재하지 않는다. 연구로서의 역사학은 '설명할 수 있고 개관할 수 있는 작용〔사건〕들의 연관성'이라는 의미에서의 '과거'를 기투하고 대상화하기 때문에, 역사학은 대상화의 도구로서 사료비판을 요구한다. 역사학이 저널리즘(*Publizistik*)에 가까이 다가가는 정도에 따라, 이러한 비판의 척도는 달라진다.

연구로서의 모든 학문은 〔주제적으로〕 한정된 대상구역에 대한 기투에 근거하고 있기에 필연적으로 개별 학문이 된다. 그러나 모든 개별 학문은 저마다 각각의 처리방식을 통해 기투를 전개하는 가운데 자기가 탐구해야 할 특정한 분야에 제한됨으로써 특수화된다. 그러나 이러한 특수화〔*Besonderung*; *Spezialistik*, 전문화〕는 〔전문화되면 전문화될수록 그만큼 더〕 각각의 연구결과를 개관하기가 더욱더 불가능해진다는 그런 현상만을 단지 숙명적으로 동반하는 것은 결코 아니다. 특수화는 필요악이 아니라, 연구로서의 학문이 지니고 있는 본질적 필연성이다. 전문화는 모든 연구의 결과가 아니라, 진보를 위한 바탕〔조건〕이 된다. 연구는 자신의 처리방식에 있어, 탐구의 방향을 상실할 정도로 그렇게 임의적인 탐구들 속으로 흩어져 버리지는 않는다. 왜냐하면 근대 학문은 세 번째 근본과정인 경영(*Betrieb*, 전문화된 작업활동)에 의해 규정되기 때문이다(2).

경영이라는 낱말을 접할 때, 사람들은 일단 — 그것이 정신과학이든 자연과학이든 상관없이 — 무릇 학문은 오늘날 그것이 연구기관화될 경우에만 비로소 학문으로서의 올바른 외형에 도달하게 된다는 그런 현상을 이해할 것이다. 물론 연구는 자신의 작업이 연구기관에서 수행되기 때문에 〔비로소〕 경영이 되는 것은 아니며, 오히려 학문 자체가 연구로서 경영의 성격을 지니고 있기 때문에 〔비로소〕 연구기관은 반드시 존재하지 않으면 안 된다. 개별적 대상구역을 마음대로 다루는 그런 처리방식은 단순히 성과(결과)만을 축적하는 것은 아니다. 오히려 처리방식은 자신의 축적된 성과를 바탕으로 삼아 그때마다 새로운 방식으로 〔대상구역에〕 접근해 들어간다. 〔예컨대〕 물리학의 경우를 보면, 원자분열을 철저히 수행하기 위해 마련된 기계설비 장치 안에는 지금까지 축적된 물리학〔의 이론〕 전체가 간직되어 있는 것이다. 이와 마찬가지로 역사학적 연구에서도 '축적된 사료들'은, 이러한 사료들 자체가 역사학적 설명을 바탕으로 확실하게 보증될 경우에만, 비로소 〔좀더 진전된 새로운〕 설명을 위해 사용될 수 있다. 이러한 〔연구〕과정 속에서 학문의 처리방식은 그것〔학문〕의 축적된 성과물에 의해 한정된다. 처리방식은 언제나 자기 자신에 의해 열려진 가능성을 향해, 즉 〔새로운 방식으로 대상구역에〕 접근해 들어가는 그런 가능성을 향해, 더욱더 〔안전하게〕 정리정돈 된다. 이처럼 향상되는 처리방식의 온갖 방법과 온갖 수단으로서의 〔연구 자체의〕 고유한 성과물에 〔언제나〕 스스로를 정리정돈 해야(einrichten) 한다는 그런 필연성이야말로 연구 자체가 지니는 경영의 본질성격이다. 그런데 바로 이러한 성격이 연구기관의 성격을 필연적으로 결정해주는 내재적인 근거가 된다.

경영 안에서 대상구역을 기투하는 작업은 무엇보다도 먼저 존재자 안에서 이루어진다. 처리방식들의 계획적 결합을 용이하게 해주는 모든 장치들, 주어진 결과들을 서로서로 검증하고 전달하도록 장려하며 촉진하는 모든 장치들, 그리고 노동력의 교환을 통제하고 조정하는 모든 장치들, — 이러한 모든 장치들은 척도를 정해주는 것으로서, 단지 연구작업이 팽창하고 분업화한다는 사실로 인해 결과적으로 발생하는 단순한 외적 결과가 결코 아니다. 오히려 이러한 외적 결과는 근대적 학문이 자신의 역사의 결정적 국면으로 접어들기 시작했다는 점을 알려주는 어떤 징표인데, 이러한 징표는 이미 아득히 먼 옛날부터 나타나기 시작하였으나 아직까지도 전혀 이해되지 못한 그런 상태에 있다. 이제야 비로소 근대적 학문은 그 자신의 고유하고도 완전한 본질〔근대적 학문의 고유하고도 완전한 본질은 '조작성'(Machenschaft)에 의한 '극단적 존재이탈'(äußerste Seinsverlassenheit)이라는 존재역운적 현상 속에 뿌리내리고 있음. 하이데거는 바로 이러한 조작성의 맹아가 일찍이 플라톤과 아리스토텔레스의 존재사유 속에 — 즉 포이에시스로서의 제작함(herstellen)의 방식 속에 —깃들어 있었으며, 이러한 맹아가 현실성(*actualitas*; *agere*, 즉 *herstellen*, *machen*)을 추구하는 로마문명을 거치면서 서서히 성장하여, 근대 학문의 본질로서 구체화되기에 이르렀다고 생각)을 점유하게 된다.

학문들의 연구기관적 성격이 확장되고 견고해질 경우에, 이런 과정 안에서는 무슨 일이 일어나는 것일까? 그것은 그때마다 연구의 대상이 되는 그런 존재자(자연과 역사)에 대하여 처리방식이 확고한 우위를 차지하게 된다는 사실 이외에 다른 것이 아니다. 학문들은 자신의 경영적 성격을 바탕으로 삼아 자신들에게 적합한 공속성과 통일성을 만들어 낸다. 따라서 연구기관식으로 경영되는 역사학적 연구나 혹은 고고학적 연구는 아직도 단순한 학식의 차원에 머물고 있는 인문학부의 어떤 교과방침에 가깝기보다는 오히려 연구기관식으로 설정된 물리학적 연구에 본질적으로는 더 가까운 것이다. 그러므로 학문의 근대적인 경영성격의 결정적 전개는 또 다른 유형의 인간을 만들어 낸다. 학자는 사라지고, 그 대신에 그는 연구사업에 매진하는 연구자에 의해 대체된다. 자신의 작업에 강렬한 바람을 불어넣는 것은 연구사업이지, 더 이상 학식의 보호나 육성이 아니다. 연구자는 더 이상 집에 장서를 필요로 하지 않는다. 게다가 그는 항상 도상에 있다. 그는 학회 모임에 매달리고 토론장에서 정보를 얻는다. 그는 출판인들의 청탁에 얽매인다. 출판인들은 이제 어떤 책이 집필되어야 할지를 (연구자와) 함께 규정한다(3).

연구자는 본질적 의미에 있어 기술자라는 탈을 쓴 채 이러한 기술자의 본질적 영역 속으로 자발적으로 그리고 필연적으로 몰입해 들어간다. 오직 이렇게 함으로써만 그는 자신의 능력을 발휘할 수 있고, 따라서 자신의 시대에 현실적으로 머물 수 있다. 이때 점점 더 희박해지고 사라져 가는 학자층과 대학의 낭만주의는 아직도 얼마동안은 외진 곳에서 연명될 수 있다. 그러나 대학을 대학으로서 작용하게 하는 대학의 통일적 성격과 이에 따른 대학의 현실성은, 대학 스스로에 의해 육성되어 대학 자체에 보존되어 있기에 대학 자신으로부터 유래한다고 말할 수 있는 정신적 힘, 즉 여러 학문들을 근원적으로 통합하는 그런 정신적 힘 속에 놓여 있는 것이 아니다. 대학은, 그것이 행정적 관리 능력을 갖춘 독자적 형태 속에서 제각기 갈라지는 각각의 학문들의 특수화〔전문화〕를 가능하게 하면서도 그것들을 경영의 독특한 통일성 속에서 규합하는 그런 조직기구로서 존재하는 한에서만, 현실적이다. 근대 학문의 고유한 본질적 힘들이 직접적으로 명백하게 경영〔의 방식〕 속에서 작용하고 있기 때문에, 바로 이런 이유에서만 각각의 자생적 연구경영들은 자신들의 경영방침에 걸맞게 다른 것들과의 내재적 통일성을 자발적으로 예시하면서 마련할 수 있는 것이다.

학문의 현실적 체계는 〔대상구역에로〕 '접근해 들어가는 행위'와 '존재자를 대상화하려는 태도'를 그때마다 계획적으로 짜맞추는 결속의 방식 속에 존립한다. 이렇게 요구되는 체계의 장점은 대상영역들 (Gegenstandsgebiete) 사이에서 맺어지는 어떤 고안된 고정적인 내용적 관계-통일성이 아니라, 연구를 그때마다 주도적 과제에로 전환하면서 설정하는, 더할 나위 없이 자유로우면서도 규칙에 따른 그런 운동성 〔Beweglichkeit, 가동성〕이다. 학문은 자신의 작업과정을 철저히 지배하고 완전히 경영하는 가운데 독자적으로 개별화되면 될수록, 그리고 이러한 경영들이 각각의 분류된〔전문화된〕 연구소와 연구기관으로 남김없이 옮겨가면 옮겨갈수록, 학문들은 더욱더 불가항력적으로 자신의 근대적 본질을 완성하게 된다. 그러나 학문과 연구자가 자신들의 본질의 근대적 형태를 진지하게 취급하는 태도가 무조건적으로 되면 될수록, 그들은 더욱더 분명하게 자기 자신을 준비할 수 있으며, 더욱더 직접적으로 공익을 위해 준비할 수는 있으나, 그러면 그럴수록 그들은 더욱더 유보할 여지도 없이 모든 공익적 활동의 대중적 범속함 속으로 물러나지 않을 수 없다.

근대 학문은 특정한 대상구역들의 〔다양하게 분류된〕 기투 속에서 근거지워지는 동시에 개별화된다. 이러한 기투는 '그에 상응하여 엄밀성에 의해 안전하게 확보된 처리방식' 속에서 전개된다. 그때마다 각각의 처리방식은 경영 속에서 마련되고 갖추어진다. 기투와 엄밀성, 그리고 처리방식과 경영은 서로가 서로를 요구하는 가운데 근대적 학문의 본질을 형성하며, 그것을 연구로 만든다.

우리는 근대 학문의 본질을 숙고하는 가운데, 그 안에 놓인 형이상학적 근거를 인식하고자 한다. 존재자에 대한 어떠한 파악과 진리에 대한 어떠한 개념이, 학문이 연구가 된다는 사실을 근거짓는가?

연구로서의 인식은 존재자로 하여금, '그것〔존재자〕이 어떻게 표상될 수 있으며 또 어느 정도로 표상될 수 있는가'라는 물음에 대해 해명하도록 요구한다. 존재자가 앞으로 어떻게 진행될 것인지를 미리 예측하거나 혹은 그것을 이미 지나간 것으로서 곰곰이 추산할 수 있다면, 연구는 존재자를 마음대로 다루고 있는 셈이다. 예측(*Voraus-berechnung*)에서는 자연이 〔연구의 대상으로〕 세워지듯이, 이와 마찬가지로 역사학적 추산(*Nachrechnung*)에서는 역사가 〔연구의 대상으로〕 세워진다. 자연과 역사는 설명하는 표상행위의 대상이 된다. 이러한 표상행위는 자연을 헤아리고 역사를 고려한다. 이와 같이 대상이 되는 것, 다시 말해 대상으로 **존재하는**(ist) 그런 것만이 존재하는(*seiend*) 것이라고 간주된다. 존재자의 존재가 이러한 대상성 속에서 추구될 경우에야 비로소 표상행위는 연구로서의 학문이 된다.

존재자의 이러한 대상화는 앞에-세움〔*Vor-stellen*, 표상행위〕 속에서, 즉 계산하는〔따져보는〕 인간이 존재자를 안전하게 확보하고 확신할 수 있게끔 각각의 모든 존재자를 결국은 자기 앞으로 반드시 가져와야만 하는 그런 표상행위 속에서 수행된다. 진리가 표상행위의 확실성으로 변화하였을 때, 이때에 비로소 그리고 오직 그때에만, 그것은 연구로서의 학문이 된다. 데카르트의 형이상학에 이르러 비로소 처음으로 존재자는 표상행위의 대상성으로서 규정되었으며 또한 진리는 표상행위의 확실성으로서 규정되었다. 그의 주저의 제목은 《제1철학에 관한 성찰》(*Meditationes de prima philosophia*) 이다. 여기서 프로테 필로소피아(Πρώτη φιλοσοφία, 제1철학)는 아리스토텔레스에 의해 〔처음으로〕 각인되어 나중에 형이상학이라고 말해지는 그것을 지칭하기 위한 명칭이다. 니체를 포함하여 근대의 모든 형이상학은 데카르트에 의해서 준비된 존재자와 진리에 대한 해석의 궤도 속에 머물고 있다(4).

연구로서의 학문이 〔근대를 특징짓는〕 근대의 한 본질적 현상이라면, 연구의 형이상학적 근거를 이루고 있는 그것은 무엇보다 먼저 그리고 훨씬 앞서 근대의 본질 일반을 규정해야 할 것이다. 사람들은 근대의 본질을, 인간이 자기를 자기 자신에게로 해방시킴으로써 중세의 구속으로부터 벗어났다는 사실 속에서도 찾아볼 수 있다. 그러나 이러한 특징은 비록 올바른 것이기는 하지만 아직은 단지 표면적 현상에 불과하다. 근대의 본질을 파악하고 거기로부터 비로소 근대의 본질이 과연 어느 정도까지 자신의 세력을 미치고 있는지를 철저하게 따져보고자 한다면, 앞에서 지적된 표면적 특징은 결과적으로 이러한 본래적 파악을 가로막아 버리는 그릇된 현상에 지나지 않는다. 인간 해방의 결과로 말미암아 근대가 주관주의와 개인주의를 초래하였다는 사실은 〔너무나〕 확실하다. 그러나 근대 이전의 그 어떤 시대도 〔근대와〕 견줄 만한 그런 객관주의를 실현한 적이 없으며, 또한 몰개성화가 집단적인 형태로 자신의 세력을 떨친 그런 시대는 근대 이전에는 전혀 없었다는 사실도 이와 마찬가지로 확실하다. 여기서 본질적인 점은 주관주의와 객관주의 사이에서 벌어지는 필연적 상호작용이다. 그런데 바로 이렇게 서로가 서로를 제약하는 상호적인 작용관계는 보다 심층적인 과정들 속으로 소급된다.

결정적인 점은, 인간이 종래의 속박으로부터 벗어나 스스로를 자기 자신에게로 해방시킨다는 점에 있는 것이 아니다. 오히려 인간이 주체가 됨으로써 인간의 본질 자체가 변화한다는 사실이야말로 결정적인 점이다. 우리는 물론 수브옉툼(Subjectum)이라는 낱말이 그리스어 휘포케이메논(ὑποκείμενον)의〔라틴어〕번역어라는 점을 이해해야 한다. 이 낱말은 모든 것을 자기에게 모아들이는 그런 근거로서, 앞에-놓여-있는-것(das Vor-Liegende)을 말한다. 수브옉트(Subjekt)-개념에 놓인 이러한 형이상학적 의미는 우선은 인간에 대한 관련을 강조하고 있지 않으며, 더욱이〔생각하는〕'나'에의 관련을 강조하고 있는 것도 아니다.

그러나 인간이 일차적으로 본래적인 그런 수브옉툼이 된다면, 이것은 곧, 인간이 모든 존재자를 그것〔존재자〕의 존재방식과 그것의 진리방식에서 근거지우는 그런 존재자가 된다는 것을 의미한다. 인간은 존재자로서의 존재자와 관계하는 이러한 관계의 중심이 된다. 그러나 이러한 점은 존재자 전체에 대한 파악이 변화할 경우에만〔비로소〕가능해질 뿐이다. 이러한 변화는 어디에서 나타나는가? 이러한 변화에 따라〔나타나는〕근대의 본질은 무엇인가?

근대에 관해 숙고할 경우에, 우리는 근대적 세계상에 대해 물음을 제기한다. 우리는 근대의 세계상을 중세와 고대의 세계상과 대비함으로써 특징짓는다. 하지만 우리는 왜 하나의 역사적 시대를 해석함에 있어 세계상에 대해 묻는 것일까? 역사상의 모든 시대는 저마다 자신들의 세계상을 얻고자 애쓰는 가운데 자신의 세계상을 갖는 것인가? 아니면 세계상에 대해 묻는다는 것 자체가 이미 그리고 오로지 근대적인 표상방식일 뿐인가?

세계상이란 무엇인가? 그것은 명백히 세계에 대한 하나의 상(Bild, 像)이다. 그러나 여기서 세계란 무슨 뜻인가? 여기서 상이란 무엇을 의미하는가? 세계는 여기서 존재자 전체를 지칭하는 이름이다. 이 이름은 코스모스, 즉 자연에 국한된 것이 아니다. 세계에는 역사도 속해 있다. 그러나 자연과 역사 자체가, 그리고 서로가 서로의 밑으로 흐르기도 하고 서로를 넘어 솟구치기도 하면서 서로가 서로를 관통하는 이 양자가 세계 전체는 아니다. 이러한 명칭〔세계〕 속에서는 세계근거가 함께 생각되고 있으며, 또 이와 마찬가지로 세계에 대한 그것〔세계근거〕의 관계도 사유되고 있다(5).

　'상'이라는 낱말 속에서 우리는 우선 어떤 것에 대한 모상을 생각한다. 이러한 생각에 따르면 세계상은 마치 존재자 전체에 대한 하나의 그림과 흡사한 것이다. 그러나 세계상은 그 이상을 의미한다. 세계상은 세계 자체, 즉 우리에게 척도를 제공하면서 구속적인 역할을 하는 존재자 전체로서의 세계를 뜻한다. '상'은 여기서 모사된 어떤 것이 아니라, '우리는 어떤 것에 대한 상을 갖는다'고 말할 때 이러한 표현에서 암암리에 말해지는 그런 것을 뜻한다. 이것은 곧, 사태 자체가 우리에게 문제로 부각하는 그런 방식으로 우리 앞에 놓여 있다는 것을 뜻한다. '어떤 것에 대해 상을 갖는다'는 것은, '존재자 자체를 그것〔존재자〕이 놓여 있는 상태 그대로 자기 앞에 세우는 동시에 그것〔존재자〕을 그렇게 세워진 것으로서 언제나 〔지속적으로〕 자기 앞에 간직한다'는 것을 뜻한다. 그러나 아직도 상의 본질을 규정하는 결정적으로 중요한 요소가 〔여기에는〕 빠져 있다. '우리는 어떤 것에 대한 상을 갖는다'고 말할 때, 이 말은 '존재자 자체가 우리에게 표상된다'는 사실을 뜻할 뿐만 아니라, 〔이와 더불어〕 '존재자에 속해 있고 존재자와 연관되어 있는 그 모든 것 속에서 존재자는 체계로서 우리 앞에 서 있다'는 사실을 뜻한다. '〔어떤 것에 대한〕 상을 가진다'고 말할 경우에, 이러한 태도 속에는, '어떤 것을 익히 잘 알고 있다'거나, '〔어떤 것을 할〕 채비가 잘 정돈되어 있다'는 그런 태도가 함축되어 있다. 세계가 상이 되는 곳에서는 어디에서나, '존재자 전체'는 '그것〔존재자 전체〕을 향해 인간이 스스로를 채비하며 정리정돈하는 그런 것'으로서 설정된다. 따라서 '인간이 자기 앞으로 가져오고 자기 앞에 간직하고 그리하여 결정적 의미에서 자기 앞에 세우고자 의욕하는 그런 것'으로서 존재자 전체는 설정된다(6). 그러므로 '세계상'을 본질적으로 이해해 본다면, 그것은

'세계에 대한 하나의 상'이 아니다. 오히려 '세계'가 '상'으로서 파악되는 것이다. 이제 존재자 전체는, 그것이 표상하고-제작하는 인간에 의해 세워지는 한에서만, 비로소 존재하는 것으로 받아들여진다. 존재자 전체가 세계상으로 나타나는 곳에서는, 존재자 전체에 대한 본질적 결정이 이행된다. 존재자의 존재는 존재자의 표상되어 있음 속에서 추구되며 발견된다.

그러나 존재자가 이러한 의미로 해석되지 않는 곳에서는 어디에서나, 세계도 상으로 변하지는 않으며, 따라서 어떠한 세계상도 존재할 수 없다. 존재자가 표상되는 가운데 존재하게 된다는 사실이야말로 하나의 시대를 이전과는 〔완전히〕 다른 하나의 새로운 시대로 드러내는 것이다. "근대의 세계상"과 "근대적 세계상"이라는 표현은 모두 동일한 것을 말하고 있는데, 바로 이러한 표현으로 말미암아 '예전에는 전혀 있을 수 없었던 어떤 것', 즉 '중세적 세계상과 고대적 세계상'이 상정된다. 세계상은 이전의 중세적인 것으로부터 근대적인 것으로 변모하는 것이 아니라, 도대체 세계라는 것 자체가 상으로 되고 말았다는 바로 그 사실이 근대의 본질을 특징짓는 것이다. 그 반면에 중세에서 존재자는 피조물(ens creatum), 즉 '최고 원인으로서의 인격적 창조주에 의해 창조된 것'이다. 여기서 '존재자로 존재한다'는 것은, '〔존재자가〕 그때마다 창조질서의 특정한 단계에 속해 있으며, 따라서 〔창조원인으로 말미암아〕 결과적으로 만들어진 것이기에 〔저마다〕 창조원인에 상응하는 방식으로 존재한다'는 것을 말한다〔analogia entis, 존재자의 〔존재〕유비〕 (7). 그러나 여기서 존재자의 존재는 다음과 같은 사실 속에, — 즉 존재자가 대상적인 것으로서 인간 앞에 놓인 채 인간에 의해 마음대로 결정되고 처리되는 그런 영역 속에 세워짐으로써 오직 이런 식으로만 존재한다고 하는 그런 사실〔인간의 표상적 태도〕 속에 — 존립하는 것이 결코 아니다.

존재자에 대한 근대적 해석은 그리스 정신에서 멀리 벗어나 있다.

존재자의 존재에 대한 그리스적 사유를 말해주는 아주 오래된 하나의 명제가 있는데, 그것은 다음과 같다. "토 갈 아우토 노에인 에스틴 테 카이 에이나이"(Τὸ γὰρ αὐτὸ νοείν ἐστίν τε καὶ εἶναι, 사유와 존재는 동일한 것이다). 파르메니데스의 이 명제가 의미하는 바는 다음과 같다. 즉, '존재자를 받아들이는(vernehmen) 행위는, 〔이러한 행위가〕 존재에 의해 요구되고 규정되기 때문에, 존재에 속한다'는 것이다. 존재자는 피어나는 것〔"피어나는 것"(das Aufgehende)으로서의 존재자는 '퓌세이 온타'(φυσει ὄντά, 자연적 존재자)를 가리킴〕이며, 스스로를 열어젖히는 것이다. 이렇게 〔참답게〕 현존하는 것(das Anwesende)으로서의 존재자는 현존하는 것으로서의 인간에게 다가오며, 다시 말해 그것〔현존하는 것으로서의 존재자〕을 받아들이고 인지〔청취〕하는 가운데 현존하는 것에게 자기 자신을 열어놓는 그런 인간에게 현존하는 것으로서 다가온다. 무릇 존재자는, 인간이 주관적 지각의 방식을 통해 표상하는 가운데 그것을 바라봄으로써 비로소 존재하게 되는 것이 아니다. 오히려 인간은 '존재자에 의해 보여진 것'(Angeschaute)이며, 다시 말해 스스로를 여는 것(das Sichöffnende)에 의해 그것의 〔참다운〕 현존〔das Anwesen, 퓌세이 온타의 퓌에인, 즉 스스로를 열면서 인간에게 다가와 현성하는 것의 존재〕에로 집결된 존재자(das Versammelte)이다. 〔스스로를 여는 것으로서의〕 존재자에 의해 조망되고,[1] 그것의 열린 장 속으로 〔이끌려〕 들어가 〔그 안에서〕 유지되고, 그리하여 그것의 대립들 속에 휘감긴 채 그것의 반목과 알력에 의해 아로새겨진 그런 존재, 바로 이것이 위대한 그리스 시대에서 파악된 인간의 본질이다. 이런 까닭으로 말미암아 인간은 자신의 본질을 이루기 위해, '스스로를 여는 존재자'를 그것의 개방성(Offenheit, 열려 있음) 안에 모아들이고(λεγειν), 구출하며(σώζειν), 또 그것을 받아

---

1) 초판(1950년)에서는, "존재에 의해, 즉 에이도스(εἶδος)로서의 〔참다운〕 현존에 의해 다가오게 되어"라고 말하고 있다.

들여 참담게 보존하면서도 '분열하는 혼란스러움'〔생성하면서도 소멸하는 이중적 과정〕 속에 내맡겨진 채 머물러 있어야만 한다(ἀληθεύειν). 그리스인은 존재자를 받아들이며 인지하는 자로서 **존재**하는데, 바로 그 때문에 그리스의 정신문화 속에서는 세계가 상이 될 수 없었다. 하지만 그럼에도 불구하고 그 이면에서는 — 플라톤의 경우에 보이듯이 — 존재자의 존재자성이 에이도스(εἶδος, 형상)로서 규정되고 있는데, 이러한 사실은 세계가 상으로 변화되지 않을 수 없었던 필연적인 전제가 된다. 따라서 이러한 전제는 이미 아주 오래 전에 주어져 있었던 것으로서 오랜 동안 은닉된 채 간접적으로 영향력을 행사해 왔던 것이다(8).

이와 같이 '받아들이며 인지하는' 그리스적 사유행위와는 달리 근대적 표상행위는 전혀 다른 의미를 지니고 있는데, 이러한 표상행위의 의미는 레프래젠타치오(repraesentatio, 재현)라는 낱말 속에서 가장 일찍이 표현되었다. 여기서 "앞에-세운다"(표상한다)는 것은, "'눈앞에 현존하는 것'(das Vorhandene)을〔바라보는 자기와〕 마주해-서-있는-것'(ein Entgegenstehendes)으로서 자기 앞으로 가져온다, 즉 표상하는 자로서의 그러한 자기에게로 이끌어와 그것을 자기와 관련시키며, 또 이렇게 '척도를 부여하는 영역'으로서의 '자기와의 관련' 속으로 그것을 강제로 끌고 들어온다"는 것을 뜻한다. 이러한 표상행위가 일어날 경우에, 인간은 존재자에 대하여 스스로 상을 설정하게 된다. 그러나 이와 같이 인간이 상을 설정하게 됨으로써, 그는 자기 자신을 무대 속으로 — 즉 일반적으로 그리고 공개적으로 표상되는 것의 열려진 주변영역 속으로 — 정립하게 된다. 그리하여 인간은 자기 스스로를 무대로서 정립하는데, 이러한 무대 속에서 존재자는 앞에-세워지고, 표상되면서, 필연적으로 상이 된다. 인간은 대상적인 것이라는 의미에서의 존재자를 재현하는 자(der Repräsentant)가 된다.

그러나 이러한 진행과정의 새로움은, 이제 존재자의 한가운데에 자리하는 인간의 위치가 단지 중세나 고대의 인간에 비하여 달라졌다는 그런 사실 속에 있는 것이 결코 아니다. 결정적인 점은, 인간이 이러한 위치를 오로지 자기 자신에 의해 완성된 것으로서 관련짓고, 그것을 자신〔의 의지〕에 의해 관련되는 것이라고 자의적으로 생각하면서, 〔그것을〕 인간성을 펼쳐나갈 수 있는 기반〔자발적 자기의식의 영역〕으로서 안전하게 확보한다는 점이다. 이제야 비로소 인간의 위치라고 지칭할 만한 어떤 것이 존재하는 것이다. 인간은 대상적인 것으로서의 존재자와 어떻게 관계 맺어야 할지를 자발적으로 혼자 힘으로 결정한다. 존재자 전체를 장악하기 위한 '척도와 이행'의 공간으로서 인간능력의 영역을 점유하려는 인간존재의 양식이 시작된다. 이러한 사건에 의해 규정되는 시대는— 회고해 보건대—이미 지나간 그 이전의 시대와 비교해 볼 때 새로운 시대일 뿐 아니라, 자기 자신을 늘 새로운 것으로서 고유하게 정립하는 그런 시대이다. 새롭게 존재한다는 것, 이것은 상으로 변화된 세계에 속해 있다.

이와 같이 세계가 지닌 상의 성격이 존재자의 표상되어 있음으로서 분명하게 드러나고 있다면, 우리는 이 경우에 표상되어 있음의 근대적 본질을 완전히 파악하기 위해서는 이미 낡을 대로 낡은 "표상한다"라는 낱말 혹은 이 해묵은 개념으로부터 '〔존재자를〕 자기 앞으로 그리고 자기 쪽으로 세운다'고 하는 그 말의 근원적인 뜻을 길어내어 음미하지 않으면 안 된다. 이로써 존재자는 대상으로서 서-있게 되며, 이때 비로소 존재의 낙인을 보증받는다. 세계가 상으로 되는 것은, 인간이 존재자의 한가운데에서 수브엑툼으로 되는 것과 〔사실은〕 아주 동일한 과정이다(9).

인간이 일반적으로 그리고 본질적으로 주체로 되었기 때문에, 또 이런 한에서만, 인간에게는 다음과 같은 물음이 결과적으로 제기되지 않으면 안 된다. 즉, 인간은 자신의 자의적 의지에 따라 마음대로 존립하는 그런 자아로서 혹은 사회의 우리로서 존재하는가? 인간은 개체로서 혹은 공동체로서 존재하는가? 인간은 공동사회의 인격체로서 존재하는가, 아니면 조직사회의 단순한 구성원으로서 존재하는가? 인간은 국가와 국민으로서 그리고 민족으로서 존재하는가, 아니면 근대적 인간의 보편적 인류로서 스스로 주체이기를 의욕하고 또 마땅히 그런 주체로서 ─ 다시 말해 그 자신이 이미 근대적 본질존재인 그런 주체로서 ─ 존재해야만 하는가? 인간이 본질적으로 이미 주체인 곳에서만, 개인주의라는 의미에서의 주관주의의 비본질 속으로 미끄러져 들어갈 가능성은 존립한다. 그러나 또한 인간이 주체로 **머물러 있는** 그런 곳에서만, 모든 것을 같이 행하고 같이 누리는 그런 목표점으로서의 공동사회를 추구하는 동시에 개인주의에 대항하는 그런 표면화된 투쟁은 비로소 어떤 의미를 지니게 된다.

세계가 상으로 변하고 인간이 주체로 되는 이러한 두 과정에서 '근대의 본질'을 결정하며 제한함으로써, 이와 동시에 처음에는 거의 모순되는 듯이 보였던 근대사의 근본과정은 이제 서서히 밝혀지기에 이른다. 다시 말해, 세계가 정복된 것으로서 더욱 포괄적으로 그리고 더욱 철저하게 다루어지면 다루어질수록, 그래서 객체가 더욱 객관적으로 나타나면 나타날수록 그만큼 더 주체는 주관적으로, 즉 더욱더 전면적으로 앞으로 내세워지고, 그리하여 세계고찰과 세계이론은 더욱더 제어할 수 없을 정도로 인간에 대한 이론, 즉 인간학으로 변하게 된다. 세계가 상으로 변하는 바로 그곳에서 비로소 휴머니즘이 발원한다는 사실은 결코 놀라운 일이 아니다. 그러나 그리스 정신문화의 위대한 시대에는 세계상과 같은 것이 불가능했듯이, 그 당시에는 휴머니즘도 대두될 수 없었다. 따라서 좀더 좁은 역사학적 의미에서 굽어보았을 때 휴머니즘은 도덕적이며 심미적인 인간학 이외에 다른 어떤 것이 아니다. 인간학이라는 이름은 여기서 인간에 대한 어떤 자연과학적 탐구를 뜻하지 않는다. 그것은 또한 그리스도교의 신학 내에서 확정된, '창조되고 타락하고 구원받는 인간'에 대한 이론을 뜻하지도 않는다. 그것은 인간으로부터 인간의 관점에 따라 존재자 전체를 설명하고 평가하는, '인간에 대한 철학적 해석'을 가리킨다(10).

18세기 말엽 이후에 본격적으로 시작된 인간학 속에 세계해석이 점점 더 뿌리를 내리게 되는 이러한 배타적인 현상은, 존재자 전체에 대한 인간의 근본태도가 세계관으로 규정된다는 사실 속에서 뚜렷이 나타난다. 이때부터 〔세계관이라는〕 이 낱말은 관용어가 되었다. 세계가 상이 되자마자, 인간의 입장은 세계관으로서 파악된다. 세계관이라는 용어는, 마치 거기에서는 세계에 대한 관상적 고찰만이 문제로 부각하는 듯이 여겨지는 그런 오해를 불러일으킨다. 그러므로 '세계관이란 무엇보다도 특히 인생관을 의미하는 것'이라고 19세기의 사람들이 힘주어 말한다고 한다면, 그것은 이미 지당한 주장이다. 그럼에도 불구하고 세계관이라는 낱말이 '존재자의 한가운데에 처해 있는 인간의 입장'을 지칭하기 위한 이름으로서 주장되고 있다는 사실은, 인간이 주체로서 자신의 삶을 〔모든〕 관계의 중심이라는 탁월한 위치로 가져오자마자 얼마나 결정적으로 세계가 상으로 〔변모하게〕 되었는지를 〔단적으로〕 보여주는 증거가 된다. 이것은 곧 다음을 의미한다. 즉, 존재자가 이러한 〔주체의〕 삶 속으로 이끌려 들어와 다시금 〔주체의 삶과〕 관련되는 한에서만 — 다시 말해 체험되는(er-lebt) 한에서만 — 그리고 그러한 체험(Er-lebnis)이 이루어지는 범위 안에서만, 비로소 존재자는 존재하는 것으로서 간주된다는 사실을 뜻한다. 모든 휴머니즘이 그리스의 정신과는 필연적으로 전혀 어울릴 수 없듯이, 이와 마찬가지로 중세적 세계관은 〔그 자체가 이미〕 불가능한 것이며, 또한 가톨릭적 세계관이라는 말도 〔그 자체가 이미〕 모순적인 것이다. 근대인이 자신의 본질 형태를 움켜쥐기 위해 무제한적으로 손을 뻗으면 뻗을수록, 근대인에게는 모든 것이 체험으로 귀착되기 마련이라는 사실은 필연적이고도 합법적인 사실이듯이, 이와 마찬가지로 그리스인들이 올림피아에서 그들의 축제를 거행하였을 경우에 그곳에서 그들이 결코 어떠한 〔주관적〕 체험〔하이데거는 '경험'(Erfahrung)과 '체험'(Erlebnis)을 엄격하게 구분하여 사유한다. 존재에 대한 경험은 어느 시대에서나 또 어디에서나 수행될 수 있지만, 이에 반해 '체험'은 주체와 객체 혹은 주관과 객관으로 이분화된 세계상의 시대에서 이루어지는 경험의 특정한 한 양식을 가리킴)도 가질 수 없었다는 사실은 〔너무도〕 확실하다.

근대의 근본과정은 세계를 상으로 정복하는 과정이다. 상이라는 말은 이제, '표상하며 제작하는 행위의 총체적인 모습'이다. 이러한 모습 속에서 인간은 모든 존재자에게 척도를 제공하고 기준을 마련해주는 그런 존재자로서 존재할 수 있기 위한 입장을 쟁취하기 위해 투쟁한다. 이러한 입장은 세계관으로서 확고히 드러나고 언표화되기 때문에, 존재자와의 근대적 관계가 결국에는 세계관의 논쟁으로 전개된다는 사실은 임의적인 현상이 아니라, 오히려 이미 궁극적으로는 〔어떤 식으로든〕 결단을 내리지 않을 수 없는 ― 〔즉 저 나름의 세계관을 선택하지 않을 수 없는〕 ― 그런 인간의 가장 극단적인 근본입장들과 관련되어 있는 것이다. 이러한 세계관을 둘러싼 투쟁으로 말미암아 인간은 모든 사물들을 계산하고, 계획하고, 재배하기 위해 무제한적 힘을 행사한다. 연구로서의 학문은 이러한 세계 속에서 스스로를 설정하고 정립하기 위해서는 없어서는 아니 될 형태이다. 다시 말해 연구로서의 학문은, 근대가 자신의 본질을 성취하기 위해 ― 아무도 모를 정도로 ― 엄청나게 빠른 속도로 돌진해오는 그런 궤도들 가운데 하나의 궤도인 것이다. 세계관을 둘러싼 이러한 투쟁과 더불어 근대는 자신의 역사에서 아마도 가장 오랜 기간 동안 지탱될 지도 모를 그런 결정적인 국면으로 접어드는 것이다(11).

이러한 과정을 알려주는 징표는, 거대한 것〔das Riesenhafte, 굉장한 것〕이 도처에서 아주 다양한 모습으로 위장된 채 나타난다는 사실이다. 이때 엄청난 것〔das Riesige〕은 동시에 항상 〔자기보다는〕 좀더 작은 것을 향하여 자신을 알려온다. 원자물리학의 수에 대해 생각해 보라. 엄청난 것은 금새라도 사라질 듯이 보이는 그런 형태 속으로 쇄도해 들어온다. 즉, 비행기에 의해 먼 거리가 사라지고, 라디오 방송에 의해 낯선 세계들의 일상이 간단한 조작〔예컨대 다이얼로 주파수를 맞추는 간단한 손동작〕으로 임의적으로 표상되는 그런 식으로 엄청난 것은 몰아닥친다. 그러나 엄청난 것은 '단지 양적인 것이 무한히 작아지는 방향으로 뻗어나가는 공허한 흐름'에 불과할 뿐이라고 생각한다면, 그것은 너무도 피상적으로 생각하는 것이다. 이와는 반대로, 지금까지 단한 번도 그런 식으로 현존한 적이 없었던 이 엄청난 것은 '지나칠 정도로 과욕하는 맹목적 추구로 말미암아 생기는 것'에 불과할 뿐이라고 그렇게 여긴다면, 그것은 또 너무도 근시안적으로 생각하는 것이다. 거대한 것의 이러한 현상을 아메리카니즘이라는 용어로써 해석할 수 있다고 믿는다면, 그것은 전혀 아무런 생각도 하지 않는 것이다(12).

엄청난 것은 오히려, 그것〔엄청난 것〕을 통해 양적인 것이 질적인 것으로 변하고 그리하여 탁월한 양식의 위대함이 되는 그런 것이다. 각각의 역사적 시대는 다른 시대에 비하여 저마다 상이한 방식으로 위대한 것일 뿐만 아니라, 그것은 또한 그때마다 '위대함'에 대한 저 나름의 고유한 개념을 갖는다. 그러나 계획하고 계산하고 설정하고 확정하는 가운데 이러한 거대한 것이 양적인 것으로부터 질적인 것으로 바뀌자마자, 언제라도 철저히 계산될 수 있는 것처럼 보였던 저 엄청난 것은 이제는 더 이상 계산할 수 없는 것이 되고 만다. 이러한 것은, 인간이 주체가 되고 세계가 상으로 되었을 때, 모든 사물들 주위에 어디에나 드리워져 있지만 볼 수는 없는 그런 그림자로 존재한다(13).

이러한 그림자를 통해 근대적 세계 자체는 더 이상 표상되지 않는 어떤 공간〔좁은 의미로, '존재가 스스로 물러나 자기를 내보이기를 거부하는 부재의 영역', 또한 보다 넓은 의미로, '존재의 진리가 일어나는 열린 터전'〕속으로 자신을 정립하면서, '도저히 계산할 수 없는 그것'에게 그것 자신의 고유한 규정성과 역사적 유일성을 부여한다. 그러나 이러한 그림자는 오늘날의 우리로서는 도저히 알 수 없는 어떤 다른 것을 암시하고 있다(14). 하지만 인간이 자신의 시대를 단순히 부정하려고만 한다면, 그는 이와 같이 거부된 것〔근대적 사유방식 속에서 '스스로 물러서며 내빼고 있는 그것', 다시 말해 그런 방식의 사유가들에게는 '스스로를 보여주기를 완강히 거부하고 있는 그것'〕을 ―〔즉 오늘날의 우리들에게 알려지기를 거부하고 있는 그것을〕― 경험하거나 사색할 여지조차 없는 것이다. 때로는 비굴한 모습으로 때로는 거만한 모습으로 그저 전통 속으로 도피하고자 한다면, 이러한 것은 그 자체가 역사적인 순간에 대해 눈을 감아버림으로써 전혀 아무것도 보지 못하는 것과 다를 바 없다.

인간은 진정한 숙고의 힘으로부터 제기된 창조적 물음과 사색의 과정을 통해서만 '도저히 계산할 수 없는 그것'〔존재〕을 알게 되며, 그것을 자신의 진리 속에서 참답게 보존하게 된다. 이러한 숙고로 인해 앞으로 도래할 인간은, 그 안에서 자기가 존재에 귀속하면서도 존재자들 속에서는 낯선 자로 머물게 되는 그런 '사이'(Zwischen) 안에 놓이게 될 것이다(15). 횔덜린은 이런 점을 알고 있었다. "독일인에게"(An die Deutschen)라는 표제를 붙인 그의 시는 다음과 같이 끝맺고 있다.

참으로 우리의 인생살이는 너무나 짧아,
그 햇수를 우리는 헤아려 보지만,
민족이 살아온 햇수를,
그 어떤 운명의 죽을 눈이 보았단 말인가?

영혼이 그대에게 허락된 시간을 넘어
동경하듯 솟아오른다 해도, 그대는 여전히 슬퍼하고 있나니
그때 차가운 해변가에서
그대의 동시대인과 더불어 있을지라도 그것〔민족이 살아온 햇수〕을 알지 못하리.

보탬말

(1) 모든 사람들이 반드시 이러한 숙고를 수행하거나 감당해야 할 필요는 없다. 이와는 반대로, 숙고하지 않는 그런 태도조차도 실은 작업을 완수하고 추진하기 위한 특정한 단계에 속해 있는 것이다. 그렇지만 숙고의 과정에서 제기되는 물음은 무엇보다도 먼저 존재에 관해 묻는 것이기 때문에, 이러한 물음의 행위는 아무런 근거도 없고 물어볼 여지도 없는 그런 것 속으로 빠져들지는 않는다. 존재는 숙고의 과정에서 가장 의문스러운 것〔das Fragwürdigste, 가장 물어볼 만한 것〕이다. 숙고는 존재에게서 가장 극심한 저항을 받는데, 이러한 저항으로 말미암아 숙고는 존재의 빛 안으로 들어온 존재자를 진지하게 취급하게 되는 것이다. 근대의 본질에 대한 숙고는 이 시대의 본질적인 힘들이 작용하는 권역에 관해 사유하고 결단하는 것이다. 이러한 힘들은 모든 일상적 가치평가와는 무관하게 그 자신의 고유한 방식으로 작용한다. 이러한 힘들에 대해서는 양자택일이 있을 뿐이다. 즉, 그러한 힘들을 견뎌낼 준비를 하거나, 아니면 무-역사적인 것〔das Geschichtlose〕 속으로 도피하거나 이 둘 중의 어느 하나가 있을 뿐이다. 하지만 이런 경우에, 예컨대 기술을 긍정하거나 혹은 더할 나위 없이 본질적인 태도로 "총동원"을 ─ 그것〔총동원〕이 현존하는 것으로서 인식될 경우에 ─ 절대적으로 설정하는 그런 식의 태도는 충분하지 않다. 그 이전에 시대의 본질을 ─ 이러한 시대의 본질 속에 편재하는 ─ 존재의 진리로부터 파악하는 것이 언제나 중요하다. 왜냐하면 오직 이렇게 함으로써만 〔앞에서 언급한〕 가장 의문스러운 것이 경험되기 때문이다. 바로 이것〔가장 의문스러운 것〕이 현존하는 것을 넘어서 미래적인 것의 창조를 근본적으로 이룩하면서 이러한 창조를 구속하는 동시에, 존재 자체로부터 비롯되는 필연성2)에로 인간을 변혁시킨다. 결코 어떠한 시대로 '〔단순히〕 부정하는 힘의 요구'〔즉, 종래의

가치를 부정하고 새로운 가치를 긍정하려는 그런 힘에의 요구)에 의해 제거될 수는 없다. 부정은 부정하는 자를 궤도로부터 내던져 버릴 뿐이다. 그러나 근대가 앞으로도 계속 본질적으로 존속하고자 한다면, 근대는 자신의 본질에 대한 근원적이면서도 폭넓은 숙고를 요구하지 않을 수 없다. 아마도 오늘날의 우리들은 이러한 숙고에 대해 어느 정도 준비하고 있겠으나, 그러한 숙고를 이미 완전히 성취하였다고는 말할 수 없을 것이다.

(2) 여기서 '경영'이라는 용어는 하찮은 의미에서 생각된 낱말이 아니다. 그러나 연구는 본질적으로 경영이기 때문에, 단순한 경영의 부단한 작업가능성은 동시에 얼핏 보기에는 가장 잘 실현된 듯한 착각을 불러일으키기도 하지만, 그 이면에는 연구작업의 공동화(空洞化)가 진행되고 있는 것이다. 경영이 그 처리방식에 있어 항상 새롭게 기투함으로써 개방적으로 존립하지 못하고 이러한 기투를 주어진 것으로서 방치해둘 뿐이라면, 그래서 경영이 더 이상 이러한 기투를 활동적으로 확보하지 못하고 단지 자신이 축적한 작업성과와 이러한 성과의 계산에만 몰두하는 한, 경영은 단순한 경영이 되지 않을 수 없다. 연구는 본질적으로 경영이기 때문에, 바로 이러한 이유로 말미암아 단순한 경영에 대해서는 언제든지 맞서 투쟁하지 않으면 안 된다. 사람들이 학문의 학문적 측면을 단지 조용한 가르침 속에서만 구하고자 한다면, 이는 마치 경영에 대한 거부가 연구의 본질적인 경영성격을 부정하는 것처럼 그렇게 보일 수도 있다. 물론 연구가 좀더 순수하게 경영이 되어 성과의 향상을 도모하면 할수록, 경영의 작업 활동성의 위험은 더욱더 끊임없이 자라나게 된다. 결국엔 경영과 경영 사이의 구분이 모호해질 뿐 아니라 비현실적으로 되는 그런 상태가 발생하게 된다. 평

---

2) 초판(1950)에서는 '필요'(*Brauch*)라고 했다.

균적인 자명함 속에서 본질과 비본질의 구분이 없어진 바로 이러한 상태가 연구를 학문의 형태로 만들며, 이로써 일반적으로 근대가 지속하게 된다. 그러나 연구는 어디에서 자신의 경영에 내재하는 단순한 경영에 대항하기 위한 대등한 힘을 얻는 것일까?

(3) 출판업계의 의미가 나날이 증대되는 까닭은, 단지 출판인들이 (서적 판매를 통해) 대중의 요구에 부응하는 밝은 귀를 가졌거나 혹은 그들이 작가들보다 상업적인 것에 대해 좀더 능통하다는 점에 있는 것이 아니다. 오히려 그들 자신의 고유한 작업은 주문되고 체결된 서적의 간행을 통해 세계가 어떻게 대중의 상으로 들어오며 또 이러한 상속에 고정되는가를 고려하는 가운데 '계획하고 설정하며 접근해 들어간다'는 그런 형식을 갖는다. 전집간행과 편찬 시리즈 그리고 문고판의 우세는 이미 이러한 출판 작업의 결과이다. 이러한 작업은 다시금 연구자의 의도와 맞아떨어지는데, 이는 연구자들이 이러한 종류의 시리즈물과 전집간행을 통해 더욱 쉽게 빨리 〔세상에〕 알려지고 주의를 끌 뿐만 아니라 독자와의 폭넓은 만남 속에서 〔애초에〕 의도하였던 효과를 그 즉시 거둘 수 있기 때문이다.

(4) 데카르트의 형이상학적 근본입장은 역사적으로 플라톤과 아리스토텔레스의 형이상학에 의해 지탱되며, 〔근대철학의〕 새로운 시작에도 불구하고 '존재자란 무엇인가'라는 동일한 물음 속에서 움직이고 있다. 이러한 물음이 데카르트의 《성찰》 속에서 형식적으로 뚜렷하게 등장하지 않는다는 사실은, 단지 이 물음에 대한 변화된 대답이 이미 〔데카르트의 형이상학적인〕 근본입장을 얼마나 본질적으로 규정하고 있는지를 증명할 뿐이다. 존재자와 진리에 대한 데카르트의 해석은 '인식론 혹은 인식의 형이상학'의 가능성을 위한 전제를 비로소 마련해준다. 데카르트에 의해 실재론은 외부세계의 실재성을 증명하고 즉자적

인 존재자를 구제하는 그런 위치에 놓이게 된다.

데카르트의 이러한 근본입장은 라이프니츠 이래로 본질적 변화를 경험함으로써 전형적인 독일적 사유에 도달하게 되는데, 이러한 본질적 변화에도 불구하고 그의 근본입장은 결코 극복되지 않는다. 오히려 이러한 변화로 말미암아 그것[근본입장]이 미치는 형이상학적 세력의 범위는 더욱더 확장되었다. 이런 점에서 이러한 변화는 수세기 동안 지속된 근대의 시기 중에서 가장 어두운 세기인 19세기의 전제들을 마련하고 있는 셈이다. [또한] 이러한 변화는 간접적으로 데카르트의 근본입장을 하나의 형식으로 고착화하고 있다. 이 하나의 형식을 통해 데카르트의 근본입장 자체는 거의 알려지지 않게 되었지만, 그러나 그 때문에 그것의 현실적인 힘이 줄어든 것은 아니다. 이에 반해 단순히 데카르트를 추종하는 학풍과 이에 따른 이성주의는 근대를 형성할 수 있는 거의 모든 힘을 상실하였다. 데카르트와 더불어 서구 형이상학의 완성이 시작된다. 그러나 그러한 완성은 또 다시 형이상학으로서만 가능하기 때문에, 근대의 사유는 그 자신의 고유한 위대함을 가지고 있다.

데카르트는 인간을 주체로서 해석함으로써 온갖 종류의 미래의 인간학을 위한 형이상학적 전제를 마련해주고 있다. 인간학이 출현하게 됨으로써 데카르트는 자신이 누릴 수 있는 최고의 승리를 누리는 것이다. 인간학을 통해 형이상학은 모든 철학의 단순한 중지와 유보의 과정에로 이행된다. 딜타이가 형이상학을 부정하였다는 사실은, 즉 그가 근본적으로는 형이상학의 물음을 더 이상 이해하지 못하면서도 형이상학적 논리와 대립하는 입장을 어쩔 수 없이 보였다는 사실은, 그의 인간학적 근본입장으로 말미암아 귀결되는 내면적 결과인 것이다. 그의 "철학 중의 철학"은 고상한 형태로 철학을 제거하는 인간학적 제거이지 철학의 극복은 아니다. 그러므로 이제 종래의 철학을 자신의 필요에 따라 임의적으로 사용하면서도 철학으로서는 불필요한 것이라고 간주하는 이러한 모든 인간학은 또한, 인간학을 긍정함으로써 이와 동시에 요구되는 것이 무엇인지를 명확히 보여주는 그런 이점을 갖는다. 이를 통해 정신적 상황은 명백해진다. 그 반면에 국가사회주의적 철학에서 보이듯이, 모순된 결과를 낳는 힘겨운 노력은 단지 혼란을 야기할 뿐이다. 세계관은 철학의 가르침을 필요로 하고 또 그것을 이용하지만, 철학 자체를 필요로 하지는 않는다. 왜냐하면 그것은 세계관으로서 존재자를 저 나름의 고유한 방식으로 해석하고 형성하는 일을 떠맡기 때문이다. 물론 단 한 가지만은 인간학도 할 수가 없다. 인간학은 데카르트를 극복하거나 혹은 데카르트에 반대하여 봉기할 능력이 없다. 자기가 서 있는 자신의 지반을 부정하거나 반대하는 그런 결과가 도대체 어떻게 일어날 수 있겠는가?

데카르트 자신이 정초하였던 것 자체를 극복함으로써만, 즉 근대적 형이상학 및 이와 동시에 서양의 형이상학을 극복함으로써만, 데카르트는 극복될 수 있을 뿐이다. 그러나 여기서 〔이러한〕 극복은, '의미에 대한 물음을 근원적으로 묻는 것'을 뜻한다. 다시 말해, 기투영역에 대한, 따라서 존재의 진리에 대한 물음을 근원적으로 묻는 것인데, 이러한 물음은 동시에 진리의 존재에 대한 물음으로서 드러난다.

(5) 《존재와 시간》에서 펼쳐지는 세계 개념은 오로지 "터-있음"에 대한 물음의 시야영역으로부터만 이해될 수 있다. 여기서 이 물음은 그 자체 (존재자의 의미에 대해서가 아니라) 존재의 의미에 대한 근본물음과 긴밀히 이어져 있다.

(6) 상의 본질에는 연관상태, 즉 체계가 속해 있다. 그러나 이것은 주어진 것을 인위적으로 외관상 단순화시켜 모아들이는 것이 아니라, 존재자의 대상성을 기투함으로써 앞에-세워진 것으로서의 표상된 것 안에서 펼쳐지는 전체적 짜임새의 통일성을 뜻한다. 중세 시대에 체계는 존재할 수 없다. 왜냐하면 그 당시에는 단지 신에 의해 창조된 것 —

즉, 신의 피조물로서 예견된 것 — 으로서의 〔신의 말씀에 순응하는〕 존재자의 질서만이 본질적이었기 때문이다. 사람들은 근대적 시각에서 플라톤과 아리스토텔레스의 체계에 관하여 말하지만, 이것은 완전히 잘못된 것이다. 오히려 그리스 정신문화 속에서 체계라는 낱말은 아주 낯선 것이었다. 연구에서 행해지는 '경영'은 체계적인 것을 구성하여 정리정돈하는 특정한 작업인데, 이때 체계적인 것은 〔이러한 작업과의〕 상호관계 속에서 동시에 정리정돈하는 작업을 〔다시금〕 규정하기도 한다. 체계는 단지 사유 속에서 자신의 힘을 발휘할 뿐만 아니라, 세계가 상으로 되는 곳에서는 어디에서나 그 힘을 발휘한다. 그러나 체계가 주도적역할을 하는 곳에서는 어디에서나 단지 인위적으로 짜맞추어진 피상적체계 속으로 퇴화될 가능성이 언제나 있는 것이다. 특히 기투의 근원적인 힘이 상실되었을 때 이런 현상은 나타난다. 라이프니츠, 칸트, 피히테, 헤겔, 그리고 셸링의 사유에서 보이듯이 저마다 각기 독창적이면서도 서로 다른 체계적인 특성은 아직도 제대로 이해되지 않고 있다. 그들의 위대함은, 그들의 체계적 사유가 데카르트에게서 보이듯이 〔생각하는〕 '나'와 '유한 실체'로서의 주체로부터 전개되었다는 점에 있는 것이 아니라, 라이프니츠는 모나드로부터, 칸트는 구상력에 자신의 뿌리를 내리고 있는 유한한 이성의 선험적 본질로부터, 피히테는 무한한 나로부터, 헤겔은 절대적인 앎으로서의 정신으로부터, 셸링은 근거와 현존의 구분을 통해 그 자체로서 규정되는 그러한 존재자의 필연성인 자유로부터 전개되었다는 점에 있는 것이다.

　존재자를 근대적으로 해석할 경우에 체계와 마찬가지로 본질적인 것은 가치에 대한 표상이다. 존재자가 표상행위의 대상이 되는 곳에서 비로소 존재자는 존재를 상실하는 특정한 방식 속에 놓이게 된다. 이러한 상실이 암암리에 충분히 감지되자, 사람들은 대상과 그렇게 해석된 존재자에 가치를 부여하면서 존재자 전체를 가치에 따라 평가하고 가치 자체를 모든 행위와 활동의 목표로 삼음으로써 이러한 상실의 자리를 재빨리 메우고자 하였다. 이러한 것이 문화로 이해되었을 때, 가치들은 문화가치로 되었으며, 또 문화가치는 주체로서의 인간의 자기 안전에 기여하기 위한 창조의 최고 목표로서 표방되었다. 이로부터 가치 자체는 즉자적 대상으로 변화되기에 이르렀다. 가치는 상으로서의 세계 속에서 표상되고 설정된 욕구목표들이 대상화된 것이다. 인간은 가치와 관련된 입장에서 가장 귀중한 가치 자체를 추구하는 것처럼 보인다. 하지만 바로 이러한 가치는 자신의 배경을 상실한 채 이미 상투적으로 되어 버린 존재자의 대상성을 감추는 무력하고도 낡아빠진 껍데기에 불과하다. 어느 누구도 단순한 가치를 위해 죽지 않는다. 사람들은 19세기를 해명하고자 헤르만 로체(Hermann Lotze)의 독특한 중립적 입장을 주시하였다. 그는 플라톤의 이데아(ίδέα)를 가치로 환원하여 재해석하면서 "소우주"라는 제목 하에서 "인간학의 시도"(1856)를 감행한 사람이다. 그의 인간학은 한편으로는 독일 관념론의 정신으로부터 자신의 사유방식의 고결함과 소박함을 유지하면서도, 이와 동시에 실증주의에 대해 개방적 입장을 취하고 있다. 니체의 사유는 가치표상에 사로잡혀 있었기에, 그는 〔종래의 것을〕 뒤집어버리는 형태 속에서 그의 본질적인 것을 모든 가치의 가치전환으로서 말할 수밖에 없었다. 우리가 니체의 사유를 가치표상과 무관하게 파악할 경우에야 비로소, 우리는 형이상학의 최후의 사상가의 작품으로부터 우리의 역사에 대해 물어보아야 할 필연적 과제들을 파악할 수 있을 뿐만 아니라 또한 바그너에 대항하는 니체의 입장을 우리의 역사의 필연성으로서 파악할 수 있게 되는 그런 입장에 도달하게 된다.

(7) 존재자의 존재의 근본특성으로서 사유되는 상응함〔Entsprechung, 존재의 말 건넴에 응답하는 말하기〕은, 존재자 안에 깃들어 있는 이러한 존재의 진리를 작품으로 정립하는 아주 특정한 가능성과 방식들을 보여주고 있다. '중세의 예술 작품'과 '그 시대가 세계상을 갖지 않았다는

사실'은 서로 공속한다.

⑧ 그러나 소크라테스의 시대에 살았던 어떤 한 궤변론자는, '인간은 존재하는 것과 존재하지 않는 것, 즉 모든 사물들의 척도'라고 말하지 않았던가? 프로타고라스의 이 명제는 마치 데카르트가 한 말처럼 들리지는 않는가? 결국은 플라톤에 의해 존재자의 존재는 보여진 것, 즉 이데아(ἰδέα)로서 파악되지 않았는가? 아리스토텔레스의 경우에 존재자로서의 존재자에 대한 관계는 테오리아(θεωρία), 즉 순수한 바라봄〔이론적 관조〕이 아니었던가? 물론 프로타고라스의 그 궤변적 명제는, 단지 그리스적 사유를 전도시킨 데카르트적 주관주의는 아니다. 존재자에 대한 그리스적 근본경험 속에 여전히 남아 있던 어떤 결정적 변화가 — 즉 존재자와 인간에 대한 해석의 변화가 — 플라톤의 사유와 아리스토텔레스의 물음을 통해 신행되고 있었다는 사실은 너무도 분명하다. 이러한 해석은 바로 궤변론에 대한 투쟁이었으며, 따라서 이러한 궤변론에 종속되지 않을 수 없었다. 여기서 결정적인 점은, 이 해석이 곧 그리스 정신을 종말로 이끌었고 또 이러한 종말은 간접적으로 근대의 가능성을 이미 준비하는 것이었다는 사실이다. 이러한 까닭으로 말미암아 플라톤과 아리스토텔레스의 사유는 그 이후에 — 즉 중세뿐 아니라 근대에도 — 그리스 사유 자체로서 간주될 수 있었으며, 또 플라톤 이전의 모든 사유는 단지 플라톤을 준비하기 위한 과정으로서 간주되었을 뿐이었다. 사람들은 이미 오랫동안 습관적으로 근대적 휴머니즘의 해석을 통해 그리스 정신을 바라보고 있었기에, 그리스 시대에 열려 있던 존재를 그것의 고유함과 기이함 속에서 참답게 숙고해볼 가능성이 우리에게 차단되고 말았다.

프로타고라스의 명제는 다음과 같다. "(그때마다) 인간은 (자기가 사용하고 필요로 하며, 따라서 언제나 자신을 위해 소유하고 있는 그런) 모든 사물들에 대한 척도이다. 여기서 이러한 모든 사물들은, 그것들이 현존하고 있듯이 그렇게 현존하는 존재자(das Anwesende)이지만, 또한 그것들이 현존하지 않을 경우에는 그것들의 현존(das Anwesen)이 거부되는 방식으로 존재하는 그런 존재자이다"(Platon, Theätet, 152a). 여기서 자신의 존재가 결정되어 있는 그런 존재자는 '인간의 주변에서 이러한 영역 속에 자립적으로 현존하는 존재자'로서 이해되고 있다. 그러나 인간이란 누구인가? 이에 대해 플라톤은 같은 곳에서 소크라테스의 말을 통해 알려주고 있다. "그〔프로타고라스〕는 이것을 다음과 같이 이해하지 않았을까? 그때마다 존재자가 나에게 어떤 것으로서 자신을 내보이고 있을 때, 그러한 모습으로 존재하고 있는 그것은 나에 대해서와 마찬가지로 그대에 대해서도 그러한 모습으로서 그대에게 존재하고 있을까? 하지만 내가 인간이듯이 그대도 인간이다."

여기서 인간이란 그때마다의 어떤 존재자(나, 너, 그, 그리고 그녀)이다. 그러면 이러한 에고(나)는 데카르트의 '생각하는 나'와 일치하지 않는가? 일치하지 않는다. 왜냐하면 프로타고라스와 데카르트의 형이상학적 근본입장을 필연적으로 규정하는 모든 본질적인 점이 다르기 때문이다. 형이상학적 근본입장을 규정하는 본질적인 점은 다음의 항목을 포함하고 있다.

(1) 인간이 인간 자신으로 존재하는 그 방식; 자아 자체와는 전혀 일치하지 않으며, 오히려 존재 자체와의 연관으로부터 규정되는 자기 자신의 본질방식.
(2) 존재자의 존재의 본질해석.
(3) 진리의 본질기투.
(4) 인간을 어디에서나 척도로서 존립하게 하는 그런 의미.

형이상학적 근본입장에 대하여 열거한 본질요소들 가운데 어떤 것도 다른 것들로부터 분리되어 파악되지 않는다. 각각의 요소들은 저마다 이미 형이상학적 근본입장의 전체를 특징짓는다. 왜 그리고 어느 정도로 이러한 네 가지 요소들이 우선적으로 형이상학적 근본입장 그 자체를 지탱하면서 이어주고 있는지, 그것은 형이상학으로부터 그리고 형이상학을 통해서는 더 이상 질문되고 대답될 수 없다. 그것은 이미 형이상학의 극복으로부터 말해지고 있다.

물론 프로타고라스의 경우에도 존재자는 에고(나)로서의 인간과 연관되어 있다. 나와의 이러한 연관은 어떠한 방식으로 존재하는가? 에고는 그때마다 바로 자신에게 할당되어 있는 비은폐된 것의 영역 안에 머물고 있다. 그리하여 에고는 이러한 영역에 현존하는 모든 것을 존재하는 것으로서 받아들인다. 현존하는 것을 받아들이는[인지하는] 이러한 행위는 비은폐성의 영역 속에 머무는 가운데 이루어진다. 현존하는 것에 머무름으로써 나는 현존하는 것에 귀속하는 식으로 **존재**한다. 개방적으로 현존하는 것에 귀속해 있음으로써 현존자의 영역과 부재자의 영역은 나누어진다. 이러한 영역-나눔(한계)으로부터 인간은 현존하는 것과 부재하는 것에 대한 척도를 받아들이며 보존한다. 그때마다 자기 자신을 이러저러한 것으로서 한정하는 척도는 비은폐된 것[의 영역]에 그때마다 자기 자신을 제한하는 가운데 인간에게 주어진다. 인간은 고립된 자아 자체로부터 척도를 — 즉 그것에 의해 모든 존재자가 자신의 존재에서 존재하게 되는 그런 척도를 — 설정하는 것이 아니다. 인간이 나 자신과 관련된 비은폐성의 제한된 영역을 받아들이고, 따라서 존재자의 은닉된 측면을 인정하면서 존재자의 현존과 부재에 대하여 — 즉 본질적인 존재자의 참모습에 대하여 — 결정할 수 없다는 입장을 인정하는 한, 존재자 및 존재자의 비은폐성과 관계하는 그리스인의 근본태도는 척도(μέτρον)가 된다. 그래서 프로타고라스는 이렇게 말한다(Diels, *Fragmente der Vorsokratiker*; "Protagoras B", 4). "물론 신들에 대하여 나는 어떤 것도 알지 못한다(그리스적으로 말하자면, 어떠한 것도 '시야' 속에 얻지 못한다). 즉, 신들이 있는지 없는지, 또 그러한 신들이 어떠한 모습으로 존재하는지 나는 알지 못한다."

"즉 존재자를 바로 그러한 존재자로서 받아들이지 못하게 방해하는 것은 아주 다양하다. 존재자가 개방되어 있지 않다(은닉되어 있다)는 것도 하나의 까닭이 되며, 또 인간의 역사적 이행과정이 짧다는 것도 하나의 까닭이 된다."

우리는 소크라테스가 프로타고라스의 사려깊음을 고려하여 그에 대해 다음과 같이 말했다는 사실을 접하면서 사뭇 놀라움을 금할 수 없다(Platon, *Theätet*, 152b). "(인간이 척도라고 말한 것을 보면) 사려 깊은 사람으로서의 그는 ― (프로타고라스는) ― 단순히 〔이 말을〕 아무렇게나 말한 것이 아니라는 생각이 든다."

프로타고라스의 형이상학적 근본입장은 헤라클레이토스와 파르메니데스의 근본입장을 단지 제한적으로 보존한 것이다. 소피스트적 담론(*Sophistik*, 궤변론)은 존재를 현존으로서, 그리고 진리를 비은폐성으로서 해석한 그리스적 소피아(σοφία, 지혜)를 근본바탕으로 삼음으로써만 가능할 뿐이다. 이때 진리로서의 비은폐성 자체는 존재의 본질규정으로 존립하기 때문에, 현존하는 존재자는 비은폐성으로부터 규정되는 동시에 현존〔함〕은 비은폐된 것 자체로부터 규정된다. 그러나 데카르트는 그리스적 사유의 시원으로부터 얼마나 멀리 벗어나 있으며, 또 인간을 주체로서 표상한 〔데카르트의〕 인간에 대한 해석은 〔그리스적 해석과는〕 얼마나 다른가? 수브옉툼〔기체로서의 주체〕이라는 개념 안에는 아직도 존재의 그리스적 본질이 ― 즉 휘포케이메논의 휘포케이스타이〔근저에 놓여 있는 것의 근저에 놓여 있음〕가 ― 더 이상 아무런 물음의 여지도 남아 있지 않은 '현존'의 형태 속에서, 즉 '지속적으로 앞에-놓여-있는-것'(*das ständig Vorliegende*)의 형태 속에서 나직이 울려 퍼지고 있기 때문에, 이러한 수브옉툼의 개념으로부터 우리는 형이상학적 근본입장이 어떻게 본질적으로 변화하였는지를 주시할 수 있다.

그 하나는 현존하는 것을 인지함으로써 ― 즉 척도로서의 인간을 통해 ― 비은폐성의 영역이 그때마다 제한적으로나마 보존되고 있다는 점이다. 다른 하나는 누구에게나 접근될 수 있기에 모두에게 구속력을 지닌 표상 가능한 것을 계산함(따져봄)으로써 대상화할 수 있는 무제한적 구역 속으로 접근해 들어간다는 점이다.

어떠한 주관주의도 그리스적 궤변론에서는 불가능하다. 왜냐하면 여기서 인간은 주체가 될 수 없기 때문이다. 또 인간이 주체가 될 수 없는 까닭은, 여기서 존재는 현존이고 진리는 비은폐성이기 때문이다.

비은폐성 안에서는 판타시아〔φαντασία, 밝음〕가 일어난다. 즉, 나타나는 것을 향해 현존하는 인간을 위해 현존하는 존재자가 그 자체로서 나타나도록 밝혀주는 그런 판타시아가 일어난다. 하지만 표상하는 주체로서의 인간도 상상한다(phatasieren). 즉, 그의 표상행위가 대상적인 것으로서의 존재자를 상으로서의 세계 안에서 구상하는 한, 그는 상상력(imaginatio) 안에서 움직이고 있는 것이다.

(9) 도대체 어떻게 해서 존재자가 주체로서 강조되는 방식으로 해석되기에 이르렀으며, 또 그 결과 주체적인 것이 지배권을 장악하게 되었는가? 그것은 데카르트에 이르기까지 그리고 그의 형이상학 내에서, 존재자가 존재자로서 존재하는 한, 이러한 존재자는 여전히 근저에 놓여 있는 그런 주체로서 — 다시 말해 자립적으로 앞에-놓여-있는-것으로서 — 존재하기 때문이며, 또 이러한 존재자 자체는 이와 동시에 자신의 지속적인 특성과 변화하는 상태를 근저에 놓아두고 있기 때문이다. 본질적 관점에서 보았을 때 무제약적이기 때문에 매우 탁월하다고 말할 수 있는 ('근저에 놓여 있는 근거'로서의) '주체'의 이러한 우위는 진리의 절대부동적 기반(fundamentum absolutum inconcussum veritas)에 대한 (즉 확실성이라는 의미에서의 진리의 부동적이면서도 흔들리지 않는 근거에 대한) 인간의 요구에서 비롯된다. 이러한 요구는 왜 그리고 어떻게 그 결정적 타당성을 얻게 되는가? 자기 자신을 위해 독자적인 법칙을 부여하는 교회의 가르침과 그리스도교의 계시적 진리의 구속성으로

부터 인간이 해방됨으로써 이러한 요구는 비롯된다. 이러한 해방을 통해서 자유의 본질은 — 다시 말해 구속자와 결속됨으로써 드러나는 이러한 자유의 본질은 — 새롭게 정립된다. 그러나 스스로를 해방하는 인간 자신은 이러한 자유에 따라 구속자를 정립하기 때문에, 이 구속자는 그 이후 상이하게 규정될 수 있다. 이러한 구속자는 인간의 이성과 법칙일 수도 있고, 혹은 이러한 이성에 의해 설정되어 대상적으로 정리정돈된 존재자일 수도 있으며, 혹은 앞으로 언젠가는 극복되어야할 혼돈 — 즉 아직은 어지럽게 펼쳐져 있어서 대상화를 통해 비로소 지배되어야 할 그런 혼돈 — 일 수도 있다.

비록 이러한 점을 잘 알지는 못한다고 하더라도, 이러한 해방은 여전히 인간에게 그의 영혼의 구원을 확실하게 보장하며 안전하게 확보하는 계시적 진리를 통한 결속으로부터 스스로를 해방하고 있다. 따라서 계시를 통한 구원의 확실성으로부터 벗어나는 이러한 해방은, 인간이 그 자신의 고유한 앎에 의해 깨달은 것만을 참된 것으로서 안전하게 확보하는 그런 확실성을 추구하는 해방이어야만 했다. 이러한 것은 오직, 스스로를 해방하는 인간이 〔자각할 수 있는〕 앎의 확실성을 보증하는 식으로만 가능할 뿐이었다. 하지만 이러한 것은, 인간이 과연 무엇을 알 수 있는지 또 깨달은 바를 안전하게 확보한다는 것이 — 즉 확실성이 — 무엇을 의미하는지를 그가 자발적으로 결정할 수 있는 한에서만 일어날 수 있었다. 데카르트의 형이상학적 과제는, 스스로를 자각하는 자기규정으로서의 자유를 염원하는 인간의 〔자기〕해방을 위한 형이상학적 근거를 부여하는 것이었다. 그러나 이러한 근거는 그 자체가 확실한 근거이지 않으면 안 되었을 뿐만 아니라, 이와 동시에 척도가 되는 그런 근거는 다른 영역으로부터 가져올 수 없기 때문에, 요청되는 자유의 본질이 그 근거를 통해 자기 확실성으로서 정립되는 그런 방식으로 그 근거는 존립하지 않으면 안 되었다. 그러나 그 자체로 확실한 모든 것은, '그것〔존재자〕'에 대한 앎이 너무도 확실하여서 그것을 통해 알려질 수 있는 모든 것이 안전하게 확보되는 그러한 존재자'를 확실한 것으로서 동시에 함께 안전하게 확보해야만 한다. 이러한 자유의 근본바탕이 되는 그 기반(*fundamentum*)은, 다시 말해 자유의 근저에 놓여 있는 것으로서의 주체는, 앞에서 언급한 본질적 요구들을 충족시키는 확실한 것이어야 한다. 이러한 모든 관점에 따라 탁월하게 특징지어진 그런 주체가 필연적 존재가 된다. 이렇게 근거를 형성하면서 근거를 부여하는 것은 무엇인가? 그것은, '나는 생각한다 (그러므로) 나는 존재한다'는 것이다. 인간이 생각한다는 사실과 더불어 (이와 동시에 그리고 생각하는 그 동안에만) 인간 자신이 의심할 여지도 없이 현존하고 있다는 사실은, 즉 사유와 더불어 인간의 존재가 부여된다고 말하는 이 하나의 명제는 확실한 것이다. '사유(생각)한다'는 것은 '표상한다'는 것, 즉 표상된 것(지각된 것으로서의 관념)에 관계하는 표상행위이나.

'표상한다'는 것은, 자발적으로 어떤 것을 자기 앞에 세우고, 이 세워진 것 자체를 안전하게 하는 행위이다. 안전하게 하는 이러한 행위는 계산하는 행위(*Berechnen*)이다. 왜냐하면 계산될 수 있는 것만이 언제나 무엇보다 먼저 표상될 수 있는 것을 확실하게 보장해주기 때문이다. '표상한다'는 것은 이제는 더 이상 '현존하는 것을 받아들이는[인지하는] 행위'가 아니다. 좀더 자세히 말하자면, 현존하는 것의 비은폐성 속에서 현존하는 것을 받아들이는 그런 인지행위, 즉 비은폐된 현존자와 관계하는 '현존의 고유한 방식으로서의 그런 인지행위'가 아니다. 표상행위는 … 을 위해서 스스로를 탈은폐하는 그런 행위가 아니라, 어떤 것을 장악하면서 파악하는 행위이다. 현존자가 주재하는 것이 아니라, 그것에 대한 공격이 지배할 뿐이다. 표상행위는 이제 새로운 자유[의 이념]에 따라 비로소 안전하게 확보해야 할 '확실한 것'의 구역에로 자발적으로 접근해 들어가는 행위이다. 존재자는 더 이상 [지속적으로 참답게] 현존하는 것이 아니라, 오히려 표상행위 속에서 비로소 마주—

세워진 것, 즉 대-상적인 것(*das Gegen-ständige*)이다. 〔대상적인 것을 앞에-세우는〕 표상행위는 〔대상적인 것의 구역에로〕 접근해 들어가면서 〔대상적인 것을〕 지배하는 대-상-화(*Ver-gegen-ständlichung*)이다. 표상행위는 이와 같이 모든 것을 대상적인 것의 통일성으로 함께 몰아넣는다. 표상행위는 코아기타치오〔*coagitatio*, 생각하는 나의 의식영역 속에서 모든 것을 표상하여 대상화하면서 몰아넣는 행위 전체〕이다.

어떤 것과의 모든 관계, 즉 의욕한다든지 입장을 표명한다든지 지각한다든지 하는 이런 모든 관계는 일차적으로는 '표상하는' 태도이다. 이러한 태도를 가리키는 라틴어의 '코기탄스'(*cogitans*)를 사람들은 흔히 '생각하는'이라는 낱말로 번역한다. 이 때문에 데카르트는 일단은 낯설어 보이는 '코기타치오'(*cogitatio*, 생각)라는 명칭하에서 의지와 정서의 모든 방식들과 모든 행위들 그리고 모든 감정을 파악할 수 있었다. '나는 생각한다〔그러므로〕 나는 존재한다'라는 명제에서 '생각한다'(*cogitare*)는 말은 이러한 본질적인 새로운 의미에서 이해된다. 주체, 즉 근본적 확실성은, 인간적 혹은 비인간적 존재자로서의 대상적인 것이 표상됨과 더불어 〔이러한 대상적인 것을〕 표상하는 인간이 언제나 확실하게 함께-표상되고-있음을 가리킨다. 근본적 확실성은, 언제나 표상될 수 있으며 또 그렇게 표상되는 더 이상 의심할 수 없는 사실로서의 '나는 생각한다=나는 존재한다'는 사실을 뜻한다. 이것은 자기 자신을 확증하는 표상행위의 모든 계산과 근본적으로는 꼭 같은 것이다. 인간은 모든 표상행위를 표상하는 자로서, 따라서 표상된 모든 것의 영역으로서 존재하며, 그리하여 모든 확실성과 진리의 영역으로서 확실하게 존재한다는 사실을 그는 이러한 근본적 확실성 속에서 확신한다. 인간은 이러한 방식으로 근본적 확실성 속에서(즉 '나는 생각한다=나는 존재한다'라는 절대부동적 기반 안에서) 필연적으로 함께-표상되기 때문에, 또한 스스로를 자기 자신에게로 해방하는 인간은 필연적으로 이러한 자유의 주체에 속하기 때문에, 오직 이런 이유에서 인간만이 탁월한 존재자—즉 제일 참다운 (다시 말해 확실한) 존재자라는 점에서 모든 주체들 가운데 우위를 점하는 그런 주체—가 될 수 있고, 또 그런 주체가 되어야 한다. 〔생각하는〕'나'가 확실성과 근본적으로 꼭 같은 것이며 따라서 본래적 주체라고 명명된다고 해서, 인간이 이제 나와 관련된 이기적 존재로 규정되는 것은 아니다. 이것은 단지, '주체로 존재한다'는 것이 이제는 '사유하며-표상하는 본질존재로서의 인간'을 특징짓는 사항이 되었다는 사실을 뜻할 뿐이다. 인간으로서의 '나'는 이러한 주체를 위하여 존립한다. 이러한 주체의 근저에 놓여 있는 확실성은 그 자체가 이미 주관적인 것이지만—즉 주체의 본질 속에 편재하는 것이지만—, 그렇다고 해서 이기적인 것은 아니다. 확실성은 모든 자아 그 자체, 즉 주체로서의 '나'에 대하여 구속력을 갖는다. 이와 마찬가지로 표상적 대상화를 통해 확실하게 존재하는 것으로서 확증되어야 할 모든 것은 누구에게나 구속력을 갖는다. 그러나 대상화는 어떤 것을 대상으로 간주해야 할지 늘 결정하고 있기에, 이러한 대상화로부터 벗어날 수 있는 것은 아무것도 없다. 주체의 주관성(Subjektivität)의 본질에는, 따라서 주체로서의 인간의 본질에는, 대상화할 수 없는 것이란 전혀 존재하지 않을 뿐만 아니라 무엇이든지 대상화할 수 있다는 그런 권리가 주어져 있다.

이제 어떤 의미에서 주체로서의 인간이 존재자의—다시 말해 객체 혹은 대상들의—척도와 중심으로 존재하는 것이며 또 그렇게 존재해야 하는지가 해명된다. 인간은 이제, 모든 인간이 그때마다 그것〔비은폐된 현존자〕을 위해 현존하는 그런 그때마다 비은폐된 현존자의 비은폐성의 영역에 자신의 인지행위를 제한한다는 의미에서의 척도는 더이상 아니다. 주체로서의 인간은 자아의 코아기타치오〔모든 것을 대상화하는 표상행위의 주체로서의 자아〕이다. 인간은 무엇이 확실한 것인지, 즉 무엇이 참다운 것인지, 다시 말해 무엇이 존재하는 것으로서 간주될 수 있는지를 측정하고 측량(계산)하기 위한 모든 척도들에게 준칙을 제공해주는 그런 척도로서 자기 자신을 근거짓는다. 자유는 주체의 자유로서 새롭게 존재한다. 《제1철학에 대한 성찰》에서 새로운 자유를 추구하는 인간의 해방은 이러한 자유의 근거를 주체 속에서 발견한다. 근대적 인간의 해방은 '나는 생각한다 그러므로 나는 존재한다'는 명제와 더불어 비로소 시작되는 것이 아니다. 또한 데카르트의 형이상학도 단순히 이러한 자유의 토대 위에 피상적으로 구성된 형이상학, 즉 이데올로기라는 의미에서의 형이상학은 아니다. 코-아기타치오(co-agitatio, 표상성)에서 표상행위는 대상적인 모든 것을 〔그것의〕 표상된 존재 전체 속으로 모아들인다. 생각하는 '나'는 이제 표상된 존재(Vorgestelltheit)를 확실하게 모아들이는 이러한 행위 속에서, 즉 앎의 결집으로서의 콘-스키엔티아(con-scientia, 〔자기〕의식) 속에서 그것〔표상된 존재〕의 본질을 발견한다. 콘-스키엔티아는 '표상하는 인간에 의해 참답게 간직된 표상된 존재'의 영역 안에서 표상하는 인간과 더불어 대상적인 것을 표상하며 〔그것을 생각하는 나 속에〕 모아들이는 의식행위이다. 현존하는 모든 것은 콘-스키엔티아로부터 자신의 현존성의 의미와 방식을, 즉 재현된 것(repraesentatio, 표상된 것) 속에서 현존(Praesenz, 현재-있음)의 의미와 방식을 받아들인다. 코아기타치오의 주체로서의 자아('생각하는 나')의 콘-스키엔티아는 이러한 탁월한 주체의 주체성으로서 존재자의 존재를 규정한다.

《제1철학에 관한 성찰》은 콘-스키엔티아로 규정된 주관성의 관점에서 특징지어진 주체의 존재론이다. 〔이러한 존재론에서〕 인간은 주체가 되었다. 그래서 그는, 그가 자기 자신을 파악하고 의욕함에 따라, 주관성의 본질을 규정하고 충족시킬 수 있다. 계몽주의 시대의 이성적 존재자로서의 인간은, 자신을 국민으로 파악하고 민족으로 욕구하며 인종으로 육성할 뿐만 아니라, 결국에는 지구촌의 주인으로 강화시키는 인간으로서의 주체인 것이다. 그런데 주관성의 이러한 근본입장 속에서는, 인간이 항상 나와 너로서, 우리와 너희로서 규정되기 때문에, 상이한 유형의 '나 자신'과 자아론도 가능해진다. 주관적 자아론에서는 자아가 대부분의 경우에 자신도 모르게 이미 주체로서 규정되어 있기 마련인데, 이러한 주관적 자아론은 '나 자신'을 '우리' 속에 편입시킴으로써 전복될 수 있다. 그러나 이로써 주관성은 더욱 힘을 얻을 뿐이다. 기술적으로 조직화된 전 세계적 제국주의 속에서 인간의 주관주의(Subjektivismus)는 그 최고의 정점에 도달하는데, 이러한 정점으로부터 인간은 조직화된 평균적 개체[익명의 그들로서의 대중]의 수준으로 전락하면서 거기에 머물게 된다. 이러한 평균성은 지구를 기술적으로 완전히 지배하기 위한 가장 확실한 도구가 된다. 주관성의 근대적 자유는 그에 따른 객관성 속에서 완전히 발현된다. 인간은 그의 근대적 본질의 이러한 숙명을 자발적으로 벗어날 수도 없고, 그렇다고 해서 어떤 힘의 요구를 통해 잘라낼 수도 없다. 그러나 인류의 주관화가 역사적 인간의 시원적인 유일부이한 본질 가능성도 아니었고 또 앞으로도 그렇게 되지 않을 것이라는 사실을 인간은 멀리 내다보면서 사색할 수 있다. 은닉된 땅 위를 덧없이 떠도는 구름의 그림자, 그것은 '그리스도교의 구원의 확실성에 의해 예비된 진리'로서의 '주관성의 확실성'을 어떤 '생기'[Ereignis, 존재의 진리가 고유하게 일어나는 사건]보다 ─ 인간이 주관성의 영역에 머무는 한, 이러한 생기는 결코 경험될 수 없다 ─ 우월한 것으로 여김으로써 나타나는 어두운 현상이다.

(10) 인간학은, 근본적으로 인간이 무엇인지를 잘 알고 있기에 그가 누구인지에 대해서는 결코 묻지 못하는 그런 인간에 대한 해석이다. 인간이 누구인지 묻게 될 경우에, 이러한 물음으로 인하여 인간학은 뿌리 채 흔들리게 되고 극복될 수밖에 없다는 점을 인간학 자신은 고백하지 않을 수 없게 된다. 그러나 인간학이 아직도 여전히 주체의 자기 확실성을 좀더 확실하게 보강하려는 노력만을 기울이고 있는 한에

서, 어떻게 이러한 점을 인정하라고 인간학에게 요구할 수 있겠는가?

(11) 그 까닭은 '자기완성을 추구하는 근대적 본질'이 이제는 자명한 것으로서 받아들여지는 그런 현상마저 일어나고 있기 때문이다. 이러한 것이 세계관적으로 확실해질 경우에야 비로소, 근원적으로 물어볼 가치가 있는 존재에 대한 물음을 올바로 제기하며 잘 자라나게 하는 그런 토양이 생길 수 있다. 이러한 물음은, 존재가 또 다시 신이 될 자격이 있는지 없는지를, 또 존재의 진리의 본질은 인간의 본질을 더욱 시원적으로 요구하는 것인지 아닌지를 결정하기 위한 〔사색의〕 공간을 열어 놓는다. 근대의 완성이 그 자신의 위대함을 전혀 되돌아 볼 수 없는 그런 단계에 도달할 경우에만 비로소 미래의 역사는 준비된다.

(12) 아메리카니즘은 유럽적인 것이다. 그것은 근대의 완전히 결집된 형이상학의 본질로부터 아직은 전혀 발원하고 있지 않지만 그래도 여전히 고삐 풀린 채 등장하는 거대한 것의 변종인데, 이러한 것에 대해서는 아직도 이해되지 않고 있다. 실용주의에 의한 아메리카니즘의 미국적 해석은 여전히 형이상학적 영역 바깥에 머물고 있다.

(13) 우리가 그림자를 바라볼 경우에, 우리는 그림자 속에서 빛 자체를 부정하는 것이 아니라 단지 빛이 결여되어 있을 뿐이라고 흔히 생각하게 된다. 그러나 사실상 그림자는 드러나지 않은 빛의 비춤을 명백히 반증하는, 하지만 꿰뚫어보기 어려운 그런 증거인 셈이다. 이러한 그림자의 개념에 의거하여 우리는 '도저히 계산할 수 없는 그것'을, '결코 표상되지는 않지만 존재자 속에 드러나 있어서 은닉된 존재를 암시하고 있는 그런 것'으로서 경험한다.

(14) 하지만 완강한 거부 자체가 존재의 가장 명백하고도 뚜렷한 알

림이라는 사실이 틀림없다면, 어떻게 되는가? 형이상학의 견지에서 (즉 '존재자란 무엇인가'라는 물음의 형태 속에서 제기되는 존재물음의 견지에서) 바라보자면, 존재의 은닉된 본질 즉 완강한 거부는 우선은 '단적으로 없는 것', 즉 무(無)로서 드러난다. 그러나 무는 '존재자가 아닌 것'으로서 '단순히 부정적인 것과는 가장 날카롭게 대비되는 것'이다 [무는 존재자 전체를 밀어내면서 존재자의 참 존재를 드러내 보이는 것이며, 이런 방식 속에서 스스로 무화하는 것임]. 무는 결코 아무것도 아닌 것이 아니며, 또 대상이 되는 어떤 것이 아니다. 인간이 주체로서의 자기 자신을 극복할 경우에, 다시 말해 그가 존재자를 더 이상 객체로서 표상하지 않을 경우에, 그것(존재)의 진리 속에서 인간이 고유해지는 그런 존재 자체가 곧 무이다.

(15) 이렇게 개방된 사이(Zwischen)는 존재의 드러남(탈은폐)과 숨김(은닉)의 탈자적 영역이라는 의미에서 이해된 낱말, 즉 터-있음(Da-sein)이다[터-있음의 터(Da-)는 여기서 존재의 드러남과 숨김이 일어나는 '비-은폐성으로서의 진리의 영역'으로서 언급되고 있으며, '이러한 영역에 탈자적으로 있음(-sein)'은 인간존재를 시원적 인간존재로서 규정하는 다른 시원적 본질규정이다. '터-'와 '-있음' 사이에서 맺어지는 이러한 개방적 관계를 하이데거는 여기서 '개방된 사이'라고 말하고 있는데, 이런 의미에 대한 시각은 전통적 존재론에서는 짙은 어둠 속에 남아 있을 뿐이다].

헤겔의 경험 개념

Hegels Begriff
der Erfahrung

"의식의 **경험**의 학문"(*Wissenschaft der **Erfahrung** des Bewußtseyns*)〔이라는 말〕은, 헤겔이 1807년에 《정신현상학》을 출간하면서 이 작품의 맨 앞에 내세운 명칭이다. 경험이라는 낱말은 두 개의 다른 낱말들 사이의 중간에 굵은 글씨체로 쓰여 있다. "경험"은 "현상학"이 무엇인지를 말하고 있다〔현상학의 본질은 경험에 있으며, 더 나아가 이러한 경험이 현상학 자체이기도 하다는 의미임〕. 헤겔이 "경험"이라는 낱말을 이렇게 강조된 방식으로 사용할 때, 그는 무엇을 사유하고 있는가? "학문의 체계"(*System der Wissenschaft*)를 위한 서언(*Vorrede*)에 따르면 그 작품이 시작되는 토막글이 우리에게 그 대답을 준다. 그 원문의 원판은 다음과 같다.

〔1〕철학에서는 사태 자체에 다가가기 이전에, 즉 참으로 존재하는 것의 현실적 인식에 다가가기 이전에, 사람들이 인식작용에 관해서 — 즉, 그것을 통해 절대자를 수중에 넣는 작업도구로서 혹은 그것을 통해 철저히 절대자를 통찰하는 수단으로서 고찰되는 그런 인식작용에

---

* 1950년 제1판: 말해지지 않은 것은 생기(*Ereignis*)로부터 사유되고 있다.

관해서 — 미리 이해해두는 것이 꼭 필요하다는 것은 하나의 자연스러운 생각이다. 이러한 염려는 정당한 것처럼 보인다. 〔왜냐하면〕 한편으로는, 인식에는 여러 가지 상이한 양식들이 있고, 그 가운데 어떤 것은 이러한 궁극 목적〔절대자를 인식하는 궁극목적〕에 도달함에 있어 다른 것들보다도 더 적합해 보이기에, 이로 말미암아 여러 가지 선택들 가운데 잘못된 선택을 할 수도 있기 때문이며, 또한 다른 한편으로는, 인식이란 특정한 양식과 범위를 지니는 능력이므로, 그것의 본성과 한계에 대해 정확히 규정하지 않고서는 진리의 하늘 대신에 오류의 구름을 붙잡게 될 수도 있기 때문이다. 더욱이 이러한 염려는, 즉자적으로〔an sich, 그 자체로〕 존재하는 바로 그것이 인식작용을 통해서 의식에게 획득된다는 전체적인 시작이 그것의 개념에 있어 모순적이며, 인식함과 절대자 사이에는 이 둘을 단적으로 나누는 한계가 그어져 있다는 확신으로 틀림없이 변하게 될 것이다. 왜냐하면 인식은 절대적인 것을 수중에 넣기 위한 작업도구여서, 이러한 작업도구를 하나의 사태에 적용하는 것이 오히려 그 사태를 대자적으로〔für sich〕 있는 그대로 놓아두는 것이 아니라 오히려 거기에 어떤 변형이나 변화를 가하려 한다는 것이 너무도 분명하기 때문이다. 또는 인식함이란 우리의 활동을 위한 작업도구가 아니라, 그것을 통하여 진리의 빛이 우리에게 도달되는 수동적 매개물과 같은 것이어서, 우리가 얻게 되는 진리는 그 자체로 존재하는 그런 진리가 아니라, 매개물을 통해서 그리고 이 매개물 속에서 존재하는 그런 진리인 것이다. 우리는 이 두 경우에서 직접적으로 자신의 목적과는 상반되는 것을 산출하는 하나의 수단을 사용하고 있는 셈이다. 또는 우리가 도대체 하나의 수단을 이용하는 것이야말로 오히려 불합리한 것이다. 물론 **작업도구**의 작용방식에 대한 지식을 통해서 이러한 곤경에서 벗어날 수 있는 것처럼 보인다. 왜냐하면 그 지식은 우리가 작업도구를 통해 절대자에 관해 얻은 표상 중에서 그 작업도구에 속하는 부분을 최종적 결과에서 빼내고, 그리하여 참된 것을 순수하게 얻는 것을 가능하게 하기 때문이다. 그러나 이런 식으로 수정을 가하는 것은 사실상 우리가 이전에 있었던 바로 그 지점으로 우리를 되돌려놓을 뿐이다. 만일 우리가 하나의 형식화된 사물로부터 작업도구가 그 사물에 행했던 것을 다시 제거한다면, 우리에게 그 사물은—여기에서는 절대자〔를 가리킨다〕— 곧바로 다시금 별 소용도 없이 애써 기울였던 노력 이전의 것과 똑같은 것이 된다〔절대자를 인식하기 위해 기울였던 모든 노력이 수포로 돌아가고 다시금 인식 이전의 상태로 귀착하기 때문임〕. 마치 끈끈이막대로 새를 잡듯이, 절대자에게 아무런 변화도 주지 않고, 절대자를 작업도구를 통해 어떻게 해서든지 우리에게 더 가깝게 이끌어오려고 해보았자, 만일 절대자가 즉자대자적으로(an und für sich) 이미 우리 곁에 있지도 않고 또 우리 곁에 있고자 하지도 않는다면, 절대자는 아마도 이러한 계략(List)을 비웃을 것이다. 왜냐하면 이 경우에 하나의 계략은 인식행위이겠지만, 그 인식은 자신의 다양한 노력을 통해서 단지 직접적 관계를 따라서 쉬운 관계를 산출하는 것과는 완전히 다른 어떤 것을 하는 체하기 때문이다. 또는 만일 우리가 **매개물**로서 표상하는 인식의 검사가 우리에게 그 매개물의 광선굴절의 법칙을 알도록 가르쳐주더라도, 광선굴절을 결과에서 빼버리는 것은 앞서와 같이 아무런 도움도 되지 않는다. 왜냐하면 광선의 굴절이 인식함이 아니라, 그것을 통해 진리가 우리와 접촉하게 되는 광선 그 자체가 인식함이기 때문이며, 이러한 인식함을 빼버린다면, 우리에게는 단지 순수한 방향 혹은 공허한 장소만이 〔표식으로〕 남게 될 것이기 때문이다.

〔2〕 그렇지만 혹시 오류에 빠지지나 않을까 하는 염려가 그러한 의혹도 없이 작업 자체에 착수하여 현실적으로 인식하고 있는 학문을 불신한다면, 왜 거꾸로 이 불신을 불신해서는 안 되는지, 그리고 왜 오류를 범하지 않을까 하는 이러한 두려움이 이미 오류 자체라는 것을 염려해서는 안 되는지 알 수가 없다. 사실 이러한 염려는 어떤 것을,

아니 많은 것을 진리로 전제하고 있고, 이러한 것이 진리인지 아닌지가 그 자체로 미리 검사되어야만 하는 자신의 의혹들과 귀결들을 그 전제 위에 두고 있다. 말하자면 그 염려는 **작업도구**와 **매개물**로서의 인식에 관한 **표상들**을 전제하고 있고, 또한 **우리 자신과 이러한 인식과의 구별**을 전제하고 있다. 그러나 이러한 것은 특히 절대자가 **한편에** 서 있고, **인식이 다른 편에** 대자적으로 절대자와 분리되어 서 있으면서도 실재적인 어떤 것으로 있다는 것을, 또는 이것과 더불어, 인식이 절대자의 바깥에 있기 때문에, 아마도 진리 바깥에 있는 것인 인식이 그럼에도 불구하고 참일 것이라는 것을 전제하고 있는데, 〔이것이야말로〕 오류 앞에서의 두려움이라고 불리어지고 있는 것이 오히려 진리 앞에서의 두려움이라는 것을 알게 해주는 가정인 것이다.

〔3〕이러한 귀결은, 절대자만이 참이요 또는 참된 것만이 절대적이라는 사실로부터 생긴다. 이러한 귀결은, 어떤 인식함은 학문이 바라는 대로 절대자를 인식하지는 못하나 역시 참일 수 있다는 구별에 의해서, 그리고 인식함 일반은 절대자를 파악할 능력이 없더라도 다른 진리를 파악할 수는 있다는 구별에 의해서 거부될 수 있다. 그러나 우리는 결국, 그러한 논란이 절대적으로 참된 것과 그 밖의 참된 것 사이의 흐릿한 구별에로 나아간다는 것을 알게 되고, 절대자니 인식이니 하는 것도 하나의 의미를 전제하고 있는 낱말들이므로, 이 의미를 얻는 것이야말로 먼저 해야 할 것이라는 것을 알게 된다.

〔4〕절대자를 손에 넣기 위한 작업도구로서의 인식에 관한, 또는 우리가 그것〔매개물로서의 인식〕을 통해 진리를 일별하게 되고 더 나아가―아마도 절대자로부터 분리되어 있는 인식과 인식으로부터 분리되어 있는 절대자에 대한 모든 이러한 표상들이 결과적으로 이루어내는 관계들을―일별하게 되는 매개물로서의 인식에 관한 그런 쓸데없는 생각들과 말투에 고심하는 대신에, 〔또는〕학문에 대한 〔진정한〕 노고로부터는 벗어나 있으면서도 이와 동시에 진지하게 열심히 노력

을 기울이는 듯한 모습을 〔남에게〕 외관상 보여주기 위하여, 전혀 학문할 능력도 없는 사람이 그러한 관계들의 전제로부터 이런저런 구실들을 짜내려고 고심하는 대신에, 또한 이와 마찬가지로 이러한 모든 것에 대해 대답을 늘어놓고자 이리저리 고심하는 대신에, 우연적이고 자의적인 생각들로서의 그러한 것들을 즉시 내버릴 수 있어야 할 것이고, 또 이러한 생각들과 결합된 절대자, 인식, 객관적인 것과 주관적인 것, 그리고 그것의 의미가 일반적으로 잘 알려져 있다고 전제되어 있는 무수히 〔많은〕 다른 낱말들의 사용을 심지어 기만적인 언사라고 간주할 수 있어야 할 것이다. 왜냐하면 한편으로는 그 낱말들의 의미가 일반적으로 잘 알려져 있다고 주장하는 것과, 다른 한편으로 사람들 자신이 그 낱말들의 개념을 가지고 있다고 주장하는 것은, 오히려 단지 주요 사태를, 말하자면 이러한 개념을 부여하는 주요 사태를 피하고자 하는 것처럼 보이기 때문이다. 그에 반해 조금 더 정당하게는 학문 자체를 거부하려는 그러한 생각들과 말투들에 어쨌든 주의하는 노력이 덜어질 수 있을 것이다. 왜냐하면 그러한 생각들과 말투들은 나타나는 학문 앞에서 직접적으로 사라지는 앎(Wissen)의 공허한 현상만을 이루기 때문이다. 그러나 학문은 학문이 나타난다는 바로 그 점에서 그 자체 하나의 현상이다. 즉, 학문의 나타남(Auftreten)이란 아직도 그의 진리에서 실행되고 확장된 학문은 아니다. 여기에서, 학문이 **다른 앎과 나란히** 나타나기 때문에, **학문을** 현상이라고 표상할 것이냐, 아니면 다른 참되지 않은 앎을 학문의 현상(함)이라고 부를 것이냐 하는 것은 아무래도 상관없다. 그러나 학문은 이러한 가상으로부터 해방되어야 한다. 그리고 학문은, 오로지 학문이 가상에 대해 스스로 전향함으로써만이 〔가상으로부터〕 해방될 수 있다. 왜냐하면 학문은 참되지 않은 앎을 사물의 일반적 견해로서 단지 거부하거나, 〔자신과는〕 완전히 다른 인식으로서, 저 앎은 자기에게는 전혀 아무 것도 아니라고 단지 확언할 수도 없으며, 또한 그 앎 자체 속에 있는 보다 나은 앎의 예감에 호소할 수도 없기 때문이다. 저 **확언**(Versicherung)을 통해 학문은 자신의 **존재**를 자신의 힘(Kraft)으로 설명한다. 그러나 참되지 않은 앎도 마찬가지로 **자신이 존재한다**는 사실에 호소하고, 자신에게 학문은 아무것도 아니라고 **확언한다.** 그러나 **한쪽의** 무미건조한 확언은 다른 쪽의 무미건조한 확언과 똑같은 것일 뿐이다. 더구나 학문은 아직도 참되지 않은 인식함 속에 있으면서, 그 인식함 자체 속에서 학문을 지시하고 있는 보다 나은 예감에 호소할 수는 없다. 왜냐하면 한편으로 학문은 같은 정도로 다시 존재에 호소하는 것이고, 그러나 다른 한편으로 자신에게, 즉 학문이 참되지 않은 인식 속에 존재하는 그런 방식, 다시 말해 학문이 즉자 대자적으로 존재하는 것보다는 오히려 자신의 존재의 나쁜 방식과 자신의 〔나쁜〕 현상에 호소하는 것이기 때문이다. 이러한 이유에서 여기에서는 현상하는 앎의 서술(Darstellung)이 감행되어야만 한다.

〔5〕 그런데 이 서술은 단지 현상하는 앎(nur das erscheinende Wissen)만을 대상으로 삼기 때문에, 이 서술 자체는 자신의 독특한 형태 속에서 스스로 운동하는 자유로운 학문으로 존재하지 않는 것처럼 보이고, 오히려 이 서술은 이런 입장에서 보면 참된 앎에로 뚫고 들어가는 자연스러운 의식의 길(Weg)로서 간주될 수 있고, 또는 자신의 본성을 통해 그에게 미리 정해진 정류장들로서의 영혼의 형태들의 계열을 두루 여행하는 영혼의 길로서, 즉 영혼이 자기 자신의 완전한 경험을 통해 그 자체로 자신으로 존재하는 바로 그것에 대한 지식에 도달하므로, 영혼이 정신에로 순수하게 정화되는 그런 영혼의 길로서 간주될 수 있다.

〔6〕 〔이러한 길에서〕 자연스러운 의식(das natürliche Bewußtsein)은 단지 앎의 개념으로만 존재하거나 또는 실재적이지 않은 앎으로 존재한다는 것이 증명된다. 그러나 자연스러운 의식이 직접적으로는 오히려 스스로를 실재적 앎으로 여기기 때문에, 이 길은 자연스러운 의식에게는 부정적 의미를 지니며, 오히려 개념의 실현으로 존재하는 바로 그

것이 자연스러운 의식에게는 자기 자신의 상실로 간주된다. 왜냐하면 자연스러운 의식은 이 길 위에서 자신의 진리를 상실하기 때문이다. 그 때문에 이 길은 **의심**의 길로 여겨질 수 있으나, 보다 더 본래적으로는 절망의 길로 여겨질 수 있다. 말하자면 이 길 위에서는 의심이 무엇을 의미하게 되었는지, 이에 관한 것은 일어나지 않는다. 즉, 이러저러한 잘못 추정된 진리를 동요시키기는 하지만, 그 동요 위에서 의심은 적절하게 다시 사라지고, 저 진리에로 되돌아가서, 결국 사태가 이전처럼 간주되는 일은 일어나지 않는다. 오히려 이 길은 현상하는 앎의 비진리(*Unwahrheit*)에 이르는 의식적 통찰인데, 이 앎에서는 실제로는 오히려 단지 실현되지 않은 개념으로 존재할 뿐인 바로 그것이 가장 실재적인 것(*das Reellste*)이다. 따라서 이렇게 스스로를 완수해나가는 회의주의는 또한 아마도 진리와 학문에 대한 진지한 열의가 진리와 학문을 위해 준비를 하고 채비를 차렸다고 착각하는 바로 그것은 아니다. 말하자면 〔이 회의주의는〕 학문에 있어 다른 사람들의 사상을 권위에 맡기는 것이 아니라, 모든 것을 그 자체로 검사하고 고유한 확신에만 따르고자 하며, 또는 더욱더 좋게는 모든 것을 스스로 만들어내고자 하고, 단지 고유한 자기의 행위만을 참된 것으로 여기고자 하는 **의도**(*Vorsatz*)와는 다른 것이다. 의식이 이러한 길 위에서 통과하는 그의 형태들의 계열은 오히려 학문을 향해 가는 의식 자신의 **도야**(*Bildung*)의 상세한 역사이다. 〔사실〕 저 의도는 도야를 의도의 단순한 방식에서 직접적으로 처리되고 발생된 것으로 표상한다. 그러나 이 길은 이러한 비진리에 반하는 현실적 실행이다. 물론 고유한 확신을 따르는 것은 권위에 맡기는 것 이상이다. 그러나 권위에 기초한 견해를 고유한 확신에 기초한 견해로 바꾼다고 해서, 그러한 견해의 내용이 필연적으로 변경되지도 않고, 오류 대신에 진리가 필연적으로 나타나지도 않는다. 다른 사람의 권위에 기초한 사념과 선입견의 체계에 사로잡히는 것, 또는 고유한 확신에 기초한 사념과 선입견의 체계에 사로잡히는 것은, 단지 후자의 방식에 내재해 있는 허영심을 통해서만 서로 구별될 뿐이다. 그에 반해 현상하는 의식의 전체 범위에로 향하는 회의주의는 비로소 정신에게 무엇이 진리인지를 적절히 검사하도록 해주는데, 왜냐하면 이른바 자연스러운 표상들, 사상들 그리고 사념들이 고유하게 명명되든 또는 낯설게 명명되든 그것은 아무런 상관도 없으나, **곧바로** 검사에 착수하는 의식은 아직도 이러한 것들로 가득 채워지고 그것들에 붙들려 있어서 이러한 것들을 통해서는 사실 의식이 기도하려는 것을 할 수 없기에, 회의주의는 이러한 것들에 대해 깊이 절망하고 있기 때문이다.

〔7〕 실재적이지 않은 의식의 형식의 **완전성**(*Vollständigkeit*)은 〔앞의〕 진행과 연관 자체의 필연성을 통해 밝혀질 것이다. 이것을 개념적으로 파악하기 위해 우선 일반적으로 인정되어야 하는 것은, '참되지 않은 의식의 비진리를 서술하는 것이 순전히 **부정적** 운동이 아니다'라는 사실이다. 자연스러운 의식은 전적으로 이러한 서술에 관해 그런 일면적 견해를 가지고 있다. 그리고 이러한 일면성을 자신의 본질로 가지고 있는 앎은, 길 자체의 진행과정〔의식의 자기전개 과정〕에 있고 그 진행과정에서 생기게 될 불완전한 의식의 형태들 중 하나이다. 이것은 말하자면 회의주의인데, 이 회의주의는 결과 속에서 단지 언제나 **순수한 무**만을 보고, 이 무가 확실히 **거기로부터 자신이 결과로 주어지게 되는 바로 그것의** 무라는 사실을 추상해 버린다. 그러나 무는 단지, 거기로부터 자신이 유래하는 바로 그것의 무로서 받아들여질 때, 사실상 참된 결과일 뿐이다. 이것으로써 무는 그 자체 하나의 **규정된** 무이며 하나의 **내용**을 가진다. 무의 추상이나 공허함의 추상과 더불어 끝나는 회의주의는, 이러한 추상으로부터 더 이상 나아갈 수 없고, 오히려 새로운 어떤 것을 동일하게 공허한 심연 속으로 내던지기 위하여, 자신에게 새로운 어떤 것이 제공될 것인지 아닌지를, 그리고 그 새로운 어떤 것이 무엇이 될 것인지를 예견해야만 한다. 그에 반해 결과는, 그

것이 참으로 있는 그대로, **규정된** 부정으로 파악되기 때문에, 따라서 그것과 더불어 직접적으로 하나의 새로운 형식이 발원하고, 이행이 부정 속에서 이루어지는데, 〔이때〕 형태들의 완전한 계열을 통한 진행은 이 이행을 통해 자기로부터 발생한다.

〔8〕 그러나 앎에게는 진행의 계열과 마찬가지로 **목표**가 필연적으로 정해져 있다. 즉, 그 목표는 앎이 더 이상 자기 자신을 넘어갈 필요가 없는 바로 거기에, 앎이 스스로 자신을 발견하여 개념은 대상에, 대상은 개념에 상응하는 바로 거기에 있다. 따라서 이러한 목표를 향한 진행은 또한 제지하기 어려우며, 〔목표에 이르기〕 이전의 어떠한 정류장에서도 만족은 발견될 수 없다. 자연스러운 생명(*Leben*)에 구속되어 있는 것〔자연법칙에 구속되어 살아가는 동식물〕은 자기 자신을 통해 자신의 직접적 현존(*Dasein*)을 넘어설 수는 없다. 그러나 그것은 다른 것〔여타의 다른 동식물〕을 통해 자신의 직접적 현존을 넘어서 쫓겨나는데, 이렇게 떠나게 됨이 그의 죽음이다. 그러나 의식은 자기 자신에 대하여 자신의 **개념**〔즉, 의식이란 자기가 자기 자신에 도달하기 위하여 반성적으로 자신의 현존을 자각하는 가운데 자기 자신을 개념파악해 나가는 활동〕인데, 그 때문에 직접적으로 한정된 것을 넘어서는 것이고, 이러한 한정된 것이 의식에 속해 있기 때문에, 자기 자신을 넘어서는 것이다. 즉, 의식에게는 개별적인 것과 더불어 피안이 — 비록 그 피안이 공간적 직관에서처럼 단지 한정된 것과 **나란히** 있을지라도 — 동시에 정립되어 있다. 그러므로 의식은 한정된 만족〔개별적 현존에 구속된 채 이러한 상태에 만족하는 것〕을 해치는 이러한 강압〔*Gewalt*, 압력, 절대자의 의지로부터 유발되는 것〕을 자기 자신으로부터 받는다. 이러한 압력을 느낄 때, 아마 진리 앞에서의 불안은 후퇴하여, 상실을 위협받고 있는 바로 그것〔한정된 개별적인 현존〕을 보존하고자 애쓸지도 모른다. 그러나 진리 앞에서의 불안은 결코 어떠한 안정(*Ruhe*)도 발견할 수 없다. 말하자면 진리 앞에서의 불안이 사상 없는〔*gedankenlos*, 즉 아무런 생각

도 없는] 게으름에 서 있고자 할지라도, 사상[Gedanke, 생각]이 사상 없음을 괴롭히고, 사상의 불안이 게으름을 성가시게 할 것이다. 또는 진리 앞에서의 불안이 모든 것을 **그 나름의 양식에서 좋은 것으로** 발견하고자 확언하는 감상주의[Empfindsamkeit, 그 나름의 방식으로 세상에 존재하는 일체의 것은 저마다 어느 정도의 좋은 장점은 단 한 가지라도 가지고 있기 마련이라고 여기면서 만물을 따뜻이 포용하려는 다정다감한 온정적 태도]로 굳어진다고 하더라도, 이러한 확언은, 어떤 것이 하나의 양식인 한, 어떤 것을 바로 좋지 않게 발견하는 이성으로부터 이와 같이 압력을 받는다. 또는 진리에 대한 두려움은 자기와 타인 앞에서 가상 뒤에, ─ 즉 마치 진리 자체에 대한 뜨거운 열정이 사람들이 자기 자신이나 다른 사람들로부터 가지는 모든 사상들보다 여전히 더 영리한 것인 허영심의 유일한 진리와는 다른 진리를 발견하는 것을 어렵게 하며 심지어는 불가능하게 하는 그런 가상 뒤에 ─ 스스로를 숨길지 모른다. 이러한 허영심은, 즉 모든 진리를 수포로 돌아가게 하고, 그것으로부터 자기에게로 되돌아가는 것을 이해하며, 그리하여 모든 사상들을 언제나 해소시키고 모든 내용 대신에 단지 무미건조한 자아만을 발견하는 것을 아는 이러한 고유한 지성[진리를 외면하고 자기이익을 추구하는 소아적 지성]에 탐닉하는 이러한 허영심은 자기 자신에게 내맡겨져야만 하는 하나의 만족[일 뿐]이다. 왜냐하면 이러한 허영심은 보편적인 것을 회피하고 단지 [오로지 자기만족에 빠져 있는] 대자존재(Fürsichsein)만을 추구하기 때문이다.

〔9〕진행의 방식과 필연성에 관해 이러한 것이 잠정적으로 그리고 일반적으로 말해졌던 것과 마찬가지로, **실행의 방법**에 관해서도 어떤 것을 약간 상기해보는 것이 유용할 수 있다. 이 서술, 즉 **학문이 현상하는 앎에 관계하는 것으로서** 그리고 **인식의 실재성을 탐구하고 검사하는 것으로서** 표상되는 이 서술은 어쨌든 **척도**로서 근저에 놓여 있는 전제 없이는 행해질 수 없는 것처럼 보인다. 왜냐하면 검사는 받아들

여진 척도의 적용에서 성립하고, 그리고 검사된 것이 옳은지 또는 옳지 않는지의 결정은 검사된 것에서 스스로 발생하는 그것과 척도와의 동등함 또는 동등하지 않음에서 성립하기 때문이다. 그리고 이때 척도 일반은, 그리고 학문이 척도라면, 마찬가지로 학문은, **본질**로서 또는 **즉자**〔Ansich, 즉자적인 것〕로서 받아들여진다. 그러나 학문이 비로소 나타나는 여기에서는 학문 자체도, 그 밖의 어떤 무엇도, 본질 또는 즉자로서 정당함이 인정되지는 않는다. 그리고 그러한 것〔본질 또는 즉자〕 없이는 어떠한 검사도 행해질 수 없는 것처럼 보인다.

〔10〕 이러한 모순과 그 모순의 제거는 우선 앎과 진리의 추상적 규정들이 의식에서 어떻게 출현하는지가 상기될 때 더욱더 확실히 규정적으로 밝혀질 것이다. 말하자면 의식은 어떤 것을 자기와 **구별**함과 동시에 이러한 어떤 것과 **관계**하기도 한다. 또는 이것을 〔흔히 쓰는 말로〕 표현하면, 어떤 것은 **의식에 대한** 어떤 것이다. 그리고 이러한 **관계** 내지는 어떤 것의 **의식에 대한 존재**의 규정된 측면이 **앎**이다. 그러나 우리는 타자에 대한 이러한 존재와 **즉자존재**(Ansichsein)를 구별한다. 즉, 앎과 관계된 것은 마찬가지로 앎과 구별되고, 이러한 관계 밖에서도 또한 **존재하는 것**으로서 정립된다. 이러한 즉자의 측면이 **진리**라고 불리어진다. 이러한 규정들에게 본래적으로 존재하는 것이 무엇인지는 여기에서 더 이상 우리에게 문제가 되지 않는다. 왜냐하면, 현상하는 앎이 우리의 대상이므로, 현상하는 앎의 규정들 역시 우선은 그 규정들이 스스로를 직접적으로 제시하고 있는 그대로 받아들여지기 때문이다. 그래서 그 규정들이 스스로를 제시하는 것도 그 규정들이 파악되고 있는 그대로 존재한다.

〔11〕 그런데 만일 우리가 앎의 진리를 탐구할 경우, 우리는 앎이 **즉자적으로** 존재하는 바로 그것을 탐구하는 것처럼 보인다. 그러나 이 탐구에서는 앎이 **우리의** 대상이며, 앎은 **우리에 대해**(für uns) 있다. 그래서 밝혀져야 할 앎의 **즉자**는 오히려 **우리에 대한** 앎의 존재일 것이

다. 즉, 우리가 앎의 본질로 주장해야 할 것은 오히려 앎의 진리가 아니고 단지 앎에 관한 우리의 앎일 뿐이다. 본질 또는 척도는 우리 안에 있을지 모르며, 그래서 척도와 비교되어야만 하고 이러한 비교를 통해 결정되어야만 하는 바로 그러한 것이 이것〔척도〕을 필연적으로 인정하는 것은 아닐 것이다.

〔12〕 그러나 우리가 탐구하는 대상의 본성(*Natur*)은 이러한 분리로부터, 또는 분리와 전제의 이러한 가상으로부터 자유롭다. 의식은 자신의 척도를 그 자신에게 주며, 그 때문에 탐구는 의식이 자기 자신과 비교하는 것이 된다. 왜냐하면 바로 위에서 행해진 구별(*Unterscheidung*)은 의식 속에 있기 때문이다. 의식 속에는 어떤 하나(일자)가 **하나의** 다른 것(타자)에 **대하여** 있고, 또는 의식은 전적으로 앎의 계기의 규정성을 자기에게 가지고 있다. 동시에 의식에게 이 타자는 **그것**〔의식〕에 대해서 있을 뿐만 아니라, 이러한 관계 바깥에 또는 **즉자적으로** 있는데, 〔이것이〕 진리의 계기이다. 그러므로 의식이 자신의 내부에서 **즉자적인 것**, 또는 **참된 것**으로 설명하는 것에서, 우리는 의식 자체가 자신의 앎을 측정하기 위해 내세우는 척도를 갖는다. 만일 우리가 앎을 **개념**이라고, 그러나 본질 또는 **참된 것**을 존재자 또는 **대상**이라고 부른다면, 검사는 개념이 대상에 상응하는지 그 여부를 우리가 바라보는 점에서 성립한다. 그러나 우리가 **본질** 또는 **대상**의 즉자적인 것을 **개념**이라고 부르고, 그에 반해 **대상적인 것**하에서 개념을 대상으로서, 즉 개념이 **타자에 대해**(*für ein anderes*) 있는 것처럼 이해한다면, 검사는 대상이 자신의 개념에 상응하는지 그 여부를 우리가 바라보는 점에서 성립한다. 사람들은 이 둘이 동일하다는 것을 매우 잘 안다. 그러나 본질적인 것은, 전체 탐구에서 다음과 같은 것을 ― 즉 **개념과 대상, 대타존재**(*Füreinanderes*)와 **즉자자체존재**(*Ansichselbstsein*)라는 이러한 두 계기는 우리가 탐구하는 앎 속에 그 자체로 있다는 것, 따라서 우리는 척도를 지참할 필요가 없고, 탐구할 때 **우리의** 착상과 사상을 적용할 필요가 없다는 것을 ―

확고히 하는 일이다. 즉, 우리가 이러한 것을 놓아 줌(weglassen)으로써, 우리는 사태가 **즉자대자적으로** 그 자체 있는 그대로 사태를 고찰하는 것에 도달한다.

〔13〕그러나 개념과 대상, 척도와 검사해야만 하는 것이 의식 자신에 현존해 있다는 이러한 측면에 따르면, 우리가 곁들인 것은 별로 소용없을 뿐만 아니라, 또한 우리는 양자를 비교하는 노력과 본래적 검사로부터 자유롭게 되며, 따라서 의식이 자기 자신을 검사하는 것이므로, 이러한 측면에서는 또한 우리에게는 단지 순수한 바라봄(Zusehen)만이 남는다. 왜냐하면 의식은, 한편으로는 대상에 대한 의식이고, 다른 한편으로는 자기 자신에 대한 의식이기 때문이다. 즉, 〔의식은〕그에게 참된 바로 그것에 관한 의식이고, 그에게 참된 바로 그것에 대한 자신의 앎에 관한 의식이기 때문이다. 그 둘〔참된 것과 앎〕은 **동일한 의식에 대해** 있는 것이므로, 의식 자신이 그 둘을 비교한다. 즉, 대상에 관한 의식의 앎이 이 대상에 상응하는지 그렇지 않은지는 **동일한 의식에 대해서** 생성된다. 물론 대상은 의식에 대해서는 단지 의식이 대상을 아는 그대로 존재하는 것처럼 보인다. 말하자면 의식은, 대상이 **의식에 대해서가 아니라**, 오히려 대상이 **즉자적으로** 있는 바로 그 진상을 간파할 수 없는 것처럼 보이며, 그래서 또한 자신의 앎을 대상에서 검사할 수 없는 것처럼 보인다. 그러나 의식이 도대체 대상에 관해 안다고 하는 점에 바로 이미, **의식에게** 어떤 것은 즉자적인 것으로되, 그러나 대상에 대한 앎 또는 의식에 **대한** 대상의 존재는 다른 계기라고 하는 구별이 현존하고 있다. 검사는 현존하는 이러한 구별에 기인하고 있다. 이러한 비교에서 그 둘이 상응하지 않는다면, 의식은 자신을 대상에 적합하게 하기 위하여 자신의 앎을 변경해야만 하는 것처럼 보인다. 그러나 앎이 변할 때, 사실 대상 자체도 또한 의식에서 변경된다. 왜냐하면 현존하는 앎이란 본질적으로는 대상에 관한 앎이었기 때문이다. 즉, 앎과 더불어 대상도 또한 다른 대상이 되는데, 왜

냐하면 대상은 본질적으로 이러한 앎에 속해 있기 때문이다. 이것으로 써 의식에게는 그에게 이전에는 즉자적인 것이 즉자적으로 있지 않으며, 또는 즉자적인 것이 **의식에 대해서만 즉자적으로** 있었던 것이 된다. 따라서 의식이 자신의 대상에서 자신의 앎이 이 대상에 상응한다는 것을 발견하지 못하므로, 대상 자체도 또한 지탱되지 못한다. 또는 검사의 척도도 변경된다. 만일 척도가 검사의 척도이어야만 하는 것이 검사에서 성립하지 못한다면 말이다. 그래서 검사는 앎에 대한 검사일 뿐만 아니라, 검사의 척도에 대한 검사이기도 하다.

〔14〕 의식이 그 자신에서, 즉 자기의 앎과 자기의 대상에서 실행하는 **변증법적** 운동은, **의식에게 새로운 참된 대상**이 그 운동으로부터 **발원하는 한,** 본래적으로 **경험**이라고 불리는 바로 그것이다. 바로 위에서 언급된 진행과정과의 관계에서 하나의 계기가 더욱더 상세하게 부각되어아 하는데, 이것을 통해 나음 서술의 학문적 측면에 대한 새로운 빛이 퍼지게 될 것이다. 의식은 **어떤 것**을 알고, 이러한 대상이 본질 또는 **즉자적인 것**이다. 그러나 이 대상은 또한 의식에 대해 **즉자적인 것**이다. 따라서 이러한 참된 것의 양의성 (*Zweideutigkeit*) 이 드러난다. 우리는 의식이 이제 두 가지 대상을 가진다는 것을 보는데, 〔그것은〕 첫째로 최초의 **즉자적인 것**이고, 둘째로는 **이러한 즉자적인 것의 의식에 대한 존재**이다. 후자는 우선 의식의 자기 자신에 있어서의 반성인 것처럼 보인다. 즉, 대상의 표상이 아니라, 오히려 저 최초의 대상에 관한 의식의 앎에 대한 표상인 것처럼 보인다. 그러나 이 경우에도, 앞에서 제시되었듯이, 의식에게 최초의 대상은 변경된다. 즉, 최초의 대상은 즉자적인 것으로 있기를 중지하고, 의식에게 단지 **의식에 대해서만 즉자적인 것**인 그러한 것이 된다. 그러나 이와 더불어 그때 이것, 즉 **이 즉자적인 것의 의식에 대한 존재**가 참된 것인데, 그러나 이것은 **본질** 또는 의식의 **대상**을 말하는 것이다. 이러한 새로운 대상은 최초의 대상이 무력하다는 것을 포함하고 있고, 이 새로운 대상은

최초의 대상에 관해 이루어진 경험이다.

〔15〕경험의 진행과정에 대한 이러한 서술에는, 이 서술이 경험으로 의미되곤 하는 것과 일치하지 않은 것처럼 보이는 하나의 계기가 있다. 말하자면 최초의 대상과 그것에 관한 앎으로부터 다른 대상 — 즉 사람들이 **이 다른 대상에서** 경험이 이루어졌다고 말하는 그 다른 대상 — 에로의 이행은, 최초의 대상에 관한 앎, 또는 첫 번째 즉자적인 것의 의식에 **대해** 있는 것이 두 번째 대상 자체가 되어야만 하는 듯이 말해졌다. 그에 반해 보통, 우리는 우리의 최초의 개념의 비진리에 관한 경험을 우리가 대개 우연적 방식과 피상적으로 발견하는 **하나의** 다른 대상에서 획득하며, 따라서 도대체 즉자대자적으로 존재하는 것의 순수한 **파악**은 단지 우리 안에 있는 듯이 보인다. 그러나 저 〔앞서의〕견해에서는 새로운 대상은 **의식** 자체**의 전환**을 통해 생성된 것으로서 스스로를 드러내 보여준다. 사태에 대한 이러한 고찰은 우리의 부가행위 〈Zutat〉이며, 이것을 통해 의식 경험의 계열은 학문적 발걸음에로 고양되지만, 그렇다고 그 부가행위가 우리가 고찰하는 의식에 대해 있는 것은 아니다. 그러나 사실 이것은 위에서 이미 이 서술과 회의주의와의 관계를 고려하여 말했던 동일한 상황, 즉 하나의 참되지 않은 앎에서 나타난 그때마다의 결과가 하나의 공허한 무에로 합류하는 것이 아니라, 오히려 필연적으로 **어떤 것의 결과인 바로 그런 것의** 무로서 파악되어야만 하는 그러한 동일한 상황이다. 즉, 그 결과는 선행하는 앎이 자신에서 참된 것을 지니고 있는 것을 포함하는 결과이다. 여기서 이것은 다음과 같이 나타난다. 먼저 대상으로서 나타난 것이 의식에게는 대상에 관한 앎으로 전락하고, **즉자적인 것이 즉자적인 것의 의식에 대한 존재가 되기** 때문에, 즉자적인 것이 새로운 대상이며, 이 새로운 대상과 더불어 또한 의식의 새로운 형태가 나타나는데, 이 새로운 형태에서는 선행하는 형태와는 다른 어떤 것이 본질이라는 것이다. 이러한 상황이 의식의 형태들의 전체 연쇄를 그의 필연성에서 이끄는 바로

그것이다. 단지 이러한 필연성 자체만은, 또는 어떻게 의식에게 그것이 일어나는지를 알지도 못하는 사이에 의식에게 나타나는 새로운 대상의 **발생**만은, 우리에겐, 흡사 의식의 배후에서 일어나는 것이다. 그래서 **즉자존재** 또는 **우리에 대한 존재**의 계기가 의식의 운동 속에서 나타나지만, 이 계기는 경험 자체에 종사하고 있는 의식에게는 자신을 드러내지 않는다. 그러나 우리에게 발생하는 것의 **내용**은 **그것**[의식]에 대해 있으며, 우리는 단지 발생하는 것의 형식적인 면과 순수한 발생만 파악한다. 즉, 이 발생한 것은 **의식에 대해서는** 단지 대상으로서만 존재하고, **우리에 대해서는** 동시에 운동과 생성으로서 존재한다.

〔16〕 이러한 필연성을 통해서 학문에 이르는 이러한 길 자체가 이미 **학문**이며, 이 필연성의 내용에 따르면, **의식의 경험**의 학문이다.

의식이 자신에 관하여 획득하는 경험은 경험의 개념에 따르면 의식의 전체적 체계 또는 정신의 진리의 전 왕국을 포함할 수 있으므로, 그래서 이 진리의 계기들은, 추상적인 순수한 계기들이 아니라, 오히려 그 계기들이 의식에 대해 존재한다거나 또는 이 의식 자신이 계기들과의 관계에 있어 나타난다고 하는 이러한 독특한 규정성에서 서술되고, 그것을 통해 전체의 계기들은 **의식의 형태들**이 된다. 〔따라서〕 의식이 자신의 참된 실존(*Existenz*)을 향해 계속해서 나아가기 때문에, 의식은 어떤 지점(*Punkt*)에 도달하게 되는데, 이 지점에서 의식은 단지 그것[의식]에 대해서만 있고 타자로서 있는 낯선 종류의 것에 붙들려 있다는 자신의 가상을 벗고, 또는 거기에서 현상은 본질과 같아지게 되며, 의식의 서술은 정신의 고유한 학문의 바로 이러한 지점과 일치하게 되고, 마침내 의식 자신이 이러한 자신의 본질을 파악함으로써 의식은 절대적 앎 자체의 본성을 내보이게 된다〔G. W. F. Hegel, 《정신현상학》(*Phänomenologie des Geistes*), 《전집》3권, Suhrkamp Verlag, Frankfurt am Main, 1986, 68~81쪽 참조〕.

첫 번째 문단은 철학의 사태를 명명하고 있다. "철학은 현존하는 것
을 현존하는 것으로서 주시하고, 그래서 현존하는 것 자체로부터 이러
한 것〔현존하는 것〕에 이미 앞서 지배하고 있는 바로 그것을 〔주시한
다〕"⟨θεωρεῖ τὸ ὄν ᾗ ὄν χαὶ τὰ τούτῳ ὑπάρχοντα χαθ᾽ αὐτό, 아리스토텔레스,
《형이상학》, Γ, 1, 1003 a 21〕. 앞서 지배한다는 것은 비은폐성 속에
서 출현한다는 것과 관련되어 있다. 철학은 현존하는 것을 그것〔현존
하는 것〕의 현존에서 주시한다. 주시함은 현존하는 것을 고찰한다.
주시함은 현존하는 것을 단지 그 자체로서 바라보는 가운데, 현존하는
것을 고찰한다〔여기서 고찰한다⟨trachten⟩는 낱말은 바로 앞 문장에서의 고
찰한다⟨betrachten⟩는 낱말과 연관되어 있으면서도 구별된다. trachten은 현
존하는 것을 고찰하되, 그것의 진리를 획득하려는 목적으로 고찰하는 행위
를 가리키기 때문이다〕. 철학은 현존하는 것을 그것의 외관에서 바라본
다. 이러한 주시함의 봄에서는 결코 어떠한 깊은 통찰력도 일어나지
않는다. 테오리아⟨θεωρία, 관조⟩는 모든 인식함을 일깨우는 것이다. 헤
겔은 자신의 사유의 언어로, 철학이란 "참으로 존재하는 것의 현실적
인식"이라고 말하고 있다. 그리하여 참된 존재자는 자신의 현실성이
정신으로 존재하는 그런 현실적인 것으로서 드러난다. 그러나 정신의
본질은 자기의식에 기인한다.

헤겔은 근대 철학의 역사에 대한 그의 강연에서, 베이컨⟨Bacon⟩과
야콥 뵈메⟨Jakob Böhme⟩에 대해 언급한 후, 다음과 같이 말하고 있다
⟨WWXV, 328⟩. "우리는 이제야 본래적으로 비로소 새로운 세계의 철
학에 이른 것이며, 이러한 철학을 데카르트와 더불어 시작한다. 그와
더불어 우리는 본래 자명한 철학에 — 즉 철학이 자명하게 이성으로부
터 나타난다는 것, 그리고 자기의식이 참된 것의 본질적인 계기라는
것을 아는 그런 자명한 철학에 — 발을 들여놓았다. 여기에서 우리는,
〔비로소〕 우리가 집에 있다고 말할 수 있고, 선원이 거친 바다를 오래
도록 항해한 후 '땅'을 어떻게 부르는지 말할 수 있다…. 이 새로운

시기에 원칙은 사유, 즉 자기로부터 출발하는 사유이다 …. "

　　사유는 자신이 사유한 것의 흔들리지 않은 확실성에서 자기를 위해 절대적 기초(*fundamentum absolutum*)를 추구한다〔데카르트의《제1철학에 관한 성찰》가운데 특히 제2성찰을 참조할 것〕. 철학이 그 이래로 스스로 고향으로 만든 땅은 앎의 무조건적 자기 확실성이다. 땅은 단지 점차적으로 정복되고 완전히 측정된다. 절대적 기초가 절대자 자체로서 생각될 때, 땅은 완전히 점유되기에 이른다. 절대자는 헤겔의 경우에는 정신, 즉 무조건적인 자기 앞의 확실성에서 자기 자신에게 현존하는 것(*das Anwesende*)이다. 존재자를 존재자로서 현실적으로 인식함은 이제 절대자를 절대자의 절대성 속에서 절대적으로 인식함이다.

　　그러나 자기의식의 땅에 거주하는 이러한 근대 철학은 땅의 풍토에 적합하게 철학이 미리 자신의 원칙을 확신할 것을 자기로부터 요구한다. 근대 철학은 우선 자신이 절대적으로 인식하는 인식함에 관해 이해하고자 한다. 뜻밖에 이때 인식함은 하나의 수단(*ein Mittel*), 즉 인식함이 그 수단의 정당한 사용을 염려하지 않을 수 없는 그런 하나의 수단으로 현상한다. 한편으로, 표상작용의 상이한 방식들 가운데에서 절대적 인식에 이르기 위해 오로지 적합한 그러한 것을 결정하고 선택하는 것이 중요하다. 이점을 데카르트는 염려하고 있다. 다른 한편, 일찍이 절대자를 인식하기 위해 선택된 그 인식은 자신의 본성에 따라 그리고 자신의 한계 안에서〔*nach seinen Grenzen*, 즉 '자신의 한계에 따라'〕측정되어야 한다. 이점을 칸트는 염려하고 있다. 그러나 인식함이 절대자를 수중에 넣기 위한 하나의 수단으로서 고려되자마자, 모든 수단은 — 수단으로서 상대적으로 존재하기에 — 절대자와 관계하기에는 절대자에게 부적합하고〔따라서〕필연적으로 절대자를 거부하게 된다는 확신이 틀림없이 발생하게 된다. 만일 인식함이 하나의 수단이라면, 절대자에 대한 모든 인식의욕은, 비록 여기에서 수단이 작업도구의 성격을 취하고 있든 매개물의 성격을 취하고 있든 이에 상관없이, 하나의 불합리한 시도가 된다. 우리는 어떤 경우에는 행위하는 자로서 작업도구로서의 인식함에 종사하고 있고, 다른 어떤 경우에는 그것〔작업도구로서의 인식이 아니라, 매개물로서의 인식〕을 통해 진리의 빛이 우리에게 도달해야만 하는 그런 매개물로서의 인식함을 견디어내고 있다.

사람들은 여전히, 수단이 절대자를 파악하거나 절대자를 투과해 볼 때 절대자에게서 무엇을 변화시키고 또 무엇을 변화시키지 않는지를 구별해 보는 식으로 수단을 검사해 봄으로써, 수단이 곧바로 매개하지 않는 이러한 곤경으로부터 벗어나고자 시도할 수도 있다. 그러나 만일 우리가 수단에 의해 야기된 변화를 제거하여 수단을 적용하지 않는다면, 수단도 또한 우리에게 변화되지 않은 절대자의 잔여를 매개하지 않을 것이다. 그러나 근본적으로 수단의 검사는 그 검사가 무엇을 행하는지 알지 못한다. 검사는 절대자에 대한 인식의 적합성을 고려하여 절대자에게서 인식함을 측정해야 한다. 검사는 이러한 것을 〔먼저〕 인식했어야 하고, 특히 절대자로서 인식했어야 한다. 그렇지 않을 경우에는 모든 비판적 한계설정은 공허해진다. 게다가 〔고려해야 할〕 또 다른 사실이 나타나는데, 이것은 말하자면 검사함에서 중요한 것은 절대자의 인식에 달려 있기보다는 작업도구의 설명에 달려 있다는 사실이다. 그러나 그럼에도 불구하고 인식함에서 중요한 것은 작업도구를 통해서 절대자를 여하튼 조금이라도 더 가깝게 이끌어오는 것에 달려 있다고 한다면, 이러한 계획은 절대자에 직면하여 이러한 것〔절대자〕 앞에서 틀림없이 웃음거리가 될 것이다. 만일 인식함이 우선 비판 작업을 깨끗이 정리하기 위하여 처음부터 인식하는 자에 대한 절대자의 직접적 관계로부터 벗어나고 싶어한다면, 인식함에 관하여 〔행해지는〕 모든 비판적 활동은 무엇을 위한 것인가? 작업도구의 비판적 검사는 절대자 쪽으로 스스로 향하지 않는데, 그것도 자신에게 더 나은 직접적인 앎을 거슬러가면서 그렇게 향하지는 않는다. 그러나 절대자도 또한 비판적 노력을 비웃지 않는다. 왜냐하면 그러기 위해서는 절대자가 이러한 비판적 노력과 더불어 다음과 같은 전제를 공유해야만 하기 때문이다. 즉, 인식함은 하나의 수단이라는 것, 그리고 그것 자체, 즉 절대자는 여전히 인식함으로부터는 멀리 떨어져 있기에, 인식함이 노고를 기울여야 비로소 절대자는 포획될 수 있다는 것이 바로 그 전제이다. 그러나 이런 경우에 절대자는 절대자가 아닐 것이다.

하지만 헤겔은, 단지 부수적으로 그가 그것을 부문장에서 숨기는 식으로, '절대자는 이미 즉자대자적으로 우리 곁에 있으며, 또한 우리 곁에 있고자 한다'고 말하고 있다. '우리-곁에-있음'(파루시아, $\pi\alpha\rho o\upsilon\sigma\acute{\iota}\alpha$)은 그 자체가 이미 진리의 빛이, 즉 절대자 자체가 우리에게 [빛을] 비추는 방식이다. 절대자의 인식은 빛의 광선 속에 있고, 광선을 되비추며 반사한다. 그래서 그것은 본질상 광선 자체이지, 그것[매개물]을 통해 광선이 비로소 발견되기에 이르는 순전한 매개물은 아니다. 절대자의 인식이 내딛어야 하는 첫 번째 길음은, 절대자를 그의 절대성 속에서, 다시 말해 그의 '우리-곁에-있음' 속에서 소박하게 인수하여 받아들이는 데에 존립한다. 이러한 '우리-곁에-현존함', 다시 말해 임재(*Parusie*) [Parusie는 일반적으로 '현존'이라고 번역되는 것이 합당하지만, 여기에서는 존재자가 자신의 현상함 안에서 존재하는 그런 양식의 현존(*Anwesen*)과 구분하기 위하여 임재(臨在)라고 번역]는 즉자대자적으로 절대자에 속한다. 만일 절대자를 인식하는 것으로서의 철학이 자신이 이러한 인식함으로서 존재하는 바로 그것[절대자를 인식하는 것으로서의 철학의 본질]을 진지하게 취급한다면, 그때 철학은 이미 현실적인 인식함이며, 이러한 인식함은 현실적인 것 자체가 자신의 진리 속에서 무엇으로 존재하는지를 표상한다. 첫 번째 문단의 시작과 진행과정에서는 헤겔이 인식함의 검사에 대한 자연스러운 표상작용의 비판적 요구들에 상응하고 있는 것처럼 보인다. 사실 헤겔의 관심사는 절대자를 우리 곁에 현존하는 절대자의 임재에서 지시하는 데에 놓여 있다. 이로 인해 우리는 오로지 우리가 이미 그 안에 존재하고 있는 절대자와의 관계 속으로 특별히 지시된다. 헤겔은 이러한 방식으로 근대 철학의 모든 비판적 성과들을 포기하는 것처럼 보인다. 이로써 그는 전적으로 자의적인 주장과 가정 속으로 돌아가기 위해 모든 검사함을 내던져버린 것인가? 결코 그렇지 않다. 헤겔은 검사를 처음부터 준비하고 있다. 이러한 준비의 첫 걸음은 우리가 인식함에 대한 습관적 표상을 포기한다는 점에 놓여 있다. 그러나 인식함이 결코 어떠한 수단이 아니라면, 검사함도 또한, 인식함을〔어떤 것을〕비로소 매개하기 위한 자신의 유용성 여부에 입각하여 평가하는 데에는 더 이상 존립할 수 없을 것이다. 인식함이 처음부터 결코 어떠한 수단일 수 없다면, 인식함이 무엇인지를 우리가 주시해보는 것은 아마도 검사함에게는 이미 충분할 것이다. 검사해야만 하는 것, 즉 인식함뿐만 아니라, 검사함 자체도 다른 어떤 본질을 가리킨다.

두 번째 문단은 비판의 핵심을 건드리고 있는데, 이러한 비판 아래에서 인식함에 대한 종래의 모든 철학적 비판은 학문을 통해 제기된다. 헤겔은 모든 뒤따르는 문단에서 철학이라는 이름을 더 이상 사용하지 않는다. 그는 학문에 관해 말한다. 왜냐하면 그 동안에 근대 철학은 자신에 의해 처음으로 발을 들여놓은 확고한 땅을 완전히 소유함으로써 자신의 본질의 완성에 도달하였기 때문이다. 그 땅은 자신의 관점에서 그리고 자신에 의해 표상된 것의 관점에서〔바라볼 때〕표상함의 자기 확실성이다. 이 땅을 완전히 소유한다는 것은, 자기의식의 자기 확실성을 자신의 무조건적 본질에서 알고 이러한 앎 자체 속에 단적으로 존재한다[1]는 것을 말한다. 철학은 이제 자기 확실성의 앎 내부에서의 무조건적 앎이다. 철학은 앎 그 자체 안에서 완전히 고향에 머무는 듯 안온해진다. 철학의 전체 본질은 앎의 무조건적 자기 앎

---

1) 1950년 제1판: '존재한다'는 것은 다시 말해 '알고 있다'는 것을 뜻한다.

을 통해 마련된다. 철학은 **진정한** 학문이다. 〔진정한 학문이라는〕 이 이름은 철학이 〔철학〕 이외에 여타의 다른 현존하는 학문들에게서 자신의 전형을 획득하고 이 전형을 이상 속에서 완전히 현실화하는 것을 의미하지 않는다. 만일 "학문"이라는 이름이 절대적 형이상학의 내부에서 '철학'이라는 이름을 대신한다면, 그때 그 이름은 스스로를 무조건적으로 아는 주체의 자기 확실성의 본질로부터 자신의 의미를 길어 낼 것이다. 주체는 이제 참된 것, 다시 말해 이제 확실히 앞에 놓여 있는 것, 수브옉툼(*subjectum*), 즉 철학이 아주 예전부터 현존하는 것으로서 인식하고 있는 휘포케이메논(ὑποχείμενον)이다. 철학은, 학문이 철학으로 머무르기 때문에, 학문이 된다. 존재자를 존재자로서 주시하는 것이 철학의 임무다. 그러나 존재자는 라이프니츠 이래로, 존재자로서의 존재자 **각각**은 사유하는 것(*res cogitans*)이고 이러한 의미에서 주체라는 식으로 사유에게 현상한다. 사유에게 그렇게 현상한다는 사실은, 이 사유자의 견해에 달려 있는 것이 아니라 오히려 존재자의 존재에 달려 있다. 주체는 물론 자기에게 집착하는 이기적인 것이라는 의미에서 주체적인 것은 아니다. 주체는 객체를 표상하는 〔객체와의〕 관계 속에서 현성한다. 그러나 이러한 관계로서의 주체는 이미 자기와 관계하는 표상하는 관계이다. 표상함은 객체를 제시하는데, 이러한 것은 표상함이 객체를 주체에게 재현하고, 이러한 재현(*Repräsentation*) 속에서 주체 자체가 스스로를 그러한 것으로서 제시함으로써 이루어진다. 제시〔*Präsentation*, 현시〕는 주체의 자기의식이라는 의미에서 앎의 근본특징이다. 제시는 현재〔*Präsenz*, παρουσία, 현재 있음〕의 본질방식이다. 현재로서의, 다시 말해 현존(*Anwesen*)으로서의 제시는 주체의 양식으로 존재하는 존재자의 존재이다. 자기 확실성은 자기 안에 제한된, 다시 말해 무조건적인 자기 앎으로서 주체의 존재자성(*Seiendheit*, οὐσία)이다〔앎의 무조건성은 자기의식의 영역을 벗어나 존립하는 것이 아니라, **오로지** 자기의식의 영역 내부에 철저히 한정되어 있다는 점에 존립한다. 이런 점에서 자기 안에 제한된 자기 앎(*das in sich bedingte Sichwissen*)은 곧 무조건적인 자기 앎(*das unbedingte Sichwissen*)과 같다). 주체의 주체존재, 다시 말해 '주객-관계'의 주체존재는 주체의 주체성이다. 주체성은 무조건적인 자기 앎에 존립한다. 주체의 본질은 자기 앎의 방식에서 주어지므로, 주체는 주체로서 존재하기 위해서 오로지 이렇게 주어진 본성에, 즉 앎에 몰두한다. 주체의 주체성은 절대적 자기 확실성으로서 "학문"이다. 존재자(τὸ ὄν)는, 그것이 앎의 무조건적인 자기 앎의 방식 속에 존재하는 한에서, 존재자로서(ᾗ ὄν) 존재한다. 따라서 이러한 존재자를 존재자로서 표상하는 서술이 철학이며, 그 자체가 곧 학문이다.

무조건적인 자기 앎은 주체의 주체성으로서 절대자의 절대성이다. 철학은 절대적 인식이다. 철학은 학문이다. 왜냐하면 철학은 절대자의 의지를, 다시 말해 이러한 것을 자신의 절대성에서 의욕하기 때문이다. 따라서 이렇게 의욕하면서, 철학은 존재자를 존재자로서 주시하고자 한다. 그렇게 의욕하면서, 철학은 자신의 본질을 의욕한다. 철학은 학문이다. 〔'철학은 학문이다'라는〕 이 명제에서 "이다"(*ist*)라는 말은, 철학이 학문성의 규정을 술어로서 자기 곁에 가지고 있다는 것을 의미하는 것이 아니라, 오히려 그것은 다음과 같은 것을 의미한다. 즉, 철학은 절대적 인식으로서 **존재하며**, 오로지 철학이 절대자의 절대성에 속하고 자신의 방식 속에서 그것〔절대자의 절대성〕을 완수해나가는 식으로만 존재한다는 것을 의미한다. 철학은 절대적 인식으로서 결코 다음과 같은 것에 의해서 학문으로 존재하는 것은 아니다. 즉, 철학이 자신의 취급방식을 정밀하게 다듬고 자신의 성과를 강요하면서, 이로 인해 본질적으로나 위계적으로나 자기 아래에 놓여 있는 그것과 ― 즉, 학문적 탐구와 ― 자기 자신을 동등하게 만들어가려고 노력함으로써 학문으로 존재하는 것은 아니다.

철학은 절대적으로 인식하면서 자신의 작업에 머물러 있기에, 철학은 학문이다. 철학이 인식함에 대하여 종래의 비판적 해체를 주장하는 것과 같은 "그러한 의혹"은 철학에게는 낯설다. 헤겔은 신중히 "그러한 의혹"을 말하고 있다. 그는 학문이 아무런 의혹도 없이 작업에 착수할 수 있고 검사를 아무렇게나 대충해도 좋다고는 주장하지 않는다. 절대적 인식은 오히려 절대자의 인식에 대하여 종래의 비판의 숙고적 양식이 일찍이 취할 수 있는 태도보다도 더욱더 숙고적인 태도를 취한다. 절대자의 인식에 대한 통상적인 비판적 염려는 물론 오류를 두려워한다. 그러나 인식함이 하나의 수단으로서 받아들여져 오류 자체가 되는 한에서, 이미 아무런 의혹도 없이 참된 관계로서 전제되고 있는 그런 어떤 관계들의 내부에서만, 염려는 오류를 범할 수도 있을 것이다. 외관상〔대충〕검사하는 염려가 오류를 범한다는 것은 그 자체가 오류이다. 어느 정도로 그러한가?

인식함이 하나의 수단(작업도구 혹은 매개물)으로서 받아들여지자마자, ―그것은 얼마나 오랫동안 이미 그렇게 받아들여졌으며, 또 무엇 때문에 그렇게 받아들여졌는가? ― 그 인식함은 절대자와 인식하는 자 사이에서 대자적으로 나타나는 어떤 것으로서 간주되었다. 인식함은 절대자와 분리된 채 존립하는데, 그러나 이와 마찬가지로 또한 그것〔절대자〕을 다루는 우리와 분리된 채 존립한다. 하나의 측면에는 절대자가 그리고 다른 하나의 측면에는 인식하는 자가 이와 같이 서로가 서로에 대하여 완전히 분리된 채로 서 있다. 그러나 그 하나의 측면에 서 있는 어떤 절대자란 무엇이며, 도대체 하나의 어떤 측면에 서 있는 절대자란 무엇인가? 그 어떤 경우에도 그것은 절대자가 아니다.

그러나 동시에 해체하는 비판은 인식함을 현실적인 어떤 것으로서 ― 비록 그것이 척도를 제공해주는 최초의 현실적인 것은 전혀 아니라고 하더라도 ― 받아들인다. 따라서 그 비판은 참된 어떤 것을, 그리고 다시 말해 자기 자신에게도 확실한 어떤 것을 ― 그것의 확실성이 물론 무조건적 자기 확실성과 여전히 분리되어 있어서 모든 양심을 견디어내야만 하는 그러한 확실한 어떤 것을 — 증거로 삼고 있다. 절대자가 없어도 확실한 존재자(*ens certum*)로서 확실히 존재한다고 말해지는 생각하는 자아(*ego cogito*)라는 의미에서의 창조된 존재자(*ens creatum*)는, 이미 데카르트의 경우에서 보이듯 차후에 신존재 증명이라는 뒷문을 통해 반드시 안전을 보장받게 된다. 비판적 염려는 절대적인 어떤 것에게로 다가가고자 하지만, 그 염려는 절대자 없이 밖으로 나오고자 한다. 심지어 이러한 염려가 절대자를 잠정적으로 도저히 접근될 수 없는 것으로 옮겨놓고 이로 인해 외관상 높이 치켜세울 수 있을 만큼 높이 치켜세운다면, 그런 염려는 절대자에 적합하게 사유하고 있는 것처럼 보인다. 그러나 절대자를 대단히 높게 평가하는 듯 염려하는 이 비판은 [실은] 절대자를 경시하는 것이다. 이 비판은 한정된 자신의 의혹과 수단 속으로 절대자를 끌어내린다. 이 비판은, 마치 절대자의 절대성이 언젠가 차후에 [다시금] 불러들일 수 있기나 한 것처럼, 절대자를 그의 임재로부터 추방하고자 시도한다. 성급한 오류 앞에서 외관상 비판적인 것처럼 보이는 두려움은 [실은] 이미 머무르고 있는 진리 앞에서의 무비판적 회피이다. 이와는 반대로 학문이 자신의 본질을 불러내어 제대로 받아들인다면, 학문은 이미 스스로를 검사하고 있는 것이다. 절대적 인식으로서의 학문이 절대자의 임재[*Parusie*, 절대자가 절대적 인식으로서의 학문 속에 자기 자신을 스스로 내보이며 출현하는 현존]에 존립한다고 하는 이러한 앎은 [바로] 이러한 검사에 속해 있다. 하지만 이 모든 것은 다음 문단이 말하고 있는 바로 그것에 근거한다.

셋째 문단은 오로지 절대자만이 참이라는 것을 말하고 있다. 참된 것만이 절대적이다. 이 명제들은 근거지음 없이도 정립된다. 이 명제들은 근거지어질 수 없다 왜냐하면 근거를 짓는 어떠한 행위도 자신의 근거에 이르지 못하기 때문이다. 근거를 짓는 어떠한 행위도 자신의 근거에는 결코 도달하지 못한다. 왜냐하면 그것은 근거 짓기를 원하는 것으로서 자신의 근거로부터 부단히 떠나고 있기 때문이다. 이 명제들은 근거지어 있지 않으나, 임의적으로 주장한다는 의미에서 자의적인 것은 아니다. 이 명제들은 근거지어질 수 없는 것이다. 이 명제들은 그 스스로가 처음으로 근거짓고 있는 바로 그것을 정립하고 있다. 이 명제들에서는 즉자대자적으로 이미 우리 곁에 있고자 하는 절대자의 의지가 말하고 있다.

근대 철학이 자신의 확고한 땅에 발을 들여놓은 이래로, 진리는 확실성(Gewißheit)으로서 주재하고 있다. 참된 것은 자기 자신을 아는 그런 무조건적 앎〔무조건적 자기의식〕 속에서 의식된 것이다. 진리는 일찍이 표상작용과 존재자의 일치로 여겨졌다. 진리는 표상작용의 성격이다. 그러나 표상작용이 자기 자신에게 자기를 넘겨주고 재현으로서 보증하는 한, 확실성으로서의 진리는 이제 표상작용 자체이다. 따라서 자신의 앎을 너구나 자기 자신 앞에서 그리고 자기 자신 곁에서 스스로에게 보증하고 있는 의식되어 있음(Gewußheit)은 이로써 또한 대상들에 대한 모든 개별적 표상작용으로부터 이미 물러나 있다. 의식되어 있음은, 대상들에게 매달려 참된 것을 얻기 위해, 더 이상 〔그런 식으로〕 대상들에게 매달리지 않는다. 앎은 대상들과의 관계로부터 스스로를 풀어놓는다. 넘겨줌(Zustellen)으로서 스스로를 아는 표상작용은, 대상을 일면적으로 표상하는 가운데 자신의 안전을 충분히 발견한 그곳에서 스스로를 풀어놓는다〔absolvere, 떼어놓다〕. 풀어놓음(die Loslösung)이 이러한 표상작용을 성립하게 하므로, 표상작용은 더 이상 자신의 대상에만 몰두하지 않는다. 자기 확실성을 대상적 관계로부터 스스로 풀어놓음은 그러한 관계의 떼어놓음(Absolvenz)이다. 이 떼어놓음에는, 이러한 떼어놓음이 오로지 직접 대상과 관계하는 모든 관계들에 해당된다는 것이 속한다. 떼어놓음이 모든 관점에서 완성되는 한, 다시 말해 완전히 완결되는 한, 이러한 떼어놓음은 오로지 자신이 존재하는 바로 그것으로 존재한다. 떼어놓음의 완결 속에서 표상작용의 자기 확실성은 안전함에, 다시 말해 자기에게, 자신의 본질의 자유에 도달한다. 표상작용의 자기 확실성은 대상들에의 일면적 구속을 자유롭게 풀어주고, 대상들의 단순한 표상작용을 자유롭게 풀어준다. 그래서 무조건적인 자기 확실성은 자기 자신의 해방⟨Absolution⟩〔Absolution은 법률적-종교적 용어로서, 사면, 책임해제, 면소, 면죄 등의 의미를 갖는다. 여기에서는 앎이 무조건적 자기 확실성에 도달하는 과정에서 발생하는 모든 부정적 계기들을 완전히 해소한다는 의미에서 이 낱말을 '해방'이라고 번역함〕이다. 떼어놓음의 통일성⟨관계로부터 풀어놓음⟩, 완결⟨풀어놓음의 완성⟩ 그리고 해방⟨완결로부터의 해방선언⟩이 절대자의 절대성을 특징짓는다. 절대성의 이러한 모든 계기들은 재현의 성격을 갖는다. 이러한 계기들에서 절대자의 임재가 현성한다. 무조건적 자기 확실성이라는 의미에서의 참된 것은 오로지 절대자뿐이다. 〔앞에서〕 특징지어진 자기 표상함의 절대성은 오로지 참된 것일 뿐이다.

그러나 모든 설명은, 비록 이러한 설명이 충분히 이루어진다고 하더라도, 이러한 명제들을 공허하게 한다. 심지어 그러한 설명은 오해를 증폭시킨다. 왜냐하면 그것이 명명하고 있는 것은 정신의 현상학이기 때문이다. 이것은 자신의 서술에 **있다**. 그래서 헤겔은 그 명제들을 단지 거칠게, 그리고 자의적으로 보이는 모든 모습에도 불구하고 상술하고 있다. 그러나 그는 절대적 인식으로서의 학문이 원하는 것을 준비하기 위하여 그 명제들을 말하고 있다. 학문은 절대자가 원하는 것만을 자신의 방식에서 원한다. 절대자의 의지는 즉자대자적으로 이미 우리 곁에 존재하고 있다. 이것이 말하는 것은 이제 다음과 같다. 즉, 절대자가 그렇게 의지적인 한에서, 우리 곁에는 — 우리가 인식하는 자들로 존재하는 한에서 — 단지 절대적으로 참된 것만이 있다는 것이다. 그렇기 때문에, 철학이 아무런 검사도 하지 않은 채 함부로 자기 것으로 삼으려고 하는 절대적 인식 곁에서는 또한 여전히 다른 참된 것도 발생하고 있다고 아직도 말하는 자는, 〔정작〕 자기가 무엇을 말하고 있는지를 알지 못한다. 그가 참된 어떤 것을 말하자마자, 그는 이미 절대자를 표상하고 있었던 것이다. 하지만 사람들이 외관상 염려하면서 조심스럽게 절대적으로 참된 것과 그 밖의 참된 것 사이를 구분하고 있는 동안에, 그들은 혼탁한 구분 속에서 이리저리 배회하고 있는 것이다. 사람들은 이미 혼탁함을 비판의 원칙으로 그리고 학문에 대한 결정의 척도로 여기고 있다. 그래서 이러한 학문에게 주어진 의무는, 단지 절대자, 인식, 참된 것, 객관적인 것, 주관적인 것 등등의 낱말들에 대해 그것들이 의미하는 바로 그것에 도달하는 것이다. 그러나 이것은 학문이 자신의 최초의 걸음걸이와 더불어 이미 절대자의 임재에 도달할 것을, 다시 말해 절대자의 절대성 곁에 존재할 것을 요구한다. 다른 방법으로는 학문은 학문이 아닐 것이다. 그것이 틀림없다면, 그때 그것은 또한 이미 참된 것의 영역 외부에 그리고 자신의 수준 아래에 남아 있는 의혹과 전적으로 여전히 관계하는 그런 학문의 본질을 위반하고 있는 것이다. 이와 같이 학문이 부적합한 비판적 의혹으로부터 자유로울지라도, 그럼에도 불구하고 학문은 물론 절대적 인식으로서 절대적으로 주장되고는 있지만〔도저히〕피할 수 없는 의혹 속에 언제나 여전히 머물러 있다. 학문은 가장 단호하게 확실성의 요구를 묵살하고 있는데, 이러한 요구의 순수한 충만함을 학문이라고 사칭하고 있다. 그렇기 때문에 학문은 자신의 검사가 성립하고 있는 그곳을 오로지 결정할 수 있는 법정 앞으로 데려와야만 한다. 이러한 법정이야말로 오로지 절대자의 임재일 수 있다. 그러므로 새롭게 절대자의 절대성을 명료하게 하는 것이 중요하다.

넷째 문단은, 절대자의 임재에 편재하고 있는 의지, 즉 즉자대자적으로 우리 곁에 존재하는 의지가 인식하는 자로서의 우리에게 무엇을 요구하는지를 해석하고 있다. 철학적 인식에 대한 익숙한 비판은 이러한 것을 제대로 살펴보지도 않은 채 하나의 수단으로서 받아들인다.

이로써 그 비판은 절대적 인식을 알지 못하거나 또는 절대적 인식을 수행할 수 없다는 것을 증언하고 있다. 이러한 무능력은, 즉 무엇보다도 우선 절대자의 임재를 지각하여 받아들일 수 없다는 것은 학문에 대한 무능력이다. 숙고(의혹)와 검사를 위해 과도하게 열심히 노력하는 것은 그러한 받아들임에 관계하는 학문의 노고를 회피하는 것이다. 우리가 졸고 있을 경우에, 절대자는 절대자의 임재에 다가서는 걸음걸이를 우리에게 허용하지 않는다. 사람들이 생각하듯이, 우리가 외부의 어디로부터 비로소 임재에 도달해야만 하는 것이 아니라, 오히려 임재의 내부에서, 그리하여 임재로부터 임재에 대한 우리의 관계를 산출하여 이러한 관계를 임재 앞으로 데려오는 것이 중요하기 때문에, 그 걸음걸이는 결코 그렇게 아주 어려운 것만은 아니다. 따라서 학문의 노고는 인식하는 자가 고집스럽게도 그러한 걸음걸이를 끝까지 완수해낸다고 해서 다 고갈되는 것은 아니다. 학문의 노고는 오히려 임재에 대한 학문의 관계로부터 유래한다.

절대자의 절대성, 즉 떼어놓으면서 스스로를 완결하는 해방은, 무조건적 자기 확실성이 자기를 파악하는 작업이다. 이러한 작업은 찢어지는 고통을 견디어내는 고단한 노력인데, 그 안에서 절대자의 본질이 성취되는 무한한 관계는 이러한 찢어짐으로서 **존재한다**. 일찍이 언젠가 헤겔은 "꿰맨 양말이 구멍난 양말보다 더 낫다는 것[을 아는 것]은 자기의식이 아니다"라고 적어 놓았다. 헤겔이 개념의 작업에 관해 말할 때, 그는 학자들의 정신적 노고[학자들에게서 뇌의 긴장으로 말미암은 땀]를 생각하고 있는 것이 아니라, 오히려 무조건적 자기 확실성으로부터 자기 자신을 파악하는 절대성으로 나아가는 절대자 자체의 분투적 노고를 생각하고 있다. 그럼에도 불구하고 그런 양식으로 존재하는 절대자의 노고와 더불어, [절대자의] 임재가 우리 곁에 현존하는 관계인 한에서, 이러한 임재를 특징짓는 수고 없음(*das Mühelose*)이 하나가 된다. 절대자는 단순히 절대자로서 이러한 관계에 속해 있다. 절대자에게서 절대자의 현존성을 가져오고 이러한 현존성에서 스스로를 현상으로 데려오는 〔절대자의〕 노고에 학문의 노고는 상응한다. 전자의 고단한 노고로부터 후자의 노력이 규정된다. 이에 반해 비판적 검사의 격정적인 몰아댐은, 학문의 노고에 속하는 최고의 어려움에 마음을 쓰지 않는다. 즉, 〔여기서〕 숙고해야 할 사실은, 비판적으로 검사되어야만 하는 인식이 절대적 인식, 다시 말해 철학이라는 것이다. 철학적 인식에 대해 습관적으로 비판하는 통상적 행위는 떡갈나무를 표상하길 원하나, 그 떡갈나무가 하나의 나무라는 사실을 전혀 알아채지 못하는 그런 사람들의 취급방식과 동일한 것이다.

따라서 사람들은 전혀 검사할 의도가 없는 어떤 것을 검사하겠다고 사칭하는 비판적 거동을 하나의 속임수로 간주하고자 시도할 수도 있다. 비판적 거동은 본질적 개념들을 이미 가지고 있는 것처럼 보이지만, 〔실은〕 절대자, 인식, 참된 것, 객관적인 것과 주관석인 것의 개념들을 비로소 〔제대로〕 제공하는 것이 중요한 것이다. 비판적 염려는 도대체 자신이 지속적으로 말하고 있는 그러한 사태 가까이에 머물러 있지 않는다. 검사의 이러한 양식이 "앎의 공허한 현상"이다. 학문 자체가 자신의 본질을 유지하기 위해서는 온갖 노력을 필요로 하기 때문에, 만일 학문이 그러한 비판과 대결해나가는 노고를 줄인다면, 어떻게 되는가? 아무런 비판적 예비 토론도 없이 단순히 그 자체로 나타나는 것에 학문이 만족한다면, 어떻게 되는가? 하지만 여기서 헤겔은 이 문단의 중간에 "그러나"라는 결정적인 낱말을 적어 놓고 있다.

"그러나 학문은 학문이 나타난다는 바로 그 점에서 그 자체 하나의 현상이다." 학문은 다른 앎과 마찬가지로 갑자기 나타난다. 학문은 물론, 학문이 모든 다른 표상작용 앞에서 사라질지도 모르는 절대적 인식이라는 것을 확언할 수 있다. 그러나 학문이 그렇게 뽐내며 자만하기에, 학문은 결국 앎의 공허한 현상과 교제하게 된다. 앎의 공허한 현상이 거기에 있다는 사실만을 이러한 것도 또한 확언할 수 있다. 하나의 확언은 다른 확언처럼 그렇게 무미건조하다. 단순한 확언이 현실적인 앎의 살아있는 수분을 결코 강물처럼 흐르게 하지는 못한다. 그러나 학문은 앎의 공허한 현상과는 다른 방식으로 발생할 수 있다. 학문은, 참되지 않은 앎이 그것〔'그러한 앎', 즉 '참된 앎'〕을 알지 못한 채 자기 곁에서 추구하는 바로 그러한 앎이 그 자체로 존재한다는 것을 지시할 수 있다. 학문은 참되지 않은 것에서 예감되는 저 참된 것으로서 나타날 수도 있다. 하지만 이로 인해 학문은 다시금 새로이 단순한 확언에 빠질지도 모른다. 그 이외에도 학문은 절대적 인식으로서의 자신에게는 별로 잘 어울리지 않는 출현(*Vorkommen*)의 한 방식을 주장할 수도 있을 것이다. 순전히 예감된 참된 것이 〔그저〕 머무르고 있다는 것은, 참된 것이 즉자대자적으로 존재한다는 것과는 거리가 멀어도 아주 먼 것이다.

학문의 나타남이란 어떤 상태로 있는가? 학문이 나타난다면, 그것은 현상해야만 한다. 그러나 이 물음은, 거기에서 학문이 오로지 현상할 수 있는 그런 현상함이란 무엇인가 라는 물음이다. 현상한다는 것은 우선은 자기주장의 방식에서 〔…과〕 나란히 나타난다는 것을 뜻한다. 다음으로 현상한다는 것은 출현한다는 것을, 그리고 이러한 출현 속에서 동시에 아직은 출현하여 나타나지 않은 다른 것을 가리킨다는 것을 뜻한다. 현상한다는 것은 그 자체가 현상되지 않거나 결코 현상되지 않을 어떤 것이 출현함을 뜻한다. 현상함의 이러한 방식들은 학문의 나타남에는 적절하지 못하다. 왜냐하면 학문은 이러한 방식들 속에서는 결코 자기를 자기 자신으로 전개할 수 없고, 그래서 스스로를 완전하게 내세울 수 없기 때문이다. 다른 한편, 학문은 또한 단 한 번에 절대적 인식으로서 도래할 수 없다. 학문은 자기 자신을 자신의 진리 속으로, 그러나 또한 이러한 진리를 함께 산출해야만 한다. 학문이 출현하여 나타나는 모든 국면에서 **학문**은 절대적 학문으로서 나타난다. 그래서 학문은 절대적으로 출현하여 나타난다. 따라서 학문에게 적합한 현상함은, 학문이 자기 자신을 자신의 자기산출에서 서술하고, 그리하여 현상하는 앎으로서 내세운다는 점에서만 성립할 수 있다. 학문은 오직 자신이 현상하는 앎의 서술을 수행함으로써 나타날 수 있다. 이럴 때 오직 여기에서만, 그 안에서 학문이 학문 자신으로서 참답게 나타나는 그런 현상함이 무엇인지가 비로소 밝혀져야 하며, 또 밝혀질 수 있을 것이다.

학문이 현상할 때, 학문은 자신의 본질의 충만함에서 스스로를 표상한다. 앎의 공허한 현상은, 그 현상이 폐기되거나 혹은 단지 한 옆으로 치워짐으로써 사라지지 않는다. 단지 현상하기만 하는 앎은 도대체 사라지는 것이 아니라, 오히려 자신의 현상함 속으로 진입한다. 그때 그 앎은 절대적 앎의 진리 내부에서 참되지 않은, 다시 말해 아직은 참되지 않은 앎으로 현상한다. 현상하는 앎의 서술은 학문이 그러한 것으로시 스스로를 산출하는 그런 앎의 현상함 속으로, 그러나 단순한 가상 속에서 광선의 순수한 빛남이 빛을 발하는 화해하는 방식에서, 앎의 외관과는 반대로 스스로 방향을 바꾸어야만 한다. 그에 반해 단순한 가상이 거짓으로서 단지 거절된다면, 그 가상은 여전히 자신의 빛남 속에서는 인지되지 않을 것이다. 물론 스스로를 전개하는 학문의 나타남도 또한 결코 이러한 학문이 가상을 단지 극복한다는 점에 기인하는 것은 아니다. 그래서 참된 것은 참되지 않은 것에 예속되어 있다. 학문의 현상함은, 순전한 가상으로 존재하기 위해서는 심지어 외관조차도 필요로 하는 저 빛남 속에 자신의 필연성을 가지고 있다.

"그러나 학문은 자신이 나타난다는 바로 그 점에서 그 자체 현상이다"라는 헤겔의 명제는 이중적으로, 그것도 하나의 고견으로부터 말해지고 있다. 참되지 않은 앎의 공허한 현상이 전적으로 스스로를 내보여주는 한에서, 이러한 앎의 공허한 현상도 또한 하나의 현상이라고 여겨지듯이 이와 같은 의미에서 학문이 단지 하나의 현상에 불과한 것은 아니다. 오히려 학문은, 그것이 절대적 인식으로서 절대자가, 즉 진리 자체의 빛이 우리에게 비추는 광선이라는 유일한 의미에서, 그 자체 이미 현상이다. 광선의 이러한 비춤으로부터 현상한다는 것은 스스로를 제시하는 재현의 완전한 광채 속에 현존함을 의미한다. 현상함은 본래적인 현존함 자체, 즉 절대자의 임재이다. 절대자는 자신의 절대성에 따라 자발적으로 우리 곁에 있다. 절대자는 우리 곁에 있으려는 의지 속에 현-존하면서〈an-wesend〉〔'현-존하면서'〈an-wesend〉라는 낱말에서의 an-은, 다음 문장에서 말해지듯, 절대자가 자기 자신을 우리에게 가져오는〈an-bringend〉 행위와 관계가 있음. 그러므로 절대자가 우리 가까이에 현존한다는 것은 절대자가 그 스스로 자발적으로 우리에게 가까이 다가와 자신의 본질을 드러내는 현상으로서의 Parusie, 즉 절대자의 임재를 의미〕있다. 이와 같이 절대자는 즉자적으로 스스로를〔우리에게〕가져오면서〈an-bringend〉 대자적으로 있다. 단지 임재하려는 의지로 말미암아 현상하는 앎의 서술은 필연적이다. 현상하는 앎의 서술은 절대자의 의지를 향해 머물도록 강요된다. 서술은 그 자체가 하나의 의욕〈Wollen〉이다. 그것은 다시 말해, 어떤 소망이나 애씀이 아니라, 오히려 그것이 자신의 본질 속으로 합쳐지는 한에서 행위 자체이다. 우리가 이러한 필연성을 인식하는 그 즉시, 우리는 이러한 서술이 어떠한 방식으로 존재하는지를 알기 위하여 이 서술이 무엇인지를 성찰해 보아야만 한다. 이러한 것은 우리가 그러한 서술의 방식 속에 존재할 수 있고, 다시 말해 그러한 서술을 수행할 수 있기 위해서는 꼭 성찰해 보아야만 하는 사안이다.

다섯 번째 문단은 성찰을 안내하고 있다. 학문은 현상하는 앎을 서술하기에, 학문은 그 자체 이러한 서술과 서술의 진행을 통해 완전히 현상으로 나타나야만 한다. 그렇다고 학문이 떠들썩하게 어디에선가 나타나는 것은 아니다. 학문의 나타남은 학문이 점차적으로 자기 자신을 학문인 바로 그것으로서 증명하는 점에서 성립한다. 어떤 무대 위에서 이러한 증명이 생기는가? 〔그곳은〕 자연스러운 표상작용의 눈앞과는 다른 어떤 곳인가? 자연스러운 표상작용은 자신의 현상의 다양함을 통해 현상하는 앎을 점차적으로 뒤따르는데, 이때 단지 현상하기만 하는 앎이 이 정류장에서 저 정류장으로 〔나아가면서〕 어떻게 가상을 제거하는지, 그리하여 마침내 참된 앎으로서 스스로를 어떻게 제시하는지를 뒤쫓는다. 단지 현상하기만 하는 앎의 서술은 앎의 현관을 통해 절대적 앎에 이르는 문에 당도할 때까지 자연스러운 표상과 동행한다. 단지 현상하기만 하는 앎의 서술은 학문을 향한 자연스러운 의식의 길이다. 길을 가는 도중에 참되지 않은 것의 가상은 더욱더 감소하기 때문에, 그 길은 정신을 향한 영혼의 정화의 길이다. 단지 현상하기만 하는 앎의 서술은 신을 향한 정신의 여행(*ein itinerarium mentis in Deum*)이다.

자연스러운 의식에게 이러한 길의 여행묘사보다 더 환영받을 수 있는 것은 무엇이고, 철학에게 이러한 길의 여행묘사보다 더 유용할 수 있는 것은 무엇인가? 묘사되는 길이 현상들을 따라가기 때문에, 그 길은 하나의 경험의 길이다. 주어진 것을 뒤따르는 경험(*Empirie*)은 모든 것을 인식할 때 단순한 구성이나 연역보다 더 우선권을 얻는다. 현상하는 앎의 서술, 즉 현상학(*Phänomenologie*)은 현상들(*Phänomene*)에 의지하고 있다. 그 서술은 경험의 길을 간다. 그 서술은 자연스러운 표상작용을 철학이라는 학문의 영역 속으로 한 걸음씩 인도한다.

그래서 자연스러운 표상작용은, 만일 사람들이 현상하는 앎의 서술을 자연스러운 표상작용의 눈을 가지고 고찰한다면, 사실상 현상하는 앎의 서술과 함께 있다. 이것은 자연스러운 표상작용이 그때그때 자기 앞에 무엇을 가지고 있는지를 사념하는 것과 부단히 연관되어 있다. 그러나 그 상관적 사념이 일찍이 절대적 앎을 통찰할 수 있겠는가? 아니다. 비로소 참됨에로 이끌어야만 하는 단지 현상하기만 하는 앎의 명칭하에서 자연스러운 의식에게 표상되는 것은 하나의 순전한 가상이다. 그리하여 심지어 철학은 오늘에 이르기까지 정신의 현상학이 하나의 여행, 즉 일상적 의식을 철학의 학문적 인식으로 인도하는 하나의 여행묘사라고 여겨지고 있다. 하지만 정신의 현상학이 무엇으로 존재하는 것처럼 받아들여진다고 해서, 그것이 자신의 본질로 있는 것은 아니다. 그러나 이러한 가상은 뜻밖에 확실하다. 그 가상은 그것〔아직 자신의 절대적 본질에 도달하지 못한 정신의 현상학〕의 본질로 인해 결과적으로 나타나고, 이러한 본질 앞으로 몰려들어 그 본질을 은폐한다. 대자적으로 보면, 가상은 길을 잘못 인도한다. 여기에서 철학 속으로 몰래 숨어 들어간 자연스러운 표상작용은 현상하는 앎을, 자기 배후에 현상하지 않은 앎이 은닉된 채 간직되어 있는 그런 단지 현상하기만 하는 앎으로 여긴다. 그러나 서술은, 이러한 서술이 비로소 인도해 가야만 하는 그런 참된 앎과의 구별 속에 있는 단지 현상하기만 하는 앎의 서술이 결코 아니다. 그에 반해 서술은 오로지 자신의 현상함 속에서 현상하는 앎의 서술일 뿐이다. 여기서의 "오로지"라는 낱말은, 서술이 아직은 학문이 아니라는 것을 말하는 것이 아니라, 그것은 서술이 모든 관점에서 아직은 학문이 아니라는 것을 말한다. 현상하는 앎의 현상함은 앎의 진리이다. 자신의 현상함에서 현상하는 앎의 서술은 그 자체가 학문이다. 서술이 시작되는 그 순간에 서술은 이미 학문이다. 헤겔은 다음과 같이 말한다. "그런데 이 서술은 단지 현상하는 앎만을 대상으로 삼기 때문에, 이 서술 자체는〔…〕학문으로 존재하지 않는 것처럼 보이고, 오히려 이 서술은〔…〕간주될 수 있다….." 헤겔은 단지 현상하기만 하는 앎에 관해서 말하지도 않고, 또한 그는 서술이 비로소 학문으로 발전한다고 말하지도 않으며, 〔더욱이〕서술이 비록 그것의 본질에서 개념파악 된다고 하더라도, 서술이 하나의 여행 이외에는 달리 이해될 수 없다고 주장하지도 않는다.

그러나 서술은, 자연스러운 표상작용을 검열(Besichtigung)의 최후에 하나의 특수한 문을 통해 절대적 앎 속으로 해방하기 위하여, 이러한 표상작용을 의식의 제 형태들의 박물관에서 여기저기 데리고 다니지 않는다. 오히려 서술은, 만일 서술의 첫 번째 걸음걸이 앞에서 자연스러운 의식이 자신의 양식에 따라 도대체 서술을 뒤따라갈 아무런 능력도 없이 남아 있는 그러한 것으로서 전혀 존재하지 않는다면, 그것〔서술의 걸음걸이〕과 결별한다. 현상하는 앎의 서술은 자연스러운 의식이 걸어가는 그런 과정이 아니다. 그러나 또한 서술은 그것〔자연스런 의식〕의 진행과정에서 어디에선가 절대적 앎 속으로 흘러 들어가기 위해 점차적으로 자연스러운 의식으로부터 멀어져 가는 그런 길도 아니다. 그럼에도 불구하고 서술은 하나의 길이다. 그럼에도 불구하고 그 서술은 자연스러운 의식과 학문 사이에 편재하는 그 사이(Zwischen)에서 이리저리 쉴 새 없이 걸어 다닌다.

여섯 번째 문단은, 그것으로서 서술이 존재하는 바로 그 길(Weg)을 특징짓기 시작한다. 또한 그 문단은, 서술이 현상하는 앎으로서 그 현상하는 앎을 빛남으로 가져오는 한에서, 그 서술이 그 안에서 필연적으로 운동하는 그 '사이'를 해명하기 시작한다. 이에 따라 그 문단은 다양한 관점에서 문단에서 문단으로 넘어가는 하나의 구별과 더불어 시작되는데, 그때 그 관점들이 어느 정도로 함께 속하고 또 그 관점들의 통일의 근거를 무엇이 구성하고 있는지는 은폐된 채 남아 있다. 우선은 자연스러운 의식과 실재적인 앎 사이의 구별을 주시하는 것이 중요하다.

헤겔은 "의식"과 "앎"이라는 이름을 동일한 것으로 사용한다. 이 둘은 서로 교환 가능한 것으로 설명된다. 의-식〔Bewußt-sein, 알고-있음〕은 앎의 상태에 있다는 것을 말한다. 앎 자체는 조달하고, 제시하고, 그리하여 "-있음"의 방식을 알고-있음(Bewußt-sein)으로서 규정한다. 이러한 상태에는 동시에, 의식된 것, 다시 말해 아는 자가 직접 표상하는 바로 그것, 그리고 아는 자 자신, 즉 표상하는 자 자신과 그의 태도로서의 표상작용이 〔속해〕 있다. 그러나 앎은, '비디'〔vidi, 보다(videre)의 현재완료형〕, 즉 '나는 보았다', '나는 어떤 것에 대한 견해를 가지고 있다', '어떤 것 속에서 통찰을 획득했다'는 것을 의미한다. '보았음'이라는 (현재) 완료는 보인 것이 그러한 〔앎의〕 현재 속에 현재 있다는 앎의 현재(형)이다. 여기에서 본다는 것은 〔앞에 세우는〕 표-상작용 속에서 자기 앞에 가지고 있음으로서 사유된다. 이것은 현재 있는 것이 감각적으로 받아들여진 것이든, 아니면 비감각적으로 사유된 것이든, 또는 의욕된 것이든, 혹은 느껴진 것이든 간에 마찬가지로 제시한다. 표상 작용이 미리 보고 있는 것은, 보인 것을 통찰하는 것이고, 그러나 이것은 지각〔perceptio, 지각된 것으로서의 지각이 아니라, 지각하는 행위로서의 지각〕의 의미에서의 이데아이다. 지각은 그때마다 현재 있는 것을 현재 있는 것으로서 앞에 잡아놓고, 그것을 샅샅이 음미하고, 검사하며, 안 전하게 한다. 〔앞에 세우는〕 표-상작용은 의식의 모든 방식에 편재하고 있다. 그것은 단지 하나의 직관도 아니고, 판단하는 개념이라는 의미 에서의 하나의 사유도 이미 아니다. 표-상작용은 처음부터 〔어떤 것을〕 보았음 속으로 모아들인다(co-agitat). 모아들임(Versammlung)에서 보 았던 것이 현존한다. 의식(conscientia)은 재현된 것의 현재 있음이라는 양식을 지닌 현존함 속으로의 모아들임이다. 표-상작용은 보고 있었음 〔Gesichtethaben, 독일어 Sehen의 현재완료형〕의 방식으로서 보임새, 즉 상(Bild)을 현재 있음에로 가져온다. 표-상작용은 보고 있었음으로서의 앎 속에 편재하는 상의 가져옴(Einbringen), 즉 상상(Einbildung)〔상상 (Einbildung)이라는 낱말의 사태적 의미에 주목하면서, 이 낱말의 의미를 '상 의 가져옴'에서 취하고 있음〕이다. 의-식이란, 표상된 것을 가져오는 활 동 속에 현존한다는 것을 말한다. 이렇게 바로 표상된 것, 표상하는 자 그리고 그의 표상작용은, 그 자체 함께 속하는 것으로서 이러한 방식 속에 있다.

'의-식'(알고-있음)이라는 이름은 존재를 일컫는다. 그러나 이러한

"-있음(존재)"이 우리에게서 낱말의 공허한 울림으로 남아 있을 필요는 없다. 그것은 보인 것을 모아들이는 방식에서 현존함을 말한다. 그렇지만 〔의-식(알고-있음)이라는 낱말 속에서〕 사용되고 있는 "-있음(존재)"이라는 낱말은 예전부터 익숙해진 낱말의 사용에 따라 동시에 그러한 방식으로 존재하는 존재자 자신을 의미한다. 앎의 방식에서 존재하는 이러한 존재자를 지칭하기 위한 다른 이름은 "주체"라고 불린다. 〔주체란〕 도처에서 이미 앞에 놓여 있는 것, 현존하는 것, 따라서 모든 의식을 동반하는 것, 다시 말해 자신에게 표-상된 것을 자기에게로 넘겨주어 되세우는 자신의 표상작용 안에서 표-상하는 것 자체이다. 〔객체를 주체 앞에 세우는〕 표-상작용은 재현의 방식으로 제시한다. 표상되는 모든 것에 앞서 다가오는 것의 존재, 즉 그 자체로 반성적인 주객관계로서의 주체의 존재는 주체성이라고 불린다. 주체성은 재현의 방식에서의 현재〔Präsenz, 현재 있음으로서의 현재(現在)〕이다. 표상성〔Vorgestelltheit, 표상되어-있음〕의 상태에서 현존한다는 것은, '앎 속에서 스스로를 앎으로서 제시한다'는 것을, '비은폐성 속으로의 출현이라는 직접적 의미에서 현상한다'는 것을, 즉 현존(Anwesen)을, 〔다시 말해〕 현존재(Dasein)〔하이데거 자신에게 고유한 탈형이상학적 의미에서의 Dasein이 아니라, 전통적 형이상학에서 사용되던 existentia의 독일어 표현으로서의 Dasein이기에 여기서는 현존재 또는 현존이라고 번역〕를 의미한다. 의식은 그러한 것으로서 그 자체로 현상하는 것이다. 의식이나 앎의 직접적 현존은 현상함인데, 그것도 더욱이 이렇게 현상하는 장소는 현상함의 무대로서 현상함 **속에서** 그리고 현상함 자체를 통해서 형성된다. 이제 "현상하는 앎의 서술"이라는 명칭이 무엇을 의미하는지가 조금 더 분명해진 셈이다. 그 명칭은 오직 순전한 외관 속에서 비로소 갑자기 떠오르는 것의 서술을 의미하지 않는다. 그 명칭은 오로지, 직접적으로 현상하는 것으로 존재할 뿐인 그러한 앎을 그 자신의 현상함 속에서 표상한다는 것을 의미한다. 서술은 현상하는 앎과 더불어 존재하는 의식을 존재하는 앎으로서, 다시 말해 존재하는 의식을 현실적이고 실재적인 앎으로서 표상한다.

이러한 현실적인 것의 현실성, 즉 주체의 주체성이 현상함 자체이다. 이러한 존재자의 존재, 즉 현상함은, 그러나 모든 형이상학에서의 모든 존재자의 모든 존재처럼 존재자가 스스로를 존재자로서(온 헤 온, ὅv ᾖ ὅv) 나타내는 식으로만 표상 속으로 다가온다. 그러나 온(ὅv, 존재자)은 이제 지각된 존재자로서의 존재자(*das ens qua ens perceptum*)이다. 온(ὅv)은 의식(*conscientia*)으로서 존재하는 사유(*cogitationes*)를 통해서 제시되는 것 안에 현존한다. 서술해야 하는 것은 이제 주체로서의 주체, 즉 현상하는 것으로서의 현상하는 것이다. 현상하는 앎의 서술은 현실적인 것으로서의 현실적 의식의 존재론(현실적인 의식 그 자체의 존재론)이다.

서술은 하나의 길이지만, 그러나 철학 이전의 표상작용(자연적 표상작용)으로부터 철학에로 나아가는 어떠한 연장거리는 결코 아니다. 철학 자체는 서술하는 표상작용의 진행과정으로서의 길이다. 표상작용의 운동은, 서술이 뒤따르는 그것으로부터, 즉 현상하는 의식 그 자체로부터, 다시 말해 자연스러운 앎의 진리인 실재적인 앎으로부터 규정되어야만 할 것이다.

따라서 헤겔은 서술의 본질을 특징짓는 작업을, 그가 실재적인 앎 자체를 부각시키는 하나의 명제를 통해서만 시작할 수 있다. "자연스러운 의식은 단지 앎의 개념으로만 존재하거나 또는 실재적이지 않은 앎으로 존재한다는 것이 증명된다."

자연스러운 앎은 실재적인 앎과 뚜렷이 대조를 이루게 된다. 그러므로 자연스러운 것은 실재적인 것이 아니고, 실재적인 것은 자연스럽지 않다. 사람들은 그 둘이 동일한 것이라고 생각할지 모른다. 자연스러운 것은 본성으로부터 유래하고, 본성에 속하며, 본성에 상응하는 바로 그것이다. 본성은 힘들지 않는 존재자(아무런 노고나 수고도 없이 존재하는 것〕 자신이다. 그러나 이러한 존재자는 그럼에도 불구하고 사람들이 바로 존재자 자신 이외에 다른 것이 아닌 것, 즉 본성으로 존재하는 현실적인 것이라고 이해하고 있는 그런 실재적인 것으로 존재하지 않을까? 헤겔은 '자연스러운'〔이라는 낱말〕과 '실재적인'〔이라는 낱말〕의 구별을 그 자체로 현상하는 것인 의식 또는 앎과 관련하여 사용한다. 현상함의 방식에서 주체는 현존하며, 이러한 주체와 더불어 동시에, 더욱이 이러한 주체와의 관계 속에서 객체는 현존한다. 현상하는 주체는 현존하는 앎, 즉 자연스러운 의식이다. 그렇지만 헤겔의 명제에 따르면 현상하는 앎의 서술은 자연스러운 의식을 실재적인 앎이 아닌 것으로서 증명한다. 자연스러운 의식은, 심지어 "단지 앎의 개념으로만 존재한다"고 증명된다. 사람들은, 헤겔이 본성은 단순한 개념이고 그래서 결코 현실적인 것은 아니라고 생각한다고 어쩌면 생각할 수도 있을 것이나. 사람들은, 본성이 단순한 추상 속으로 사라지는 것에 직면하여 현실적인 것으로서의 본성이 정당하게 설정되는 것이 중요하다고 생각해 볼 수도 있을 것이다. 그러나 헤겔은 본성이 현실적인 어떤 것이라는 것을 부인하지 않는다. 그렇지만 그는 본성이 현실성, 즉 존재자의 존재가 아닐 수 있다는 것을 분명히 지적한다. 헤겔은 또한 본성이 단지 하나의 개념에 불과할 뿐이라고는 결코 말하지 않는다. 자연스러운 의식은 "단지 앎의 개념으로만 존재하거나, 또는 실재적이지 않은 앎으로 존재한다는 것이 증명된다"고 확실히 그는 말하고 있다. 여기에서 "단지 앎의 개념으로만"이라는 것이 무엇을 말하는 것인지는, 오로지 헤겔이 "실재적인 앎"이라는 표현을 가지고서 무엇을 사유하고 있는지를 통해서만 규정된다.

실재적인 것은 참된 존재자이다. 참된 것, 즉 참된 존재자(ens verum)는 데카르트 이래로 확실한 존재자(ens certum), 즉 확실성 속에서 자기 자신을 아는 것, 앎 속에 현존하는 것이다. 그러나 확실한 존재자는, 그것이 존재자로서(qua ens) 의식될 때에만, 오로지 참되게 의식된다. 이러한 것은, 존재자의 존재(*das esse des ens*)가 특별하게 표상되고, 존재자가 자신의 존재에서 의식되며, 실재적인 것이 자신의 실재성에서 의식될 때, 일어난다. 실재적인 앎은 그때그때 그리고 도처에서 존재자가 자신의 존재자성(실재성)에서, 즉 현상하는 것이 자신의 현상함에서 표상하는 앎이다. 따라서 실재적인 것의 실재성에 대한 앎이 실재적 앎이다. 만일 자연스러운 앎이 실재적이지 않은 앎으로 증명된다면, 그것은 다음을 의미한다. 즉, 자연스러운 앎은 도처에서 존재자를 존재자로서 표상하는 것이 아니라, 오히려 그것을 표상할 경우에 존재자에만 매달려 있는 바로 그러한 앎으로서 스스로를 명백히 드러낸다는 것을 의미한다. 자연스러운 앎이 존재자를 존재자의 진리에서 찾는다면, 자연스러운 앎은 언제나 존재자를 존재자로부터 설명하고자 추구하게 된다. 의식이 존재자에 몰두하면 몰두할수록, 그만큼 더 그 존재자는 오직 의식에게 명료히 떠오르고 그래서 자연스러운 것으로서 여겨지게 되는 그러한 것이다. 그러한 표상작용 자체가 자기에게 명료히 떠오르는 존재자에 몰두하고 그래서 존재자에게 둘러싸인 채 머물러 있기 때문에, 이러한 앎은 자연스러운 앎이다. 하지만 이러한 앎마저도, 비록 이 앎이 존재자에 대한 앎 없이도 존재자의 존재자성을 이미 일반적으로 표상에서 갖는다면, 존재자 자체에 오로지 몰두할 수 있고 도처에서 모든 것을 존재자로 받아들일 수 있다. 존재자에 대한 자연스러운 표상작용은 그 자체가 이미 그리고 필연적으로 존재자의 존재자성에 대한 일반적인 표상작용인데, 그렇다고 표상작용이 존재자의 존재자성을, 즉 실재적인 것의 실재성을 제대로 아는 것은 아니다. 자연스러운 의식은 존재자를 표상할 경우에 존재에는 주의하지 않는데, 그럼에도 불구하고 주의해야만 한다. 자연스러운 표상작용은 존재자의 존재를 일반적으로 함께 표상하지 않을 수 없는데, 왜냐하면 자연스러운 의식은 존재의 빛이 없다면 결코 존재자에게서 스스로를 상실할 수도 없기 때문이다. 이러한 관점에 따르면 자연스러운 의식은 일반적으로 그리고 무규정적으로 단지 존재자성을 표상하는 것에 불과할 따름이다. 즉, 자연스러운 의식은 "단지 앎의 개념으로만" 존재할 따름이지, 실재적인 것의 실재성을 확신하는 앎이 아니다.

헤겔은 이 자리에서 "개념"이라는 낱말을, 자연스러운 사유를 자신의 형식과 규칙에서 규정하는 논리학의 학설에 따라 전승된 의미에서 사용하고 있다. 개념은 일반적으로 어떤 것에 대한 표상이다. "단지 개념으로만"이라는 것은 이러한 표상작용이 자신에게 표상된 것을 결코 제대로 파악하지 못하고 있다는 것을 말한다. 그렇지만 자연스러운 의식의 성격에는, 부단히 표상된 존재자에 몰두할 뿐만 아니라, 동시에 이러한 존재자를 단지 참된 것으로 간주하고 그리하여 참된 것에 대한 앎을 실재적 앎으로 간주하는 것이 속한다. 그래서 헤겔은 텍스트에서 계속하여, "그러나 그것(자연스러운 의식)이 직접적으로는 오히려 *스스로*를 실재적 앎으로 여기기 때문에, 이 길(말하자면 현상하는 앎을 그것의 현상함에서 서술하는 길)은 자연스러운 의식에게는 부정적 의미를 지니며 …"라고 말한다. 실재적 앎이 존재자의 존재를 언제나 빛 가운데로 내세우는 그곳으로 자연스러운 앎은 전향하지 않는다. 왜냐하면 그로 인해 자연스러운 앎에게는 자신에게 고유한 참된 것이 반박되기 때문이다. 자연스러운 앎은 자기 것(*das Seine*, 자연스러운 앎에게 고유한 존재자의 진리)을 고수하고 있다. 자연스러운 앎에게 나타나는 모든 것은 진술된다. 즉, 그것은 사념이자 사념으로 남아 있고, 그것은 이렇게 사념된 것으로서 존재자이다. 만일 헤겔이 표상작용을 사념함(*Meinen*)으로서 이해한다면, 그는 이 낱말에서 통일적으로 다음과 같은 다양한 의미들을 끄집어내어 듣고 있는 것이다. 즉, '… 에 직접적으로 스스로 향함으로서의 사념함', '주어진 것을 친밀하게 받아들임으로서의 사념함(*minne*)', 그리고 '어떤 것을 자기 것으로서 자기 곁에 간수하고 주장한다는 의미에서의 사념함' 등등의 의미들을 듣고 있는 것이다. 이러한 사념함은 그 안에서 자연스러운 의식이 운동하고 있는 모든 표상작용의 근본 구성틀이다. 그렇기 때문에 헤겔은 이 문단에서, 자연스러운 의식은 "사념의 체계에 사로잡힌다"라고 말할 수 있다.

헤겔이 자연스러운 의식이라고 부르는 것은 결코 감각적 의식과 같은 것이 아니다. 자연스러운 의식은 정신의 모든 형태들 속에 살아 있고, 그러한 형태들을 지닌 제각각의 것이 자신의 방식 속에 살아 있으며, 그리고 또한 절대적 형이상학으로서 생기하는 이 절대적 앎의 형태들은 매우 드문 소수의 사유가들에게서 때때로 볼 수 있다. 이러한 형이상학은 19세기와 20세기의 실증주의 앞에서 붕괴되기는커녕, 오히려 자신의 무조건적 요구 속에 존립하는 근대의 기술적 세계는 자신의 사념의 방식에 따라 자기 자신을 안전하게 도모하는 모든 존재자의 무조건적 제작가능성을 도저히 제어할 수 없을 정도로 모든 것과 각각의 개별적인 것을 대상화하는 작업 속에서 수행해나가는 저 자연스러운 의식 이외에 다른 어떤 것이 아니다. 그럼에도 불구하고 절대적 형이상학은, 기술의 본질에서 스스로 생기하는(ereignen) 그것〔《기술》 강연에서 말해지고 있는 '존재의 몰아세움'(Ge-stell)〕의 확증으로서 자신의 방식으로 스스로 설립하고 있는 바로 그것의 원인은 아니다. 의식의 자연스러움은 감성적인 것 그리고 감성적으로 지각될 수 있는 것에 기인하는 것이 아니라, 오히려 의식에게 직접적으로 떠오르고 또 그렇게 떠오르는 것으로서 의식에게 직접적으로 관여하는 것에서 기인한다. 이러한 방식에서 자연스러운 의식은 또한, 그것이 이성적이고 논리적인 것의 비감성적인 것이든지, 혹은 그것이 정신적인 것의 초감성적인 것이든지 간에, 감성적이지 않은 모든 것을 받아들인다.

그에 반해 현상하는 앎의 현상함이 출현하자마자, 이러한 빛남이 앎에서는 중요해진다. 자연스러운 의식은 자기가 다른 빛 속에 세워져 있다는 것을 보는데, 이러한 것은 비록 일찍이 이러한 빛 자체를 일별할 수 없었을지라도 그런 것이다. 이러한 빛 속에서 자연스러운 앎은 자신의 참된 것을 상실하는데, 그것은 이제 이러한 참된 것이 '아직은 참된 것이 아닌 것'으로 나타나는 한에서 그렇다. 왜냐하면 그것〔현상하는 것〕 자체로 존재하는 현상하는 것의 현상함은 자신의 고유한 진리와 실재성이기 때문이다. 현상함의 서술은 "단지 앎의 개념"에 불과하였던 것을 실현한다. 그 서술은 실재적인 것을 자신의 실재성 속으로 산출하고 이러한 실재성을 실재적인 것에서 지배한다. 현상하는 것은 그것을 통해 제거되지도 않고 실재적인 앎과 분리되지도 않는다. 현상하는 것은 참으로 자기 것, 즉 자신의 실재성과 진리로 존재하는 이러한 것〔실재적 앎〕 속에서 보호받는다. 자연스러운 의식과 실재적인 앎은 사실상, '아직은 참된 것이 아님'으로서의 자연스러운 의식이 자신의 진리로서의 실재적인 앎과 필연적으로 함께 속해 있는 한, 동일한 것(das Selbe)이다. 그러나 그 둘은 바로 그렇기 때문에 똑같은 것(dus Gleiche)은 아니다.

현상하는 앎을 현상하는 앎의 현상함에서 서술하는 것은, 자연스러운 의식에서 볼 때, 이러한 것〔자연스러운 의식〕에게 참된 것으로 여겨지는 것을 끊임없이 뒤흔들고 있다. 진리를 그렇게 뒤흔듦을 사람들은 의심으로 파악할 수 있다〔진리를 뒤흔드는 것이 곧 의심하는 행위로 비추어 보이는 것임〕. 그러나 순전한 의심의 길은 데카르트의 성찰의 과정이 나타내 보여주는 것과는 다른 종류이다. 그는 물론 표상작용의 다양한 방식들을 묻고 있지만, 그러나 그것은 단지 고찰을 이끄는 출발지점에 머무르기 위하여 묻는 것이며, 그 자체로 결코 의심되지 않은 의심을 배우기 위하여 묻는 것이다. 의심의 길은 오로지, 의심이 절대적 기초로서 여겨지는 모종의 안전성 속으로 이미 이끌려 왔다는 것을 명확하게 보여준다. 그러나 이러한 절대자의 절대성은 결코 의심되지도 않고, 물어지지도 않으며, 또한 단지 자신의 본질에서 명명되지도 않는다. 헤겔의 길은 그 점에 있어서는 그가 알고 있는 것 ─ 즉 하나의 절대적 앎이 언제나 그렇듯이 절대성과 더불어 시작하는 한에서만,

하나의 절대적 앎은 존재할 수 있다는 사실 — 과는 다른 길이다. 그렇기 때문에 데카르트는 물론 근대철학의 땅에, 즉 사유하는 자아로서의 주체에 발을 들여놓았으나 그 풍토를 근본적으로 도무지 보지 못한데 반해서, 헤겔의 사유에서는 자연스러운 의식이 그에게 고유한 풍토에서 비로소 현상한다.

현상하는 앎의 절대적 서술에서는 자연스러운 의식의 경우에 〔이러한 의식이〕 자신의 진리 속으로 되돌아간다는 것은 결코 존재하지 않는다. 현상하는 것을 그것의 현상함에서 서술하는 길은 "현상하는 앎의 비진리에 이르는 의식적 통찰인데, 이 앎에서는 실제로는 오히려 단지 실현되지 않은 개념일 뿐인 바로 그것이 가장 실재적인 것이다". 자연스러운 의식은 이 길 위에서 자신의 종래의 진리를 궁극적으로는 상실하나, 그때 자연스러운 의식이 결코 그 자신을 상실하는 것은 아니다. 오히려 자연스러운 의식은 새로운 진리에서 자신의 오래된 방식에 순응한다. 현상하는 앎이라는 학문의 시점(視點)으로부터 〔보면〕 서술의 길은 자신의 앎을 결여한 자연스러운 의식에게는 절망의 길이다. 그러나 자연스러운 의식 자신은 결코 절망하지 않는다. 절망이라는 의미에서의 의심은 서술의 사태, 다시 말해 절대적 인식의 사태이다. 그러나 이러한 사태도 또한 이러한 길 위에서 자신에게 절망하는 것이 아니라, 오히려 자연스러운 의식에게 절망하는 것이다. 즉, 〔그것은〕 자연스러운 의식이 그러한 것〔앎의 단순한 개념〕으로서 자신이 지속적으로 **존재하는** 그런 앎의 단순한 개념을 결코 실현하지는 못하지만, 그럼에도 불구하고 스스로 앎의 진리를 측정하면서 앎의 유일무이한 척도로서 스스로를 건네주는 일을 결코 포기하지 않는 한에서 〔그렇다〕. 서술이 절망의 길을 더욱더 완전하게 관통해 나가면 나갈수록, 학문은 그 자신에게 고유한 현상함을 더욱더 일찍이 완성한다.

현상하는 앎의 서술은 자기 자신을 완전히 끊임없는 절망에로 이끈다. 서술은 절망의 완전한 수행〔*Vollbringen*, 완수함〕이다. 헤겔은 서술이 "스스로를 완수해나가는 회의주의"일 것이라고 말하고 있다. 따라서 우리는 회의(Skepsis)라는 낱말에서 그 낱말의 근원적 의미를 돌이켜 획득한다. 즉, 스켑시스(σχέψις)는 '봄', '바라봄', '주시함', '존재자가 존재자로서 존재하는 그 본질과 존재방식을 검사하는 것'을 의미한다. 이렇게 이해된 회의는 존재자의 존재를 보면서 따라간다. 회의의 바라봄은 이미 처음부터 존재자의 존재를 보고 있었다. 이러한 시야로부터 회의는 사태 자체를 주시한다. 사유가들은 원래 존재에의 회의로부터 존재자에 대해 회의하는 자들이다.

회의는, 즉자대자적으로 우리 곁에 있는 절대자의 절대성이 그러한 것[광선의 빛]으로서 이미 우리와 접촉하고 있는 광선의 빛 속으로 나아가 그 빛 속에 서 있다. 회의에서의 '보았음'이란 실재적인 것의 실재성을 일별하는 그런 보았음[vidi, 보다(video, videre)의 과거형. 즉, '나는 보았고, 지금도 보고 있다']이다. 그러나 만일 실재성이 현상하는 앎의 현상함이라면, 그때 현상함은 서술이 현상함을 뒤따르고 이러한 뒤따름으로서 운동하는 방식에서만 서술에 도달한다. 이러한 운동에서 현상하는 것의 현상함은 서술에게 다가온다. 현상하는 것이 실재적인 것으로 간주되는 한, 현상하는 것 자체는 이러한 '[다가]옴'에서 떠나간다. 이렇게 자기 안에서 유일하게 오고 가는 것이, 그러한 것[운동]으로서 의식 자체가 **존재하는** 그런 운동이다. 의식은 자연스러운 앎과 실재적 앎의 통일성 속에 존재하는데, 이러한 통일성으로서 의식은 그때그때의 앎에 따라 자기 자신으로부터 자기 자신에게로 세워지고 이러한 세워짐 속에서 현상한다. 그래서 의식은 그때마다 하나의 형태이다. 회의는 스스로를 회의주의로 전개하는 의식 자체에 빠지는데, 그 회의주의는 현상하는 것의 현상함에서 의식의 어떤 형태를 다른 형태로 산출한다. 의식은 스스로를 완수해나가는 회의주의의 방식 속에 있는 의식이다. 이러한 회의주의는 단지 즉자적인 자연스러운 의식도 아니고 대자적인 실재적 앎도 아니며, 무엇보다도 그 둘의 근원적 통일성이 즉자대자적으로 존재하는 의식 자체의 역사이다. 현상함의 옴과 현상하는 것의 감이라는 저 운동은, 의식의 제 형태를 산출하는 가운데〔'형태로부터 형태에로'(*von Gestalt zu Gestalt*)〕의식을 보임새에로, 다시 말해 자신의 본질의 상에로 이끄는 사건이다. 의식의 역사는 상과 더불어 의식 자체를 의식의 현상함에서 산출한다. 이러한 역사는 "학문을 향해 가는 의식 자신의 **도야**의 역사"이다. 헤겔은 '철학적 의식을 향해 가는 자연스러운 의식의 도야'라고 말하지 않는다. 왜냐하면 그는 의식이 완전히 산출한 — 이러한 완전한 산출행위로서 의식은 이미 학문 자체이다 — 보임새에서 현상하는 의식의 현상함만을 사유하기 때문이다.

스스로를 완수해나가는 회의주의는, 이러한 것으로서 의식이 스스로를 절대적 앎의 현상함 속으로 형성해나가는 그런 역사의 역사성이다. 여기에서 회의주의는 개별적 인간 주체의 태도로서 간주되지 않는다. 그래서 회의주의는 어디에서나 낯선 권위 위에 〔집을〕지으려는 주관적 의도가 아니라, 오히려 모든 것을 그 자체로, 다시 말해 이러한 주체의 의미에서 검사하려는 주관적 의도일 뿐이다. 이러한 회의주의는 물론 스스로를 표상하는 자아(*Ich*)의 고유한 통찰을 증거로 삼고 있으나, 그 자아는 존재자의 존재에 이르는 어떠한 회의도 아니다. 회의는 한정된 명증성의 좁은 시야 속으로 굽어들지 않는다. 회의가 현상하는 앎의 현상함을 넘어서 바라보고 있는 한, 이 회의는 현상하는 앎의 전체 범위에로 시선을 던진다. 개별적으로 스스로를 표상하는 생각하는 자아는 이 범위의 내부에 사로잡혀 있다. 그러나 아마도 이러한 범위도 또한, 헤겔이 그 범위를 생각한 것보다도 더 본질적으로 생각해보면, 생각하는 자아의 확실한 존재자의 존재(*esse*)에 대한 상기, 그것도 절대적 앎의 실재성에로 확대된 형태에서의 상기에 불과할 뿐이다. 이러한 확대는 물론 무조건적 주체성이 스스로 현상하는 그런 범위로까지 뻗어나가는 선행적인 회의를 필요로 한다. 그러나 이러한

'앞서 감'(*Vor-gehen*)은 동시에 스스로를 존재 자체에 대한 절대적 확실성으로서 받아들이는 존재자〔생각하는 자아〕의 이러한 진리 속으로의 단호하고도 완전한 되돌아감이다.

그러는 사이에 언어사용에 대하여 해명할 필요가 생겼으므로, 이 자리에서는 더 이상 그러한 해명을 뜸들이며 주저할 필요가 없다. 헤겔은 그의 결정적 용어의 시기 이래로 '직접적 표상작용에서 의식에게 대상적으로 되는 것'을 "존재자"라는 이름으로 명명한다. 이러한 대상적인 것은 표상작용과 표상하는 것을 고려하지 않고 오로지 '마주해 있음'의 측면에 따라 일면적으로 표상된 것이다. 그렇게 명명된 존재자를 지칭하기 위한 이름으로서의 존재는 사실상 본래적으로 아직은 참된 것과 실재적인 것으로 존재하지 않는 그것을 지칭하기 위한 이름이다. 헤겔은 "존재"를 자신의 의미에서 아직은 참되지 않은 실재성을 일컫기 위해 사용한다. 이에 따라 그도 또한 고대철학을 해석한다. 고대철학은 그 안에서 대상적으로 표상된 것이 비로소 대상적인 것으로서 존재하는 그런 자기의식〔의 영역〕에, 즉 철학의 땅에 아직은 발을 들여놓지 않았기 때문에, 그것〔고대철학〕은 실재적인 것을 단지 존재자로서 사유한다. 헤겔은 "존재"를 언제나 "한낱 존재에 불과할 뿐"이라는 한정적 표현에 적용한다. 왜냐하면 참된 존재자는 현실적 존재자 (*das ens actu*), 즉 그것의 현실성(*actualitas*, *Wirklichkeit*)이 자기 자신을 아는 확실성의 앎에서 성립하는 그런 현실적인 것이기 때문이다. 오직 이러한 것〔자기 자신을 아는 확실성〕만이 참으로 — 다시 말해 이제는 언제나 절대적 앎의 확실성으로부터 — 모든 실재성이, 즉 그 실재성〔아직은 참되지 못한 실재성〕이 "존재할" 것을 요구할 수 있다. 그래서 말할 나위도 없이 절대적 앎이 소멸될지도 모르는 바로 여기에서 존재는 귀환한다. 그러나 학문의 절대적 앎은 이에 대해서는〔즉, 존재가 귀환한다는 사실에 대해서는〕 전혀 알지 못한다.

헤겔의 언어사용과는 달리, 우리는 "존재"라는 이름을, 헤겔이 칸트와 더불어 대상성과 객관성이라고 부르는 그것을 지칭하기 위해 사용할 뿐만 아니라, 또한 그가 참된 현실적인 것으로서 표상하면서 정신의 현실성이라고 부르는 그것을 지칭하기 위해서도 사용한다. 에이나이(εἶναι), 즉 그리스인들의 존재를 우리는 헤겔처럼 아직은 자신에게 다가오지 않은 주관성의 직접적 표상작용의 대상성으로서 그의 시야로부터, 다시 말해 이러한 주관성으로부터 해석하는 것이 아니라, 오히려 비은폐성으로부터 현존하고 이러한 비은폐성 안으로 진입해 들어가 현존하는 그러한 현존으로서 그리스적 알레테이아(Ἀλήθεια)로부터 해석한다〔존재를 헤겔의 주체성에 입각하여 해석하는 것이 아니라, 그리스적인 알레테이아에 입각하여 비은폐성 안에서의 현존으로서 해석한다는 것〕. 그러나 의식의 회의의 재현에서 스스로 생기하는 현재(Präsenz)는 그리스인들의 우시아와 마찬가지로 아직은 사유되지 않은 은닉된 시간의 본질로부터 현성하는 현존성의 한 방식이다〔이러한 현존성의 한 방식으로서의 현재란, 존재가 자기 자신에게 고유한 진리의 본령 속에 스스로를 숨기고 있기에 아직은 현존하지 않은 현존성의 부재로부터 비은폐성의 열린 장 속으로 존재 자신이 스스로를 보내줌으로써 생기하는 그런 현재를 가리킴. 이에 대한 상세한 논의는 하이데거의 말년의 글 《시간과 존재》를 참조할 것 (신상희, 《시간과 존재의 빛》, 한길사, 2000, 147~304쪽 해설 참조)〕. 그리스적 사유가 시작한 이래로 동일한 것의 영원한 회귀에 대한 니체의 강론에 이르기까지 스스로 존재자의 진리로서 생기하는 존재자의 존재자성은 우리에게는 결코 필연적으로 단지 현존하는 것의 현존성으로서만 현상하지 않는 존재의 하나의 방식 — 비록 그것이 결정적인 방식은 아니라고 하더라도 — 에 불과할 뿐이다. [2] 헤겔이 존재라는 낱말을 사

---

2) 1950년 제1판: 존재는 존재자의 존재(원문 364쪽 참조)이기 때문에, 존재는 존재론적 차이에 속하고, 따라서 자신을 근원적 본질 속으로 지시한다. 거기로부터 분명해지는 것은, 형이상학이 알고 있는 것과 같은 그 존재(존재자성)는 단지 존재(Seyn)의 하나의 방식에 불과하다는 것이다. 존재라는 낱

용한 양식에 따르면, 엄밀히 말해서, 그에게 현실적인 것의 참된 현실성, 즉 정신으로 존재하는 바로 그것을 그는 여전히 "존재"(sein, 있음)라는 낱말을 포함하는 이름으로는 더 이상 부를 필요조차 없었다. 그렇지만 정신의 본질이 자기의식(Selbstbewußt-sein, 자기를 알고-있음)으로 남아 있는 한에서, 이러한 것은 도처에서 일어난다〔정신의 본질이 자기가 자기 자신을 참답게 알고 있는 그런 존재로서의 자기의식으로 남아 있는 한, 존재(있음)라는 낱말이 포함되어 있는 자기의식(Selbstbewußt-sein)이라는 용어로는 더 이상 정신의 본질을 올바로 지칭할 수 없음에도 불구하고 이러한 용어는 불가피하게 도처에서 쓰이고 있다는 점을 하이데거는 여기서 지적하고 있음〕. 물론 이러한 언어사용은 정확하지 않고 앞뒤가 맞지 않는 용어의 결과가 아니라, 오히려 그 언어사용은 그 안에서 존재 자체가 스스로를 드러내기도 하고 숨기기도 하는 은닉된 방식에 근거하고 있다〔정신의 본질이 사기의식이라는 낱말 속에서 언급될 때, 이러한 언어사용 속에서는 존재 자체가 스스로를 드러내면서도 숨기는 역사적 사건이 일어나고 있다고 하이데거는 보고 있음〕.

그에 반해 만일 우리의 통찰이 헤겔의 텍스트를 통해 현상하는 앎의 현상함을 절대자의 절대성과 마찬가지로 "존재"라는 낱말로 사용한다면, 이것은 우선 하나의 자의처럼 보일 것이다. 그러나 도대체 사유의 언어가 자신의 본질에 따라 학문의 도구로 존재하는 하나의 용어로 모아질 필요가 있다면, 이러한 언어사용은 자의적인 것도 아니고 순전히 용어의 변경도 아니다. 하지만 자신의 역사적 운명으로부터 자라난 사유의 언어는 다른 사유를 자신의 고유한 본질 속으로 자유롭게 내주기 위하여 모종의 다른 사유에 의해 사유된 것을 자신의 사유의 밝음 속으로 부른다.

만일 의식의 회의가 현상하는 앎의 현상함에 주의하면서〔vor-sieht,

말은 형이상학으로부터 넘겨받은 이름이지만, 이러한 존재는 여기에서는 차이(Unterschied)를 〔가리키기〕 위한 존재(Seyn)이다.

앞서-보면서〕 그 현상함을 서술한다면, 무슨 일이 일어나는가? 이로써 과연 어느 정도로 서술 자체는 현상함에 도달하게 되는 것이며, 그리하여 결국 그 서술은 단순한 나타남으로 존재하기를 그만두게 되는가? 의식의 형성 속에서 자연스러운 의식이 자신의 모든 형태들의 진리를 발견할 수 있게 되는 그런 의식의 도야의 전체 역사가 자기 안에〔서술 안에〕 나타난다는 것을 서술이 확신하게 될 때에만, 서술은 그런 것〔단순한 나타남으로 존재하는 것〕을 면하게 된다.

　　일곱 번째 문단은 "실재적이지 않은 의식의 형식의 완전성"에 대한 물음을 전개하고 있다. 의식이 아직도 자신의 현상함에서 스스로 현상하지 못하고 그리하여 자신의 실재성에 서 있지 못하는 한, 그것은 현상하는 앎의 형태들이다. 형태들이 출현하는 완전성은 단지 이렇게 다가오는 과정〔형태들이 출현하면서 다가오는 과정〕으로부터만 밝혀질 수 있다. 이러한 과정이 현상함의 진행과정이다. 이러한 진행과정은 보다 더 필연적인 모종의 진행과정임에 틀림없다. 왜냐하면 그래야만 이러한 진행과정에게는 우연의 어떠한 틈도 허용하지 않는 완결성이 보증되기 때문이다. 서술해나가는 과정에서 이러한 진행과정의 필연성은 어디에 기인하고 있는가? 진행과정의 본질은 어디에서 성립하는가?
　　여기에서 올바른 방식으로 대답하기 위해, 우리는 자연스러운 의식이 대체로 현상하는 앎의 서술에 대하여 가지고 있는 견해를 따를 필요가 없다. 이 견해는 원칙상 일면적이다. 왜냐하면 자연스러운 표상작용은 언제나 그 표상작용에게는 하나의 측면이 아니라, 오히려 전체로 존재하는 하나의 측면에 따라서만, 즉 곧바로 만나는 것의 측면에 따라서만 보기 때문이다. 자연스러운 의식은 다른 측면에 대해서는, 즉 존재자의 존재에 대해서는 전혀 보지 않는다. 자연스러운 의식의 이러한 본질적 일면성은 심지어 의식의 고유한 형태로 나타날 수 있다. 그 일면성은 의식의 도야의 역사 내부에서 스스로를 제공해야만 한다. 이러한 일면성은 추정적으로 도달되었다고 여겨진 인식이 〔실은〕 어디에서나 아무런 소용도 없다는 것을 철저히 인식하여 〔올바른〕 태도를 취함으로써 〔결국에는〕 종식되고 마는 그런 회의주의로서 스스로를 나타내 보인다. 이러한 회의주의는 순전히 무조건적 궤변을 일삼는 광적인 회의로서 언제나 공허한 무로 끝나게 된다.

자연스러운 앎의 일면성은 의식의 이러한 형태에서 어느 정도로 의식된 원리로 고양되는가? 〔그것은〕 자연스러운 의식이 도처에서 그리고 언제나 존재자, 즉 현상하는 것만을 발견하고 이러한 상태에 따라 만나는 모든 것을 판단하는 정도에 이르기까지 고양된다. 이러한 상태의 양식으로 존재하지 않는 것은 그런 식으로는 존재하지 않는 것〔자신의 고유한 진리 속에서 현성하는 존재 자체〕의 절대명령에 귀속된다. 단지 존재자만을 발견하는 자연스러운 의식의 발견물〔자연스러운 의식에 의해 발견된 존재자〕이라는 양식으로는 존재는 존재하지 않는다. 따라서 현상하는 것의 현상함, 즉 실재적인 것의 실재성은 자연스러운 의식의 시야영역에서는 하찮은 어떤 것으로 여겨진다. 자연스러운 의식의 판단에 따르면 현상하는 앎의 서술이 내딛는 모든 걸음걸이는 아무런 소용도 없게 된다. 서술은 심지어 자신이 내딛은 최초의 발걸음을 결코 넘어서지 못한다. 그래서 이미 이러한 발걸음은 서술을 무용한 것으로 만들고 있다. 이러한 상태에서 서술은 어떻게 더 나아갈 수 있으며, 또 어디로 나아갈 수 있는가? 서술이 진행되어 현상하는 앎의 다른 형태가 특정한 곳에 주어질 수는 있다고 하더라도 — 이러한 형태에서는 잘못된 현상함을 발견하게 되고 이 현상함과 더불어 다시 새롭게 무의 나락 속으로 떨어지게 되기 때문에 — 모종의 진행과정이 서술에게는 거부된다.

자연스러운 의식이 현상하는 앎의 서술에 대해서 판단하고 있는 곳에서는 어디에서나 늘 신봉해야만 하는 견해는, 그러나 또한 이른바 철학적인 것으로서 헤겔의 철학에 반대하여 제출되는 여러 가지 반론들로부터 자주 충분히 말해지고 있다. 〔이러한 반론들에〕 방어하기 위하여 헤겔 자신은 이 문단에서 말하길, 현상하는 앎을 그것의 현상함에서 서술하는 그런 서술이 〔아마도〕 추정적으로 이르게 되는 그 무는 결코 공허한 것이 아니라, 오히려 "거기로부터 자신이 유래하는 바로 그것의 무"라는 것이다. 그러나 이제 현상함은 현상하는 것 자체로부터 유래한다. 그러므로 만일 서술의 진행과정에서 서술에게 밝혀지는 그러한 것이, 과정이 유래하는 바로 거기로부터 밝혀지는 것이지, 결코 자신의 가장 가까운 발걸음이 이제 비로소 내딛어 나가기 시작하는 거기로부터 밝혀지는 것이 아니라고 한다면, 그때 그것은, 비록 서술의 과정이 자연스러운 의식에게는 기이하게 남아 있을지라도, 결코 놀라운 것이 아니다. 자연스러운 의식이 서술의 진행과정에 대하여 가지고 있는 일면적인 견해는 모든 것을 뒤섞어버리기에, 무엇보다 먼저 이러한 것을 예방하는 것이 더욱더 필요하다.

 여덟 번째 문단은 의식의 도야의 역사가 진행되는 그런 역사 진행의 운동 성격을 특징짓고 있다. 앎의 형태들의 완전한 계열을 통한 진행과정은 자기로부터 밝혀져야만 한다. 여기에서 "자기로부터"라는 표현은, 의식이 그 자체로 하나의 과정으로 존재하는 그런 '양식으로부터'를 의미할 수 있다. 따라서 이제 의식이 일별되어야만 한다. 그래서 이 문단은 우선 헤겔이 앞에 놓인 토막글에서 발언하고 있는 의식에 관한 세 가지 명제들을 다룬다. "의식의 도야"는 의식이 절대적 앎이라는 의미의 학문으로 존재하는 그런 자신의 본질에 대하여 자기 자신을 상으로 정립한다는 것을 말한다. 여기에는 다음과 같은 이중적인 것이 놓여 있다. 즉, 의식은 자신의 현상함에서 스스로 현상한다는 것이며, 이와 동시에 의식은 자신의 고유한 본질의 빛 속에서 자신의 빛남의 본질적 관점에 따라 스스로 정리하고, 그리하여 스스로를 자기의 형태들의 왕국으로서 조직한다는 것이다. 의식 자체는 단지 자연스러운 의식만도 아니고, 단지 실재적 의식만도 아니다. 의식 자체는 또한 그 둘을 순전히 합한 것도 아니다. 의식 자체는 그 둘의 근원적 통일성이다. 그렇지만 실재적 앎과 자연스러운 앎은 생명이 없는 물건들처럼 의식 속에 놓여 있지도 않다. 의식이 그 둘의 근원적 통일성 속에서 그리고 이러한 통일성으로서 현상하는 한, 의식 자체는 그 둘로 **존재한다.**[3] 그 둘은 의식 속에서 구별된다. 구별이 실재적 앎에 대한 자연스러운 앎의 동요로서, 그리고 자연스러운 앎에 대한 실재적 앎의 동요로서 편재하기에, 구별은 존재한다. 의식 자체는 그 자체로 자연스러운 앎과 실재적 앎 사이에서 자기를 구별하는 것의 동요이다. 역사가 진행되는 그 운동은 의식 자체의 이러한 동요에 있고 그 동요로부터 이미 방향을 가지고 있다. 의식은 운동 속으로 비로소 나중에 정립되는 것도 아니고, 자신의 방향 속으로 이제 비로소 지시되는 것도 아니다.

도야의 역사의 진행과정에서 자연스러운 의식은 "단지 앎의 개념으로만 존재하는" 것으로 증명된다. 그러나 이러한 "단지"만으로도 이미 충분하다. 말하자면 자연스러운 의식이 존재자를 표상할 때 불가피하게 존재자의 존재자성을 — 비록 명확하지는 않더라도 — 함께 표상하는 한에서, 자연스러운 의식은 그 자신에게서 스스로를 넘어서 존재하지만, 그럼에도 불구하고 자기 밖에 있는 것은 아니다. 자연스러운 의식은 자신이 언제나 이미 그것〔개념〕으로서 존재하는 그런 "개념"에 대해 전혀 알지 못하고, 심지어 그것은 개념이 없이도 알려질 수 있다고 생각한다. 〔그러나〕 그 반면에 자연스러운 의식이 머물고 있는 존재자의 그때마다의 영역은 사실 자신의 범위에서 그리고 자신의 지배력의 양식에 따라, 의식 자체가 존재자의 존재자성에 대한 앎으로서 존재하

---

3) 1950년 제1판: 의식이 완전히 스스로 현상함 — 절대 이념은 즉자대자적으로 현존함 — 즉 완전한 자기현존으로서.

는 바의 그것으로부터 유일하게 규정된다. 그러나 자연스러운 의식은 자기 안에 편재하고 있는 동요를, 즉 '스스로를 넘어서는'〔*Über-sich-hinaus*, 초월행위, 즉 절대자의 절대성에 대한 실재적인 앎의 영역으로 넘어가는 것〕의 동요를 은폐하고 있다. 자연스러운 의식은 이러한 동요로부터 달아나되, 이렇게 자신의 방식에 따라 그 동요에 얽매인다. 자연스러운 의식은 자신의 사념을 참된 것으로 간주하고, 그래서 자신을 위해 진리를 요구하고, 자기가 자기 것으로 간주하던 것이 〔실은〕 자기 것이 아님을 확인한다. 자연스러운 의식의 고유한 사념은 언제나 부단히 스스로를 넘어서 떠나가려는 마음의 동요를 누설하고 있다. 현상하는 앎의 서술이 이미 진행과정에 있기 위해서는 오로지 이러한 동요에 관계할 필요가 있다. 그러나 운동의 부단함은 동요가 그 자체로 의지하고 있는 것으로부터만 규정될 수 있다. 동요는 자신이 마음을 빼앗기고 있는 그것에 의지하고 있다. 그것은 실재적인 것의 실재성이다. 실재성이 자신의 진리에서 스스로 현상하는 한에서만, 이러한 실재성은 존재한다. 진행과정의 방향으로부터 바라보면 이러한 실재성은 발걸음〔의식이 진행되어 나가는 발걸음〕의 목표다. 의식의 동요로부터 사유해 볼 때, 이러한 발걸음은 목표와 더불어 시작된다. 발걸음은 목표로부터 〔시작된〕 하나의 운동인데, 더군다나 이 목표는 뒤에 남아 있게 되는 것이 아니라 오히려 발걸음의 전개에서 운동 자체와 함께 바로 다가오는 것이다. 자신의 발걸음의 목표는 앎에게는 자신의 고유한 본질에서 목표 자체로서 정해져 있다. 의식은 자신의 동요 자체에서 목표를 자기-앞에-정함이다. 따라서 여덟 번째 문단은 의식에게 배정된 의식의 운동성에 관한 특징을 "그러나 앎에게는 진행의 계열과 마찬가지로 **목표**가 필연적으로 정해져 있다"라는 문장으로 시작한다. 그러나 이 문단은 목표를 해명하지는 않는데, 사람들이 목표를, 그것을 향해서 어떤 것이 계속해서 추구되는 그런 것으로서 간주하는 한에서, 적어도 사람들이 〔그런 식으로〕 목표를 표상하고 있는 그런 형태로는 목표를 해명하지 않는다. 만일 여기에서 역학적 화법이 비상수단으로서 허용될 수 있다면, 우리는 다음과 같이 말할 수 있다. 즉, 의식의 도야의 역사가 역사적으로 진행되는 이러한 진행과정은 의식의 그때마다의 형태로부터 앞쪽으로 아직은 규정되지 않은 것 속으로 내던져지는 것이 아니라, 오히려 그것은 이미 정해진 목표로부터 이끌리고 있다. 잡아당기는 목표는 잡아당김 자체에서 자신의 현상함 가운데 스스로를 산출하고, 의식의 과정을 처음부터 자신의 완전성(Voll-stä ndigkeit)의 완전한 과정(das Volle) 속으로 가져온다.

스스로를 완수해나가는 회의주의는 자신의 회의를 통해 그러한 성질을 가진 목표를 이미 보고 있으며, 그리하여 의식의 동요의 중심 속으로 침투해 들어간다. 이러한 중심은 부단히 운동하고 있기 때문에, 앎의 본질 속에 편재하는 회의는 이미 의식의 모든 가능한 형태들을 에워싸고 있다. 이러한 에워쌈에 알맞게 실재적이지 않은 앎의 형식들의 범위도 완전하다. 서술이 모든 현상하는 앎을 이러한 앎의 현상함에서 표상하는 방식은 의식의 본질 속에 편재하는 회의를 함께 수행함이다. 회의는 처음부터 그것〔부단한 과정〕을 통해 의식이 자신을 넘어서, 다시 말해 자연스러운 의식을 넘어서 실재적 앎 속으로 떠나게 되는 부단한 과정을 견디어내고 있다. 이러한 떠남을 통해 자연스러운 의식은 자신의 참된 것과 생명으로 여기는 것을 상실한다. 따라서 이러한 떠남은 자연스러운 의식의 죽음이다. 이러한 지속적인 죽음에서 의식은 희생으로부터 자기 자신에게 이르게 되는 자신의 회생을 얻기 위하여 자신의 죽음을 희생한다. 자연스러운 의식은 이러한 떠남에서 모종의 압력을 받는다. 그러나 그 압력은 의식 자체로부터 온다. 그 압력은 의식 자체 속에 있는 동요의 편재함이다. 이 편재함은 자신의 절대성에서 즉자대자적으로 우리 곁에 ─ 즉 우리가 늘 자연스러운 의식의 방식으로 존재자의 한가운데에 체류하고 있는 그런 우리 곁에 ─ 있고자 하는 절대자의 의지이다.

이제 우리가 의식의 첫 번째 명제라고 부르는 그 명제는, "그러나 의식은 자기 자신에 대하여 자신의 **개념**이다"라는 것이 분명해진 셈이다. 그 명제는 여섯 번째 문단의 시작에서 지적된 다음과 같은 언급, 즉 "자연스러운 의식은 단지 앎의 개념으로만〔…〕존재한다는 것이 증명된다"라는 언급과는 다른 어떤 것을 말하고 있다. 지금은 자연스러운 의식에 대해 말해지고 있는 것이 아니라, 단적으로 의식 자체에 대해 말해지고 있다. 이제 "개념"이라는 낱말이 고유하게 드러난다. "개념"은 이제 의식이 자신의 진리에서 자기 자신으로 현상함을 의미한다. 진리의 본질은 무조건적 확실성에 존립한다. 이러한 확실성에 따르면, 만일 의식된 것이 단지 일반적으로 표상되고 있을 뿐이라면, 의식된 것은 아직도 여전히 파악되지 않고 있는 것이다. 오히려 의식된 것은 자신의 의식된 존재에서〔자기 자신에게〕속한 앎에로 되돌아가 관계해야만 하고 자기 자신과의 이러한 관계 속에서 표상된 채 존재해야만 한다. 그래서 의식된 것은 이를 통해 포괄적이면서도 무조건적인 의미에서 하나의 일반적인 표상함〔파악함, *Begreifen*〕이 되는 그런 앎 속에 어디에서나 존재한다. 그〔개념〕안에서 의식 자체가 자신을 파악하는 이러한 개념과의 관계에서 자연스러운 의식은 그때마다 "단지 개념으로만" 존재한다. 왜냐하면, 자연스러운 의식이 의식으로 존재하는 한에서, 이러한 의식은 의식된 존재 일반에 대하여 하나의 표상을 가지기 때문이다. 오로지 의식은 자기 자신에 대하여 자신의 개념으로 존재하기 때문에, 그때 자연스러운 의식은 의식 자체에 속한 것으로서 단지 앎의 개념으로만 존재할 것을 고집할 수 있다. 하지만 우리가 헤겔에 의해 강조된 "**개념**"과 "단지 개념으로만"이라는 두 표현 사이의 차이에 주목할 뿐만 아니라 여덟 번째 문단의 진행과정에서 숙고하도록 놓여 있는 것을 사색할 때에만, 우리는 비로소 의식에 관한 첫 번째 명제를 충분히 이해하게 된다. "그러나 의식은 자기 자신에 대하여 자신의 **개념**으로 존재한다"라는 명제에서는 "존재한다"(*ist*)라는 말에 본래적인 강조가 놓여 있다. 이것은 다음을 의미한다. 즉, 의식은 자기 자신의 현상함 자체를 완수하며, 그것도 자신의 현상함에서 자신을 위해 현상함의 장소를 — 이런 장소는 의식 자신의 본질에 속해 있다 — 형성할 정도로 그렇게 완수한다는 것을 의미한다. 그래서 의식은 자기 자신을 자신의 개념에서 발견한다.

의식에 관한 첫 번째 명제와 더불어 의식의 진리가 분명해지기 때문에, 헤겔은 이제 또한 자연스러운 의식이 실재적이지 않은 앎이라는 관점에 따라 이러한 의식을 명료하게 할 수 있다. 그는 자연스러운 의식을 또한 참되지 않은 의식이라고 부른다. 하지만 이것은 결코 자연스러운 의식이 오로지 거짓과 속임과 오류의 토막이라는 것을 의미하지는 않는다. 오히려 그것은 자연스러운 의식이 그때마다 자신의 진리에로 떠나가도록 잡아채는 강압에 의해서 제압되고 있는 아직은 참되지 않은 의식이라는 것을 의미한다. 자연스러운 의식은 이러한 압력을 느끼고 자신의 고유한 존립에 대한 불안에 빠진다. 헤겔의 합리주의를 사람들이 충분히 찬미하거나 비방할 수는 없겠지만, 그는 자신이 존재자의 존재에 대한 자연스러운 의식의 연관이라고 부르는 결정적인 자리에서 "강압의 감정"에 관해 말한다. 절대자가 그것〔의지〕으로서 **존재하는** 의지의 강압에 대한 이러한 느낌은 그 안에서 자연스러운 의식이 "단지 앎의 개념으로만 존재하는" 그런 방식을 특징짓고 있다. 그러나 존재자의 존재 앞에서 의식을 달아나게 하는 자연스러운 불안이 이러한 자연스러운 존재연관으로서 갑작스레 또한 다음과 같은 방식으로 존재한다고 헤겔이 생각하고 있다고 여긴다면 그것은 어리석은 일이될 것이다. 즉, 그런 방식**에서**는 자연스러운 불안이 — 그것〔감각 기관〕을 **통해** 철학이 존재자의 존재를 사유한다고 여겨지는 — 감각 기관이 되는 셈인데, 그것은 마치 사유가 감정을 물리쳐 되돌려 보내는 그곳에서 순식간에 이미 철학이 — 학문 위에 〔참답게〕 근거 지어지는 대신에 — 단순한 감정에게 양도되는 것처럼 여겨지는 것과 마찬가지일 것이다. 그러나 오늘날 각각의 학교에서 전수되고 있는 이러한 피상적 생각은 그 자체가 생각 없음의 태만에 빠져 모든 것을 이러한 태만으로 해소해버리는 지성의 허영심에 속한다. 의식의 첫 번째 명제와 더불어 앎의 진리로 넘어가 일별하는 이 문단의 마지막에서는, 앎의 비진리(Unwahrheit)가 자신이 만나는 존재자에 구속된 가운데 자신의 유일한 만족을 발견하는 그런 "무미건조한 자아"의 형태로 현상하고 있다.

"무미건조한 자아"는 철학 내부에서 습관적 사념(생각)이 제멋대로 행하는 태도를 가리키기 위한 이름이다. 그러나 그 이름은 그럼에도 불구하고 우리의 공동체와 구별되는 각각의 개별화된 자아는 아니다. 오히려 "무미건조한 자아"는 곧 공동의 생각을 지닌 다수의 주체이다. "무미건조한 자아"는 사념의 독단론 속으로 수행해 들어가는 회의주의 앞에서의 불안으로부터 구출된 "세인"의 자아론 안에 살고 있다. 그러한 [독단론의] 원리는 현상하는 앎의 서술 앞에서 눈을 감고 서술의 진행과정에 동참함을 거부하는 것이다. 따라서 익숙한 견해들의 독단주의는 자기 자신을 방임한 채 머물러 있어야만 한다. 철학은 이러한 결정을 통해 자연스러운 의식을 내던져버리지 않는다. 사실 학문이란 아직은 참되지 않은 것의 진리이고, 그래서 바로 이러한 것[아직은 참되지 않은 것] 자체이기도 하며, 그러나 자신의 진리 속에서 아직은 참되지 않은 것으로 존재하기에, 아마도 철학은 그럴 수도 있을 것이다. 철학은 우선 무엇보다도 자연스러운 의식을 자신의 자연스러움에서 발견하고 이러한 의식을 승인한다. 이에 반해 아마도 자연스러운 의식이 철학에 대한 한계를 없애고 존재자의 존재에 대한 인식으로서의 철학에게서 등을 돌리기 위하여 스스로를 철학으로서 과신하고 있을 때, 철학은 자연스러운 의식을 스쳐 지나가게 될 것이다. 그러나 그때 철학은 자기[철학]에 대해 등을 돌린 채 그 자신[자연스러운 의식]이 이미 자기[철학]로부터 떠나가 버린 그러한 것[자연스러운 의식]을 스쳐

지나갈 뿐이다. 이런 반면에 철학은 이렇게 스쳐 지나감에도 불구하고 이러한 스쳐 지나감 속에서 자연스러운 의식과 관계하고, 또 오로지 이러한 의식과 관계하는데, 이러한 것은 의식의 진리가 현상하는 과정에서 철학이 이러한 과정으로서 존재하기 위해서 그런 것이다.

현상하는 앎의 서술은 스스로를 완수해나가는 회의주의이다. 회의주의는 스스로를 완전히 수행하기 때문에, 회의주의는 스스로를 실행한다. 서술은 단지 나타나는 대신에 그 자체로서 스스로를 앞으로 이끈다. 서술의 길은 자연스러운 의식으로부터 실재적 의식에로 걸어가는 것이 아니라, 오히려 자연스러운 의식과 실재적 의식의 이러한 구분으로서 의식의 모든 형태 속에서 존재하는 의식 자체가 하나의 형태로부터 다른 형태에로 진행하는 것이다. 진행과정은 과정의 운동이 목표로부터, 다시 말해 절대자의 의지의 강압으로부터 규정되는 그런 과정이다. 서술은 자기를 향해 다가오는 현상하는 앎의 현상함을 뒤따른다. 절대적 인식이 하나의 수단이라는, 이러한 인식에 관한 자연스러운 표상작용은 이제 사라진다. 이제 인식함은 또한, 어느 경우에서든 어떤 대상에 적용되는 하나의 수단이 아니기에, 더 이상 검사될 수 없다. 게다가 서술은 자신을 앞으로 이끌기 때문에, 검사한다는 것은 도무지 지나치게 과도한 것처럼 보인다. 그래서 이러한 해명에 따르면 서술은 직접적으로 시작될 수 있을지도 모른다. 그러나 서술이 이미 시작되지 않았다고 한다면, 그 서술은 시작되지 않는다. 성찰의 새로운 문단이 뒤따른다. 이것은 현상하는 앎을 서술하는 본질이 우리에게는 아직도 충분히 가까이 인도되지 않고 있다는 것과 이러한 서술에 대한 우리의 고유한 관계가 아직도 달성되지 않았다는 것을 폭로한다. 서술이 서술하는 자와 어떻게 함께 속해 있는지, 또한 그 둘이 정말로 동일한지 그리고 〔동일하다면〕 어느 정도로 동일한지 ─ 그러나 이 둘이 애매하게 뒤섞여 하나가 되는 것은 아니다 ─, 이런 것은 어둡게 남아 있다. 절대자가 즉자대자적으로 이미 우리 곁에 존재한다면, 절대적 인식은 어떻게 절대자에 이르는 길이 되는가? 여기서 도대체 아직도 길에 관해 말해질 필요가 있다면, 그때는 오로지 절대자 자체가 걸어가는 길―그 길이 이러한 길로 **존재하는** 한에서―에 대해서만 말해질 필요가 있을 뿐이다. 현상하는 앎의 서술은 이러한 길과 과정일 수 있는가? 서술의 본질은 더욱더 수수께끼가 된다. 분명한 것은 오로지, 그것〔인식함을 표상하는 양식〕에 따라 자연스러운 의식이 인식함을 표상하게 되는 그런 양식 속에서 서술은 절대자와 분리되지 않은 채 어디에서든지〔자신이 마주하고 있는〕이러한 절대자를 향해 전개된다는 것이다.

아홉 번째 문단은 그러나 바로 이 자연스러운 표상작용을 인식함으로부터 다시 받아들인다. 물론 이것은 오직 절대적 인식의 검사에 대한 물음을 새롭게 제기하기 위하여 발생한다. 인식함이 결코 어떠한 수단도 아니라는 것을 통해서 인식함의 검사는 거의 이루어진 것이 없지만, 오히려 그 검사는 이제 비로소 물어볼 만한 것으로서 여겨질 수 있다. 만일 서술이 현상하는 앎을 이러한 앎의 현상함에서 산출한다면, 그때 서술은 아직은 참되지 않은 의식을 자신의 진리에 세운다. 서술은 현상하는 것 그 자체를 현상하는 것의 현상함에 따라 측정한다. 현상함이 척도이다. 서술은 이러한 척도를 어디로부터 취하는가? 학문이 현상하는 앎의 검사를 넘겨받는 한, 학문 자체는 법정으로서, 이와 더불어 검사함의 척도로서 나타난다. 학문의 나타남은 서술이 스스로를 실행한다는 점에서 성립할지라도, 학문은 이미 자신의 최초의 발걸음에서 검사함의 척도를 하나의 증명된 척도로서 함께 데리고 와야만 한다. 한편으로는 학문이 스스로를 실행하기 위하여 척도를 필요로 하고, 다른 한편으로는 하나의 절대적 인식이 척도를 어디에서도 받아들일 수 없을 경우에 척도는 오직 실행〔의 과정〕에서만 생길 수 있다. 만일 서술이 참되지 않은 앎을 자신의 진리에서 측정해야만 한다면, 서술은 일치할 수 없는 것을 일치하도록 강요받는 셈이다. 불가능한 것이 서술의 도상에 나타난다. 이러한 곤란은 어떻게 제거될 수 있는가?

열 번째 문단은 고찰을 하나의 방식 속에서 진행하는데, 그 방식은 헤겔이 서술의 본질 속에 있는 모순적인 것을 논리적 논거를 통해 조정하면서 제거하지 않는다는 점을 보여준다. 외관상 일치할 수 없는 것은 서술의 본질에 놓여 있지 않다. 그것은 여전히 자연스러운 의식의 표상작용 방식에 지배되고 있는 우리가 서술을 바라보는 불충분한 양식에 놓여 있다. 서술은 앎의 현상함에 관계한다. 하나의 앎도 또한 서술이다. 그 둘은 의식 자체에 있다. 만일 척도에 대한 물음과 검사함에 대한 물음이 도대체 하나의 발판을 가진다면, 그때 그 물음은 자신이 묻고 있는 그것을 오직 의식 자체에서 이러한 것으로부터 캐어물을 수 있다. 의식으로서의 의식 자체는 그 자체로 기준과 척도와 같은 그러한 어떤 것인가? 의식 자체는 그 스스로가 하나의 검사함인가? 의식 자체는 좀더 분명히 본질적 통찰 속으로 진입한다. 그럼에도 불구하고 성찰이 의식의 본질 속에서 목표로 삼고 있는 그런 근본특징은 아직은 나타나지 않는다.

이 문단에서는 도대체 의식에 대해서는 아무것도 말해지고 있지 않지만, 헤겔은 두 가지 규정을 지적하면서, 즉 "이것〔앎과 진리라는 두 가지 규정〕이 어떻게 의식에서 출현하는지"를 지적하면서 〔이 문단을〕 시작한다. 헤겔은 이 두 가지 규정을 앎과 진리라고 부른다. 이러한 규정이 의식구성틀의 완전한 본질과 이러한 구성틀의 통일성을 간과하고 있는 의식에 대한 바라봄을 통해서 밝혀지는 한에서, 그 규정들은 "추상적 규정들"이다. 여기에서 의식은, 의식이 직접적으로, 다시 말해 언제나 일면적으로 자연스러운 표상작용에게 스스로를 제공하고 있는 것처럼 그렇게 받아들여진다.

'의-식'(알고-있음)은 어떤 것이 의식된 것의 상태에 있다는 것을 말한다. 그러나 의식된 것은 앎 속에 있고, 또 앎으로서 있다. 의식된 것은 의식이 앎의 방식에서 관계하고 있는 바로 그것이다. 그렇게 관계 속에 서 있는 것이 의식된 것이다. 의식된 것은, 자신이 의식에 "대해" 있는 한에서, 존재한다. 이와 같은 존재자는 "… 에 대한 존재" (Sein für …)의 방식으로 존재한다. 그러나 "… 에 대한 존재"는 앎의 한 방식이다. 이러한 방식에서 어떤 것은 "동일한 것에 대해", 즉 의식에 대해 존재한다. 그럼에도 불구하고 의식된 것으로서의 어떤 것은 의식에 대해 다른 것(타자)이다. "… 에 대한 존재"로서의 앎에는 "동일한 것에 대한" 하나의 어떤 것과 다른 어떤 것이 존재한다. 그러나 의식된 것은 앎 속에서 전적으로 표상될 뿐만 아니라, 이러한 표상작용은 의식된 것을 즉자적으로, 다시 말해 참으로 존재하는 존재자로 여긴다. 의식된 것의 이러한 즉자존재(Ansichsein)가 진리이다. 진리는 또한 "동일한 것에 대해", 즉 의식에 대해 하나의 것(표상된 것)이자 다른 하나의 것(즉자로 존재하는 것)이다. 의식의 두 가지 규정들, 즉 앎과 진리는 "… 에 대한 존재"와 "즉자존재"로서 구분된다. 헤겔은 "이러한 것(두 가지 규정)에서 본래적으로 존재하는 그것"을 논하지 않고, 단지 이러한 두 가지 규정들을 일별하고자 한다. 하지만 헤겔은 이와 더불어 슬그머니, 그러나 의도적으로 의식의 탁월한 근본특성을 지적한다. 이 문단의 첫 번째 명제들은 게다가 그 근본특성을 스쳐 지나가며 일컫고 있다.

의식 안에서 어떤 것은 의식으로부터[4] 그리고 의식을 통해 구별된다. 의식은 자기 자신으로서 자기 자신을 통해 타자에 대한 일자(객체에 대한 주체 또는 주체에 대한 객체)이다. 그러나 이러한 구별 속에서 갈라진 것(주체 속에 있는 주체에 대한 객체)은 구별함을 통해 곧바로 구

---

4) 1950년 제1판: 그것(의식)에 대해.

별하는 것과 관계한다. 의식은 표상하면서 어떤 것을 자기로부터 따로 떼어놓는데, 그럼에도 불구하고 따로 떼어놓은 것을 자기에게 덧붙인다. 의식은 그 자체로 결코 어떠한 것도 아닌 일종의 구별함이다. 의식은 결코 어떠한 것도 아닌 이러한 구별로서 자신의 본질상 양의적이다. 이렇게 양의적인 것이 표상작용의 본질이다. 도처에서 의식에게는 앎과 진리라는 두 가지 규정들이, 즉 "… 대한 존재"와 "즉자존재"가 직접적으로 나타나는데, 그것도 이러한 규정들 자체가 양의적이라는 것이 이러한 양의성에 놓여 있다.

그런데 이제 표상작용 자체로서 의식의 한 방식으로 남아 있는 서술은 이러한 두 가지 규정들로부터 무엇을 고찰하는가? 서술은 현상하는 것을 그것의 현상함에서 표상한다. 서술은 앎의 진리를 목표로 삼아 앎을 탐구한다. 서술은 앎의 진리를 목표로 삼아 앎을 검사한다. 서술은 의식 자체기 그것〔구별〕으로서 **존재하는** 구별의 구별함 속에서 움직인다. 그래서 서술은 검사에 대한 자신의 척도와 성격을, 자신〔서술〕이 움직이는 그곳〔의식의 구별〕으로부터 부여받는다고 하는 그런 본질 가능성에 대한 전망이 이러한 구별을 조망해 봄으로써 열리게 된다. 의식 자체로부터 살펴볼 때, 측정하는 검사가 무엇을 향해 나아가는지가〔다시 말해, '검사가 무엇을 목표로 삼아 진행되는지가〕 뚜렷해지자마자, 그 전망은 더욱더 분명해진다.

열한 번째 문단은 현상하는 앎의 서술이 무엇을 탐구하는지를 직접적으로 묻고 있다. 그렇지만 이 물음은, 그 물음이 무엇을 탐구하는지를 물을 뿐만 아니라 누가 탐구하는지를 물을 때, 비로소 직접적으로 제기된다. 왜냐하면 탐구해야만 하는 것이 의식된 것이라면, 그것은 우리가 탐구하고 있는 우리〔따라서 탐구되어야 하는 것은 의식된 것일 뿐만 아니라, 바로 우리 자신이 우리의 탐구 대상이 됨〕에 대한 우리의 앎 속에 있기 때문이다. 현상하는 앎이 자신의 현상함에서 서술하는 학문의 특징과 더불어, 우리 자신이 뜻밖에도 서술의 놀이 속으로 들어오게 된다. 서술에 의해 서술되는 것이 "우리에 대해" 존재하는 한, 우리는 이미 놀이 속에 있다는 것이 증명된다. 그렇기 때문에 '학문에서는 "우리에 대해"〔라는 표현〕에게 어떤 역할이 주어지고 있는가' 라는 물음은 회피될 수 없다. 그 물음의 중요성은 우리가 지금은 거의 짐작조차 하지 못할 하나의 차원에 이른다.

만일 우리가 앎의 진리를 목표로 삼아 앎을 검사하고 있다면, 우리가 탐구하고 있는 것은 무엇인가? 진리는 즉자존재(*das An-sich-sein*)이다. 앎은 의식에 대한 존재이다. 만일 우리가 앎의 진리를 탐구하고 있다면, 우리는 앎이 즉자적으로 있는 바로 그것을 추구하고 있는 것이다. 그러나 오로지 우리의 탐구를 통해서 앎은 우리의 대상이 될 것이다. 만일 우리가 앎을 그것의 즉자존재에서 우리 앞에 세운다면, 앎은 아마도 우리에 대한 존재가 될 것이다. 〔이런 경우에〕 우리는 앎의 진리를 파악하는 것이 아니라, 오히려 단지 앎에 관한 우리의 앎을 파악하는 것에 불과할 것이다. 〔그럴 경우에〕 우리에 대한 존재는, 우리가 그것을 가지고 앎의 즉자존재를 측정하는 척도가 될 것이다. 하지만 앎은, 측정된 것이라고 여겨지는 바로 그러한 것을 기준 자체 속으로 전환시키는 모종의 척도에 스스로를 잇대는 그 지점에 어떻게 이르게 될 것인가? 만일 현상하는 앎의 서술이 앎과 진리라는 의식의 두 가지 규정들에 대한 고려로 말미암아 결과적으로 수반되는 그런 방식에서 수행되어야 한다면, 그때 서술에게는 단지 계속해서 자신의 고유한 태도를 반대로 전환시키는 것만이 남게 될 것이다.

열두 번째 문단은 서술을 이 새롭게 나타난 난관에서 벗어나게 한다. 그것이 서술하는 대상의 본성에 대한 단순한 지적은 해결되기에 이른다. 대상은 의식 자신이다. 의식의 본성은 자발적으로 현상함에 몰두하는 바로 그것이다. 의식은 하나의 척도 성격을 자신의 본성으로부터 가지고 있는가? 만일 의식이 그러한 척도 성격을 가지고 있다면, 그때 의식은 그 스스로 가능성을 제공해야만 하고, 동시에 기준과 측정된 것으로 존재할 가능성을 제공해야만 한다. 의식은 그 자체로 이러한 관점에 따라 구별되나 동시에 또한 다시 구별되지 않는 그러한 것이어야만 한다. 그와 같은 것은 열 번째 문단에서 나타났었다. 표상작용의 구별로 존재하면서도 동시에 그 표상작용이 다시금 결코 어떠한 구별도 아닌 그런 의식의 본질적 양의성은 의식의 본성에 있는 이중성을 가리킨다. 이러한 이중성에는 하나의 어떤 것이자 다른 어떤 것으로, 즉 기준과 측정된 것으로 존재할 가능성이 결정되어 놓여 있다. 우리가 양의성을 일의성에 대한 결함으로서가 아니라 그것의 고유한 본질통일성을 특징짓는 것으로서 받아들인다면, 그때 의식은 우선은 분리된 채 표상된 규정들 — 즉 앎과 진리 — 의 공속을 양의적인 것에서 내보여준다. 의식의 본성으로부터 측정과 기준의 가능성이 밝혀진다.

헤겔은 현상하는 앎을 표상하는 서술의 대상의 본성을 의식에 관한 두 개의 명제를 통해 특징짓고 있다. 여덟 번째 문단에서 말해진 첫 번째 명제는 "그러나 의식은 자기 자신에 대해(*für sich selbst*) 자신의 **개념**이다"라는 것이다. 이제 두 번째 명제, 즉 "의식은 자신의 척도를 그 자신에게(*an ihm selbst*) 준다"가 그 뒤를 따른다. 이 명제는 자신의 언어사용으로 말미암아 〔우리에게〕 의아한 느낌을 준다. 그러나 우리에게 기이하게 보이는 이러한 언어사용은 헤겔에게는 친숙한데, 물론 〔그것은〕 그에게 대상의 본성으로서 스스로를 나타내 보여주는 그것으로부터 〔보자면〕 그렇다. 무엇 때문에 헤겔은 "자기 자신에게"(*an sich selbst*) 〔라는 표현〕 대신 "그 자신에게"(*an ihm selbst*) 라고 말하는가? 왜냐하면 의식에 대해 하나의 척도가 있다는 것이 의식에게는 중요하기 때문이다. 의식이 척도를 즉자적으로 받아들이고 그래서 척도를 대자적으로 갖기 위해서, 척도가 어떤 곳으로부터 데려오게 되는 것이 아니다. 척도는 또한 의식에게 비로소 덧붙여지는 것도 아니다. 의식이 기준과 측정된 것으로 이중적으로 존재하는 한에서, 척도적인 것은 이미 의식으로부터 생기는 것이기 때문에, 척도는 그 자신〔의식 그 자신〕에게 달려 있다. 그러나 여기에서 의식이 자신의 척도를 자기 자신에게 준다고 그렇게 말하는 것이 더 좋지 않을까? 하지만 의식은 자기 자신에게〔있어서〕무엇인가? 의식이 자기 곁에 존재할 때, 의식은 즉자적으로 존재하고, 의식이 특히 자기에 대해 고유하게 존재하고 그런 식으로 즉자대자적으로 존재할 때, 의식은 자기 곁에 존재한다. 의식이 자신의 척도를 자기 자신에게 준다면, 그때 그것은 엄밀하게 생각하자면 다음과 같은 것을, 즉 의식은 자신에게 척도를 자기 자신을 위해서 준다는 것을 말한다. 그러나 자기가 참으로 존재하고 있는 바로 그것에서 의식은 습관적으로 곧바로 전향하지는 않는다. 다른 한편으로 진리는 의식에게 우연히 어떤 곳에서 주어지는 것이 아니다. 의식자체는 이미 자기 자신에 대해 자신의 개념이다. 그렇기 때문에 의식자체는 자신의 척도를 자신이 가지고 있다. 그렇기 때문에 의식 자체는 척도를 그 자신에게 맡긴다. 〔여기에서의〕"그 자신에게"는 다음과 같은 것을, 즉 '의식은 척도를 자신의 본질에 놓아두고 있다'는 이중적 사실을 의미한다. 그러나 그렇게 그에게 놓여 있고 어떤 다른 것에게 놓여 있지 않은 것을, 의식은 이미 곧바로 자기 자신에게 주지 않는다. 의식은 척도를 그 자신에게 준다. 의식은 그러나 주고 있는 동시에 주지 않는다.

자연스러운 의식이 존재자를 즉자적으로 표상하는 한, 표상된 것은 참된 것이고, 그것도 "그것에 대해", 즉 직접적으로 표상하는 의식에 대해 참된 것이다. 의식이 자신에 의해 곧바로 표상된 것을 참된 것으로서 간주한다고 헤겔이 말하고자 할 때, 그는 "그 자신에게"라는 표현에 상응하여 "그것에 대해"라는 표현을 사용한다. 의식은 곧바로 표상하면서 표상된 것에 전념하고, 이렇게 표상된 것을 특히 표상하는 자로서의 자기에게로 되돌려 관계 맺지 않는다. 더욱이 의식은 자신에 의해 표상된 것을 자신의 표상작용 속에서 가지는데, 그러나 〔이러한 것은〕 자기에 대해서(für sich) 그런 것이 아니라 오히려 "그것에 대해 서"(für es) 그런 것이다. 그러나 의식은, 그것이 '그것〔어떤 것을 직접 적으로 표상하는 의식〕에 대해' 표상하고 있는 참된 것과 더불어, 동시 에 우리가 참된 것의 진리에 주목하고 있는 "우리에 대해" 참된 것의 진리를 ─ 즉 척도를 ─ '그 자신에게' 주고 있었던 것이다. 우리는 현상 하는 앎을 그 자체로서 서술함으로써, 이렇게 현상하는 것이 참된 것 으로서 간주하는 그 앎을 현상함에서 측정하기 위하여 현상함을 척도 로 받아들인다. 현상하는 앎에서는 이러한 앎에 의해 의식된 것이 참 된 것이다. 우리가 이러한 참된 것을 대상이라고 부르고 앎을 개념이 라고 부른다면, 그때 현상하는 것을 이렇게 현상하는 것의 현상함의 관점에 따라 검사하는 서술은 다음과 같은 점에서 성립한다. 즉, 앎 이, 다시 말해 자연스러운 의식이 자신의 앎이라고 간주하고 있는 바 로 그 앎이, 참된 것으로 존재하는 바로 그것에 상응하고 있는지 아닌 지를 우리가 바라보고 있다는 그 점에서 성립한다. 혹은 역으로 우리 가 검사하는 앎을 대상이라고 부르고 또한 의식된 것의 즉자〔적인 것〕 를 개념이라고 부른다면, 그때 검사는 대상이 개념에 상응하고 있는지 아닌지를 〔우리가〕 바라보고 있는 그 점에서 성립한다. 이러한 지적에 서 꼭 파악되어야 할 결정적인 것은, 우리가 현상하는 것을 그것의 현 상함에서 표상할 때마다, 우리가 측정하는 바로 그것〔측정되는 대상〕 과, 그것을 가지고 우리가 측정하게 되는 바로 그것〔측정의 척도〕은 의 식 자체 속에 있다는 것이다. 검사함의 이 두 가지 본질적 계기는 의 식을 '그 자신에게' 가까이 가져온다. 현상하는 것의 현상함 속에서 현 상하는 것의 모든 표상작용을 이끌어 나가는 준칙은 이로부터 우리에 게, 즉 서술하는 자에게 밝혀진다. 그 준칙은, 현상하는 것에 대해 그 대들의 머리에 떠오른 착상과 생각을 치워버리라는 것이다. 따라서 절대적 인식의 근본태도는, 지식과 논증을 소모함으로써 현상하는 의식을 공격한다는 점에서 성립하는 것이 아니라, 오히려 이러한 모든 것을 놓아버린다는 점에서 성립한다. 이러한 놓아버림(*Weglassen*)을 통해서 우리는 우리의 시야로 현상함을 데려오는 순수한 바라봄에 이른다. 이 바라봄에서 우리는 "그것이 **즉자대자적으로** 그 자체로 있는 그대로의 사태를 고찰하는" 것에 도달한다. 그러나 사태는 현상하는 앎으로서의 현상하는 앎이다. 사태의 사태성, 즉 실재적인 것의 실재성은 현상함 자체이다.

현상하는 의식은 그 자신에게 있어 측정되어야 하는 것이고 척도이다. 헤겔이 명료하게 제시한 이 양식, 즉 이 두 가지가 의식 자체 속에 있다는 이 양식은 마치 순전히 의아스러운 낱말놀이처럼 보이면서 의혹을 남기고 있다. 의식에는 앎이 속하고, 또한 이러한 앎 속에서 의식된 참된 것이 속한다. 우리가 전자를 개념으로 그리고 후자를 대상으로 부르든, 또는 거꾸로 후자를 개념으로 그리고 전자를 대상으로 부르든, 이러한 것은 동일한 결과에 이르는 것처럼 보인다. 사실상 그것은 동일한 결과에 이른다. 그러나 우리가 개념과 대상이라는 명칭을 사용하듯이, 그것은 결코 동등한 것이 아니고 바로 그렇기 때문에 또한 그것은 무차별적인 것도 아니다. 만일 자연스러운 의식에서 표상된 참된 것이 대상이라고 불린다면, 그때 이것은 "그것에 대한", 즉 자연스러운 의식에 대한 대상이다. 그러나 만일 앎이 대상이라고 불린다면, 그때 앎은 현상하는 앎으로서 "우리에 대한" 대상, 즉 현상하는 것을 그것의 현상함에 입각하여 고찰하는 그런 "우리에 대한" 대상이다. 만일 그것[앎]을 통해 자연스러운 의식이 의식된 것을 표상하게 되는 그런 앎이 개념이라고 불린다면, 그때 [개념]파악함은 어떤 것을 어떤 것으로서 표상함이다. "개념"이라는 낱말은 전승된 논리학의 의미에서 받아들여진다. 이에 반해 의식 속에서 표상된 참된 것을 우리가 개념이라고 — 이러한 개념 안에서 앎은 '우리에 대한' 대상으로서 측정된다 — 부른다면, 그때 개념은 참된 것의 진리, 즉 그 안에서 현상하는 앎이 자기 자신에게 이르게 되는 그런 현상함이다.

대상과 개념이라는 명칭들의 — 외관상 첫 인상에 따른 — 임의적인 사용은 결코 자의적 사용이 아니다. 그것은 원래 의식의 본성에 결속되어 있는 것인데, 그러한 본성을 의식에 관한 첫 번째 명제는 "그러나 의식은 자기 자신에 대해 자신의 **개념**이다" 라고 말하고 있다. 의식이 자신의 참된 것이라고 여기고 있는 바로 그것에서 의식은 자신의 진리의 한 형태를 실현시키게 된다. 참된 것은 "그것에 대한" 대상이다. 진리는 "우리에 대한" 대상이다. 의식이 '자기 자신에 대해' 자신의 개념이기 때문에, 의식은 자신의 척도를 '그 자신에게' 준다. 현상하는 것에서는 현상하는 것의 현상함이 "그것에 대해서"가 아니라 "우리에 대해서" 현상한다. 헤겔은 이것을 다음의 명제에서, 즉 우리가 이제 강조체를 더함으로써 좀더 명확하게 이해하고 있는 다음의 명제에서 이렇게 말하고 있다. "그러므로 의식이 자신의 내부에서 '즉자적인 것' 또는 '참된 것'으로 설명하는 것에서, 우리는 (더구나 절대적으로 인식하는 자로서의 우리는) **의식** 자체가 **자신의** 앎을 측정하기 위해 내세우는 척도를 갖는다."

우리는 검사하기 위한 척도를 의식 자체로부터 다스리고 있기 때문에, 그것은 이 점에 있어서 우리 측으로부터의 어떠한 부가행위도 필요로 하지 않는다. 그러나 우리 자신이 의식으로 존재하는 한에서, 우리가 다스리고 있는 바로 그것은, 따라서 여전히 분명하게 관리되지 않은 채로 있다. 만일 서술이 순수한 바라봄의 준칙 하에 세워진다면, 그때에는 우리가 어떻게 하여 우리의 견해들을 단순히 놓아버림으로써 어떤 것을 받아들이게 되고 또 척도를 이미 척도로서 가지게 되는 것인지는 솔직히 어둡게 남아 있다. 측정해야만 하는 앎과 척도가 의식에 있다는 것을 승인한다면, 여기에서는 그러나 측정과 그 수행이 우리의 부가행위 없이는 일어날 수 없다는 사실을 우리가 단지 수용하는 것만이 남게 된다. 하지만 서술의 모든 본질적인 것은 결국 우리의 고유한 행위에 맡겨져 있지 않는가? 검사함이 없이는 서술의 본질을 이루는 측정된 것도 없고 척도도 없다고 한다면, 검사 자체는 어떠한 상태로 있는가?

열세 번째 문단은 의식에 관한 세 번째 명제를 언급하고 설명함으로써 이 물음에 답하고 있다. 그 명제는 거의 눈에 띄지 않게 부문장 속에 숨겨져 있다. 그 명제는 "의식은 자기 자신을 검사한다"라는 주문장의 형태로 말해진다. 이것은 다음을 의미한다. 즉, 의식이 의식으로 존재하는 한에서, 의식은 검사함이라는 것이다. 근대적 형이상학의 근본낱말인 의식(알고 있음)은, 우리가 "-존재(있음)"에서 검사함의 특징을 함께 사유하고, 그것도 앎의 의식을 통해서 규정되는 하나의 검사함의 특징을 함께 사유할 때, 비로소 사유된다.

검사함에는 측정해야만 하는 것과 기준이라는 이 두 가지가 함께 있다. 그 두 가지는 그렇기 때문에 하나가 다른 것에 접근하여 함께 덧붙여짐으로써 비로소 의식 속에 깃드는 것이 결코 아니다. 의식의 본성은 그 둘의 결집에 존립한다. 이러한 본성은 다양한 관점에서 드러나고 있다. 자연스러운 의식은 자신이 참된 것으로 여기고 있는 대상에 관한 직접적인 앎이다. 동시에 자연스러운 의식은 대상에 대한 자신의 앎에 관한 앎인데, 이러한 것은 비록 자연스러운 의식이 특히 이러한 앎으로 되돌아가지 않을지라도 그렇다. 대상에 관한 의식과 앎에 관한 의식은 동일한 것인데, 대상과 앎이라는 이 두 가지의 의식된 것은 이 동일한 것에 대해 있다. 대상과 앎은 "동일한 것에 대해 있다". 동일한 것, 즉 의식 자신에 대해 동시에 하나의 것(일방)과 다른 하나의 것(타방, 의식된 것으로서의 대상이 하나의 것이며, 의식된 것으로서의 앎이 다른 하나의 것)이 존재한다. 의식은 그것에 대해 서로가 서로를 구별하는 그 둘의 구별이다. 의식은 자신의 본성에 따르면 하나의 것

(일방)과 다른 하나의 것(타방)의 비교이다. 이러한 비교가 검사함이다. "의식은 자기 자신을 검사한다."

그러나 앎이 대상에 상응하고 그래서 대상이 참으로 존재하는 것인지 아닌지가, 〔또한〕 앎이 근본적으로 알고 있는 것에 대상이 상응하고 있는 것인지 아닌지가, 의식에게 최초로 생성되는 방식에서만, 의식은 본래적으로 그때마다 검사이다. 검사는 단지 그러한 생성됨(Werden)이 의식에게 발생하기 때문에 검사이다. 만일 그것〔의식〕이 그것〔의식〕에 대해 직접적으로 참된 것으로 간주하고 있는 그러한 것〔앎과 대상〕이 참으로 존재하는 자신의 이면적 본성을 그것〔의식〕이 알아챌 경우에, 그러한 생성됨은 의식에게 들어오게 된다. 즉, 의식이 대상을 그것의 대상성에서 표상하자마자, 의식이 확실하게 알고 있는 그것의 이면적 본성을 알아챌 경우에, 그러한 생성됨은 의식에게 들어오게 된다. 따라서 대상 배후에는 아직도 어떤 것이 의식에 대해 있을 뿐만 아니라, 대상을 표상하는 의식의 직접적 표상작용 배후에도 어떤 것이 의식에 대해 있는 것이다. 이러한 어떤 것은 의식이 거기에 이르러야만 하는 그런 것이고, 거기를 향해 의식이 비로소 출발해야만 하는 그런 것이다. '출발한다'〔sich aufmachen, 스스로 열어 제치다〕는 것은 여기서 동시에 '…을 위해 스스로 열다', '…을 향해 길을 떠나다'를 의미한다.

의식에 관한 첫 번째 명제를 해명할 때, 자연스러운 의식은 "단지 앎의 개념으로만" 존재한다는 것이 드러났다. 물론 자연스러운 의식은 대상으로서의 자신의 대상에 관한 일반적 표상을 갖고 있으며, 마찬가지로 앎으로서의 자신의 앎에 관한 일반적 표상을 갖는다. 하지만 자연스러운 의식은 이러한 "으로서"와 관계하지 않는다. 왜냐하면 이러한 의식은 ─ 비록 언제나 단지 이러한 "으로서"의 도움을 받고 있다고 하더라도 ─ 단지 직접적으로 표상된 것만을 타당하다고 여기기 때문이다. 자연스러운 의식은 자신의 고유한 의미에 따라 "으로서"와는 관계하지 않기 때문에, 이 의식은 고집스럽게도 자기가 자신의 배후로서 드물게 자기 앞에 가지고 있는 바로 그것의 배후로는 결코 자발적으로 나아가지 못한다. 그래서 의식은 비교인데, 하지만 다시금 비교는 아니다. 의식은 자신의 본성에 따르면 대상을 표상하는 자신의 표상작용 안에서 "즉자존재"(An sich sein)와 "그것에 대한 존재"(Sein für es) 사이의 구별, 즉 진리와 앎 사이의 구별이다. 의식은 구별이면서 동시에 결코 어떠한 구별도 아닐 뿐만 아니라, 그것은 대상과 대상의 대상성과의 비교인 동시에 앎과 앎의 의식되어 있음과의 비교이다. 의식 자체는 물론 자연스러운 의식이 결코 특별하게 수행하지 못할 비교이다.

의식의 본성에서는 앎과 대상이 둘로 나누어지는데, 그렇다고 해서 결코 따로따로 나누어질 수는 없다. 마찬가지로 의식의 본성에서는 대상과 개념이 "으로서"에서 둘로 나누어지는데, 그렇다고 해서 결코 따로따로 나누어질 수는 없다. 의식의 본성에서는 이러한 두 가지 자체가 둘로 나누어지는데, 그렇다고 해서 따로따로 나누어질 수는 없다. 헤겔은 이러한 모든 것을 구별하지만, 그러나 그 구별들을 일반적인 구별함으로 수평화하고 그것들을 이러한 수평화를 통해서 그것들의 고유함 속으로 출현하게 하지 않는다는 사실은, 자신의 은닉된 근거를 형이상학의 본질 속에 가지고 있는 것이지, 헤겔 철학의 형이상학적 근본입장에서 가지고 있는 것이 아니다. 형이상학의 은닉된 본질로부터는 동시에 다음과 같은 것이 나온다. 즉, 그것에 입각해 차이들이 수평화되는 그 수준은 하나의 것(일방)과 다른 하나의 것(타방)의 분별(Diskretion)로부터 규정되는데, 이러한 분별은 이성(ratio)의 구분(Distinktion)에서 표상된다는 것이다. 헤겔은 이러한 구분을 부정의 부정(die Negation der Negation)으로 파악한다.

충분히 조심하고 〔때로는〕 필요할 만큼 유보하면서 헤겔에 의해 정립된 구별을 고려해볼 때, 좀더 일찍이 다른 곳에서 언급된 하나의 차이가 제출될 수 있다. 자연스러운 의식이 존재하는 대상으로서의 대상에로 곧바로 나아가면서, 마찬가지로 존재하는 어떤 것으로서의 대상에 관한 자신의 앎으로 나아가면서 지속적으로 거기에 머무르는 한, 자연스러운 의식은 존재자적 의식(*das ontische Bewußtsein*)이라고 불릴 수 있다. 그리스어 토 온(τό ὄν), 즉 존재자(*das Seiende*)에 의존하고 있는 '존재자적'이라는 표현은, 존재자가 관계하는 바로 그것을 의미한다. 그러나 그리스어 온(ὄν), 즉 "존재하는 것"(*Seiendes*)은 자신의 역사의 진행과정에서 결코 꼭 같은 것으로 남아 있지 않은 존재자성(οὐσία)의 고유한 본질을 자기 안에 간직하고 있다. 우리가 '온'(ὄν)과 "존재하는 것"이라는 낱말들을 사유하면서 사용할 경우에, 일단 첫째로 전제되어야 하는 것은, 우리가 사유한다는 것, 다시 말해 그때마다 어느 정도로〔낱말의〕의미가 변화하고 또 어떻게 의미가 그때마다 역사적으로 고착되는지에 대해 우리가 주의를 기울여야 한다는 것이다. 존재자성이 대상성으로서 환히 밝혀져 있는 한에서, 존재자가 대상으로서 현상한다면, 그리고 사람들이 그에 따라 존재를 비-대상적인 것으로서 요구한다면, 그때 이 모든 것은 이미 다음과 같은 존재론에 기인하고 있다. 즉, 그것에 의해서 온(ὄν)이 휘포케이메논(ὑποχείμενον)으로서, 그리고 이러한 휘포케이메논이 수브엑툼(*subjectum*)으로서 규정되고, 하지만 이러한 수브엑툼의 존재가 의식의 주체성으로부터 규정되는 그런 존재론에 기인하고 있다. '온'(ὄν)은 "존재하는 것"을 의미할 뿐만 아니라 "존재하는"(*Seiend*)을 의미하기 때문에, "존재자"로서의 온(ὄν)은 존재자의 "존재하는"을 목표로 삼아 집결된다(레게인, λέγειν). 더욱이 온(ὄν)은 이미 자신의 양의성에 알맞게 존재하는 것(*Seiendes*)으로서 존재자성에로 집결되어 있다. 그것은 존재론적이다. 그러나 온(ὄν)의 본질과 더불어 그리고 이러한 본질로부터 그때마다 이러한 모아들임(*Versammlung*)이, 즉 로고스(λόγος)가 변하고, 그것과 더불어 존재론이 변한다. 온(ὄν), 즉 현존하는 것이 퓌시스(Φύσις)로서 피어오른 이래로, 현존하는 것의 현존은 그리스의 사상가들에게는 파이네스타이(φαίνεσθαι)에, 즉 비은폐된 것이 스스로를 드러내 보여주는 현상함에 토대를 두고 있다. 이에 따라 현존하는 것, 즉 타 온타(τὰ ὄντα)의 다양성은 자신의 현상함에서 단순하게 현존하는 것으로서 받아들여지게 되는 그러한 것으로서 사유된다. 여기에서 '받아들인다'(Annehmen)는 것은 [어떤 것을 있는 그대로] 그 즉시 인수하여 현존하는 것을 그대로 둔다는 것을 의미한다. 받아들임(데케스타이, δέχεσϑαι)은 더 이상 아무런 것도 [의도함이] 없이 그대로 머물러 있다. 말하자면 받아들임은 현존하는 것의 현존을 더 이상 의도적으로 사유하지 않는다. 받아들임은 독사(δόξα)에 머무른다. 그에 반해 노에인(νοεῖν)은 현존하는 것을 현존하는 것의 현존함에서 고유하게 인지하고 그것을 겨냥하여 움켜잡으려는 그런 인지함이다.

온(ὄν)의 양의성은 현존하는 것이라고 불리기도 하고 현존이라고 불리기도 한다. 그 양의성은 그 둘을 명명하는 동시에 결코 어떤 것도 그러한 것으로서 명명하지도 않는다. 온(ὄν)의 이러한 본질적 양의성은, 도콘타(δοχούντα)의 독사(δόξα)와, 다시 말해 에온타(ἐόντα)의 독사(δόξα)와, 에이나이(εἶναι)의, 즉 에온(ἐόν)의 노에인(νοεῖν)이 함께 속해 있다는 사실에 상응한다. 노에인(νοεῖν)이 인지하는 그것은 순전한 가상과는 구별되는 참된 존재자가 아니다. 오히려 독사(δόξα)는 현존하는 것 자체를 직접적으로 인지하되, 그러나 현존하는 것의 현존을 ― 노에인(νοεῖν)은 이러한 것의 현존을 인지한다 ― 인지하지는 않는다.

언젠가는 필연적인 것이 되겠지만, 스스로를 은폐하는 온(ὄν)의 양의성으로부터 현존하는 것과 현존의 이중성이 출현하고 있다는 사실에서 우리가 형이상학의 본질을 사유한다면, 그때 형이상학의 시작(Beginn)은 서양 사유의 시작과 일치한다. 그에 반해 사람들이 초감성적 세계와 감성적 세계 사이의 분리를 형이상학의 본질로서 받아들이고, 참된 존재자로서의 전자를 단지 가상적인 존재자로서의 후자에 맞세워 놓는다면, 그때 형이상학은 소크라테스와 플라톤과 더불어 시작한다.

그렇지만 형이상학의 사유와 더불어 시작하는 것은 〔서양 사유의 초창기에 나타난〕 '온'(ὄv)의 이중성에 대해 단지 특이하게 방향 잡힌 하나의 해석에 지나지 않는다. 그 해석과 더불어 형이상학의 비본질은 시작된다. 좀더 차후에 나타난 해석들은 오늘에 이르기까지 이러한 비본질로부터 형이상학의 본래적인 본질시작을 곡해하고 있다. 그러나 만일 우리가 이미 형이상학의 본질시작에서 온(ὄv)의 양의성 속에 편재하는 차이가 사유되지 않은 채로 남아 있다는 것을 숙고해 본다면, 더군다나 이렇게 사유되지 않은 채로 남아 있다는 사실이 형이상학의 본질을 이루고 있다는 것을 숙고해 본다면, 여기서 생각해야만 하는 비본질은 전혀 부정적인 것이 아니다. 이렇게 사유되지 않은 것에 알맞게 온(ὄv)의 로고스도 또한 근거지워지지 않은 채로 남아 있다. 그러나 이 근거지워지지 않은 것이 '존재-론'〔Onto-Logie, 즉 '온(ὄv)의 로고스'〕에게 자신의 본질에 대한 압력을 주고 있다.

이러한 명칭 배후에서 존재의 역사가 우리에게서 은폐된다. '존재론적'이라는 낱말은, 존재자의 존재자성으로 존재자를 모아들이는 작업의 수행을 의미한다. 만일 어떤 것이 존재자의 비은폐성에 따라 역사를 견디어내는 가운데 자신의 본성에 따라 이러한 역사 안에 서 있다면, 그러한 것은 존재론적으로 존재한다. 이에 따라 우리는 다음과 같이 말할 수 있다. 즉, 의식은 존재자를 표상하는 자신의 직접적인 표상작용 안에서 존재자적 의식이라고 말할 수 있다. 이러한 의식에 대해 존재자는 대상이다. 그러나 대상의 표상작용은, 비록 〔이러한 표상작용이〕 사유되지 않은 채 〔남아 있다고 하더라도〕, 대상을 대상으로 표상한다. 표상작용은 이미 대상을 그것의 대상성에서 모아들이고 있기에, 따라서 존재론적 의식이다. 하지만 표상작용이 대상성을 대상성으로서 사유하고 있지는 않으나 그럼에도 그 대상성을 이미 표상하고 있기 때문에, 자연스러운 의식은 존재론적이지만, 그럼에도 불구하고 이러한 의식은 아직은 존재론적으로 존재하지 않는다. 존재자적 의식

은 전존재론적(*vorontologisch*)이라고 우리는 말한다. 존재자적-전존재
론적인 자연스러운 의식은 이러한 것으로서 잠재적으로는 존재자적으
로 참된 것과 존재론적 진리와의 구별**이다.** 의-**식**(*Bewußt-sein*, 알고-
있음)이란 이러한 구별로 **존재한다**(*Unterscheidung sein*)는 것을 뜻하기
때문에, 의식은 자신의 본성으로부터 〔보자면〕존재자적으로 표상된
것과 존재론적으로 표상된 것과의 비교이다. 의식은 비교로서 검사함
안에 존재한다. 의식의 표상작용은 자기 자신에게 있어 '자연스럽게
자기를 시험대에 세움'이다.

따라서 의식 자신은 결코 자연스러운 의식이 아니므로, 의식 자신은
자신의 대상이 진리 속에 있는 것과 자신의 앎이 확실성 속에 있는 것
에 의해서 마치 분리되어 있는 것처럼 머무르고 있다. 자연스러운 의
식은 자신의 본성에 머무른다. 자연스러운 의식은 자신의 본성의 여러
가지 방식들 가운데 〔존립하는〕어떤 하나의 방식에 따라 존재한다. 그
러나 그 의식은 그 자체 자신의 본성으로 존재하지 않는다. 자발적으
로는 본성에 전혀 도달하지 못한다는 것, 그리고 이와 더불어 자신의
등뒤에서 지속적으로 일어나고 있는 그것〔자연스러운 의식과는 구분되는
실재적 의식〕에 자발적으로는 전혀 도달하지 못한다는 것이 이러한 의
식에게는 오히려 자연스럽다. 그럼에도 불구하고 당연히 전존재론적
의식으로서의 자연스러운 의식은 이미 자신의 진리를 향한 길로 인도
되고 있다. 그러나 자연스러운 의식은 또한 이미 이러한 길을 가는 도
상에서 늘 방향을 바꾸면서 그것〔의식〕에 대해 머무르고 있다. 습관적
사념에게는, 자신이 참된 것이라고 여기고 있는 그것 뒤에는 본래 무
엇이 숨어 있고 또 무엇이 가려져 있는지, 이러한 것을 바라보는 것이
습관적 사념에게는 중요한 것이 아니다. 회의는 과연 무엇이 참된 것
의 배후에서 참으로 진리로서 존재하는지를 찬찬히 음미해보는 바라봄
인데, 이러한 바라봄을 습관적 사념은 가로막아 버린다. 어느 날 회의
는 더욱이, 철학의 사념에게는 그 뒤〔배후 또는 배경〕로 존재하는 그것

이 사실은 그 앞〔전경〕이라는 것을 보게 되는 그런 곳에 도달할 수도 있을 것이다. 〔그런데〕 자신에게는 자신의 배경으로서 존재할 수도 있는 이러한 회의의 진리 배후에로는 자연스러운 의식은 전혀 도달하지 못한다. 회의의 진리는 그 자체가, 다시 말해 실로 그것〔빛의 전경〕의 내부에서는 앎과 의식의 모든 양식이 이미 보았던 것으로서 놓이게 되는 그런 빛의 전경이다.

그러나 철학 자체는 때때로 회의를 막는다. 철학은 자연스러운 의식의 습관적 사념을 더 마음에 들어 한다. 철학은 물론 대상으로서의 대상에게 분명히 대상성이 속해 있다는 것을 인정한다. 그러나 대상성은 철학에게는 단지 비대상적인 것이다. 철학은 습관적 사념을 취급하고 그것이 본래 정당하게 가지고 있다고 여겨지는 것을 이러한 사념에게 충분히 권고한다. 왜냐하면 이러한 비대상적인 것은 습관적 의식의 표상들 — 따라서 이러한 표상들은 불충분하며 단순한 기호놀이에 불과한데 — 속에서만 표상되기 때문이다. 그런데 바로 이러한 확언들이 자연스러운 의식에게는 쉽게 받아들여지고 심지어 이러한 의식에게 다음과 같은 인상을 매개한다. 즉, 이러한 확언이 존재론에 대해 회의적 태도를 취하고 있기 때문에, 이러한 확언은 비판철학일 수도 있다는 그런 인상을 매개한다. 그러나 회의의 이러한 방식은 단지 회의의 가상에 지나지 않으며, 따라서 사유 앞에서 사념의 체계 속으로 도피하는 것이다.

그에 반해 만일 회의가 완전한 회의주의로서 스스로를 완수해 나간다면, 형이상학의 내부에서 사유는 존재론적인 것〔존재론적 의식〕을 통해서 존재자적-전존재론적 의식을 고유하게 비교해 나가는 수행과정으로서 진행된다. 이 존재론적인 것은 자연스러운 의식과 분리되는 것이 아니라, 오히려 존재자적이면서 전존재론적인 표상작용의 근원적 통일성으로서 의식의 본성 안으로 되돌아간다. 만일 이러한 비교가 발생한다면, 검사는 진행된다. 이러한 발생에서 의식은 현상함 속에서 자신의 고유한 자기 현상함이다. 의식은 스스로 현존하면서 존재한다. 의식은 존재한다. 의식은 스스로 자신의 진리 속에 〔현존하도록〕 생성됨으로써, 의식은 존재한다.

이러한 생성은 검사함이 발생하기 때문에 존재하는데, 이러한 검사함은 일종의 비교함이다. 검사함은 도대체 이것〔검사함〕이 자발적으로 나아가는 그 정도로만 그렇게 나아갈 수 있다. 회의는 자기 앞을 바라보면서 스스로를 미리 본다. 회의는 앎과 앎의 대상이 자신의 진리에서 존재하는 그것을 예견하면서 미리 본다. 여섯 번째 문단은, 자연스러운 의식이 검사의 도상에서 자신의 진리를 상실한다는 것을 이미 예시하였다. 만일 이러한 의식에게 추정적으로 참된 것으로 보이는 것이 진리에 적합한 것인지 아닌지가 고려되고 있다면, 앎이 그것〔앎의 대상〕의 대상성으로부터 요구되지 않는 한, 앎은 자신의 대상에 상응하지 않는다는 것은 분명해진다. 대상의 진리에 적합해지기 위해서는 의식은 지금까지의 앎을 변경해야만 한다. 그렇지만 의식이 대상에 관한 자신의 앎을 변경하는 동안에, 대상도 또한 이미 변경되고 있었던 것이다.

대상성은 이제 대상이다. 〔그래서〕 이제 대상이라고 불리는 것〔대상성의 대상〕은 대상들에 관한 이전의 사념으로부터는 더 이상 구성될 수 없다. 그러나 대상성이 단지 이전의 대상으로부터 주어질 경우에만, 그리고 그때 이러한 대상성이 단지 부정적으로 주어질 경우에만, 그리고 이러한 것이 비대상적인 것보다도 훨씬 더 부정적으로 주어질 경우에만, 사념도 또한 자신의 본질을 움직이게 된다〔사념이 본질적으로 행해진다〕. 철학은 습관적 사념의 무사유적인 무능력을 예찬하고자 몰두한다.

현상하는 앎의 현상함 속으로 조심스럽게 미리 보면서 검사해 들어가는 이러한 비교에서는, 대상에 관한 자연스러운 앎이 '스스로 추정해보건대 오로지 본래적으로 참된 앎'으로서 고수되지 않을 뿐만 아니라, 대상 자체도 자신의 존립을 검사의 척도로서는 유지하지 않는다. 의식 자신이 그런 것〔검사〕으로서 존재하는 이러한 검사에서는, 검사된 것〔대상에 관한 자연스러운 앎〕도 검사로는 존립하지 않으며, 또한 척도도 검사로는 존립하지 않는다. 검사하는 동안에 그 자체로 소생되는 그것〔의식 자체〕 앞에서, 그 둘은 검사로는 존립하지 않는다.

열네 번째 문단은, "의식이 그 자신에서, 즉 자기의 앎과 자기의 대상에서 실행하는 **변증법적** 운동은, 의식에게 새로운 참된 대상이 그 운동으로부터 **발원하는 한**, 본래적으로 **경험**이라고 불리는 바로 그것이다"라는 명제로 시작된다. 헤겔은 경험이라는 낱말로 무엇을 명명하고 있는가? 그는 존재자의 존재를 명명하고 있다. 존재자는 그 사이에 주체가 되고 이것과 더불어 객체와 객관적인 것이 된다. 존재는 예로부터 '현존한다'를 의미한다. 의식되어 있음으로부터 손재하는 것인 의식이 현존하는 방식은 현상함이다. 의식은 자신이 존재자로 존재하는 그런 존재자로서 현상하는 앎이다. 헤겔은 현상하는 것으로서의 현상하는 것, 즉 '온 헤 온'(ὄν ἧ ὄν) 을 '경험'이라는 이름으로 명명한다. 경험이라는 낱말에서는 '헤'(ἧ) 가 사유되고 있다. '헤'(으로서, *qua*, *als*) 로부터 존재자는 자신의 존재자성에서 사유되고 있다. 경험은 이제 더 이상 인식함의 한 양식을 지칭하기 위한 이름은 아니다. 경험은 이제, 그 낱말이 존재자로서의 존재자로부터 받아들여지는 한, 존재의 낱말이다. 경험은 주체의 주체성을 명명한다. 경험은 '알고-있음'(의-식) 이라는 낱말에서 이러한 "-있음"이 무엇을 뜻하는지를 말하고 있는데, 이로 말미암아 "알고-"라는 낱말에서 무엇이 사유되어야 하는지가 이러한 "-있음"으로부터 비로소 분명해지고 구속력을 갖게 된다.

경험이라는 이 기이한 낱말은, 이 낱말의 종래의 쓰임새가 만기에 이르렀기 때문에, 〔이제는〕 존재자의 존재를 일컫는 이름으로서 고려된다. 이 낱말의 사용은 심지어 습관적 언어사용만이 아니라 철학적 언어사용으로부터도 완전히 벗어나 있다. 그러나 그것은 헤겔의 사유가 여기에서 견디어낸 사태 자체의 결실로 보인다. 단지 그때마다 말하는 화술의 양식과는 본질적으로 다른 방식으로 존재하는 이러한 언어사용의 정당화는, 헤겔이 앞선 문단들을 통해 의식의 본성에 관해 일별하였던 바로 그것에 놓여 있다. 의식에 관한 세 가지 명제들은 이러한 본성의 구조를 〔다음과 같이〕 특징짓고 있다.

"그러나 의식은 자기 자신에 대해(*für sich selbst*) 자신의 **개념**이다."
"의식은 자신의 척도를 그 자신에게(*an ihm selbst*) 준다."
"의식은 자기 자신을 검사한다."

그 안에서 의식이 자신의 진리에서 스스로를 파악하게 되는 바로 그 "자신의 개념"이란 자기파악의 과정을 위한 기준이 되는 것이며, 그때 이러한 기준은 측정된 것과 더불어 의식 속에 있다고 말해지는 이러한 관점에 따라, 두 번째 명제는 첫 번째 명제를 따로 분리해 놓는다. 세 번째 명제는 측정된 것과 기준의 근원적 통일성을 지시한다. 그런데 의식 자체가 검사하는 비교로 — 이러한 비교로부터 그 둘〔측정된 것과 기준〕이 나타나며, 그것도 현상하는 것의 현상함과 더불어 나타나는데 — **존재하는** 한, 의식은 이러한 통일성으로서 현성한다. 현상함의 본질은 경험이다. 이제 이 낱말은 이제 자신이 의식의 본성을 지시함으로써 유지하게 되는 그런 의미를 보유해야만 한다.

그렇지만 의식에 관한 세 명제들과 더불어 언제나 이미 명명되어야만 했던 어떤 것이 앞선 고찰을 통해 밝혀진다. 왜냐하면 그것은 자신의 방식에 있어 피할 수 없기 때문이다. 헤겔 자신은 이것을 경험이라는 결정적인 낱말이 들어오는 그 문단에서 비로소 말하고 있다. 세 가지 명제들의 동사들은 — 즉 첫 번째 명제에서의 "이다"(*ist*), 두 번째 명제에서의 "준다"(*gibt*), 세 번째 명제에서의 "검사한다"(*prüft*)는 —

모두 양의적이다.

의식은 자기 자신에 대해 자신의 개념이며, 동시에 자신의 개념이 아니다. 의식은 자신의 개념이므로, 결국 이러한 개념은 의식에게 생성되고 의식은 자신의 개념 안에서 자기를 발견한다.

의식은, 자신의 척도를 그 자신에게 주고 동시에 자신의 척도를 〔그 자신에게〕 주지 않는다. 의식은 자신의 현상함에서 절대적 확실성으로서 다가오는 그런 의식의 진리가 자기 자신으로부터 나타나는 한, 자신의 척도를 〔그 자신에게〕 준다. 〔그러나〕 의식이 그때마다 참되지 않은 대상으로서 전혀 입장을 지키지 않는 척도를 언제나 거듭 보류하고, 따라서 마치 산의 배후에 간직하고 있는 한, 의식은 자신의 척도를 주지 않는다.

의식은 자기 자신을 검사하되, 그러나 다시금 자기를 검사하지 않는다. 의식이 도대체 대상성과 대상 자체〔대상이 자신의 본질로 존재하는 대상〕의 비교로부터 존재하는 한, 의식은 〔자기 자신을〕 검사한다. 자연스러운 의식이 자신의 사념을 완강히 주장하고 자신의 참된 것을 제대로 검사도 하지 않은 채 절대적으로 참된 것이라고 부르는 한, 의식은 〔자기를〕 검사하지 않는다.

이러한 양의성과 더불어 의식은, '어떤 것은 이미 존재하되, 그것은 동시에 아직은 존재하지 아니 한다'라는 자신의 본질의 근본특징을 누설한다. 의식(Bewußtsein)이라는 의미에 있어서의 존재〔Sein, 즉 의식이라는 낱말에 담겨 있는 존재〕는 이미(Schon)의 '아직-아님'(Noch-nicht)에 체류하고 있음을 의미하는데, 물론 이 '이미'는 '아직-아님'에서 현존한다〔여기서 '이미'와 '아직-아님'은 방금 앞 문장에 담겨 있는 '이미'와 '아직-아님'을 지시한다〕. 현존은 그 자체가 '이미' 속으로의 자기지시이다. 현존은 이러한 것〔이미 속으로의 자기 지시〕을 향해 길을 떠난다. 현존은 그 스스로 길을 형성한다. 의식의 존재는, 의식이 스스로 '운-동한다'(be-wegt)는 점에 존립한다〔be-wegen(운동하다)이라는 낱말에는 길

(*Weg*)을 놓아가는 성격이 담겨 있다. 하이데거는 이에 주목하여, 의식의 존재란 의식이 스스로 자기 자신의 완전한 앎에 도달하기 위해 길을 형성해 나가는 바로 그 점에 성립하고 있다고 생각〕. 헤겔이 경험으로서 사유한 존재는 운동의 근본특징을 지닌다. 헤겔은 경험의 본질을 말하는 명제를 다음과 같은 낱말들로 시작한다. 즉, "**변증법적 운동…**"은 본래적으로 경험이라고 불리는 바로 그것인데, 물론 여기에서는 현상하는 앎의 학문이 서술하는 그것〔의식의 자기 전개 과정〕을 숙고하는 가운데 경험이라고 불리는 바로 그것이다. 헤겔은, 경험이 현상들을 고수하면서 구성으로 변양되지 않도록 주의해야 한다는 점을 강조하기 위하여, 단지 서술을 경험의 한 양식으로서 특징짓고 있을 뿐이라고 사람들이 생각한다면, 그것은 아마도 텍스트를 아주 심각하게 오해한 것이다. 여기에서 사유해야만 하는 그 경험은 경험의 독특한 양식의 특징으로서의 서술에 속하는 것이 아니라, 오히려 서술이 경험의 본질에 속한다. 경험은 현상하는 것 자체의 현상함이다. 현상함의 서술은 현상함에 속하고, 이러한 서술은 그〔의식의 변증법적 운동〕 안에서 의식이 자신의 실재성을 실현하는 그런 운동으로서의 이러한 현상함에 속한다.

헤겔은 이러한 운동을 강조된 방식으로 "변증법적" 운동이라고 부른다. 그는 오직 여기에서만 사용되고 있는 이 명칭을, 그 토막글의 앞선 문단에서도 해명하지 않고 그 이후의 문단에서도 해명하지 않는다. 따라서 우리는 변증법적인 것을 의식의 본성에 대한 지금까지의 성찰〔과정〕에서 밝혀졌던 바로 그것으로부터 이해하고자 시도한다. 사람들은 변증법적인 것을 정립, 반정립 그리고 종합의 통일성으로부터 혹은 부정의 부정으로부터 설명하고자 할 것이다. 그러나 이러저러한 방식으로 정립된 모든 것은 자신의 본질을 다음과 같은 의식 속에, 즉 부정성이 부정으로부터 이해되는 한에서, 부정성도 또한 그 안에 근거하고 있는 그런 의식 속에, 가지고 있다. 그러나 의식의 본질은 자신의 본성의 전개를 통해서 비로소 규정되어야 한다. 이와 마찬가지로, 변증법이 단지 인식의 한 방법에 불과한 것인지, 또는 그것이 실재적인 어떤 것으로서의 객관적인 실재 자체에 속하는지, 이러한 문제가 옆에 남아 있을 수도 있다. 실재적인 것의 실재성은 어디에 존립하는지, 이러한 실재성이 의식의 존재에는 어느 정도로 깃들어 있으며, 또 이러한 존재는 어떤 사정 속에 있는지, 이러한 것들이 규정되지 않는 한, 그 문제는 허구적 문제이다. 변증법에 관한 여러 논의들은, 고여 있는 허드렛물로부터 샘물의 솟아오름을 설명하는 태도와 같다. 아마도 샘물에 이르는 길은 요원할 것이다. 그러나 우리는 헤겔의 도움을 요청해 받음으로써, 그 길의 방향을 지시하고자 시도해야만 한다.

의식은 의식으로서 자신의 운동이다. 왜냐하면 의식은 존재자적-전존재론적 앎과 존재론적 앎 사이의 비교이기 때문이다. 전자는 후자를 요구한다. 후자는 전자에게 자신의 진리로 존재할 것을 요구한다. 하나와 다른 하나 사이에($Zwischen$, $\delta\iota\alpha$) 이러한 요구들의 말함이 있는데, 이러한 말함이 레게인($\lambda\acute{\epsilon}\gamma\epsilon\nu$)이다. 이러한 대화에서 의식은 스스로 자신의 진리에게 말을 건넨다. 디아레게인〔$\delta\iota\alpha\lambda\acute{\epsilon}\gamma\epsilon\iota\nu$, 디아-레게인, 즉 둘 사이에서의 말함〕은 디아레게스타이($\delta\iota\alpha\lambda\acute{\epsilon}\gamma\epsilon\sigma\theta\alpha\iota$)이다. 그러나 대화는 의식의 **한** 형태 속에 머무르지 않는다. 그것은 본질적 대화로서 의식의 형태들의 전체 영역을 통과하여($\delta\iota\alpha$) 나아간다. 이렇게 통과하여 나아가면서, 그것〔대화〕은 자신의 본질의 진리 속으로 집결된다. 통과하여 모아들임(디아레게인, $\delta\iota\alpha\lambda\acute{\epsilon}\gamma\epsilon\iota\nu$)은 일종의 자기집결(디아레게스타이, $\delta\iota\alpha\lambda\acute{\epsilon}\gamma\epsilon\sigma\theta\alpha\iota$, 스스로 모아들임)이다.

의식은 자연스러운 앎과 실재적 앎 사이의 대화[5]로서의 의식인데, 이러한 대화는 의식의 형태들을 통과하면서 자신의 본질의 모아들임을 완수한다. 의식의 도야가 **동시에** 스스로를 모아들이는 대화로서 **그**

---

5) 1950년 제1판: 어떤 의미에서 이러한 것이 또한 "논리학"에게도 타당할 것인가? 〔두 앎〕사이의 대화란 〔… 어떤 의미인가〕?

리고 스스로 발언하는 모아들임으로서 발생하는 한, 의식의 운동은 변증법적이다.

존재자적-존재론적 의식의 대화적 성격으로부터 비로소 의식의 표상작용의 정립적 특성이 끄집어내어질 수 있는데, 그 때문에 변증법의 특징은 정립, 반정립 그리고 종합의 통일성에 의해서 언제나 올바르게, 그러나 또한 언제나 단지 파생된 것으로 남아 있다. 꼭 같은 것이 무-한한[*un-endlich*, 끊임이 없다는 의미의 무한] 부정성으로서의 변증법적인 것의 해석에 대해서도 적용된다. 그 해석은, 의식이 자신에 의해 완수된 진리 안에 **존재하는** 그런 절대적 개념을 목표로 삼아 의식의 형태들을 통과하여 스스로를 모아들이는 대화에 근거하고 있다. 정립적-긍정적인 것과 부정하는 부정은 의식의 근원적인 변증법적 현상함을 전제로 삼고 있으나, 결코 의식의 본성의 합성을 형성하지는 않는다. 변증법적인 것은 표상작용의 긍정과 부정으로부터 논리적으로 설명될 수도 없고, 또한 그것은 실재적 의식의 내부에서의 어떤 특수한 활동성과 운동의 형식으로서 존재자적으로 확립될 수도 없다. 변증법적인 것은 현상함의 방식으로서 존재에, 즉 존재자의 존재자성으로서 현존으로부터 펼쳐지는 그런 존재에 속한다. 헤겔은 경험을 변증법적으로 파악하는 것이 아니라, 오히려 그는 변증법적인 것을 경험의 본질로부터 사유한다. 경험은, 주체성으로부터 스스로를 주체(*subiectum*, 기체)로서 규정하는 그런 존재자의 존재자성이다.

경험의 결정적인 본질계기는 새로운 참된 대상이 경험에서 의식에게 발원한다는 점에 존립한다. 중요한 것은 서로 마주해 있는 것으로서의 하나의 대상을 알게 되는 데에 있는 것이 아니라, 진리의 발생으로서의 새로운 대상의 발생이 중요하다. 대상은 이제 전적으로 더 이상 표상작용에 대해 마주해 있는 것으로서 사유되지 않으며, 오히려 아직은 참되지 않은 것이라는 의미에서의 옛 대상을 마주 향해 의식의 진리로서 발생하는 그러한 것으로서 사유된다. 경험한다는 것은, 의식이 존재하는 한에서, 의식이 자신의 개념에 따라 출발하는 방식인데, 그때 의식은 이러한 개념으로서 진리 안에 존재한다. 출발하면서 뻗어나감은 현상하는 참된 것에서 진리의 현상함을 획득한다. 진리를 획득하면서, 〔의식의〕 뻗어나감은 현상함 자체의 자기 현상함에 도달한다. 나아감은 경험함에서의 나아감(*das Fahren im Erfahren*)은 이끈다(*Ziehen*)는 근원적 의미를 갖는다. 목수는 집을 지을 때 들보를 가지고 일정한 방향으로 나아간다. 나아감은 '… 을 향해〔뻗어〕나감'이다. 즉, 하나가 다른 하나의 모습을 향해 나아간다. 나아감은 '인도하면서 … 에 도달함'이다. 즉, 목자는 출발하면서 가축의 무리를〔이끌고〕산으로 몰고 간다. 경험한다는 것은 '뻗어나가면서-획득하는 도달함'(*das auslangend-erlangende Gelangen*)이다. **경험한다는 것은 현존함의, 다시 말해 존재의 한 방식이다.** 경험을 통해서 현상하는 의식은 자신의 고유한 현존 속으로 현성하는 그런 의식으로서 사기 곁에 현존한다. 경험은 의식을 자신의 본질의 모아들임 속으로 모은다.

경험은 현존하는 것의 현존성의 방식인데, 이 현존하는 것은 스스로를 앞에 세우는 표상작용 안에서 현성한다. 의식의 도야의 역사에서 의식에게 그때마다 발생하는 새로운 대상은 어떤 참된 것과 존재자가 아니라, 오히려 참된 것의 진리, 존재자의 존재, 현상하는 것의 현상함, 즉 경험이다. 이 새로운 대상은 열네 번째 문단의 마지막 문장에 따르면 경험 자체 이외에 다른 어떤 것이 아니다.

자신의 존재(*esse*)에 있어서 존재자의 본질(*die essentia des ens*)은 현재 있음(*Präsenz*)이다. 그러나 현재 있음은 제시의 방식에서 현성한다. 그러나 그 사이에 존재자(*ens*), 즉 주체(*subiectum*)는 사유하는 것(*res cogitans*)이 되기 때문에, 제시는 그 자체로 동시에 표-상하면서(앞에-세우면서) 존재하는데, 다시 말해 재현이다. 헤겔이 경험이라는 낱말 속에서 사유하고 있는 그것은 이제 비로소, 주체로서의 사유하는 것이 모아들이고 있는 그것을 말한다. 경험은 재현에서 현성하는 절대적 주체의 제시, 그래서 스스로를 떼어내고 있는 절대적 주체의 제시이다. 경험은 절대적 주체의 주체성이다. 경험은 절대적 재현의 제시로서 절대자의 임재(Parusie)이다. 경험은 절대자의 절대성, 즉 떼어낸〔absolvent, 절대적으로 분리된〕자기 현상함 안에서의 절대자의 현상함이다. 중요한 모든 것은, 여기에서 말해진 경험을 의식의 존재로서 사유하는지 그 여부에 달려 있다. 그러나 존재는 현존(Anwesen)을 뜻한다. 현존은 현상함으로서 스스로를 알린다. 현상함은 이제 앎의 현상함이다. 경험이 그러한 것〔존재〕으로서 현성하는 존재 안에는 제시함이라는 의미에서의 표상함이 현상함의 성격으로서 놓여 있다. 헤겔은 심지어 자기가 경험(Erfahrung)이라는 낱말을 〔이와 유사한〕경험(Empirie)이라는 통상적인 의미로 사용하는 바로 그곳에서, 무엇보다도 현존의 계기에 주목하고 있다. 그때 그는 경험을 "현재적인 것 그 자체를 주목함"이라고 이해하고 있다(《정신현상학》의 '학문의 체계'를 위한 서언, 호프마이스터 판, 14쪽 참조). 헤겔은 신중하게도, 경험이란 단지 현재적인 것을 주목하는 것이라고는 전혀 말하고 있지 않으며, 오히려 현재적인 것을 자신의 현존에서 주목하는 것이라고 말한다〔여기서 하이데거는 '현재적인 것을 주목하는 것'과 '현재적인 것 그 자체를 주목하는 것'을 구분하고 있다. 후자는 전자와 달리, 현재적인 것을 자신의 현존에서 주목하는 것이다. 반면에, 후자는 그 시선이 현존, 즉 존재자의 존재에로 나아가고 있다는 점에서 그 둘은 뚜렷이 구별된다〕.

경험은 자신의 현존 속에 현존하는 것과 관계한다. 그러나 의식이 자기 자신을 검사함으로써 〔의식으로〕존재하는 한에서, 의식은 자신의 현존에 도달하기 위하여 자신의 현존을 향해 출발한다. 현상하는 앎의 현상함 속에는 이러한 앎의 현재 있음에서 스스로 재현하는 것, 다시 말해 서술하는 것이 속한다. 서술은 경험에 속하며, 더군다나 경험의 본질에 속한다. 서술은 단지 경험에 대해 상응하고 있는 상대적인 어느 한쪽, 그래서 때로는 결여될 수도 있는 그런 어느 한쪽이 아니다. 따라서 현상하는 앎의 서술이 과연 어떠한 방식으로 현상함 자체에 속하는지가 환히 밝혀질 경우에만, 비로소 경험은 자신의 완전한 본질에서 절대적 주체라는 의미에서의 존재자의 존재자성으로서 사유된다. 절대자의 현존(Dasein)으로서의 경험의 본질에 이르는 마지막 걸음걸이를 이 토막글의 거의 마지막 문단이 수행한다.

열다섯 번째 문단은, 사람들이 경험이라고 부르는 그것에 관해 자연스러운 의식이 가지고 있는 그런 생각에 대해 언급하고 있다. 헤겔이 생각하는 경험은 이러한 생각에 역행된다. 이것은 곧, 형이상학적으로 사유된 경험은 자연스러운 의식에게는 접근되기 힘들다는 것을 의미한다. 그것은 존재자의 존재자성이고, 따라서 존재자의 내부에 존재하는 존립부분으로서는 그 어디에서도 발견될 수 없다. 만일 사람들이 어떤 대상에 대해, 예를 늘어 그가 사용하는 어떤 작업도구에 대해 좋은 경험을 겪게 된다면, 사람들은 이러한 경험을 다음과 같은 대상에서 하게 된다. 즉, 우리가 그것에 대해 경험을 겪게 되는 그 대상이 적용되는 그런 대상에서 경험을 하게 되는 것이다. 만일 사람들이 어떤 인간에 대해 나쁜 경험을 겪게 된다면, 사람들은 그의 인간성이 여실히 드러나게 되는 특정한 경우나 상황 혹은 관계들 속에서 그런 경험을 하게 된다. 사람들은 대상에 대한 경험을 바로 그 대상에서 하게 되는 것이 아니라, 오히려 사람들이 관계하면서 슬그머니 동반하고 있는 어떤 다른 대상에서 이러한 경험을 하게 되는 것이다. 습관적인 경험(experiri)에서 사람들은 자기가 검사해야만 하는 대상을, 그가 다른 대상들을 통해 가져온 이러저러한 조건들에 입각하여 바라본다. 이러한 것에 입각해서 대상이 어떠한 상태로 있는지가 밝혀진다. 만일 사람들이 여태까지 자기가 검사해야만 하는 대상에 대해 가지고 있었던 생각들을 변경해야만 한다면, 그때 우리에게는 새롭게 이쪽으로 가져와진 대상들에 대해 변경된 다른 생각이 주어진다. 옛 대상의 비진리는 우리가 거리낌없이 표상하는 새로운 대상에서 스스로를 내보여준다. 이러한 것은 우리가 이 새로운 대상을 그렇게 표상하면서 이미 알려진 것 — 우리는 바로 이것에 대해 경험하길 원하는데 — 과의 비교하는 관계 속으로 정립하기 위해서 그런 것이다. 이에 반해 그러한 것〔경험〕으로서 의식 자신이 존재하는 그런 경험에 있어서는 사정이 이내 곧 전환된다.

만일 우리가 어떤 대상의 대상성을, 즉 참된 어떤 것의 진리를 표상한다면, 그때 경험은 옛 대상에서 이루어지고 있되, 이러한 것은 곧 새로운 대상이, 즉 대상성이 옛 대상에서 발생하는 식으로 이루어진다. 옛 대상에서 그리고 옛 대상으로부터 새로운 대상이 나타나 존립하게 된다. 따라서 직접적으로 눈앞에 있는 어떤 다른 대상에게로 떠나가지 않는 것이 중요할 뿐만 아니라, 특히 이제 비로소 옛 대상에 관계해 들어가는 것이 중요하다. 자연스러운 의식은 자신에 의해 표상된 것과 자신의 표상작용을 직접적으로 존재하는 것으로서 표상하는데, 그때에는 이미 자신이 표상하는 존재에 대해서는 전혀 주의하지 않은 채로 그렇게 표상한다. 따라서 만일 자연스러운 의식이 존재자의 존재를 알아차리고자 한다면, 이 의식은 오직 존재자에게만 머물러 있어서는 안 되고, 오히려 존재자를 표상할 때 자신〔자연스런 의식〕에게 이미 표상성 속에서 존재하고 있는 바로 그것〔존재자의 존재〕에로 자신이 되돌아가는 식으로 이러한 것〔존재자〕에 관계해 들어가야만 한다. 현상하는 것의 현상함이 출현하는 한에서, 의식은 이미 습관적 표상작용을 확실히 포기한 것이고, 현상하는 것으로부터 현상함에게로 스스로 되돌아간 것이며, 따라서 전환한 것이다.

현상함의 자기 현상함에는 "의식 자체의 전환"이 편재한다. 의식의 경험의 근본특징은 이러한 전환이다. 그 전환은 더욱이 "우리의 부가행위"이다. 이러한 전환에서 의식에게 서술되는 그것은 "의식에 대해", 즉 자연스러운 의식에 대해 존재하지 않는다. 전환에서 서술되는 그것

헤겔의 경험 개념 255

은, "그것에 대해", 즉 "우리가 고찰하는" 의식에 대해 있는 것이 아니라, 오히려 우리가 고찰하는 "우리에 대해" 있다. 이러한 "우리"는 누구인가?

이러한 "우리"는 자연스러운 의식의 전환에서 이러한 것[자연스런 의식]을 물론 자신의 사념에 그대로 두지만, 그러나 동시에 특히 현상하는 것의 현상함을 바라보는 그러한 자들이다. 특히 현상함을 바라보는 이러한 봄은, 절대자의 절대성을 미리 보면서도 처음부터 그 절대성을 예견하고 있는 회의가 스스로 수행해나가는 바라봄이다. 스스로를 완수해나가는 회의주의에서 밝아오는 그것은 "우리에 대해", 다시 말해 존재자의 존재자성을 사유하면서 이미 존재를 예비하고 있는 그러한 자들에 대해, 스스로를 내보여주고 있다. 회의에 편재하는 의식의 전환은 베풂인데, 이 베풀음을 통해 의식은 현상함 자체를 예견하고 기내한다[여기서 베풀음이라고 옮긴 독일어는 Versehgang이다. 이 낱말은 원래 가톨릭 용어로서, 신부가 죽음이 임박한 사람에게 다가가 최후의 임종성사를 베풀어주는 발걸음을 뜻한다. 따라서 하이데거가 이 낱말에 담고자 한 본래적 의미는, 존재자에 구속된 자연스러운 의식과 결별하고 이러한 의식으로부터 존재자의 존재를 사유하는 실재적인 의식에게 다가가기 위해 의식 자체가 베풀어주는 의식 자체의 전환을 지시한다]. 이렇게 예견되고 기대되는 것에게 스스로를 내보여주는 그것은, 물론 그 내용에 따르면 의식 자체에 속해 있고, "그것[의식]에 대해" 있다. 그러나 현상하는 것이 스스로를 내보여주는 그 방식은, 말하자면 현상함으로서의 그 방식은, 현상하는 것의 보임새, 즉 현상하는 모든 것을 형성하고 시야 속으로 내세우고 형상화하는 에이도스(εἶδος)이자, 모르페(μορφή)이고, 형식(forma)이다. 헤겔은 그것을 "형식"이라고 부른다. 그 형식은 결코 "그것에 대해", 즉 즉각적으로 표상하는 자연스러운 의식에 대해 존재하지 않는다. 형식이 그것[자연스러운 의식]에 대해 존재하는 한, 그것[자연스러운 의식]은 이러한 형식에게는 언제나 오직 대상으로서만 존재할 뿐, 그것〔자연스러운 의식〕은 결코 대상성이 아니다. 형식, 즉 존재자의 존재자성은, 우리가 〔의식의〕 전환에서 곧바로 현상하는 것을 보는 것이 아니라 오히려 현상하는 것의 현상함을 보는 "우리에 대해" 존재한다. 표상작용의 전환으로 존재하는 의식의 전환은 즉각적 표상작용(*das geradehin Vorstellen*)에서부터 어떤 샛길로 빗나가는 것이 아니라, 오히려 그 전환은 자연스러운 표상작용의 내부에서 이러한 것〔현상하는 것을 표상하는 자연스러운 의식이 아니라, 현상하는 것의 현상함을 바라보는 의식〕에 관계해 들어가는데, 바로 이러한 것으로부터 직접적인 표상작용(*das geradezu Vorstellen*)이 현존하는 것으로서 지각한 그것〔현존하는 것으로서의 현존하는 것〕이 이제 비로소 이러한 표상작용에게 다가오게 되는 것이다.

의식의 전환에서 우리는 결코 어떠한 자연스러운 의식도 그것의 배후에 오지 않는 그러한 것〔의식 자체〕에 관계해 들어간다. 우리는 "그것의 배후에서 일어나는" 바로 그것을 눈여겨본다. 그것에는 또한 전환이 속한다. 이 전환을 통해 현상하는 것의 현상함이 서술에 도달한다. 전환은 전향하여 경험을 비로소 서술함에 세운다. 의식의 경험은 전환을 통해 "학문적 발걸음에로 고양"된다. 서술은 존재자의 존재를 표상한다. 서술은 '온 헤 온'(존재자로서의 존재자)의 학문이다. 그〔전환〕 안에서 바라봄이 현상하는 것으로서의 현상하는 것에게로 스스로 향해나가는 그런 전환은 봄(*Sehen*)을 학문이 내딛어 가는 발걸음에로 가져온다. 존재자의 존재에 대한 회의는 존재자를 그것 자체〔존재자로서의 존재자〕에게로 되돌려 세우기에, 그 결과 존재자는 존재자로서 이러한 "으로서" 안에서 스스로를 내보여주게 된다. 전환은 오로지 이러한 '헤'(으로서)를 '온'(존재자)과 관련하여 일어나게 한다. 그러므로 그것〔경험〕을 통해 의식이 자신의 현상함에서 자기 자신으로 현상하는 이러한 경험에게 있어 결정적인 것은 전환에 놓여 있다. 그렇지만 이 전환은 "우리의 부가행위"이다.

그러나 헤겔은 앞선 문단들(특히 열두 번째 문단을 참조하라)에서, 우리에게 "순수한 바라봄"이 머물게 하기 위해서는, 우리가 현상하는 앎을 서술할 때 우리에게 곧바로 떠오르는 착상들과 사상을 놓아버려야 한다는 사실에 모든 숙고를 기울이도록 지적하지 않았던가? 그는 열세 번째 문단에서, 의식은 자기 자신을 검사하기에, 따라서 "우리의 부가행위"는 과도해진다는 것을 분명히 말하고 있지 않는가? 모든 부가행위를 놓아버림으로써 우리는 현상하는 것이 자발적으로 자신의 현상함에서 스스로를 내보여준다는 사실에 도달해야만 한다. 그러나 놓아버림(Weglassen)은 저절로 행해지지 않는다. 만일 '… 하게 함'(Lassen)이 하나의 행위라면, 그때 그것은 놓아버림이다. 이러한 행위는 필연적으로 일종의 부가적 행위이다. 왜냐하면 스스로를 완수해나가는 회의주의의 회의가 존재자의 존재를 미리 보는 것을 통해서만, 존재자는 자유롭게 그 스스로 현상하고 자신의 현상함을 밝아지게 하기 때문이다. 의식의 전환의 부가행위는 현상하는 것이 현상하는 것으로서 현상하게 함이다. 부가행위는 경험에게 낯설지 모를 어떤 것을, 이러한 경험에게 강요하지 않는다. 오히려 부가행위는 의식의 첫 번째 명제에 따라 자기 자신에 대해 자신의 개념으로 존재하는 그런 의식의 존재로서의 경험 안에 놓여 있는 그것〔현상하는 것 자체의 자기 현상함〕을 경험 자체로부터만 오로지 산출한다. 따라서 부가행위는 또한 서술을 위해 필요한 순수한 바라봄을 결코 지양할 수 없다. 부가행위에서 그리고 부가행위를 통해서 오히려 순수한 바라봄은 시작된다. 그렇기 때문에 바라봄은 부가행위에 머무른다.

앞선 문단에서 헤겔은 경험이 운동이라고, 즉 의식 자신이 그 자신에서 실행하는 운동이라고 말하고 있다. 실행은 강압의 편재함인데, 이러한 강압으로서 절대자의 의지는 자기가 자신의 절대성에서 우리 곁에 현존할 것을 의욕한다. 그러한 것〔의지〕으로서 절대자가 존재하는 그 의지는 경험의 방식 안에 편재한다. 경험은 '뻗어나가면서-획득하는 도달함'인데, 이러한 것으로서 현상함은 스스로 현상한다. 경험은 의지의 본질을 이러한 도달함(현존)으로서 특징짓는데, 의지의 본질은 경험의 본질과 더불어 존재의 본질에서 스스로를 은폐한다. 여기에서 생각해야만 하는 경험은 인식의 한 방식도 아니고, 습관적으로 표상된 의욕의 한 방식도 아니다. 우리 곁에 존재하는, 다시 말해 우리에 대해 현상하는 것으로서 현상하는 절대자의 의지는 경험으로서 편재한다. 우리가 전환의 부가행위를 행하는 한, 현상하는 것은 자신의 현상함에서 우리에 대해 서술된다. 부가행위는 따라서 절대자의 의지를 의욕한다. 부가행위는 그 자체가 절대자의 절대성이 의욕한 것이다. 의식의 전환은 우리의 측면으로부터 절대자에게 이르기까지 아무런 사리사욕도 가져오지 않는다. 의식의 전환은 우리를, 절대자의 임재(Parusie)에서 현존한다는 점에 존립하는 우리의 본질 안으로 되돌려 세운다. 이러한 것은 '우리에 대해', 임재를 서술하는 것을 뜻한다. 경험의 서술은 경험에 귀속하는 것으로서, 경험의 본질로부터 의욕된다. 우리가 절대자의 절대성을 바라볼 때, 우리에게는 어떤 천성이 부여되고 있다는 사실과 그 천성이 우리에게 부여되는 방식을, 이러한 부가행위는 명확히 보여주고 있다.

경험은 존재자의 존재이다. 그런데 존재자는 의식의 성격에서 현상하고, 재현에서 현상하는 것으로서 **존재한다**. 그러나 이제 경험의 본질에 서술이 속한다면, 그리고 이러한 서술이 전환에 근거하고 있다면, 또한 우리의 부가행위로서의 전환이 절대자의 절대성에 대한 우리의 본질관계의 수행이라면, **그때 우리의 본질 자체는 절대자의 임재에 속한다**. 전환은 절대성에로의 회의이다. 그것은 모든 현상하는 것을 현상하는 것의 현상함에서 전환시킨다. 전환은 처음부터 현상함을 예견하면서 기대하고 있기에, 이러한 전환은 모든 현상하는 것 자체를 능가하고, 또 이러한 것을 포괄하고 있으며, 그 안에서 현상함이 스스로 현상하는 그런 장소의 범위를 열어놓고 있다. 서술은 끊임없이 회의적으로 자기 앞으로 나아가면서(*vor-sich-gehen*) 진행되기에, 서술은 이러한 장소에서, 그리고 이러한 장소를 통과하여 자신의 길을 간다. 전환에서 서술은 절대자의 절대성을 자기 앞에 가지고 있으며, 그래서 절대자를 자기 곁에 가지고 있다. 전환은 의식의 도야의 역사의 장소를 열고 한계 짓는다. 이런 식으로 전환은 의식의 경험의 완전성과 진행을 안전하게 한다. 경험은 자기 앞으로 나아가고, 이렇게 자기 앞으로 나아가면서 자기에게로 되돌아오고, 또한 이러한 되돌아옴에서 스스로를 의식의 현존 속으로 전개하고, 이러한 현존으로서 **지속하게 됨**으로써, 경험은 진행된다. 절대적으로 분리된 채 지속하는 의식의 현존성이 절대자의 존재이다. 현상하는 의식은 이러한 전환을 통해 자신의 현상함에서 그리고 오로지 이러한 현상함 안에서만 스스로를 내보여준다. 현상하는 것은 자신의 현상함에서 스스로를 외화(外化)한다. 외화(*Entäußerung*)를 통해 의식은 자신의 존재의 극난(*das Äußerste*)에로 나아간다. 그러나 의식이 자신과 자신의 본질로부터 떠나는 것도 아니고, 또한 절대자가 외화를 통해 자신의 약함의 공허함 속으로 떨어지는 것도 아니다. 오히려 외화는 그러한 것〔의지의 힘〕으로서 절대자의 임재가 편재하는 그런 의지의 힘으로부터 현상함의 충만함을 견지함이다. 절대자의 외화는 절대자의 절대성이 현상하는 과정 속으로의 절대자의 '상-기'〔*Er-innerung*, 즉 절대자가 스스로 현상하는 내면(*das Innere*)의 장소를 열어(*Er-*) 밝히는 것〕이다. 이러한 외화는 추상 속으로의 소외(*Entfremdung*)가 아니므로, 이러한 것을 통해 현상함은 현상하는 것 그 자체 안에 곧바로 마치 고향에 머물듯 편안히 머물게 된다.

주체성이 존재의 고유한 역사적 본질운명(*Wesensgeschick*) ─ 그 안에서 존재자의 진리가 아닌 바로 존재의 비은폐성이 스스로 **물러서고 있고**, 따라서 어떤 특정한 에포케(*Epoche*)가 규정되는 그런 역사적 본질운명 ─ 인지 아닌지, 그리고 어느 정도로 그러한지 등의 물음은, 물론 하나의 완전히 다른 물음이다. 주체성의 내부에서는 각각의 존재자 자체는 대상이 된다. 모든 존재자는 지속성으로부터 그리고 지속성 안에서 존재하는 것이다. 만일 그 안에 기술의 본질이 근거하고 있는 그런 주체성의 시대 내부에서 의식에게 존재로서의 본성(Natur)이 대립된다면, 그때 이러한 본성은 단지 사물과 인간의 존립을 무차별적으로 공격하는 근대 기술의 대상화의 대상으로서의 존재자일 뿐이다.

의식의 전환은 무엇보다 먼저 처음부터 특히 사이(디아, δια)를 열어 놓는데, 이러한 사이의 내부에서 자연스러운 의식과 절대적 앎 사이의 대화가 언어에 이르게 된다. 전환은 동시에 절대자의 절대성에 대한 회의로서 완전한 영역을 열어 놓는데, 이러한 영역을 통과하여(디아, δια) 의식은 자신의 역사를 완성된 진리 속으로 모아들이고 그것〔절대적 앎〕을 그러한 방식으로 형성한다. 의식의 전환은 이중적 '레게스타이'(λέγεσθαι)의 이중적 '디아'(δια)를 환히 밝힌다. 전환은 우선 전적으로, 경험이 의식의 존재로서 스스로를 완수해나가는 그런 운동의 변증법적인 것을 위한 본질놀이공간을 형성한다.

의식의 전환은, 이러한 것〔의식의 전환〕이 이미 절대성을 예견하고 있었고 그래서 그것〔회의〕을 통해 절대성을 준비하고 있는 한, 회의가 보고 있는 이러한 봄의 수행이다. 회의의 '보았음'(비디, vidi)은 절대성의 앎이다. 의식의 전환은, 그러한 것〔앎〕으로서 현상하는 앎의 서술이 스스로를 전개하는 그런 앎의 본질중심이다. 이와 같이 서술은 현상함 안에서 의식 자체가 자기 현상함에 이르는 〔기나긴〕 과정이다. 서술은 "학문에 이르는 길"이다. 서술은 이렇게 파악된 학문 자체에 이르는 길로서 학문이다. 왜냐하면 학문이 거기에로 스스로 길을 놓아가며 운동하는 그 길은 경험이라는 의미에서의 운동이기 때문이다. 경험에 편재하는 강압 그리고 경험으로서 편재하는 강압은 스스로 임재하고자 의욕하는 절대자의 의지이다. 이러한 의지에서 길은 자신의 필연성을 가진다.

헤겔은 열네 번째 문단과 열다섯 번째 문단이 경험의 본질에 대해 고찰한 성찰의 결과를 하나의 명제로 요약하는데, 그 명제를 그는 계속 이어지는 문단들의 텍스트로부터 유일한 문단으로서 구분하고 있다. 그 명제는 동시에 이 토막글의 모든 이전의 문단들을 결정적인 생각 속으로 맞아들인다. 그것은 다음과 같다.

이러한 필연성을 통해서 학문에 이르는 이러한 길 자체가 이미 **학문**이며, 이 필연성의 내용에 따르면, **의식의 경험**의 학문이다.

우리가 이 명제의 강조된 낱말들을 함께 모은다면, 그때 그 낱말들은 헤겔이 정신의 현상학의 맨 처음에 놓은 명칭, 즉 '의식의 경험의 학문'이 된다. 앞선 문단들은, 문헌적으로 보자면, 이 명칭의 해석을 포함하고 있다. 경험은 현상하는 앎으로서의 현상하는 앎의 현상함이다. 의식의 경험의 학문은 현상하는 것으로서의 현상하는 것을 서술한다. 현상하는 것은 '온'(ὄν), 즉 의식이라는 의미에서의 존재자이다. 서술의 회의는, θεωρεῖ τὸ ὂν ᾗ ὂν καὶ τὰ τούτῳ ὑπάρχοντα καθ᾽αὑτό이다. 즉, "회의는 (현상함 안에서) 현존하는 것을 (그렇게) 현존하는 것으로서 주시하고 그래서 현존하는 것 자체로부터 그것(자신의 현상함에서 현존하는 것)에 이미 앞서 지배하고 있는 바로 그것을 (주시한다)."

서술은 그러한 것[의지의 강압]으로서 절대자가 자신의 현존성(임재)을 의욕하는 그런 의지의 강압을 예견하며 기대한다. 아리스토텔레스는 그에 의해 특징지어진 존재자로서의 존재자를 주시함을 '에피스테메 티스'(ἐπιστήμη τις)라고, 즉 우리의 봄과 인지함이 줄곧 거기에, 말하자면 현존하는 것 그 자체 곁에 머무르고 있는 하나의 방식(Weise)이라고 부른다. 에피스테메(ἐπιστήμη)는 지속적으로 현존하는 것 자체 곁에 줄곧 머물러 있는 한 방식으로서 비은폐되어 현존하는 것 곁에 [머무르고 있는] 인간적 현존의 한 양식이다. 만일 우리가 에피스테메라는 낱말을 학문으로 번역하고, 학문이라는 명칭하에서 우리가 일반적으로 잘 알고 있는 의미를 이러한 낱말에서 자의적으로 생각하고자 한다면, 그때 우리는 우리 자신을 오류 속으로 몰아대는 것이다. 그렇지만 우리가 여기에서 에피스테메를 학문으로 번역한다면, 그때 이 해석은 오직 다음과 같은 한에서만 정당하다. 즉, 우리가 앎을 보았음으로서 이해하고, 또 현존하는 것으로서의 현존하는 것의 보임새 앞에서서 현존성 자체를 겨냥하여 바라보는 그런 봄으로부터 이러한 보았음을 사유하는 한에서는 정당하다. 그렇게 사유된 앎으로부터 아리스토텔레스의 에피스테메 티스는 헤겔이 "학문"이라고 부른 것과의 본질 연관을 보유하는데, 물론 이러한 것은 우연히 그런 것은 아니라고 하더라도, 그 학문의 앎은 현존하는 것의 현존의 변화와 더불어 변화된 것이다. 우리가 "학문"이라는 이름을 오로지 이러한 의미에서 이해한다면, 그때 사람들이 그렇지 않게 명명하는 학문들은 이차적인 선상에서의 학문이다. 학문들은 근본적으로 철학이지만, 그러나 그것들이 자신의 고유한 근거를 떠나버리고 자신의 방식에 따라 철학이 자신에게 열어주고 있는 그것에로 스스로를 설립하는 식으로 학문들은 철학이다. 그것은 테크네(τέχνη)의 영역이다.

아리스토텔레스는 그에 의해 특징지어진 학문, 즉 존재자를 존재자로서 주시하는 학문을 제1철학(die erste Philosophie)이라고 부른다. 그러나 이 제1철학은 존재자를 자신의 존재자성에서 고찰할 뿐만 아니라, 동시에 존재자성에 순수하게 상응하는 그 존재자, 즉 최고의 존재자를 고찰한다. 이러한 존재자, 즉 토 테이온(τὸ θεῖον), 다시 말해 신적인 것(das Göttliche)은 매우 드문 양의성 속에서 또한 "존재"라고도 불린다. 제1철학은 존재론으로서 존재하는 동시에 참된 존재자의 신학이다. 좀더 정확하게 제1철학은 신론(Theologie)이라고 불릴 수도 있을 것이다. 존재자 그 자체의 학문은 그 자체로 '존재-신-론적'(onto-theologisch)이다.

이에 따라 헤겔은 현상하는 앎의 서술을 의식의 경험의 학문이라고 부르지 않고, "학문"이라고 부른다. 그것〔의식의 경험의 학문〕은 단지 학문의 한 부분이다. 따라서 "의식의 경험의 학문"이라는 명칭 위에는 분명히 "제1부"(Erster Teil)가 명시되어 있다. 의식의 경험의 학문은 그 자체가 학문의 다른 부분을 가리킨다. 그 다른 부분은, 마치 신학이 제1철학의 내부에서 존재론과 마주하여 있지 않는 것과 마찬가지로, 위계상 첫 번째 부분의 하위에 놓여 있지 않다. 그러나 신학이 또한 존재론의 상위에 있지도 않다. 그 둘은 또한 서로 동등하게 정렬되어 있지도 않다. 그 둘은 각자 자기 나름의 방식으로 동일한 것이다. 제1부와 제2부에 관한 말은 외면적이지만, 그러나 그 말이 우연적인 것은 아니다. 왜냐하면 플라톤과 아리스토텔레스 이래로 니체에 이르기까지 형이상학의 존재-신론적 본질의 통일성의 근거는 너무도 은폐되어 있어서, 단 한 번도 그 근거에 대해 물어진 적이 없기 때문이다. 그〔그 근거에 대해 진지하게 물음을 제기하는〕대신에 존재론과 신학은, 두 학문 중 어느 학문이 제1철학의 내부에서 가장 으뜸가는 본래적 학문으로 존재하는지, 이에 관해 변화하는 관점 속에서 동요하고 있다. 헤겔의 경우에 의식의 경험의 학문은, 다시 말해 자신의 현존재(Dasein)에서의 참된 존재자의 존재론은 "본래적 학문"으로서의 학문의 다른 부분을 지시하고 있다.

　이 토막글이 끝나는 **열여섯 번째 문단**은 이러한 맥락에 대한 전망을 열어주고 있다. 그렇지만 이 맥락은, 경험이란 자신의 형태들 속에서 의식으로서 현존하는 그런 존재자의 존재자성이라는 것을 우리가 일별할 때에만, 스스로를 내보여준다. 현존하는 것의 현존성, 즉 온(ὄν)의 우시아는 이미 그리스의 사상가들에게는, 온(ὄν)이 퓌시스(Φύσις)로서 피어오른 이래로, 파이네스타이, 즉 스스로를 나타내 보여주는 현상함이었다. 따라서 현존하는 것(타 온타, τά ὄντα)의 다양성은 현상하는 것의 현상함에서 단순하게 받아들여지고 수용되는 그런 것으로서, 즉 타 도콘타(τά δοκοῦντα) 로서 사유되었다. 독사(δόξα) 는 현존하는 것을 직접적으로 수용하고 인수한다. 그에 반해 노에인(νοεῖν) 은 현존하는 것 그 자체를 수용하고 그것을 현존하는 것의 현존을 목표로 삼아 앞에 잡아놓는 그런 인지함이다. 온(ὄν), 즉 현존하는 것이 양의적으로 '현존하는 것 자신'을 의미하기도 하고 '현존하는'을 의미하기도 하기 때문에, 온(ὄν) 은 그 본질상 필연적으로 그리고 동근원적으로 노에인(νοεῖν) 과 독사(δόξα) 와의 관련 속에 있다.

확실성 속에서 의식된 것으로 존재하는 바로 그것의 존재도 또한 현존의 근본특징을 가지고 있다. 그것은 현상함으로서 현성한다. 그러나 앎의 현존에서는, 다시 말해 사유하는 것(*res cogitans*) 이라는 의미에서의 주체(*subiectum*) 의 현존에서는, 현상함은 더 이상 에이도스(εἶδος) 로서의 이데아(ἰδέα) 의 자기현시가 아니라, 지각(*perceptio*) 으로서의 이데아의 자기현시이다. 이제 현상함은 재현의 영역 안에서 제시의 방식으로 있는 현존이다. 현상하는 앎의 현상함은 의식의 직접적 현존이다. 그러나 이러한 현존은 경험의 방식에서 현성한다. 이러한 경험과 더불어 절대자, 즉 정신은 전개된 "정신의 진리의 전체 왕국"에 도달한다. 그러나 정신의 진리의 계기들은 의식의 형태들인데, 그 형태들은, 그것〔참된 것〕이 자신의 역사에서 그때마다 단지 자연스러운 의식에 대해 있는 한, 그때마다 참된 것이 단지 자연스러운 의식에 대해 존재하는 것처럼 보이는 그 모든 것을 경험의 과정에서 벗어 던진다. 그에 반해 경험이 완전히 수행된다면, 현상하는 것의 현상함은 그러한 것〔순수한 빛남〕으로서 절대자가 절대적으로 자기 자신 곁에 현존하면서 본질 자체로 존재하는 그런 순수한 빛남에 도달한다. 이러한 순수한 빛남으로부터 경험의 운동이 의식 자신에서 실행하는 강압이 편재한다. 경험에 편재하는 절대자의 강압은 "의식으로 하여금 자신의 참된 실존(*Existenz*) 을 향해 계속해서 나아가도록 한다". 실존은 여기에서 자기 현상함의 방식으로 있는 그런 현존을 의미한다. 이 지점에서 절대자의 순수한 현상함은 자신의 본질과 합치한다.

임재(Parusie)는 현존성인데, 이러한 현존성에서 절대자는 우리 곁에 존재하며 동시에 절대자로서 자기 자신 곁에 존재한다. 따라서 이러한 지점에서 또한 현상함의 서술은 "정신의 본래적 학문"과 합치한다. 현상하는 앎의 학문은 본래적인 학문에로 인도되어 〔그것에〕이른다. 이러한 학문은 절대자가 그 자체로 자신의 절대성에서 어떻게 현존하는지를 서술한다. 본래적 학문은 "논리학"(Wissenschaft der Logik)이다. 이 이름은 전통에서 빌려온 것이다. 논리학은 개념에 관한 앎이다. 그러나 의식이 그 스스로 자신의 개념으로 존재하는 그러한 개념은, 이제 〔절대자가〕자기 자신에 의해 고유하게 절대적으로 파악되고 있는 가운데 절대자의 절대적 자기파악을 일컫고 있다. 이러한 개념의 논리학은 절대자의 존재론적 신론이다. 이 논리학은 의식의 경험의 학문처럼 절대자의 임재를 서술하지 않고, 오히려 절대성을 자기 자신에 이르는 절대성의 임재에서 서술한다.

"의식의 **경험**의 학문"(Wissenschaft der **Erfahrung** des Bewußtseins)이라는 명칭에서 경험이라는 낱말은 중간에 강조되어 있다. 이 낱말은 의식과 학문을 매개한다. 이러한 관점에 따르면 그 명칭이 말하고 있는 그것은 사태 자체에 상응한다. 경험은 의식의 존재로서 그 자체로 전환인데, 이러한 전환을 통해서 의식은 자신의 현상함에서 스스로를 서술한다. 이것은 곧, '서술〔의 과정〕에서 경험은 학문이다'라는 것을 말한다. 그러나 자연스러운 표상작용은 이 명칭을 직접적으로 그리고 단지 다음과 같은 의미에서, 즉 '학문은 그 자신의 측면에서 의식의 경험으로 존재하는 그러한 경험을 자신의 대상으로 갖는다'라는 의미에서 이해한다. 그래서 그 명칭은 의식의 전환을 서술함으로써 이러한 전환을 실행하는 작업을 표제로 보여주고 있다. 그러나 전환은 자연스러운 의식을 전환시킨다. 그렇기 때문에 그 명칭은, 사람들이 그 명칭을 자연스러운 의식의 습관에 따라 읽는 한, 이해되지 않은 채로 남아 있다. "경험의"와 "의식의"라는 두 소유격은 목적격적 소유격을 지칭하는 것이 아니라, 주격적 소유격을 지칭하고 있다. 학문이 주어가 아니라, 의식이 경험의 방식으로 존재하는 주어이다. 그러나 경험은 학문의 주어다. 다른 한편으로는, 물론 주격적 소유격이 타당하기 때문에만, 목적격적 소유격이 자신의 의미를 보유한다는 것은 논쟁의 여지가 있을 수 없다. 엄밀하게 생각하면, 어느 것도 다른 것에 대해 우위를 가지고 있지 않다. 그 둘은 양자의 주체성에서 절대적 주체의 주격관계를 지칭하고 있다. 자신의 본질을 경험 안에 가지고 있는 이러한 것〔주객관계〕을 고려하면서, 우리는 매개하는 낱말의 중간을 관통하여〔경험이라는 낱말을 주객관계의 중심으로 삼아 철저히 숙고해 봄으로써〕 이 〔'의식의 경험의 학문'이라는〕 명칭을 그때마다 동시에 뒤로〔'의식'을 주목하면서〕 그리고 앞으로〔'학문'을 주목하면서〕 사유해야만 한다.

소유격은 〔주객관계 가운데〕 어느 하나의 의미〔주격적 소유격〕에서 그리고 다른 하나의 의미〔목적격적 소유격〕에서 다음과 같은 관계를 지칭하고 있다. 즉, 그 관계를 그때마다 고유하게 사유하지 않은 채 전환이 사용하고 있는 그런 관계, 다시 말해 '존재자에 대한 존재의 관계'로서의 '존재에 대한 존재자의 관계'를 지칭하고 있다. 변증법적 운동은, 물론 전환을 통해서 열려지기는 하지만 그러나 〔방금 앞에서 언급한〕 그런 관계의 열린 장으로서 곧바로 은폐되어 버리는 그런 장소에 정주하고 있다. 자연스러운 의식과 절대적 의식 사이의 회의론의 대담은 이러한 장소를 절대자의 절대성에 대한 예견에서 통찰한다. 변증법적 회의는 사변철학의 본질이다. 그 명칭에서 나타난 소유격들은 단지 주격적 소유격도 아니고, 목적격적 소유격도 아니며, 물론 그 둘의 결합도 전혀 아니다. 그 소유격들은 변증법적-사변적 소유격에 속한다. 이 변증법적-사변적 소유격은, 의식의 경험이 자신의 서술을 완수하는 한에서, 이러한 경험이 언어에 이르게 되는 그런 언어를 처음부터 철저히 지배하고 있기 때문에, 오로지 이런 이유로 말미암아 이러한 소유격은 그 명칭에서 나타나게 된다.

애초에 "의식의 경험의 학문"이라고 선택되었던 이 명칭은 이 작품이 출판될 당시에 탈락되었다. 그러나 그 명칭을 해명하는 토막글은 남아 있다. 그 명칭은 다른 것으로 대체되었다. 그 명칭은 "정신의 현상학의 학문"(Wissenschaft der Phänomenologie des Geistes)이다. 그래서 어디에서 도 정신의 현상학에 관해 말하고 있지 않은 이 토막글이 이제 비로소 새로운 명칭에 대한 올바른 해석이 된다. 이 새로운 명칭은 또한 《학문의 체계. 제1부, 정신의 현상학》(System der Wissenschaft Erster Teil, die Phänomenologie des Geistes)이라는 명칭으로 1807년에 출간된 이 책의 제목에서도 나타난다. 헤겔이 죽은 후 얼마 되지 않아 그 작품은 《전집》 제2권으로서 그대로 다시 출간되는데(1832년), 그 제목은 여전히 《정신의 현상학》(Phänomenologie des Geistes)이라고 쓰여 있다. 눈에 띄지 않은 〔정관사〕 "디"(die)가 탈락된 배후에는, 헤겔의 사유에서의 그리고 이러한 사유를 전달하는 양식에서의 결정적 변화가 숨겨져 있 다. 그 변화는 내용적으로는 체계(System)와 관계가 있지만, 시간적으 로는 "정신의 현상학의 학문"이 출판된 직후에 시작되는데, 뉘른베르크 김나지움에서 교편을 잡기 위해 옮겨감으로써 촉발되어 굳어진 것으로 추정된다. 그리하여 그가 차후에 다시 수락한 대학에서의 교수활동도 이러한 교사생활을 통해서 이미 그 틀이 만들어진 것이었다.

"학문의 체계"라는 책 제목은 정신의 현상학이 발행된 원판의 시기에는 변증법적-사변적으로 다의적이었다. 그 제목은 '제 학문들을 그룹별로 꼼꼼히 정리정돈해 놓았음'을 의미하지는 않는다. 그것은 또한 '이러한 맥락에서 철학을 학문으로서 제시하고 있음'을 의미하지도 않는다. "학문의 체계"는 곧, '학문은 그 자체로 절대자의 절대성의 절대적 조직체(Organisation)이다'라는 것을 뜻한다. 주체의 주체성은 자기를 알아가면서 자신의 구조의 완전성 속으로 스스로를 정리정돈해 나가는 그런 식으로 현성한다. 이렇게 스스로를 정리정돈함은, 그 안에 주체성이 존재하는 존재의 방식이다. "체계"는, 절대자가 자신의 절대성 속으로 스스로를 모아들이고 자신의 고유한 현존성 속으로의 이러한 결집을 통해서 확증되는 그런 절대자의 회합이다. 학문은 체계의 주체(주어)이지, 그것의 객체가 아니다. 그러나 학문은 주체성에 귀속하면서 절대자의 절대성을 함께 구성하는 그런 식으로, 학문은 주체이다. 정신의 현상학을 처음으로 출판할 당시에 헤겔에게 학문은 존재자로서의 참된 존재자에 대한 존재-신론적 앎이다. 학문은 자신의 전체를 이중적으로 "정신의 현상학의 학문"과 "논리학"으로 전개한다. 헤겔의 "논리학"은 그 당시에 절대적 신학이지 존재론은 아니다. 존재론은 오히려 "의식의 경험의 학문"으로 전개되었다. 현상학은 "제 1학문"이고, 논리학은 존재자 그 자체의 진리로서의 제 1철학의 내부에서 본래적인 학문이다. 이러한 진리가 형이상학의 본질이다. 하지만 헤겔은, 그에 앞서 칸트가 그랬었고 또한 그의 뒤를 이어 후기 셸링이 그랬었던 것처럼, 강단 형이상학을 교수 방법론적으로 분류함에 있어 이미 오래 동안 고착화된 세력의 주인이 되지는 못했다. 니체는, 자신의 사유가 형이상학의 본질적인 존재-신론적 체계에 머물러 있어야만 했기 때문에, 오로지 이런 이유로 말미암아 이러한 분류법에 노골적으로 반대하였다.

헤겔은 왜 처음에 선택한 "의식의 **경험**의 학문"이라는 명칭을 포기했는가? 우리는 그것을 알지 못한다. 그러나 우리는 〔그것을〕 추정할 수는 있다. 그는 그 자신에 의해 강조된 채 중간에 담긴 "경험"이라는 낱말 앞에서 겁을 먹어 물러섰는가? 이 낱말은 이제 존재자의 존재를 지칭하기 위한 이름이다. 칸트의 경우에 이 낱말은 존재자에 대한 유일하게 가능한 이론적 인식을 형용하는 이름이다. 그러나 어쩌면 헤겔의 사유하는 귀에는 울리고 있었을지도 모를, "경험한다"라는 낱말의 근원적 의미의 울림을, 다음과 같이 새롭게 울리게 한다는 것은, 즉 '경험함'을 '뻗어 나가면서 도달함'으로서 그리고 이것을 현존의, 에이 나이의, 존재의 방식으로서 새롭게 울리게 한다는 것은 너무도 위험해 보이지 않는가? 경험이라는 낱말이 나타나지 않은 그런 곳에서도 또 한, 그 작품이 말하는 그런 언어의 근본 음조로 이 옛 음조를 고양 시키는 것은 너무도 위험해 보이지 않는가? 〔그 작품의 서술이 진행되어 나가는〕 과정의 모든 본질적인 자리에서, 즉 이행되는 과정에서 그것 〔'경험'이라는 낱말이 존재의 근본 음조 속으로 고양되어 새롭게 울려 퍼지는 것〕이 나타난다. 물론 의식의 현상함을 정신으로서 서술하는 〔정신현 상학의〕 마지막 주요 부분에서 그것은 물러선다. 〔그러나〕 다른 한편으 로는 작품이 완성된 이후에 작성된 서언은 여전히 "정신의 경험의 체 계"(*System der Erfahrung des Geistes*)에 관해 말하고 있다.

그럼에도 불구하고 "의식의 **경험의** 학문"이라는 표세는 사라졌다. 그러나 비록 의식이 자기의식으로서 절대자의 절대성의 본질영역을 이 루고 있다고는 하더라도, 또한 비록 의식이 근대 형이상학의 땅으로 존재하고, 그 땅이 이제는 자기 자신을 "학문의 체계"로서 소유하면서 자신을 완전히 측정하고 있다고는 하더라도, 이러한 표제와 더불어 "의식"이라는 낱말도 또한 그 작품의 제목으로부터 사라졌다.

"의식의 **경험의** 학문"이라는 표제는 "정신의 현상학의 학문"이라는 새로운 표제를 위해 사라졌다. 이 새로운 표제는 엄격한 대응 속에서 세워졌다. 우리는 그 표제의 소유격들을 마찬가지로 변증법적-사변적 으로 사유해야만 한다. "경험"이라는 낱말의 자리에는, 이미 강단철학 에서 관용적으로 사용되는 "현상학"이라는 명칭이 들어선다. **경험의 본 질은 현상학의 본질이다.** 파이네스타이(φαίνεσθαι)는, 즉 "정신"이라고 불리는 절대적 주체의 자기 현상함은 존재자적 의식과 존재론적 의식 사이의 대화의 방식에서 스스로를 모아들인다. 현상학에서의 "-학" (logie)은, 그러한 것〔운동〕으로서 의식의 경험이 의식의 존재로 **존재하**

는 그런 운동을 성격 짓는 양의적 디아레게스타이(διαλέγεσϑαι) 라는 의미에서의 레게스타이(λέγεσϑαι) 이다. 현상학은 정신이 자신의 임재와 대담하는 그런 대화의 자기 집결이다. 여기에서 현상학은 정신의 현존재(Dasein) 를 지칭하기 위한 이름이다. 정신은 현상학의 주체(주어) 이지, 그것〔현상학〕의 대상이 아니다. 여기에서 〔현상학이라는〕 낱말은 철학의 분과를 의미하지 않으며, 그것은 또한 주어진 것을 서술하는 데에 그 목적이 놓여 있는 탐구의 특수한 양식을 가리키기 위한 표시도 아니다. 그렇지만 절대자가 그의 임재 속으로 스스로를 모아들임은 본질에 알맞게 서술할 것을 요구하기 때문에, 〔현상학이〕 학문이라는 그 규정은 이미 현상학의 본질에 속한다. 그러나 〔이러한 것은〕 그것 〔현상학〕이 정신의 표상작용으로 존재하는 한에서 그런 것이 아니라, 오히려 그것〔현상학〕이 현존재(Dasein), 즉 정신의 현존성인 한에서 그런 것이다. 따라서 《정신현상학》(Die Phänomenologie des Geistes) 이라는 단축된 제목은, 올바로 생각하자면, 규정되지 않은 것이 아니다. 그 제목은 최종적으로 가능한 집결 속으로 사유를 강요한다. 《정신현상학》은 절대자가 그의 주재함(Walten) 에서 임재한다는 것을, 즉 절대자의 임재를 뜻한다. 《정신현상학》이 출간된 후 10년이 지났을 무렵, "현상학"은 엔찌클로페디(Enzyklopädie, 1817) 의 학적 체계 안에서 정신철학의 매우 한정된 좁은 부분 속으로 떨어지게 되었다. "현상학"이라는 명칭은 이미 18세기에 그러했듯이 또다시 하나의 분과를 지칭하기 위한 명칭이 되었다. 그 분과는 인간학과 심리학 사이에 존립한다.

그러나 '정신의 현상학'이 '의식의 경험'이라면, '정신의 현상학'은 무엇인가? 그것은 스스로를 완수해나가는 회의주의이다. 경험은 자연스러운 의식과 절대적 앎 사이의 대화이다. 자연스러운 의식은 그때마다 자신의 시대에 역사적으로 현존하는 정신이다. 그러나 이 정신은 결코 이데올로기가 아니다. 정신은 주체성으로서 현실적인 것의 현실성이다. 역사적 정신들은 그때마다 자기 자신에 대해 자기 자신을 상-기한 채 머무르고 있다. 그러나 절대적 앎은 현존하는 정신의 현상함을 서술함이다. 그 앎은 정신들의 왕국의 존재구성틀의 "조직체"를 완수해 낸다. 대화의 과정은, 그 대화가 자신의 과정에서 비로소 당도한 그런 장소 속으로 스스로를 모아들이는데, 이러한 것은 대화가 그 장소를 철저히 통과하면서, 그 장소 안에서 스스로를 정돈하고, 그래서 그곳에 도달한 채 그 장소 안에 현존하기 위해서 그런 것이다. 대화의 도달하는 과정은 절망의 길인데, 그 길 위에서 의식은 그때마다 자신의 '아직은 참된 것이 아님'을 상실하고 진리의 현상함에 헌신한다. "스스로를 완수해나가는 회의주의"의 대화가 완성될 때, 그것은 완수되었다는 단언이 주어진다. 이 단언은 의식 자체가 절대자의 강압을 통해서 죽음에 이르게 됨으로써 자신의 소임을 다하게 되는 그런 길의 장소에 다다른다. 〔그래서〕 헤겔은 그 작품의 결미에서 '정신의 현상학'을 "절내적 정신의 형상(刑場)"이라고 부르고 있다.

정신의 현상학의 학문은 변증법적-사변적인 성 금요일(*Karfreitag*)에 절대자의 임재를 고려하고 있는 그런 절대자의 신학이다. 여기에서 절대자는 죽는다. 신은 죽는다. 이것은 단지 어떠한 신도 없다는 것을 말하는 것이 아니라, 이와는 완전히 다른 것을 말하고 있다. 그러나 "논리학"은 절대적 개념으로서의 학문, 즉 절대자의 자기 앎에서 시원적으로 자기 곁에 현존하는 절대자의 학문이다. 그것은 창조〔에 관한 신학이기〕 이전에 절대자의 절대성에 관한 신학이다. 그 하나의 신학과 다른 하나의 신학〔절대자의 절대성에 관한 신학 및 창조에 관한 신학〕은 존재론이고, 세속적(*weltlich*, 세계적)이다. 세계는 여기서 존재자 전체를 의미하고, 또 이러한 존재자가 주체성의 근본특징을 가지고 있는 한에서, 그 신학은 세계의 세계성(*Weltlichkeit*)을 사유한다. 이렇게 이해된 세계는 자신의 존재자〔세계 안의 존재자, 즉 존재자 전체 안에 존재하는 존재자를 의미〕가 절대자를 나타내는 그런 〔절대자의〕 재현 속에 현존하도록 그렇게 자신의 존재자를 규정한다. 그러나 절대적 앎에 관한 학문은 세계에 관한 세속적 학문이다. 이러한 것은, 그것〔절대적 앎에 관한 학문〕이 그리스도교적인 그리고 교회적인 학문을 세속화했기 때문에 그런 것이 아니라, 오히려 그것이 존재론의 본질〔존재-신론적 구성틀〕에 속하기 때문에, 그런 것이다. 존재론은, 자기〔그리스도교적 신학〕에게서 세속화의 과정이 전적으로 시작될 수 있기 위하여, 이제 비로소 자신의 측면에서 현실적으로 존재해야만 하는 모든 그리스도교적 신학보다도 더 오래된 것이다. 절대자의 신학은 존재자로서의 존재자에 관한 앎이다. 〔그런데〕 이러한 앎은 그리스의 사상가들에게서는 앎의 존재-신론적 본질을 출현시켜 그것을 추종하는데, 〔물론 이러한 것은 그들이〕 일찍이 이러한 앎의 본질을 그 근거에서 근본적으로 추적한 적은 없었다고 해도 그런 것이다. 절대적 학문의 언어에서는, 그리스도교 신학은 자신의 앎의 대상과 그 방식에 있어 형이상학이라는 것이 드러나게 된다.

'의식의 경험은 스스로를 완수해나가는 회의주의이다' 라는 명제와, 또한 '현상학은 절대적 정신의 형장이다' 라는 명제는 이 작품의 완성을 자신의 시작과 결합시키고 있다. 그러나 정신의 현상학에서의 본질적인 것은 사유가의 수행능력으로서의 작품이 아니라 오히려 의식 자신의 현실성으로서의 작품이다. 현상학은 경험, 즉 존재자의 존재자성이기 때문에, 현상학은 절대자의 빛남으로부터 현상함에로 모아들이는 자기 현상함의 집결이다.

그러나 '모아들이면서 스스로 집중함'(das versammelnde Sich-zusammen-nehmen)은 아직은 말해지지 않은 의지의 본질이다. 의지는 우리 곁에 〔있는〕 절대자의 임재에서〔즉, 절대자가 우리 가까이에 임재하도록〕 스스로 의욕한다. "현상학"은 그 자체가 존재이다. 즉, 이러한 존재의 방식에 따라 절대자가 즉자대자적으로 우리 곁에 존재하게 되는 그런 존재가 곧 "현상학"이다. 이러한 존재는, 의지가 자신의 본질로 존재하는 한, 의욕한다. 〔그렇다면 여기서〕 존재는 어느 정도까지 이러한 본질에 이르게 되는지, 이러한 물음이 이제 사유해야만 하는 것으로 남아 있다.

"우리 곁에 있음"〔절대자가 우리 가까이에 임재함〕은 절대자의 절대성에 속한다. 이러한 "우리 곁에"가 없다면, 절대자는 현상하는 것에서 스스로 현상할 수 없는 고독한 자일 것이다. 절대자는 그의 비은폐성 안으로 솟아날〔aufgehen, 출현할〕 수 없을 것이다. 이러한 솟아남〔φύσις, 출현함〕이 없다면 절대자는 살아있지〔ζωή〕 않을 것이다. 경험은 자연스러운 앎과 절대적 앎 사이의 대화의 운동이다. 경험은, 자신이 이러한 것〔통합하는 통일성〕으로서 모아들이는 그런 통합하는 통일성으로부터 〔다음과 같이 존재하는〕 그 둘〔자연스러운 의식으로서의 경험과 스스로 개념 파악하는 앎의 운동으로서의 경험〕이다. 경험은 자연스러운 의식의 본성인데, 그 의식은 역사적으로 자신의 현상하는 형태들의 우연〔우발적으로 일어나는 자연스러운 사건들〕 속에 있다. 경험은 이러한 형태들을 그것들의 현상함의 소식체 안에서 스스로 개념 파악함이다. 그 작품은 그렇기 때문에 다음과 같은 명제로, 즉 "이 둘〔절대정신의 기억을 보존하고 있는 '자연스러운 의식의 역사'와, 자연스러운 의식의 우연적인 형태들을 개념 파악하고 있는 '현상하는 앎의 학문'〕이 함께 〔합쳐진 것이〕, 개념파악된 역사〔로서〕, 〔이러한 것이〕 절대적 정신의 기억과 형장을 형성하고, 또한 그의 왕권의 현실성과 진리 그리고 확실성을 형성하는데, 이러한 왕권이 없다면 절대적 정신은 생기를 잃어버린 고독한 자가 될 것이다" 라는 명제로 완성된다. 〔그러므로〕 절대자는 자기가 앉아 있는 드높은 권좌로서의 왕권의 절대성에서, 스스로를 낮추어 내려올 필요가 없다.

절대자의 임재는 현상학으로서 발생한다. 경험은 존재인데, 그것〔존재〕에 따라 절대자는 우리 곁에 있고자 한다. 경험에 본질적으로 속하는 서술은 임재라는 의미에서의 현상학 이외에 다른 어떤 것도 서술하지 않기 때문에, 그 작품이 시작하는 첫 번째 문단의 말미에서는 이미 그 안에서 그 작품이 종결되는 그것이 — 즉, '임재'가 — 말해지고 있다. 물론 절대자가 이미 즉자대자적으로 우리 곁에 있고 또 우리 곁에 있고자 한다는 이러한 사실은, 단지 눈에 띄지 않게 하나의 부문장에서 언급되고 있다. 이 작품의 종결부분에서는 그 부문장이 유일한 주문장으로 변하고 있다. "우리 곁에"라는 표현은 "우리가 없다면 아무 것도 아니"라는 표현으로서 밝혀지고 있다.

이 토막글의 초엽에서 〔서술된〕 "우리 곁에"라는 표현에서는, "우리"의 본질이 아직은 사유되지 않고 있다. 이 작품의 결미에서 〔서술된〕 "우리가 없다면 아무 것도 아니"라는 표현에서는, "우리"의 본질이 규정되어 있다. 우리는, 특히 존재자의 존재를 회의적으로 숙고하면서 그 존재를 본래적으로 주목하는 그러한 자들이다.

원은 〔순환하면서〕 스스로를 닫아놓고 있다. 이 작품의 마지막 낱말은 그 작품의 시작으로 되돌아가 나직이 울린다. 왜냐하면 사람들이 '정신현상학 입문'이라고 부르곤 하는 이 토막글의 열여섯 개의 문단은 이미 이 현상학의 본래적인 시작이기 때문이다.

"입문"(Einleitung)이라는 표제는 1807년의 원판에는 실려 있지 않았다. '서언' 다음에 이어지는 이 토막글은 이 판의 차후에 기입된 내용목차에서 비로소 "입문"이라는 명칭하에서 상술되는데, 〔그것은〕 아마도 목차의 강요로 말미암아 생겨난 당혹감 때문에 그렇게 된 것이라고 추정된다. 왜냐하면 그 작품이 완성된 이후에야 비로소 매우 광대하게 포괄적인 '서언'이 〔그 작품의 본격적 이해를 위한〕 예비작업으로 작성된 것이기 때문에, 이러한 사태에 따를 경우 그 토막글은 결코 입문이 아니기 때문이다. 열여섯 개의 문단들로 구성된 이 토막글은 입문으로는 존재할 수 없기 때문에, 그것은 결코 입문이 아니다. 현상학에 이르기 위한 어떠한 입문도 있지 않기 때문에, 그것은 그러한 입문일 수 없다. 현상학에 이르기 위한 어떠한 입문도 있을 수 없기 때문에, 결코 입문은 존재하지 않는다. 정신의 현상학은 절대자의 임재이다. 임재는 존재자의 존재이다. 인간에게는 존재자의 존재에 이르기 위한 어떠한 입문도 없다. 왜냐하면 인간의 본질은 존재의 동반에서〔여기서의 소유격은 주격적 소유격이다. 즉, 존재 자체가 우리에게 진리에 이르는 그 미묘한 길을 말없이 안내해 주면서 우리를 동반하고 있기 때문임〕이러한 동반 자체로 **존재하기** 때문이다. 절대자의 "우리 곁에 있음"이 편재하는 한, 우리는 이미 임재 안에 있다〔따라서 인간은 이미 절대자의 품안에서 살아가고 있는 것이다〕. 우리는 결코 그〔우리가 이미 그 안에 머물고 있는 절대자의 임재〕이외에 어떤 여타의 다른 장소로부터 그〔절대자의 임재〕안으로 인도될 수 없다. 하지만 우리는 어떻게 절대자의 임재 안에 존재하는가? 우리는 자연스러운 의식의 습관에 따라 그 안에 있다. 현존하는 모든 것이 서로 나란히 있듯이, 그렇게 모든 것은 자연스러운 의식에게 현상한다. 절대자도 또한 자연스러운 의식에게는 습관적으로 여타의 나머지 것들과 나란히 있는 어떤 것으로서 현상한다. 습관적으로 표상된 존재자를 넘어서 있는 것〔존재〕도 또한 그것에 대해, 즉 자연스러운 의식에 대해 넘어서 있다. 자연스러운 의식은 하늘을 향해 눈앞에 나란히 있는 것이요, 그때 우리 자신은 이러한 것과 나란히 존재한다. 자연스러운 의식은 자신의 표상작용의 특성을 따르면서 존재자 곁에 머물러 있되, 존재에게로는 전향하지 않는다. 그럼에도 불구하고 존재자는 이러한 존재에 의해 처음부터 이끌리고 있으며, 더욱이 존재자의 존재에 이르는 그런 특성을 〔유지하기〕위해 이끌리고 있는 것이다. 그럼에도 불구하고 자연스러운 의식이 존재에 주의하게 될 때, 자연스러운 의식은 존재가 추상적인 어떤 것이라고 확언한다. 그것을 통해 의식이 자신의 고유한 본질 속으로 이끌리게 되는 바로 그러한 것〔존재〕을 자연스러운 의식은 추상화된 어떤 것이라고 부른다. 이러한 사념으로서의 자신의 본질을 거꾸로 뒤집어 버리는 일종의 위대한 전도(Verkehrung)는 자연스러운 의식에게는 가능하지 않다.

이러한 전도에는 반대하는 가운데, 그 안에서 자연스러운 의식이 이리저리 배회하고 있는 그런 불합리성은 점차적으로 퇴색된다. 〔그러

나) 이러한 것은 물론 자연스러운 의식이 본래적인 전도를 사유하지 않은 채 하나의 불합리성을 어떤 다른 불합리성의 조직체를 통해서 제거하고자 시도함으로써 진행된다. 따라서 이제 남아 있는 긴급한 조치는, 의식이 존재자의 존재에게로 스스로 전향하지 않던 종래의 태도로부터 전환하여 현상하는 것의 현상함에게로 스스로 향해 나가는 것이다. 자연스러운 의식은 자신이 이미 존재하고 있는 그곳으로는 인도될 수 없다. 그러나 전환이 이루어질 경우에도, 자연스러운 의식은 또한 존재자의 한가운데에 머무는 체류지를 떠나지 말아야 한다. 자연스러운 의식은 그 체류지를 특히 자신의 진리에서 인수해야만 한다.

문헌적으로 살펴보면, 우리는 열여섯 개의 문단을 그 당시에 탈락한 제목의 해명으로 받아들일 수 있다. 그러나 사태로부터 생각해보면, 책제목이 중요한 것이 아니라, 오히려 작품 자체가 중요하다. 게다가 실은 작품이 중요한 것이 아니라, 오히려 작품이 서술하는 그것이, 즉 경험이 중요한 것이고, 다시 말해 절대자의 임재가 현성하는 것으로서의 현상학이 중요하다. 그러나 다시금 우리가 그것에 관해 앎을 얻는 것이 중요한 것이 아니라, 오히려 우리의 존재 자체가 함께 **존재하는** 그런 경험 속에서 우리가 우리 자신으로 존재하는 것이 중요하다. 이러한 것〔우리가 우리 자신으로 존재한다는 것〕은 오래도록 전승된 존재의 의미에서, 현존하는 것 … 곁에 현존하면서 존재하는 것이다.

열여섯 개 문단들의 토막글은 자연스러운 의식이 자신의 체류지를 자기 것으로 획득하는 곳으로 되돌아가도록 지시하고 있는 것이다. 이러한 것〔되돌아가도록 지시함〕은 의식의 전환을 통해서 발생하는데, 이러한 전환을 통해서 의식은 절대자의 임재가 경험으로서 참되게 일어나는 그런 경험에 도달하게 된다. 되돌아가도록 지시함은 자연스러운 의식이 자신의 방식에 따라 절대적 인식의 요구와 더불어 만나게 되는 그것에 대해 곧바로 형성하게 되는 그런 표상들을 언제나 화제의 실마리로 삼아 나가는데, 오로지 이런 식으로만 자연스러운 의식은 자신의 익숙한 표상작용으로부터 되찾아질 수 있고 경험 안으로 지시될 수 있다. 이렇게 자연스러운 표상작용의 사념을 언급해 나가는 것이 이 토막글의 문단들과 그 문맥의 양식을 특징짓는다.

이 작품의 본래적인 몸통이 시작되는 토막글은 스스로를 완수해나가는 회의주의를 철저히 지배하는 회의의 시작(Beginn)이다. 회의를 시작한다는 것은, 절대자의 절대성 속으로 '보았음'을 수행해나가고 그 절대성을 안에 간직한다는 것을 말한다. 토막글은, 자연스러운 의식이 자기 자신에게서 자신의 개념으로 존재하는 한, 이러한 의식으로 하여금 그 자신에게서 다음과 같은 앎을, 즉 이러한 의식이 이미 그 〔앎〕 안에 존재하고 있는 그런 앎을, 회수하도록 유인하는 불가피한 기회이다. 오로지 그〔의식의 전환〕 안에서 정신의 현상함이 우리에게로 스스로 향해오는 그런 의식의 전환을 우리가 이미 수행하였을 때에만, 현상하는 것은 현상하는 것으로서 "우리에 내해" 현존한다. "우리에 대해"라는 어귀는 곧, 습관적으로 표상하는 자들인 "우리들에게 상대적으로"라는 의미가 아니다. "우리에 대해"라는 어귀는 "즉자적으로"라는 의미이다. 다시 말해, '절대자의 절대성으로부터 절대자가 현상하는 순수한 장소 안으로 현상하면서'라는 의미를 갖는다.

오로지 우리가 토막글을 통해 서술의 본래적인 시작으로서의 전환 속으로 유인될 경우에만, 의식의 경험의 서술은 시작될 수 있다. 그것은 절대자의 절대성과 더불어 절대적으로 시작된다. 그것은 임재의 의지의 극단적 강압과 더불어 시작된다. 그것은 절대자의 현상함에서 이러한 절대자의 극단적 외화와 더불어 시작된다. 이러한 현상함에서 〔절대자의 임재를〕 예견할 수 있기 위해서는, 우리는 현상하는 것을, 그것〔현상하는 것〕이 현상하는 그대로, 그렇게 받아들여야만 하고, 그것〔현상하는 것〕에 대한 우리의 사념과 생각을 그것〔현상하는 것〕으로부터 멀리 떨어뜨려 놓아야만 한다. 하지만 이러한 만나게 함과 놓아줌은 자신의 안전성과 지속을 오로지 전환의 부가행위로부터 길어 올리는 하나의 행위이다. 우리의 부가행위는, 임재 속에서 이미 우리에게 다가오고 있는 현상하는 의식의 현상함을 우리가 회의적으로, 다시 말해 두 눈을 주목하여, 마중하러 나간다는 점에 존립하는데, 이러한 것(우리가 현상하는 의식의 현상함을 마중하러 나가는 것)은 경험이 절대자의 현상학으로 존재하는 그런 과정에 있기 위해서 그런 것이다.

서술이 "감성적 확실성"을 절대적으로 현상하게 하는 것과 더불어, 서술은 시작된다.

> 우선적으로 또는 직접적으로 우리의 대상이 되는 그 앎은, 그 자체가 직접적인 앎으로 존재하는 그런 것이어서, **직접적인 것** 또는 **존재하는 것의 앎**으로 존재하는 그런 것 이외에 다른 어떤 것일 수 없다. 우리는 (이러한 앎을) 있는 그대로 **직접 받아들이는** 태도를 취해야 한다. 따라서 우리는 그것(직접적인 것 또는 존재하는 것)이 스스로 제공하고 있는 그런 앎에서 아무 것도 변경해서는 안 되며, 이러한 수용적 태도(*Auffassen*)로부터 개념파악하는 행위(*Begreifen*)를 멀리 떨어뜨려 놓아야 한다.

만일 감성적 확실성의 현상함을 서술하는 것이 수행된다면, 이러한 서술이 존재하는 것이면서 참된 것이라고 간주하고 있는 그런 것으로부터 이러한 것(존재하는 것이면서 참된 것(*das Seiende und Wahre*))의 존재는 새로운 대상으로서, 즉 확실성 — 이러한 확실성이 곧 자기 자신을 아는 자기의식이다 — 의 진리로서 등장하게 된다. "자기 자신의 확실성의 진리"의 현상함을 서술하는 것은 다음의 문장들과 더불어 시작된다.

> 확실성에 대한 종래의 방식들에서 의식에게 참된 것은 이것(참된 것) 자체와는 다른 어떤 것이다. 그러나 이러한 참된 것의 개념은 그것(참된 것)에 관한 경험에서 사라진다. 즉, 대상이 직접 **즉자적으로**

감성적 확실성의 존재자로, 지각의 구체적 사물로, 지성의 힘으로 존재했듯이, 그렇게 대상은 진리 속에 있는 것으로 증명되지 않고, 오히려 이러한 **즉자적인 것**이 하나의 방식으로서, 즉 대상이 오로지 다른 것(타자)에 대해 존재하는 그런 방식으로서 나타난다. 즉, 대상에 관한 개념은 현실적 대상에서 지양되거나, 또는 최초의 직접적 표상은 경험에서 지양되고, 확실성은 진리 속에서 상실된다.

"신은 죽었다"는 니체의 말

Nietzsches Wort
"Gott ist tot"

아마도 언젠가는 니힐리즘의 본질에 대한 물음이 제기될 것이다. 앞으로 전개되는 우리의 해설은, 거기로부터 바로 이러한 물음이 제기되어 나올 수 있는 그런 근본바탕을 제시하려는 것이다. 무엇보다 먼저 서구 형이상학의 역사 속에서 니체가 차지하고 있는 근본위치가 무엇인지에 관해 명확히 해명해보려는 생각[의도] 속에서 우리의 해설은 펼쳐진다. 앞에서 말한 그런 근본바탕을 제시해보임으로써, [우리의 해설을 통해] 아마도 서구 형이상학의 최후의 단계(Endstadium)라고 여겨지는 그런 단계가 명확히 밝혀질 것이다. 왜냐하면, 형이상학은 어떻게 보면 니체에 의해 자기 자신의 고유한 본질가능성을 [모조리] 빼앗겨버렸으므로, 형이상학의 다른 가능성들은 이제는 더 이상 찾아볼 수 없게 되었기 때문이다. 형이상학이 니체에 의해 뒤집어짐으로써, 이제 형이상학에게는 자신의 비본질로 흘러들어갈 그런 여지만이 남아 있을 뿐이다. [지속적으로 현존하는 것으로서 여겨지던] 초감성적인 것은 [언제든지 변화될 수 있는] 감성적인 것의 한낱 비지속적인 산물로 되고 말았다. 그러나 이러한 [감성적인] 것은 자신의 대립자[초감성적인 것]를 물리쳐버림으로써 그 자신의 고유한 본질마저 부인하게 된다. 이처럼 초감성적인 것을 제거함으로써 단순히 감성적인 것만이 제거되는 것이 아니라, 이 둘의 구분 자체가 제거된다. 〔더 나아가〕 초감성적인 것이 제거됨으로써, 감성적인 것(αἰσθητόν)과 비감성적인 것(νοητόν, 이 성적인 것)의 구별 자체도 결국에는 이것도 저것도 아닌 어떤 무분별한 상태에 빠지게 된다. 〔따라서〕 이러한 제거는 결과적으로 무의미한 것 으로 그치게 된다. 하지만 이러한 제거는, 어떤 단순한 의미부여를 통 하여 무의미한 상태에서 벗어나려고 맹목적으로 시도할 경우에, 자신 도 모르게 내세우는 결코 극복할 수 없는 그런 전제로 남아 있다.

형이상학은 다음의 해설에서는 언제나 존재자로서의 존재자 전체의 진리〔*Wahrheit des Seienden als solchen im Ganzen*, 참으로 존재하는 것 전 체의 근본바탕을 열어 밝혀주거나 해명해주는 진리〕로서 사유되는 것이지 결코 어떤 한 사상가의 이론을 가리키지 않는다. 사상가는 그때마다 형이상학 속에서 저마다 자신의 〔독특한〕 철학적 근본입장을 갖는다. 이런 까닭에 형이상학은 각각의 사상가의 이름 속에서 말해질 수 있 다. 그러나 이러한 것은 여기서 사유되는 형이상학의 본질에 따르면, 다음과 같은 것을 의미하지는 않는다. 즉, 그때그때의 형이상학은 문 화적 창조라는 사회적(공적) 테두리 안에 있는 어떤 개인으로서의 사 상가가 이룩한 것이며, 따라서 그 사상가의 소유물에 지나지 않는다는 것을 의미하지는 않는다. 오히려 형이상학의 각 단계에서는, 존재자 에 관한 진리의 가파른 에포케〔*Epoche*, 시대〕에서 〔펼쳐지는〕 존재의 역사적 운명(*Geschick*)이 스스로 닦아나가는 그런 길의 발자취가 그때 그때마다 통찰되는 것이다. 니체 자신은 서양의 역사가 진행되는 과정 을 형이상학적으로 해석한다. 다시 말해 그는 서양의 역사를, 니힐리 즘(*Nihilismus*)이 나타나서 펼쳐지는 그런 과정으로서 해석하고 있다. 〔그러므로〕 니체의 형이상학을 철저히 사유해본다는 것은 오늘의 현대 인이 처해 있는 그 위치와 처지에 대한 숙고가 되는 셈이다. 그러나 현대인의 숙명은 아직도 여전히 그 진리에 입각하여 〔고유하게〕 경험 되지 않고 있다. 하지만 이러한 종류의 숙고는, 그것이 공허하게 되뇌이는 단순한 보고로 그치지 않는 한, 숙고되어야 할 그런 내용을 넘어서게 된다. 이렇게 '넘어선다'는 것은 '보다 높은 곳을 차지한다'는 것이 아니며, 또한 '그 보다 훨씬 우월하다'는 것은 더더욱 아니며, 그렇다고 해서 '극복한다'는 것을 뜻하지도 않는다. 우리가 니체의 형이상학에 관해 숙고해본다는 것은 그의 윤리학과 그의 인식론 그리고 그의 미학과 병행하여 특히 그의 형이상학을 고찰해본다는 것을 뜻하는 것이 아니다. 그것은 오직, 우리가 니체를 사상가로서 진지하게 받아들이고자 애쓴다는 것을 뜻할 뿐이다. 그러나 니체에게서도 '사유함'이란, 〔단지〕 '존재자를 존재자로서 표상하는 그런 행위'에 지나지 않는다. 무릇 모든 형이상학적 사유는 존재-론〔*Onto-logie*, 존재자로서의 존재자를 그것의 보편적 존재(근거)에서 근거짓는 존재론〕일 뿐이며, 그 이외에는 아무것도 아니다.

여기에서 시도하는 숙고에서 무엇보다 중요한 것은 단순하면서도 눈에 띄지 않는 사유를 준비하는 일이다. 이와 같이 준비하는 사유〔제1시원의 역사에서 다른 시원의 역사로 나가기 위해 도약하면서 이행하는 사유〕에 서는 다음과 같은 놀이공간을 환히 밝히는 것이 중요하다. 즉, 그 안에서 존재 자체가[1] 인간을 그의 본질에 입각하여 다시금 시원적 연관 속으로 받아들일 수 있는[2] 그런 놀이공간을 환히 밝히는 것이 중요하다. 〔이와 같이 늘〕 '준비하는 자세로 있다'는 것이야말로 이러한 사유의 본질이다.

오직 이와 같이 준비하는 사유만이 본질적이며, 그것은 어느 곳에서나 모든 관점에서 늘 준비하면서 눈에 띄지 않게 진행된다. 여기에서는 더불어-사유하는 그런 모든 사유가, ─비록 그것이 매우 서투르고 모색적이라고 하더라도─ 본질적인 도움이 된다. '더불어-사유한다'는

---

1) 초판(1950년)에서는 "생기가"라고 했다.
2) 초판(1950년)에서는 "필요로 하는"이라고 했다.

것은 마치 씨를 뿌리는 사람들의 파종과도 같은 것이다. 씨를 뿌리는 사람들은 아마도 자라나는 줄기와 열매를 보지 못할 것이며 거두어들이는 수확의 기쁨도 누리지 못하겠지만, 그래도 그들은 이러한 가치와 이득과는 무관하게 묵묵히 씨를 뿌리며, 따라서 늘 준비하는 자세로 살아간다〔이런 의미에서 더불어 사유하며 준비하는 그런 사유의 장소가 곧 세미나〔Seminar〕임〕.

씨를 뿌리기 이전에 먼저 밭을 갈아야 한다. 형이상학이라는 토양이 압도적으로 우세한 까닭에, 우리는 미지의 영역으로 남아 있는 들녘〔Feld, 전통적 형이상학에게는 낯선 미지의 영역, 즉 '존재 자체의 고유한 진리의 영역', '생기가 생기하는 생기의 영역'〕을 갈아 헤치며 터 닦아야 한다. 이러한 밭을 먼저 예감한 후 그것을 발견하여 일구는 것이 중요하다. 〔그리고〕 이러한 밭에 이르는 첫걸음을 내딛는 것이 중요하다. 〔이러한 밭에 이르는〕 아직도 알려지지 않은 들길〔Feldweg〕은 많이 있다. 그러나 각각의 사유가에게는 그때마다 오직 하나의 길만이 〔그가 걸어가야 할〕 그 자신의 길로서 지정〔할당〕되어 있을 뿐이다. 그는 자신의 길을 걸어가면서 그가 내딛었던 발자취를 언제나 다시금 되돌아보아야 하고 그러면서도 앞으로 걸어가야 할 그 길을 향해 부단히 발걸음을 재촉해야 한다. 그는 이러한 길을 마침내 자신의 길로서 받아들이고 간직해 나가지만, 그러한 길이 결코 자신에게만 귀속하는 것이 아니라는 점을 깨닫게 되며, 또한 이러한 〔단〕 하나의 길 위에서 경험할 수 있는 것들을 그는 말하게 된다.

《존재와 시간》이라는 제목은 아마도 이러한 길을 가리키는 길표시〔Wegzeichnen〕일 것이다. 형이상학은 형이상학 자신에게서 파생되어 나온 채 형이상학 자신에게 귀속해 있는 다양한 학문들과의 밀접한 관련성을 언제나 새롭게 탐구하면서 그런 관련성을 스스로 요구하고 있다. 바로 이러한 본질적 관련성에 따라, 준비하는 사유도 때로는 학문들의 영역 속에서 활동하지 않으면 안 된다. 왜냐하면 학문은 언제나

〔세인들이〕알아들을 수 있는 그런 지식(앎)의 근본형식을 ― 그것이 지식으로 다듬어져 있든 혹은 타당성을 가지고 있든 간에 어떤 식으로 든 ― 여전히 다양한 형태로 요구하고 있기 때문이다. 학문이 〔학문으로 존립하기 위하여 마땅히 갖추어야 할 본질적인 특성으로서 학문 자신에게 처음부터 부여하고 있는〕그런 기술적 본질에 의해 스스로 규정된 채 이러한 본질을 더욱더 명확히 표현하도록 재촉하면 재촉할수록, 기술적 측면에서 요구된 본질가능성에 대한 물음은 ― 즉 이러한 가능성의 양식과 그 한계 그리고 그것의 정당한 권리에 대한 물음은 ― 더욱더 결정적으로 분명해진다. 준비하는 사유를 수행해 나가기 위해서는, 모든 학문들의 한가운데에서 〔학문적 진리에 빠지지 않고 존재의 진리를〕 사유해나가는 그런 사유함을 위한 교육이 필요하다. 그러나 이러한 교육을 위해 알맞은 형식을 발견한다는 것은, 그리고 더 나아가 사유함을 위한 이러한 교육을 단순한 지식전수의 가르침과 혼동하지 않는다는 것은, 매우 힘겨운 일이다. 사유함이 이와 동시에 언제나 〔자기가 머물러 있어야 할〕자기 자신의 고유한 체류지를 이제야 비로소 발견해야만 하는 그런 경우에 처해 있다면, 이때에는 무엇보다도 이러한 〔교육의〕의도적 태도(*Vorhaben*)는 위험에 빠지기 쉽다. 모든 학문들의 한가운데에서 사유한다는 것은 곧, 이러한 학문들을 경시하지 않으면서 그것들을 스쳐지나간다〔*vorbeigehen*, 곧 존재자를 다루는 학문적 진리에 푹 빠지지 않고 '존재자의 진리를 넘어서 존재의 진리를 향해 나감'〕는 것을 뜻한다.

서양 역사의 숙명이 우리 민족〔독일 민족〕과 유럽에게 어떠한 가능성을 보여줄 것인지 우리는 알지 못한다. 앞날에 대한 이러한 가능성을 피상적으로 예측하여 구성해본다는 것은 그리 필요한 일이 아닐 것이다. 오직 배움길에 있는 사람들이 사유하며 함께 배우고 동시에 저 나름의 방식으로 함께 가르치면서 그 길〔존재의 진리에 이르는 길〕에 머물러 있으면서 적절한 순간에 〔터-있음의〕터에 있는 것〔*im rechten*

Augenblick da sind, '존재의 진리에 **이르는** 그 길'에 머물러 있는 인간존재로서의 터-있음은 '자기에게 **다가오며** 스스로를 환히 밝히는 존재의 진리'를 그의 혜안(*Augen-*)으로 올바로(*recht*) 주시하는(*-blick*) 가운데 이러한 진리가 **생기하는**(*ereignen*) 본래적 시간의 근원적 공간(*Zeit-Spiel-Raum*)로서의 열린 장 안에 — 즉 〔터-있음의〕 터에(*da*) — 탈자적으로 있다(*sind*)는 의미〕만이 중요할 뿐이다. 다음의 해설은 그 의도나 범위로 보아, 〔일찍이〕 거기로부터 《존재와 시간》이 사유되고 경험되었던 그런 경험의 영역 속에 머물러 있다. '사유한다'는 것은 다음과 같은 어떤 〔역운적〕 사실의 일어남(*Geschehnis*)에 의해 끊임없이 다가오게(*angegangen*) 된다. 즉, 서양적 사유의 역사 속에서 처음부터 존재자는 존재에 입각하여 사유되고 있기는 하지만, 〔이때〕 존재의 진리는 사유되지 않은 채 여전히 〔어둠 속에〕 남아 있을 뿐이며, 또한 이러한 진리는 사유에게 〔스스로를 내보이기를〕 완강히 거부한 채 〔다시금 시원적으로 사유해야 할〕 가능적 경험으로서 남아 있을 뿐만 아니라, 서양적 사유 자체는 〔그것이〕 형이상학의 형태 속에서 〔머물러 있는 한, 그것은〕 이러한 완강한 거부(*Verweigerung*)의 일어남인 셈인데, 이러한 점은 그럼에도 불구하고 〔서양적 사유에게는〕 전혀 알려지지 않은 채 〔언제나〕 감추어져 있을 뿐이라는 그런 사실이다.3)

그러므로 준비하는 사유는 〔언제나〕 반드시 역사적 숙고의 영역 안에 머물러 있어야 한다. 이러한 사유에게 있어, 역사란 여러 시대의 〔단순한〕 변천이 아니라, 동일한 것〔존재로서의 생기〕의 유일무이한 가까움(*Nähe*)이다. 이러한 동일한 것이 역사적 운명의 예측할 수 없는 방식들 속에서 그리고 변화무쌍한 직접성으로부터 사유함에게 다가오는 것이다.

이제부터 우리는 니체의 형이상학을 숙고해 나가고자 한다. 그의 사

---

3) 초판(1950년)에서는, "완강한 거부와 유보"(*Vorenthalt*)라고 했다.

유는 니힐리즘을 주시하는 가운데 움직이고 있다. 니힐리즘이란 니체에 의하여 인식된 운동을, 다시 말해 이미 일찍이 수세기[의 유럽의 역사]를 지배하여 왔을 뿐만 아니라 지금의 세기를 규정하고 있는 역사적 운동을 가리키는 낱말이다. 니체는 이러한 역사적 운동에 대한 그 자신의 해석을, "신은 죽었다"라는 짧은 명제 속에 요약하고 있다.

"신은 죽었다"라는 말은 무신론자인 니체 자신의 생각을 나타낸 것이므로, 이 말은 단지 한 개인의 입장 표현에 지나지 않으며, 따라서 일면적인 생각에 불과할 뿐이라고 추측하려는 사람들이 있을지도 모른다. 더욱이 오늘날 어디에서나 많은 사람들이 교회를 찾아다니면서 그리스도교적 신앙에 의해 고난을 이겨나가고 있다는 사실을 지적함으로써〔니체의 그 단언에 대해〕쉽게 반박할 수 있을 것이라고 여기는 사람들이 있을지도 모른다. 그러나 앞에서 말한 니체의 말이, 훗날 정신병자가 되고 말았다고 전해지는 한 사상가의 터무니없는 견해에 불과한 것인지 아닌지는 여전히 물음으로 남아 있다. 그보다는 오히려 형이상학적으로 규정된 서양의 역사 안에서 언제나 이미 암묵적으로 말해져 오던 그 말을 니체가 이제야 비로소 표명한 것은 아닌지, 바로 이러한 점을 우리는 물어보아야 한다. 성급하게 자신의 의견을 겉으로 드러내기 이전에, 우리는 "신은 죽었다"라는 그의 말을, 그가 내심 속으로 생각하고 있는 그대로 사유해보고자 시도해야 한다. 그러므로 우리는 이 소름끼치는 말을 대함에 있어 자신도 모르게 북받쳐 오르는 모든 조급한 생각들을 일단은 물리쳐버리는 것이 좋을 것이다.

다음의 숙고에서는 니체의 말을 몇 가지 본질적 관점에 따라 해설해보고자 한다. 니체의 말은 2천년에 걸친 서양 역사의 숙명을 말해주고 있다는 점을 우리는 다시 한 번 유념해야 할 것이다. 너나 할 것 없이 우리들 자신이 아직은〔니체의 말을 심층적으로 사유할 만큼〕준비되지 않은 상태에 있기에, 니체의 말에 관한 단 한 번의 강연을 통해서 이러한 숙명을 변경할 수 있다거나 혹은 적어도 그것을 충분히 알게 되었다고 그렇게 생각해서는 아니 될 것이다. 그럼에도 불구하고 이제 한 가지 사실만큼은 꼭 필요하다. 즉, 이러한 숙고를 통해 우리는 가르침을 받으며 깨우치는 바가 있어야 할 것이고 또한 이러한 깨우침의 도상에서 스스로 숙고하는 태도를 배워야 한다는 점이다.

물론 모든 해설이 [사유해야 할] 사태를 오직 텍스트 속에서만 끄집어내야 할 필요는 없다. [무릇 어떠한 해설이라도] 해설은 해설해야 할 사태로부터 [샘솟아 나오는] 고유한 점을 넌지시 그것[텍스트의 해설]에게 덧붙이지 않을 수 없다. 그렇다고 해서 자만할 필요까지는 없다. 생각이 얄팍한 사람들은 이와 같이 덧붙여진 설명들을, 그 자신이 텍스트에서 파악한 내용과 비교하는 가운데 지나친 해석이라고 느끼면서 자의적 설명일 뿐이라고 비아냥거린다. 물론 그들의 입장에서 보면, 그것은 정당한 것일 수도 있다. 그러나 정당한 해석은, 텍스트를 지은 이보다 그 텍스트를 더 잘 이해하는 것은 아니겠시만, 대체로 지은이보다는 다르게 이해하기 마련이다. 그러나 [비록 다르게 이해한다고 하더라도] 이러한 [이해의] 다름은 해석되는 텍스트가 숙고하는 것과 동일한 것을 숙고하는 식으로만 존립할 수 있을 뿐이다.

니체는 1882년에 출간된 《즐거운 학문》(*Die fröhliche Wissenschaft*) 이라는 그의 저서 제 3권에서 "신은 죽었다"라는 말을 처음으로 표명하였다. 이 저서와 더불어 니체는 그 자신의 형이상학적 근본입장을 형성해나가는 그 길로 향하기 시작한다. 이 저서가 출간된 이후 그는 온갖 고초를 무릅쓰면서도 그의 주저를 집필하고자 시도하였지만 끝내는 허망하게도 완결을 보지 못하였고, 그러는 사이에 《차라투스트라》(*Also sprach Zarathustra*) 는 출간되었다. 그가 집필하고자 시도한 그의 주저는 임시로 《힘에의 의지》(*Wille zur Macht*) 라는 표제를 가지게 되었고, 또한 "모든 가치를 전환시키려는 시도"(*Versuch einer Umwertung aller Werte*) 라는 부제를 지니게 되었다.

신의 죽음과 신들의 사망에 대해 사색하는 이 기이한 사상은 이미 젊은 니체에게는 매우 친숙한 것이 되었다. 니체는 《비극의 탄생》(*Die Geburt der Tragödie*, 1870)이라는 그의 최초의 저서를 완성할 무렵에 다음과 같이 적어놓고 있다. "'모든 신들은 죽지 않으면 안 된다'라는 원시 게르만 민족의 말을 나는 믿는다." 젊은 헤겔은 "믿음과 앎"(Glauben und Wissen, 1802)이라는 그의 논문의 매듭말에서 "근대의 종교 속에 깃들어 있는 심정은 곧, 신 자체가 죽었다는 심정"이라고 말한 바 있다. 헤겔의 이 말은, 니체가 그의 말 속에서 생각하고 있는 것과는 다른 것이다. 그러나 그럼에도 불구하고 이 둘 사이에는, 모든 형이상학의 본질 속에 숨겨져 있는 하나의 본질적 연관성이 놓여 있다. 파스칼이 플루타르크(Plutarch)로부터 인용한 "위대한 판(*Pan*) 신〔그리스 신화 속 '산양의 뿔과 발을 가진, 숲과 목축의 신', 또한 플루타르크가 살았던 고대 그리스 시대의 '우주에 편재하면서 모든 것을 다스리는 우주신'〕은 죽었다"라는 말〔《팡세》(*Pansées*), 695쪽〕은, 비록 대립된 이유에서 그런 것이기는 하지만, 〔그럼에도 불구하고〕 동일한 영역에 속해 있다.

우리는 우선 《즐거운 학문》이라는 저서의 제 125절에서 말해지는 내용 전체에 귀 기울여 보기로 하겠다. 이 절에는 "미친 사람"이라는 표제가 달려 있는데, 그 내용은 다음과 같다.

〈미친 사람〉

너희들은 저 미친 사람의 이야기를 들어보지 못하였는가? 그는 밝은 대낮에 등불을 켜들고 거리로 뛰쳐나와 "나는 신을 찾는다! 나는 신을 찾는다!"라고 쉴 새 없이 부르짖었다.

그런데 마침 그 거리에는 신을 믿지 않는 사람들이 많이 모여 있었기에, 그는 커다란 웃음거리가 되고 말았다. 도대체 신이 없어지기라도 했단 말인가? 한 사람이 이렇게 말했다. 신이 마치 어린아이처럼 길을 잃어버리기라도 했단 말인가? 또 한 사람이 말했다. 그것도 아니라면 신이 숨바꼭질을 하는 것일까? 신이 우리를 무서워하는 것일까? 신이 배를 탔는가? 바다를 건너갔는가?

이와 같이 지껄이면서 그들은 모두 한바탕 웃어댔다. 그러자 그 미친 사람은 그들 속으로 뛰어 들어가 쏘는 듯한 눈초리로 그들을 노려보았다. "신은 어디로 갔는가?" 그는 외쳐댔다. "나는 이것을 너희들에게 말하려고 한다! **우리가 그를 죽였다.** 너희들과 내가! 우리는 모두가 신의 살해자이다. 그러나 우리는 어떻게 하여 이런 일을 저질렀을까? 어떻게 우리가 바닷물을 모조리 마셔버릴 수 있었을까? 누가 우리에게 지평선을 깨끗이 닦아 지워버릴 수 있는 그런 해면(*Schwamm*, 海綿)을 주었을까? 우리가 이 지구를 태양으로부터 떼어버렸을 때, 우리는 무슨 일을 저지른 것일까? 지구는 지금 어디로 움직이고 있는가? 우리는 어디로 나아가고 있는가? 모든 태양으로부터 저 멀리 떨어진 채, 끝없이 추락하고 있는 것은 아닌가? 뒤로, 옆으로, 앞으로, 온갖 방향으로 추락하고 있는 것은 아닌가? 아직도 위와 아래가 있는 것일까? 우리는 끝이 없는 무(無) 속에서 이리저리 헤매고 있는 것은 아닐까? 텅 빈 공간이 싸늘하게 느껴지지는 않는가? 점점 추워지고 있는 것은 아닌가? 점점 더 밤이 짙어오고 있는 것은 아닌가? 대낮이라도 등불을 켜야 할 지경이 아닌가? 신을 매장하는 인부들이 떠들어대는 저 소리를 우리는 아직도 전혀 듣지 못하고 있는가? 우리는 신이 썩어 들어가는 저 냄새를 아직도 맡아보지 못하였단 말인가?

신들도 썩는다! 신은 죽었다! 신은 죽어버렸어! 우리가 그를 죽여버린거야! 모든 살해자 중에서도 살해자인 바로 우리가 어떻게 위안을 받을 수 있단 말인가? 여태까지 이 세계를 자기 품에 품고 있었던 가장 성스럽고도 가장 전능하신 바로 저 신이 우리들의 칼에 맞아 피를 토하며 쓰러진 것이다.

누가 그 핏자국을 우리에게서 말끔히 닦아낼 수 있을까? 우리가 저지른 저 죄를 씻어내기 위하여 우리는 어떠한 의식과 어떠한 성스러운 행사를 벌여야 한다는 말인가? 이처럼 위대한 행사는 우리로서는 도저히 엄두도 낼 수 없는 것은 아닐까? 단지 이런 일을 겉으로만 꾸미기 위해서라도 [이제는] 우리 자신이 신이 되어야만 하지 않을까? 이보다 더 위대한 행위는 지금까지 결코 없었다.

그리고 우리 다음에 태어나는 사람은 누구든지, 이런 행위로 말미암아 지금까지 있었던 모든 역사보다도 한층 더 높은 역사의 구성원이 될 것이다!"

여기에서 그 미친 사람은 일단 말을 멈추고 다시 청중을 노려보았다. 그들은 입을 다물고 이상하다는 듯이 그를 쳐다보았다. 드디어 그가 등불을 땅바닥에 내리쳤다. 등은 산산조각이 나고 불은 꺼졌다. 이때 그는 다시 말했다. "나는 너무 일찍 왔다. 아직은 내가 있을 때가 아니나 보다. 이 끔찍한 사건은 아직도 알려지지 않은 채 소요하고 있다.

그것은 아직도 사람들의 귓전에까지는 이르지 못하였다. 번개와 천둥이 일어난 뒤에도, 그것이 눈에 보이고 귀에 들리기까지에는 시간이 걸리는 법이다. 별들의 빛이 눈에 보이기까지에도 시간은 걸리는 법이다. 〔이 끔찍한 사건이〕 행위로 알려지기까지에는 역시 시간이 걸린다. 이 행위는 그들에게는 가장 멀리 떨어진 별들보다도 더욱 멀고도 멀다. 하지만 그들은 이와 같이 끔찍한 일을 저질러버린 것이다!"

전해오는 말에 따르면, 그 미친 사람은 같은 날 여러 교회에 침입하여 거기에서 신을 위한 진혼곡(*Requiem aeternam deo*)을 쳤다고 한다. 그를 끌어내어 왜 이런 짓을 하냐고 다그쳐 물었더니, 그는 다만 "이 교회들이 신의 무덤과 묘비가 아니라면 도대체 무엇이란 말이냐"고 한결같이 똑같은 말만 계속 되뇌였다고 한다.

4년 후(1886년) 니체는 《즐거운 학문》의 제4권에다 "두려움이 없는 우리들"이라는 표제를 붙인 제5권을 첨부하였다. 이 제5권의 첫 절(잠언 343)에는 "쾌활한 우리에게 떠오르는 문제"라는 표제가 붙어 있다. 이 절은 다음과 같이 시작한다. "최근에 이르러 가장 심대한 사건은, ─즉 '신은 죽었다'라는 사실과 그리스도교의 하느님에 대한 신앙은 더 이상 믿을만한 가치가 없어졌다는 사실은 ─ 이미 유럽 전 지역에 걸쳐 어두운 첫 그림자를 드리우기 시작하였다."

이 문장에서는 신의 죽음에 대한 니체의 단언이 그리스도교적 신을 가리키고 있다는 사실이 명백해진다. 그러나 이에 못지않게 분명히 그리고 무엇보다 먼저 숙고해보아야 할 사항은, 니체의 생각 속에 언급되는 신이라는 낱말과 그리스도교적 신은 초감성적 세계를 통틀어 지칭하기 위한 그런 표현어로서 사용되고 있다는 점이다. 신은 이념이나 이상들의 영역을 지칭하기 위한 이름이다. 이 초감성적 영역은 플라톤이래로, 좀더 정확하게 말하자면, 플라톤의 철학에 대한 후기 그리스적 해석 및 그리스도교적 해석이 가해진 이래로 본래적으로 현실적인 참다운 세계로서 간주된다. 이와 구분되는 감성적 세계는 단지 세속적이고도 무상한 세계, 즉 단순히 가상적이면서도 비현실적인 세계에 지나지 않는다. 세속적 세계는 피안에 있는 영원한 행복의 산과는 구별되는 슬픔의 골짜기이다. 간드의 경우에도 〔단적으로〕 나타나듯이, 우리가 감성적 세계를 넓은 의미에서의 자연적 세계라고 부른다면, 초감성적 세계는 초자연적〔metaphysisch, 형이상학적〕 세계이다.

"신은 죽었다"라는 말은, 초감성적 세계가 〔감성적 세계에 대해 이제〕 영향력을 잃어버렸다는 것을 뜻한다. 따라서 초감성적 세계는 삶에 아무런 도움도 주지 못한다. 형이상학은, 다시 말해 니체가 플라톤주의라고 이해하였던 서양 철학은 그 종말에 이른 것이다. 니체는 그 자신의 고유한 철학을, 형이상학에 대항하는 반대의 운동으로서 ─ 다시 말해 그에게 있어서는 플라톤주의에 대항하는 반대의 운동이라고 ─ 이해하고 있다.

그러나 단순히 반대의 운동일 뿐인 그의 철학은, 모든 반대〔Anti-〕가 그러하듯이, 자기가 대항하고 있는 상대방의 본질 속에 필연적으로 사로잡히게 된다. 형이상학에 대항하는 니체의 반대운동〔Gegen-bewegung〕은 단순히 형이상학을 뒤집어놓은 것일 뿐이어서, 그것은 형이상학 속으로 휘말려 들어가 거기에서 빠져나올 출구도 찾지 못한다.

그리하여 형이상학은 자신의 본질에 대해 철저히 봉쇄된 채 〔이제는 더 이상〕 자신의 고유한 본질을 결코 사유할 수조차 없게 된다. 따라서 형이상학에서는 무엇이 본래적으로 일어나고 있는지 또 형이상학 자체로서 무엇〔존재이탈과 존재망각의 전회적 공속성. 이러한 공속성 속에서는 존재의 진리가 참답게 드러나지 못하고 오히려 왜곡된 비본래적 방식으로 출현하게 되는데, 하이데거는 이러한 현상을 탈-생기(Enteignis)라고 부름〕이 본래적으로 일어나고 있는지는, 형이상학에게는 그리고 형이상학을 통해서는 〔전혀 경험되지도 사유되지도 않은 채 단지〕 은닉된 채로 남겨지는 것이다.

현실적인 모든 것이 추구하는 근원적 목적으로서의 신이, 즉 초감성적인 근본바탕으로서의 신이 죽었다고 한다면, 〔그래서〕 이념들의 초감성적 세계가 자신의 구속력(지배능력)을 상실할 뿐만 아니라 특히 무엇보다도 〔감성적 세계를 일깨우는〕 자신의 고무적인 힘과 건설적인 힘을 상실했다고 한다면, 인간이 의지하고 따를 수 있는 것은 아무것도 남아 있지 않을 것이다. 이런 까닭에 앞에서 읽은 구절 속에는 다음과 같은 물음이 있는 것이다. "우리는 끝이 없는 무 속에서 〔이리저리〕 헤매고 있는 것은 아닐까?" "신은 죽었다"는 이 말은, 이러한 무가 세력을 뻗치고 있다는 그런 사실에 대한 확증을 〔자기 안에〕 내포하고 있다. 여기서 말해지는 무는, 초 감성적이면서도 구속력을 갖는 그런 세계가 부재 한다는 사실을 의미한다. "모든 손님 중에서도 가장 꺼림칙한 손님"인 니힐리즘이 문 앞에 서성대고 있는 것이다.

"신은 죽었다"라는 니체의 이 말을 해석하려는 〔우리의〕 시도는, 니체가 니힐리즘이라는 말로서 무엇을 이해하고 있는지를 설명하고, 그래서 니체 자신이 니힐리즘에 대해 어떠한 태도를 취하고 있는지를 보여주는 그런 과제와도 동일한 의미를 지니고 있다. 하지만 니힐리즘이라는 이러한 명칭은 흔히 사람의 시선을 끌어당기는 유행어로서 혹은 위험을 알리는 경구 정도로서 사용되면서 자주 남을 비방하는 언사로서도 사용되기 때문에, 그것이 의미하는 바를 올바로 이해하는 것이 필요하다. 비록 스스로 그리스도교적 신앙이나 혹은 어떤 형이상학적 신념을 내세우는 사람들이라고 하더라도, 그들 모두가 그런 이유로 말미암아 이미 니힐리즘에서 벗어나 있는 것은 아니다. 또 거꾸로 말해서, 무와 무의 본질에 대해 사색하는 사람들이라고 해서, 그들이 모두 니힐리스트는 아니다.

사람들은 흔히 '니힐리스트'라는 이러한 명칭이 무엇을 의미하는지에 대해서는 전혀 사색해 본 적조차 없으면서도, 그들이 그저 단순히 '니힐리스트'라고 부를 경우에는, 결국 무에 대해 숙고하는 니힐리스트들은 이러한 숙고와 더불어 곧바로 무 속으로 빨려들어가 무에 의해 철저히 지배되고 말 것이라는 사실을 자신들이 이미 충분히 증명이라도 할 수 있다는 듯이 그런 어조로 ['니힐리스트'라는] 이 낱말을 흔히 말하곤 한다.

니체가 생각하는 철학적 의미에서 엄밀하게 숙고해보았을 때, 과연 '니힐리즘'이라는 이름이 단지 니힐리즘적인 그런 의미만을 — 다시 말해 아무것도 아닌 그런 무 속으로 용해되어 들어가는 그런 부정적인 의미만을 지닌 낱말에 불과한 것인지는 정말로 잘 따져보아야 할 문제일 것이다. 따라서 [특히] 근래에는 니힐리즘이라는 명칭이 아무렇게나 제멋대로 사용되고 있기 때문에, 니체 자신이 니힐리즘에 관하여 말하는 그 의미내용을 정확하게 해설하기에 앞서서, 우리는 무엇보다 먼저 니힐리즘에 대하여 물음을 올바로 제기할 수 있는 그런 정당한 관점을 확립해두는 것이 필요하다.

니힐리즘은 하나의 역사적 운동이지, 어떤 특정한 사상가에 의해서 주장된 견해나 학설이 아니다. 니힐리즘은, 비록 유럽 민족들이 그것을 전혀 인식하지 못하고 있다고 하더라도 그들 자신의 숙명 속에서 근본적으로 진행되고 있는 역사적 운동을 가리킨다. 따라서 니힐리즘은 다른 여타의 역사적 현상들 가운데 일어나는 한낱 하나의 어떤 현상에 그치는 것이 아니다. 다시 말해 니힐리즘은 그리스도교나 휴머니즘이나 혹은 계몽사상 등과 아울러 유럽의 역사 속에서 나타나는 하나의 정신적 사조에 불과한 것이 아니다.

니힐리즘을 그것의 본질에 입각하여 사유해본다면, 오히려 그것은 서양 역사의 근본운동이다. 니힐리즘의 전개는 세계의 파멸을 결과적으로 초래할 수밖에 없는 그런 몰락의 과정을 보여준다. 니힐리즘은 근세의 세력범주 안에 이끌려 들어온 지상의 모든 인류의 세계사적 운동이다. 그러므로 그것은 지금의 시대에 이르러 비로소 나타난 그런 현상이 아니다. 그리고 그것은 니힐리즘에 대한 날카로운 각성이 일어나기 시작하여 그 이름이 널리 사용되기에 이른 19세기의 한낱 산물도 아니다. 마찬가지로, 니힐리즘은 그것〔니힐리즘〕에 관하여 명백하게 말하는 사상가와 저술가가 살고 있는 그런 몇몇 나라들의 산물도 아니다. 니힐리즘의 지배권에서 완전히 벗어나 있다고 망상하는 그런 나라들이 어쩌면 가장 철저하게 니힐리즘에 의해 사로잡혀 있을지도 모른다. 이 가장 꺼림칙한 손님의 '꺼림칙한 점'(Unheimlichkeit)에는, 그가 그 자신의 고유한 유래를 말할 수 없다는 사실이 속해 있다.

그리스도교의 하느님이 부인되고 그리스도교의 신앙이 공격을 받으면서 속된 무신론이 아무런 생각도 없이 설쳐대는 그런 곳에서만 비로소 니힐리즘이 지배하는 것은 아니다. 우리가 그리스도교에 등을 돌려 무신앙으로 향해 가고 또한 이러한 무신앙이 현상하는 다양한 형태에 우리의 시선을 빼앗기고 있는 한, 우리는 니힐리즘의 외면적인 초라한 단면에 사로잡혀 있는 것이다. 미친 사람의 이야기, 즉 "신은 죽었다"라는 말은, "신을 믿지 않는" 사람들이 그저 아무렇게나 떠들어대는 그런 생각과는 아무런 관계도 없다는 사실을 말해준다. 이런 식으로 신앙이 아예 없는 사람들에게는, 니힐리즘이 그들 자신의 고유한 역사의 숙명이라는 사실은 아직도 전혀 받아들여지지 못하고 있다.

우리가 "신은 죽었다"라는 말을 오직 무신앙의 형식에 불과할 뿐이라고 파악하는 한, 우리는 그것을 신학적이고도 호교적인 입장에서 생각하고 있는 것이며, 이런 경우에는 니체가 말하고자 하는 바를 완전히 놓쳐버리게 된다. 즉, 초감성적 세계의 진리와 더불어 그리고 인간의 본질에 대한 이러한 진리의 관계와 더불어 무엇이 일어나고 있는지를 사색하려는 그런 숙고를 우리는 완전히 포기하게 된다.

그러므로 니체가 생각하는 니힐리즘은, 성서적 계시의 하느님으로서의 그리스도교적 신에 대한 신앙이 더 이상 지탱될 수 없다는 뜻에서의 부정적인 의미와는 결코 합치하지 않는다. 니체는 그리스도교라는 낱말 속에서 단순히 그리스도의 삶을 생각하고 있는 것이 아니다. 즉, 복음서를 편찬하기 이전에, 따라서 사도 바울이 선교 활동을 펼치기 이전에 한때 그 짤막한 기간 동안에 일어났던 그리스도의 〔역사적〕삶을 생각하고 있는 것이 아니다. 니체에게 그리스도교란, '서구적 인간정신과 이러한 정신이 표출된 근세적 문화' 속에서 형성된 '교회와 그것(교회)의 세력요구'의 역사적 현상을, 즉 세계적-정치적 현상을 가리킨다. '이러한 의미에서의 그리스도교'와 '신약성서적 신앙의 기독교 문화'는 동일한 것이 아니다. 반-그리스도교적 삶 역시 그리스도교를 긍정하면서 그것을 세력〔팽창〕의 한 요소로서 사용할 수도 있다. 그러나 이와는 반대로 그리스도적 삶은 그리스도교를 반드시 필요로 하는 것이 아니다. 그러므로 그리스도교와의 대결은 결코 무조건적으로 그리스도적인 것과 투쟁하려는 것이 아니다. 또 이와 마찬가지로, 신학이 언제나 신앙을 해석하는 작업이라고는 하더라도, 신학에 대한 비판이 곧 신앙에 대한 비판은 아니다. 사람들이 이러한 본질적 차이를 제대로 파악하지 못하고 간과하고 있는 한, 그들은 세계관의 논쟁 속에 휘말린 채 그런 덧없는 논쟁 속에서 배회하고 있을 뿐이다.

"신은 죽었다"라는 말 속에서의 신이라는 이름은, 본질적으로 사유해볼 때, 이상의 영역인 초감성적 세계를 가리킨다. 이러한 이상은 지상적 삶의 저 너머에 존립하는, 이러한 삶을 위한 목표를 함축하고 있으며, 또한 그런 식으로 이러한 삶을 위로부터 — 따라서 어떤 의미에서는 밖으로부터 — 규정하고 있다. 그러나 근래에 이르러 교회에 의해 규정된 순수한 신앙이 점차적으로 사라져간다고 해서, 특히 신앙의 교리로서의 신학이 존재자 전체를 밝혀주던 자신의 지배적인 역할에서 점차 밀려나고 있다고 해서, 이로써 초 감성적인 것으로 뻗어나가는 목표-정립이 감성적인 지상의 삶을 지배하던 〔종래의〕 근본 구성틀이 무너져버리는 것은 결코 아니다.

사라져 가는 신의 권위와 교회의 권위 대신에 양심의 권위가 나타나며 이성의 권위가 밀려들기 시작한다. 이러한 이성에 반대하여 사회적 본능이 반기를 든다. 초 감성적인 것으로 도피하던 세계의 도피는 역사학적인 진보를 통해 대체된다. 영원한 행복이라는 피안의 목표는 최대 다수의 지상적 행복으로 변화한다. 종교적 의식에 대한 헌신은 문화를 창조하고 문명을 확산시키려는 정렬에 의해 해체된다. 종래에 성서의 신만이 누렸던 창조의 권능은 인간 행위의 탁월성으로 추앙된다. 마침내 이러한 창조적 행위는 일상적 업무로 이전된다.

이와 같이 초 감성적 세계를 대신하여 자신이 이러한 세계의 위치에 들어오려는 태도는, 그리스도교적이며-교회적인 신학적 세계-해석의 탈바꿈에 지나지 않는다. 이러한 세계-해석은 '존재자를 계층별로 질서지운 이러한 질서의 도식'을 헬레니즘적-유태교적인 세계로부터 물려받은 것인데, 이러한 세계의 근본구조는 서양의 형이상학이 시작하던 그 초창기에 〔일찍이〕 플라톤에 의하여 정초되었던 것이다.

니힐리즘이라는 이러한 사건이 일어나는 그 본질영역은 형이상학 자신이다. 물론 이 경우에도 우리는 형이상학이라는 이름으로써 단순히 철학의 특수한 하나의 분과나 혹은 그런 이론을 생각하고 있는 것이 아니라, 존재자 전체의 근본구조를 생각하고 있다. 여기서 존재자 전체는 감성적 세계와 초 감성적 세계로 구분되는데, 전자는 후자에 의해 지탱되며 규정되는 것이다. 형이상학이란, 〔그 안에서〕 다음과 같은 사실이 역사적 운명이 되는 그런 역사적 공간이다. 즉, 초 감성적 세계, 이념들, 신, 도덕법칙, 이성의 권위, 진보, 최대 다수의 〔최대〕 행복, 문화, 그리고 문명이 각각 자신의 건설적인〔bauend, 구성적인〕 힘을 잃고 무력하게 되는 그런 사실이 숙명적으로 드러나게 되는 역사적 공간이다. 우리는 초감성적인 것의 이러한 본질붕괴를 그것〔초감성적인 것〕의 파멸〔Verwesung〕이라고 부른다. 이렇게 본다면, 그리스도교적 신앙 교리로부터의 이탈을 의미하는 무신앙은 결코 니힐리즘의 본질이나 그 근거가 아니라, 오히려 언제나 〔니힐리즘이 몰고 오는〕 그것의 한 결과에 불과할 뿐이다. 왜냐하면 그리스도교 자체가 니힐리즘의 한 결과나 완성〔Ausformung, 완성된 형태〕을 나타내고 있을지도 모르기 때문이다.

이런 사실로부터 이제 우리는, 사람들이 니힐리즘을 파악하면서 그것과 투쟁하겠노라고 그렇게 생각할 경우에, 그것은 아주 빗나간 생각이라는 점을 알게 된다. 사람들은 니힐리즘이 아주 오래된 역사적 운동임을 깨닫지 못하고 있을 뿐만 아니라, 이러한 운동의 본질근거가 형이상학 자체 속에 놓여 있다는 점을 전혀 주시하지 못하고 있기 때문에, 그들은 헛되이 니힐리즘의 결과에 불과할 뿐인 여러 가지 현상들을 니힐리즘 자체로 간주하거나 혹은 〔니힐리즘의〕 결과들과 그 영향들을 니힐리즘의 원인들이라고 설명하려는 허망한 시도에 빠지게 된다. 사람들은 아무런 생각도 없이 이러한 사고방식에 안주함으로써 이미 수십 년 전부터 기술의 지배나 혹은 대중의 봉기를 이 시대의 역사적 상황의 원인으로 간주하면서 현대의 정신적 상황을 그러한 관점에 따라 분석하려는 태도에 빠져들곤 하는 것이다. 그러나 이와 같이 박식하고 또 이와 같이 풍만하게 인간에 대해 분석하면서 존재자들 속에 위치하는 인간의 정위를 분석한다고 하더라도, 그러한 분석이 인간의 본질적 장소성〔Ortschaft, 존재의 진리가 생기는 시원적 터전으로서의 터 (Da). 이러한 터에 탈자적으로 내존하면서 저마다 자기 자신의 고유한 삶의 자리를 마련하고 사유하며 거주하는 한에서만, 인간은 인간으로서 참답게

300

존재함)에 대해 사색하지 못하고 또한 그러한 장소성을 존재의 진리 속에서 경험하지 못하는 한, 그러한 분석은 단지 겉으로만 숙고하는 모습으로 보일 뿐이지 사실은 아무런 생각도 하지 않는 것과 다를 바 없다.

우리가 단순히 니힐리즘의 현상들을 니힐리즘 자체로서 간주하는 한, 니힐리즘에 대한 우리들의 입장표명은 피상적 상태를 벗어나지 못한다. 우리가 세상의 형편에 대해 불만을 토로해보거나 설익은 방식으로 절망감을 고백함으로써, 혹은 도덕적으로 격분해보거나 신앙인의 독선적 우월감을 내세움으로써, 우리의 입장을 열정적으로 방어해본들, 이러한 〔피상적〕 입장표명은 조금도 〔다른 입장으로〕 달라지지 않는다.

이에 반해서 무엇보다 중요한 것은, 우리들 자신의 숙고하는 자세이다. 그러므로 우리는 지금 니체 자신에게, 그가 '니힐리즘'이라는 낱말로써 무엇을 이해하고 있는지를 묻고자 한다. 그러나 과연 니체가 이러한 이해로써 니힐리즘의 본질을 적확하게 맞추고 있는지 또 그렇게 맞출 수 있는지 그 여부는 일단 열어두고자 한다.

니체는 1887년에 적어놓은 그의 글(《힘에의 의지》, 단편 2)에서 "니힐리즘이란 무엇을 의미하는가?"라는 물음을 제기하고 있다. 이에 대하여 그는 "최고의 가치들이 그 가치를 잃어버렸다(*entwerten sich*)는 것"이라고 답하고 있다. 이 대답에는 밑줄이 그어져 있고, "목표가 없다; '왜?'에 대한 답이 없다"라는 설명이 붙어 있다.

이 글에 따르면, 니체는 니힐리즘을 하나의 역사적 이행과정으로 파악하고 있다. 그는 이러한 과정을 '종래의 최고 가치들이 자신의 가치를 상실하는 그런 과정'이라고 해석하고 있다. 신, 참으로 존재하며 모든 것을 규정하는 세계로서의 초감성적 세계, 이상과 이념, 모든 존재자와 특히 인간의 삶을 규정하며 지탱하는 그런 목표들과 근거들, 이런 모든 것들이 여기에서는 최고의 가치들이라고 생각되고 있다. 지금도 통용되는 의견에 따르면, 최고의 가치들이란 참다운 것(진), 선한 것(선), 그리고 아름다운 것(미)이라고 사람들은 생각한다. 참다운 것이란 현실적으로 있는 것이며, 선한 것이란 모든 것이 어디에서나 〔그것에게〕 의존하고 있는 바로 그것이며, 아름다운 것이란 존재자 전체에 질서를 부여하며 통일하는 그것이다. 그러나 이 최고의 가치들은, 이상적 세계가 현실적 세계 속에서 결코 실현되지도 않으며 또 앞으로도 실현될 수 없으리라는 그런 통찰이 일어나자마자 이내 곧 그 가치를 상실하게 된다. 최고의 가치들이 지니고 있던 그 구속력은 동요하기 시작하고, 그리하여 다음과 같은 물음이 제기된다. 최고의 가치들이 그것들(가치들) 속에 정립되어 있는 목표들을 실현하기 위한 보증과 방법 그리고 수단을 동시에 확고하게 정립하지 못한다면, 그런 가치들은 무슨 소용이 있겠는가?

그러나 만일 우리가 지금 '최고의 가치들이 자신들의 가치를 잃어버리게 되는 것'이라는 니힐리즘의 본질에 관한 니체의 규정을 글자 그대로 이해하고자 한다면, 니힐리즘의 본질에 대한 다음과 같은 견해가 생길 것이다. 즉, 최고의 가치들이 자신들의 가치를 잃어버리게 된다는 사실은 명백히 타락을 의미하는 것이라는 그런 견해가 생길 것이다. 사실상 이러한 견해는 이미 그 사이에 널리 유포되었으며, 니힐리즘이라는 일반적 명칭에 의해 뒷받침되어 왔다. 그러나 니체의 경우에 니힐리즘은 결코 어떤 하나의 타락현상에 불과한 것이 아니다. 그것은 오히려 서양 역사의 근본적 이행과정인 동시에 특히 이러한 역사의 법칙성을 가리키고 있다. 그런 까닭에 니체는 니힐리즘에 관하여 고찰할 경우에, 최고의 가치들이 자신들의 가치를 잃어버리게 되는 그런 진행과정을 단순히 역사학적으로〔historisch, 실증사학적 고찰방식으로〕 묘사하면서 또한 그것으로부터 서양의 몰락을 예측하는 그런 일에는 별로 관심을 갖지 않았다. 오히려 그는 니힐리즘을 서양 역사의 "내면적 논리(학)"로서 사유하고 있다.

이렇게 사유하는 가운데 니체는, 종래의 최고 가치들이 세계를 위해 갖던 자신들의 가치를 상실한다고 하더라도 세계 자체는 그대로 남아 있다는 사실을 잘 인식하고 있을 뿐만 아니라, 또한 그에 앞서 도대체 가치를 잃어버린(wert-los) 그런 세계가 어쩔 수 없이 어떤 새로운 가치를 정립하기 위해 〔부단히〕 돌진하고 있다는 사실을 그는 매우 잘 인식하고 있다.4) 종래의 최고 가치들이 무너지게 되자마자 〔새롭게 정립되는〕 새로운 가치정립(Wertsetzung)은 ― 종래의 가치에 입각하여 보았을 때 ― 〔모든 가치들을 새롭게 전환시키는〕 모든 가치들의 가치전환(Umwertung)으로 변화한다. 종래의 가치들에 대한 부정은 새로운 가치정립에 대한 긍정으로부터 오는 것이다. 그런데 니체의 의견에 따르자면, 이러한 긍정 속에는 종래의 가치들과의 어떠한 타협이나 중개도 있을 수 없으므로, 새로운 가치정립에 대한 이러한 긍정에는 무조건적 부정이 속해 있다. 종래의 가치들에로 복귀하려는 태도에 반대하는 동시에 새로운 가치를 무조건적으로 긍정하려는 이러한 태도를 확고히 하기 위하여, 다시 말해 새로운 가치정립을 반대운동으로서 정초하기 위하여, 니체는 이러한 새로운 가치정립을 또한 니힐리즘이라고 불렀다. 이러한 니힐리즘을 통해 〔종래의 가치들의〕 가치상실〔Entwertung, 무가치화〕은 새로운 척도(표준)를 제공하는 그런 가치정립으로 완성된다. 니체는 이와 같이 척도를 제공하는(maßgebend) 니힐리즘의 한 단계를 "완성된" 니힐리즘, 즉 고전적(klassisch) 니힐리즘이라고 부른다. 니체는 니힐리즘이라는 낱말 속에서 종래의 최고 가치들의 무가치화를 이해한다. 그러나 니체는 이와 동시에 "종래의 모든 가치들의 가치전환"이라는 의미에서 니힐리즘을 긍정하는 태도를 취한다. 따라서 니힐리즘이라는 이름은 다양한 의미를 갖는다. 극단적으로 보자면, 이러한

---

4) 초판(1950년)에는 다음과 같이 쓰여 있다: 어떤 전제하에서 그런가? '세계'는 존재자 전체이며, 동일한 것의 영원한 회귀 속에는 힘에의 의지가 놓여 있다는 사실이 바로 그것이다.

이름은 우선은 언제나 이중적 의미를 갖는다. 왜냐하면 니힐리즘은 첫째로 종래의 최고 가치들의 단순한 무가치화를 말하는 동시에 둘째로 이러한 무가치화에 대항하는 무조건적인 반대운동을 의미하기 때문이다. 니체가 니힐리즘의 앞선-형식〔Vorform, 선행하는 형식 혹은 형태〕으로서 간주하고 있는 염세주의(Pessimismus)도 또한 이러한 이중적 의미를 지니고 있다. 쇼펜하우어에 따르면, 염세주의란 하나의 신조를 가리킨다. 즉, 이 세계들 중에서도 가장 나쁜 세계에 속한 인생이란〔더 이상〕긍정적으로 살만한 가치가 없다는 그런 신조를 가리킨다. 이러한 학설에 따르면, 삶은 부정될 뿐만 아니라 이러한 삶과 동시에 존재자 전체도 부정된다. 니체에 의하면, 이러한 염세주의는 "나약한 염세주의"(Pessimismus der Schwäche)이다. 이러한 염세주의는 어디에서나 암담한 면만을 바라보면서, 모든 일에서 좌절과 실패의 근거를 찾아내고, 또한 모든 일이 철두철미 불행으로 끝날 것이라는 점을 살 알고 있다고 주장한다. 이에 반해 '강력한 염세주의'(Pessimismus der Stärke) 혹은 '강함〔으로서〕의 염세주의'(Pessimismus als Stärke)는 아무것도 미리 꾀하지 않고, 위험을 직시하면서, 어떠한 가식이나 꾸밈(Übermalung, 덧칠)도 거부한다. 종래의 것에로 귀환하려는〔삶의〕태도 속에는〔이루 말할 수 없는〕비참함이 그 안에 도사리고 있다는 사실을 강함의 염세주의는 환히 꿰뚫어보고 있다. 그것은 분석적으로 여러 현상들의 내부로 파고든다. 그리하여 그것은 온갖 역경에도 불구하고 역사적 상황을 철저히 제압할 수 있는 그런 조건들과 힘에 대한 의식을 요구한다.

좀더 본질적으로 숙고해 본다면, 니체가 말하는 "강력한 염세주의"에서는 근세적 인간정신이 봉기함으로써 존재자의 주체성 속에서 주관성의 무조건적 지배가 어떻게 그 완성에 이르는지가 통찰된다. 이러한 이중적 형식을 지닌 염세주의를 통하여 양 극단이 나타난다. 이러한 양 극단은 그 자체가 우위를 점하고 있다. 그리하여 이러한 상태는 '이것이냐 저것이냐'라는 무조건적 극단화로 첨예화된다.〔이렇게 첨예화되는 동안에 과도기적〕 중간상태(Zwischenzustand)가 세력을 떨친다. 이런 상태에서는 한편으로는 종래의 최고 가치들이 현실화될 수 없다는 점이 확연히 드러난다. 세계는 아무런 가치도 없는 듯이 보인다. 다른 한편으로는, 이러한 점을 의식함으로써 탐구하는 시선은 새로운 가치를 정립하기 위한 원천에로 향해 나간다. 그러나 단지 이러한 시선에 의해서는 세계는 이미 더 이상 자신의 가치를 회복하지 못한다.

물론 종래의 가치들이 지니고 있던 그 지배력이 뒤흔들리고 있다는 그런 사실을 고려해 본다면, 아직도 또 다른 시도의 가능성은 남아 있을 것이다. 즉, 그리스도교적 하느님이라는 의미에서의 신이 초감성적 세계를 관할하던 자신의 자리에서 사라졌다고는 하더라도, 이러한 자리 자체는 — 물론 비어 있는 것으로서 그런 것이기는 하지만 — 아직도 여전히 보존되어 있다. 초감성적 세계와 이상적 세계의 비어 있는 이러한 자리의 영역은 여전히 확고하게 보존될 수 있다. 심지어 이렇게 비어 있는 그 자리는, 그것〔초감성적 세계〕을 새로 세우고 이러한 세움을 통해 떠밀려 사라진 신을 다른 것으로서 대치하도록 촉구한다. 〔이로써〕 새로운 이상들이 건립된다. 니체의 생각(《힘에의 의지》, 단편 1021, 1887년)에 따르면, 이러한 것은 〔세계를 행복하게 하는〕 다양한 행복론을 통하여, 그리고 사회주의를 통하여 나타날 뿐만 아니라, 이와 마찬가지로 바그너의 음악을 통하여 나타나며, 다시 말해 "독단적 그리스도교"가 "파산에 이른" 곳에서는 어디에서나 나타난다는 것이다. 그리하여 "불완전한 니힐리즘"(der unvollständige Nihilismus, 《힘에의 의지》, 단편 28, 1887년)이 나타나는데, 니체는 이러한 니힐리즘에 관하여 다음과 같이 말하고 있다. "**불완전한** 니힐리즘과 그것의 여러 유형들의 한가운데서 우리는 살아간다. 종래의 가치들을 가치전환함이 없이 니힐리즘으로부터 벗어나려는 시도는 오히려 반대의 결과를 자아내며 문제를 첨예화시킬 뿐이다."

우리는 불완전한 니힐리즘에 대한 니체의 사상을 다음과 같이 말함으로써 한층 더 명확하고 예리하게 파악할 수 있다. 즉, 불완전한 니힐리즘은 종래의 가치들을 다른 가치들로 대체하기는 하되, 이러한 다른 가치들을 여전히 낡은 자리에, 즉 초감성계의 이상적 영역으로서 비어 있는 예전의 자리에 앉힌다. 그러나 완전한 니힐리즘은 더 나아가서 가치의 자리 자체까지도, 즉 초감성적 영역 자체까지도 제거하며, 따라서 가치들을 아주 다르게 정립하며 뒤바꾸어 버린다(전환시킨다).

이로써 다음과 같은 사실이 명백해진다. 즉, 완전한 니힐리즘, 다시 말해 완성된 고전적 니힐리즘에는 "종래의 모든 가치들의 가치전환"이 속해 있으나, 이러한 가치전환은 낡은 가치들을 단순히 새로운 가치들로 대체하는 것이 아니다. 이러한 가치전환은 가치평가(Werten)의 양식과 그 방식을 역전시킨다. 가치정립은 하나의 새로운 원리를 필요로 한다. 즉, 가치정립이 그것(원리)으로부터 시작되어 그것(원리) 안에 머물러 있는 그런 새로운 원리를 필요로 한다. 〔그러기 위해서는〕 가치정립은 어떤 다른 영역을 필요로 한다. 그 〔새로운〕 원리는 더 이상 이미 생명력을 잃어버린 초감성계의 영역일 수는 없다. 이런 까닭에 이와 같이 이해된 가치전환을 목표로 삼는 니힐리즘은 가장 생생한 것을 추구하게 된다. 그리하여 니힐리즘은 그 자신이 "가장 충만한 삶의 이상"(《힘에의 의지》, 단편 14, 1887년)이 된다. 이 새로운 최고의 가치 속에는 삶의 ─ 즉, 살아 있는 모든 것을 규정하는 〔이 모든 것을 위한〕 본질기반이 되는 그런 삶의 ─ 어떤 〔새로운〕 다른 평가가 숨어 있다. 따라서 우리는 니체가 이해하고 있는 삶이 무엇인지를 물어보아야 할 것이다.

니힐리즘의 여러 가지 단계들과 형식들을 지적함으로써 다음과 같은 사실이 밝혀진 셈이다. 즉, 니체의 해석에 따르면, 니힐리즘은 어디에서나 〔그 역사 안에서〕 여러 가지 가치들과 가치평가 그리고 가치의 무가치화와 가치들의 가치전환이 문제시될 뿐만 아니라 가치의 새로운 정립이 문제시되며, 또한 궁극적으로는 모든 가치정립을 〔완전히〕다르게 평가하는 원리의 정립이 본래적으로 문제시되는 그런 하나의 역사라는 것이다. 최상의 목표들, 존재자의 근거들과 원리들, 그리고 이상과 초감성적인 것, 신과 신들 ― 이 모든 것이 처음부터 가치로서 파악되고 있다. 따라서 우리는 가치라는 이름으로써 니체가 무엇을 이해하고 있는지를 〔앞서〕 알고 있는 한에서만, 비로소 니힐리즘에 대한 니체의 개념을 우리는 충분히 파악할 수 있다. 이러한 앎으로부터 우리는 "신은 죽었다"라는 말을 〔니체가 사유하고〕 있는 그대로 이해하게 된다. 니체가 가치라는 낱말로써 무엇을 생각하고 있는지를 충분히 밝히는 것이야말로 그의 형이상학을 이해하기 위한 열쇠가 될 것이다.

19세기에는 가치에 대한 논의가 통용되기 시작하였으며 가치에 대한 사색도 흔해졌다. 그러나 니체의 저술이 널리 보급된 이후에야 비로소 가치에 대한 논쟁은 유행처럼 번져나갔다. 사람들은 삶의 가치, 문화의 가치, 영원의 가치, 가치의 순위, 정신적 가치 등에 관하여 말하기를 즐겨하는데, 이러한 가치들은 예를 들면 고대〔그리스 시대〕에서도 찾아볼 수 있다고 그들은 믿는다. 전문적으로 철학에 몰두하여 신칸트학파를 창시하였을 때, 그들은 가치철학에 이르게 되었다. 그들은 가치들의 체계를 세우면서 〔특히〕 윤리학의 영역에서 이러한 가치들의 심층적 국면들을 탐구한다. 심지어 그리스도교의 신학에서조차 그들은 최고 선으로서의 최고 존재자(*summum ens qua summum bonum*)인 신을 최고의 가치로서 규정한다. 그들은 학문을 가치와는 무관한(*wertfrei*) 것으로서 간주하면서, 가치 평가적 태도들을 〔모조리〕 세계관의 측면으로 귀속시킨다. 가치와 가치적인 것은 형이상학적인 것을 대체하는 실증주의적 대용물로 탈바꿈한다. 가치에 대한 이러한 통속적인 논의로 말미암아, 이러한 개념〔가치〕에 대한 무규정성이 뒤따른다. 이러한 무규정성은, 가치가 본질적으로 존재로부터 유래한다는 사실을 전혀 사유하지 못함으로써 발생하는 것이다. 이와 같이 다양한 방식으로 흔히 말해지는 가치가 〔사실은〕 아무것도 아닌 것이 아니라고 한다면, 이러한 가치는 자신의 본질을 존재 속에 지니고 있어야만 할 것이다.

니체는 가치라는 낱말로써 무엇을 이해하는가? 가치의 본질은 어디에 근거하는가? 왜 니체의 형이상학은 가치의 형이상학인가?

니체는 1887년 말엽에서 1888년 초엽 사이에서 적어놓은 자신의 글 (《힘에의 의지》, 단편 715)에서, 가치라는 낱말로써 자신이 무엇을 이해하고 있는지를 피력하고 있다. "가치라는 시점(Gesichtspunkt, 視點)은 생성하는 과정(Werden) 속에서 상대적으로 지속하는 삶의 복합적 형성체를 바라보는5) 가운데 〔삶 혹은 힘에의 의지를〕유지하고 향상하기 위한 제조건들의 시점이다."

가치의 본질은, 〔가치가〕시점이라는 점에 놓여 있다. 가치란, 눈에 포착되는 그런 것을 가리킨다. 가치란, 〔우리가〕무엇을 겨냥하거나 〔목표로 삼거나〕혹은 무엇을 기대할 경우에 〔이러한 목표를 실현하기 위한 수단이 되는〕다른 어떤 것을 반드시 고려〔계산〕하지 않을 수 없는 그런 봄을 위한 시점〔착안점〕을 의미한다. 가치는 〔'얼마만큼 가치 있다'고 말할 경우에 이미 고려되고 있듯이 이러한〕'얼마만큼'과 밀접한 관계를 갖는다. 다시 말해 가치는 양과 수와 밀접한 관계를 갖는다. 따라서 가치는 "수와 양을 재는 척도의 눈금"(《힘에의 의지》, 단편 710, 1888년)과 관련되어 있다. 그러나 그 증가와 감소의 눈금(Skala)이 어디에 기초를 두고 있는지는 여전히 문제로 남아 있다.

가치를 시점으로서 특징지음으로써 니체의 가치개념에 본질적인 한 가지 사항이 분명히 드러난다. 즉, 가치는 시점이므로, 그것은 그때그때 봄에 의해 정립되며 또한 이러한 봄을 위해 정립된다는 사실이다. 이러한 봄은, 그것이 〔이미 어떤 것을〕바라보고 있었던 한에서만 〔어

---

5) 초판(1950년)에서는, 이러한 "바라봄"(Hinsicht)을 "원근법적 전망(Perspektive), 지평(Horizont)"이라고 했다.

떤 것을〕바라본다는 성격을 갖는다. 또한 이러한 봄은〔그것이 바라보는〕어떤 것을 보이는 것으로서 자기 앞에 표상하며 또 그렇게 정립하는 가운데〔이미 어떤 것을〕바라보고 있었다는 그런 성격을 갖는다. 이와 같이 표상하는 정립을 통해서 비로소 무엇을 겨냥하는 데 없어서는 안 될 그런 점이, 따라서 이러한 봄의 시선을 이끌어가는〔주도하는〕그런 점 (Punkt) 이 시점〔Augenpunkt, 착안점〕이 되는 것이다. 다시 말해 '봄'에 있어 그리고 '봄에 의해 주도되는 모든 행위'에 있어〔언제나 그리고 어디에서나〕중요한 것으로서 부각되는 그런 시점이 되는 것이다. 그러므로 가치는 처음부터 그 자체 자립적으로 존립하는 어떤 것이 아니며, 더욱이 이렇게 스스로 자립적으로 존립하다가 그때그때의 경우에 따라 시점으로서 취해질 수 있는 그런 것이 아니다.

가치는, 그것이 적절한 유효성 (타당성) 을 갖는 한에서만, 가치이다. 가치는, 그것이 중요하다고 여겨지는 그런 것으로서 정립되는 한에서만, 적절한 유효성을 갖는다. 또한 가치는, 반드시 고려 (계산) 해야만 하는 그런 것을 겨냥하면서 그것을 목표로 삼는 가운데 정립된다. 여기서 말해지는 착안점과 관점 그리고 시야영역은 그리스인들에 의해 규정된 의미에서 — 그러나 이러한 의미는 이데아 (ἰδέα) 로부터 에이도스 (εἶδος, 존재자의 보임새) 를 거쳐 페르쎕티오 (perceptio, 지각된 표상) 로 부단히 변화하는 가운데에서도 철저하게 유지되어 왔다 — 말해지는 그런 봄을 뜻한다. 이러한 봄의 태도는 라이프니츠 이래로 욕구〔appetitus, 하나의 지각에서 다른 지각으로 이행되는 활동〕의 근본특성 속에서 더욱더 명확히 파악된 그런 표상함의 태도를 가리킨다. 존재자의 존재에는 무릇 '출현하려는 충동'(nisus) 이 속해 있으며, 또 이러한 충동이 어떤 것으로 하여금 그것이 현상하도록 명령하는 동시에 그것의 나타남을 규정하고 있기에, 모든 존재자는〔그 자체 이미 스스로〕표상하는 존재자이다. 모든 존재자 속에 깃든 이러한 충동적 본질이 자기 자신을 위한 하나의 착안점을 받아들이면서 이러한 착안점을 정립한다. 이러한 착안점은 각자 저마다 따르지 않을 수 없는 그런 관점을 제공한다. 바로 이러한 착안점이 가치이다.

니체에 따르면, 시점으로서의 가치에 의하여 "유지와 향상의 조건들"(*Erhaltungs-*, *Steigerungs-Bedingungen*)이 정립된다. 유지와 향상 사이에 〔연결어인〕'…와'를 빼고 그 대신에 사잇줄(-)을 그어 넣은 이러한 표현방식을 통하여, 니체는 이미 시점으로서의 가치는 본질적으로 언제나 〔삶 혹은 힘(생명력)을〕유지하기 위한 조건임과 동시에 〔그것을〕향상하기 위한 조건이라는 점을 명백히 표현하고 있다. 가치들이 정립될 경우에는 언제나, 이 두 가지 조건들이 서로가 서로에게 관련된 채 통일적으로 머무르고 있다는 식으로 〔관찰자의〕눈에 포착되어야만 한다. 왜 그런가? 그것은 표상하며-지향〔욕구〕하는 존재자 자체가 이러한 이중적 착안점을 필요로 하는 그런 방식으로만 본질적으로 존재하기 때문이다. 시점으로서의 가치가 유지와 향상의 동시적인 조건이 되지 않으면 안 된다고 한다면, 이러한 가치는 과연 무엇을 위한 조건인가?

유지와 향상은 그 자체 〔내재적으로〕서로 공속하는 삶의 근본특성들을 특징짓는다. 삶의 본질에는 성장하려는 의욕(*Wachsenwollen*)이, 즉 향상이 속하여 있다. 그러므로 삶의 모든 유지는 삶의 향상을 위하여 이바지하는 가운데에만 존립한다. 따라서 단순히 삶을 유지하기에만 급급한 그런 삶은 모두 이미 몰락의 과정(*Niedergang*) 속에 있는 것이다. 말하자면, 살아 있는 자들에게 있어 〔단순히〕삶의 공간을 확보하려는 태도는 결코 목표가 될 수 없으며, 그런 태도는 삶을 향상하기 위한 수단에 불과할 뿐이다. 뒤집어 보자면, 향상된 삶은 삶의 공간을 확장하려는 예전의 욕구를 다시금 더 고양시키는〔드높이는〕것이다. 그러나 그에 앞서 먼저 안전하게 확보된 영역이 존립하지 않는다면, 그래서 이제 비로소 삶을 향상하기 위한 그런 영역이 앞서 유지되어 있지 않다고 한다면, 그 어디에서도 향상은 불가능할 것이다. 그러므로 살아 있는 생명체는 향상과 유지의 이러한 두 가지 근본특성에 의해 긴밀하게 결합된, "삶의 복합적 형성체"(*komplexes Gebilde des Lebens*)이다. 〔또한〕 가치는 시점이므로, 그것은 "복합적 형성체를 바라보는" 가운데 이러한 봄을 이끌어간다〔주도한다〕. 이러한 봄은 그때그때 살아 있는 모든 생명체를 철저히 관장하는 '삶의 통찰력'이다. 이러한 통찰력으로서의 봄이 살아 있는 생명체를 위한 착안점을 정립하는 것이기에, 삶은 그 본질에 있어 '가치를 정립하는 것'(*wert-setzendes*)으로서 입증된다(《힘에의 의지》, 단편 556 참조, 1885/86년).

"삶의 복합적 형성체"는 유지와 존속(*Beständigung*)의 조건에 의존하는데, 이때 존속하는 것은 〔그 자신이 부단히〕 향상되는 가운데 〔더 이상 예전의 상태 그대로〕 존속하지 않기 위해서만 존립한다. 삶의 이러한 복합적인 형성체의 지속(*Dauer*)은 향상과 유지의 상호-관계 속에서 진행된다. 따라서 그러한 지속은 관계적 양식으로(*verhältnismäßig*) 지속한다. 그것은 살아 있는 생명체의 "상대적 지속"이며, 다시 말해 삶의 상대적 지속에 불과하다.

니체에 따르면, 가치란 "생성하는 과정 속에서 상대적으로 지속하는 삶의 복합적 형성체를 바라보는 가운데 〔삶 혹은 힘(생명력)을〕 유지하고 향상하기 위한 조건들의 시점"이다. 여기에서 단순히 무규정적 상태로 말해지는 "생성함"이라는 낱말은, 니체의 형이상학에 따른 개념어에 입각해 보면, 모든 사물들의 이러저러한 흐름이나 혹은 상태의 단순한 변화를 의미하지 않으며, 또한 어떠한 발전이나 무규정적 전개를 의미하지도 않는다. "생성한다"는 것은 무엇으로부터 무엇에로의 이행을 의미한다. 즉, 그것은 라이프니츠가 그의 단자론〔제11절: "지금까지 말한 바들로부터 단자들의 자연적인 모든 변화는 내적 원리에 기인한다고 결론지을 수 있다. 외적 원인이 단자의 내부에 영향을 미칠 수는 없기 때문이다." 여기서 내적 원리란 지각작용과 욕구활동의 원리〕에서 존재자로서의 존재자(*ens qua ens*)를 — 다시 말해 지각(표상)하며-욕구하는 존재자(*ens percipiens et appetens*)를 — 철저히 관장하는 '자연적인 변화'라고 부르는 그런 운동과 움직임을 의미한다. 이렇게 관장하며 지배하는 것(*das Waltende*)을 니체는 현실적인 모든 것의 — 즉, 좀더 넓은 의미에서 말하자면 — 존재자〔존재하는 것〕의 근본특성이라고 사유한다. 〔또한〕 그는 이와 같이 존재자를 그것의 본질(*essentia*)에서 규정하는 바로 그것을 "힘에의 의지"(*Wille zur Macht*)라고 파악한다.

니체가 가치의 본질을 '생성(함)'이라는 낱말로써 특징지으면서 결론을 내릴 경우에, 이러한 결론적인 낱말(*Schlußwort*)은 '일반적으로 그리고 오직 가치들과 가치정립만이 그 안에 속해 있는 그런 근본영역'을 가리킨다. 니체의 경우에 '생성한다'는 것, 바로 이것은 "힘에의 의지"이다. 그러므로 "힘에의 의지"는 "삶"의 근본특성〔*Grundzug*, 삶을 근본적으로 이끌어 나가는 그런 특성〕이다. '삶'이라는 낱말을 니체는 흔히 넓은 의미에서 사용하기도 하는데, 이런 경우에 그 낱말은 형이상학의 영역〔특히 헤겔의 형이상학〕 속에서 말해지는 '생성'과 동등한 의미를 갖는다. 힘에의 의지, 생성, 삶, 그리고 아주 넓은 의미에서 말해지는 존재는, 니체의 언어에서는 동일한 의미를 갖는다(《힘에의 의지》, 단편 582, 1885/86년; 단편 689, 1888년). 생성하는 과정 속에서 삶은 — 즉 살아 있는 것은 — 그때그때마다 힘에의 의지의 중심으로 형성된다. 따라서 이러한 중심들은 지배형상(*Herrschaftgebilde*)이 된다. 니체는 예술, 국가, 종교, 학문, 그리고 사회를 이러한 지배형상이라고 이해한다. 이런 이유에서 니체는 다음과 같이 말한다. "가치는 본질적으로〔지배형상들에 입각하여 보자면〕 이러한 지배적인 중심들의 증가와 감소를 위한 시점이다"(《힘에의 의지》, 단편 715).

니체는 앞에서 인용된 가치의 본질을 제한적으로 규정하는 가운데 이러한 본질을 '삶의 유지와 향상을 위한 시점적 조건'이라고 파악하면서, 이러한 삶이 힘에의 의지로서의 생성 속에서 근거지워진다고 보고 있다. 그러므로 그가 이렇게 보고 있는 한, 〔앞에서 말해진〕 시점들을 정립하는 그것은 바로 힘에의 의지라는 점이 드러난다. 힘에의 의지는, 그것의 "내적 원리"(라이프니츠)에 따라 보자면, 존재자의 존재에 내재하는 '충동'으로서 가치에 따라 평가되는 것이다. 힘에의 의지는 가치정립의 필연성을 위한 근거이며, 가치평가의 가능성의 근원이다. 그래서 니체는 다음과 같이 말한다. "가치들과 그것들의 변화는 가치를 정립하는 자의 '힘의 성장'(*Macht-Wachstum*)과 〔비례적〕 관계에 있다"(《힘에의 의지》, 단편 14, 1887년).

여기에서 분명히 밝혀지는 사실은, 가치가 힘에의 의지 자체에 의하여 정립된, 의지 자체의 조건들이라는 점이다. 힘에의 의지가 현실적인 모든 것의 근본특성으로서 밝혀지면서 참다운 것으로 받아들여질 경우에, 그리고 이에 따라 〔힘에의 의지가〕 현실적인 모든 것의 현실성〔현실적인 존재〕으로서 파악될 경우에야 비로소, 가치가 무엇으로부터 유래하는지, 그리고 모든 가치평가가 무엇에 의해 수반되고 주도되는지가 드러난다. 가치정립의 원리는 이제야 〔비로소〕 인식된다. 가치정립이 앞으로는 "원리적으로", 즉 존재자의 근거로서의 존재로부터 수행될 수 있다.

따라서 힘에의 의지는 이렇게 인식되고 의욕된 원리로서 동시에 새로운 가치정립의 원리가 된다. 가치정립은, 그것이 처음으로 자신의 원리를 깨닫고 의식적으로 수행할 경우에 비로소 새로운 가치정립이 된다. 가치정립은, 그것이 자신의 원리를 스스로 안전하게 보증하고 이러한 안전을 '자신의 원리에 따라 정립된 가치'로서 확보하기 때문에만, 〔비로소〕 새로워진다. 그러나 힘에의 의지는 종래의 가치와 비교하여 〔언제나〕 새로운 가치를 정립하는 그런 원리인 동시에, 그것은 종래의 모든 가치들을 뒤바꾸는 가치전환의 원리이기도 하다. 그런데 종래의 최고가치들은 초감성계의 드높은 곳으로부터 감성계를 지배하였기에, 그리고 이러한 지배의 짜임구조가 곧 형이상학이기 때문에, 모든 가치를 전환하는 새로운 원리의 정립과 더불어 형이상학 전체의 전향(*Umkehrung*)이 수행된다. 니체는 이러한 전향을 형이상학의 극복이라고 간주한다. 6) 그러나 이러한 종류의 전향은 자기 자신도 모르게 동일한 것 속으로 휩쓸려 들어가 그 안에 머무르게 될 뿐이다.

그러나 니체가 니힐리즘을 '종래의 최고가치들이 자신들의 가치를 상실하는 그런 역사 속에 내재한 법칙성'으로서 파악하면서, 이러한 가치상실(무가치화)을 모든 가치들의 전환(뒤바꿈)이라는 의미에서 해석하는 한, 이러한 니체의 해석에 따르면, 니힐리즘은 가치의 지배와 붕괴 속에 깃들어 있으며, 따라서 가치정립 일반의 가능성 속에 터잡고 있다. 가치정립 자체는 힘에의 의지 속에 근거한다. 그러므로 니체의 니힐리즘이라는 개념과 "신은 죽었다"라는 말은 "힘에의 의지"의 본질로부터 비로소 충분히 사유될 수 있다. 따라서 니체가 "힘에의 의지"라는 (그 자신에 의해 각인된) 표현 속에서 무엇을 사유하고 있는지를 밝히고자 한다면, 우리는 〔먼저〕 이러한 말을 해명하는 가운데 〔우리의〕 마지막 발걸음을 내딛어야 할 것이다.

"힘에의 의지"(*Wille zur Macht*)라는 이 표현은 〔그동안〕 너무나 자명한 것으로서 통용되고 있기에, 누군가가 이 말의 구조를 새삼스럽게 해설하고자 노력한다면, 사람들은 그런 노력을 도무지 이해하지 못할 것이다. 왜냐하면 의지(*Wille*)가 무엇을 뜻하는지는 누구든지 언제나 자기 자신 속에서 경험할 수 있기 때문이다. '의욕한다'(*Wollen*)는 것은 무엇을 얻고자 노력하는 것이다. 또 힘(*Macht*)이 무엇을 뜻하는지는 누구든지 요즘에 〔자신의〕 일상적 경험을 통해 잘 알고 있으며, 그것은 일반적으로 지배력과 권력(*Gewalt*)의 행사라고 알려져 있다. 따라서 힘"에의"(*zur*) 의지는 분명히 힘에 도달하고자 하는 그런 노력을 뜻한다.

---

6) 초판(1950년)에서는, 바로 이런 점에서 니체는 플라톤주의에 빠져 있다고 말했다.

이러한 견해에 따르면 "힘에의 의지"라는 표현은, 한편으로는 '의욕함'을 그리고 다른 한편으로는 '힘'이라는 서로 다른 두 가지 사항을 먼저 전제로 삼은 뒤에, 이 두 가지를 차후에 관계맺으려는 식으로 말해진다. 우리가 이렇게 말해진 것을 〔단순히〕 뒤바꾸어 서술할 뿐만 아니라 또한 한 걸음 더 나아가 그것을 설명하기 위하여, 마침내 힘에의 의지의 근거에 대해 묻는다고 한다면, "힘에의 의지"는 아직은 소유하고 있지 않은 어떤 것을 얻고자 애쓰는 그런 노력으로서 명백히 밝혀지며, 따라서 이러한 의지는 결여의 감정으로부터 비롯된다는 점이 여실히 밝혀진다. 노력함, 지배력을 행사함, 결여의 감정, ― 이러한 것은 우리가 심리학적 인식 속에서 파악하고 있는 표상의 방식들이며 또한 그런 상태들(즉 심적 능력)이다. 따라서 힘에의 의지의 본질에 대한 설명은 심리학에 속한다.

이런 식으로 "힘에의 의지"와 그것의 인식가능성에 대하여 설명한다고 한다면, 이러한 설명방식은 물론 명확하기는 하겠지만, 그것은 니체가 "힘에의 의지"라는 낱말 속에서 무엇을 사유하고 있는지를 놓치게 되며, 또한 그가 이러한 낱말을 어떻게 사유하고 있는지도 놓치게 된다. "힘에의 의지"라는 표현은 니체의 결정적인 철학을 지칭하는 근본낱말이다. 그러므로 그의 철학은 힘에의 의지의 형이상학이라고 부를 수도 있다. 니체가 말하는 "힘에의 의지"가 뜻하는 바가 무엇인지에 관해서는, 의욕과 힘에 대한 우리들의 통속적인 생각만 가지고는 결코 이해될 수 없다. 오히려 그것의 의미는 형이상학적 사유에 대한 숙고의 과정에서만, 다시 말해 서구 형이상학의 역사 전체에 대한 숙고의 과정에서만 비로소 이해될 수 있다.

"힘에의 의지"의 본질에 관한 다음의 해설은 이러한 맥락으로부터 사유된다. 그러나 우리의 해설이 니체 자신의 설명에 의존하고 있기는 하지만, 그럼에도 불구하고 우리는 그의 설명을 '니체 자신이 직접 말할 수 있었던 것'보다 더 한층 명확하게 표명하지 않으면 안 된다. 하지만 그에 앞서 우리에게 좀더 의미 있는 것으로서 파악되는 것만이, 언제나 우리에게는 좀더 명확하게 표명될 수 있다. 그리고 의미 있는 것〔형이상학의 은닉된 본질〕만이 그것의 본질에서 우리에게 가까이 다가온다. 이전의 해설에서나 이후의 해설에서도 — 다시 말해 도처에서 — 〔우리의 숙고는〕 형이상학의 **본질**로부터 사유되고 있을 뿐, 단순히 형이상학의 어떤 한 국면으로부터 사유되는 것이 아니다.

《즐거운 학문》이라는 저서가 출간된 후 1년 뒤인 1883년에 세상에 나온 《차라투스트라》의 제2편에서, 니체는 처음으로 "힘에의 의지"를 다음과 같은 맥락 속에서 말하고 있는데, 이 표현은 이러한 맥락으로부터 파악되어야 한다. "내가 살아 있는 것을 발견한 곳에서는 어디에서나, 나는 힘에의 의지를 발견하였다. 그리고 나는 섬기는 자의 의지 속에서도 주인이 되려는 그런 의지를 발견하였다." '의욕한다'는 것은 '주인이 되고자 〔의욕〕함'이다. 이렇게 이해된 의지는 섬기는 자의 의지 속에서도 역시 존재한다. 그것은 물론, 하인이 스스로 주인이 되기 위하여 노예의 신분으로부터 벗어나려고 노력하는 그런 경우만을 가리키는 것은 아니다. 오히려 노예는 노예로서, 즉 섬기는 자는 섬기는 자로서 언제나 봉사의 대가로서 마땅히 자기에게 주어져야 할 어떤 것을 〔달라고 요구하면서 그것을〕 자기 품안에 넣고자 의욕한다. 이렇게 함으로써 그는 노예인 동시에 또한 주인이다. 그러므로 '노예로 존재함'은 〔이러한 의미에서〕 '주인이 되고자 함'이다.

의지는 어떤 것을 얻으려는 단순한 노력이나 혹은 바람(희망함)이 아니다. '의욕한다'는 것은 그 자체가 '명령함'이다(《차라투스트라》 제1편 및 제2편; 《힘에의 의지》, 단편 668, 1888년). '명령한다'는 것의 본질은, 명령하는 자가 '〔자기가〕 활동하는 작업의 가능성들을 의식적으로 다스리는(*verfügen*) 가운데' 주인이 된다는 점에서 〔잘〕 드러난다. 명령 속에서 명령되는 것은, 이러한 다스림의 〔수〕행함이다. 명령 속에서 명령하는 자는 — 명령하는 자가 곧 집행하는 자는 아니다 — 이러한

'다스림과 다스릴 수 있음'에 복종하며, 따라서 이렇게 자기 자신에게 복종한다. 이와 같이 명령하는 자는 스스로 감행함으로써 자기 자신을 넘어선다. '명령한다'는 것은 '단순히 남을 지배한다'는 것과는 구분된다. 그것은 자기극복이며, 따라서 복종하는 것보다 더욱 어려운 것이다. 의지란 주어진 일〔자신에게 맡겨진 일〕에 집중함이다. 자기 자신에게 복종할 수 없는 사람에게만, 의지는 고유한 방식으로 명령한다. '의지가 어떤 것을 의욕한다(바란다)'고 할 경우에, 그것은 '의지가 아직은 소유하고 있지 못한 것을 〔앞으로〕 쟁취하여 얻고자 의욕하는 것'이 아니다. 의지가 의욕하는 그것을 의지는 이미 지니고 있다. 왜냐하면 의지가 의욕하는 것은 자신의 의지이기 때문이다. 자신의 의지를 의지는 의욕한다. 〔이런 점에서〕 의지는 자기 자신을 의욕한다. 이러한 의지는 자기 자신을 넘어선다〔übersteigen, 초월한다〕. 이와 같이 의지는 자기 자신을 넘어서는 그런 의지로서 〔스스로를〕 의욕하며, 그것은 이렇게 스스로를 앞지르면서도 자기에게 되돌아온다. 이런 까닭에 니체는 다음과 같이 말한다. "일반적으로 '의욕한다'는 것은, '더욱 강해지려고 한다'는 것, 즉 '성장하려고 한다'는 것과 같은 뜻이다"(《힘에의 의지》, 단편 675, 1887/88년). '더욱 강해지려고 한다'는 표현에서의 '더욱 강함'이라는 낱말은 '더욱 많은 힘'을 뜻한다. 이것은 결국 힘을 의미할 뿐이다. 왜냐하면 힘의 본질은 '그때마다 도달된 힘의 단계를 지배하는 그런 주인이 된다'는 사실에 놓여 있기 때문이다. 힘은, 그것〔힘〕이 〔스스로〕 힘을 향상시키며 더욱 많은 힘을 향해 뻗어나가는 한에 있어서만, 그리고 오직 그런 동안에만, 힘으로서 존재한다. 힘의 향상에 그대로 머물러 있는 것도, 그리고 힘의 단계에 그대로 서 있는 것도 이미 힘의 약화(침강)가 시작되는 시초이다. '자기 자신을 압도(제압)한다'는 것은 힘의 본질에 속한다. 힘이 〔그 자체〕 명령이고 또 이러한 명령으로서 그때마다 도달된 힘의 단계를 압도하고자 자기 자신을 강화시켜나가는 한, 이러한 압도(제압)함은 힘 자체에 속해 있을 뿐만 아니라 힘 자체로부터 발원하는 것이다. 그러므로 힘은 부단히 자기 자신에게 다가가는 도상에 있다. 물론 그렇다고 해서, 이러한 힘이 '어떤 곳에 저 홀로 현존하면서 힘을 얻고자 힘에게 다가가는 그런 의지'로서 존립하는 것은 아니다. 힘은 그때마다 도달된 힘의 단계를 압도하면서 순전히 다음의 〔향상된〕 단계만을 추구하기 위해 스스로 강화시켜 나가는 것이 아니라, 자신의 본질의 무조건성 속에서 힘 자체를 획득하기 위하여 스스로를 〔부단히〕 강화시켜 나가는 것이다. 이러한 본질규정에 따르면, '의욕한다'는 것은 그저 어떤 것을 얻고자 노력함이 아니다. 오히려 모든 노력은 의욕함으로 말미암아 생기는 차후 형식이든지 혹은 의욕함의 선행 형식으로 머무를 뿐이다.

"힘에의 의지"라는 표현에서 '힘'이라는 낱말은, 의지가 '명령하는' 것인 한에서 '이러한 의지가 자기 자신을 의욕하는 그런 방식'의 본질을 일컫는 것일 뿐이다. '명령하는' 것으로서 의지는 자기를 '자기 자신'과, 즉 '자기에 의해 의욕된 것'과 통합한다. 이러한 자기통합이 곧 '힘을 의욕하는 힘 자체의 본질'(das Machten der Macht)이다. 의지가 저 홀로(für sich) 존립하지 않듯이, 힘 또한 저 홀로 존립하지 않는다. 따라서 의지와 힘은 '힘에의 의지' 속에서 비로소 병합되는 것이 아니라, 의지는 '의지에의 의지'로서, 힘을 강화시킨다는 의미에서의 '힘에의 의지'이다. 그러나 힘은, 그것이 '의지 속에 존립하는 의지'로서 이러한 의지를 향해 서-있다〔뻗어나간다〕는 점에서 자신의 본질을 갖는다. 힘에의 의지는 힘의 본질이다. 그것은, 단순한 의지〔bloßer Wille, 자기 이외의 어떤 다른 것을 의욕하는 의지가 아니라, 의지 자신만을 의욕하는 의지〕 자기 자신을 의욕하는 그런 의지의 무조건적 본질을 암시한다.

따라서 힘에의 의지는 다른 어떤 것을 의욕하는 그런 의지 — 예를 들어 '무(無)에의 의지' — 와 대립된다고는 하더라도 결코 중단〔포기〕될 수 없다. 왜냐하면 이러한 의지도 여전히 의지에의 의지이기 때문이다. 그래서 니체는 다음과 같이 말하기도 한다. "그것〔의지〕은 아무

것도 의욕하지 않기보다는 차라리 무를 의욕하고자 한다. —"(《도덕의 계보학》, 제3부, 단편 1, 1887년).

"무를 의욕한다"는 것은 결코 현실적인 모든 것의 단순한 부재를 의욕함이 아니다. 그것은 오히려 바로 이 현실적인 것을 의욕함을 뜻한다. 그러나 〔이 경우에〕 현실적인 것을 언제 어디에서나 〔단지〕 허망한 것으로서 의욕할 뿐이며, 또한 이렇게 허망한 것을 통해서 비로소 절멸〔Vernichtung, 파멸〕을 의욕함을 뜻한다. 이와 같이 의욕하는 가운데, 힘은 언제나 명령할 수 있음과 주인이 될 수 있음을 스스로 확보한다.

힘에의 의지의 본질은 의지의 본질로서, 그것은 모든 현실적인 것의 근본특성이다. 니체는 이 힘에의 의지를 "존재의 가장 내면적인 본질"이라고 말한다(《힘에의 의지》, 단편 693, 1888년). 여기서 "존재"는 형이상학의 어법에 따르면 '존재하는 것 전체'를 가리킨다. 그러므로 존재자의 근본특성으로서의 '힘에의 의지의 본질'과 '힘에의 의지 자체'는 심리학적 고찰을 통해서 확인되는 것이 아니다. 오히려 이와는 반대로 심리학 자체는 자신의 본질을 — 즉 심리학이 다루는 대상의 인식가능성과 정립가능성을 — 힘에의 의지를 통하여 받아들인다. 따라서 니체는 힘에의 의지를 심리학적으로 이해하는 것이 아니라, 오히려 이와는 반대로 그는 심리학을 '힘에의 의지의 형태학과 진화론'으로서 새롭게 규정한다(《선악의 피안》, 단편 23). 여기서 형태학(Morphologie)이란, 존재자(ὄν, 참답게 존재하는 것〔존재〕)의 존재론을 가리키는데, 이때 존재자의 형태(μορφή)는 형상(εἶδος)으로 변화하고 또한 표상(perceptio)으로 변화하면서 이러한 표상을 욕구(appetitus)하는 가운데 힘에의 의지로서 나타난다. 예로부터 존재자를 그것의 존재에 입각하여 기체(ὑποκείμενον, sub-iectum, 基體)로서 사유한 형이상학이 〔이제 니체에게 이르러〕 이와 같이 규정된 심리학이 된다는 사실은, '존재자의 존재자성의 어떤 〔역사적-역운적〕 변화 속에서 일어나는 본질적 사건'을 보여주는 어떤 결과적인 현상에 불과할 따름이다. 근저에 놓여 있는 우시아(οὐσία, 존재자성으로서의 존재)가 자기의식의 주체성이 되고, 또 이러한 자기의식은 이제 의지에의 의지로서 자신의 본질을 백일하에 드러낸다. 의지는 힘에의 의지로서 '더욱 많은 힘을 요구(의욕)하는 그런 명령'이 된다. 의지가 자기 자신을 압도하는 가운데 그때마다의 단계를 넘어설 수 있기 위해서는, 이러한 단계가 먼저 도달되어 안전하게 확보되어 있어야 한다. '그때마다〔도달된〕힘의 단계를 안전하게 확보함'은 '힘을 드높이기(Überhöhung) 위한 필연적 조건'이다. 그러나 이러한 필연적 조건도 의지가 자신을 의욕할 수 있기 위해서는 — 즉 더욱 강해질 수 있고 힘을 향상할 수 있기 위해서는 —〔아직도〕충분한 것이 아니다. 의지는〔새로운 가치를 정립하기 위한〕시야영역을 투시하면서 그 영역을 열어 밝혀야만 한다. 이렇게 함으로써 이러한 시야영역으로부터 비로소 힘을 향상하기 위한 궤도가 마련될 가능성들이 나타난다. 이와 같이 의지는 자기를 넘어서기 위한 어떤 조건을 정립하지 않으면 안 된다. 힘에의 의지는 힘을 유지하고 힘을 향상하기 위한 조건을 동시에 정립해야만 한다. 의지에는 그 자체 공속적인 이러한 조건들〔diese in sich zusammengehörigen Bedingungen, '힘을 유지하고 힘을 향상하기 위한 조건들이 의지 자체 속에 이미 긴밀하게 함께 속해 있음'〕의 정립이 속해 있다.

"일반적으로 '의욕한다'는 것은, '더욱 강해지려고 한다'는 것, 즉 '성장하려고 한다'는 것, 그리고 또 '그것을 위한 수단을 의욕한다'는 것과 같은 뜻이다"(《힘에의 의지》, 단편 675, 1887/88년).

본질적 수단은 힘에의 의지 자체에 의해 정립된, 자기 자신의 조건들이다. 이러한 조건들을 니체는 가치라고 부르고 있다.〔그래서〕그는 "모든 의지 속에는 평가(das Schätzen, 평가활동)가 있다"고 말한다(《전집》13권, 단편 395, 1884년). '평가한다'는 것은 '가치를 결정하고 확립한다'는 것을 뜻한다. 힘에의 의지는, 그것이 힘을 향상하기 위한 조건을 결정하고 힘을 유지하기 위한 조건을 확립하는 한에서, 평가한다. 힘에의 의지는 자신의 본질에 따라〔본질적으로〕가치를 정립하는 의지이다. 가치는 존재자의 존재 속에 내재하는, 유지와 향상을 위한 조건들이다. 힘에의 의지는, 그것이 고유하게 자신의 순수한 본질 속에서 나타나자마자, 그 자체 가치정립의 근거와 영역이 된다. 힘에의 의지는 자신의 근거를 결여의 감정 속에 지니는 것이 아니며, 오히려 그것〔힘에의 의지〕자체가〔이미〕풍성하게 넘쳐흐르는 삶의 근거인 것이다. 여기서 삶이란, 의지에의 의지를 의미한다. "'생동한다(Lebendig, 살아있다)'는 것, 그것은 이미 '평가한다'는 것을 뜻한다"(같은 곳).

　의지가 자기 자신을 압도하고자 의욕하는 한, 그것은 삶의 어떠한 풍요로움 속에도〔그대로〕안주하지 않는다. 그것은 자기 자신의 고유한 의지의 넘쳐흐르는 풍부함(Überreichen) 속에서〔부단한〕힘을 발휘할 뿐이다. 이렇듯 의지는 언제나 동일한 의지로서 머물면서, 동일한 것〔의지〕으로서의 자기 자신에게로 귀환할 따름이다. 존재자(존재하는 것) 전체의 본질(essentia)이 곧 '힘에의 의지'라고 한다면, 이에 반해 이러한 존재자 전체가 현존하는 그 방식은, 다시 말해 존재자 전체의 현존(existentia)은 "동일한 것의 영원한 회귀"(ewige Wiederkunft des Gleichen)이다. 니체의 형이상학을 근본적으로 떠받치는 이 두 가지 근본어는, 즉 "힘에의 의지"와 "동일한 것의 영원한 회귀"는 존재자를 그것의 존재에서 규정하고 있는데, 이러한 규정방식은 예로부터 존재자로서의 존재자(ens qua ens)를 그것의 본질과 그것의 현존에 입각하여 규정하던 형이상학의〔전승된〕주도적 규정방식에 따른 것이다.

　형이상학은 '본질'과 '현존'이 구분되는 그런 구분의 유래를 사색하지 않았을 뿐만 아니라 그러한 유래에 관해 물음을 제기하지도 않았기 때문에, 바로 이런 이유에서 이렇게 사유되어야 할〔본질과 현존으로 나뉘어져 사유되어야 할〕"힘에의 의지"와 "동일한 것의 영원한 회귀"와의 본질관계는 여기에서 아직은 직접적으로 설명될 수 없다.

형이상학이 존재자를 그것의 존재에 있어 힘에의 의지라고 사유한다면, 그것은 존재자를 필연적으로 '가치를 정립하는 것'으로서 사유하는 것이다. 그것은 모든 것을 가치의 지평에서, 즉 가치의 타당성과 무가치화 그리고 가치전환의 지평에서 사유하는 셈이다. 근대의 형이상학은 조금도 의심할 수 없는 것, 확실한 것, 〔따라서〕 확실성을 추구하는 가운데 시작되며, 이러한 추구의 방식에서 자신의 본질을 갖는다. 데카르트의 말에 따르면, '확고부동한 어떤 것을 정초하는'〈firmum et mansurum quid stabilire〉 것이 중요하다. 확고부동한 것으로서의 대상은, 예로부터 '지속적으로 현존하는 것'으로서의 존재자 — 즉, 어디에서나 〔이미〕 그 근저에 〔앞서〕 놓여 있는 그런 존재자〔기체〕 — 에 편재한다고 여겨왔던 이러한 존재자의 본질성격을 충족시킨다. 데카르트도 아리스토텔레스와 마찬가지로 이러한 기체〈ὑποκείμενον, 휘포케이메논〉를 문제삼았다. 데카르트가 이러한 기체〈subiectum, 수브엑툼〉를 형이상학의 전승된 궤도에서 탐구하는 한, 그는 진리를 확실성으로서 생각하는 가운데, "나는 생각한다"〈ego cogito〉를 '지속적으로 현존하는 것'으로서 발견하게 되는 것이다. 그래서 "내가 있다"〈ego sum〉는 사실은 기체가 되는데, 이것은 다시 말해 주체가 자기의식이 되는 것이다. 주체의 주체성은 이러한 의식의 〔자기〕 확실성으로부터 규정된다.

힘에의 의지는 유지를, 즉 자기 자신의 존립보장을 필연적 가치로서 정립함으로써, 이와 동시에 그것〔힘에의 의지〕은 모든 존재자에게서 — 즉, '본질적으로 표상하는 존재자'로서 언제나 이미 '〔자기 자신을〕 참답게 여기는 그런 존재자'에게서 — 이러한 보장의 필연성〔이러한 보장이 꼭 필요하다는 사실〕을 인정한다. '참답게 여기는' 이러한 태도를 보장함, 이것이 곧 확실성이다.

니체의 판단에 따르면, 근대적 형이상학의 원리로서의 확실성은 힘에의 의지 속에서 비로소 근거지워진다는 것이다. 물론 이 경우에 진리는 하나의 필연적 가치이며, 확실성은 진리의 근대적 형태라는 전제가 그 밑바탕에 깔려 있다. 이것은 곧, 모든 현실적인 것의 본질을 "힘에의 의지"라고 보는 니체의 이론 속에서 주체성의 근대적 형이상학이 완성되고 있다는 사실을 분명히 보여주는 것이다.

이런 까닭에 니체는 다음과 같이 말할 수 있다. "가치에 대한 물음이 확실성에 대한 물음보다 더욱 근본적이다. 후자는, 반드시 가치-물음에 대한 대답이 주어져 있을 경우에만 비로소 자신의 참된 의미를 얻는다"(《힘에의 의지》, 단편 588, 1887/88년).

그러나 힘에의 의지가 가치정립의 원리로서 인식된 이상, 가치물음은, 이러한 원리로부터 유래하는 필연적 가치가 어떤 것이며 또한 이러한 원리에 따른 최고의 가치가 어떤 것인지를 먼저 숙고해보지 않으면 안 된다. 가치의 본질이 '힘에의 의지 속에서 정립된, 유지와 향상을 위한 조건이 된다'는 점에서 드러나고 있는 한, 〔이미 가치의〕 척도를 제공해주는 그런 가치구조를 특징짓기 위한 전망(Perspektive)이 열려져 있는 셈이다.

의지의 '힘의 단계'를 그때마다 도달된 상태로 유지한다는 것은, 의지가 〔의욕하기만 하면〕 언제든지 다시금 움켜쥘 수 있다고 믿는 그런 것의 영역에 가담함으로써 이러한 영역으로부터 자신의 안전을 얻고자 한다는 점에 존립한다. 이러한 영역이 현존자〔das Anwesende, 단순히 눈앞에 놓여 있는 어떤 사물적 존재자를 가리키는 낱말이 아니라, 이데아 혹은 에이도스(사물의 참모습)와 같이 '지속적으로 참답게 현존하는 것'〕에게 ─ 그리스인들에게서 사용된 이 낱말의 일상적 어의에 따르자면 이러한 현존자는 우시아(οὐσία, 존재)를 가리킨다 ─ 그것의 지속적 존립(Bestand)을 한정해주는데, 의지는 이러한 현존자의 존립을 직접적으로 마음대로 다룰 수 있다. 하지만 이렇게 지속적으로 존립하는 것(das Beständige)은, 그것이 어떤 세움(Stellen, 제작적 세움(Her-stellen)과 표상적 세움(Vor-stellen)을 의미〕을 통해 세워짐(zum Stand gebracht werden)으로써만, 비로소 지속하는 것(das Ständige)이 되며, 다시 말해 언제나 〔의지

가) 마음대로 다스릴 수 있는 그런 것이 된다. 이러한 세움은 표상하는 〈앞에-세우는〉 제작함의 방식을 갖는다. 이러한 방식으로 지속적으로 존립하는 것이 곧 머물러 있는 것〔das Bleibende, 상주하는 것〕이다. 니체는 이와 같이 지속적으로 존립하는 것을, 형이상학의 역사에서 편재하던 존재〔즉, 지속적으로 머무르는 현존함(währende Anwesenheit) 으로서의 존재〕의 본질에 따라, "존재자"라고 부른다. 때때로 그는 지속적으로 존립하는 것을, 다시금 형이상학적 사유의 어법에 따라, "존재"라고 부르기도 한다. 서양의 사유가 시작된 이래로, 존재하는 것(존재자) 은 참다운 것(das Wahre) 으로서, 따라서 진리(Wahrheit, 참된 것) 으로서 통용되어 왔으며, 이때 '존재하는'(seiend) 이라는 낱말과 '참다운'(wahr) 이라는 낱말의 의미는 〔서양 철학의 역사 속에서〕 다양하게 변화되었다. 비록 니체가 형이상학의 전향과 그것의 가치전환을 꾀하였다고는 하더라도, 그가 '힘에의 의지 속에서 이러한 의지를 유지하기 위해 확립해 놓은 그것'을 단순히 '존재' 혹은 '존재자' 또는 '진리'라고 부르고 있는 한, 그는 여전히 전승된 형이상학의 끊을 수 없는 궤도 위에 머물러 있는 셈이다. 따라서 〔니체의 경우에〕 진리는 힘에의 의지의 본질 속에서 정립된 하나의 조건, 즉 힘을 유지하기 위한 그런 조건일 뿐이다. 진리는 이러한 조건으로서 하나의 가치이다. 그러나 의지는 지속적으로 존립하는 어떤 것을 마음대로 다루고자 의욕하는 한에서만 의지로서 존립할 수 있기 때문에, 진리는 힘에의 의지의 본질로부터 유래하는, 그리고 이러한 의지를 위해 꼭 필요한 그런 가치이다. 진리라는 이 이름은 〔여기에서〕 존재자의 비은폐성이나 혹은 대상과 인식의 일치를 의미하지 않으며, 또한 표상된 것을 명료하게 제출하고 확보하는 그런 확실성을 의미하지도 않는다. 〔그러나 니체의 진리 개념도〕 이렇게 말해진 진리의 여러 가지 본질방식들로부터 본질-역사적으로 유래하는 것이기는 하지만, 이제 〔그의 경우에〕 진리란, 바로 거기로부터 힘에의 의지가 자기 자신을 의욕할 수 있는 그런 영역을 지속적으로 안전하게 확보해두려는

태도(die beständigende Bestandsicherung des Umkreises)이다.

그때마다 도달된 힘의 단계를 안전하게 확보해두려는 입장에서 보자면, 진리는 필연적 가치가 있다고 하겠다. 그러나 진리가 힘의 단계에 도달하기 위해서는, 이것[진리]만으로는 되지 않는다. 왜냐하면 의지가 의지로서 자기 자신을 넘어서기 위하여, 즉 명령의 가능성들 속으로 이제 비로소 들어가기 위하여, 의지가 무엇보다 먼저 요구하는 그것[시야영역]을, '지속적으로 존립하는 것'은 자기 자신만으로는 결코 부여할 수 없기 때문이다. 이러한 것은, 힘에의 의지의 본질에 속해 있는, 환히 내다보는 전망(der durchblickende Vorblick)을 통해서만 부여된다. 왜냐하면 그것[힘에의 의지]은 '더욱 많은 힘을 의욕하는 그런 의지'(Wille zu Mehr-Macht)로서 그 자체 여러 가능성들을 내다보는 전망적(perspektiv) 의지이기 때문이다[니체가 즐겨 말하는 '전망'(das Perspektive)이란, '환히 내다보는 전망'을 의미]. '이러한 가능성들을 열어놓으며 마련한다'는 것은, 힘에의 의지를 위한 본질적 조건이 되며, 이러한 조건은 글자 그대로의 의미에서 선행 조건으로서 앞에서 말한 조건을 능가하는 것이다. 그래서 니체는 다음과 같이 말하고 있다. "그러나 진리가 최고의 가치척도라고 간주될 수는 없으며, 더욱이 그것이 최고의 힘이라고는 전혀 말할 수도 없다"(《힘에의 의지》, 단편 853, 1887/88년).

니체에게 예술의 본질이란, 의지의 가능성을 창조하는 행위이며, 바로 이러한 가능성에 의해 힘에의 의지는 비로소 자기 자신을 해방시킬 수 있다. 이러한 형이상학적 개념에 입각해 보았을 때, 니체는 예술이라는 이름 속에서 단지 예술가들의 미적 영역만을 생각하고 있는 것이 아니며, 또한 이러한 미적 영역을 발판으로 삼아 비로소 예술에 대한 자신의 생각을 펼쳐나간 것도 아니다. 예술이란, 전망을 열어 주고 전망을 채워 나가는 모든 의욕함(의지)의 본질이다. "예술가 **없이** 나타나는 예술작품, 예를 들어 신체(몸)로서, 또 조직(프로이

센의 장교단, 예수회의 회단)으로서 나타나는 작품. 예술가는 정말 초보적인 단계에 불과할 뿐인가. 자기 자신을 분만하는 예술작품으로서의 세계 ―"(《힘에의 의지》, 단편 796, 1885/86년).

힘에의 의지로부터 파악된 예술의 본질은, 예술이 힘에의 의지로 하여금 자기 자신에게 다가가도록 부축이며 선동할 뿐 아니라 자기〔도달된 힘의 단계〕를 넘어서도록 자극함에 있다. 니체는 현실적인 것의 현실성으로서의 힘에의 의지를, 초기 그리스 사상가들의 조에(ζωή, 생명)와 퓌시스(φύσις, 자연)의 여운을 어렴풋이 풍기는 그런 의미에서 때로는 "삶"이라고도 부르는 까닭에, 예술이란 "삶의 위대한 자극제"라고 말할 수 있었다(《힘에의 의지》, 단편 851, 1888년).

예술은 힘에의 의지의 본질 속에서 정립된, 힘의 향상을 위한 조건이다. 다시 말해 이러한 조건은, 힘에의 의지가 〔본질적인〕 의지 자체로서 힘을 향해 활개지면서 그 힘을 향상시킬 수 있기 위한 그런 조건이다. 예술은 이런 식으로 하나의 조건이 되는 것이기 때문에, 그것은 〔이미 그 자체가〕 하나의 가치이다. 이러한 조건으로서의 예술은 무릇 모든 조건들의 순위를 정함에 있어 '안전하게 확보해두려는 태도'보다도 선행할 뿐만 아니라 모든 조건지움〔Bedingen, 어떤 것을 위한 조건을 제시함〕보다도 선행하는 그런 조건이다. 이러한 조건으로서의 예술은 모든 상승의 고도(Steighöhe)를 이제 비로소 처음으로 열어제치는 그런 가치가 된다. 예술은 가장 드높은 지고의 가치이다. 진리라는 가치와 비교해 보아도, 예술은 더욱 높은 가치이다. 예술과 진리는 각각 다른 방식으로 서로가 서로를 요구한다. 이 두 가치는 그들의 본질관계에 있어 '자체적으로 가치를 정립하는 힘에의 의지'의 통일적 본질을 규정한다. 힘에의 의지는 현실적인 것의 현실성이며, ― 흔히 니체가 즐겨 사용하는 낱말보다도 더욱 폭넓은 낱말로서 표현하자면 ― 그것은 존재자의 존재이다. 형이상학이 존재자를 그것의 존재에 입각하여 말해야 하고, 따라서 자기 나름의 방식으로 존재자의 근거를 말하고 있는 한, 힘에의 의지의 형이상학이 내세우는 근본명제는 근거를 진술하지 않으면 안 된다. 그 근본명제는, 어떤 가치들이 본질적으로 정립되는지를 말해주며, 또한 가치를 정립하는 힘에의 의지의 본질 속에서 — 즉, 존재자의 '본질' 속에서 — 가치들의 순위가 어떤 식으로 정립되는지를 말해준다. 그 명제는 다음과 같다. "예술은 진리보다도 **더욱** 가치가 있다"(《힘에의 의지》, 단편 853, 1887/88년).

힘에의 의지의 형이상학이 내세우는 근본명제는 하나의 가치명제이다.

가치정립 자체가 이중적으로 펼쳐진다는 사실은 이러한 최고의 가치명제로부터 분명해진다. 그것이 명백하게 말해지든 아니든 간에, 가치정립에서는 언제든지 하나의 필연적인 가치와 또 하나의 충분한 가치가 정립되는데, 이때 이 두 가지 가치는 '이 둘의 가치순위에 앞서, 이 둘을 지배하는 이 둘의 선행적인 관계'로부터 정립된다. 가치정립의 이러한 이중성은 그것〔가치정립〕의 원리에 상응하여 말해진다. 가치정립 자체를 지탱해주고 이끌어주는 그것은 힘에의 의지이다.

힘에의 의지는 자신의 본질의 통일성으로부터 자기 자신을 향상하고 유지하기 위한 조건을 요구하며 이러한 조건을 움켜쥐고자 뻗어나간다. 가치정립의 이중적 본질을 고려할 경우에, 사유는 다시금 힘에의 의지의 본질적 통일성에 대한 물음 앞에 직면한다. 힘에의 의지는 존재자 자체의 '본질'이며, 또 이것을 말하는 것이야말로 형이상학의 참다운 과제이다. 따라서 우리가 힘에의 의지의 본질적 통일성에 대하여 사유하고자 한다면, 우리는 이러한 참다움의 진리에 대해 묻지 않을 수 없다. 이로써 우리는 이러한 형이상학뿐만 아니라 실은 모든 형이상학의 최고 정점에 당도한 셈이다. 그러나 여기서 이러한 최고 정점이란 무엇을 말하는가? 우리는 그것이 뜻하는 바를, 힘에의 의지의 본질에 입각하여 해설하고자 한다. 그리고 이 경우에 우리는, 우리가 지금까지 고찰하여 왔던 숙고의 한계 내에 머물러 있고자 한다.

힘에의 의지의 본질적 통일성은 의지 자체 이외에 다른 어떤 것일 수 없다. 그것은 힘에의 의지가 의지로서 자기를 자기 자신 앞으로 이끌어가는 그런 방식이다. 〔힘에의 의지의〕 본질적 통일성은 의지 자체로 하여금 스스로를 시험하도록 이러한 시험 앞으로 내세우는데, 이러한 일은 의지가 이러한 시험을 거치면서 자기 자신을 비로소 순수하게 — 따라서 자신의 최고의 상태(형태) 속에서 — 재현하는 식으로 진행된다. 그러나 여기서 말해지는 이러한 재현(*Repräsentation*)은 결코 차후의 묘사(*nachträgliche Darstellung*)가 아니다. 오히려 이러한 재현으로부터 규정되는 현존(*Präsenz*, 현재, 여기서 "현존(현재)"이란, 힘에의 의지가 자기 자신을 가장 순수하게 드러낸 상태 — 즉, 최고의 상태 — 속에 현존하는 '의지 자체의 현존(현재)'〕은, 그것〔그런 방식〕 속에서 그리고 그것〔그런 방식〕으로서 힘에의 의지가 **존재하는** 그런 방식이다.

그러나 의지가 존재하는 그 방식은 동시에, 의지가 자기 자신을 자기 자신의 감추어지지 않은 그런 영역 속에 내세우는 그런 양식이다. 이러한 양식 속에 바로 의지의 진리가 깃들어 있다. 힘에의 의지의 본질적 통일성에 대한 물음은 바로 이러한 진리, 즉 그 속에서 의지가 존재자의 존재로서 존재하는 그런 진리의 양식〔한 가지 방식〕에 대한 물음이다. 그러나 이러한 진리는 존재자로서의 존재자의 진리이며, 이러한 진리로서 형이상학은 존재한다. 따라서 이제 우리가 문제삼고자 하는 그런 진리는, 하나의 존재자로서의 존재자의 필연적 조건으로서 힘에의 의지 자체가 정립하는 그런 진리가 아니라, '제 조건을 정립하는 힘에의 의지'가 바로 그러한 의지로서 그〔진리〕 속에 현성하는 (*wesen*) 그런 진리이다. 그 안에서(*worin*) 힘에의 의지가 현성하고 있는 이러한 유일한 것(*das Eine*)이, — 즉 의지의 본질적 통일성이 — 바로 힘에의 의지 자체에 다가오며 관계한다(*angehen*)〔하이데거는 이 단락에서 '의지의 본질적 통일성'을 존재의 진리의 한 가지 역운적-역사적 방식으로서 파악하면서, 니체의 형이상학의 은닉된 본질영역을 존재사적으로 사유하고자 시도하고 있음〕.

그런데 이제 이러한 존재자의 존재의 진리는 어떤 방식으로 존재하는가? 이러한 진리는 오직 존재 자체의 진리로부터만 규정될 수 있다. 그러나 근대의 형이상학 안에서는 존재자의 존재가 의지로서, 따라서 '자기의욕'〔das Sich-wollen, 스스로 자발적으로 의욕함〕으로서 규정되었고, 또 이러한 '자기의욕'은 그 자체가 이미 '자기인식'〔Sich-selbst-wissen, 자기 자신을 앎〕이라고 여겨져 왔기에, 존재자(존재하는 것)는 — 즉 근저에 놓여 있는 것(휘포케이메논, 수브옉툼)은 — '자기인식'의 방식 속에서 현성한다. 존재자〔주체로서의 수브옉툼〕는 스스로를 제시하며-현존한다〔sich-präsentieren, 나타내며 현존하다〕. 더욱이 그것은 "나는 생각한다"라는 방식 속에서 자기 자신에게 자기를 나타내면서 현존한다. 이렇게 '스스로를 제시하며-현존함', 즉 '재현함'(Re-präsentation)은, 수브옉툼(subiectum)으로서의 존재자의 존재이다. 〔이로써〕 자기인식은 주체(Subjekt) 자체가 된다. 이러한 자기인식 속에서 모든 앎과 알 수 있는 모든 것이 집결된다. 산맥이 산의 집합이듯이, 그것은 앎의 집합이 된다. 주체의 주관성(Subjektivität)은 이러한 집결〔Versammlung, 모아들임〕로서 모아들이는 표상함(co-agitatio)으로서의 표상작용(cogitatio)이며, 의식〔conscientia, 인식〕이고, 또한 '앎의 결집'(Gewissen, conscience)이다. 그러나 '모아들이는 표상함'(co-agitatio)은 그 자체가 이미 '의욕함'(velle, wollen)이다. 이러한 주체의 주체성(Subjektität)과 더불어 의지는 이러한 주체의 본질로서 등장하기 시작한다. 근대의 형이상학은 주체성의 형이상학으로서 존재자의 존재를 의지라는 의미에서 사유한다.

주체성에 속해 있는 첫 번째 본질규정은, 표상하는 주체가 자기 자신을 — 즉, 언제나 자신에 의해서 표상된 것 자체를 — 확신한다〔sich-versichern, 보증한다〕는 사실이다. 이와 같은 확신에 의해 존재자의 진리는 확실성(certitudo)이라는 성격을 갖는다. 확실성 자체를 보증해주는 그런 ‘자기인식’은 진리의 전승된 본질이 — 즉 표상〔행위〕의 올바름 (Richtigkeit, rectitudo)이 — 변양되어 나타나는 한 가지 양식에 불과하다. 그러나 이제 올바로〔표상된〕것은, ‘자신의 현존성(Anwesenheit)에 있어〔참답게〕사유되지 못한 어떤 현존자’와의 동화(Angleichung) 속에서는 더 이상 존립하지 않는다. 이제 올바름은, ‘표상하며 생각하는 것(res cogitans) 혹은 정신(mens)’이 요구하는 앎의 요구 속에서 정립된 올바른-척도(Richtmaß)에 따라 ‘표상될 수 있는 모든 것’을 정리 정돈하는 임무 속에 존립한다. 이러한 요구는 안전성(Sicherheit)을 목표로 삼는다. 그리고 이러한 안전성은, ‘표상될 수 있는 모든 것’과 ‘표상하는 활동’이 수학적 이념의 명석성과 판명성 속으로 몰려들어 이러한 것 속에서 집결된다는 점에 존립한다. 존재자는 표상함〔지각함〕에 의해 생각 속에서 집결된〔즉, 표상된〕존재자(ens co-agitatum percep-tionis)이다. 표상함〔Vorstellen, 표상활동〕은 이제, 그것이 안전성을 요구하는 그런 요구에 따를 경우에만, 올바른 것이 된다. 이런 방식 속에서 그것이 올바른 것으로서 증명될 경우에, 그것〔표상함〕은 정당한 (recht) 것으로서 확정되어(gefertigt) 마음대로 다스릴 수 있게 되며, 정당화된다(gerecht-fertigt). 주체성의 자기 확실성을 의미하는 이러한 존재자의 진리는, 안전성〔확실성으로서의 certitudo〕으로서 근본적으로는 표상활동과 표상된 것을 그것의 고유한 밝음 앞에서 정당화하는 (Recht-fertigen) 것이다. 이러한 정당화(Rechtfertigung, iustificatio)는 정의(iustitia)의 수행이며, 따라서 정의〔Gerechtigkeit, 고전주의적 혹은 계몽주의적 의미에서의 정의가 아니라, 정당성을 부여해주는 진리의 척도 혹은 진리의 본질로서 정의〕자체이다. 주체는 그때마다 언제나 주체이므로, 그것은 자신의 안전을 확신〔확보〕한다. 〔그래서〕주체는 자기 자신에 의하여 정립된 ‘정의에 대한 요구’ 앞에서 스스로를 정당화한다.

근세의 시대가 시작되면서, 다음과 같은 물음이 새롭게 제기되며 각성되었다. 인간은 어떻게 존재자 전체 안에서, 따라서 모든 존재자의 가장 깊은 존재근거〔신〕앞에서, 자기 자신의 지속성을, 다시 말해 자신의 구원〔*Heil*, 행복〕을 확신하게 되며 또 확신할 수 있는가 라는 물음이 제기되었다. 구원의 확실성에 대한 이러한 〔근대적〕물음은 정당화에 대한 물음이며, 다시 말해 정의(*iustitia*)에 대한 물음이다.

근세의 형이상학 안에서 주체(수브엑툼)를 '표상〔지각〕하고 의욕〔욕구〕하는 존재자'(*ens percipiens et appetens*)로서 사유한 최초의 철학자는 라이프니츠이다. 그는 존재자가 지닌 '힘'〔*vis*, 모나드는 자체 내에 지각작용과 욕구활동이라는 '활동하는 힘'(*vis viva*)을 지니고 있음〕의 성격 속에서 처음으로 명확히 존재자의 존재의 의지적 본질을 사유하고 있다. 그는 근대적으로 존재자의 진리를 확실성이라고 사유한다. 그는 형이상학에 관한 그의 24개의 논제 속에서 다음과 같이 말하고 있다. "정의는 정신에 관한 질서나 혹은 완전성에 불과하다(*iustitia nihil aliud est quam ordo seu perfectio circa mentes*)"(논제 20). 이러한 정신은, 다시 말해 '사유되는 것'(*res cogitantes*)은 논제 22번에 따르면 '일차적인 통일적 세계'(*primariae Mundi unitates*)이다. 확실성으로서의 진리는 안전성을 보증해주는 것이며, 그것은 질서이자 철저한 확립(*Fest-stellung*)이고, 다시 말해 〔정신에 의해(*durch-*, *per-*)〕완성된 것(*Durch- und Ver-fertigung*, *per-fertio*)이다. '제일 먼저 본래적으로 존재하는 것을 그것의 존재에서 안전하게 확립한다'(*die Sicher-stellung des erstlich und eigentlich Seienden in seinem Sein*)는 성격이 곧 정의(*iustitia*, *Gerechtigkeit*)이다.

칸트는 형이상학을 비판적으로 정초하는 가운데 선험적 주관성의 궁극적 자기확증을 선험적 연역의 권리문제(*quaestio iuris*)라고 사유하였다. 그것은 표상하는 주체의 정당화를 문제삼는 권리문제인데, 여기서 주체는 '생각하는 나'(*Ich denke*)의 자기 정의 속으로 자신의 본질을 스스로 확정해놓는 그런 주체이다.

확실성을 주체성의 진리라고 사유하고 이러한 주체성을 존재자의 진리라고 사유하는 한, 확실성으로서의 진리의 본질 속에는 안전성의 정당화로부터 경험되는 정의가 숨겨져 있는 셈이다. 물론 이러한 정의가 주체성의 진리의 본질로서 편재하고 있지만, 그러나 주체성의 형이상학에서는 이러한 것이 존재자의 진리로서 사유되지는 않는다. 이에반해 존재자의 존재가 힘에의 의지로서 나타나게 되자마자, 정의는 '자기 자신을 인식하는 존재자의 존재'로서 근대적 형이상학의 사유 앞으로 나오지 않으면 안 된다. 힘에의 의지는 '본질적으로 가치를 정립하는 그런 것'으로서 자기 자신을 알고 있다. 이러한 의지는 자기 자신의 고유한 본질적 존립을 위한 제 조건으로서 가치들을 정립하는 가운데 스스로를 안전하게 하며, 또 이렇게 부단히 스스로를 정당화하는 가운데 이런 정당화의 과정 속에서 스스로 정의가 된다. 힘에의 의지의 고유한 본질은 이러한 정의 속에서 또 이러한 정의로서 '재현'하지 않으면 안 되는데, ― 이러한 것을 근대적 형이상학의 방식 속에서 사유해본다면 ― 힘에의 의지의 고유한 본질은 이러한 정의 속에서 또 이러한 정의로서 '존재'하지 않으면 안 된다는 것이다. 니체의 형이상학에 있어서 그의 가치사상은, 데카르트의 형이상학에서 말해지는 확실성의 근본사상보다도 더욱 근본적이다. 왜냐하면 확실성은 그것이 최고의 가치로서 통용되는 한에서만 비로소 정당한 것이라고 간주될 수 있기 때문이다. 또한 니체를 통해 서구의 형이상학이 완성되었다고 말할 경우에, 이와 같이 완성된 형이상학의 시대에서는 '주체성의 명증적인 자기 확실성'은 존재자의 존재 속에 편재하는 정의에 따라 정당화되는 '힘에의 의지의 정당화'로서 입증된다.

이미 니체는 일찍이 널리 알려진 그의 초기 저작에서 ― 즉《반시대적 고찰》(*Die unzeitgemäße Betrachtung*, 1874)의 제2부 "삶에 대한 역사의 이득과 손실" 제6절에서 ― 역사과학들이 문제삼는 객관성의 자리에 정의를 정립하고 있다. 그러나 그는 여기 이외에 어디에서도 정의에 대해서는 말하지 않는다. 그가 '힘에의 의지'를 존재자의 근본특성으로서 주목하면서 사유하기 시작한 1884/85년 무렵에 이르러야 비로소, 그는 정의에 관한 두 가지 생각을 적어두고 있는데, 그는 그것을 발표하지는 않았다.

그 첫 번째 메모(1884년)는 "자유의 길"이라는 표제를 내걸고 있는데, 그것은 다음과 같다. "가치평가로부터 유래하는 건설적, 배제적, 파괴적 사고방식으로서의 **정의**; 삶 자체의 **최고의 대변자**(*höchster Repräsentant*)"(《전집》13권, 단편 98).

두 번째 메모(1885년)는 다음과 같다. "선과 악의 좁은 시야를 넘어서 내다보기에, 더욱 넓은 **이득**의 지평을 가지는 '멀리 살펴보는 힘'의 기능으로서의 **정의**, ─ 개인 이상의 어떤 무엇을 유지하려는 의도"(《전집》14권, 단편 158).

이러한 생각들에 관해 상세하게 해설하는 것은 여기에서 시도하는 숙고의 범위를 넘어선다. 여기에서는 다만 니체가 생각하는 정의의 본질영역을 지시하는 것으로 만족하고자 한다. 니체가 주시하는 정의에 대한 이해를 마련하기 위하여, 우리는 그리스도교적, 휴머니즘적, 계몽주의적, 시민적, 그리고 사회주의적 도덕에서 유래하는 정의에 대한 모든 선입견을 물리쳐야 한다. 왜냐하면 니체는 일반적으로 '정의'라는 낱말을 무엇보다도 윤리적 영역 혹은 법률적 영역에서 규정되는 그런 의미[정의]로서는 이해하고 있지 않기 때문이다. 오히려 그는 이 낱말을 존재자 전체의 존재로부터, 즉 힘에의 의지로부터 사유하고 있다. 옳은 것에 따르는 태도야말로 정의로운 것이다. 무엇이 옳은(정당한) 지는, 존재자로서 존재하는 그것으로부터 규정된다. 이런 까닭에 니체는 다음과 같이 말한다. "옳음"[*Recht*, 정당함]이란, 곧 그때그때의 힘의 관계를 영원히 지속시키는 그런 의지이다. 무엇보다 먼저 이러한 것에 만족해야 한다. 존경스러운 것은 모두, 옳은 것을 영원한 것으로서 나타나게 하고자 덧붙여진다"(《전집》13권, 단편 462, 1883년).

그 다음 해에 적어놓은 메모는 다음과 같다. "**정의**의 문제. 가장 강력한 최초의 것은 곧 의지이며 넘쳐흐르는 힘이다. 그 다음에 비로소 지배자가 '정의'를 확립한다. 다시 말해 그는 자신의 척도에 따라 사물들을 헤아린다. 그가 매우 강력하다면, 그는 각 개개인이 원하는 대로 허용해줄 것이며 그들을 인정하고자 할 것이다"(《전집》 14권, 단편 181). 정의에 관한 니체의 형이상학적 개념은 일상적 관념과는 너무나 동떨어져 있는데, 이것은 지극히 당연하다. 하지만 그럼에도 불구하고 이 개념은, 근대의 세계사적 시대가 완성되기 시작한 이래로 지구를 지배하고자 각축을 벌리는 가운데 비로소 역사적으로 드러나기 시작하는 그런 정의의 본질을 적확하게 꿰뚫고 있으며, 따라서 이러한 세계사적 시대에 살고 있는 인간들의 모든 행위를 알게 모르게 속속들이 규정하는 그런 정의의 본질을 적확하게 꿰뚫고 있다.

니체가 생각하는 정의는 힘에의 의지의 방식으로 존재하는 그런 존재자의 진리이다. 물론 니체도 역시 정의를 존재자의 진리의 본질이라고 명확하게 사유하시는 못했으며, 또 이러한 사상으로부터 완성된 주체성의 형이상학을 언어로 길어오지도 못했다. 그러나 정의는 존재 자체로부터 규정된, 존재자의 진리이다. 이러한 진리로서의 정의는 근대적으로 완성된 형이상학 자체이다. 이러한 것으로서의 형이상학 속에는, 니체가 니힐리즘을 가치정립의 역사로서 형이상학적으로 경험하였음에도 불구하고 그가 니힐리즘의 본질을 사유할 수 없었던 그 까닭이 숨겨져 있다. 우리는 힘에의 의지의 형이상학을 위한 ― 자신의 진리로서의 정의의 본질로부터 형성된 ― 어떠한 은닉된 형태가 남아 있는지를 알지 못한다. 더군다나 이러한 형이상학의 첫 번째 근본명제조차도 아직은 뚜렷한 명제의 형식으로 말해지지 않은 상태이다. 물론 이러한 명제의 명제적 성격은 이러한 형이상학 속에서는 저 나름의 방식을 지니고 있다. 첫 번째 가치명제라고 하더라도 그것은 물론 어떤 연역적 명제들의 체계를 위한 최고의 명제는 아니다. 우리가 형이상학의 근본명제라는 명칭을 다음과 같은 의미에서 신중하게 이해한다면, 즉 그것은 존재자로서의 존재자의 본질근거를 ― 다시 말해 존재자를 그것(존재자)의 본질적 통일성에 입각하여 — 명명하는 명칭이라고 이해한다면, 이런 경우에 그 명칭은 각각의 형이상학이 그때마다 저 나름의 방식으로 근거에 관해 말하는 그런 말함의 방식을 규정하기 위한 명칭이 될 것이며, 이와 같은 명칭은 충분할 정도로 아주 폭넓게 펼쳐져 왔다.

니체는 힘에의 의지의 형이상학의 첫 번째 가치명제를 다음과 같이 또 다른 하나의 형식으로 진술하고 있다. "우리는 진리에 빠져 몰락하지 않기 위하여 예술을 가지고 있다"(《힘에의 의지》, 단편 822, 1888년).

이 명제는 예술과 진리 사이에서 맺어지는 형이상학적 본질관계, 따라서 여기에서는 형이상학적 가치관계에 대한 명제이다. 우리는 물론 이 명제를, 예술과 진리에 관해 우리들이 갖고 있는 일상적 생각에 따라 파악해서는 안 된다. 만일 우리가 이런 식으로 파악한다면, 모든 것은 진부해질 것이다. 또한 '이 시대에 이르러 완성된 형이상학'의 은닉된〔존재사적〕정위(Position)에 대해 본질적으로 논의하고 해명함으로써, 우리 자신의 고유한 역사적 본질을 '〔실증적〕역사학과 세계관에 의해 애매모호하게 된〔현재의〕상태로부터' 해방시킬 수 있는 그런 가능성은 우리에게서 사라지게 될 것이다. 이러한 것은 너무도 숙명적인 현상이다.

'힘에의 의지'의 형이상학의 근본명제에 관해 우리가 언급한 그 마지막 말 속에는, 힘에의 의지의 첫 번째 지배형상으로서의 '예술과 진리'가 인간과의 관계 속에서 사유되고 있다. 그러나 '존재자 자체의 진리가 인간의 본질에 대하여 맺고 있는 그 본질관계'를 형이상학 속에서 또 그것〔형이상학〕의 본질에 따라 도대체 어떻게 사유할 수 있는지, 이에 관한 문제는 아직도 여전히 사유되지 않은 채 감추어져 있다. 이러한 물음은 거의 제기된 적도 없으며, 철학적 인간학의 쇄도로 말미암아 오히려 치유할 수 없는 상태로 뒤엉키고 말았다. 그러나 어쨌든 사람들이 가치명제의 이 형식을, '니체가 실존적으로 철학하고 있다'는 증거로서 삼으려고 한다면, 그것은 아마도 잘못일 것이다. 그는 결코 그렇게 하지 않았다. 오히려 그는 형이상학적으로 사유하였던 것이다. 니체는 그가 계획하였던 그의 주저 《힘에의 의지》를 집필하기 위하여 사색에 잠겨 있던 무렵에 다음과 같은 사상을 적어 두었는데, 이 사상의 엄밀함에 이르기에는 아직도 우리는 미숙한 상태에 있다.

"영웅의 주변에서는 모든 것이 비극으로 된다. 반신(Halbgott, 半神)의 주변에서는 모든 것이 사티로스(Satyr, 그리스 신화에 나오는 반인반수의 숲의 신)의 놀이가 된다. 그러면 신의 주변에서는 모든 것이 — 어떻게 될까? — '세계'로 되지는 않을까? —"(《선악의 피안》(Jenseits von Gut und Böse), 단편 150, 1886년).

아리스토텔레스는 그의 《형이상학》 제4권에서 모순율을 존재자의 존재에 관한 첫 번째 진리라고 생각하였다. 그런데 니체의 생각이, 비록 역사학적으로나 표제적으로 보아 어떤 다른 모습을 보이지 않을 수는 없다고 하더라도, 아리스토텔레스의 생각보다 사태적으로 결코 뒤진 것도 아니며 또한 덜 엄밀한 것도 아니라는 사실을 이제는 통찰할 때가 되었다. 흔히 사람들은 니체를 키에르케고르와 관련시키고 있으나, 이것은 아주 의심스러운 태도에 지나지 않는다. 이러한 태도는, 니체가 형이상학적 사유가로서 오히려 아리스토텔레스에 더욱 가깝다는 사실을 오인함으로써, 다시 말해 사유의 본질을 오인함으로써 생기는 것이다. 키에르케고르가 가끔씩 아리스토텔레스를 거론하고는 있으나, 사실상 그는 아리스토텔레스와는 거리가 멀다. 왜냐하면 키에르케고르는 사유가가 아니라 종교적 저술가일 뿐이며, 또한 여타의 종교적 저술가들 중의 한 사람이 아니라, 자기가 처해 있는 시대의 숙명(역사적 운명)에 따른 유일한 사람이기 때문이다. 이렇게 말하는 것이 오해가 아니라면, 바로 거기에 키에르케고르의 위대함이 있는 것이다.

니체의 형이상학의 근본명제 속에는 예술적 가치와 진리적 가치의 본질관계가 말해지고 있을 뿐만 아니라 이와 더불어 힘에의 의지의 본질적 통일성이 말해지고 있다. 존재자로서의 존재자의 이러한 본질적 통일성으로부터 가치의 형이상학적 본질이 규정된다. 그것〔가치의 형이상학적 본질〕은 힘에의 의지 속에서 그리고 이러한 의지를 위하여 정립된, 의지 자체를 위한 이중적 조건이다.

니체는 존재자의 존재를 힘에의 의지로서 경험하고 있기 때문에, 그의 사유는 가치를 향해 사유하지 않을 수 없다. 이런 까닭에 어디에서나 그리고 무엇보다도 먼저 가치물음을 제기하는 것이 중요하다. 가치에 대한 물음은 자기 자신을 역사적인 것으로서 경험한다.

종래의 최고 가치들은 어떠한 상태로 있는가? 모든 가치들의 가치전환을 고려해볼 경우에 이러한 가치들의 무가치화〔가치상실〕는 무엇을 의미하는가? 가치에 대한 사유는 힘에의 의지의 형이상학 속에 근거하고 있기 때문에, '최고의 가치들이 자신의 가치를 잃어버리고 모든 가치들이 새롭게 전환되는 이행과정'으로서의 니힐리즘에 대한 니체의 해석은 하나의 형이상학적 해석, 즉 힘에의 의지의 형이상학을 의미하는 그런 형이상학적 해석이다. 그러나 니체가 힘에의 의지를 "새로운 가치정립의 원리"라고 생각하면서 이러한 자신의 이론을 니힐리즘의 본래적인 완성이라고 규정하는 한, 그는 니힐리즘을 단순히 최고의 가치들의 무가치화라는 부정적 의미에서만 이해하는 것이 아니라, 이와 동시에 니힐리즘의 극복이라는 긍정적 의미에서도 이해하고 있다. 왜냐하면 이제 명확하게 경험되는 '현실적인 것의 현실성'인 힘에의 의지는 어떤 새로운 가치정립의 근원이 되는 동시에 척도가 되기 때문이다. 이와 같이 정립된 가치들은 인간의 표상활동을 직접적으로 규정할 뿐만 아니라 인간의 행위를 자극하기도 한다. 인간존재는 생성의 어떤 다른 차원으로 고양된다.

앞에서 이미 언급한 바 있는 《즐거운 학문》의 단편 125에서, 미친 사람은 신을 죽인 인간의 행위에 대해 — 다시 말해 초감성적 세계를 무가치하게 만든 그런 행위에 대해 — 다음과 같이 말하고 있다. "이보다 더 위대한 행위는 지금까지 결코 없었다. — 그리고 우리 다음에 태어나는 사람은 누구든지, 이런 행위로 말미암아 지금까지 있었던 모든 역사보다도 한층 더 높은 역사의 구성원이 될 것이다!"

 "신은 죽었다"는 의식과 더불어, 종래의 최고 가치들의 극단적 가치전환에 대한 의식이 시작된다. 인간 자신은 이러한 의식에 의해 한층 더 높은 어떤 다른 역사 속으로 넘어간다. 왜냐하면 이러한 역사 속에서는 모든 가치정립의 원리인 힘에의 의지가 '현실적인 것의 현실성'으로서, 즉 모든 존재자의 존재로서 고유하게 경험되고 인수되기 때문이다. 근대인들은 자신의 본질을 자기의식 속에서 가지고 있는데, 이러한 자기의식은 이러한 경험과 더불어 그 최후의 발걸음을 내딛는다. 이러한 자기의식은, 자기 자신이 힘에의 무조건적 의지의 집행자가 되기를 바란다. 척도를 제공하던 가치들의 몰락은 그 종말에 이른다. "최고의 가치들이 사신의 가치를 잃어버린다"는 니힐리즘은 극복된다. 자신의 고유한 본질을 힘에의 의지로서 의욕하면서 이러한 인간존재를 '힘에의 의지를 통해 전적으로 규정된 현실성에 귀속하는 것'으로서 규정하는 그러한 인간성은, 종래의 인간을 넘어서는 '인간의 어떤 본질적인 모습'을 통해 규정된다.

 종래의 인간유형을 넘어서는 인간성〔Menschentum, 인류〕의 본질적 모습을 니체는 "초인"(Übermensch)이라고 부른다. 이러한 낱말을 사용함으로써 니체는 범속한 인간의 능력과 포부가 커질대로 커진 어떤 특정한 개인의 상태를 생각하고 있는 것이 아니다. 또한 '초인'이란, 니체의 철학을 삶에 적용하는 가운데 비로소 나타날 수 있는 어떤 인간의 유형을 가리키는 낱말도 아니다. '초인'이란, 그의 시대의 본질적 완성에로 들어서기 시작하는 그런 근대적 인간성의 본질을 지칭하기 위한 이름이다. '초인'이란, 힘에의 의지를 통해 규정된 현실성으로부터 또 이러한 현실성을 위하여 존재하는 그런 인간이다.

 그의 본질이 힘에의 의지로부터 의욕될 경우, 이러한 본질을 갖춘 인간이 곧 초인이다. 이러한 본질을 의욕하는 행위는 존재자의 존재로서의 '힘에의 의지'에 상응해야만 한다. 따라서 힘에의 의지를 사유하는 그러한 사유에는 필연적으로 다음과 같은 물음이 뒤따른다. 즉, 존재자의 존재로부터 의욕되는 인간의 본질이 힘에의 의지에 순응하고, 그리하여 존재자의 지배권을 인수할 수 있기 위해서는, 이러한 인간의 본질은 과연 어떠한 모습으로 정립되어야 하며 또 어떠한 모습으로 펼쳐져야 하는가? 전혀 뜻밖에도, 인간은 지상의 지배권을 인수해야 할 그런 과제 앞에 자기가 처해 있다는 사실을 존재자의 존재로부터 발견하게 된다. 하지만 존재자의 존재가 그 동안에 어떠한 방식으로 나타나고 있었는지를, 종래의 인간은 충분히 사색하였노라고 과연 말할 수 있을까? 존재의 말 걸어옴〔Anspruch, 요구〕에 응답할 수 있는 그런 성숙한 여력을 본질적으로 갖추었노라고 과연 종래의 인간은 자신 있게 말할 수 있을까? 오히려 종래의 인간은, 존재하는 그 무엇〔존재 자체 혹은 존재의 진리〕을 경험할 가능성으로부터 언제나 벗어난 채 이리저리 에움길을 돌아다니며 그때마다 단순한 처방만을 구하지는 않았던가? 종래의 인간은 여전히 종래의 인간으로 남아 있기를 바라지만, 그는 이미 이와 동시에 '그것〔존재자〕의 존재가 힘에의 의지로서 나타나기 시작한 그런 존재자'에 의해서 의욕된 것일 뿐이다. 종래의 인간은 그의 본질에 있어 전적으로, 〔그가 전혀 깨닫지 못하고 있는〕 그 사이에도 존재자를 철저히 다스리고 있는 그런 존재를 맞이하여 그것〔존재〕을 사유할 아무런 준비도 되어 있지 않다. 그것〔존재〕 속에는, 인간이 단순한 재미나 혹은 단순한 제멋에서 그러는 것이 아니라 오직 존재를 위하여 종래의 인간을 넘어서야 한다는 그런 필연성이 편재하고 있다.

초인을 사유하는 니체의 사상은, 존재자로서의 존재자를 존재론적으로 사유하는 그런 사유로부터 비롯한다. 그러므로 그의 사유가 형이상학의 〔은닉된〕 본질과 관련되어 있다는 것은 사실이지만, 그럼에도 불구하고 이러한 본질은 여전히 형이상학의 영역 속에서는 전혀 경험될 수 없다. 따라서 인간의 본질이 어떤 점에서 또 어느 정도로 존재의 본질로부터 규정되는지, 이에 관한 물음은 니체 이전의 모든 형이상학에서와 마찬가지로 니체 자신에게도 은닉된 채로 남아 있다. 이런 까닭에, 니체의 형이상학에서는 필연적으로 '힘에의 의지'와 '초인의 본질' 사이에서 맺어지는 〔이 둘의〕 본질연관성의 근거는 감추어져 있다. 하지만 이러한 감춤(Verhüllen) 속에는 이와 동시에 이미 어떤 나타남이 깃들어 있다. 존재자의 '본질'에 — 즉 힘에의 의지에 — 속해 있는 '현존'은 동일한 것의 영원한 회귀이다. 이러한 것〔회귀〕 속에서 사유되는 존재는 초인의 본질에 대한 연관(Bezug)을 내포한다. 그러나 이러한 연관은 그의 존재에 따른(seinsmäßig) 본질 속에서는 필연적으로 사유되지 않은 채로 남아 있다. 따라서 초인을 차라투스트라의 모습으로 사유하는 니체의 사유가 형이상학의 본질과는 어떠한 연관성을 갓고 있는지, 이에 대한 물음과 그 대답은 니체 사신에서노 여전히 어둠 속에 잠겨 있다. 그러므로 《차라투스트라》라는 작품의 저술적 성격은 숨겨져 있는 셈이다. 미래의 사유가 "모든 사람들을 위한 책, 그러나 아무도 위하지 않는 책"〔즉 《차라투스트라》〕을 셸링의 《인간의 자유에 관한 연구》(1809)와 더불어, 또 헤겔의 《정신현상학》(1807)과 더불어, 그리고 이와 동시에 라이프니츠의 《단자론》(1714)과 더불어 함께 사유하고, 또 이 저서들을 단지 형이상학적으로 사유할 뿐 아니라 형이상학의 본질로부터 사유하는 그런 경지에 도달할 경우에야 비로소, 〔진정한〕 대결을 위한 토대와 시야가 마련될 뿐만 아니라 그러한 대결을 위한 권리와 의무도 마련될 것이다.

자신의 오해로 말미암아 형성된 초인의 이념과 모습을 접하면서 이에 격분하고, 또 그러한 이념에 반대하기 위한 격분을 터트리면서도, 이러한 자신의 태도에 대해 아무런 책임도 지지 않으려고 한다면, 그것은 쉬운 일이다. 하지만 니체가 '힘에의 의지'라는 존재의 역사적 운명 속에서 지상의 지배권을 인수하도록 규정된 그런 인간성의 본질에 관해 사색하였을 때, 이러한 그의 사색은 지고한 책임감 속에서 이루어진 것이다. 〔우리가〕 바로 이러한 책임감에 도달한다는 것은 무척이나 힘겨운 일이지만, 미래의 사유를 위해서는 조금도 회피할 수 없는 일이다. 초인의 본질은 자의적으로 광기를 부려보기 위한 특허장은 아니다. 그것은 존재 자체 속에 바탕을 두고 있는, 가장 지고하고도 험난한 자기극복의 기나긴 연속의 법칙이다. 이러한 자기극복〔자기초극〕으로 말미암아 인간은 비로소 존재에 귀속하는 그런 존재자로서의 존재자를 위해 성숙해지는 것인데, 이때 힘에의 의지로서의 이러한 존재는 자신의 '의지의 본질'을 나타내 보이면서 이러한 나타남(Erscheinen)을 통해 〔존재의〕 에포케〔Epoche, 존재사적 시대〕를, 즉 형이상학의 최종적 에포케를 이룩한다.

니체의 형이상학에 의하면, 종래의 인간은 여전히 종래의 인간이라고 말해지는데, 그 까닭은 다음과 같다. 즉, 그것은 그의 본질이 모든 존재자의 근본특성으로서의 '힘에의 의지'에 의해 규정되기는 하지만, 그럼에도 불구하고 그는 힘에의 의지를 이러한 근본특성으로서 경험하지도 못하고 또 인수하지도 못했기 때문이다. 종래의 인간을 넘어서는 인간은 자기 자신의 고유한 의욕행위 속에서 힘에의 의지를 모든 존재자의 근본특성으로서 받아들이며, 그리하여 자기 자신을 힘에의 의지라는 의미에서 의욕한다. 모든 존재자는 이러한 의지 속에서 정립된 것으로서 **존재한다**(ist). 예전에 인간의 본질을 제약하고 규정하던 목표와 척도는, 그것의 무조건적이며 직접적인 ― 특히 어디에서나 전혀 간과할 수 없었던 ― 영향력을 이미 잃어버렸다. 목표와 척도의 초감성적 세계는 이제는 더 이상 삶을 일깨우지도 못하며 지탱하지도 못한다. 그런 세계는 이미 자신의 생명력을 잃어버린 것이니, 그것은 죽은 것과 다름없다. 그리스도교의 신앙은 여기저기에 있으나, 이미 그러한 세계 속에서 주재하던 사랑은 지금 일어나고 있는 역사적 현상을 위해 이러한 현상에게 영향력을 미치는 그런 원리는 아니다. 현실적인 모든 것의 유력한 현실성으로서 사유되던 '초감성적 세계의 초감성적 근거'는 비현실적인 것이 되고 말았다. 이것이 바로 "신은 죽었다"라는, 형이상학적으로 사유된 말의 형이상학적 의미이다.

이렇게 사유되어야 할 이 말의 진리 앞에서 우리는 아직도 눈을 감고자 하는가? 우리가 눈을 감는다고 하더라도, 이 기이한 눈가림에 의해서 그 말이 거짓이 되는 것은 물론 아니다. 인간이 존재로부터 규정된 자신의 본질을 파악하지 못함으로써 이러한 본질에 의해 빚어지는 숙명을 견디어 내기는커녕 오히려 단순히 피상적인 처방에 의해 이러한 숙명을 이겨내려고 하는 한, 또 현실적인 것의 현실성을 우선적으로 진지하게 문제로 삼아보지도 못한 채, 단순히 계속해서 현실적인 것을 지배하고자 시도하는 한, 신은 아직도 살아 있는 신이 아닐 것이다.

"신은 죽었다"는 이러한 말의 진리를 아무런 착각이나 오해도 없이 〔있는 그대로〕 경험하려는 〔우리의〕 시도는, 니체의 철학에 대한 〔신앙적〕 고백과는 다른 것이다. 만일 우리가 그의 말을 이와 같이 생각하면서 그의 말에 동조한다고 한다면, 이러한 동조는 사유에게는 전혀 아무런 도움도 되지 않을 것이다. 우리가 어떤 사상가를 존경한다고 말할 경우에, 그것은 오직 사유함의 과정을 통해서만 이루어질 뿐이다. 그리고 이러한 사유의 행위는, 그의 사상 속에서 사유되고 있는 본질적인 모든 것을 사유하기를 요구한다.

앞에서 해설한 형이상학적 의미에서 신과 신들이 죽었다고 한다면, 그리고 힘에의 의지가 '존재자의 조건들을 정립하는' 가치정립의 원리로서 분명히 의욕된다고 한다면, 존재자로서의 존재자에 대한 지배권은 '지상을 지배하는 모습' 속에서 '힘에의 의지에 의해 새롭게 규정되는 인간의 의욕행위'에로 옮겨간다. 니체는 《즐거운 학문》이 출간된 후 일년 뒤에 펴낸 《차라투스트라》의 제1부를 다음과 같은 말로 끝맺고 있다. "모든 신들은 죽었다. 이제 우리가 바라는 것은, 초인이 사는 세상이다!"

사람들은 이 말을 대충 생각하여, 그 말의 의미는 존재자에 대한 지배권이 신으로부터 인간에게로 옮겨왔다는 것이라고 해석하거나, 혹은 더욱 어설프게 생각하여 니체는 신의 자리에 인간을 앉히려고 하는 것이라고 생각할는지 모른다. 그 말을 이와 같이 생각하는 사람들은, 신의 본질에 관해서도 물론 별로 성스럽게 사유해 본 적이 없는 사람들이다. 인간의 본질은 신의 본질영역에 결코 도달하지 못하기 때문에, 인간이 신의 자리에 앉는다는 것은 결코 있을 수도 없다. 하지만 이러한 불가능성에 비하여 훨씬 더 섬뜩한 일이 일어날 수는 있는데, 우리는 이러한 것의 본질에 대해 거의 사색한 적이 없다. 형이상학적으로 사유할 경우, 신에게 고유한 신의 자리는 존재자를 창조하고 이렇게 창조된 존재자를 유지하는 그런 자리이다. 이러한 신의 자리는 빈자리로 남아 있을 수 있다. 이러한 빈자리에 형이상학적으로〔그에〕상응하는 어떤 다른 자리가 나타날 수 있으나, 그런 자리는 신의 본질영역과 동일한 것도 아니며 또한 인간의 본질영역과 동일한 것도 아니다. 그러나 인간은 바로 이와 같이 다른 자리에 대해 다시금 탁월한 관계를 맺고자 거기에 도달하는 것이다. 초인은 신의 자리로 나아가지 않으며, 또 그러한 자리에 결코 자신의 발을 내딛을 수도 없다. 초인이 다가가고자 의욕하는 그 자리는, 존재자를 그것의〔창조된 존재와는〕다른 존재 속에서〔창조의 방식과는〕다른 방식으로 정초하는〔신의 자리와는〕다른 영역이다. 존재자의 이러한 다른 존재는 그러는 사이에 — 즉 근대적 형이상학의 시작과 더불어 — 주체성이 되었다.

모든 존재자는 이제 '대상으로서의 현실적인 것'이거나 혹은 그 안에서 대상의 대상성이 구성되는 '대상화로서 작용하는 것'이 된다. 대상화는 표상하면서〔앞에-세우면서〕대상을 '생각하는 나'(*ego cogito*)를 향해 마주세우며 이러한 '나'에게로 이끌어온다(*zustellen*). 이렇게 마주세우고-이끌어옴 속에서 '나'는 그 자신의 고유한 행위〔존재자를 표상하면서 마주세우고 그것을 '생각하는 나'에게로 이끌어오는 행위]의 근저에 놓여 있는 것으로서, 즉 기체[subjectum, 주체]로서 입증된다. 주체는 자기 자신을 위한 주체이다. 의식의 본질은 자기의식이다. 따라서 모든 존재자는 주체의 객체이거나 혹은 주체의 주체이다. 어디에서나 존재자의 존재는 자기 자신 앞에 자신을 내세우며(Sich-vor-sich-selbst-stellen) 그리하여 자신을 설립하는(Sich-auf-stellen) 그런 활동 속에 놓이게 된다. 인간은 존재자의 주체성(Subjektität)의 영역 속에서 자기 본질의 주관성(Subjektivität)으로 일어난다(aufstehen). 즉, 인간은 봉기한다[im Aufstand treten, 존재자로서의 존재자 전체의 한가운데에, 즉 세계의 한가운데에 인간이 '이러한 세계를 근거짓는 주체로서 솟아오름'을 가리킴. 그러나 이러한 솟아오름은, 신의 견지에서 바라본다면, 신에 대한 거대한 반란이며 폭동이 아닐 수 없음. '사전적' 의미에서 Aufstand는 이러한 '폭동'을 의미함]. 세계는 대상이 된다. 이와 같이 모든 존재자를 대상화하며 봉기하는 가운데, 처음에는[즉, 고대와 중세의 시대] 표상함과 제작함의 방식 속에서 마음대로 처리되었던 그런 것은 — 즉 대지(Erde)는 — 인간에 의해 정립되고 논의되는 주체적 사유의 한가운데에로 밀려든다. 대지 자체는 이제, 공격(Angriff)의 대상[철저히 장악돼야 할 대상]으로서만 스스로를 나타내 보일 수 있다. 이러한 공격은 인간의 [지배] 욕구속에서 무조건적 대상화의 형태로서 나타난다. [다시 말해] 자연은 어디에서나 기술의 대상으로서 나타나는데, 이러한 현상은 존재의 본질로부터 의욕되는 것이다[이러한 존재의 '역운적' 본질은, 기술 시대의 본질적 그물망을 형성하는 극단적 위험으로서의 존재의 "몰아세움"(Ge-stell)임. 이에 대해서는 하이데거의 《기술과 전향》(Technik und Kehre)을 참조].

니체는 "미친 사람"(《즐거운 학문》, 단편 175)을 쓴 1881/82년 무렵에 다음과 같은 생각을 적어 놓았다. "지상을 지배하려는 투쟁의 시기가 도래할 것이다. — 그것은 철학적 근본이론의 이름 속에서 행해질 것이다"(《전집》12권, 단편 441).

이러한 단언은, 힘에의 의지를 그것의 본질에서 무조건적으로 강화하기 위해 천연자원으로서의 대지를 무제한적으로 이용하고 또 인적 자원을 치밀하게 활용하기 위한 그런 투쟁이 철학적 논의를 방패로 삼아 일어날 것이라는 사실을 말하려는 것이 아니다. 이와는 반대로, 철학이 진정한 모습으로 존재하였고 또 여전히 그렇게 존재하고 있는 한, 이러한 철학은 현실적인 것의 현실성을 이미 말하여 왔고, 따라서 존재자로서의 존재자를 그것〔존재자〕의 존재의 역사 속으로 이끌어 왔기 때문에, 〔단순한〕 이론으로서의 철학 그리고 문화의 형성(*Gebilde*)으로서의 철학은 사라질 것이며 또 지금과 같은 그런 형태의 철학은 〔앞으로〕 사라질 수 있다는 점을 앞의 단언은 암시하는 것이다. "철학적 근본이론"이란, 학자들의 학설을 가리키는 것이 아니라, 존재자로서의 존재자의 진리에 대해 말하는 그런 말을 가리킨다. 여기서 진리란, 힘에의 의지의 무조건적 주체성의 형이상학이라는 형태로 나타난 형이상학 자체이다.

지상을 지배하려는 투쟁은 그것〔투쟁〕의 역사적 본질에 있어서 〔숙고해보면, 그것은〕 이미 존재자로서의 존재자가 힘에의 의지의 방식으로 나타나기 시작했다는 결과적 산물이다. 하지만 그럼에도 불구하고 아직은 이러한 의지가 의지로서 인식되거나 개념적으로 파악되지는 않은 상태이다. 실천을 강조하는 행동의 학설들과 표상의 이데올로기들은 애당초 '무엇이 존재하며 따라서 무엇이 일어나고 있는지'에 대해서는 전혀 말하지 않는다. 지상을 지배하려는 투쟁이 시작됨으로써 주체성의 시대는 그 완성에 이른다. 이러한 완성에는 다음과 같은 사실이, 즉 '힘에의 의지라는 의미에서 존재하는 그런 존재자는 자기 자신에 대한 그 자신의 고유한 진리를 저 나름의 방식으로 모든 관점 속에서 확신하고 있으며, 따라서 그러한 진리를 의식하고 있다는 그런 사실'이 속해 있다. '의식한다'(*Bewußtmachen*)는 것은, 힘에의 의지로부터 의욕되는 그런 의욕활동을 전개하기 위한 필연적 도구이다. 그것은 대상화에 입각하여 계획을 세우는 그런 형태로 나타난다. 그것은, 인간이 역사학적 상황을 부단히 분석함으로써 자기의욕의 중심으로 봉기하는 가운데 일어난다. 형이상학적으로 사유해 보자면, 상황이란 언제나 주체가 활동하는 〔그때그때의〕 정거장이다. 모든 상황분석은 알게모르게 주체성의 형이상학 속에 근거한다.

"대낮"(*die große Mittag*)은 가장 밝은 광명의 시간이다. 다시 말해 무조건적으로 그리고 모든 관점에서 자기 자신을 '앎'으로서 의식하는 그런 깨우침〔의식〕의 시간이다. 여기서 말하는 '앎'이란, 힘에의 의지를 존재자의 존재로서 자각적으로 의욕하며 또 이러한 의욕으로서 자기를 향해 봉기하면서 '세계를 대상화하는 각각의 필연적 단계'를 이겨내고〔견뎌내고〕, 그리하여 가능한 한 똑같은 형식과 똑같은 정도의 의욕행위를 위하여 존재자의 지속적 존립을 안전하게 보장하는 가운데 형성되는 그런 앎이다. 그러나 이러한 의지를 의욕할 경우에, 인간은 반드시 이러한 의욕의 조건들을 함께 의욕하지 않으면 안 된다. 이것은 곧, 인간이 가치를 정립하고 모든 것을 가치에 따라 평가하지 않으면 안 된다는 사실을 뜻한다. 이와 같이 가치는 모든 존재자를 그것의 존재에서 규정한다. 이러한 사실은 우리로 하여금 다음과 같은 물음을 묻게 한다.

힘에의 의지의 무조건적인 지배권이 명증적으로 드러나고 또 이렇게 명증이면서도 공개적인 사실 자체가 의지의 한 기능이 되어버린 지금의 이 시대에는 과연 무엇이 **존재**하는가? 우리는 이러한 물음으로써, 저마다 자신의 필요에 따라 힘에의 의지의 영역 속에서 증거를 마련하거나 혹은 삭제할 수 있는 그런 주어진 사실이나 사건에 대해 묻는 것은 아니다.

무엇이 존재하는가? 우리는 이러저러한 존재자에 대해 묻는 것이 아니라, 존재자의 존재에 대해 묻고 있다. 그보다 먼저 우리는, 존재 자체가 어떠한 상태에 있는지를 묻고 있다. 그것도 막연히 묻는 것이 아니라, 힘에의 의지의 형이상학이라는 형태 속에서 말해지고 있는 그런 존재자로서의 존재자의 진리를 고려하는 가운데 묻고 있다. 힘에의 의지가 무조건적으로 지배하기 시작하는 이 시대에서 존재는 어떠한 상태로 있는가?

존재는 가치로 되어버린다. '존립의 지속성의 지속화'(*Beständigung der Beständigkeit des Bestandes*)은 힘에의 의지 자체에 의해 정립된, 의지 자체를 안전하게 보장하기 위한 하나의 필연적 조건이다. 하지만 이렇게 '존재가 가치로 상승된다는 사실'보다도 존재가 더욱 높게 평가될 수 있는 여지가 있을까? 존재가 가치로서 여겨짐으로써, 존재는 이미 힘에의 의지 자체에 의해 정립되는 하나의 조건으로 평가절하된다. 존재가 일반적으로 평가되고 또 그렇게〔가치로서〕여겨지는 한, 존재 자체는 그에 앞서 이미 자신의 본질의 존엄성을 빼앗기게 되는 것이다. 존재자의 존재가 가치라는 낙인이 찍히고, 따라서 그것의 본질이 확정될 경우, 언제나 이러한 형이상학 안에서는 — 다시 말해 이 시대에서 진리라고 여겨지는 존재자로서의 존재자의 진리 안에서는 — 존재 자체를 경험할 수 있는 모든 길은 없어지고 만다. 우리는 이렇게 말함으로써, 아마도 우리가 전혀 전제할 필요도 없는 것을 전제하는 셈이 된다. 즉, 예전에는 존재 자체에 이르는 길이 있었고 또 존재 사유는 그때마다 이미 존재로서의 존재를 사유하여 왔다는 점을 마치 전제하는 셈이 된다.

서양의 사유는, 이러한 사유가 시작된 이래로, 존재와 그것〔존재〕의 고유한 진리를 사색하지 않은 채, 언제나 존재자로서의 존재자를 사유하고 있다. 이로 말미암아 서양의 사유는 단지 그러한 진리〔존재자의 진리〕속에서 존재를 사유할 뿐이며, 결국 '존재'라는 이름을 너무나도 조잡하게 사용하면서 그것을 (전혀 경험한 적조차 없었기에) 결코 해결할 수도 없는 다의적인 의미에서 말하게 된다. 존재 자체를 사색해본 적이 없는 그런 사유는, 서구적 역사에서 일어난, 단순하면서도 모든 것을 지탱하는, 따라서 수수께끼처럼 느껴지는, 하지만 아직까지도 전혀 근본적으로 경험되지 않은 그런 사건이다. 그러나 그러는 사이에 서양의 역사는 세계역사로 확장되는 가운데 개념적으로 파악되기에 이른다. 그리하여 존재는 형이상학 속에서 하나의 가치로 침하되고 말았다. 존재가 존재로서 허용되지(zugelassen) 못한다는 사실은 바로 여기에서 알려진다. 이것은 무엇을 말하는가?

존재는 어떠한 상태로 있는가? 존재는 아무것도 아닌 상태로 있다. 여기에서 비로소 니힐리즘의 여태까지 감추어졌던 본질이 알려지고 있다고 한다면, 어떻게 될 것인가? 만일 그렇다고 한다면, 가치 속에 배회하는 사유는 순수한 니힐리즘이란 말인가? 그러나 니체는 여전히 힘에의 의지의 형이상학을 바로 니힐리즘의 극복이라고 생각한다. 사실상, 니힐리즘이 오직 최고의 가치들의 무가치화로서 이해되고 힘에의 의지가 최고의 가치들의 새로운 정립에서 비롯하는 모든 가치들을 전환하는 가치전환의 원리로서 사유되는 한, 힘에의 의지의 형이상학은 니힐리즘의 극복이다. 그러나 니힐리즘의 이러한 극복 속에는 가치사유가 원리로 추앙된다.

하지만 가치가 존재로 하여금, 그것[존재]이 존재 자체로서 존재하는 그런 존재7)로 존재할 수 없게 한다면, 이른바 이러한 극복이야말로 니힐리즘의 완성이다. 왜냐하면 여기서 형이상학은 존재 자체를 사유하고 있지 않을 뿐만 아니라, 존재에 대한 이러한 무사유는 존재를 가치로서 평가함으로써 마치 존재를 최상의 방식으로 존경하면서 사유하고 있는 듯한 인상을 풍기는 가운데 스스로[무사유의 초라함]를 감추고 있기 때문이다. 이로 말미암아 존재에 관한 모든 물음은 아무 쓸모도 없는 한낱 과장된 물음으로 여겨질 뿐이다. 그러나 존재 자체에 입

---

7) 초판(1950년)에서는, "여기서 '존재'란 무엇이라 불리는가? (여기서의 '존재'란 무엇인가?)"라고 묻고 있다.

각하여 사유해볼 경우에, 모든 것을 가치에 따라 사유하는 그런 사유가 니힐리즘이라고 한다면, 심지어 '니힐리즘이란 최상의 가치들이 무가치화되는 것'이라는 니힐리즘에 대한 니체의 경험까지도 이미 하나의 허무적인 경험이 되고 만다. 초감성적 세계에 대한 해석, 즉 최상의 가치로서의 신에 대한 해석은 존재 자체로부터 사유된 것이 아니다. 신에 대한, 그리고 초감성적 세계에 대한 최후의 일격은, 존재자 중의 존재자인 신이 최고의 가치로〔평가절하된 채 그렇게〕 여겨지게 된다는 사실 속에 있다. 그러므로 '신을 인식할 수 없는 존재로서 간주하거나' 혹은 '신의 현존은 도저히 증명될 수 없다'는 그런 주장은 신에 대한 가장 뼈아픈 타격이 아니며, 오히려 실재한다고 여겨지던 신이 최상의 가치로서 추앙된다는 사실이야말로 신을 모독하는 가장 뼈아픈 타격인 것이다. 왜냐하면 이러한 뼈아픈 타격은 신을 믿지 않는 방관자들로부터 오는 것이 아니라, 바로 신앙인과〔다음과 같이 말하는〕이들의 신학자들로부터 오는 것이기 때문이다. 신학자들은 모든 존재자 중에서 가장 잘 존재하는 것〔*das Seiendste alles Seienden*, 여기서 최상급으로 표현된 das Seiendste는 일반적으로 최고로 존재하는 것(*das höchste Seiende*), 다시 말해 최상의 존재자라는 의미에서의 신을 가리킴〕에 관해 말하면서도, 그들은 그때마다 존재 자체를 사유하는 그런 생각에는 미치지 못한다. 그리고 더 나아가 신앙의 견지에서 바라보면, 이렇게 사유하고 저렇게 말하는 행위는, 그것〔사유와 말함의 행위〕이 신앙의 신학 속으로 들어와 뒤섞이게 될 경우에는, 더할 나위 없이 신을 모독하는 행위 자체가 된다고 그들은 말한다.

우리가 "미친 사람"에 관한 이야기에 귀 기울이던 동안에 니체에게 묻고 싶었던 물음은 아마도 다음과 같을 것이다. 인간이 언제든지 신을 죽일 수 있다는 사실은 도대체 어떻게 일어날 수 있는가? 이제 이 물음의 어둠 속으로 가느다란 한 줄기 빛이 비춰오고 있다. 니체는 인간이 언제든지 신을 죽일 수 있다고 생각한다. 그것은 그 이야기를 통틀어 단지 두 문장만이 진한 글씨체로 강조되고 있기 때문이다. 그 한 문장은 "우리가 그를 죽였다"라고 쓰여 있는데, 여기에서 그란 곧 신을 뜻한다. 그리고 그 다음의 문장은 "하지만 그들은 이와 같이 끔찍한 일을 저질러버린 것이다!"라고 쓰여 있다. 즉, 오늘날의 인간들은 자신들이 무슨 일을 저질렀는지 아직도 모르고 있으나 바로 그들이 신을 살해하는 그런 일을 저질렀다는 것이다.

강조된 이 두 문장은 "신은 죽었다"는 말에 대한 해석을 제공하고 있다. 그 말은 '신은 전혀 존재하지 않는다'는 단적인 부정이나 혹은 저질스러운 증오심에서 말해지는 듯하지만, 사실은 그런 뜻이 아니다. 그 말은 '신이 살해되었다'는 노여움을 뜻한다. 이렇게 노함으로써 비로소 결정적인 사상이 두드러지게 나타난다. 하지만 그 반면에 이해하기는 더욱 힘들어진다. 왜냐하면 "신은 죽었다"라는 그 말은 오히려 '신 자신이 스스로 자신의 생생한 현존의 상태로부터 멀어져갔음'을 암시하는 의미로 이해될 수 있기 때문이다. 그러나 신이 다른 것에 의하여, 특히 인간에 의하여 살해되었을 것이라고는 도저히 생각할 수 없다. 니체 자신도 이러한 생각에는 사뭇 놀란다. 바로 이런 이유에서 그는 "우리가 그를 죽였다. 너희들과 내가! 우리는 모두가 신의 살해자이다!"라는 결정적인 말을 한 다음에 곧바로 미친 사람으로 하여금 "그러나 우리는 어떻게 하여 이런 일을 저질렀을까?"라고 묻게 하였던 것이다. 니체는 물음의 내용을 세 가지 비유로 바꾸어 반복하여 물음으로써 그 물음을 해설한다. "어떻게 우리가 바닷물을 모조리 마셔버릴 수 있었을까? 누가 우리에게 지평선을 깨끗이 닦아 지워버릴 수 있는 그런 해면을 주었을까? 우리가 이 지구를 태양으로부터 떼어버렸을 때, 우리는 무슨 일을 저지른 것일까?"

이 최후의 물음에 대하여 우리는 다음과 같이 대답할 수 있을 것이다. 인간이 지구를 그것〔지구〕의 태양으로부터 떼어버렸을 때 그가 무슨 일을 저질렀는지는, 최근의 350년간의 유럽의 역사가 잘 말해준다.

하지만 이러한 역사의 밑바탕에서는 존재자와 더불어 무슨 일이 일어난 것일까? 니체가 태양과 지구와의 관계를 말했을 때, 그는 단지 근대적 자연관에서 일어난 코페르니쿠스적 전회만을 염두에 둔 것은 아니다. 태양이라는 말은 동시에 플라톤의 〔동굴의〕 비유를 상기시킨다. 이 비유에 따르면, 태양과 그 빛의 영역은, 존재자가 자신의 참모습에 따라, 즉 자신의 이데아(ἰδέα)에 따라 나타나게 되는 그런 터전을 가리킨다. 태양은, 그 안에서 존재자가 존재자로서 스스로를 나타내 보이는 그런 시야영역을 형성하는 동시에 그 영역의 한계를 정해준다. 앞에서 언급된 "지평선"은 참답게 존재하는 세계로서의 초감성적 세계를 의미한다. 이것은 동시에 바다처럼 모든 것을 휘감아 자기 안에 감싸는 전체이기도 하다. 인간의 거주지로서의 지구가 자신의 태양으로부터 떨어져 나왔다는 것이다. 그 자체로 존재하던 초감성적인 것의 영역은 더 이상 척도를 제공하는 그런 빛으로서 인간 위에 군림하지 못한다. 모든 시야는 말끔히 지워졌다. 존재자로서의 존재자 전체는, 즉 바다는 인간에 의해 모조리 마셔져 버렸다. 왜냐하면 인간은 '생각하는 나'의 자아성으로 봉기하였기 때문이다. 그리고 이러한 봉기로 말미암아 모든 존재자는 대상이 되었다. 객관적인 것으로서의 존재자는 주관성의 내면 속으로 집어삼켜진다. 지평선은 더 이상 스스로〔자립적으로〕 비추지 못한다. 그것은 힘에의 의지의 가치정립 속에서 정립된 하나의 시점에 불과할 뿐이다.

아마도 사유에 대해서는 단순한 비유 이상의 의미를 지닌 이 세 가지 비유(태양, 지평선, 바다)를 단초로 삼을 경우에, 〔이러한 비유에 따른〕 세 가지 물음은 '신이 살해되었다'는 사건이 무엇을 의미하는지를 해설해준다. 〔신을〕 '살해한다'는 것은, 그 자체로 존재하던 초감성적인 세계가 인간에 의해 지워진다〔삭제된다〕는 것을 뜻한다. 이러한 살해행위는, 존재자로서의 존재자가 아주 없어지는 것이 아니라 그것의 존재에서 다른 것으로 되어 가는 그런 과정을 지칭한다. 그러나 이와 아울러 이러한 과정에서는 무엇보다도 인간이 다른 것으로 된다. 그는 '그 자체로 존재하는 것'(das an sich Seiende)이라는 의미에서 존재하던 그런 존재자를 지워버리는 그런 인간이 된다. 주관성으로의 인간의 봉기는 존재자를 대상으로 만든다. 그러나 대상적인 것은 '표상행위를 통해 마주 서있게 된 것'이다. 그 자체로 존재하는 것을 지워버림, 즉 신의 살해는 인간이 물질적, 신체적, 심리적, 정신적 존립을 안전하게 확보하는 행위인 존립보장(Bestandsicherung) 속에서 수행된다. 그리고 이러한 행위는 존재자의 존재 — 즉 힘에의 의지 — 에 응답하기 위해 가능적 대상으로서의 존재자를 지배하려는 인간 자신의 안전성 때문에 행해진다.

안전성을 마련하는 보장행위는 가치정립에 근거한다. 가치정립의 행위는 모든 자립적 존재자〔그 자체로 존재하는 모든 것〕를 자기 밑에 두는데, 이렇게 함으로써 '서 홀로 존재하는 것'으로서의 모든 자립적 존재자를 파멸시킨다. 신을 살해함에 있어 마지막 일격은 형이상학이 제공하는데, 이 형이상학은 힘에의 의지의 형이상학으로서 '가치를 사유한다'는 의미에서 자신의 사유를 전개하는 그런 형이상학이다. 존재를 순전히 하나의 가치로 전락시킨다는 것은 분명히 최후의 일격이다. 그러나 니체 자신은 이러한 일격이 — 존재 자체에 입각하여 사유해볼 경우에 — '어떤 타격을 주는 것'이라고는 전혀 인식하지 못하였다. 하지만 니체는 분명히, "우리는 모두가 그〔신〕의 살해자이다. — 너희들과 내가!"라고 말하지 않는가? 확실히 그렇다. 그래서 니체는 힘에의 의지의 형이상학도 역시 니힐리즘이라고 파악한다. 하지만 니체의 경우에 니힐리즘이란, 종래의 모든 가치들을 뒤엎어버리는 반대운동으로서 '종래의 최고 가치들의 무가치화'를 결정적으로, 따라서 가장 예리하게 수행하는 그런 운동을 의미할 뿐이다.

그러나 정작 니체 자신은 모든 가치정립의 원리로부터 가치를 새롭게 정립하는 작업마저도 하나의 살해행위라고 따라서 니힐리즘이라고 그렇게 생각할 수는 없었다. 그러한 작업은 스스로를 의욕하는 힘에의 의지의 시야영역 속에서는, 다시 말해 가치와 가치정립의 [원근법적인] 전망 속에서는 더 이상 무가치한 행위가 아니다.

그러나 가치정립의 행위를 존재자로서의 존재자의 관점에서 바라본다면, 다시 말해 이와 동시에 존재에 입각하여 사유해 본다면, 이러한 행위 자체는 어떠한 상태로 있는 것일까? 그때에는 가치에 따른 사유행위야말로 극단적인 살해행위(*Das radikale Töten*)가 될 것이다. 그러한 사유행위는 존재자로서의 존재자를 그것의 자립적 존재(*An-sich-sein*)에 있어 타도할 뿐만 아니라, 존재를 완전히 밖으로 밀어내버린다. 존재가 필요하게 될 경우에, 그것은 오직 가치로서만 타당하게 여겨질 뿐이다. 힘에의 의지의 형이상학에서 전개되는 가치사유는 가장 극단적 의미에서 살해적이다. 왜냐하면 그것[가치사유]은 전적으로 존재 자체가 솟아 나와 자신의 본질의 생생함 속으로 도달할 수 없게 하기 때문이다. 가치에 따르는 사유는 처음부터 존재 자체가 자신의 진리 속에서 현성하는 그런 자리에 도달할 수 없게 한다.

그러나 이렇게 뿌리 깊은 살해가 힘에의 의지의 형이상학에서만 나타나는 특성이란 말인가? 존재 자체로 하여금 그것이 존재하는 바의 그런 존재로서 존재할 수 없게 하는 까닭이, 오직 존재를 가치로서 해석하는 데에만 놓여 있다는 말인가? 만일 그렇다고 한다면, 니체 이전의 형이상학은 존재 자체를 자신의 진리 속에서 경험하거나 사유했어야 할 것이며, 적어도 이러한 점에 대해 물음을 내던졌어야 할 것이다. 그러나 우리는 어디에서도 그와 같은 존재 자체의 경험을 발견하지 못한다. 존재 자체의 진리를 사유하며 따라서 진리 자체를 존재라고 사유하는 그런 사유를 우리는 어디에서도 만나지 못한다. 심지어 서양의 사유가 발원하기 시작한 플라톤 이전의 사유 속에서도, 즉 서양의 사유가 플라톤과 아리스토텔레스에 의해 형이상학으로 전개되기 이전의 사유 속에서도, 존재는 사유되지 못하였다. '그것(존재하는 것)은 곧 존재이다'(ἔστιν [ἐὸν] γὰρ εἶναι)라는 [파르메니데스의] 말은 물론 존재 자체를 일컫는 말이지만, 그것은 현존(Anwesen)을 바로 현존으로서 자신의 진리로부터 사유하지는 못한다. 존재의 역사는 **존재의 망각과 더불어** 필연적으로 시작한다. 그러므로 존재 자체가 자신의 진리 속에서 사유되지 않았다는 사실은 결코 힘에의 의지의 형이상학만이 감당해야 할 책임은 아니다. 이렇게 기묘한 [존재의] 밖에-머무름[Ausbleiben]은 결국 형이상학으로서의 형이상학에 그 책임이 있다[이러한 존재의 망각과 존재의 부재는 서로 전회적으로 공속하는 것이며, 이러한 공속의 역운적 역사성이 곧 형이상학의 은닉된 본질 속에 내재하는 탈생기 (Enteignis)의 역사성임]. 하지만 형이상학이란 무엇인가? 우리는 형이상학의 본질을 알고 있는가? 형이상학 자신이 이러한 본질을 알 수 있을까? 형이상학이 그것[이러한 본질]을 이해한다면, 형이상학은 그것을 형이상학적으로 파악할 것이나. 그러나 형이상학에 대한 형이상학적 개념파악은 언제나 형이상학의 본질에는 이르지 못하며 단지 그 배후에 머무를 뿐이다. 이러한 사정은 [비단 형이상학뿐만 아니라] 또한 로고스(λόγος)가 무엇인지 사유할 수 있다고 자처하는 모든 논리학에게도 해당된다. 어떠한 방식으로든 형이상학[의 암벽]을 타고 넘으려는, 형이상학에 관한 모든 형이상학과 철학의 모든 논리학은, 지금 자기가 굴러 떨어지고 있는 곳이 어디인지를 전혀 알지는 못하지만, 끝내는 형이상학의 바닥으로 굴러 떨어지지 않을 수 없다.

사유해야 할 사태[여기에서는 니힐리즘의 본질]를 뒤따라 사유하는 가운데, 니힐리즘의 본질 속에 깃든 하나의 특성이 분명해졌다. 니힐리즘의 본질은 다음과 같은 역사 속에 깃들어 있다. 즉, 존재자로서의 존재자 전체가 [사유의 열린 장으로] 나타날 경우에, 존재 자체와 존재의 진리는 아무것도 아닌 상태에 놓이게 되며, 그 결과 존재의 진리는 밖에-머무르게 되고, 또 이로 말미암아 존재자로서의 존재자의 진리가 마침내 존재로서 여겨지게 되는 그런 역사[존재 망각의 역사] 속에 깃들어 있다. 니힐리즘이 완성되기 시작하던 무렵에, 니체는 니힐리즘의 몇 가지 특성들을 경험하면서 그것을 허무주의적으로 해석하였으며, 이로써 니힐리즘의 본질을 완전히 파묻어버렸다. 하지만 니체 이전의 형이상학이 니힐리즘의 본질을 인식하지 못하였듯이, 그도 또한 니힐리즘의 본질을 전혀 인식하지 못하였다.

　그러나 존재자로서의 존재자 전체가 〔사유의 열린 장으로〕 나타남에 있어 존재의 진리는 밖에-머무르게 되고, 또 이로 인해 존재 자체와 존재의 진리가 아무것도 아닌 상태에 있게 되는 그런 역사 속에 니힐리즘의 본질이 놓여 있다고 한다면, 존재자로서의 존재자의 진리의 역사인 형이상학은 그 자신의 본질에 있어 〔이미〕 니힐리즘인 셈이다. 한 걸음 더 나아가서 형이상학이 궁극적으로는 서양적-유럽적 세계역사의 역사근거라고 한다면, 이러한 역사는 〔지금과는〕 완전히 다른 어떤 의미에서 니힐리즘적인 것이다.

　존재의 역사적 운명으로부터 사유해본다면, 니힐리즘이라는 낱말의 '니힐'(*nihil*)은 '존재가 아무것도 아닌 상태에 있다'는 점을 뜻한다. 존재는 그 자신의 고유한 본질의 빛에 이르지 못한다. 존재자가 존재자로서 나타남에 있어 존재 자체는 밖에-머무르게 된다. 존재의 진리는 빠져나가고, 그것은 망각된 상태로 머물게 된다.

　그러므로 니힐리즘은 그 본질에 있어, 존재 자체와 더불어 일어나는 하나의 역사일 것이다. 또한 존재가 스스로 물러서기 때문에 그것이 사유되지 않은 상태로 머물러 있다고 한다면, 이러한 사실은 존재 자체의 본질 속에 놓여 있을 것이다. 존재 자체는 자신의 진리 속으로 스스로 물러난다(*sich entziehen*). 그것은 이러한 진리 속으로 〔들어가 그 진리 속에서〕 스스로를 간직하며(*sich bergen*), 이러한 간직함 속에서 자기 자신을 숨긴다〔*sich verbergen*, 은닉한다, 존재가 스스로 물러서면서 자기 자신의 고유한 본질영역 속에서 스스로를 간직하고 은닉하는 이러한 현상은 '생기로서의 존재 자체에 속해 있는 시원적 탈생기'의 현상임〕.

'스스로를 숨기면서 간직하는〔존재 자체의〕이러한 고유한 본질을 바라보는 가운데, 우리는 아마도 그러한 것〔비밀〕으로서 존재의 진리가 현성하는 그런 비밀의 본질을 살며시 언급해본다.

따라서 형이상학 자체는, 마땅히 자기가 숙고해야만 했을 그런 존재에 대한 물음을 단순히 게을리하였던 것은 아닐 것이다. 더욱이 그것은 결코 어떤 오류가 아닐 것이다. 형이상학은 존재 자체의 역사적 운명으로부터 생기된(ereignet), 존재자로서의 존재자의 진리의 역사일 것이다. 형이상학은 자신의 본질에 있어서, '유보된 채로 남아 있기에 사유되지 않은 존재 자체의 비밀'(das ungedachte, weil vorenthaltene Geheimnis des Seins selbst)일 것이다. 만일 그렇지 않다고 한다면, 사유해야 할 그것(das Zudenkende)에 — 즉 존재에 — 머무르며 그것을 견지하고자 애쓰는 그런 사유는 "형이상학이란 무엇인가?"라는 물음을 부단히 물을 수는 없을 것이다.

형이상학은 존재 자체의 역사의 하나의8) 에포케이다. 그러나 형이상학은 그 본질에 있어 니힐리즘이다. 니힐리즘의 본질은, 그러한 것〔존재의 역사〕으로서 존재 자체가 현성하는 그런 역사에 속해 있다. 무가 어떤 식으로든지 언제나 존재를 지시하고 있다면, 아마도 니힐리즘의 존재사적 규정은 적어도, 그 안에서 니힐리즘의 본질이 경험될 수 있는 그런 영역을 암시하고 있는지도 모른다. 이러한 영역 속에서 니힐리즘의 본질이 경험될 때, 그것은 우리의 회상(Andenken)에게 다가와 '사유되는 어떤 것'〔존재의 사태〕이 된다. 니힐리즘이라는 말을 들을 때, 우리는 흔히 불편한 소리(Mißton)를 듣는 듯한 느낌에 사로잡히곤 한다. 그러나 우리가 니힐리즘의 존재사적 규정을 숙고해본다면, 이러한 소리에 단순히 귀 기울이자마자 어떤 골치 아픈 문제가 등장한다. 니힐

---

8) 초판(1950년)에서는, "하나의 에포케"(eine Epoche)라는 말 대신에 "그 에포케"(die Epoche)라고 했다〔하나의 에포케가 '결정되지 않은 상태의 에포케'를 가리킨다면, 이에 반해 그 에포케는 '존재사적으로 결정된 에포케'를 가리킨다〕.

리즘이라는 명칭은 원래, 이 명칭이 명명하는 것 속에서는 '니힐'이 —
즉 아무것도 아닌 것이 — 본질적이라는 점을 말해준다. 니힐리즘이란,
모든 것이 각각의 모든 관점에 있어 아무것도 아니라는 뜻이다. 여기서
모든 것이란 존재자 전체를 의미한다. 그러나 존재자가 존재자로서 경
험되고 있다고 한다면, 이때 존재자는 자신의 모든 관점 속에 놓여 있
게 된다. 그렇다면 이런 경우에 니힐리즘이란, 존재자로서의 존재자
전체가 아무것도 아니라는 뜻이 된다. 그러나 존재자는 〔오직〕 존재로
부터 자신의 고유한 본질(Was-sein)과 자신의 고유한 방식(Wie-sein)으
로 존재하는(있는) 것이다. 만일 모든 "있음"(ist)이 존재에 달려 있다고
한다면, 니힐리즘의 본질은 존재 자체가 아무것도 아닌 상태로 있다는
점에 존립한다. 존재 **자체**〔Sein selbst, 존재의 비-은폐성 혹은 환한 밝힘
안에 있음〕란, 자신의 **진리**(Wahrheit), 즉 '존재에 속해 있는 그런 **진리**'
안에 있는 존재이다.

　　우리가 니힐리즘이라는 이름으로부터 앞서 말한 본질을 깨닫게 하
는 다른 울림(Ton)을 듣는다면, 우리는 또한 니힐리즘의 몇 가지 특성
을 경험하면서도 그것〔니힐리즘〕의 본질을 사유할 수 없었던 그런 형
이상학적인 사유의 언어 속으로 들어가 그 언어를 다른 식으로 듣게
될 것이다. 우리가 혹시 그런 다른 울림에 귀 기울이게 된다면, 우리
는 '니힐리즘이 완성되기 시작하는 시대'를 지금까지와는 다르게 숙고
하게 될 것이다. 아마도 우리는 그때에, 이러한 세계사적인 시대에서
〔진정으로〕 '무엇'이 일어나고 있는지를 숙고하기 위해서는 정치적 전
망이나 경제적 전망도 또 사회적 전망이나 기술적 전망도, 그리고 과
학적 전망이나 형이상학적 전망도, 심지어 종교적 전망까지도 모두 충
분하지 못하다는 것을 인식하게 될 것이다. 사유가 진정으로 사유해야
할 그것은, 어디에 깊숙이 파묻혀 있는 감춰진 의미가 아니라 〔우리들〕
가까이에 놓여 있는 어떤 것, 즉 〔우리들에게〕 가장 가까이 있는 것〔'있
음 자체', 즉 존재 혹은 존재의 진리〕, 다시 말해 그것이 바로 이렇게 가

까이 있기에 우리가 언제나 이미 간과하며 지나쳐버리고 말았던 그런 것이다. 이와 같이 지나쳐버림으로써 우리는 언제나 자신도 모르게 존재자의 존재에서 〔앞에서 말한 그와 같은〕 살해행위를 저지르는 것이다.

하지만 우리가 〔자신도 모르게 저지른〕 이러한 살해행위를 깨닫고 또 〔진정으로〕 깨닫기를 배우고자 한다면, 저 미친 사람이 신의 죽음에 대하여 무엇을 말하고 있으며 또 그것을 어떻게 말하고 있는지를 단 한 번만이라도 숙고해본다면 그것으로 이미 족할 것이다. 아마도 우리는, 앞에서 해설된 이야기의 처음 부분, 즉 미친 사람이 "나는 신을 찾는다! 나는 신을 찾는다!"라고 쉴새없이 부르짖었던 그 함성을 이제는 더 이상 가볍게 귓전으로 흘려버리지는 않을 것이다.

이 사람은 어느 정도로 미쳤는가? 그는 아주 돌아버렸다〔ver-rückt, 벗어났다〕. 왜냐하면 그는 비현실적인 것으로 되어버린 초감성계의 이상을 〔아직도〕 현실적인 것이라고 주장하는 — 하지만 실은 이러한 이상과는 정반대되는 것이 실현되고 있다 — 종래의 인간들의 지반으로부터는 멀리 달아나버렸기〔ausgerückt〕 때문이다. 이와 같이 돌아버린 〔벗어난〕 사람은 종래의 인간을 넘어서도록〔초월하도록〕 떠밀린다〔hinausgerückt〕. 그럼에도 불구하고 그는 이러한 방식 속에서는 단지, 이성적 동물이라는 인간에 대한 종래의 본질규정 속으로 완전히 밀려들게 된다〔eingerückt〕. 따라서 이런 식으로 돌아버린 사람은 "신을 믿지 않는" 저 거리의 방관자들과는 아무런 관련도 없다. 그런 거리의 방관자들은 신을 신으로서 믿을 만한 가치가 없기 때문에 신을 믿지 않는 것이 아니다. 그들은 오히려 그들 스스로가 신앙의 가능성을 포기해버렸기에, 그래서 이제는 더 이상 신을 찾을 수 없는 지경에 이르렀기에 신을 믿지 않는 것이다. 그들은 더 이상 생각하지 않기 때문에 더 이상 찾을 수도 없다. 거리의 방관자들은 사유하기를 내팽개치고, 그 대신에 허튼 소리를 늘어놓는데, 바로 이러한 허튼 소리로 말미암아 자신의 생각이 위험해진다고 여겨지는 곳에서는 어디에서나 마치 니힐리즘이 번져오는 듯 그런 예감에 사로잡히곤 한다. 본래적인 니힐리즘과는 무관하게 이에 맞서서 아직도 여전히 유행처럼 번지고 있는 이러한 방식의 자기기만(자기착각)은 사유하기를 불안해하는 자신의 태도를 대충 얼버무려 넘겨버리려고 시도한다. 그러나 이러한 불안은 불안을 불안해하는 그런 불안이다.

　이에 반해 미친 사람은 울부짖으며 신을 찾는 사람이다. 그것은 그 이야기의 첫 문장에서 뚜렷이 나타나고 있으며, 또한 이야기를 귀담아들을 수 있는 사람에게는 그 이야기의 마지막 문장에서 더욱 뚜렷이 나타나고 있다. 아마도 그때 사유하는 자는 정말로 심연으로부터 울부짖은 것일까? 우리는 사유하는 귀를 가지고 있는가? 우리들의 사유하는 귀는 저 울부짖음을 아직도 듣지 못하고 있는가? 이러한 것을 사유하지 못하는 한, 우리들의 사유하는 귀는 저 울부짖음을 귓전으로 흘려버리고 있는 셈이다. 수세기 동안 찬미되어 오던 이성이야말로 사유의 가장 완강한 적대자라는 사실을 우리가 경험하게 될 때에야 비로소 〔참다운〕 사유〔단순히 인간이성에 따른 이성적 사유가 아니라, 그 이전에 스스로를 환히 밝히면서 우리에게 말없이 다가오는 존재의 진리의 시원적 부름에 귀 기울이며 이러한 부름에 응답하는 사유〕는 시작된다.

무엇을 위한 시인인가?

Wozu Dichter?

"… 그리고 궁핍한 시대에 무엇을 위한 시인인가?"라고 휠덜린은 그의 비가(*Elegie*) 《빵과 포도주》(*Brot und Wein*)에서 묻고 있다. 우리는 오늘날 그 물음을 거의 이해하지 못하고 있다. 휠덜린이 제시하는 그 대답을 우리는 실로 어떻게 파악해야 하는가?

"… 그리고 궁핍한 시대에 무엇을 위한 시인인가?" 여기서 시대라는 낱말은 우리 자신이 아직도 속해 있는 세계시대를 말하고 있다. 휠덜린의 역사적 경험에서는 신들의 시대의 종말이 그리스도의 출현과 그 희생적인 죽음과 더불어 찾아오기 시작한 것이다. 저녁이 된 것이다. "셋이면서 하나"인 헤라클레스, 디오니소스 그리고 그리스도가 세상을 떠난 후, 세계의 [시대의] 저녁은 밤으로 기울어지고 있다. 세계의 밤은 자신의 암흑을 확장한다. 세계의 시대는 신의 부재를 통해, 즉 "신의 결여"(*Fehl Gottes*)를 통해 규정된다. 그렇지만 휠덜린이 경험한 신의 결여는 개개인들이나 교회에서 그리스도교적인 신과의 관계가 지속되는 것을 부인하는 것도 아니며, 또한 이러한 신과의 관계를 전혀 경시하는 것도 아니다. 신의 결여란 어떠한 신도 더 이상 분명하게 그리고 일의적으로 사람들이나 사물들을 자기 자신에게로 모아들이지 못하고, 또 그러한 모아들임으로부터 세계사 및 이러한 세계사에서의 인간적 체류를 마련해주지 못하고 있다는 것을 의미한다. 그러나 신의 결여에서는 한층 더 불쾌한 일들이 나타나고 있다. 신들과 신이 멀리 물러나게 될 뿐만 아니라, 신성의 빛이 세계사에서 사라지고 있는 것이다. 세계의 밤의 시대는 궁핍한 시대이다. 왜냐하면 그 시대는 더욱더 궁핍해지고 있기 때문이다. 그 시대는 이미 너무도 궁핍해져서, 이제는 더 이상 신의 결여를 결여로서 감지할 수조차 없게 되어버린 것이다.

이러한 결여와 더불어 이 세계에는 근거짓는 근거로서의 근거〔스스로 바탕을 놓는 바탕으로서의 근본바탕〕가 사라졌다. 심연(Abgrund)이란 원래 가장 낮은 곳에 있는 지반과 근거를 의미한다. 그곳을 향해 비탈을 따라 무엇인가가 떨어져 내리는 것이다. 그러나 앞으로는 〔심연이라는 낱말에서의〕 "Ab"을 근거의 완전한 부재(Abwesen)라고 생각할 것이다. 근거는 뿌리를 박고 서 있기 위한 지반이다. 근거가 사라진 세계시대는 심연에 매달리게 된다. 이렇게 궁핍한 시대에 도대체 아직도 전향할 여지가 남아 있다고 한다면, 그것은 언젠가 세계가 근거로부터 전향할 때만, 다시 말해 지금의 경우에는 명백히 세계가 심연으로부터 전향할 때만 일어날 수 있을 것이다. 세계의 밤의 시대에는 세계의 심연이 경험되고 감내되어야 한다. 그러나 그러기 위해서는 심연에까지 이르는 사람들이 필요하다.

세계시대의 전향은 어느 땐가 새로운 신이 혹은 옛 신이 은닉처로부터 갑자기 여기에 새롭게 나타남으로써 생기는 것이 아니다. 신은 먼저 인간에 의해 자신이 체류할 곳이 마련되어 있지 않다면, 그가 되돌아올 때 어디를 향해 와야 하는가? 만약 신성의 빛이 존재하는 모든 것 안에서 먼저 빛나기 시작하지 않는다면, 그때마다 신에게는 자신에게 합당한 체류지가 어떻게 있을 수 있겠는가?

"예전에 거기에 있었던" 신들은 "올바른 때"에만, 즉 인간이 올바른 곳에서 올바른 방식으로 전향했을 때에만 "되돌아온다". 그래서 횔덜린은 《빵과 포도주》라는 비가를 쓰고 난 다음 얼마 후에 쓰인 미완성의 송가(Hymme) 《므네모쥐네》(Mnemosyne)에서 다음과 같이 말하고 있다(헬린그라드, 제4권, 225쪽).

> … 천상의 신들이
> 모든 것을 다 할 수는 없다. 다시 말해서
> 우선 죽을 자들이 심연에 도달한다. 그래서
> 그들은 전향한다.
> 그러나 참된 것이 일어날[sich ereignen, 즉 '생기하는']
> 그 시간은 길다.

세계의 밤이라는 궁핍한 시대는 길다. 세계의 밤은 오랜 [시간을 걸쳐서] 비로소 그 자신의 고유한 중심에 도달해야만 한다. 이러한 밤의 심야에 이르면 시대의 궁핍함은 가장 커진다. 심지어 그때 곤경에 처한 시대는 자신의 궁핍함을 더 이상 경험할 수도 없다. 궁핍함이라는 이러한 궁핍 자체가 어둠 속으로 빠져 들어가 [자신의 궁핍함을 더 이상 경험할 수조차 없는] 이러한 할 수 없음(Unvermögen)이야말로 시대의 단적인 궁핍함인 것이다. 이러한 궁핍은 단지 충족되기를 바라는 요구(Bedarf)로 나타남으로써 완전히 어둠 속에 감추어진다. 그럼에도 불구하고 세계의 밤은 염세주의와 낙관주의의 차안에서 생기하는(sich ereignen) 하나의 역사적 운명(Geschick)이라고 사유될 수 있다. 아마도 세계의 밤은 이제 자신의 중심을 향해 나아가고 있을 것이다. 아마도 세계의 시대는 이제 완전히 궁핍한 시대로 돌입할는지도 모른다. 그러나 헤아릴 수 없는 곤란과 온갖 고뇌 그리고 이루 말할 수 없는 고통에도 불구하고, 또한 유행처럼 퍼져가는 불안감과 증대되는 혼란에도 불구하고, [세계의 시대는] 아마도 완전히 궁핍한 시대로 되지는 않을 것이며, 아직 그렇게 된 것도 아니며, 또 여전히 그렇게 되지는 않을 것이다. 시대는 길다. 왜냐하면, 경악함은 그 자체만으로도 전향의 근거가 될 수 있다고 생각되지만, 죽을 자들이 전향하지 않는 한, 경악함만 가지고서는 결코 아무 것도 할 수 없기 때문이다. 그러나 죽을 자들이 각자의 고유한 본질 속으로 들어가는 길을 발견하게 된다면, 그때 죽을 자들은 전향하게 될 것이다. 죽을 자들의 본질은 죽을 자들이 천상의 신들보다도 먼저 심연에 도달한다는 점에 놓여 있다. 만일 우리가 죽을 자들을 그들의 본질에서 생각해 본다면, 죽을 자들은 부재(Abwesen)에 더 가까이 있다. 왜냐하면 죽을 자들은 옛날부터 존재라고 불려 왔던 현존(Anwesen)과 관계하고 있기 때문이다. 그러나 현존은 동시에 스스로를 숨기고 있기 때문에, 현존은 이미 그 자체가 부재이다. 그래서 심연은 모든 것을 간직하고 인지한다(merken). 횔덜린은 "심연"을 거인찬가(Titanenhymne, IV, 210)에서 "모든 것을 인지하는 것"이라고 부르고 있다. 죽을 자들 중에서 다른 사람들보다도 더 빨리, 그리고 다른 사람들과는 다른 방식으로 심연에 도달해야 하는 자는 심연이 표지해 놓은 징후들을 경험한다. 이것은 시인들에게는 사라져버린 신들의 흔적들이다. 횔덜린의 경험에 따르면, 이 흔적을 신 없는 자들에게 그들 자신의 세계의 밤의 어둠 속으로 가져오는 자는 디오니소스 주신(酒神)이다. 왜냐하면 포도의 신은 포도나무와 그 열매 속에 동시에 땅과 하늘의 본질적인 서로 향함[Zueinander, 하늘이 땅을 향해, 그리고 땅이 하늘을 향해 개방적으로 자기 자신을 비추며 열어 밝히는 상호 간의 상생적 열린 관계]을 인간과 신들을 위한 결혼축제의 장소로서 참답게 간직하고 있기 때문이다. 만일 어딘가에 이렇게 사라져버린 신들의 흔적들이 신을 잃은 인간들에게 남아 있다고 한다면, 그것은 오로지 이러한 장소의 영역[땅과 하늘, 그리고 죽을 자들과 신적인 것이 하나로 어우러져 펼쳐지는 사방세계]에만 남아 있을 뿐이다.

··· 그리고 궁핍한 시대에 무엇을 위한 시인인가?

횔덜린은 〔이 물음에〕 말을 건네는 〔그의〕 시인친구 하인제(Heinse)의 입을 통해 신중하게 대답한다.

> 그러나 그대는 말한다. 시인들은 성스러운 밤에 나라에서 나라로 여행하는 주신의 성스러운 사제들과 같다고.

시인들이란 진심으로 주신을 노래하며, 사라져버린 신들의 흔적을 밟아 나가고, 그 흔적 위에 머무르면서, 이렇게 하여 〔자신과〕 동류인 죽을 자들에게 전향할 길을 처음으로 찾아내 주는 죽을 자들이다. 그러나 거기에서 신들이 오로지 신들이 되는 저 에테르는 신들의 신성함이다. 이러한 에테르의 요소는, 즉 거기에서 신성함이 그 자체로 여전히 현성하는 바로 그것은, 성스러움(das Heilige)이다. 사라져버린 신들의 도래를 위한 에테르의 요소, 즉 성스러움은 사라져버린 신들의 흔적이다. 하지만 누가 그러한 흔적을 알아차려 뒤밟을 수 있겠는가? 흔적들은 눈에 띄지 않는 경우가 허다하고, 언제나 거의 주목받지 못한 어떤 지시가 남겨놓은 유산이다. 궁핍한 시대에 시인으로 존재한다는 것은 사라져버린 신들의 흔적을 노래하면서 〔이에〕 주목한다는 것을 뜻한다. 그래서 시인은 세계의 밤의 시대에 성스러움을 노래한다. 그렇기 때문에 세계의 밤은 횔덜린의 언어에서는 성스러운 밤이다.

이러한 세계의 시대에 참으로 시인으로 존재하는 그런 시인의 본질에는 다음의 사실이 속해 있다. 즉, 그런 시인에게는 이 시대의 궁핍함으로부터 우선 〔시인의〕 시인다움과 시인의 소명이 시적인 물음이 된다는 사실이 속해 있다. 그러므로 "궁핍한 시대의 시인"은 시(Dichtung)의 본질을 고유하게 시작(詩作)해야 한다. 이러한 것이 일어나는 바로 그 곳에, 아마도 시대의 역사적 운명 속으로 스스로를 보내는 시인다움이 존재하리라는 추측도 가능할 수 있다. 〔그들과〕 다른 사람들인 우리는 **이러한** 시인들의 말함(das Sagen)에 귀 기울이는 것을 배워야 한다. 만일 우리가 존재를 숨기는 이 시대를 ─ 왜냐하면 시대는 존재를 감싸고 있기 때문이다 ─ 스쳐지나가고 있다는 착각에 빠지지 않는다고 가정한다면 말이다. 그런데 이러한 착각은 우리가 존재자를 분해하여 이 시대를 오로지 존재자로부터 철저히 추산할 때 생겨난다.

세계의 밤이 한 밤중에 이르면 이를수록 궁핍함은 자신의 본질을 멀리 내빼어 숨길 정도로 더욱더 강력하게 지배한다. 신성에 이르는 흔적(*Spur zur Gottheit*)으로서의 성스러움이 사라질 뿐 아니라, 이러한 잃어버린 흔적에 이르는 흔적들조차도 거의 사라져 버린다. 흔적들이 사라져 버리면 버릴수록, 심연에 이르는 소수의 죽을 자들도 그곳에서 눈짓과 지시에 〔예전보다〕덜 주목하게 된다. 따라서 그가 단지 그렇게 멀리 나갈 수 있는 한 그에게 주어진 길 위에서 그가 다다를 수 있는 것보다 가능한 범위에서 가장 멀리 나아가는 것이 아주 중요한 문제가 된다. "그리고 궁핍한 시대에 무엇을 위한 시인인가?"라고 묻고 있는 동일한 이 비가의 제3절은 궁핍한 시대의 시인들을 지배하는 법칙(*Gesetz*)을 말하고 있다.

단 한 가지만이 확고하게 남아 있다. 대낮이든
한 밤중에 이르렀든, 언제나 하나의 기준이 존재한다.
만인에게 공통되면서도, 그것은 각자에게 고유하게 주어져 있어서
사람들은 각자 나아갈 수 있는 곳까지 가고 온다.

횔덜린은 1802년 12월 2일 뵐렌도르프(Boehlendorf)에게 보낸 그의 편지에서 이렇게 말하고 있다. "그리고 나의 창문을 둘러싼 철학적 빛이 이제는 나의 기쁨이다. 내가 지금까지 해 온 것처럼 앞으로도 그렇게 간직하고 싶다!"

시인은 완성된 서구 형이상학의 영역으로서 각인되기에 이른 저 존재의 환한 밝힘으로부터 규정된 장소성〔*Ortschaft*, 우리들 삶의 근원적

처소]으로 나아가 사유한다. 횔덜린이 사유하는 시는 시 짓는 사유의 이러한 영역을 함께 각인하고 있다. 그의 시 지음(Dichten)은 그의 시대에 어떤 시인과도 완전히 다르게 이러한 장소성에 친밀하게 거주하고 있다. 횔덜린이 도달한 이 장소성은, 그 자체 존재의 역사적 운명에 속해 있어서 이러한 역사적 운명으로부터 시인에게 부여된 존재의 개방성이다.

그러나 아마도 존재의 이러한 개방성은 완성된 형이상학의 내부에서는 동시에 이미 존재의 극단적 망각일 것이다. 그러나 이러한 망각이 궁핍한 시대의 궁핍성(Dürftigkeit)의 은폐된 본질이라면, 어떻게 될 것인가? 그렇다면 〔이제 우리가〕 횔덜린의 시문학〔Poesie, 존재의 장소성을 열어 밝혀 거기에서 사물을 사물로서 존재하게 하려는 시(Dichtung)와는 달리, 좁은 의미에서 문학의 한 장르로서의 시〕 속으로 미학적으로 도피할 때는 아닐 것이다. 또한 시인의 모습으로부터 가공적인 신화를 만들어낼 순간도 아닐 것이다. 또한 그의 시〔Gedicht, 작품으로 완결된 시〕를 철학에 유용한 광맥이나 되는 것처럼 함부로 남용할 때도 아닐 것이다. 그러나 냉철하게 사유하면서 그의 시 속에서 말해진 것 가운데 〔아직도 여전히〕 말해지지 않은 것을 경험하는 것이야말로 〔어쩌면〕 유일하게 필요한 일일 수 있으며, 또 유일하게 필요한 일일 것이다. 이것이 존재의 역사의 궤도다. 우리가 이 궤도에 이르게 되면, 그때 이 궤도는 사유함을 시 지음과의 존재사적 대화 속으로 이끌어 나갈 것이다. 이 대화가 문학사적 연구에게는, 이 연구가 사실로 여기고 있는 것에 대해 비과학적인 〔방식으로〕 폭력〔을 휘두르고 있는 것〕으로서 불가피하게 간주되기도 한다. 〔또한〕 이 대화가 철학에게는 어찌할 바모른 채 공상 속을 떠다니는 그릇된 길로 간주되기도 한다. 그러나 역사적 운명은 이러한 것에 괘념하지 않고 자신의 궤도를 이끌어나간다.

이러한 궤도 위에서 오늘날의 우리들은 현대의 시인을 만나고 있는가? 우리가 만나는 시인들이란, 오늘날 종종 성급하게 사유함의 가까움에로 끌려 들어가 매우 미숙한 철학에 사로잡힌 그런 시인이 아닌가? 그러나 우리는 이러한 물음을 이 물음에 적합한 엄밀한 방식에서 좀더 명확하게 물어본다.

릴케(R. M. Rilke)는 궁핍한 시대의 시인인가? 그의 시 지음은 시대의 궁핍함과 어떻게 관계 맺고 있는가? 그의 시 지음은 심연에 어느 정도로 도달해 있는가? 그가 갈 수 있는 곳까지 나아갈 경우, 그 시인은 어디에 도달하는가?

〔이 물음에〕적합한 릴케의 시는《두이노의 비가》와《오르페우스에게 바치는 소네트》라는 얇은 두 권의 책에 차분히 모아져 있다. 이 시에 이르는 기나긴 길은 그 자체가 시적으로 묻는 하나의 길이다. 그 길을 가는 도상에서 릴케는 시대의 궁핍함을 좀더 명확하게 경험하고 있다. 시대가 궁핍하게 머물러 있는 까닭은, 신이 죽었기 때문만이 아니라, 죽을 자들이 자신에게 고유한 죽음을 거의 알지도 못하고 〔그러한 죽음을 죽음으로서〕떠맡을 수도 없기 때문이다. 죽을 자들은 아직도 자신의 본질의 고유한 본령 속에 있지 않다. 죽음이 수수께끼 속으로 물러나고 있다. 고뇌의 비밀은 숨겨진 채로 남아 있다. 사랑은 습득되지 않고 있다. 그러나 죽을 자들은 존재한다. 언어가 존재하는 한, 죽을 자들은 존재한다. 아직도 노래는 죽을 자들의 궁핍한 나라 위에 머물러 있다. 노래하는 자의 낱말은 여전히 성스러움의 흔적을 간직하고 있다. 《오르페우스에게 바치는 소네트》에 수록된 노래는 이것을 다음과 같이 말하고 있다(제1부, XIX).

마치 구름 모습처럼
세계는 재빨리 변화하며,
완성된 모든 것은
태고의 고향으로 되돌아가네.

그래도 이 변화와 흐름 저 너머에
보다 더 광활하게, 보다 더 자유롭게
아직도 그대의 태고적 노래는 끊이지 않고 있네.
칠현금을 타는 신이여

온갖 고뇌는 알려져 있지 않고,
사랑을 익힌 자도 없다.
우리를 죽음 속에서 떼어놓는 것은,

그 베일을 아직 벗지 않았다.
오직 노래만이 나라를 뒤덮어
성스럽게 축제를 벌인다.

그렇게 세월이 흘러간 동안 성스러움의 흔적조차도 알아보기 어렵게 되었다. 우리가 성스러움을 아직도 신적인 것의 신성을 향한 흔적으로서 경험하고 있는지, 혹은 기껏해야 성스러움을 향한 어떤 흔적을 만나는 것에 지나지 않는지, 이러한 것은 결정되지 않은 채로 남아 있다. 무엇이 흔적을 향한 흔적일 수 있는지도 명확하지 않은 채로 남아 있다. 그러한 흔적이 어떻게 우리에게 스스로를 나타내 보여줄지도 의문으로 남아 있다.

이 시대는 궁핍하다. 왜냐하면 이 시대에 고뇌와 죽음 그리고 사랑에 대한 본질의 비은폐성이 결여되어 있기 때문이다. 이러한 궁핍함 자체가 궁핍한 채로 있다. 왜냐하면 그 안에서 고뇌와 죽음 그리고 사랑이 함께 속해 있는 저 본질영역〔그 안에서 존재의 진리가 근원적으로 드러나는 시원적 삶의 터전이며, 따라서 존재의 본질영역〕이 스스로 물러서고〔sich entziehen, 이러한 본질영역이 그 자신의 고유한 본령 속으로 감추어지고 있는 것〕 있기 때문이다. 그러한 것들이 함께 속해 있는 영역이 존재의 심연이라고 한다면, 은폐성은 존재하는 것이다. 그러나 나라를 부르는 노래는 아직도 남아 있다. 이 노래 자체는 무엇인가? 어떻게 죽을 자들이 이 노래를 노래할 수 있는가? 이 노래는 어디에서 불려오는가? 이 노래는 어느 정도로 깊이 심연에 도달하는가?

릴케가 궁핍한 시대의 시인인지 아닌지, 그리고 어느 정도로 시인인지를 알아보기 위해서, 그리하여 무엇을 위해 시인이 존재하는지를 알기 위해서, 우리는 심연에 이르는 좁은 길 위에 몇 개의 표지를 세우고자 한다. 우리는 이러한 표지로서 적합한 릴케의 시의 근본낱말 몇 가지를 다루고자 한다. 그 근본낱말들은 오직 그것들이 말해지고 있는 영역으로부터만 이해될 수 있다. 그것은 니체에 의해 서양 형이상학이 완성된 이후로 전개되고 있는 것과 같은 존재자의 진리이다. 릴케는 형이상학을 통해 각인된 존재자의 비은폐성을 그 나름의 방식으로 시적으로 경험하고 견디어 냈다. 릴케의 경우에 어떻게 존재자로서의 존재자 전체가 스스로를 나타내 보여주고 있는지를 우리는 밝혀내고자 한다. 이러한 영역을 시야 속으로 끌어오기 위하여, 우리는 릴케의 완성된 시의 권역에 속해 있으면서 시간적으로는 그것보다 나중에 나타난 하나의 시에 주목하기로 한다.

우리에게는 "비가"와 "소네트"를 해석할 준비가 되어 있지 않다. 왜냐하면 그것들이 말하고 있는 영역은 형이상학적 틀과 통일성 속에서는 아직도 충분히 형이상학의 본질로부터 사유되지 않고 있기 때문이다. 이것을 사유하는 것은 두 가지 이유에서 어렵다. 우선 릴케의 시는 존재사적 궤도 위에서 그 순위와 서열에 따를 경우 횔덜린 뒤에 있기 때문이다. 그 다음으로 우리는 형이상학의 본질을 거의 모르고 있으며 또한 존재를 말하는 것에도 거의 정통하지 못하고 있기 때문이다.

우리는 비가와 소네트를 해석할 준비가 되어 있지 않을 뿐만 아니라, 그 권리마저도 갖고 있지 못하다. 왜냐하면 시 지음과 사유함 사이의 대화의 본질영역은 아주 천천히 탐색되고 도달되고 통찰될 수 있기 때문이다. 오늘날 과연 누가 시의 본질만이 아니라 사유의 본질에도 마찬가지로 정통할 뿐만 아니라, 더 나아가 양자의 본질을 극단적인 불일치 속으로 가져오거나 양자의 일치를 수립할 수 있을 만큼 그렇게 강력한 힘을 충분히 가지고 있다고 자칭할 수 있을까?

릴케는 다음에 해명하려는 시를 스스로 발표하지 않았다. 그것은 1934년에 간행된 《시집》의 118쪽 및 1935년에 발행된 《후기 시집》 90쪽에 실려 있다. 그 시에는 표제가 없다. 릴케는 이 시를 1924년 6월에 썼다. 1924년 8월 15일 뮈조트에서 부인 클라라 릴케에게 보낸 편지에서 이 시인은 다음과 같이 말하고 있다. "그러나 **모든** 면에서 그렇게 나태하고 게을렀던 것은 아니오. 다행스럽게도 루키우스 남작은 6월에 내가 떠나기 **전에** 말테의 아름다운 책을 가지고 있었소. 그의 감사편지는 이미 오래 전에 당신에게 보내기로 준비되어 있었소. 나는 이 편지에 즉흥시를 동봉하오. 이 시는 내가 그를 위해서 조촐한 가죽 책의 제1권에 써넣은 것이오."

여기서 릴케가 말하고 있는 즉흥시는 뮈조트에서 쓰여진 서한집을 간행한 편집자의 주석에 따르면(404쪽) 다음과 같은 시이다.

마치 자연이 뭇 생명들을
그들의 몽롱한 욕망의 모험에 맡기고, 결코 어떤 것도
흙더미와 나무 가지로 특별히 보호하고 있지 않는 것처럼,
그렇게 우리도 또한 우리의 존재의 근원으로부터

그 이상 사랑받고 있는 것은 아니다. 그것은 우리를 모험에 빠뜨린다. 다만 우리는
식물이나 동물보다 그 이상으로
이런 모험과 **함께** 나아가고, 그 모험을 의욕하면서, 때로는 또한
생명 그 자체가 존재하는 것보다도
더욱더 모험적으로 존재한다(이것은 자기 이익을 위해 그런 것이 아니다). 한 숨 돌릴 동안만

더욱더 모험적으로 … . 이것이 보호 밖에 있는 우리들에게
안전함을 제공한다,
그곳은 순수한 힘들의 중력이 작용하는 곳이다.
우리를 마지막으로 감싸고 있는 것은
우리의 보호받지 못한 존재이다. 그리고
이러한 존재를 위협하는 것을 우리는 보았기에, 그것을

법칙이 우리와 접촉하는 가장 넓은 권역 속에서
긍정하기 위해, 우리는 그것을 열린 장 속으로 옮겨놓았던 것이리.

릴케는 이 시(Gedicht)를 "즉흥시"라고 부르고 있다. 그러나 전혀 예기하지 못했던 이 시가 우리들에게 릴케의 시(Dichtung)를 더욱 분명하게 사유할 수 있는 시야를 열어 주고 있다. 물론 시 지음(Dichten)이 또한 사유함의 사태라는 것을 우리는 이러한 세세의 순간에 비로소 배워야만 할 것이다. 우리는 이 시를 시적인 자기숙고의 모종의 훈련으로서 받아들이기로 한다.

이 시의 구조는 단순하다. 마디는 분명하다. 그 마디는 네 부분, 즉 1~5행, 5~10행, 10~12행, 12~16행으로 나타난다. "마치 자연이 …"(Wie die Natur …)라는 시작 부분에는 4~5행에 있는 "그렇게 우리도 또한 …"(so sind auch wir …)이 대응한다. 이 "우리"에 뒤이어 5〔이 책 6〕행에 있는 "다만"이 계속해서 관련된다. 이 "다만"은 제한을 가하는 것이기는 하지만, 탁월하게 강조하는 방식으로 그렇다. 이러한 탁월함은 5~10〔이 책 6~11〕행에서 명명된다. 10~12〔이 책 12~14〕행은 이 탁월함이 할 수 있는 바가 무엇인지 그것을 말하고 있다. 12~16〔이 책 15~19〕행에서는 그 탁월함이 본래 어디에서 성립하는지가 생각되고 있다.

시작 부분에서의 "마치 … 그렇게"를 통해서 인간의 존재가 이 시의 주제가 된다. 이 비교는 뭇 생명들에 대해 인간존재를 뚜렷하게 부각

시킨다. 뭇 생명들은 생명체, 즉 식물과 동물이다. 제 8 비가의 첫머리에서는 동일한 비교를 하면서, 뭇 생명들을 "피조물"이라고 부르고 있다.

비교란 구별을 분명하게 하기 위해 상이한 것을 동렬에 놓는 것이다. 상이한 것들은 — 즉 한편에서는 식물과 동물 그리고 다른 한편에서는 인간이 — 같은 것〔das Selbe, 동일한 것〕에서 일치하는 한에서, 동렬에 있다. 〔여기서〕 이러한 같음이란 그것들이 존재자로서 그것들의 근거로 가지고 있는 관계이다. 뭇 생명들의 근거〔근본바탕으로서의 근거〕는 자연이다. 인간의 근거는 식물과 동물의 근거와 똑같은(gleich) 종류의 근거가 아니다. 근거는 여기에서나 저기에서 같은 것이다. 그것은 "충만한 자연"(소네트, 제 2부, 13)으로서의 자연이다.

여기서 우리는 자연을 라이프니츠가 대문자 'Natura'(나투라)라는 낱말로 사용한 광의의 본질적 의미로 사유해야만 한다. 그것은 존재자의 존재를 의미한다. 존재는 제 1동인(die vis primitiva activa)으로서 현성한다. 이것은 각각의 것을 자기에게 모아들이는 시-원적 능력이고, 이렇게 함으로써 모든 존재자를 그 자신에게로 자유롭게 떠나보내는 능력이다. 존재자의 존재는 의지이다. 의지는 모든 존재자를 〔저마다 각각〕 그 자신에게로 모아들이는 집결이다. 모든 존재자는 〔저마다 각각〕 존재자로서 의지 속에 존재한다. 그것은 의지된 것(Gewilltes)으로서 **존재한다.** 따라서 존재자는 단지 의욕된 것(Gewolltes)으로서 비로소 존재하는 것이 아니라, 존재자가 존재하는 한에서, 그것은 그 자체가 의지의 방식으로 존재하는 것이라는 의미이다. 존재자는 의지된 것으로서 단지 의지 속에서 그때마다 저마다의 방식으로 의욕하는 것에 지나지 않는다.

릴케가 자연이라고 부르는 것은 역사와 대립되는 것이 아니다. 무엇보다도 그것은 자연과학의 대상영역으로서 생각되지 않는다. 또한 자연은 예술과 대립되는 것도 아니다. 자연은 역사와 예술 그리고 좁은 의미에서의 자연을 위한 근거이다. 여기서 사용되는 자연이라는 낱말에는 〔고대 그리스어의〕 퓌시스(Φύσις)라는 옛 낱말의 여운이 아직도 울리고 있는데, 이 〔퓌시스라는〕 낱말은 또한 우리가 생명(Leben)이라고 번역하는 조에(ζωή)와도 같은 것이다. 그러나 일찍이 〔고대 그리스에서〕 생각되던 생명의 본질은 생물학적으로 표상된 것이 아니라, 오히려 퓌시스로서, 즉 피어오르는 것으로서 표상되었다. 이 시에서 "자연"은 또한 9행에서의 "생명"이라고 불리기도 한다. 여기에서 자연, 즉 생명은 존재자 전체(전체 안에 존재하는 것)라는 의미에서의 존재를 말한다. 니체는 일찍이 1885/86에 적어놓은 한 메모(《힘에의 의지》, 582쪽)에서 다음과 같이 말하고 있다. "존재 — 우리는 이것에 대해 '산다'는 것 이외에는 어떠한 다른 표상도 갖지 못한다. — 그러므로 어떻게 죽은 어떤 것이 '존재'할 수 있는가?"

릴케는 자연을, 그것〔자연〕이 우리 자신으로 존재하는 그러한 존재자의 근거인 한에서, 근원이라고 부른다. 이것은 인간이 다른 존재자보다도 더욱 광대하게〔"더욱 넓고 더욱 멀리"〕 존재자의 근거에 도달한다는 점을 의미한다. 사람들은 존재자의 근거를 예로부터 존재라고 부르고 있다. 근거 짓는 존재와 근거 지어지는 존재자와의 관계는 인간의 경우에서나 동식물의 경우에서 모두 똑같은 것이다. 그것은 존재가 때때로 존재자를 "모험에 맡긴다"는 점에 존립한다. 존재는 존재자를 모험 속으로 해방한다. 이렇게 내던지는 해방(das loswerfende Loslassen)이 본래적인 모험함(Wagen)이다. 존재자의 존재는 존재자에 대한 내던짐(Loswurf)의 관계이다. 그때그때마다 존재자는 모험된 것이다. 존재는 단적으로 〔말해서〕 모험(Wagnis)이다. 존재는 우리들 인간을 모험한다〔존재는 우리들 인간을 모험 속으로 내던져, 모험 속에 빠지게 하고, 그 모험 한가운데에서 모험하게 한다. 이런 모험 속에는 죽음과 고뇌 그리고 사랑의 본질이 성하고 있다. 이런 점에서 우리들 인간의 삶이란 그 자체가 존재의 모험 속에서 모험적으로 존재하는 셈이다〕. 존재는

〔살아있는 온갖〕 생명들을 모험한다. 존재자는, 자신이 그때그때 모험되는 것으로 머무는 한에서, 존재한다. 그러나 존재자는 존재 속으로, 즉 모험함 속으로 〔내던져져〕 모험된 채로 머무른다. 따라서 존재자는 그 자체 모험하면서 모험에 맡겨져 있다. 존재자는, 자신이 모험 속으로 해방되어 모험과 더불어 동행하고 있기에, 존재한다. 존재자의 존재는 모험이다. 이 모험은 라이프니츠 이래로 형이상학에서 밝혀졌던 존재자의 존재로서 더욱 분명하게 알려지고 있는 의지 가운데 존립한다. 여기에 사유해야 하는 의지는 심리학적으로 생각되는 욕구나 의욕 (*Wollen*)의 추상적 일반화가 아니다. 오히려 형이상학적으로 경험된 인간의 의욕은 단지 존재자의 존재로서의 의지에 대하여 의지된 대응 (*Gegenspiel*)으로 남아 있을 뿐이다. 릴케가 자연을 모험으로 표상하는 한에서, 그는 자연을 의지의 본질로부터 형이상학적으로 사유하고 있는 것이다. 이러한 본질은 힘에의 의지에서든 혹은 모험으로서의 의지에서든 아직도 여전히 스스로를 숨기고 있다. 의지는 의지에의 의지로서 현성한다.

존재자의 근거에 대하여, 즉 모험 자체로서의 존재에 대하여, 그 시는 직접적으로 아무 것도 말하고 있지 않다. 그러나 모험으로서의 존재가 내던짐의 관계이고, 그래서 그 자체가 내던져지도록 모험되는 것을 포함하고 있다면, 그 시는 모험되는 것〔*das Gewagte*, 삶의 제반 과정 속에서 모험을 겪고 있는 것〕에 대해 말함으로써 모험에 관하여 몇 가지 사항을 간접적으로 말해주고 있는 셈이다.

자연은 살아있는 모든 생물들을 모험하기에, "결코 어떤 것도 특별히 보호하지 않는다." 마찬가지로 모험된 것으로서의 우리 인간도 우리를 모험하는 모험에게서 "그 이상 사랑받고 있는 것은 아니다." 이 두 구절 속에 함의된 뜻은, 모험에는 위험 속으로 내던짐이 속해 있다는 것이다. 모험한다는 것은 놀이한다는 것이다. 헤라클레이토스는 존재를 세상의 시간이라고 사유하면서 이러한 시간을 어린이의 놀이라고 사유하였다(단편 52). "세상의 시간, 어린이는 그것을 놀이판에서 놀이하고 있다. 주권은 아이들의 놀이에 있다." 내던져진 것이 위험 밖에 있다고 한다면, 그것은 모험되지 않을 것이다. 그러나 존재자가 보호받게 된다면, 그 존재자는 위험 밖에 있게 될 것이다. 보호(Schutz), 보호함(Schütze), '보호하다'(schützen)라는 말은, 마치 굽음, '구부리다'라는 말이 '휘다'에 속한 것처럼, '쏘다'(schießen)에 속한다. '쏘다'라는 말은 '밀다'(schieben), 즉 '빗장을 지르다', '지붕이 담장 너머로 솟아 나왔다'를 의미한다. 우리는 아직도 여전히 시골에서 '농부의 아내가 〔무언가를〕집어넣는다(einschießen)'라고 말하는데, 〔그것은〕'농부의 아내가 〔빵을〕굽기 위해 형성된 반죽을 가마 속으로 밀어 넣는 것'을 말한다. 보호란, 앞으로 밀어 넣어진 것, 저 앞으로 밀어 넣어진 것이다. 보호란, 위험받는 것에 대하여 위험이 어떤 해를 끼치거나 그런 해와 도무지 관계할 수 없도록 막아준다. 보호받는 것은 보호하는 것과 친밀하다. 우리의 가장 오래되고도 풍부한 언어에 따르면, 〔보호받는다는〕그 말은 '허락을 받다', '총애를 받다', '사랑을 받다'는 말일 것이다. 그에 반해 보호받지 못하는 것은 더 이상 "사랑받지" 못하는 것이다. 식물과 동물 그리고 인간은, 그것들이 전적으로 존재하는 것, 즉 모험되고 있는 것인 한에서, 그것들이 특별히 보호받지 못하고 있다는 점에서는 〔서로〕일치한다. 그러나 그럼에도 불구하고 그것들은 저마다 각각의 존재에서 구분되고 있기에, 그러한 구분은 그것들이 보호받지 못한 존재(Ungeschüztsein)라는 점에서도 또한 존립한다.

그럼에도 불구하고 모험되는 것으로서 보호받지 못한 것들은 〔아무렇게나〕버려지지는 않는다. 보호받지 못한 것들이 버려진 것이라면, 그것은 보호받는다고 말해질 수 없는 것과 마찬가지로 모험을 겪고 있다고 말해질 수도 없을 것이다. 만약 그것들이 오로지 절멸되거나 폐기될 상태에로 내맡겨져 있다면, 그것들은 더 이상 저울(die Wage)에 〔놓여〕있는 것이 아닐 것이다. "저울"이라는 낱말은 중세 시대에는 위험이라는 정도의 의미를 가지고 있었다. 그것은 어떤 것이 이러저러하게 기울어질 수 있는 상태를 말한다. 따라서 이러저러하게 기울어지는 방식으로 스스로 움직이는 도구를 저울이라고 부른다. 저울은 흔들거리다가 스스로 균형을 잡는다. 위험이라는 의미에서의 그리고 도구의 한 명칭으로서의 저울이라는 낱말은 '무게를 저울에 달다'(wägen), '움직이다'(wegen), '출발하다'(einen Weg machen), 즉 '길을 떠나다'(gehen), '진행되고 있다'(im Gang sein)는 것으로부터 비롯된 말이다. '움직이게 한다'(Be-wägen)는 것은 '출발시킨다'는 것, 그래서 '진행하게 한다'는 것, 즉 '흔든다'는 것을 뜻한다. 흔든다는 것은 저울을 이러저러하게 움직이게 할 수 있기 때문에 그런 뜻을 갖는다. 흔드는 것은 무게를 갖는다. '모험한다'는 것은 '놀이를 진행시키다', '저울 위에 놓아두다', '위험 속으로 풀어 놓는다'는 뜻이다. 따라서 모험되고 있는 것은 물론 보호받지 못한 채로 있는 것이지만, 그것이 저울 위에 놓여 있기 때문에, 모험 속에 포함되어 있다. 그것은 〔모험에 의해〕 지탱되고 있다. 그것은 자신의 근거〔존재의 모험〕로부터 이 근거에 감싸인 채 머물러 있다. 모험되는 것은 존재자로서 의지된 어떤 것(ein Gewilltes)이다. 즉, 그것은 의지에 포함되어 그 자체 의지의 방식 속에 머무른 채 스스로 모험한다. 그런 식으로 모험되고 있는 것은 아무런 근심 걱정도 없이 안전하다. 모험되고 있는 것이 안전하게 모험에 거하고 있는 한에서만, 그것은 모험을 따라갈 수 있다. 다시 말해 그것은 보호받지 못한 채 모험되고 있는 것일 수 있다. 모험되고 있는 것의 보호받지 못한 존재란, 자신의 근거에 있어 안전한 존재를 배제하고 있는 것이 아닐 뿐만 아니라 오히려 〔그런 안전한 존재를〕 필연적으로 포함하고 있다. 모험되고 있는 것은 모험과 더불어 동행한다.

　모든 존재자를 저울 위에 올려놓는 존재는 이렇게 존재자를 언제나 그 자체로 끌어들이고, 자기에게로, 즉 중심으로서의 자기에게로 끌어들인다. 존재는 모험으로서 모험되고 있는 것으로서의 존재자를 이러한 연관〔존재자에게로 넘어오면서 스스로 생기하는(ereignen) 존재의 연관〕속에 지니고 있다. 그러나 이렇게 끌어들이는 연관의 중심은 동시에 모든 존재자로부터 스스로 물러나 있다. 이와 같이 그 중심은 존재자를 모험하는 바로 그 모험에 존재자를 맡겨 놓는다. 이렇게〔중심으로〕모아들이는 해방 속에는 존재로부터 사유된 형이상학적 의지의 본질이 숨겨져 있다. 모든 것을 매개하면서 끌어들이는 존재자의 중심〔여기서 끌어들이는 것은 중심이지, 존재자가 아님〕, 즉 모험은 모험되는 것에게 중량, 즉 무게(Schwere)를 부여하는 능력이다. 모험은 중력(Schwerkraft)이다. 이에 대해서는 중력이라는 낱말로 제목이 붙은 후기의 시가 말해주고 있다(《후기시집》, 156쪽).

〈중력〉

중심이여, 너는 모든 것으로부터
너 자신을 이끌고, 날아가는 것으로부터도 너 자신을
회복하는구나, 중심, 너는 가장 강력한 것.
물이 목마름을 뚫고 지나가듯, 서 있는 것
그것을 중력이 뚫고 지나가네.
그러나 잠든 자로부터
마치 하늘을 뒤덮은 구름에서 쏟아져 내리듯
무게의 폭우가 쏟아져 내린다.

여기에서 언급된 중력은 흔히 말하는 물리학적 중력과는 구분되는 존재자 전체의 중심이다. 그렇기 때문에 릴케는 그 중력을 "들어보지 못한 중심"(《소네트》, 제2부, 28)이라고 부른다. 이것은 어떤 것을 다른 것에 중개하여 유지하면서 모든 것을 모험의 놀이 속에 모아들이는 "함께"(Mit)로서의 근거이다. 이 들어보지 못한 중심은 존재의 세계놀이에서 "영원한 놀이친구"이다. 모험으로서의 존재를 노래하는 저 시는 (11행과 12행에서) 중개하는 연관을 "순수한 힘들의 중력"이라고 부르고 있다. 순수한 중력, 모든 모험행위의 들어보지 못한 중심, 존재의 놀이에서의 영원한 놀이친구 — 이것이 모험이다.

모험은 모험되는 것을 내던지는 가운데, 그것은 동시에 이렇게 모험되는 것을 저울 속에서 유지하고 있다. 모험은 모험되는 것을 해방하기에, 결국 모험은 내던져진 것을 중심으로 끌어당기는 식으로만 해방할 뿐이다. 모험되는 것은 이렇게 중심으로 끌어당겨지고 있는 셈이다. 모험은 모험되는 것을 이렇게 끌어당기는 가운데 그때그때마다 자기에게로 불러들인다. '무엇을 불러들이다', '무엇을 어디로부터 조달하다', '오게 하다' 등의 말을 우리는 '끌어들이다'(*beziehen*) 라고 부른다. 이것이 '연관'(*Bezug*) 이라는 낱말의 근원적 의미이다. 우리는 아직도 '상품의 구입'(*Bezug der Ware*), '봉급의 취득'(*Bezug des Gehaltes*), '전기를 끌어들인다'(*Bezug des Stromes*) 는 말을 한다. 끌어당김으로써 모든 존재자와 관계하면서 이에 관여하고, 또 그것을 자기에게로 끌어들여 간직하는 그런 모험으로서의 끌어들임(*Zug*) 이 [곧] 연관 자체 (*der Bezug schlechthin*) 이다. "연관"이라는 낱말은 릴케의 귀중한 시의 핵심어인데, 그것도 "순수한 연관", "전체적 연관", "현실적 연관", "가장 분명한 연관", "다른 연관"(다시 말해 다른 관점에서의 동일한 연관) 과 같은 표현으로 종종 쓰인다.

사람들은 릴케의 "연관"이라는 낱말을 단지 어중간하게 이해하고 있는데, 다시 말해서 사람들이 연관을 오로지 관계(*Beziehung*) 라는 낱말로부터 그리고 이 낱말을 상대적 관계(*Relation*) 라는 의미에서 파악할 경우에는 전혀 이해될 수 없다. 또한 이러한 관계를 인간적 자아가 대상과 관계하는 그런 자기관계라고 생각한다면, 이것은 또 하나의 오해를 덧붙이게 된다. 이러한 의미, 즉 "…과 관계한다"라는 의미는 언어사적으로는 나중에 생긴 것이다. "연관"이라는 릴케의 낱말도 물론 이러한 의미를 알고 있지만, 처음부터 그런 것을 생각했던 것이 아니라, 오로지 근원적인 의미를 토대로 해서 그런 것을 생각했던 것이다. "전체적 연관"이라는 낱말은, 사람들이 연관을 순전히 상대적 관계로 생각한다면, 전혀 사유될 수 없다. 순수한 힘들의 중력, 들어보지 못한 중심, 순수한 연관, 전체적 연관, 완전한 자연, 삶, 모험 등 이러한 것은 모두 동일한 것이다.

앞에서 언급된 이 모든 명칭은 존재자로서의 존재자 전체〔*das Seiende als solches im Ganzen*, 전체 안에서 그 자체로 존재하는 것〕를 지칭한다. 형이상학의 관례적 용법에서는 그것들을 "존재"라고도 부른다. 〔릴케의〕 시에 따르면 자연은 모험으로 사유될 수 있다. 여기에서 모험이라는 낱말은 동시에 모험하는 근거와 모험되고 있는 것 전체를 지칭한다. 이러한 양의성은 우연적인 것이 아니며, 또한 그것을 숙지하는 것만으로도 충분하지 않다. 이 양의성 속에서는 형이상학의 언어가 분명히 말하고 있다.

모험되는 모든 것은 이러저러한 존재자로서 존재자 전체 속으로 들어가 전체의 근거 속에 안주하고 있다. 그때마다 이러저러한 존재자는 끌어당기는 인력(*Anziehung*)에 따라서 **존재하는데**, 이러한 인력에 의해서 존재자는 전체적 연관의 끌어들임 속에 포함되는 것이다. 연관의 내부에서 끌어당기는 이러한 인력의 양식이 순수한 중력으로서의 중심과 관계하는 방식이다. 그렇기 때문에 모험되는 것이 어떻게 그때마다 중심 속으로 이끌려 들어가게 되는지〔바로 이러한 것이 구체적으로〕 말해지면, 〔비로소〕 자연은 표현되기에 이른다. 따라서 이것이 말해지면 모험되는 것은 그때마다 존재자 전체의 한가운데(*in-mitten*)〔여기서 하이데거는 한가운데라는 낱말을 in-mitten이라고 사이 줄을 넣어 독특한 방식으로 쓰고 있음. 이렇게 일상어를 변용시키는 까닭은 이 낱말을 구성하는 세 가지 구성요소(*in*, -, *mitte*)에 주목해 볼 때, 존재자 전체는 중심(*mitte*) 속으로 끌어들이는(-) 존재의 전체적 연관 안에서(*in*) 비로소 긴밀한 모험적 관계를 맺게 됨. 바로 이것이 모험되는 것으로서의 존재자라는 것임〕에 존재하는 것이다.

모험되는 것으로서의 각각의 모든 존재자가 거기에 내맡겨져 있는 이 전체적 연관을 릴케는 흔쾌히 "열린 장"이라고 부른다. 〔열린 장이라는〕 이 낱말은 그의 시의 또 다른 근본낱말이다. "열림"(*Offen*)이란 릴케의 언어에서 폐쇄되지 않은 바로 그것을 의미한다. 열림은, 그것이 제한되어 있지 않기에, 폐쇄되지 않는다. 열림은, 그것이 스스로 모든 제한들을 벗어나 있기에, 제한되지 않는다. 열린 장은 제한을 벗어나 있는 모든 것의 거대한 전체이다. 열린 장은 순수한 연관 속으로 모험되고 있는 것들을 〔이러한 연관 속으로〕 끌어당겨지고 있는 것들(*die Gezogenen*)로서 끌어당기고 있기에, 결국 그것들은 제약에 봉착함이 없이 다양한 방식으로 서로가 서로를 계속해서 이끌어나간다. 그런 식으로 끌어당겨지고 끌어당기면서 그것들은 무제약 속으로, 즉 끝없음 〔무한, 끝없이 펼쳐지는 개방적 관계 맺음〕 속으로 뻗어나간다. 그러나 그것들은 하찮은 무 속으로 해소되는 것이 아니라 열린 장의 전체 속으로 스스로 소환되는 것이다.

릴케가 이러한 낱말로 지칭하고 있는 그것은 존재자를 존재자로서 현존하게 하는 존재자의 비은폐성이라는 의미에서의 개방성(*Offenheit*)을 통해서는 결코 규정되지 않는다. 릴케가 생각하고 있는 열린 장을 비은폐성과 비은폐된 것이라는 의미에서 해석하고자 시도한다면, 그때는 다음과 같은 점이 말해져야 할 것이다. 즉, '릴케가 열린 장으로서 경험하고 있는 것은 실은 곧 닫혀져 있는 것, 밝혀져 있지 않는 것으로서, 그것은 무제약 속에서 계속해서 끌어들이는 것이므로, 결국 비범한 어떤 것도 그것과는 만날 수 없으며, 또 아예 어떤 것도 그것과는 만날 수 없다'는 것이다. 어떤 것을 만나는 그 곳에는 제약이 생긴다. 제한이 있는 곳에서는, 제한된 것이 자기에게로 되돌려지고, 따라서 자기 자신에게로 구부러진다. 제한은 〔사실을〕 왜곡하고, 열린 장과의 관계를 차단하며, 이러한 관계 자체를 왜곡된 관계로 만든다.

무제약의 내부에 있는 제한은 인간의 표상작용에서 생긴다. 마주해 서 있는 대립은 인간을 직접적으로 열린 장 안에 있게 하지는 못한다. 그 것은 어떤 방식으로는 확실히 인간을 세계로부터 몰아내어 그를 세계 앞에 세우는데, 이 경우에 "세계"란 존재자 전체를 의미한다. 이에 반 해 세계적인 것은 열린 장 자체, 즉 비대상적인 것의 전체이다. 그러 나 "열린 장"이라는 이름도 또한 "모험"이라는 낱말과 마찬가지로 형이 상학적인 이름으로서 양의적이다. 그것은 순수한 연관 속에서의 제한 받지 않은 연관들 전체를 의미할 뿐만 아니라, 도처에 편재하고 있는 탈제약성〔Entschränkung, 어떠한 제약으로부터도 벗어나 있음〕이라는 의 미에서의 개방성을 의미하기도 한다.

열린 장은 〔들어옴을〕 허용한다. 그러나 허용한다는 것은, 마치 은 폐된 것이 비은폐된 것으로 나타나도록 하기 위해서 은폐된 것이 스스 로를 탈은폐해야만 하는 것처럼 그렇게 닫혀져 있는 것으로의 들어감 과 접근을 허락한다는 것을 의미하지는 않는다. 허용한다는 것은 곧 여러 가지 방식으로 끌어들이는 순수한 연관의 밝혀지지 않은 전체 속 으로 끌어들여서 이어준다는 것을 의미한다. 허용한다는 것은 열린 장 이 존재하는 방식으로서, 순수한 힘들의 중력의 양식에 따라 〔존재의 열린 장 속으로〕 끌어들이는 성격을 갖는다. 모험되는 것에게 순수한 연관 속으로의 입장이 방해받지 않으면 않을수록, 모험되는 것은 더욱 더 열린 장의 거대한 전체에 속하게 된다. 그래서 직접적으로 이렇게 거대한 것 속에서 모험을 하면서 그 안에서 스스로 흔들리고 있는 것 들을 릴케는 "대단히 친숙한 사물들"(《후기 시집》, 22쪽)이라고 부른 다. 인간은 이러한 사물들에 속하지 않는다. 열린 장에 대한 생물들과 인간의 이렇게 구분된 관계〔의 차이〕를 노래한 시가 두이노의 제8 비 가이다. 그 차이는 의식의 상이한 정도에 놓여 있다. 이러한 관점에 따른 존재자의 구별은 라이프니츠 이래로 근대 형이상학에서 잘 알려 져 있다.

릴케가 "열린 장"이라는 낱말로 사유하고 있는 것이 무엇인지는, 그가 그의 생애의 마지막 해(1926년 2월 25일)에 그에게 제8 비가에 대해서 질문한 러시아의 독자에게 답신한 하나의 서한에 의해서 증명될 수 있다(M. 베츠, 《릴케의 프랑스 시절》, 추억-서한-기록, 1938, 289쪽). 릴케는 다음과 같이 적고 있다. "당신은 내가 이 비가에서 제안하고자 하는 '열린 장'이라는 개념을 이렇게 이해하셔야 합니다. 즉, 동물은 (우리가 행하듯이) 세계를 매 순간마다 자기 자신에게 대립시키지 않으므로, 동물의 의식 수준은 열린 장을 세계 속에 몰입시킨다는 것입니다. 동물은 세계 **안에** 존재합니다. 우리는 우리의 의식이 받아들이는 독특한 방향과 상승을 통해 **세계 앞에** 서 있게 됩니다." 릴케는 계속해서 다음과 같이 말한다. "따라서 '열린 장'을 하늘과 대기 그리고 공간이라고 생각해서는 안 됩니다. **이러한 것도** 관찰하는 자와 판단하는 자에게는 대상이 되고, 따라서 '불투명하고'(*opaque*) 닫힌 것입니다. 동물이나 꽃 등 이 모든 것은 추측하건대 자신에게 변명할 필요가 전혀 없고, 그래서 자기 앞에 그리고 자기 위에 형용하기 어려운 열린 자유를 가지고 있습니다. 〔그러나〕 이 자유는 아마도 우리들의 경우에는 최초로 사랑하는 순간에만, 즉 한 사람이 다른 사람에게서 — 즉 애인에게서 — 자신의 고유한 넓이〔*eigene Weite*, 아마도 사랑하는 사람에게 모든 것을 다 내어주어도 조금도 아깝지 않을 만큼 무한히 개방된 우주적 마음 혹은 그런 이타적 품성〕를 보는 그런 순간에만 있을 것이며, 혹은 신에게의 헌신 속에서만 (아주 순간적으로) 〔그에 버금가는〕 등가물을 가질 것입니다."

식물과 동물은 열린 장으로 들어오도록 허용되어 있다. 그것들은 "세계 **안에**" 있다. 〔여기서〕 "안에"(*in*) 라는 것은 순수한 연관의 끌어당기는 힘들 속으로 〔아직은〕 밝혀지지 않은 채 끌려들어가 있다는 것을 의미한다. 열린 장으로의 관계는, 여기서 아무튼 "… 으로의"라는 말을 할 수 있다고 한다면, 존재자 전체 속으로 끌려 들어가고자 애쓰는 그런 노력의 무의식적인 관계이다. 의식의 본질은 근대 형이상학에서는 표상작용인데, 이러한 의식의 고양과 더불어 여러 가지 대상들의 존립상태와 〔이 대상들이 인간의 의식과〕 마주하여 서 있는 존재방식이 고조된다. 의식이 고양되면 될수록, 그만큼 더 의식을 지닌 것은 세계로부터 배제된다. 따라서 인간은, 이 서신의 언어에 따르면, "세계 앞에" 존재한다. 인간은 열린 장 속으로 들어오도록 허락받지 못하고 있다. 인간은 세계와 대립하여 서 있는 것이다. 인간은 전체적 연관의 끌어당김과 바람 속에 직접적으로 거주하고 있는 것이 아니다. 이 서신의 이 부분은, 릴케가 여기에서 분명히 열린 장을 하늘과 공간의 개방된 곳이라는 의미에서 생각하는 것을 거부하고 있기에, 바로 이 때문에 특히 열린 장의 이해를 요구하고 있다. 본질적으로 더욱 시원적인 존재의 환한 밝힘이라는 의미에서의 열린 장이라는 사상은 니체의 온건한 형이상학의 그늘에 머물러 있는 릴케의 시를 벗어날 경우에 비로소 올바로 놓이게 된다.

직접적으로 열린 장 속으로 귀속해 있는 것은 이러한 열린 장에 의해서 중심의 끌어당김의 끌어들임 속으로 들어가 있다. 따라서 모험되고 있는 모든 것들 가운데에서 자신의 고유한 본질에 따라 〔무의식적으로 이끌려〕 거동하고 있는 그런 것이야말로 제일 먼저 열린 장 속에 귀속할 수 있으므로, 결국 그것은 그러한 무의식 상태에서 자신에게 대립해 서 있을 수도 있는 어떤 것을 얻으려고 결코 애쓰지 않는다. 그렇게 현성하는 것은 "몽롱한 욕망 속에" 있다.

마치 자연이 뭇 생명들을
그들의 몽롱한 욕망의 모험에 맡기고⋯

'몽롱한'이라는 말은 여기에서 '순연한'이라는 의미이다. 즉, 의식적인 표상활동은 쉴 틈도 없이 이것저것과 관계 맺는 것으로서 그 움직임이 급격하지만, 몽롱하다는 것은 이러한 것에 의해 흐트러지지 않고 무제약적으로 끌어당기는 힘들로부터 벗어나지 않는다는 것이다. 몽롱하다는 것은 이와 동시에 〔낮게 깔린〕 저음처럼 깊은 곳에 안주하면서 〔다른 여타의 것을〕 지탱해주는 존재방식을 가지고 있는 것을 의미한다. 몽롱하다는 것은 음울하다거나 침울하다는 등의 부정적 의미를 뜻하지 않는다. 릴케가 생각하는 몽롱한 욕망은 하찮은 것이나 보잘 것 없는 것이 아니다. 몽롱한 욕망은 대단히 친숙한 자연의 사물들이 순수한 연관의 전체 속으로 귀속되어 있음을 증명한다. 그래서 릴케는 후기의 어떤 시에서 "우리에게 꽃의 존재는 대단한 것이지"(《후기 시집》, 89쪽, 소네트, 제2부, 14 참조)라고 말할 수 있었다. 〔앞에서〕 인용한 서한의 구절이 인간과 온갖 생명들은 그 자신의 의식의 수준에 따라 열린 장에 대해 각기 상이한 관계를 맺고 있다는 관점으로부터 생각하고 있는 것처럼, 이 시는 "뭇 생명들"과 "우리들"(인간)이 모험에 대해 각기 상이한 관계를 맺고 있다는 관점에서 말하고 있다(5행 이하).

> … 다만 우리는
> 식물이나 동물보다 그 이상으로
> 이런 모험과 **함께** 나아가고.

인간이 식물이나 동물 이상으로 모험과 함께 나아간다는 사실은, 우선 인간이 이러한 생명들보다 더욱더 자유로이 열린 장 속으로 들어가도록 허락받고 있다는 뜻일 수도 있다. 게다가 "그 이상"(*mehr*)이라는 말은, "함께"(*mit*)라는 말이 강조되어 쓰이지 않았더라면, 그런 것을 틀림없이 의미하지 않을 수 없었을 것이다. 〔그러나 여기서〕 "함께"라는 말이 강조된 것은 방해받지 않고 함께 나아감을 증대한다는 의미가 아니라, 오히려 다음과 같은 것을 의미한다. 즉, 인간의 경우에 모험과 함께 나아감은 특별히 표상된다는 것, 다시 말해 자신의 계획〔*Vorsatz*,

의도〕속에서 계획된 것으로서 특별히 표상된다는 것을 의미한다. 모험 및 이 모험에 의해서 모험되는 것, 즉 자연과 존재자 전체 그리고 세계란 인간에게는 제약받지 않은 연관의 순연한 상태로부터 밖으로 끄집어내어 세워진 것이다. 그러나 그렇게 세워진 것은 어디에 그리고 무엇을 통해 세워져 있는가? 자연은 인간의 '앞에-세움'〔Vor-stellen, 표상행위〕을 통해 인간 앞에 놓이게 된다. 인간은 대상적인 것 전체로서의 세계를 자기 앞에 세우고 자기 자신을 세계 앞에 세운다. 인간은 세계를 자기에게로 향해 세우고, 자연을 자기 가까이에 세워놓는다. 이러한 '가까이에 세워놓음'〔Her-stellen, 제작함〕을 우리는 그것의 넓고 다양한 본질에서 사유해야만 한다. 인간은 자신의 표상행위를 통해서 자연이 충족되지 못할 때, 자연에 손질을 가한다(bestellen). 인간은 새로운 것이 그의 수중에 없을 때, 그런 사물들을 만든다(herstellen). 인간은 〔자기가 만들어낸〕 사물들이 자신을 성사시게 할 때, 그것늘을 옮겨 놓는다(umstellen). 인간은 사물들이 자신의 의도에서 벗어나게 될 때, 그것들을 바꿔 놓는다〔verstellen, 고쳐 놓다〕. 인간은 사물들을 팔아 이익을 얻고자 할 때, 그것들을 밖에 세운다〔ausstellen, 진열한다〕. 인간은 자신의 특별한 업적을 돋보이게 하거나 업무를 선전할 때, 〔자기를〕 내세운다(austellen). 〔이와 같이〕 다양한 방식으로 가까이에 세워놓음으로써 세계는 세워지고 일정한 존립상태(Stand)에 이르게 된다. 열린 장은 대상(Gegenstand)이 되고, 그래서 인간존재와 관계하도록 방향이 전환된다. 인간은 그 자신이 대상으로서의 세계와 마주하는 곳에 자기를 세워놓고, 이러한 모든 방식의 세움을 의도적으로 관철해나가는 그런 자로서 스스로를 내세운다〔aufstellen, 처신하다〕.

어떤 것을 자기 앞으로 가져온다는 것, 다시 말해서 이렇게 앞으로 가져와진 것이 처음부터 앞에 세워져 있던 것(표상된 것)이 되어 가까이에 세워놓음의 모든 방식들을 모든 관점에서 규정하게 될 정도로 어떤 것을 자기 앞으로 가져온다는 것, 바로 이것이 우리가 의욕함(Wollen)

이라고 알고 있는 행동관계의 근본특징이다. 여기서 말해진 의욕함이 가까이에 세워놓음인데, 그것도 의도적으로 대상화를 관철해나간다는 의미에서 그런 것이다. 식물과 동물은 욕망 속에 휘감길 뿐 열린 장을 결코 대상으로서 자기 앞으로 가져오지 못하는 한에서, 그것들은 의욕하지 않는다. 그것들은 앞에 세워진 것으로서의 모험과 함께 나아갈 수 없다. 그것들은 열린 장 속으로 들어가도록 허용되어 있으므로, 순수한 연관은 결코 그것들 자신과의 대상적인 타자가 아니다. 이에 반해 인간은 모험과 "**함께**" 나아간다. 왜냐하면 그는 앞에서 언급된 의미에서 의욕하는 자이기 때문이다.

> … 다만 우리는
> 식물이나 동물보다 그 이상으로
> 이런 모험과 **함께** 나아가고, 그 모험을 의욕하면서 …

여기서 말해진 의욕이란 자기관철(*Sichdurchsetzen*)인데, 이러한 자기관철의 의도가 세계를 가까이에 세워놓을 수 있는 대상들 전체로서 **이미** 정립해두고 **있었던** 것이다. 이런 의욕이 근대적 인간의 본질을 규정한다. [그런데] 근대적 인간은 우선 이러한 의욕이 어디까지 미치는지 그 범위를 알지 못하고, 또한 존재자의 존재로서의 어떠한 의지로부터 이러한 의욕이 의지되고 있는지를 지금까지도 알지 못하고 있다. 근대적 인간은 존재하는 모든 것과 또한 자기 자신과의 모든 관계 속에서 스스로를 관철하며 가까이에 세워놓는 자로서 일어서고, 이러한 일어섬을 [조정하여] 무조건적 지배로 정돈하는 자로서 그러한 의욕에서 스스로를 뚜렷이 드러낸다[*sichherausstellen*, 가까이에 세워놓는 의욕의 주체로서 자기 자신을 자각한다]. 대상적으로 지속하는 것 전체 — 세계는 이런 것으로서 현상한다 — 는 자기를 관철하며 가까이에 세워놓는 행위에게 맡겨지고 위임되어 그 명령에 따르게 된다. 의욕은 자기 안에 일종의 명령을 가지고 있다. 왜냐하면 의도적으로 스스로를 관철한다는 것은 가까이에 세워놓는 행위의 상태적 측면과 세계의 대상적 측면이 무조건적인 따라서 완전한 통일 속으로 합일되도록 모아들이는 하나의 양식이기 때문이다. 바로 이런 점에서, 즉 합일되도록 모아들인다는 점에서 의지의 명령적 성격이 알려지고 있다. 이런 성격과 더불어 근대 형이상학의 진행과정 속에서 예로부터 존재자의 존재로서 현성하던 의지의 오래 동안 숨겨져 있던 본질이 출현하는 것이다.

그에 상응해서 또한 인간의 의욕은 모든 것을 이미 내다보지 않고서도 처음부터 모든 것을 강제로 자신의 영역 속으로 끌어들이려고 하는 그런 자기관철의 방식으로만 존재할 수 있다. 이러한 의욕에서는 모든 것이 처음부터 그리고 앞으로도 부단히 스스로를 관철하며 가까이에 세워놓는 그런 행위의 재료가 된다. 대지(大地)와 대기(大氣)는 원료가 된다. 인간은 계획된 목표에 꿰매어 덧붙여지는 재료적 인산이 된다. 아무런 조건도 없이 세계를 의도적으로 가까이에 세워놓는 이러한 자기관철을 인간적인 명령의 상태로 무조건적으로 설정하는 것은〔실은〕기술의 숨겨진 본질로부터 생긴 진행과정인 것이다. 현대에 이르러서야 비로소 이러한 것은 존재자 전체의 진리의 역사적 운명으로서 전개되기 시작하였는데,〔한편〕지금까지는 기술의 산발적 현상들과 여러 가지 시도들은 문화와 문명의 포괄적 영역 속에서 암암리에 일어나고 있었던 것이다.

현대 학문과 국가 전체는 기술의 본질의 필연적 귀결인 동시에 기술의 결과물이다. 세계의 여론이나 인간의 일상적인 생각들을 조직화하기 위해 덧붙여지는 수단과 형식에 대해서도 같은 말을 할 수 있다. 살아있는 생명들이 배양과 사용〔의 과정〕에서 기술적으로 대상화될 뿐 아니라, 생명 자체의 현상들에 대한 원자 물리학의 공격은 왕성한 진행과정에 있다. 근본적으로는 생명 자체의 본질이 기술적 조작〔원문에는 '가까이에 세워놓음'(Her-stellung)이라고 쓰여 있으나, 여기서는 현실적 의미를 살려 '조작'이라고 의역〕에 맡겨지게 된다는 것이다. 사람들이 오늘날 참으로 진지하게 원자 물리학이 이룩한 성과와 그 견지에서 인간의 자유를 입증하면서 하나의 새로운 가치이론을 세우기 위한 가능성을 모색하는 것은, 기술적 표상행위가 지배하고 있다는 하나의 〔뚜렷한〕 징표이며, 이러한 지배의 전개로 말미암아 이미 오래 전부터 개개인의 사적 견해와 의견은 그 입지가 점점 좁아들고 상실되고 말았다. 기술의 본질적 폭력은, 사람들이 마치 그 인접영역에서 지금까지의 가치관의 도움을 받아 기술을 지배하려고 할 때에도 나타난다. 그러나 이렇게 노력을 할 때에도 사람들은 이미 기술적 수단을 사용하고 있어서, 이것은 단순히 외적인 형식과는 다른 것이다. 왜냐하면 일반적으로 말해서 기계장치의 이용과 기계의 제작은 이미 기술 자체가 아니라, 오히려 그것은 기술의 원료라는 대상적인 것〔기술이 적용될 대상으로서의 원료〕 가운데에서 기술의 본질이 설정해 놓은 기술에 적합한 하나의 도구에 불과할 따름이기 때문이다. 게다가 심지어 인간이 주체가 되고 세계가 객체가 된다는 이러한 사실조차도 스스로를 설정하는 기술의 본질의 한 결과〔기술의 본질에 따라 역운적으로 생겨난 하나의 결과〕이지, 그 역은 아니다.

릴케가 열린 장을 충만한 자연이라는 비대상적인 것으로서 경험하고 있는 한에서, 그에게는 이와는 반대로 그리고 이에 대응하는 방식으로 의욕하는 인간의 세계는 대상적인 것으로서 뚜렷이 나타날 수밖에 없다. 거꾸로 말해서 존재자의 온전한 전체를 조망하는 시선은 나날이 발전하는 기술의 제 현상들로부터 어쩌면 그 안에서 기술적인 것의 극복이 보다 더 근원적인 모습으로 도래할 수 있을지도 모를 그런 영역 속으로 주시해나가는 모종의 눈짓을 받아들이고 있다.

기술적 생산에 따른 무형적인 형성물들이 순수한 연관의 열린 장 앞으로 몰려든다. 일찍이 성장한 여러 가지 사물들은 급속히 사라져버린다. 그것들은 대상화를 통해서는 더 이상 자신의 고유함을 결코 보여줄 수 없다. 1925년 11월 13일에 쓴 한 편지에서 릴케는 다음과 같이 적고 있다.

"여전히 우리의 조부모들에게는 '집'이나 '샘', 그리고 그들에게 친숙한 고탑(古塔), 아니 그들 자신의 옷이나 외투에 이르기까지, 이 모든 것은 한없이 중요하고 한없이 친숙한 것이었다. 거의 모든 것이 인간적인 것을 간직하거나 넣어두는 그릇이었다. 그런데 이제는 아메리카로부터 공허하고 냉담한 사물들이 몰려오고 있다. 즉, 겉만 번지르르한 것들, **생활의 모조품** 등이 그것이다…. 아메리카 식으로 지어진 하나의 집, 아메리카산(産) 사과 또는 아메리카산 포도는 우리 조상의 희망과 사려가 깃들어 있는 집이나 과일 그리고 포도와는 **아무런** 공통점도 가지고 있지 **않다**…"(《뮈조트에서의 서한》, 335쪽 이하).

그러나 이러한 아메리카적인 것은 바야흐로 유럽적인 것의 근대적 의지의 본질이 〔과거의〕 유럽에 가한 압력의 총체에 시나시 않는 것으로, 이에 대해서는 물론 니체에 의한 형이상학의 완성에 의해서 의지에의 의지로서의 존재가 지배하기 시작한 그런 세계가 본질적으로 의문스러운 영역으로 되고 말았다는 사실을 적어도 생각해 보아야 할 것이다. 아메리카적인 것이 오늘날의 우리들을 처음으로 위협하기 시작한 것이 아니라, 오히려 〔아직은〕 경험되지 않은 기술의 본질이 이미 우리들의 조상과 그들의 사물들을 위협하고 있었던 것이다. 릴케의 성찰이 〔우리에게〕 지시하는 바는 조상의 사물들을 구해내려는 그의 시도에 있는 것이 아니다. 우리는 앞서 사유하는 자로서 사물의 사물다움과 더불어 무엇이 물어볼 가치가 있는 것인지를 알아야 한다. 릴케는 또한 이미 일찍이 1912년 3월 1일에 두이노에서 다음과 같이 쓰고 있다. "세계는 〔어둠 속으로〕 물러서고 있다. 왜냐하면 사물의 경우에도 그것은 자신의 존재를 더욱더 화폐의 진동 속으로 옮겨놓고, 거기서 이미 이제는 지성적으로 파악 가능한 실재성을 능가하는 일종의 지성을 전개하고 있기에, 사물들도 그와 똑같은 일을 하고 있기 때문이다. 내가 대하고 있는 시대(여기서 릴케는 14세기를 말하고 있다)에서 화폐는 아직도 금 혹은 금속이었고, 아름다운 것이었으며, 모든 것 중에서 가장 편리하고 가장 이해하기 쉬운 것이었다"(1907~1914년의 《서한집》, 213쪽 이하). 그보다 10년 전에도 그는 《기도서》(*Stundenbuch*)의 제 2권인 《순례의 書》(*Buch der Pilgerschaft*, 1901)에서 대단한 예언의 안목을 가진 시를 발표하였다(《전집》 2권 254쪽).

> 세계의 왕들은 늙어
> 어떠한 세자도 얻지 못할 것이다.
> 왕자들은 어려서 일찍 죽고
> 창백한 공주들은
> 병든 왕관을 폭력에 맡겨놓았다.
> 천민은 왕관을 잘게 부수어 화폐로 만들고
> 시대에 적합한 세계의 주인이
> 그것을 불에 넣어 펴서 기계로 만들면
> 기계는 원한을 품고 천민의 의욕에 따르리라.
> 그러나 행복은 거기에 없다.
> 금속도 향수가 있다.
> 그리고 자기에게 조그마한 생활을 가르치는
> 화폐와 톱니바퀴로부터 떠나려 한다.
> 공장으로부터 그리고 금고로부터 떠나
> 개척된 산들의 광맥 속으로
> 그것은 되돌아가고
> 산들은 이를 맞아들이고 문을 닫으리라.

일찍이 사물들이 〔자기 안에〕 간직하던 세계의 내용을 그 스스로 선사해주던 그 자리에, 〔이제는〕 지상을 기술적으로 지배하는 대상적인 것이 점점 더 빠른 속도로 아주 매정하게 전적으로 밀려든다. 기술적 지배는 모든 존재자를 생산과정에서 제작될 수 있는 것으로서 내세울 뿐만 아니라, 그것은 생산된 제품을 시장을 통해서 조달하기도 한다. 인간의 인간다움과 사물의 사물다움은 자기를 관철하면서 가까이에 세워놓는 행위의 권역 안에서는 시장의 계산된 교환가치로 해소되고 만다. 〔그런데〕이러한 시장은 세계화된 시장으로서 대지를 뒤덮고 있을 뿐만 아니라, 의지에의 의지로서 존재의 본질〔첨단화된 기술 문명 시대에 극단적으로 탈-생기된 존재의 본질〕속에서 상거래를 하면서, 숫자를 필요로 하지 않은 곳에서조차 아주 강인하게 지배력을 떨치고 있는 그런 계산행위 속으로 모든 존재자를 끌어들인다.

릴케의 이 시는 인간을 일종의 의욕행위 속으로 모험되고 있는 그런 존재로서 사유하고 있다. 즉, 이 존재는 그것〔의욕행위〕을 이미 경험하지 않고서도 의지에의 의지에서 의욕되고 있는 그런 존재인 것이다. 이런 식으로 의욕하면서 인간은 모험과 함께 나아갈 수 있는데, 이때에도 그는 스스로 관철해나가는 자로서 자기 자신을 자신의 모든 행위〔원문에서의 "Tun und Lassen"을 단순히 "행위"로 번역함〕앞에 내세운다. 따라서 인간은 식물이나 동물보다 더 모험적이다. 그러므로 인간은 또한 동식물과는 다른 방식으로 위험 속에 놓여 있다.

비록 동식물과 같은 존재도 열린 장 속으로 들어오도록 허용되고 그 안에서 안전하게 보호받고 있다고 하더라도, 그 가운데 어떤 것도 특별히 보호받고 있는 것은 결코 아니다. 이에 반해 인간은 스스로 의욕하는 자로서 존재자 전체를 통해 특별히 보호를 받지 못하고 있을 뿐만 아니라, 오히려 보호받지 못한 상태로 있다(13행). 인간은 표상하면서 앞에 세우는 자인 동시에 제작하면서 가까이에 세워놓는 자로서 닫혀버린 열린 장〔*das verstellte Offene*, 존재자를 표상하면서 가까이에 세워놓는 세움의 주체로서의 인간에 의해 존재의 열린 장 자체가 환히 밝혀 있지 못하고, 오히려 그의 계산적 사유로 말미암아 열린 장이 위장되고 가로막혀 폐쇄된 상태로 있다는 것〕앞에 서 있다. 그 때문에 인간 자신과 그의 사물은 단순한 재료가 되고 대상화의 기능으로 되어 간다는〔더욱더〕 증가하는 위험에 내맡겨져 있다. 자기를 관철하려는 의도로 말미암아 위험의 영역은 그 자체로 크게 확장되고, 그리하여 인간은 무조건적으로 가까이에 세워놓는 행위로 인해 자기를 상실하게 된다. 인간의 본질을 엄습하는 위협〔존재자체의 위협〕은 이러한 본질 자체로부터 솟아오른다. 하지만 이것은 인간에 대한 존재의 연관〔스스로를 관철하려는 자기의욕의 행위로 인해 탈생기된 채 기투하는 인간존재에 대해 탈생기하며 물러서는 존재의 연관〕에 기인한다. 그러므로 인간은 자기의욕을 통해서 어떤 본질적인 의미에서는 〔이미〕 위험을 받고 있는 것이다. 다시 말해 〔인간은〕 보호를 필요로 하지만, 이와 동시에 그는 이와 동일한 본질 방식을 통해서 보호를 받지 못하고 있는 것이다.

이러한 "우리의 보호받지 못한 존재"(13행, 번역문에는 16행)는 마치 식물이나 동물의 "몽롱한 욕망"이 인간의 자기의욕과 다른 것과 마찬가지로, 동식물의 '특별히-보호받지-못한-존재'와는 다른 것이다. 그 차이는 무한하다. 왜냐하면 몽롱한 욕망으로부터는 자기관철을 통해 대상화에 이르는 어떠한 통로도 없기 때문이다. 그러나 이것〔자기관철〕이 인간을 "보호 밖에"〔번역문 12행 참조〕 세워둘 뿐만 아니라, 오히려 세계를 대상화하는 관철은 언제나 더욱더 결정적으로 보호의 가능성을 없애버린다. 인간은 세계를 기술적으로 대상으로서 건립하고 있기에, 그는 그렇지 않아도 이미 막혀버린 열린 장에 이르는 길을 고의로 완전히 잘못 세우고 있다. 자기를 관철하는 인간은, 그가 한 개인으로서 그것을 알고 있든 모르고 있든, 혹은 욕구하든 욕구하지 않든지 간에, 〔이미〕 기술의 기능공〔Funktionär, 기술의 본질에 의해 이끌려 순전히 기능적으로 활동하는 기술의 **하수인**을 의미〕이다. 그는 열린 장 밖에 있으면서 그 열린 장 앞에 서 있을 뿐만 아니라, 세계를 대상화함으로써 그 스스로가 특히 "순수한 연관"으로부터 멀어져 가는 것이다. 인간은 순수한 연관으로부터 헤어지고 있다. 기술 시대의 인간은 열린 장에 대한 이러한 '헤어짐'(Ab-schied) 속에 서 있다. 이러한 헤어짐은 결코 '…으로부터의 헤어짐'(Abschied von …)이 아니라 '…에 대한 헤어짐'(Abschied gegen …)이다〔"(X)로부터의 헤어짐"은 헤어짐의 동기가 타자(X)에게 있는 반면에, "…에 대한 헤어짐"은 헤어짐의 동기가 자기 자신에게 있음〕.

기술이란 인간의 자기관철 속에서 정립된 것으로되, 이러한 것은 무조건적으로 보호받지 못한 존재에 의해서 무조건적으로 설정된 것이다. 그런데 이러한 설정은 모든 대상성 속에서 지배하고 있는, 순수한 연관에 대한 외면〔Abkehr, 등돌림, 존재의 순수한 연관에게서 스스로 등을 돌려 헤어지는 하나의 결별행위〕을 기반으로 해서 이루어진다. 물론 이러한 순수한 연관은 일찍이 들어보지 못한 존재자의 중심으로서, 그것은 〔언제나〕 모든 순수한 힘을 자기에게로 이끌어오고 있다. 기술적 생산은 헤어짐의 조직화이다〔순수한 연관에 대한 이탈행위로서의 헤어짐의 다양한 존재방식이 체계화되고 점예화되는 역사적 과정에서 기술적인 생산이 이루어진다는 의미〕. 방금 앞에서 개괄한 의미를 지니고 있는 헤어짐이라는 이 낱말은 릴케의 귀중한 시의 또 다른 근본낱말이다.

요즘에 자주 거론되고 있는 원자폭탄도 특수한 살인무기로서 치명적인 것은 아니다. 이미 오래 전부터 죽음에 의해, 그것도 인간 본질의 죽음에 의해 인간을 위협하고 있던 것은, 모든 영역에서 의도적으로 자기를 관철한다는 그런 의미에서의 단순한 의욕이 무조건적인 것이 되고 말았다는 데에 있다. 인간을 그의 본질에서 위협하고 있는 것은, 자연 에너지의 평화적 방출·변형·저장·관리에 의해 인간존재가 어떤 일이든지 견디어낼 수 있고 또 전적으로 행복해질 수 있다는 의지의 생각이다. 그러나 이러한 평화로운 것의 평화는 단지 자기 위에 세워진 의도적인 자기관철〔합리성이 결여된 독단적 의지의 자기관철〕의 광기가 조용히 지속되는 불안정에 지나지 않는다. 만일 이러한 자기관철과 더불어 모종의 어떤 다른 관심이, 어쩌면 신앙적인 관심이 〔대중 속에 파고들어〕 통용될 경우에, 가까이에 세워놓음의 이러한 자기관철〔세계를 객체화하고 대상화함으로써 존재하는 것 전체를 무조건적으로 장악하여 자기 손아귀에 거머쥐려는 자기관철의 의욕〕이 아무런 위험도 없이 모험될 수 있으리라는 그런 생각이야말로 인간을 그의 본질에서 위협하고 있는 것이다. 이런 생각은 마치 다음과 같은 생각일 것이다. 즉, 기술적 의욕에 의해 인간이 놓이게 된 존재자 전체와의 본질적 관계에는 어떤 옆자리에 격리된 어떤 체류지가 있을 수 있는데, 이러한 곳은 온갖 자기기만 속으로 도피하는 일시적인 출구—그리스의 신들에게로 도피하는 것도 그 중의 하나이다—보다도 더 많은 것을 제공해줄 수 있을지도 모른다는 그런 생각 말이다. 인간을 그의 본질에서 위협하고 있는 것은, 기술적으로 〔가까이에 세워놓는〕 제작 행위가 세계를 질서 속으로 가져온다는 생각이다. 그러나 바로 이러한 질서의 부여가 모든 질서, 다시 말해 모든 순서(Rang)를 가까이에 세워놓음〔제작〕의 획일화 속으로 평균화하고, 그리하여 무엇보다도 존재로부터 유래하는 순서와 승인의 가능적 유래의 영역을 파괴해버린다.

　의욕의 총체성이 비로소 위험이 아니라, 오히려 의지로서만 허용된 세계 안에서 자기를 관철하는 형태로 있는 의욕 자체가 위험이다. 이러한 의지로부터 의지된 의욕은 이미 무조건적인 명령에로 스스로 결단하고 있다. 이러한 결단과 더불어 의욕은 이미 총체적 조직에 맡겨지게 된다. 그러나 무엇보다도 기술 자체가 기술의 본질에 대한 모든 경험을 방해한다. 왜냐하면 기술이 스스로를 완전히 전개한다고 하더라도, 그것은 기술의 본질유래를 돌이켜 생각해보지 못할 뿐만 아니라 언젠가 기술의 본질영역에 도달하는 것조차도 방해하는 일종의 지식을 학문〔과학〕 속에서 전개하고 있기 때문이다.

　기술의 본질은 아주 서서히 드러난다. 〔기술의 본질이 드러나는〕 이 날은 순전히 기술적인 날로 탈바꿈된 세계의 밤이다. 이 날은 〔낮의 길이가〕 가장 짧은 날이다. 그 날과 함께 단 하나의 끝도 없는 겨울이 들이닥친다. 그때는 인간에게 보호가 거절될 뿐만 아니라, 모든 존재자의 무사함도 어둠 속에 묻힐 것이다. 온전한 것은 스스로 물러선다〔원문은 "Das Heile entzieht sich." 여기서 "온전한 것"이라고 옮긴 das Heile는 하이데거에게는 존재의 근본낱말 가운데 하나임. 이 낱말은 존재의 진리를 자기 안에 지니고 있어 환히 밝혀져 있는 건강한 삶, 행복한 삶을 의미. 이런 삶이 뒤로 물러선다는 것은 어둠 속으로 파묻혀 버린다는 것을 의미. 그러나 그렇다고 해서 완전히 절멸되어 버리는 것은 아님. 왜냐하면 온전한 것은 깊은 어둠 속에서도 구원(Heil, Rettung)의 씨앗을 언제나 가지고 있기 때문임〕. 세계는 온전함을 상실하게(heil-los) 된다. 그 때문에 신성에 이르는 흔적으로서의 성스러운 것(das Heilige)이 은폐될 뿐만 아니라, 더군다나 성스러운 것에 이르는 흔적, 즉 온전한 것〔여기에 구원의 손길이 포함〕도 소멸된 것처럼 보인다. 단지 소수의 죽을 자들〔죽음을 죽음으로서 흔쾌히 떠맡을 수 있는 인간〕만이 절망적인 것(das Heillose, 온전함을 상실한 존재〕을 절망적인 것**으로서** 절박하게 감지할 수 있을지라도 말이다. 그들은 어떤 위험이 인간에게 다가오고 있는지를 간파하고 있어야 한다. 위험은 인간이 존재 자체에 대해 가지고 있는 그의 관계에서 인간의 본질에게 다가와 관계하기 시작하는 그런 위험에 존립하는 것이지, 어떤 우발적인 개개의 위협에 존립하는 것이 아니다. 이러한 위험이야말로 **진정한** 위험이다. 위험은 모든 존재자에 이르는 심연〔세계의 심연〕 속에 스스로를 숨기고 있다. 이 위험을 간파하고 보여주기 위해서, 일찍이 심연에 도달하는 그런 죽을 자들이 있어야 한다.

> 그러나 위험이 있는 곳에,
> 구원도 또한 자라네.
> (횔덜린 《전집》 4권, 190쪽)

아마도 **진정한** 위험이 있는 **그런 곳**에서 비롯되지 않은 모든 여타의 다른 구원은 아직도 불행(Unheil) 속에 있을 것이다. 아무리 호의적인 수단에 의한 구원이라도 본질적으로 위험에 놓인 인간들에게는, 그의 역사적 운명이 계속되는 한, 그 모든 구원은 부질없는 허상에 지나지 않을 것이다. 구원은 죽을 자들이 그의 본질에 있어 전향〔탈-생기된 그의 비본래적 본질로부터 존재 자체의 진리에 의해 생-기되는 그런 자신의 가장 고유한 본질 속으로의 전향〕하는 데에서 오지 않으면 안 된다. 일찍이 궁핍함과 그러한 결핍의 심연에 도달하는 죽을 자들이 과연 존재할 것인가? 〔만약 그런 자들이 존재한다고 한다면, 그들은〕 죽을 자들 중에서도 가장 잘 죽을 자들〔*die Sterblichste*, "최고의 죽을 자들"이라고 번역될 수 있는 이 낱말 안에 담긴 최상급의 표현은 죽음의 의미를 가장 깊이 깨우치고 있다는 의미〕일 것이며, 이러한 이들은 가장 잘 모험을 겪는 자들일 것이다. 그들은 이미 식물과 동물들보다 더욱 모험적으로 자기를 관철해나가는 그런 인간존재들보다도 더욱더 모험적일 것이다.

릴케는 5행 이하에서 다음과 같이 말하고 있다.

> … 다만 우리는
> 식물이나 동물보다 그 이상으로
> 이런 모험과 **함께** 나아가고, 그 모험을 의욕하면서, …

그리고 릴케는 같은 행에서 이렇게 계속 말한다.

> … 때로는 또한
> 생명 그 자체가 존재하는 것보다도
> 더욱더 모험적으로 존재한다(이것은 자기 이익을 위해 그런 것이 아니다). 한 숨 돌릴 동안만
> 더욱더 모험적으로 …

인간은 본질에 있어 식물이나 동물보다 더욱더 모험적일 뿐만 아니라, 심지어 때로는 "생명 그 자체가 존재하는 것보다도" 더욱더 모험적

이다. 여기에서 생명이란 그의 존재에 있어서의 존재자(*das Seiende im seinem Sein*), 즉 자연을 의미한다. 인간은 때때로 모험보다도 더욱더 모험적이고, 존재자의 존재보다도 더욱더 존재적이다. 그러나 존재는 존재자의 근거이다. 근거보다도 더욱더 모험적인 자는 모든 근거가 결여되어 있는 곳, 즉 심연 속으로 스스로 모험해 나간다. 그러나 만일 인간이 모험과 함께 나아가길 바라고, 그리하여 모험과 함께 나아가는 모험을 겪는 자라고 한다면, 때때로 더욱더 모험적인 [태도를 보이는] 인간은 또한 여전히 더욱더 의욕적으로 존재해야만 할 것이다. 그러나 이러한 의욕의 상승이 의도적인 자기관철의 무조건적인 것을 넘어서 존재하는가? 아니다. 그렇다면 때때로 더욱더 모험적으로 존재하는 자들은 그들의 의욕이 그의 본질에서 다르게 존재하는 한에서만 더욱더 의욕적으로 존재할 수 있을 것이다. 그때 [어떤] 의욕과 [어떤] 의욕은 그 즉시 동일한 것이 아닐 것이다. 의욕의 본질로부터 너욱너 의욕적으로 존재하는 자들은 존재자의 존재로서의 의지에 더욱 적합하게 머무른다. 그들은 오히려 스스로를 의지로서 나타내 보여주는 존재에 응대한다. 그들은 보다 더 의지적으로 존재하는 한에서, 보다 더 의욕적으로 존재한다. 과연 어느 누가 더욱더 모험적이고 더욱더 의지적인 자들인가? 이 물음에 대해서 이 시는 분명하게 대답하고 있는 것 같지는 않다.

물론 8~11행의 시구들은 더욱더 모험적인 자들에 관해 약간은 부정적으로 그리고 대략적으로 말하고 있다. 더욱더 모험적인 자들은 개개인의 사적 이익 때문에 스스로 모험하는 것은 아니다. 그들은 이익을 얻으려고 하는 것도 아니고, 자신들의 사욕에 빠지려고 하는 것도 아니다. 또한 그들이 더욱더 모험적으로 존재한다고 하더라도, 그들은 탁월한 업적을 자랑할 수도 없다. 왜냐하면 그들은 단지 근소한 정도로만 더욱더 모험적이기 때문이다. 즉, "한 숨 돌릴 동안만 더욱더 모험적"이기 때문이다. 그들의 모험에서의 "그 이상"(*mehr*)은 잠시 머무르다가 사라지는 한 숨만큼이나 그렇게 근소한 것이다. 이러한 암시로부터는 누가 더욱더 모험적인 자들인지를 알 수가 없다.

이에 반해 10~12행의 시구들은, 존재자의 존재를 넘어서 스스로 모험하는 이러한 모험이 무엇을 가져오는지를 말해주고 있다.

　… 이것이 보호 밖에 있는 우리들에게
　안전함을 제공한다.
　그곳은 순수한 힘들의 중력이 작용하는 곳이다.

우리는 모든 생명들과 마찬가지로 존재의 모험 속에서 모험을 겪고 있는 자들로서 한낱 존재자에 불과하다. 그러나 우리는 의욕하는 존재로서 모험과 함께 나아가고 있기 때문에, 우리는 보다 많이 모험을 겪고 있으며, 그래서 일찍이 위험에 내맡겨져 있다. 인간이 의도적인 자기관철의 태도를 스스로 확고히 견지하고 무조건적 대상화를 통해서 열린 장을 등지고 떠나가고 있는 한, 그는 스스로가 자기 자신의 보호받지 못한 존재를 재촉하고 있는 것이다.

이에 반해 더욱더 모험적으로 모험함은 우리들에게 안전함을 제공한다. 물론 이것은 이러한 모험이 보호받지 못하는 것 주위에 보호막을 세움으로써 이루어지는 것은 아니다. 만일 그렇다면 보호가 없는 곳에만 보호막이 쳐지는 셈이기 때문이다. 또 그러기 위해서는 아마도 다시금 가까이에 세워놓는 행위가 필요할 것이다. 이러한 행위는 오로지 대상화에서만 가능하다. 그러나 대상화는 우리를 열린 장에 대해 차단해 버린다. 더욱더 모험적으로 모험함은 어떠한 보호도 가까이에 세우지 않는다. 그러나 그것은 우리에게 안전함을 제공한다. 안전하다(Sicher, securus, sine cura)는 것은 염려할 게 없음(ohne Sorge)을 의미한다. 염려한다(Sorgen)는 것은 여기에서 무조건적인 제작(가까이에 세워놓음)의 온갖 수단 방법에 의해 의도적으로 자기를 관철하는 그런 양식을 갖는다. 우리는 필히 우리의 존재를 제작과 주문의 영역에, 그리고 이용할 수 있음과 보호할 수 있음의 영역에 세우지 않을 경우에만, 아무런 염려도 없이 존재할 수 있다. 우리는 보호받지 못하는 것을 고려하지도 않고 또 의욕 속에 세워진 보호를 고려하지도 않는 바로 그곳에서 비로소 안전하게 존재한다. 안전함은 열린 장으로부터 등을 돌려 대상화하는 활동을 벗어날 경우에만, 즉 "보호 밖에" 있을 경우에만, 다시 말해 순수한 연관에 대한 결별을 벗어날 경우에서만 존립한다. 순수한 연관이란 모든 것을 아무런 제약도 없는 것 속으로 끌어들여서 중심과 관련시키는 모든 견인작용의 〔일찍이〕 들어보지 못한 중심이다. 이 중심은 순수한 힘들의 중력이 작용하는 "그곳"이다. 안전함은 모든 연관들의 전체적 그물 속에 간직되어 있는 휴식이다.

〔매사에〕 적극적이기에 모든 자기관철의 행위보다도 더 의욕적이라고 할 수 있는 더욱더 모험직인 모험은 우리에게 열린 상 속에 일송의 안전한 존재를 "창출해 준다"(schaffen). '창출해 준다'는 것은 '길어낸다'(schöpfen)는 것을 의미한다. 샘에서 길어낸다는 것은 솟아오르는 것을 받아들이고 이렇게 받아들인 것을 가져온다는 것을 뜻한다. 적극적인 의욕의 보다 더 모험적인 모험은 결코 아무것도 제작하지 않는다. 그것은 받아들이고 이렇게 받아들인 것을 준다. 그것은 자신이 받아들인 것을 충만하게 펼쳐나감으로써 가져온다(bringen). 더욱더 모험적인 모험은 〔이러한 가져옴의 과정을〕 완수하지만(vollbringen), 그러나 그것은 제작하지는 않는다. 적극적인 한에서 더욱더 모험적으로 되어 가는 모험만이 받아들이면서 완수할 수 있는 것이다.

12~16행의 시구들은, 스스로 보호 밖으로 나가 모험하면서 그곳에서 우리를 안전한 존재로 데려오는 그런 보다 모험적인 모험이 과연 어디에서 성립하는지, 그 영역을 보여주고 있다. 이 안전한 존재는 계획적인 자기관철에 의해서 정립된 보호받지 못한 존재를 결코 제거하지 않는다. 인간의 본질이 존재자의 대상화에 몰두하는 한, 인간의 본

질은 존재자의 한가운데에서 보호받지 못한 채로 존재하는 것이다. 이와 같이 보호받지 못한 채로 존재하기에, 인간은 곧 결핍의 방식으로 보호와 관계하게 되는 것이며, 그리하여 보호의 내부에 머무르게 되는 것이다. 이와는 반대로 안전한 존재는 보호와의 모든 관계 밖에, 즉 "보호의 밖에" 존재하고 있다.

그러므로 안전한 존재를 위해서는, 또한 우리가 그것을 획득하기 위해서는 보호 및 보호받지 못한 존재에 대한 모든 관계를 포기하는 일종의 모험이 필요한 것처럼 보인다. 그러나 이것은 단지 그렇게 보일 뿐이다. 사실은 우리가 모든 연관의 완결성으로부터 사유해 본다면, 우리는 결국 무엇이 우리를 마지막에, 즉 처음부터, 보호받지 못한 자기관철의 염려에서 해방시켜주는지를 경험한다(12행 이하).

  … 우리를 마지막으로 감싸고 있는 것은
  우리의 보호받지 못한 존재이다 …

만일 열린 장만이 간직되어 있음〔*Geborgenheit*, 감싸여 있음〕을 보증해주는 것으로되, 보호받지 못한 존재는 열린 장에 대한 한결같은 이별에서 성립하고 있다고 한다면, 보호받지 못한 존재는 어떻게 간직되어야만 하는가? 보호받지 못한 존재가 간직될 수 있는 유일한 경우는, 열린 장에 대한 외면〔*Abkehr*, 등돌림〕이 전환되어, 보호받지 못한 존재가 스스로 열린 장을 향해 나가고, 그리하여 열린 장 속으로 되돌아갈 때뿐이다. 이렇게 보호받지 못한 존재는 전환된 것으로서 간직하는 것이다. 여기에서 '간직한다'〔*bergen*, 감싸고 있다〕는 것은 한편으로는 이별의 전환이 간직함을 완수한다는 뜻이고, 다른 한편으로는 보호받지 못한 존재 자체가 어떤 방식으로든 안전한 존재를 보증한다는 뜻이다. 감싸고 있는 것은,

우리의 보호받지 못한 존재이다. 그리고
이러한 존재를 위협하는 것을 우리는 보았기에,
… 그것을 열린 장 속으로 옮겨놓았던 것이리.

　여기서의 이 "그리고"(*und*) 라는 낱말은 우리의 보호받지 못한 존재가 보호의 밖에서 안전한 존재를 선사하고 있다고 하는 이러한 의아함이 어떻게 가능할 수 있는지를 말해주는 〔일종의〕 해명에로 이끌어 주고 있다. 물론 보호받지 못한 존재는 그것이 위험에 직면해 있는 개별적인 경우에 우리가 그때마다 그것을 전향시킴으로써 간직되는 것은 결코 아니다. 보호받지 못한 존재는 우리가 그것을 이미 전향시켜 놓은 한에서만 간직될 뿐이다. 릴케는 "그래서 우리가 열린 장 속으로 옮겨놓았던 것이리"라고 말하고 있다. '옮겨놓았음'에는 전향의 탁월한 방식이 놓여 있다. 옮겨놓아졌기에 보호받지 못한 존재는 처음부터 전체로서 자신의 본질에 있어서 전향된 것이다. 전향의 탁월한 점은, 우리가 보호받지 못한 존재를 위험에 처해 있는 것으로서 보았다는 점에 있다. 이렇게 〔이미〕 보았기에 비로소 위험이 보이는 것이다. 우리에게 보이는 위험이란, 보호받지 못한 존재 자체가 열린 장 속으로의 귀속성을 상실하여 우리의 본질을 위협하고 있다는 사실이다. 이렇게 보았다는 것이 옮겨놓았다는 것의 동기가 되어야 한다〔이렇게 이미 보았기에 옮겨놓게 되었다〕. 그때〔우리가 보호받지 못한 존재를 위험에 처해 있는 것으로서 보았을 때〕 보호받지 못한 존재는 "열린 장 속으로" 전향한다. 우리가 위험을 본질적인 위험으로서 보았었기에 이로 인해 우리는 열린 장에 대한 외면의 전환을 수행했어야만 했던 것이다. 여기에는 열린 장 자체가 어떤 식으로든 그 스스로 우리에게 향해 왔기에, 우리가 보호받지 못한 존재를 열린 장에게로 향해 나갈 수 있다는 점이 놓여 있다.

법칙이 우리와 접촉하는 가장 넓은 권역 속에서
〔그것을〕 긍정하기 위해

가장 넓은 권역이란 무엇인가? 추측하건대 릴케는 열린 장을, 그것
도 특정한 관점에 따라 〔열린 장을〕 생각하고 있는 듯하다. 가장 넓은
권역은 존재하는 모든 것을 둘러싸고 있다. 주위를 둘러쌈은 존재하는
모든 것을 하나로 둘러싸고 있기에, 그것은 통일하는 일자에서 존재자
의 존재이다. 그러나 "존재하는"(seiend)이란 말은 무엇을 말하는가?
시인은 물론 존재자 전체를 "자연", "생명", "열린 장", "전체 연관"이라
는 이름으로 부르고 있다. 〔더구나〕 그는 존재자의 이 둥근 전체를 형
이상학의 언어의 관례에 따라 "존재"라고도 부르고 있다. 하지만 이 존
재가 어떤 본질을 가진 것인지 우리는 경험하지 못하고 있다. 그러나
릴케가 존재를 모든 것을 모험하는 모험이라고 부르고 있다면, 어쨌든
그것에 관해 말하고 있는 것은 아닐까? 확실히 그렇다. 그러므로 우리
도 이렇게 불리어진 것을 존재자의 존재의 근대적 본질, 즉 의지에의
의지로 환원시켜 생각하려고 한다. 그러나 이제 우리가 이렇게 불리어
진 것을 전체적으로 존재하는 것으로서 사유하고자 시도하고 또 둘러
싸고 있음을 존재자의 존재로서 사유하고자 시도하더라도, 가장 넓은
권역에 대한 논의는 우리에게 명료한 어떤 것도 말해주지 않는다.

사유하는 자로서 우리는 물론 존재자의 존재가 시원적으로 주위를
둘러싸고 있는 것이라는 관점 하에서 사유된 바 있다는 사실을 상기할
수 있다. 하지만 존재자의 존재가 시원적으로 어떻게 현성하였는지를
우리가 이미 묻지도 않고 또 경험하지도 않고 있다고 한다면, 존재가
이렇게 둥글다는 것(das Sphärische)을 우리는 너무도 경솔하게 언제나
피상적으로만 사유하고 있는 것이다. 존재자 전체(ἐόντα, 에온타)의 존
재(ἐόν, 에온)는 헨("Εν), 즉 통일하는 일자를 말한다. 그러나 존재의
근본특징으로서 이렇게 둥글게 둘러싸고 있는 일자란 무엇인가? 존재

란 무엇을 말하는가? 에온, 즉 '존재한다는'(seiend) 것은 '현존한다는'(anwesend) 것을, 그것도 비은폐된 것 가운데에서 현존한다는 것을 의미한다. 그러나 현존한다[는 말] 속에는 현존하는 것을 그 자체로서 현성하게 하는 그런 비은폐성의 비밀스러운 알림이 은닉되어 있다. 그러나 본래적으로 현존하는 것은, 어디에서나 동일한 것으로서 자신의 고유한 중심에 있으면서 이러한 중심으로서 둥근 것(Sphäre)으로 존재하는 그런 현존 자체일 뿐이다. 이 둥근 것은 [어떤 다른 것을] 포괄해 나가는 회전에 존립하는 것이 아니라, 현존하는 것을 환히 밝히면서 간직해 나가는 그런 탈은폐하는 중심에 존립하고 있다. 통일하는 일자의 둥근 것과 이러한 일자 자체는 탈은폐하는 환한 밝힘의 성격을 갖고 있는데, 이러한 환한 밝힘의 내부에서 현존하는 것은 현존할 수 있다. 그래서 파르메니데스는 에온, 즉 현존하는 것의 현존을 아주 둥근 깃[εὔκυκλος σφαίρη, 둥근 ꙩ]이라고 부른다(《단편집》 8권, 42). 이 완전한 둥근 공은 탈은폐하면서도 환히 밝히는 일자라는 의미에서의 존재자의 존재로서 사유된다. 어디에서나 이와 같이 통일하는 것은 그것[존재자의 존재]을 환히 밝히는 둥근 쟁반이라고 지칭할 만한 동기를 부여하고 있는데, 이 환히 밝히는 둥근 쟁반은 탈은폐하는 것으로서 결코 주위를 에워싸지 않으며, 오히려 그 스스로가 환히 밝히면서 현존 속으로 해방된다. 존재의 이러한 공과 이 공이 둥글다는 것을 우리는 결코 대상적으로 표상할 필요는 없다. 그렇다면 그것은 비대상적인 것인가? 아니다. 만일 그렇다면 그것은 표현 방식 속으로 순전히 도피한 것에 지나지 않을 것이다. 둥근 것은 탈은폐하는 현존이라는 의미에서의 시원적인 존재의 본질로부터 사유해 보아야 한다.

가장 넓은 권역이라는 릴케의 이 말은 존재가 이렇게 둥글다는 것을 의미하는가? 우리는 그것에 대한 어떠한 지침도 가지고 있지 않을 뿐만 아니라, 존재자의 존재를 모험(의지)이라고 특징짓는 것도 철저히 이와는 상반되게 말하는 것이다. 그러나 릴케 자신이 한때 "존재의 공"

(*Kugel des Seins*)에 관해 말한 적이 있으며, 그것도 이것을 가장 넓은 권역이라는 말의 해석과 직접적으로 관계가 있는 맥락에서 말하고 있다. 릴케는 1923년 동방박사 축일에 쓴 한 편지에서 다음과 같이 말하고 있다(《인젤 연감》, 1938년, 109쪽 참조). "달과 마찬가지로 삶도 확실히 늘 우리를 외면하는 측면을 가지고 있다. 그러나 이러한 측면은 삶의 반대가 **아니라**, 오히려 완전함을 위한 삶의 보충이요, 모든 것을 갖추기 위한 삶의 보충이며, **존재**의 현실적으로 온전하고도 완전한 구와 공〔*Sphäre und Kugel*, 천체〕을 위한 삶의 보충이다." 비록 우리가 대상적으로 표상된 천체와 비유적으로 관련된 설명을 그대로 받아들일 필요는 없을지라도, 그럼에도 불구하고 분명한 것은, 여기에서 릴케가 둥근 것을 '환히 밝히면서 통일하는' 현존이라는 의미에서의 존재에 대한 관점으로부터 사유하고 있는 것이 아니라, 오히려 자신의 모든 측면을 완전하게 갖추고 있는 것이라는 의미에서의 존재자에 대한 관점으로부터 사유하고 있다는 점이다. 여기서 말해진 존재의 공, 다시 말해 존재자 전체의 공은 아무런 한계도 없이 서로가 서로 속으로 흘러 넘쳐서 서로에게 작용을 미치는 순수한 힘들이 집결된 것으로서의 열린 장이다. 가장 넓은 권역은 〔서로가 서로를〕 끌어당기는 전체적 연관의 전체성이다. 이러한 가장 넓은 원에 대해 가장 강력한 중심으로서 상응하고 있는 것이 순수한 중력의 "일찍이 들어보지 못한 중심"인 것이다.

보호받지 못한 존재가 열린 장 속으로 전향한다는 것은 보호받지 못한 존재를 가장 넓은 권역 안에서 "긍정한다"는 것을 뜻한다. 이렇게 긍정을 말하는 것은, 권역 전체가 모든 점에서 완전히 갖추고 있을 뿐만 아니라, 동등하고 또 그러한 것으로서 이미 앞에 놓여 있어서 정립되어 있는 것으로 존재하는 그런 곳에서만 가능할 뿐이다. 이에 상응할 수 있는 것은 단지 긍정뿐이지 부정은 아니다. 우리에게 등을 돌리고 있는 삶의 측면들도, 그것들이 존재하는 한에서, 긍정적으로 수용될 수 있다. 이미 언급된 1925년 11월 13일의 편지에서는 다음과 같이 말해지고 있다. "죽음은 우리에게 등을 돌리고 있는, 그래서 우리에 의해 조명되지 못한 **삶의 측면이다**"(《뮈조트에서의 서한》, 332쪽). 죽음과 죽은 자들의 세계는 〔생의〕 다른 측면으로서 존재자의 전체에 속한다. 이러한 영역은 "다른 연관", 다시 말해 열린 장의 전체적 연관의 다른 측면이다. 존재자의 공이라는 가장 넓은 권역 속에는, 우리에게서 떨어져 나간 것으로서 부정적인 어떤 것으로 보이지만, 실은 우리가 모든 것을 존재자의 가장 넓은 권역 속으로 들어가 사유할 경우에는 그런 것〔부정적인 것〕으로 존재하지 않는 그러한 영역들과 세움이 존재한다.

열린 장에서부터 바라보자면, 보호받지 못한 존재도 또한 순수한 연관에 대한 헤어짐으로서, 즉 부정적인 어떤 것으로서 보인다. 대상화의 이별하는 자기관철은 어디에서나 제작된 대상들의 지속적인 것을 바라고, 이것만이 존재하는 긍정적인 것으로서 여겨지게 된다. 기술적 대상화의 자기관철은 죽음의 지속적인 부정이다. 이러한 부정을 통해서 죽음 자체는 부정적인 어떤 것, 즉 단적으로 지속하지 않는 것, 〔그러하기에〕 하찮은 것이 된다. 하지만 우리가 보호받지 못한 존재를 열린 장 속으로 옮겨놓는다면, 우리는 그것을 존재자의 가장 넓은 권역 속으로 옮겨놓는 것인데, 이러한 권역 내부에서 우리는 보호받지 못한 존재를 단지 긍정할 수 있을 뿐이다. 열린 장 속으로의 전향은 존재하는 그것을 부정적으로 읽는 것에 대한 단념이다. 그러나 죽음보다도 더욱 존재적인 것, 다시 말해 근대적으로 생각해서, 죽음보다도 더욱 확실한 것은 무엇인가? 앞에서 인용된 바 있는 1923년 1월 6일자의 서한〔동방박사 축일 때 쓴 편지〕은 "'죽음'이라는 낱말을 부정 **없이** 읽는 것"이 중요하다고 말하고 있다.

만일 우리가 보호받지 못한 존재 자체를 열린 장 속으로 옮겨놓는다면, 우리는 그것을 그 본질에 있어서, 다시 말해 전체적 연관에 대한 헤어짐으로서 가장 넓은 권역으로 향해가도록 전환시킨 것이다. 그때 우리에게 남아 있는 일은 그러한 전환을 긍정하는 것뿐이다. 그러나 이러한 긍정은 부정적 대답을 긍정적 대답으로 바꾸는 것이 아니라, 긍정적인 것을 이미 앞에 놓여 있어서 현존하는 것으로서 인정하는 것을 뜻한다. 그것은 우리가 방향이 전환된 보호받지 못한 존재를 가장 넓은 권역의 내부에서 "법칙이 우리와 접촉하는" 그런 곳으로 귀속시키는 방식으로 이루어진다. 릴케는 어떤 하나의 법칙이라고 말하지 않는다. 그는 또한 어떤 하나의 규칙을 생각하고 있지도 않다. 그는 "우리와 접촉하고 있는" 그런 것에 대해 사유하고 있다. 우리는 누구인가? 우리는 계획적인 자기관철의 방식 속에서 세계를 대상으로서 내세우는 의욕하는 자들이다. 만일 우리가 가장 넓은 권역으로부터 접촉하게 된다면, 그때 이러한 접촉은 우리의 본질과 관계한다. 접촉한다는 것은 움직인다는 뜻이다. 우리의 본질은 움직이게 된다. 접촉함으로써 의욕이 흔들리고, 그리하여 결국에는 의욕의 본질이 출현하여 움직이게 된다. 그때 비로소 의욕은 적극적(의지적)인 것이 된다.

그러나 가장 넓은 권역으로부터 나와서 직접 우리와 접촉하는 그것은 무엇인가? 세계를 대상화하는 통상적인 의욕행위 속에서 우리 자신을 통해 우리를 막아 놓고 우리에게서 물러나 있는 것은 무엇인가? 그것은 다른 연관, 즉 죽음이다. 죽음은 죽을 자들을 그들의 본질에 있어서 건드리면서, 그들을 삶의 다른 측면으로 향하는 도상에 놓고, 그리하여 순수한 연관 전체 속으로 정립하는 것이다. 그래서 죽음은 이미 정립되어 있는 것 전체 속으로, 즉 전체적 연관의 정립 속으로 모아들인다. 마치 산맥이 굽이굽이 이어진 산들을 전체로 모아들인 것처럼, 죽음이란 이러한 정립(*Setzen*)을 모아들인 것으로서 '법-칙'(*Ge-setz*)이다. 법칙이 우리와 접촉하는 그곳은, 우리가 방향이 전환된 보호받지 못한 존재를 긍정적으로 존재자 전체 속으로 들어가도록 허용할 수 있는 장소이되, 이런 장소는 가장 넓은 권역 내부에 존재한다. 그렇게 옮겨진 보호받지 못한 존재는 결국엔 보호의 밖에 있으면서 우리를 열린 장 안으로 간직한다. 그러나 어떻게 이러한 전향이 가능한가? 어떤 방식으로 열린 장과 결별하는 헤어짐의 전환이 일어날 수 있는가? 추측하건대, 그것은 이러한 전환이 우리를 우선은 가장 넓은 권역으로 향하게 하고 우리 자신을 우리의 본질에 있어 가장 넓은 권역 속으로 들어가게 할 때에만 일어날 수 있을 것이다. 안전한 존재의 영역이 먼저 우리에게 제시되어 있어야 하고, 그 영역이 우선 전환의 가능한 놀이공간으로서 접근될 수 있어야 한다. 그러나 우리에게 안전한 존재를 가져오는 것, 그리고 이와 더불어 무엇보다도 안전성 자체의 차원을 가져오는 것, 그것은 때때로 삶 자체보다도 더욱더 모험적으로 존재하는 바로 그 모험인 것이다.

그러나 이렇게 더욱더 모험적인 모험은 그 스스로가 여기저기에서 우리들의 보호받지 못한 존재를 창출하고자 하지는 않는다. 더욱더 모험적인 모험은 세계를 대상화하는 이러서러한 양식을 변경하려고 하지도 않는다. 더욱더 모험적인 모험은 오히려 보호받지 못한 존재 자체를 옮겨놓는다. 더욱더 모험적인 모험은 보호받지 못한 존재를 본래적으로 그에게 고유한 영역 속으로 데려온다.

보호받지 못한 존재가 계획적인 자기관철에 기인하는[뿌리를 내리고 있는] 대상화에서 성립한다면, [이때] 보호받지 못한 존재의 본질이란 무엇인가? 세계라는 대상적인 것은 앞에 세우면서 가까이에 세워놓는 행위[사물 전체로서의 세계를 표상하는 의식의 주체 앞에 마주 세워놓고 그것을 객체화·대상화하여 자신의 지배욕구를 충족시키기 위한 도구로 삼으려는 근대인의 표상하는 제작 행위]로 말미암아 **항구적인** 것이 된다. 이렇게 앞에 세우는 표상행위는 제출한다. 그러나 제출된 것은 계산하는 양식을 가진 표상행위에 의해 현존하게 된다. 이러한 표상행위는 직관적인 것을 알지 못한다. 사물들의 직관적인 보임새, 즉 사물들이 직접적인 감성적 직관에게 제공하는 상(*das Bild*)은 저 멀리 사라져 버린다. 기술의 계산하는 제작행위는 아무런 "상이 없는 행위"(*Tun ohne Bild*,

제 9 비가) 이다. 계획적인 자기관철은 그의 다양한 기획투사를 통해 단지 계산된 형성물의 제안을 직관적인 상 앞에 세워 놓는다. 만일 세계가 고안된 형성물이라는 대상적인 것 속으로 들어가게 된다면, 세계는 비감각적인 것, 비가시적인 것 속으로 놓이게 된다. 이렇게 항구적인 것(das Ständige)은 자신의 현존을 일종의 세움에 힘입고 있는데, 이러한 세움의 활동성은 사유하는 것(res cogitans)에게 다시 말해 의식에게 귀속해 있는 능력인 것이다. 대상들의 대상성의 영역은 의식의 내부에 머무르고 있다. 대상적인 것의 비가시적인 것은 의식의 내재성이라는 내재적인 것에 속한다.

그러나 이제 보호받지 못한 존재가 열린 장과의 결별이라면, 하지만 이러한 결별이 계산하는 의식의 비가시적이고도 내재적인 것에 속해 있는 대상화에서 기인하는 것이라면, 보호받지 못한 존재의 본질영역은 의식의 비가시적이고도 내재적인 것이다.

그러나 보호받지 못한 존재가 열린 장 속으로 방향을 전환하는 것이 원래부터 보호받지 못한 존재의 본질과 관련되어 있다고 한다면, 보호받지 못한 존재의 전환은 일종의 의식의 전환이며, 그것도 의식의 영역 **내부에서** 일어나는 전환인 것이다. 비가시적이고도 내재적인 것의 영역은 보호받지 못한 존재의 본질을 규정하고 있지만, 그것은 또한 그러한 존재가 가장 넓은 권역 속으로 옮겨가는 양식을 규정하는 것이다. 그러므로 본질적으로 내재적이면서 비가시적인 것이 자신의 본래적인 모습을 발견하기 위하여 스스로 전향해야만 하는 그곳은 그 자체가 비가시적인 것들 가운데 가장 비가시적인 것이요, 내재적인 것들 가운데 가장 내재적인 것일 뿐이다. 근대적 형이상학에서 비가시적인 내면의 영역은 계산된 대상들의 현존의 영역으로서 규정된다. 그 영역을 데카르트는 사유하는 자아(ego cogito)의 의식으로서 특징짓는다.

데카르트와 거의 동일한 시기에 파스칼은 계산하는 이성의 논리에 대립해서 마음의 논리(die Logik des Herzens)를 발견한다. 마음의 내면과 그 비가시성은 계산하는 표상행위의 내면보다 더욱더 내적이고 비가시적일 뿐만 아니라, 동시에 그것은 단지 가까이에 세워놓을 수 있는 대상들의 영역보다 훨씬 더 넓게 펼쳐진다. 마음의 볼 수 없는 가장 깊은 곳에서 인간은 비로소 사랑해야 할 것, 즉 조상, 죽은 이, 어린이, 그리고 앞으로 다가올 자들에게 마음을 기울이게 된다. 이러한 것은 이제 완전하고도 온전한 연관의 현존의 영역으로서 밝혀진 가장 넓은 권역에 속한다. 물론 이러한 현존도 계산하며 가까이에 세워놓는 일상적 의식의 현존과 마찬가지로 내재(Immanenz)의 현존이다. 그러나 비일상적 의식의 내면은, 그 안에서는 우리에게 모든 것이 계산의 수량성을 넘어서 있고 이러한 구속으로부터 자유롭게 벗어나 있어 열린 장의 구속 없는 전체 속으로 넘쳐흐를 수 있는 그런 내면공간으로 남아 있다. 이렇게 〔수량을 초월한〕 과분한〔überzählig, 계산의 수량성을 넘어서 있기에 도저히 수량화할 수 없는 과분함〕 넘쳐흐름은 그것의 현존을 고려해 바라보자면 내재적이면서 비가시적인 마음에서 솟아오르는 것이다. 〔그래서〕 열린 장 속으로의 인간의 귀속을 노래하는 제9비가의 마지막 말은, "과분한 현존재(Dasein)가 내 마음속에서 솟아오르고 있다"는 것이다.

존재자의 가장 넓은 권역은 마음의 내면공간(Innenraum)에서 현존하게 된다. 세계의 전체는 여기에서 모든 연관들에 따라 동등하게 본질적 현존〔Präsenz, 현재〕에 도달한다. 릴케는 그것에 대해 형이상학의 언어로 "현존재"(Dasein)라고 말하고 있다. 세계의 전체적 현존은 가장 넓은 개념으로 〔말하자면〕 "세계적 현존재"(weltische Dasein)이다. 이것은 열린 장을 지칭하는 다른 이름이다. 달리 말해서 그것은, 열린 장에 대해 등을 돌린 채 '앞에 세우면서 가까이에 세워놓는' 이러한 이반행위가 계산하는 의식의 내재로부터 마음의 내면공간으로 스스로 전환되었다는 점에서, 이제 열린 장을 사유하는 다른 이름인 것이다. 따라서 세계적 현존재를 위한 마음의 내면공간은 또한 "내면세계공간"(*Weltinnenraum*)이라고도 불린다. 〔여기서〕 "세계적"이라는 말은 존재하는 것 전체를 의미한다.

릴케는 1924년 8월 11일에 뮈조트에서 쓴 편지에서 다음과 같이 말하고 있다.

"'외부'는 상당히 넓습니다. 그러나 외부가 별들과의 모든 거리를 가지고 있다고 하더라도 차원과는, 즉 **우리 내면의 깊은 차원과는** 결코 비교가 되지 않습니다. 그 차원은 우주의 공간을 필요로 하지도 않으며, 자기 안에서 거의 무한합니다. 그러므로 죽은 자들이나 미래의 사람들이 머물 곳을 필요로 한다면, 그들에게 이 상상의 공간보다 더 안락하게 제공된 피난처가 **어디에** 있을 수 있을까요? 저에게는 다음과 같은 것이 더욱더 분명해집니다. 우리의 일상적 의식이 피라미드의 꼭대기에 거주하고, 그것의 기반은 우리 안에 (그리고 어느 정도는 우리 밑에) 그렇게 완전히 넓게 퍼져 있으므로, 우리가 그 안으로 내려갈 능력이 있으면 있을수록 그만큼 더 우리는 지상의 현존재, 즉 가장 광활한 개념에서의 **세계적** 현존재가 시공에 의존하지 않는 상태 속으로 끌려들어 가는 것처럼 보입니다."

이에 반해 세계라는 대상적인 것은, 시간과 공간을 계산의 양으로서 다루면서 시간의 본질을 공간의 본질과 마찬가지로 거의 알지 못하는 표상작용 속에서 오인된 채로 머문다. 릴케도 내면세계공간의 공간성을 좀더 자세히 숙고하지 않고 있고, 또한 내면세계공간이 어쨌든 세계적 현존(현재)에 체류할 곳을 제공하므로 그것이 이러한 현존과 더불어 일종의 시간성 — 이러한 시간성의 본질적 시간은 본질적 공간과 더불어 그러한 것으로서 존재 자체가 현성하는 그런 시간-공간의 근원적 통일을 형성하고 있건만 — 속에 근거하고 있는 것은 아닌지 그 여부에 관해서는 전혀 물음으로 제기하지 않고 있다.

한편 릴케는 근대 형이상학의 영역 내부에서, 다시 말해 내재적이면서 비가시적인 현존의 영역으로서의 주체성의 영역 내부에서 인간의 자기 관철하는 본질과 더불어 정립된 보호받지 못한 존재를 다음과 같이 이해하려고 시도한다. 즉, 이 보호받지 못한 존재 자체는 전향된 것으로서 가장 광대한 내면세계공간 가운데 가장 내면적이면서도 가장 비가시적인 것에서 우리를 감싸며 간직하고 있는 것이라고 말이다. 보호받지 못한 존재 자체가 간직하고 있는 것이다. 왜냐하면 보호받지 못한 존재 자체는 내면적이면서도 비가시적인 것으로서 자신의 본질에게 열린 장과의 〔종래의〕 결별에서 〔이제는 다시〕 전환하여 되돌아오라는 눈짓을 주고 있기 때문이다. 이러한 전환은 내부의 내면적인 것을 〔향해 가라고〕 지시한다. 그렇기 때문에 의식의 전환은 대상들을 앞에 세우는 표상작용의 내재로부터 마음의 공간 안에서의 현존(현재)에로 그 시선을 바꾸어 내면을 열어 밝히는 상-기(Er-innerung)인 것이다.

인간이 오로지 계획적인 자기관철에만 몰두하고 있는 한, 그 자신이 보호받지 못할 뿐만 아니라, 사물들도 또한 — 그것늘이 대상으로 되는 한에서 — 보호받을 수 없다. 물론 여기에는 사물들이 내재적이면서 비가시적인 것으로 변화한다는 사실이 놓여 있다. 그러나 이러한 변화는 사물들의 무상함을 계산된 대상들이라는 고안된 형성물을 통해서 보충하는 것이다. 이러한 대상들은 이용하고 소비하기 위해 제작된다. 그것이 신속하게 소비되면 될수록, 그것은 더욱더 빨리 더욱더 쉽게 보충될 필요가 생기게 된다. 대상적 사물들의 현존이 유지되고 있다는 것은 그 사물들이 자신의 고유한 세계 속에 안주하고 있다는 것이 아니다. 순전히 소비될 대상들로서 제작된 사물들의 항구성은 보충이다〔소비의 대상으로 제작된 사물들은 부단히 소비되고 이용됨으로써 자신의 본질을 언제나 지속해 나간다. 따라서 이러한 사물들의 항구성(das Beständige)은 소비된 자리를 끊임없이 메워나가는 보충행위에 존립한다는 것임〕.

대상성의 우월적인 지배 내에 있는 친숙한 사물들의 소멸이 우리의 보호받지 못한 존재에 속해 있듯이, 우리의 본질이 안전해지기 위해서는 또한 사물들이 단순한 대상성으로부터 구출되어야 할 것이다. 구출된다는 것은, 사물들이 전체적 연관의 가장 넓은 권역 내부에서 그 자체로 있을 수 있다는 것, 다시 말해서 아무런 제약도 없이 서로가 서로에게 의존한 채(ineinander) 있을 수 있다는 점에 존립한다. 아마도 심지어 우리들의 보호받지 못한 존재가 내면세계공간 안에서 세계적 현존재로 전향하는 것도, 우리가 대상적 사물들의 무상함과, 따라서 그 잠정적인 일시성을 단지 가까이에 세워놓는〔제작하는〕의식의 비가시적 내부로부터〔시선을 돌려〕마음의 본래적인 내면으로 전환한다는 것, 그리고 거기〔마음의 본래적 내면〕에서〔사물들의 무상함을〕보이지 않게 소생시키는 것과 더불어 시작하지 않으면 아니 될 것이다. 따라서 1925년 11월 13일의 편지는 다음과 같이 말하고 있다(《뮈조트에서의 서한》, 335쪽).

"… 우리의 과제는 이렇듯 일시적인 덧없는 대지를 그것의 본질이 우리 안에서 '비가시적인 것으로' 다시 되살아나도록 그렇게 깊이 고뇌하면서 열정적으로 우리에게 새겨놓는 일입니다. 우리는 볼 수 없는 것을 모으는 꿀벌입니다. 우리는 가시적인 것의 벌꿀을 비가시적인 것의 거대한 황금벌집 속에 저장하기 위해 부지런히 모아들입니다."

〔내면을 열어 밝히는〕상-기는 단지 관철하고 의욕할 뿐인 우리의 본질과 그 대상들을〔우리의〕마음의 볼 수 없는 가장 깊은 곳으로〔우리의 시선을〕바꾸어 놓는다. 여기서는 모든 것이 내면적이다. 즉, 모든 것이 의식의 이러한 본래적 내면을 향하여 머무르고 있을 뿐만 아니라, 이러한 내면 속에서는 아무런 제약도 없이 어떤 것이 다른 것으로 전환되어 우리에게 다가온다. 내면세계공간의 내면성(das Inwendige)은 우리에게 열린 장을 자유롭게 풀어준다. 이와 같이 우리가 내면적으로 보유하고 있는 것만을 우리는 본래적으로 외면적으로 안다. 이러한 내면성 속에서만, 다시 말해서 단지 겉으로는 보호받고 있는 것처럼 보이는 우리 주변에 놓여 있는 대상들과의 관계로부터 벗어날 때에만, 우리는 자유로운 것이다. 내면세계공간의 내면성 속에서 안전한

존재는 보호를 벗어나 존재한다.

하지만 의식에 이미 내재하고 있는 대상적인 것을 마음 속 가장 깊은 곳(das Innerste des Herzens)으로 향하게 하는 이러한 상-기는 어떻게 일어나는 것인지, 〔이에 대해〕 우리는 이미 언제나 되묻고 있다. 그것은 내재적이면서 비가시적인 것과 관계가 있다. 왜냐하면 상-기되는 것도, 그것〔상-기되는 것〕이 상-기되어 향하는 영역도 모두 그러한 본질 〔내재적인 것이면서 비가시적인 것〕에 속하기 때문이다. 상-기는 열린 장의 가장 넓은 권역 속으로 진입해 들어가도록 〔예전에 열린 장과 헤어졌던〕 결별이 그 방향을 바꾸어 전환되는 것이다. 죽을 자들 가운데 누가 이렇게 방향을 바꾸어 내면을 열어 밝히는 상-기를 수행할 수 있는가?

물론 릴케의 시는, 우리의 본질의 안전한 존재가 인간은 "때때로 생명 그 자체가 존재하는 것보다도 더욱더 모험적으로 존재한다 ⋯ . 한 숨 돌릴 동안만 더욱더 모험직이다 ⋯ "라는 것에 의해서 이루어진다고 말하고 있다.

이렇게 더욱더 모험적인 자들이 모험하는 것, 그것은 무엇인가? 이 시는 이 질문에 대해 침묵하고 있는 듯 보인다. 그러므로 우리는 이 시를 생각하면서 그 의미를 살피고자 시도하며, 또한 그 이외에도 이러한 작업을 위해 몇 개의 다른 시들을 참고하고자 한다.

우리는 다음과 같이 묻는다. 무엇이 아직도 모험될 수 있는가, 삶 자체보다도, 다시 말해 모험 자체보다도 무엇이 더 모험적일 수 있는가, 다시 말해 무엇이 존재자의 존재보다도 더 모험적일 수 있는가? 어떤 경우에도 그리고 어떤 관점에서도 모험을 겪고 있는 것은, 그것이 하나의 존재자인 한에서, 존재하는 모든 것과 관계하는 방식으로 존재하지 않으면 안 된다. 존재는 이러한 양식으로 존재한다. 그런데 이것은 다른 양식들 가운데 하나의 특수한 양식이 아니라 존재자 자체의 방식〔존재하는 것이 그 자체로서 존재하는 방식〕이다.

존재가 유일무이하게 존재하는 것이라면, 이러한 존재는 과연 무엇을 통해 〔존재자를〕 넘어서 만나게 (übertroffen) 되는 것일까? 그것은 자기 자신을 통해서만, 자신의 고유함을 통해서만, 그것도 자신의 고유함 속으로 분명히 진입해 들어가는 방식으로 그럴 뿐이다. 그렇다면 존재는 단적으로 스스로를 넘어서는 유일무이한 것, 즉 초월 그 자체 (das transcendens schlechthin) 라고 말해질 수 있으리라. 그러나 이러한 넘어감 (Übersteigen) 은 저쪽으로 넘어가는 것도 아니요, 다른 것 위로 올라가는 것도 아니다. 오히려 이러한 넘어감은 〔존재자를 넘어서〕 자기 자신에게로 다가와 그 자신의 진리의 본질 속으로 되돌아가는 것이다. 존재는 그 자체가 이렇게 넘어서-다가옴 (Herübergang) 을 철저히 관통하고 있으며, 그 자체가 이러한 것의 차원이다〔존재란 존재자를 넘어서 자기 자신의 고유한 진리 속으로 다가오는 이러한 넘어서-다가옴의 차원 그 자체〕.

이러한 것을 사유하면서 우리는 존재 자체에서 다음과 같은 것을 경험한다. 즉, 존재 안에는 존재에 속해 있는 "그 이상" (mehr) 이란 것이 놓여 있고, 그래서 존재가 모험으로서 사유되고 있는 바로 그곳에서는 또한 ─ 우리가 흔히 존재를 존재자에 입각해서 표상하는 한에서, 그 자체로 존재하는 존재보다도 ─ 더욱더 모험적인 것이 지배할 수 있는 가능성이 〔존재 안에는〕 놓여 있다는 것이다. 존재는 그 자체로서 자신의 구역을 철저히 관통하는데, 이때 그 구역은 존재가 낱말 속에 현성한다는 사실을 통해서 구획되는 것이다 (τέμνειν, tempus). 언어는 구획된 성역 (templum), 다시 말해 존재의 집이다. 언어의 본질은 그것이 어떤 것을 뜻한다는 사실에서 모두 소진되는 것도 아니요, 또한 그것은 단지 상징적인 어떤 것이나 암호적인 어떤 것도 아니다. 언어는 존재의 집이기에, 우리는 언제나 이 집을 통과함으로써 존재자에 이르게 된다. 우리가 샘으로 가거나 숲 속을 지나갈 때, 우리는 이미 "샘"이라는 낱말을 통과하고, "숲"이라는 낱말을 통과한다. 비록 우리가 이러한 낱말들을 밖으로 말하지 않고 언어적인 것을 전혀 생각하고 있지 않더라도 그런 것이다. 존재의 성역으로부터 생각해볼 때, 우리는 존재자의 존재보다도 때로는 훨씬 더 모험적인 사람들이 무엇을 모험하는지 추정해볼 수 있다. 그들은 존재의 구역을 모험한다. 그들은 언어를 모험한다. 모든 존재자, 의식의 대상들과 마음의 사물들, 자기를 관철하는 사람들과 더욱더 모험적인 사람들, 이 모든 것들은 저마다 자신들의 방식에 따라 언어의 구역 안에 존재하는 것이다. 그러므로 만일 어딘가에 그런 곳이 있다고 한다면, **오로지 이러한 구역 안에서만** 대상들의 영역과 이러한 것들을 표상하는 영역으로부터 마음 속 가장 깊은 곳으로 향해 나가는 그런 방향전환이 수행될 수 있는 것이다.

릴케의 시에서는 존재자의 존재가 형이상학적으로 세계적 현존재로서 규정되고 있는데, 이러한 현존은 ─ 의식이 계산하는 표상행위의 내재적 성격을 가지고 있든 혹은 마음으로 접근될 수 있는 열린 장 속으로의 내적 전향의 성격을 가지고 있든 좌우간에 ─ 의식 안에서의 재현과 관련되어 있다.

현존의 전체적 영역은 말함(Sagen)이라는 행위 안에서 현재적인 것이 된다. 제작행위의 대상적인 것은 한 문장에서 다른 문장으로 면밀히 추적해 나가는 이성의 명제들을 진술하거나 계산적인 명제들을 진술하는 그런 진술행위 안에 놓이게 된다. 자기를 관철하는 보호받지 못한 존재의 영역은 이성에 의해 지배된다. 이성은 자신의 말함을 위해, 즉 설명하는 술어로서의 로고스(λόγος)를 위해 여러 가지 규칙들의 특수한 체계를 세워왔을 뿐만 아니라, 이성의 논리는 그 자체가 대상적인 것 안에서 계획적으로 자기를 관철해가는 조직적 지배인 것이다. 대상적 표상행위가 전환될 경우에, 내면을 열어 밝히는 상-기의 말함에는 마음의 논리가 대응하게 된다. 형이상학적으로 규정된 이 두 가지 영역에는 논리가 주재하고 있다. 왜냐하면 이러한 상-기는 보호받지 못한 존재 자체로부터 보호를 벗어난 곳에서 일종의 안전한 존재를 창출해야 하기 때문이다. 이러한 간직함〔안전한 존재를 창출하여 마음 깊숙한 곳에 간직하는 행위로서의 간직함)은 언어를 가진 자로서의 인간과 관계한다. 인간은 형이상학적으로 각인된 존재의 내부에서 언어를 가지고 있되, 이러한 언어를 인간은 처음부터 단지 하나의 소유물로서, 그리하여 그의 표상행위와 행동관계를 조정하는 일종의 도구로서 받아들이는 그런 방식으로 가지고 있을 뿐이다. 따라서 로고스(Λόγος), 즉 오르가논으로서의 말함은 논리학을 통한 조직화를 필요로 한다. 논리학은 오로지 형이상학 안에만 존재할 뿐이다.

그러나 인간이 안전한 존재를 창출할 경우에 전체적인 내면세계공간의 법칙에 의해 접촉되는 것이라면, 인간 자체는 그의 본질에 있어서 접근되는 셈이다. 즉, 그가 스스로 의욕하는 자로서 이미 말하는 자라는 점에서 접근되고 있는 것이다. 그러나 안전한 존재를 창출해내는 것은 더욱더 모험적인 자들로부터 도래하는 것인 한에서, 더욱더 모험적인 자들은 그것[안전한 존재를 창출해내는 것]을 언어에 의해서 모험하지 않으면 안 된다. 더욱더 모험적인 자들은 말함을 모험한다. 그러나 이러한 모험의 영역이, 즉 언어가 유일무이한 방식으로 존재에 속하는 것이라면, 그것도 존재 너머에 그리고 존재를 벗어나 결코 어떤 다른 자신의 양식으로 있을 수 없는 그런 존재에 속하는 것이라면, 그때 말하는 자들이 말해야만 하는 그것[넓은 의미에서는 존재의 모험과 관련된 모든 것, 좁은 의미에서는 상-기하는 전환과 관련된 것]은 어디를 향해 말해져야 하는가? 그들의 말함은 우리의 보호받지 못한 존재를 내면세계공간의 비가시적인 것 속으로 옮겨놓는 의식의 상-기하는 전환[의식의 내면을 일깨워 마음 속 깊은 곳을 열어 밝혀나가는 방식으로의 상-기하는 전환]과 관계가 있다. 그들의 말함은, 이 말함이 전환과 관련되어 있기 때문에, 두 영역으로부터 말하고 있을 뿐만 아니라, 이러한 두 영역이 구출하는 통일로서 이미 일어나고 있는 한에서, 이 두 영역의 통일성으로부터 말하고 있다. 따라서 존재자의 전체가 순수한 연관의 열린 장으로서 사유될 경우에, 이 상-기하는 전환은 일종의 말함이어야 한다. 이때 이 말함은 말해야만 하는 그것을 존재하는 것 전체 안에서 이미 안전하게 존재하고 있는 그런 것에 대해서 말하는 것이다. 왜냐하면 이러한 말함은 가시적으로 표상된 것을 심정적인 비가시적인 것으로 이미 변화시켜 놓았기 때문이다. 이러한 자〔존재를 모험하면서 말하는 자〕는 존재의 구(der Kugel des Seins)의 한쪽과 다른 한쪽으로부터 〔즉 이 양쪽으로부터〕 순수한 연관 속으로 들어와 관련되고 있다. 여러 가지 연관들 사이에 거의 아무런 한계와 구별도 없이 지내는 이러한 자는 가장 넓은 권역의 일찍이 들어보지 못한 중심을 다스리면서 이러한 중심을 나타나게 하는 그런 자이다. 이러한 자가 릴케의 두이노의 비가에서는 천사다. 이 이름은 다시금 릴케의 시의 근본낱말로 불린다. 천사라는 이름은 "열린 장", "연관", "이별", "자연" 등과 마찬가지로 하나의 근본낱말이다. 왜냐하면 천사라는 이름에서 말해진 것은 존재하는 것 전체를 존재로부터 사유하고 있기 때문이다. 1925년 11월 13일자의 편지에서 릴케는 다음과 같이 말하고 있다(앞의 책, 337쪽).

"비가의 천사는 우리가 실행하는 볼 수 없는 것에서 볼 수 있는 것에로의 변화를 이미 자기 안에서 수행한 것으로 여겨지는 그런 피조물이다 …. 비가의 천사는 볼 수 없는 것에서 보다 높은 순위의 실재성을 인식하는 것을 보증해 주는 자이다."

근대의 형이상학이 완성되는 과정 속에서 이러한 자와의 관계가 과연 어느 정도로 존재자의 존재에 속하고 있는지, 또 릴케가 바라본 천사의 본질이 니체의 차라투스트라의 모습과 내용적으로 완전히 상이함에도 불구하고 과연 어느 정도로 **형이상학적으로 동일한 것**인지 하는 문제는, 주체성의 본질을 보다 더 근원적으로 전개함으로써만 제시될 수 있다.

이 시는 존재자의 존재, 즉 자연을 모험으로서 사유하고 있다. 모든 존재자는 모험하도록 모험되고 있다. 모든 존재자는 모험을 겪고 있는 것으로서 저울 위에 놓여 있다. 〔여기서〕 저울이란, 존재가 그때그때마다 존재자를 재는 방식, 다시 말해 이렇게 재어나가는 움직임 속에서 존재자를 지탱해주는 방식이다. 모험을 겪는 것은 모두 위험 속에 있다. 이 저울과 관계하는 양식에 따라 존재자의 영역들이 구별된다. 천사가 전체 영역 속에서 보다 높은 순위에 속한 존재자라고 한다면, 천사의 본질도 또한 저울에 입각하여 분명해지지 않으면 안 된다.

식물과 동물은 "그들의 몽롱한 욕망의 모험에서" 아무런 걱정도 없이 열린 장 속에 간직되어 있다. 그들의 육체성이 그들을 혼란스럽게 만들지는 않는다. 생물은 자신의 충동에 의해 열린 장 속으로 들어가 안주하게 된다. 물론 생물도 위험에 처하기는 하지만, 그의 본질에 있어 그런 것은 아니다. 식물과 동물은 저울이 언제나 안전한 존재의 안식 속에서 균형을 유지하도록 그렇게 저울 위에 놓여 있다. 그 안에서 식물과 동물이 모험되고 있는 저 저울은 본질적으로 불안정한 것의 영역에는, 따라서 언제나 불안정한 것의 영역에는 도달하지 못한다. 그 위에서 천사가 모험되고 있는 저 저울도 또한 불안정한 것의 바깥에 머무른다. 그러나 이러한 것은, 저울이 불안정한 것의 영역에 아직은 속하지 않기 때문에 그런 것이 아니라, 오히려 저울이 불안정한 것의 영역에는 더 이상 속하지 않기 때문에 그런 것이다. 육체가 없는 천사의 본질에 걸맞게, 가시적이고도 감각적인 것을 통해서 어쩌면 생길 수도 있는 그런 혼란이 볼 수 없는 비가시적인 것 속으로 이미 변화되었던 것이다. 천사는 내면세계공간 안에서 두 영역의 균형 잡힌 통일의 안정된 안식으로부터 본질적으로 존재한다.

이에 반해 인간은 계획적으로 자기를 관철하는 자로서 보호받지 못한 존재 속으로 모험된다. 위험의 저울은 그렇게 모험된 인간의 손에서 본질적으로 안정되지 않는다. 스스로 의욕하는 인간은 어디에서나 사물들과 인간들을 대상적인 것으로서 계산한다〔사물들과 인간들을 계산의 대상으로 삼는다〕. 계산된 것은 상품이 된다. 모든 것은 언제나 새로운 질서 속에서 다른 것으로 교환된다. 순수한 연관에 대한 결별은 끊임없이 무게를 재는 저울의 불안정 속에서 가지런히 정돈된다. 이러한 결별은 세계를 대상화함으로써 자신의 의도와는 어긋나게 불안정한 상태를 재촉한다. 이와 같이 보호받지 못한 상태 속으로 모험되면서, 인간은 사업과 "교환"이라는 매개 속에서 움직이게 된다. 자기를 관철하는 인간은 자신의 의욕을 저당으로 삼아 그것에 의해 살아간다. 인간은 본질적으로 자신의 본질을 위험에 내맡긴 채 화폐의 변이와 가치의 유효성에 철저히 구속되어 살아간다. 인간은 이렇듯 분주히 교환하는 환전상이자 중개자로서 "상인"이다. 그는 끊임없이 저울에 달고 헤아리지만, 여전히 사물의 고유한 무게는 알지 못한다. 또한 그는 자기 자신에게서 무엇이 본래적으로 무게를 갖고 있는지, 그리고 무엇이 더 무거운 것인지를 알지 못한다. 릴케는 이러한 것을 《후기 시집》의 어떤 시에서 다음과 같이 말하고 있다(21쪽 이하).

　　아, 그 누가 알리요, 무엇이 그에게서 더 무거운 것인지를.
　　온화함인가? 두려움인가? 아니면 시선인가, 목소리인가, 책인가?

　그러나 동시에 인간은 보호받지 못한 존재 자체를 열린 장 속으로 옮겨놓고 그것을 마음의 볼 수 없는 공간에 동화시킴으로써 보호를 벗어난 곳에서 "모종의 안전한 존재"를 창출해낼 수 있다. 이러한 것이 이루어진다면, 그때 보호받지 못한 존재의 불안정은 ― 내면세계공간의 균형 잡힌 통일성 속에서, 이러한 통일이 이루어지는 방식을 보여주는 그런 것이, 그리하여 ― 존재를 대표하는 그런 것이 나타나는 모종의 장소로 옮겨가게 된다. 그때 위험의 저울은 계산하는 의욕의 영역에서부터 천사에게로 옮겨간다. 릴케가 만년에 쓴 것으로 보이는, 분명히 보다 더 위대한 시를 짓기 위한 초안의 첫머리를 이루고 있는 4행의 시가 남아 있다. 이 시구에 대해서는 우선은 더 이상 말할 필요가 없다. 그것은 다음과 같다(《전집》3권, 438쪽).

상인의 손으로부터
저울이 천사에게로 옮겨갈 때,
그 천사는 저울을 하늘에 고요히 머물게 하고
공간을 차분히 고르게 한다 …

　고르게 균형이 잡힌 공간은, 그것이 열린 장의 세계적인 전체를 마련해 놓고 있는 한에서, 내면세계공간이다. 그래서 그 공간은 하나의 연관〔가시적인 것과 관련된 연관〕과 다른 또 하나의 연관〔비가시적인 것과 관련된 연관〕에게, 이 두 연관을 하나로 합치는 그런 통일의 현상을 보증한다. 이 통일은 존재의 완전한 구로서 존재자의 모든 순수한 힘들을 둥글게 에워싸고 있다. 왜냐하면 이 통일은 모든 것을 끝임 없이 한계로부터 벗어나게 하면서 이러한 모든 것을 철저히 포위하고 있기 때문이다. 저울이 〔상인의 손으로부터 천사에게로〕 옮겨갈 때, 그러한 것은 현존하게 된다. 〔그러나〕 저울은 언제 옮겨가는가? 누가 저울을 상인으로부터 천사에게로 옮겨놓는가? 만일 이러한 이행이 정말로 일어난다면, 그것은 저울의 구역에서 생기는 것이다. 저울의 요소는 모험, 즉 존재자의 존재이다. 이러한 존재의 구역으로서 우리는 특히 언어를 생각해 보았다.
　현대인에게 익숙한 삶은 환전상들이 보호받지 못하는 시장에서 자기를 관철해나가는 일상적 삶이다. 이에 반해 저울이 천사에게로 옮겨가는 것은 〔비일상적이기에〕 비범한 일이다. 심지어 이러한 이행은 규칙의 범위 안에서 예외를 보여주고 있을 뿐만 아니라, 인간을 그의 본질에 있어서 — 보호하는 규칙이든 혹은 보호하지 못하는 규칙이든 — 이러한 규칙의 범위를 벗어나 고려하고 있다는 의미에서 비범한 것이다. 그래서 이러한 이행은 "때때로" 일어난다. 여기서 '때때로'라는 말은 '가끔씩'이나 혹은 '임의로'를 뜻하지 않는다. "때때로"라는 말은 '드물게', 그리고 '적절한 때에 그때마다 유일하게 유일한 방식으로' 일어난다는 것을 의미한다. 상인으로부터 천사에게로 저울이 옮겨가는 것은, 다시 말해서 헤어짐으로부터의 전환은, 내면세계공간 속으로의 상-기로서 "때로는 또한 더욱더 모험적인 ··· 한 숨 돌릴 동안만 더욱더 모험적인 ··· " 사람들이 존재할 때에 일어나는 것이다.

이렇게 더욱더 모험적인 자들은 존재 자체에 대해서 모험하고, 그래서 존재의 구역 속으로, 즉 언어 속으로 모험하기 때문에, 그들은 말하는 자들이다. 그렇다면 인간은 그의 본질에 따라 언어를 가지고서 언제나 언어에 대해서 모험하는 그러한 자들이 아닌가? 확실히 그렇다. 그렇다면 〔자기에게〕 익숙한 방식으로 의욕하는 사람들도 이미 계산하며 가까이에 세워놓는 제작행위 속에서 말함을 모험하고 있는 셈이다. 물론 그렇다. 그렇다면 하지만 더욱더 모험적인 자들은 단지 말을 하고 있는 자일 수만은 없다. 더욱더 모험적인 자들의 말함은 특히 〔존재의〕 참말〔die Sage, 언어의 본질로서 지칭. 존재 스스로가 우리에게 전해오고 있는 이야기, 즉 자연과 역사의 기나긴 전승 속에서 우리에게 다가와 늘 말을 건네고 있는 그런 존재의 참말〕을 모험해야만 한다. 더욱더 모험적인 자들은, 그들이 더욱더 〔모험적으로〕 말을 하는 자들일 경우에만 그들 자신으로 존재하게 되는 것이다.

만일 우리가 존재자에 대하여 표상하고 제작하는 관계 속에서 동시에 발언하면서 관계하고 있다면, 그때 그러한 말함은 의욕된 것이 아니다. 그 발언은 수단과 방법에 지나지 않는다. 이와는 다르게 말하는 하나의 방식이 있다. 이러한 말함은, 그러나 언어가 〔성찰의〕 대상이 되는 그런 식으로 언어에 대하여 반성하지 않고서도, 아주 특별한 방식으로 〔존재의〕 참말 속으로 들어간다. 〔존재의〕 참말 속으로 들어간다는 것이 이러한 말함을 특징짓고 있는데, 이 말함은 말해야 할 것 〔존재가 우리에게 건네는 말〕을 따라가면서 유일하게 그것을 말하고자 한다. 그렇다면 말해야 할 것은 본질상 언어의 구역에 속하는 그런 것일 것이다. 형이상학적으로 생각하자면, 그것은 존재자 전체이다. 이러한 것의 전체성은, 그것〔순수하게 개방된 연관으로서의 열린 장〕이 인간에게 공간을 마련해주고 있는 한에서, 순수한 연관의 아무런 침해도 받지 않은 그런 존재, 즉 열린 장의 온전함이다. 그것은 내면세계공간에서 일어난다. 이 내면세계공간은, 인간이 전환하는 '상-기'에서 스스로 마음의 공간(Herzraum)으로 향해나갈 때, 인간과 접촉한다. 더욱더 모험적인 자들은 보호받지 못한 존재의 불행(das Unheile)을 세계적 현존재의 온전한 행복(das Heile)에로 향하게 한다. ㅎ 이것이 말해야 할 것이다. 말함에서 그것이 인간에게로 전향해온다. 더욱더 모험적인 자들은 노래하는 자들의 〔삶의〕 양식을 가진 더욱더 〔참답게〕 말하는 자들이다. 그들의 노래하는 방식은 모든 계획적인 자기관철에서 벗어나 있다. 그것은 욕망(Begehren)이라는 의미에서의 의욕이 아니다. 그들의 노래는 가까이에 세워놓아야 할 〔제작될〕 어떤 것을 얻으려고 애쓰지 않는다. 이 노래 속에서는 내면세계공간 자체가 스스로 마련되고 있다. 이렇게 노래하는 자들의 노래는 무엇인가를 얻으려는 것도 아니고 또 그러한 직업적 용무도 아니다.

더욱더 모험적인 자들의 더욱더 〔참답게〕 말하는 말함은 노래다. 그러나

> 노래는 현존재이다〔Gesang ist Dasein, 노래한다는 것은 현존한다는 것〕

라고 오르페우스에게 바치는 소네트의 제1부 제3 소네트는 말하고 있다. 여기서 현존재(Dasein)라는 낱말은 현존(Anwesen)이라는 전승된 의미에서 존재와 같은 뜻으로 사용되고 있다. 노래하는 것, 특히 세계적 현존재를 말하는 것, 순수한 연관 전체의 온전함으로부터 말하고 오직 이것만을 말하는 것, 이것은 곧 존재자 자체의 구역에 속해 있다는 것을 뜻한다. 이러한 구역은 언어의 본질로서 존재 자체이다. 노래를 노래한다는 것은 현존하는 것 자체 속에서 현존한다는 것이며,

그것이 곧 현존재(Dasein)이다.

그러나 더욱더〔참답게〕말한다고 하더라도, 그것은 더욱더 모험적인 자들만 할 수 있기에, 그것은 아주 드물게 일어날 뿐이다. 그것은 어렵기 때문이다. 그 어려움은 현존재를 완수해나간다는 점에 있다. 그 어려움은 단지 언어의 작품을 만드는 어려움에 있는 것이 아니라, 여전히 사물을 욕망의 눈으로 바라보면서 말하는 그런 시각의 작업으로부터 "마음의 작업"으로 옮겨가는 어려움에 있다. 노래하는 것이 더 이상 무엇인가를 얻으려는 것으로 존재할 필요가 없고, 오히려 현존재로 존재해야만 하는 한에서, 노래는 어려운 것이다. 언제나 열린 장에 체류하는 가신(歌神) 오르페우스에게는 노래가 쉬운 것일지라도, 인간에게는 그렇지 않다. 그래서 앞에서 말한 소네트의 제2절은 다음과 같이 묻는다.

그러나 우리는 언제 **존재**하는가?

강조는 "존재한다"는 데에 놓여 있지, "우리"에 놓여 있지 않다. 우리가 존재자에 속해 있고 이러한 관점에서 현존한다는 것은 아무런 문제도 되지 않는다. 그러나〔여기서〕문제가 되고 있는 것은 이런 것이다. 즉, 우리의 존재가 노래이고, 그것도 그렇게 노래하는 방식이 아무 데에서나 울려 퍼지는 것이 아니라 참으로 노래하는 것이어서, 그 노래의 울림이 언젠가 최종적으로 도달되는 것에 좌우되는 것이 아니라 오히려 노래하는 것이 이미 울림 속에서 부셔져 버려, 결국에는 오로지 노래된 것 자체만이 현성하게 되는 그런 방식으로 그렇게 우리가 존재하는 것은 언제인가 하는 것이〔여기서〕문제가 되고 있는 것이다. 이와 같이 존재자 자체가 존재하는 것보다도 더욱더 모험적인 자들로 존재할 때, 인간은 더욱더〔참답게〕말하는 자들로 존재하는 것이다. 이렇게 더욱더 모험적인 자들은, 이 시에 따르면, "한 숨 돌릴 동안만⋯

더욱더 모험적"이다. 앞에서 말한 소네트는 다음과 같이 끝난다.

참으로 노래한다는 것은 다른 숨결이다.
아무것도 에워싸지 않는 숨결. 하느님 속에 불고 있는 것. 하나의 바
람〔원초적 의미에서 프네우마(πνεύμα)로서의 성령은 이와 유사한 의미
에서의 숨결, 바람을 의미〕.

헤르더(Herder)는 그의 《인류사의 철학 이념》(*Ideen zur Philosophie
der Geschichte der Menschheit*)에서 다음과 같이 쓰고 있다. "우리의 입
에서 흘러나오는 숨결은 다른 사람들의 영혼 속에서 세계의 그림이 되
고, 우리의 사상이나 감정의 전형이 된다. 인간이 일찍이 대지 위에서
인간적인 것을 생각하고 바라고 행해왔으며 또 행하게 될 그 모든 것
은 어디선가 부드럽게 불어오는 미풍에 달려 있다. 만일 이 신적인 숨
결이 우리 주위에 흐르지 않고 마법의 음색처럼 우리 입술 위를 떠돌
지 않는다면, 우리들은 모두 숲 속을 배회하며 돌아다닐 것이기 때문
이다"(*WW.* Suphan XIII, 140 f.).
　더욱더 모험적인 사람들이 한 숨 돌릴 만큼만 보다 모험적이라고 하
는 그 숨결(한 숨)은 우선 거의 눈에 띄지 않을 만큼 이내 곧 사라져
버리는 그런 ─ 차이의 ─ 척도를 의미하는 것이 아니라, 오히려 직접
적으로 낱말과 언어의 본질을 의미한다. 한 숨 돌릴 동안만 보다 모험
적인 그런 자들은 언어를 가지고 모험한다. 그들은 더욱더 〔참답게〕
말하는 자들이다. 왜냐하면 그들이 한 숨 돌릴 동안만 보다 모험적이
라고 말할 때의 그 한 숨은 〔일반적으로 사람들이 말하는 것과 같은〕 그
런 말함 일반을 가리키는 것이 아니라, 오히려 그러한 한 숨은 모종의
다른 숨결, 즉 사람들이 말하는 것과는 다른 〔방식의〕 말함이기 때문
이다. 이 다른 숨결은 더 이상 이러저러한 대상들을 얻으려고 노력하
지 않는다. 그것은 아무것도 구하지 않는 숨결이다. 노래하는 사람들

이 말한다고 할 때, 이러한 말함은 마음의 내면세계공간 속에 보이지 않게 마련되어 있는 그런 세계적 현존재의 온전한 전체를 말하는 것이다. 노래는 말해야만 하는 것을 차후에 비로소 뒤따르는 것이 아니다. 노래는 순수한 연관의 전체에 속해 있는 것이다. 노래한다는 것은 완전한 자연의 일찍이 들어보지 못한 중심에서 불어오는 바람의 끌어당김에 의해 끌려가는 것〔완전한 자연의 일찍이 들어보지 못한 중심 속으로, 따라서 순수한 연관 전체로서의 존재의 열린 장 속으로 인도되어 가는 것〕이다. 노래는 그 자체가 "하나의 바람"이다.

그래서 이 시는 무엇보다도 분명하게 시적으로, 그 자체로 존재하는 생명보다도 더욱더 모험적으로 존재하는 사람들이 누구인지를 말하고 있다. 그것은 "한 숨 돌릴 동안만 더욱더 모험적으로 …" 존재하는 사람들이다. 이 시의 본문에서 "한 숨 돌릴 동안만 더욱더 모험적으로 …"라는 말 뒤에 이어지는 세 개의 말없음표는 아무런 이유도 없이 그냥 있는 것이 아니다. 그것은 침묵 속에서 말로는 드러낼 수 없는 것을 말하고 있다.

더욱더 모험적인 자들은 시인들이다. 그러나 그들은 자신의 노래에 의해 우리의 보호받지 못한 존재를 열린 장 속으로 전환시키고 있는 그런 시인들이다. 이러한 시인들은 열린 장에 대한 〔종래의〕 결별을 전환시키고, 온전하지 못한 것〔열린 장과의 결별로 인해 온전함(*das Heile*)을 상실한 것〕을 온전한 전체 속으로 〔마음의 내면을 열어 밝혀〕 상-기하고 있기에, 온전하지 못한 것 속에서도 온전한 것을 노래한다. 상-기하는 전환은 열린 장에 대한 헤어짐을 이미 초극하고 있는 것이다. 상-기하는 전환은 "모든 헤어짐에 앞서" 있으며, 모든 대상적인 것을 마음의 내면세계공간 속에서 견디어 내면서 이겨내고 있다. 인간이 언어를 가지고 말하는 자로 존재하는 한에서, 전환하면서 상-기하는 행위는 인간의 본질로부터 스스로 모험하는 그런 모험인 것이다.

그러나 근대적 인간은 의욕하는 인간이라고 불린다. 더욱더 모험적인 사람들은 세계를 대상화하는 계획적인 자기관철과는 다른 방식으로 의욕한다는 점에서 보다 의욕적이다. 그들의 의욕은 세계를 대상화하는 방식으로는 의욕하지 않는다. 의욕한다는 것이 단지 자기를 관철하는 것에 불과하다면, 〔이런 경우에〕 그들은 아무것도 의욕하지 않는 셈이다. 그들은 이러한 의미에서는 아무것도 의욕하지 않는다. 왜냐하면 그들은 보다 강한 의지의 수행자이기 때문이다. 오히려 그들은 모험 그 자체로서, 모든 순수한 힘을 열린 장의 순수한 전체적 연관으로서 자기 자신에게로 끌어들이는 그런 의지에 상응한다. 더욱더 모험적인 사람들의 의욕은 더욱더 〔참답게〕 말하는 사람들의 의지와도 같은 것이다. 이들〔더욱더 참답게 말하는 사람들〕은 폐쇄된 상태로부터 벗어나 (ent-schlossen)〔더욱더 참답게 말하는 사람들의 결단성(Entschlossenheit)은 아주 독특한 방식으로 드러나는 의지의 결단성임〕 있다. 다시 말해서 이들은 의지로서의 존재가 존재자를 바라는 그런 의지에 대해서 더 이상 결별하며 폐쇄되어(verschlossen) 있지 않다. 더욱더 모험적인 사람들의 의지적 본질은 (제9비가의 말에 따르면) 더욱더 〔참답게〕 말하고 있다.

> 대지여, 그대가 원하는 것은 보이지 않게
> 우리들 속에서 소생하지 않는가? – 그대의 꿈은
> 언젠가 보이지 않게 되는 것이 아닌가? – 대지여! 보이지 않는 것이여!
> 변하지 않는다면, 무엇이 그대의 절박한 임무인가?
> 사랑스런 그대여, 나는 대지를 원하노라.

이러한 내면세계공간의 세계적인 통일로서 천사가 나타나는데, 이렇게 볼 수 없는 내면세계공간의 비가시성 속에서 세계적인 존재자의 온전함은 〔이제 비로소〕 가시적으로 보일 수 있는 것이 된다. 온전함의 가장 넓은 권역 속에서 비로소 성스러운 것이 나타날 수 있다. 더욱더 모험적인 사람들의 양식으로 존재하는 시인들은 온전하지 않은 것을 온전하지 않은 것으로서 경험하기 때문에, 그들은 성스러운 것의 흔적을 찾는 도상에 있다. 나라 곳곳에 그들의 노래는 성스럽게 울려 퍼진다. 그들의 노래는 존재의 구의 신성함을 축하한다.

온전하지 못한 것으로서의 온전하지 못한 것은 우리로 하여금 온전한 것의 흔적을 찾아 나서게 한다〔달리 말해, 온전하지 못하기에 불행한 삶은 우리로 하여금 행복한 삶을 찾아 나서게 한다〕. 온전한 것은 성스러운 것을 부르면서 눈짓한다. 성스러운 것은 신적인 것을 불러들인다. 신적인 것은 신을 가까이 오게 한다.

더욱더 모험적인 사람들은 온전함을 상실한 불행한 삶 속에서 보호받지 못한 존재를 경험한다. 그들은 세계의 밤의 어둠 속으로 달아나 버린 신들의 흔적을 죽을 자들에게 가져온다. 더욱더 모험적인 사람들은 온전한 것을 노래하는 사람들로서 "궁핍한 시대의 시인들"이다.

이러한 시인들의 특징은, 그들에게는 시〔*Dichtung*, 시 짓기〕의 본질이 물음의 주제로 떠오르고 있다는 점에 있다. 왜냐하면 그들은 자신들이 말해야만 하는 것이 무엇인지를 시적으로 모색하고 있기 때문이다. 온전한 것에의 흔적을 찾아가는 도상에서 릴케는 본질적으로 노래하는 노래는 과연 언제 존재하는가 라는 시적인 물음에 도달한다. 이 물음은 시인으로서 걸어가기 시작하는 길의 출발점에서 제기되는 것이 아니라, 오히려 릴케의 말함이 다가오는 시대에 상응하는 시인다운 시인의 사명에 도달하게 된 바로 그곳에서 제기된다. 이 다가오는 시대는 쇠퇴도 아니고 몰락도 아니다. 그것은 역사적 운명으로서 존재에서 기인하기에, 그것은 존재가 말 걸어오는 요구 속으로 인간을 받아들인다.

횔덜린은 궁핍한 시대를 살아가는 시인들의 선구자이다. 따라서 이 시대의 어떠한 시인도 그를 능가할 수 없다. 그러나 선구자는 미래로 사라지는 것이 아니라, 오히려 그의 말이 도래할 때에만 현존하게 되는 그런 미래로부터 다가오는 것이다. 이러한 도래가 순수하게 일어나면 일어날수록, 그만큼 더 머무름도 〔본래적으로〕 현성하게 된다. 다가오는 것이 예언 속에서 숨겨진 채로 남아 있으면 있을수록, 그만큼 더 도래는 순수하게 존재한다. 따라서 언젠가 "온 세상"이 그의 시(Gedicht)를 받아들이게 될 때에 이르러서야 비로소 횔덜린의 시대가 오게 될 것이라고 생각한다면, 그것은 잘못된 생각일 것이다. 그것은 결코 그러한 형태로 도래하지는 않을 것이다. 왜냐하면 이 시대가 무슨 일을 하고 있는지 자기도 알지 못한 채, 횔덜린의 시(Dichtung)가 시대에 적합하게 되는 것을 저해하고자 온갖 힘을 기울이고 있는 것이야말로 바로 이 시대의 궁핍함이기 때문이다.

선구자는 추월될 수도 없고, 또 그는 사라져버리지도 않는다. 왜냐하면 선구자의 시 지음(Dichten)은 있어온 것(Ge-wesenes)으로서 남아 있기 때문이다. 〔있어온 것 가운데〕 현성하는 도래는 역사적 운명 속으로 되돌아가 결집된다〔본래적 시간의 탈자적 통일성을 함축하고 있음〕. 이런 식으로 결코 소멸의 과정 속으로 빠져 들어가지 않는 것은 처음부터 〔허망하게 흘러가버리는〕 지나간 모든 것을 극복한다. 단지 흘러가기만 하는 것은 자신이 소멸되기 이전에 이미 역사적 운명을 상실해버린 것이다. 이와는 반대로 있어온 것은 역운적인 것〔존재의 역사적 운명에 속해 있는 것〕이다. 이른바 영원한 것 속에는 고작해야 숨이 멈추어버린 덧없는 것만이 숨겨져 있을 뿐이다. 다시 말해서 지속을 상실한 지금의 공허 속으로 끌려가버려 덧없이 사라지는 것만이 숨겨져 있을 뿐이다.

만일 릴케가 "궁핍한 시대의 시인"이라고 한다면, 그때는 또한 오로지 그의 시(Dichtung)만이, 그는 무엇을 위한 시인인지, 그의 노래는 무엇을 향한 도상에 있는지, 시인은 세계의 밤이라는 〔시대의〕 역사적 운명 속에서 어디로 귀속하고 있는지 등등의 물음에 대답할 수 있다. 이러한 역사적 운명이 이러한 시의 영역 속에서 무엇이 역운적으로 남아 있는지를 결정한다.

아낙시만드로스의 잠언

Der Spruch
des Anaximander

아낙시만드로스의 잠언은 서양의 사유에서 가장 오래된 잠언이라고 여겨진다. 그는 기원전 7세기 말부터 6세기 중엽까지 사모스(Samos) 섬에서 살았다고 한다.

일반적으로 흔히 인용되는 원전에 따르면 그 잠언은 다음과 같다.

ἐξ ὧν δὲ ἡ γένεσίς ἐστι τοίς οὖσι καὶ τὴν φθοράν εἰς ταύτα γίνεσθαι κατὰ τὸ χρεών· διδόναι γὰρ αὐτὰ δίκην καὶ τίσιν ἀλλήλοις τής ἀδικίας κατὰ τὴν τού χρόνου τάξιν.

사물들은 자기가 생겨난 곳으로 반드시 소멸해 가기 마련이다. 왜냐하면 사물들은 시간의 질서에 따라 마땅히 대가를 치르면서 자기가 저지른 옳지 못한 일들에 대해 처벌받아야 하기 때문이다(WW. Bd. X, 26쪽).

젊은 시절 니체는 "그리스 비극시대에서의 철학"이라는 표제가 달린, 1873년에 완성된 그의 논문의 필사본에서 위와 같이 번역하였다. 그 논문은 그 후 30년이 지난 1903년에 그가 죽은 뒤에 비로소 출간되었다. 그 글은 니체가 "선별된 단편들의 해석을 곁들인 플라톤 이전의 철학자들"이라는 제목으로 1870년대 초에 수차례 바젤에서 행하였던 강연에 토대를 두고 있다.

플라톤 이전의 철학자들에 관한 니체의 논문이 처음으로 출간되어 알려지기 시작한 1903년 같은 해에는 《소크라테스 이전의 사상가들의 단편집》(Fragmente der Vorsokratiker)이 출간되었는데, 이 책은 헤르만 딜스(Hermann Diels)가 근대 고전 문헌학의 방법에 따라 원전에 충실하게 번역한 글이다. 이 작품은 빌헬름 딜타이(Wilhelm Dilthey)에게 헌정되었다. 딜스는 아낙시만드로스의 잠언을 다음과 같이 번역하고 있다.

> 그러나 사물들은 자기가 생겨난 곳으로 필연적으로 또 사라져 간다. 왜냐하면 사물들은 자신이 저지른 해악에 대하여 정해진 시간에 따라 서로 벌을 받고 대가를 치르기 때문이다.

니체의 번역과 딜스의 번역은 서로 다른 동기와 의도에서 비롯된 것들이다. 그럼에도 불구하고 두 번역은 서로가 거의 구별되지 않는다. 딜스의 번역이 여러 면에서 단어 상으로는(wörterlich) 좀더 원문에 가깝다. 그러나 번역이 단지 단어 상으로 원문에 가깝다고 해서, 그것이 낱말에 충실한(wortgetreu) 번역이 되는 것은 아직 아니다. 번역어들이 사태의 언어에서 말해지는 그런 낱말로 존재하는 한에서만, 비로소 번역은 낱말에 충실한 번역일 수 있다.

두 번역 사이의 일반적인 일치점보다도 더욱 중요한 것은 그것들의 근저에 놓여 있는 아낙시만드로스에 대한 견해이다. 니체는 그를 플라톤 이전의 사상가(Vorplatoniker)로 생각하는 반면, 딜스는 그를 소크라테스 이전의 사상가(Vorsokratiker)로 간주한다. 이 두 명칭은 같은 것을 말하고 있다. 초기 사상가들을 해석하고 평가하는 데에 있어 암암리에 묵언의 기준이 되고 있는 것이 플라톤과 아리스토텔레스의 철학이다. 이 두 사람은 그들 이전과 이후를 가르는 그리스 철학자로 간주된다. 이러한 시각은 그리스도교 신학을 거치면서 일반화되어 오늘에 이르기까지 흔들리지 않는 부동의 신념으로 확고히 자리를 잡고 있다. 또한 그 동안에 플라톤과 아리스토텔레스 이전의 철학자들에 대해서는 문헌학적이며 역사학적인 연구가 좀더 심도 있게 진행되고 있지만, 정작 이런 연구가 진행되고 있는 곳에서도 그 해석에서는 여전히 플라톤적이면서도 아리스토텔레스적인 관념들과 개념들이 근대적으로 변형된 방식으로 주도적인 실마리를 제공하고 있다. 이러한 점은 심지어 고전적인 고고학이나 문학사에 기대어 고대적인 것을 초기의 사유에서 찾아보고자 시도할 경우에도 해당된다. 그것은 고전적인 그리고 고전주의적인 관념들에 머물러 있다. 사람들은 고대 논리학에 대해 이야기하면서도, 논리학이 플라톤과 아리스토텔레스의 교과과정에서 처음으로 나타난다는 사실을 숙고해 보지 않는다.

한 언어를 다른 언어로 번역할 경우에 번역되어야 할 사태가 과연 어떤 상태로 있는지를 우리가 먼저 주목해 보지 않는다면, 후대의 관념들을 단순히 무시하는 태도로는 아무런 결실도 거둘 수 없다. 그런데 여기서 사태란 사유의 사태이다. 문헌학적으로 설명된 언어에 온갖 세심한 주의를 기울이면서도 우리는 번역할 경우에 우선 사태를 사유해 보아야만 한다. 따라서 이 초기 사상가의 잠언을 번역하고자 할 경우에, 우리를 도울 수 있는 것은 오직 사상가들뿐이다. 우리는 이런 도움을 갈구하지만, 우리가 찾고 있는 것은 물론 헛될 뿐이다.

젊은 니체는 플라톤 이전의 철학자들이 지닌 개개인의 특성을 나름대로는 생생하게 파악했지만, 원전에 대한 그의 해석은 비록 완전히 피상적인 것은 아니었다고 하더라도 상당히 진부한 편이었다. 사유의 역사를 사유하면서 경험하였던 서양의 유일한 사상가는 헤겔이다. 하지만 그는 아낙시만드로스의 잠언에 대해서는 아무 말도 하지 않는다. 더욱이 헤겔도 플라톤과 아리스토텔레스의 철학이 지닌 고전적 특성에 관한 지배적 신념을 공유하고 있다. 그는 심지어 초기의 사상가들을 아리스토텔레스 이전의 사상가(*Vor-Aristoteliker*)로 파악함으로써, 그들을 소크라테스나 플라톤 이전의 철학자들로 간주하는 견해에 근거를 마련해 주고 있다.

헤겔은 그리스 철학사에 관한 그의 강의에서, 철학의 초창기를 인식하기 위한 원천들에 관해 언급하면서 다음과 같이 말하고 있다. "아리스토텔레스가 가장 풍부한 원천이다. 그는 초기의 철학자들을 명확하게 그리고 철저하게 연구했으며, 자신의 형이상학을 개진하기 시작하면서 특히 그들에 관해 (수차례에 걸쳐) 역사적으로 차례대로 거론하였다. 그는 박식할 뿐만 아니라 매우 철학적이다. 그러므로 우리는 그를 신뢰할 수 있다. 그리스 철학을 이해하고자 한다면, 그의 형이상학의 제1권을 꼼꼼히 음미해보는 것보다 더 좋은 일은 있을 수 없다"(*WW.* XIII, 189쪽).

헤겔이 여기서 19세기 초엽에 그의 강의에 귀 기울이던 청중들에게 권유하였던 것을, 이미 아리스토텔레스 시대에는 그의 제자인 테오프라스트(Theophrast)가 추종한 바 있다. 그는 아리스토텔레스의 사상을 계승한 최초의 후계자로 페리파토스(*Peripatos*) 학파〔기원전 3세기 무렵 테오프라스트에 의해 창립된 아리스토텔레스 학파의 일종으로, 그 당시 플라톤 학파, 스토아 학파, 에피쿠로스 학파와 더불어 그리스 철학의 전통을 주도〕를 이끌다가 기원전 289년에 죽었다. 그는 "퓌시콘 독사이"(Φυσικῶν δόξαι)라는, 즉 "퓌세이 온타〔φύσει ὄντα, 자연적인 존재자, 그 스스로 피어올라 자기 자신을 개현하는 방식으로 존재하는 것〕에 관해서 말하는 사람들의 속견들"이라는 제목의 책을 저술하였다. 아리스토텔레스는 그들을 퓌시올로고이(φυσιολόγοι)라고도 부르는데, 이는 자연의 사물들을 다룬 초기 사상가들이라는 뜻이다. 퓌시스(Φύσις)는 하늘과 땅, 식물과 동물, 그리고 어떤 점에서는 확실히 인간을 의미하기도 한다. 이 낱말은 플라톤 학파에서와 마찬가지로 아리스토텔레스에게서도 일반적으로는 에토스(ἦθος)나 로고스(λόγος)와는 구별되는 존재자의 어떤 특수한 영역을 의미한다. 퓌시스(Φύσις)는 존재자의 총체라는 넓은 의미를 더 이상 갖지 않는다. 아리스토텔레스가 자연학, 즉 퓌세이 온타의 존재론을 주제적으로 고찰해 나가기 시작할 때, 퓌세이 온타[자연적 존재자]라는 의미에서의 존재자의 양식은 테크네 온타[τέχνη ὄντα, 제작된 존재자]와 명백히 구별되고 있다. 전자는 그 스스로 자발적으로 피어나 산출되는 것이고, 후자는 인간의 표상함과 제작함을 통해 산출되는 것이다.

헤겔은 아리스토텔레스가 박식할 뿐만 아니라 매우 철학적이라고 말하는데, 이것은 아리스토텔레스가 그의 《자연학》의 시야에서 그리고 그것을 척도로 삼아 초기의 사상가들을 역사학적으로 바라보고 있다는 것을 의미한다. 우리가 볼 때 그것은 헤겔이 소크라테스와 플라톤 이전의 사상가들을 아리스토텔레스 이전의 사상가들로 이해하고 있다는 것을 뜻한다. 그 후 이로 인해 다음과 같은 이중적인 견해가 플라톤과 아리스토텔레스 이전의 철학에 대한 일반적인 관점으로 굳어지게 되었다. ⑴ 초기의 사상가들이 존재자의 제1시원에 관해 물었을 때, 그들은 우선은 대개 오직 자연만을 그들의 표상의 대상으로 삼았다. ⑵ 자연에 관한 그들의 진술은 플라톤 학파와 아리스토텔레스 학파, 그리고 스토아 학파와 의사(醫師)들의 여러 학파에서 전개된 자연 인식과 비교해 볼 때, 우연적이고도 불충분한 상태에 머물러 있었다.

테오프라스트의 《퓌시콘 독사이》(φυσικών δόξαι)는 헬레니즘 시대에는 철학사 개론서들의 주요 원전이 되었다. 그때까지 잘 보존되어 왔던 초기 사상가들의 원문들을 해석하면서 규정하고 있는 이러한 개론서로부터 후대의 문헌사적 철학 전통이 수립되었다. 이러한 전통의 내용만이 아니라 그 양식도, 헤겔 이후에 이르기까지 사유의 역사에 대한 후대의 사상가들의 관계를 함께 결정지어 왔다.

신플라톤주의자인 심플리키오스(Simplikos)는 기원후 530년경에 아리스토텔레스의 《자연학》에 대한 포괄적인 주석서를 저술하였다. 이 주석서에서 심플리키오스가 아낙시만드로스의 잠언집을 수록함으로써 그 글이 서양에 보존되었던 것이다. 그는 이 잠언을 테오프라스트의 《퓌시콘 독사이》에서 인용하였다. 아낙시만드로스가 어디에서 어떻게 누구에게 말했는지는 모르지만 〔아무튼〕 이 잠언을 말한 이후로, 심플리키오스가 그 잠언을 자신의 주석서에 기록한 그 순간까지, 가히 천년이 넘는 기나긴 세월이 흘러갔다. 그런데 이러한 기록이 이루어졌던 그 당시와 지금 이 순간 사이에도 다시금 천 오백 년이라는 장구한 시간이 가로놓여 있는 것이다.

이천 오백 년이라는 연대기 상의 시간적 거리를 뛰어넘어 아낙시만드로스의 잠언이 아직도 여전히 우리에게 무언가를 말할 수 있을까? 어떤 권위로부터 그것이 말하는 것일까? 단지 그것이 가장 오래된 것이라는 사실에서 그런 것일까? 그것이 오래된 고대의 유산이라는 것 자체는 결코 중요한 것이 아니다. 게다가 그 잠언이 전승된 잠언들 가운데에서도 가장 오래된 것이기는 하지만, 우리는 그것이 과연 그 양식 면에서 서양 사유의 최초의 잠언인지는 알지 못하고 있다. 우리가 초기의 잠언이 말하고 있는 그것으로부터 비로소 서양의 본질을 사유하고 있다고 가정한다면, 우리는 이러한 점을 추정할 수 있을 것이다.

하지만 그 초기의 것은 아마도 가장 뒤늦은 철학 계승자인 우리들에게 말을 건네기 위해서 어떤 것을 요구하고 있는 것은 아닐까? 우리는 갈수록 황량해지는 획일화된 질서 속으로 모든 것을 소멸시키는 그런 종말을 향해 지금도 쉴 새 없이 줄달음치는 역사의 계승자인가? 혹시 그 잠언의 연대기적-역사학적 거리 속에는, 장차 도래할 것을 저 멀리 가리키며 말하고 있는 것의, 하지만 아직은 말해지지 않은 것의 어떤 역사적인 가까움이 은닉되어 있는 것은 아닐까?

우리는 실로 지구 전체에 휘몰아칠 가장 섬뜩한 변화의 전야(*Vorabend*, 前夜)에 서 있는 것일까? 우리는 지구 전체의 운명이 걸려 있는 그런 역사 시대 공간의 전야에 서 있는 것일까? 우리는 또 다른 새벽으로 나아가는 밤을 〔맞이하기〕 위한 저녁 무렵에 서 있는 것일까? 우리는 바야흐로 이 저녁이라는 역사의 땅으로 이주하기 위해 길을 떠나고 있는 것일까? 저녁의 땅은 이제야 비로소 솟아오르기 시작하는가? 이 저녁-땅(Abend-land)이 서양과 동양을 넘어서, 그리고 유럽적인 것을 관통하여, 비로소 앞으로 다가올 좀더 시원적으로 〔그리고 숙명적으로〕 엮어질 역사의 처소〔Ortschaft, 근원적 장소〕가 될 것인가? 우리 현대인은 세계의 밤으로 이행함으로써 비로소 그 의미가 떠오르게 될 그런 저녁-땅에 이미 거주할 채비를 갖추고 있는가? 단지 역사학적으로 산출된 모든 역사철학이, 역사의 설명근거가 되는 토대를 역사의 본질로부터 그리고 이러한 본질을 존재 자체로부터 사유하지 않은 채, 단순히 역사학적으로 제시된 자료들을 조망하는 가운데 눈이 멀어 〔단지 그런 식으로〕 역사를 설명하고 있다면, 그 모든 역사철학이 과연 우리에게 무슨 의미가 있다는 말인가? 〔역사의〕 계승자인 우리는 〔진정한 의미에서 역사의〕 계승자로 **존재하고** 있는가? 그러나 우리는 동시에 오늘날의 역사학적인 역사관을 멀찌감치 앞질러 간 전혀 다른 시대의 새벽을 알리는 선구자가 아닐까?

니체는 — 슈펭글러(Spengler)는 그의 철학을 아주 엉성하게 이해함으로써 서구적 역사세계라는 의미에서 서양의 몰락을 예측하였지만 — 1880년에 출간된 《방랑자와 그의 그림자》(Der Wanderer und sein Schatten, 잠언 125)에서 다음과 같이 서술하고 있다. "인간성의 어떤 높은 상태〔종래의 가치규범에 구속된 인류의 상태가 아니라, 그것을 초극한 초인의 세상〕가 가능할 것이다. 거기에서 다민족의 유럽은 어두운 망각의 상태로 남아 있게 될 것이며, 또 거기에서 유럽은 결코 녹슬지 않을 30권의 매우 낡은 책 속에 살아 숨 쉬게 될 것이다."

모든 역사학은 현재에 의해 규정된 과거의 모습을 통해 다가올 것을 예측해 낸다. 역사학은 미래를 끊임없이 파괴할 뿐만 아니라, 〔존재의〕 역사적 운명(Geschick)의 도래에 대한 역사적 연관도 끊임없이 파괴한다. 역사주의는 오늘날 극복되지 않고 있을 뿐만 아니라, 이제는 확산되고 고착화되는 단계로 접어들고 있다. 방송과 그 뒤를 분주히 쫓는 언론을 통해서 세계의 개방성을 기술적으로 조직하는 것이 역사주의의 본래적인 지배형식이다.

하지만 우리가 역사학의 방식에 머무르고 있는 한, 과연 한 시대의 새벽을 〔종래와는〕 다르게 표상하면서 서술해 낼 수 있을까? 아마도 우리들에게 역사학이란 역사적인 것을 현재화하기 위해서는 여전히 필요로 하는 불가피한 수단일 것이다. 하지만 그렇다고 해서 이러한 사실이, 역사학이 그 자체로 ― 글자 그대로의 의미에서 ― 〔역사에 도달하는〕 역사에 대한 충만한(hin-reichend) 관계를 역사 안에서 형성할 수 있게 해준다는 것을 의미하지는 않는다.

아낙시만드로스의 잠언을 규정하고 있는 고대는 서양(저녁-땅)의 초창기의 이른 새벽에 속한다. 그러나 이른 새벽이 자후의 모든 것을, 심지어 가장 이른 것이 가장 나중의 것을 훨씬 폭넓게 앞지르고 있다면 어떻게 될까? 그렇다면 일찍이 역사적 운명이 일어났던 이른 새벽이라는 저 까마득한 옛날은 앞으로 언젠가 최후(ἔσχατον)에 일어날 저 까마득한 훗날이, 다시 말해 여태까지 감추어져 왔던 존재의 역사적 운명과 작별을 고하는 그런 먼 훗날이 될 것이다. 존재자의 존재는 자신의 역사적 운명의 최후를 향해 모여든다(λέγεσθαι, λόγος). 존재의 지금까지의 본질[1] 은 아직도 여전히 감추어져 있는 자신의 진리[2] 속으로 가라앉는다. 존재의 역사는 이러한 작별 속으로 모인다. 이러한 작별 속으로의 모임은 존재의 지금까지의 본질이 그 극단(최후)에서 집결하는 것으로서, 존재의 종말론(Eschatologie)이다. 존재 자체는 역운적인 것으로서 그 자체 종말론적이다.

---

1) 1950년 초판의 각주에는, '현존성 ― 현존하게 함: 현-존하는 것'이라고 적혀 있다.
2) 1950년 초판의 각주에는, '자기은닉의 환한 밝힘'이라고 적혀 있다.

그러나 우리는 존재의 종말론이라는 이름에서 종말론이라는 낱말을 신학이나 혹은 철학의 어느 한 분과를 지칭하는 명칭으로는 이해하지 않는다. 우리는 존재사적으로 정신의 현상학이 사유될 수 있는 것과 마찬가지로 그와 같은 의미에서 존재의 종말론을 사유한다. 존재가 여태까지 형이상학에 의해서 각인되어 온 자신의 본질의 최후에서 의지에의 무조건적 의지라는 절대적 주체성으로서 집결되고 있는 한, 정신의 현상학 자체도 존재의 종말론에서 한 단계를 형성하고 있는 셈이다.

우리가 존재의 종말론으로부터 사유해 본다면, 어느 날 우리는 이른 새벽의 저 까마득한 옛날을 앞으로 다가올 저 까마득한 훗날에서 고대해야만 하며, 〔그리하여〕 오늘날 우리는 저 까마득한 날을 바로 그 날에 의거해서 숙고하는 법을 배워야 한다.

우리가 예전의 그 잠언을 앞으로 일어날 것으로서 들을 수 있다면, 그것은 이제는 더 이상 역사학적으로 아주 오래 전에 지나가버린 하나의 견해로 우리에게 말건네오지는 않을 것이다. 또한 그렇다면 우리는 먼 옛날 밀레토스에서 아낙시만드로스라는 이름을 가진 한 인간이 세계를 자기 나름의 방식으로 표상하면서 실제로 존재하고 있었다는 사실을 역사학적으로, 즉 문헌학적-심리학적으로 산출해 내려는 헛된 시도에 빠지지는 않을 것이다. 그러나 우리가 예전의 그 잠언에서 이미 말해진 것을 앞으로 일어날 것으로서 듣는다면, 무엇이 우리로 하여금 그 잠언을 번역하도록 구속하고 있는 것일까? 어떻게 하면 우리는 자의적인 번역에서 벗어나 잠언에서 말해진 것에 도달할 수 있을까?

우리는 그 잠언의 언어와 결속되어 있고, 또 우리의 모국어〔독일어〕와 결속되어 있으며, 이 양자의 경우 모두에서 우리는 본질적으로 언어와 결속되어 있고, 또 언어의 본질에 대한 경험 속에 결속되어 있다. 이렇게 결속된 관계는 아주 광범위하고도 강력하지만, 문헌학적이며 역사학적인 모든 사실의 척도 ─ 이러한 사실들은 자신의 사실성을 오직 척도로부터 부여받는다 — 에 비하면 그다지 눈에 잘 띄는 것이 아니다. 우리가 이렇게 결속된 관계를 경험하지 않는 한, 그 잠언에 대한 번역은 모두 단순히 자의적인 것이 되지 않을 수 없다. 하지만 우리가 그 잠언에서 말해진 것에 철저히 결속되어 있다면, 그때는 단지 번역만이 아니라 심지어 결속된 관계도 강제적인 모습을 갖게 된다. 마치 여기서 들을 수 있고 말할 수 있는 것이 필연적으로 강제를 참아내야 하듯이.

사유의 잠언은 그 잠언에서 말해진 것과 사유와의 대화 속에서만 번역될 수 있다. 사유함은 물론 포에지〔Poesie, 문학의 한 장르로서의 시〕나 노래라는 의미에서의 시 (Dichtung) 와 같은 것은 아니지만 그럼에도 불구하고 그것은 시 지음〔Dichten, 문학의 한 장르로서의 시와는 달리, 인간이 하늘 아래 그리고 이 땅 위에서 인간답게 거주하기 위한 삶의 본래적 처소를 열어 밝히며 지어나가는 창조적 사유의 전인적인 행위〕이다. 존재의 사유는 시 지음의 근원적인 방식이다. 그 안에서 처음으로 언어는 비로소 언어가 되며, 다시 말해 언어의 본질에 이르게 된다〔언어의 본질은, 마치 달을 가리키는 손가락처럼, 존재자의 참다운 존재가 그 자신의 고유한 진리 (비-은폐성) 속에서 현성하도록 사유해야 할 사태를 가리키고 지시하는 데에 놓여 있음〕. 사유한다는 것은 존재의 진리를 받아쓴다는 것을 말한다.[3] 사유한다는 것은 근원적으로 받아쓰는 행위 (dictare) 이다. 예술도 언어의 구역 내에서 작용하고 있는 한, 사유란 예술의 시적인 것과 모든 포에지에 선행하는 근원적인 시 짓기 (Urdichtung) 다. 이렇게 넓은 의미에서든 혹은 시적인 것이라는 좁은 의미에서든, 모든 시 지음은 그 근본에 있어 일종의 사유함이다. 사유함의 시 짓는 본질은 존재의 진리의 편재를 참답게 보존하고 있다. 번역이란 사유하는

---

3) 1950년 초판의 각주에는, '다시 말해 사유란 응대하는-말함 (Ent-sagen), 즉 생기함의 말함'이라고 적혀 있다.

것으로서 시를 짓는 것이기 때문에, 사유의 가장 오래된 잠언을 그 스스로 말하게 하려는 번역은 필연적으로 강제적인 모습으로 나타나게 된다.

우리는 아낙시만드로스의 잠언을 번역하고자 시도한다. 이것은 우리가 그리스어로 말해진 것을 우리의 독일어로 옮길 것을 요구한다. 그러기 위해서 필요한 것은, 우선 번역에 앞서 우리의 사유가 그리스어로 말해진 것으로 건너가야 한다. 그 잠언에서 언어에 이르고 있는 것을 사유하면서 번역한다는 것은 죽음의 무덤을 뛰어넘는 것이다. 이것은 단순히 2500년이라는 연대기 상의 역사학적인 간격만으로 존립하는 것이 결코 아니다. 그 무덤은 훨씬 더 넓고 더욱더 깊다. 무엇보다도 우리가 무덤의 가장자리에 완강히 서 있어 빈사상태로 있기 때문에, 그 무덤을 넘어서기가 그만큼 어렵다. 우리는 그 무덤에 너무나 가까이 있어서, 뛰어넘기를 멀리 시도하기 위한 충분한 거리를 확보할 수도 없으며, 또 바로 그 때문에 충분히 확고한 기반도 없이 도약을 감행할 정도로 너무도 섣부르게 뛰어넘고자 한다.

그 잠언에서 언어에 이르고 있는 것은 무엇일까? 이 물음은 애매하고, 따라서 부정확하다. 이것은 그 잠언이 무엇에 대해 말하고 있는지를 묻는 그런 물음일 수도 있고, 또 이렇게 말해진 것 자체를 의미할 수도 있다.

그 잠언을 좀더 단어 상으로 〔충실하게〕 번역하자면 다음과 같다.

"그러나 그곳으로부터 사물들에게는 출현이 존재하되, 또한 필연적인 것에 따라 그곳〔사물들이 생성된 곳〕을 향해 소멸은 출현한다. 왜냐하면 사물들은 말하자면 자신이 저지른 부정에 대하여 시간의 정해진 질서(흐름)에 따라 처벌받고 서로 대가를 치르기 때문이다."

통상적 견해에 따르면 이 명제는 사물들의 생성(출현)과 소멸에 관해서 말하고 있다. 이 명제는 이러한 과정의 양식을 특징짓고 있다. 생성과 소멸은 자신들이 유래하여 왔던 곳으로 다시 되돌아간다. 사물들은 스스로를 전개하여 나아가다가 다시금 쇠락한다. 그런 가운데 사물들은 늘 한결같은 자연의 살림살이 속에서 일종의 윤작(輪作)을 보여준다. 생성〔성함〕과 쇠락〔쇠함〕의 과정들의 교차는 물론 단지 대략적으로는 자연현상의 일반적 특징으로서 정해져 있다. 따라서 모든 사물들의 가변성이 아직은 그 운동방식에 있어 정확한 측정관계에 따라 엄밀하게 파악되고 있는 것은 아니다. 더욱이 운동법칙에 상응하는 형식이 여전히 결여되어 있다. 후대의 좀더 진전된 과학의 판단도 이러한 초보적 자연탐구에 대해 별다른 비판을 하고 있지 않을 정도로 매우 관대하다. 사람들은 심지어 이 최초로 시작된 자연에 대한 고찰이 사물들의 과정을 인간의 삶에서 흔히 일어나는 사건에 따라 기술하고 있다는 점을 자연스럽게 발견하게 된다. 그리하여 아낙시만드로스의 명제는 사물들 속에서 정의와 부정에 대해, 형벌과 대가에 대해, 그리고 속죄와 응보에 대해 말하고 있다. 도덕적이고도 법적인 개념들이 자연에 관한 인상 속에 뒤섞여 있다. 그 때문에 이미 테오프라스트는 아낙시만드로스에 대해, 그는 "자신이 설명하고자 하는 바를 너무 시적인 표현으로 말하고 있다"고 비판적으로 서술한 바 있다. 테오프라스트는 디케(δίκη), 티시스(τίσις), 아디키아(ἀδικία), 디도나이 디켄(διδόναι δίκην) ⋯ 등과 같은 낱말들을 염두에 두고 있다.

무엇보다 먼저 이 잠언이 무엇에 관해 말하고 있는지 밝히는 것이 중요하다. 그럴 경우에만 비로소 그 잠언의 주제에 대하여 그 잠언이 말하고 있는 바가 무엇인지 평가될 수 있다.

문법적으로 보자면 그 잠언은 두 개의 문장으로 구성되어 있다. 첫 번째 문장은 "엑시 혼 데 헤 게네시스 에스티 토이스 우시(ἐξ ὧν δὲ ἡ γένεσίς ἐστι τοῖς οὖσι) ⋯"로 시작하는데, 거기서 화제가 되고 있는 것은 온타(ὄντα)이다. 타 온타(τὰ ὄντα)란 문자 그대로 번역하면 '존재자'를 뜻한다. 중성 복수형인 타 폴라(τὰ πολλά)는 다양한 존재자라는 의미에서의 다수성을 지칭한다. 그러나 타 온타(τὰ ὄντα)는 무한한 임의의 다양성을 뜻하는 것이 아니라, 타 판타(τὰ πάντα), 즉 존재자 모두를 의미한다. 따라서 타 온타(τὰ ὄντα)란 다양한 존재자 전체를 뜻한다. 두 번째 문장은 "디도나이 갈 아우타(διδόναι γὰρ αὐτὰ) …"로 시작하는데, 여기서 아우타는 첫 번째 문장의 토이스 우시를 다시 받는다.

이 잠언은 다양한 존재자 전체에 관해 말하고 있다. 그러나 존재자에는 단지 사물만이 속하는 것은 아니다. 게다가 사물에는 단지 자연사물만이 있는 것은 아니다. 인간도 존재자에 속하며, 인간에 의해서 산출된 사물들도 존재자에 속하고, 인간의 온갖 행위[menschliches Tun und Lassen, 인간의 작위적 행위와 무위적 행위 전체]에 의해 야기된 상태와 작용된 상황 등도 모두 존재자에 속한다. 또한 악마적인 것과 신적인 것도 존재자에 속한다. 이 모든 것들은 사물들일 뿐만 아니라, 그것들은 단순한 사물들 이상으로 존재하는 것들이다. 아리스토텔레스와 테오프라스트 식으로 타 온타(τὰ ὄντα)를 퓌세이 온타(φύσει ὄντα), 즉 좁은 의미에서의 자연사물들이라고 전제하는 것은 전혀 아무런 근거도 없다. 그것은 온전한 번역이 되지 못한다. 그러나 타 온타(τὰ ὄντα)를 '사물들'이라고 번역할 경우에 이러한 번역이 그 잠언에서 언어에 이르는 사태를 올바로 묘사하는 것도 아니다.

그러나 그 잠언이 자연사물들에 관한 진술을 다루고 있다는 전제가 허물어진다면, 엄밀하게 말해서 자연과학적으로 표상되어야만 하는 것이 도덕적으로 그리고 법적으로 여전히 해석되고 있다는 주장도 또한 그 토대를 모두 상실하게 될 것이다. 아울러 그 잠언이 자연이라는 한정된 영역에 대한 학문적 인식을 추구하고 있다는 전제도 폐기될 것이며, 도덕적인 것과 법적인 것이 그 당시에 윤리학과 법학이라는 전문분야의 개념적 관점에서 사유되고 있었으리라는 가정도 틀림없이 사라지게 될 것이다. 이러한 한계를 부정한다고 해서, 초창기에는 법과 도덕이 알려지지 않았다고 주장하는 것은 결코 아니다. 그러나 전문분과(물리학, 윤리학, 법철학, 생물학, 심리학)의 시야영역에서 우리에게 익숙한 통념이 여기에서는 전혀 적합하지 않다면, 〔하나의 학문과 다른 학문 사이의〕학문 분과적 경계도 사라지기 때문에, 어느 한 영역의 개념적 관점에서 또 다른 영역으로 부당하게 넘어가 이행할 가능성도 존립하지 않을 것이다. 그러나 학문 분과적 경계가 나타나지 않는 곳에서는, 경계가 애매하고 불명확하여 그 경계가 아예 없어지는 경우도 필연적으로 존립하지 못할 것이다. 이에 반해 모든 단순한 분과로부터 벗어나 순수하게 사유된 사태와 고유하게 접목될 경우에만, 그러한 사태의 고유한 구조는 언어에 이를 수 있을 것이다.

디케(δίκη), 아디키아(ἀδικία), 티시스(τίσις)라는 낱말들은 학문 분과적으로 경계지어진 낱말들이 아니라, 좀더 폭넓은 의미를 가지고 있다. 여기서 '폭넓은'이라는 말은 피상적으로 깊이도 없이 그저 널리 퍼져 있다는 뜻이 아니라, 이미 사유된 것을 간직한 채 풍부하게 널리 포괄하고 있다는 뜻이다. 바로 이런 까닭에 다양한 전체를 하나로 아우르는 통일성의 본질에서 그러한 전체를 언어로 이끌어 오기에 앞에서 언급한 그 낱말들은 적합한 것이다. 물론 이렇게 되기 위해서는 다양성의 통일적 전체가 그 자신의 고유한 특성들과 더불어 자체로 순수하게 사유 속에 받아들여져야 한다.

이렇게 다양한 존재자를 통일적으로 본질적인 통찰 앞으로 데려오는 방식은 원시적인 의인화의 표상양식과는 전혀 다른 것이다.

우리가 모든 번역에 앞서 그 잠언 속에서 언어에 이르고 있는 것을 정말로 번역하고자 한다면, 우리는 다음과 같은 부당한 선입견들을 의도적으로 중단해야만 한다. 즉, 〔그 잠언에서는〕자연철학이 문제시되고 있다든지, 혹은 거기에서는 부적절하게도 도덕적인 것과 법률적인 것이 뒤섞여 있다거나, 더 나아가 자연·도덕·법 등과 같은 개별적 영역들에 의해 일반적으로 한정된 개념들이 작용하고 있다거나, 마지막으로 거기에는 세계를 무비판적으로 의인화함으로써 시적인 표현으로 피난처를 삼으려는 어떤 원시적인 체험이 널리 퍼져 있다고 하는 등등의 부당한 선입견들을 우리는 중단해야만 한다.

그 잠언 속에서 언어에 이르고 있는 것이 무엇인지 우리가 귀를 기울이면서 그것에 관여하려는 노력을 포기한다면, 물론 이렇게 제대로 사려된 부적절한 전제들을 깨끗이 지워버린다고 해도 이러한 행위만으로는 결코 충분할 수 없다. 오직 이렇게 귀 기울임으로써만 비로소 초기 그리스 사유와의 대화는 성공할 수 있다. 하나의 대화가 〔성공적으로〕 이루어지기 위해서는, 그것이 동일한 것〔존재하는 것이 존재하는 그대로 드러나는 존재의 진리의 시원적 장소〕에 귀속한 채 동일한 것에 관하여 대화를 나누어야 한다. 원문에 따르면 그 잠언은 온타〔ὄντα, 존재하는 것〕에 관하여 말하고 있다. 그 잠언은 온타(ὄντα)와 더불어 있는 것이 무엇인지, 그리고 그것이 온타(ὄντα)와 더불어 어떻게 있는지를 말하고 있다. 존재가 존재자의 존재로서 언어에 이르고 있는 것이다.

서양 철학이 완성된 정상에서는 다음과 같은 단언이 내려지고 있다. "생성에 존재의 성격을 각인하는 것이 바로 힘에의 최고 의지(der höchste Wille zur Macht)이다." 니체는 《재요약》(Recapitulation)이라는 제목이 붙은 비망록에서 이렇게 쓰고 있는데, 그 원본이 쓰여진 필적상의 특징에 따르면, 그것은 니체가 《차라투스트라》를 쓰고 난 후 그의 체계적인 형이상학적 중심작품〔《힘에의 의지》〕을 구상하던 해인 1885년 무렵에 이루어진 것임을 우리는 틀림없이 확신할 수 있다. 여기서 니체가 사유한 '존재'란 '동일한 것의 영원한 회귀'이다. 그것은 힘에의 의지 자체가 스스로 의욕하여 자기의 고유한 현존을 생성의 존재로서 안전하게 확보해 나가는 지속적인 방식이다. 형이상학이 완성된 그 극단에서 존재자의 존재는 언어에 이르고 있다.

초기 사유의 초기 잠언〔아낙시만드로스의 잠언〕과 후기 사유의 후기 잠언〔니체의 잠언〕은 동일한 것〔das Selbe, 같은 것〕을 언어로 이끌어 오고 있지만, 이 둘이 말하는 것은 똑같은 것(das Gleiche)이 아니다〔동일한 것은 차이를 배제하는 것이 아니라 서로 다른 것들이 공속하는 존재의 전일적 영역을 가리킴〕. 그러나 똑같지 않은 것으로부터 동일한 것에 관해 말해질 수 있는 곳에서는, 초기와 후기 간의 사유적인 대화를 위한 근본조건이 자연스레 충족되고 있다.

혹시 이러한 것은 겉으로만 그렇게 보이는 것일까? 이러한 겉모습 뒤에는 우리의 사유의 언어와 그리스 철학의 언어 사이에 어떤 깊은 간격이 숨겨져 있는 것일까? 그러나 타 온타(τὰ ὄντα)가 존재자를 의미하고 에이나이(εἶναι)가 곧 존재하다〔sein, 있다〕를 뜻하기 때문에, 우리는 모든 간격을 뛰어 넘어 시대의 상이한 차이에도 불구하고 동일한 것의 영역 속에서 초기의 사상가들과 함께 하는 것이다. 타 온타(τὰ ὄντα)와 에이나이(εἶναι)를 각각 '존재자'와 '존재하다'로 번역하는 것이 우리에게 이 동일한 것을 보증해준다. 혹시 우리는 이러한 번역의 확고부동한 정당성을 입증하기 위해서 그리스 철학자들의 방대한 문헌들을 제시해야만 하는가? 그리스 철학에 대한 모든 해석은 이미 이러한 번역에 의존하고 있다. 〔동사원형인〕 에이나이(εἶναι)는 'sein' 〔존재하다〕, 〔에이나이의 3인칭 단수형인〕 에스틴(ἔστιν, '그것은 … 이다'(es ist …)를 의미〕은 〔독일어 sein의 3인칭 단수형인〕 ist(… 이다, 있다), 온(ὄν)은 'seiend'(존재하는), 타 온타(τὰ ὄντα)는 〔존재하는 것, 즉〕 '존재자'를 의미한다는 사실에 대하여 모든 사전은 우리에게 아주 폭넓은 정보를 제공해주고 있다.

사실이 그렇다. 우리도 이러한 것을 의심할 생각은 없다. 우리는 '온'이 '존재하는'에 의해서 그리고 '에이나이'(εἶναι)가 '존재하다'에 의해서 과연 올바로 번역되고 있는지 그 여부를 묻고 있는 것이 아니다. 우리는 이렇게 올바로 번역되고 있다고 해서 또한 올바로 사유되고 있는지 그 여부를 묻고 있을 뿐이다. 우리는 누구나 잘 알고 있는 이러한 번역들 속에서 〔정작 사유되어야 할〕 어떤 것이 여전히 사유되고 있는지 그 여부를 묻고 있을 뿐이다.

자, 그렇다면 살펴보기로 하자. 우리 자신의 입장과 다른 사람의 입장을 살펴보기로 하자. 여기서 드러나는 것은, 이러한 올바른 번역에서도 모든 것이 유동적이고도 불명확한 의미들 속으로 사라져 증발되고 있다는 사실이다. 또한 언제나 성급하게 그저 대강대강 번역하는 통상적인 번역이 도대체 하나의 결함으로 간주되고 있지도 않으며, 또 그것이 탐구와 설명을 전혀 방해하고 있지도 않다는 점이 드러나게 된다. 아마도 사람들은 그리스인들이 테오스(θεός), 프시케(ψυχή), 조에(ζωή), 튀케(τύχη), 카리스(χάρις), 로고스(λόγος), 퓌시스(φύσις), 이데아(ἰδέα), 테크네(τέχνη), 에네르게이아(ἐνέργεια) 등과 같은 낱말들로 표상했던 것을 이해하려고 엄청난 노력을 기울일 것이다. 하지만 우리는 온(ὄν)과 에이나이(εἶναι)라는 모든 영역들 중의 영역이 그 자신의 그리스적 본질에서 충분히 밝혀져 있지 않는 한, 그러한 노력이 그리고 이와 유사한 노력이 어디에서나 공허하게 아무런 영역에도 이르지 못한 채 끝나버리고 말 것이라는 점을 생각하지 못하고 있다. 그러나 우리가 에이나이(εἶναι)를 영역이라고 불렀다고 해서, 영역적인 것(das Bereichhafte)이 또한 게노스(γένος)와 코이논(κοινόν)의 논리적인 해석 양식에 따라 이미 일반적이면서도 포괄적인 것이라는 의미에서 표상되고 있는 것은 아니다. 표상적 개념의 양식에 따라 '총괄적으로 파악하는 일'(concipere)은, 무엇보다 먼저 존재를 그 자체로 사유하는 유일한 가능 방식으로 간주되지만, 이러한 방식은 또한 사람들이 개념의 변증법이나 마술적인 기호의 비개념적인 것 속으로 도피하고자 할 경우에도 용인되기도 한다. 더욱이 개념을 우위에 놓아 사유 행위를 개념 파악하는 행위로 해석하는 태도는 이미 '온'(ὄν)과 '에이나이'(εἶναι)의 ─ 아직도 경험되지 않고 있기 때문에 사유되지도 않고 있는 ─ 본질에 단적으로 의존하고 있다는 사실이 완전히 망각되고 있다.

　대체로 우리는 온(ὄν)과 에이나이(εἶναι)라는 낱말들에게, 우리 자신이 전혀 심사숙고해본 적도 없이 우리의 모국어에 상응하는 낱말들 속에서 생각해본 그런 것을, 즉 존재자와 존재(라는 의미)를 별 생각 없이 부여하고 있다. 〔그러나〕 자세히 살펴보면, 우리는 그리스 낱말들에게 단 한 번도 어떤 의미를 부가한 적이 없다. 우리는 그런 낱말들에게 우리 자신의 언어의 통속적인 이해를 부여하여 대충 이해함으로써 아무런 중재도 없이 직접 그것들을 받아들인다. 우리는, 비록 그것이 하찮고 경솔하고 성급한 견해라고 할지라도, 그리스 낱말들에게는 아무 것도 부가하지 않는다. 〔그러나〕 예컨대 우리가 투키디데스의 역사서에서 에이나이(εἶναι)와 에스틴을 읽는다든지 혹은 소포클레스의 작품에서 엔(ἦν)과 에스타이(ἔσται)를 읽는다면, 이러한 태도로 말미암아 우리는 궁핍한 상황에 빠질 수도 있다.

그러나 타 온타(τὰ ὄντα)와 온(ὄν) 그리고 에이나이(εἶναι)가 사유의 근본어로서 단지 어떤 임의적인 사유의 근본어가 아니라 서양 사유 전체의 핵심어로서 말해지고 있다면 어떻게 될 것인가? 그 경우 번역 상의 언어사용을 검토해보면, 다음과 같은 사정이 드러나게 된다.

우리 자신이 우리의 고유한 언어인 '존재하는'(seiend)이라는 낱말과 '존재하다'(sein)라는 낱말로 무엇을 사유하고 있는지도 분명치 않고 근거가 없는 것일 뿐만 아니라, 또 그때그때마다 우리가 생각하고 있는 것이 과연 그리스인들이 온(ὄν)과 에이나이(εἶναι)라는 낱말로 지칭한 것에 적중하고 있는지도 분명치 않으며 근거가 없는 것이다.

그렇다면 도대체 온(ὄν)과 에이나이(εἶναι)가 그리스적으로 사유해 볼 때 무엇을 말하고 있는지도 분명치 않으며 근거가 없는 것일 뿐만 아니라, 또 사정이 이럴 경우에는 우리의 사유가 그리스인의 사유에 어느 정도로 상응하는지 그 여부도 제대로 검토될 수 없을 것이다.

이렇게 단순한 관계들은 매우 혼란스럽게 뒤엉켜 있어서 〔제대로〕 사유되지 않고 있다. 그렇지만 이러한 관계 속에서 그리고 이러한 관계 주위를 맴돌면서 존재에 관한 무분별한 언급이 널리 유포되어 왔다. 이렇게 혼미한 상태에는 전혀 아랑곳하지 않고 온(ὄν)과 에이나이(εἶναι)를 '존재하는'과 '존재하다'로 번역하는 형식적 정당성에 얽매임으로써 존재에 관한 그러한 언급은 기만에 빠지게 된다. 그러나 단지 우리 현대인만이 이러한 혼란에 빠져 잘못을 범하고 있는 것은 아니다. 그리스 철학이 우리에게 전해준 모든 견해들과 진술들도 수천 년 동안 이러한 혼란 속에 사로잡혀 왔다. 이러한 혼란의 원인은 단지 문헌학을 소홀히 하거나 혹은 역사학적 탐구를 충분히 하지 않은 데 있는 것이 아니다. 그것은 〔그 안에서〕 존재4)가 서양인의 본질을 고유하게 일어나게 하였던 그런 관계의 심연〔존재이탈과 존재망각이 공속하는 탈생기적 차원으로서의 생기의 심연〕에서 생겨난 것이다. 따라서 그러한 혼란은, 우리가 온(ὄν)과 에이나이(εἶναι)라는 말을 '존재하는'과 '존재하다'는 말로 정의함으로써 거기에 좀더 상세한 의미를 부여한다고 해서 해소되는 것이 아니다. 이에 반해 그러한 혼란에 부단히 유념하여 그것의 끈질긴 폭력성을 해결해 보려는 시도는 어쩌면 존재의 또 다른 역사적 운명을 불러일으키는 기회가 될 수도 있을 것이다. 이미 그와 같은 기회를 예비한다는 것은, 아직도 계속되고 있는 혼란 속에서 초기 사유와의 대화를 이끌어 내기 위한 매우 필요한 조치가 될 것이다.

우리가 그리스인의 사유를 그리스적으로 사유하는 일에 아주 집요하게 매달린다고 해서, 이러한 것이 그리스 정신문화를 과거에 사라진 인류의 한 정신문화로 다양한 관점에서 역사학적으로 좀더 적합하게 형상화하려는 의도에서 생겨난 것은 결코 아니다. 우리는 그리스적인 것을 그리스인을 위해서 찾고 있는 것도 아니며, 또 학문을 개선하기 위해서 찾고 있는 것도 아니다. 단지 좀더 명료한 대화를 위해서가 아니라, 그것이 그 스스로 〔자발적으로〕 언어에 이르고 있는 한, 오로지 그러한 대화 속에서 언어로 가져올 수 있는 것만을 고려하여 우리는 그리스적인 것을 찾고 있다. 그것은 그리스인과 우리들에게 서로 다른 방식으로 역운적으로 다가와 관계를 맺고 있는 동일한 것이다. 그것은

---

4) 1950년 초판의 각주에는, '생-기함으로서'의 존재라고 적혀 있다.

사유의 새벽을 저녁-땅(서양)의 역사적 운명 속으로 데려오는 바로 그런 것〔서양적-유럽적 사유의 은닉된 시원을 존재사적으로 새롭게 열어젖혀 탈형이상학적 사유의 다른 시원으로의 이행을 준비하는 것〕이다. 이러한 역사적 운명에 의하여 그리스인은 비로소 역사적 의미에서 그리스인이 된다.

우리가 그리스적이라고 말할 때, 그것은 어떤 민족적이거나 국가적인 것이 아니며, 또 문화적이거나 인간학적인 특성을 의미하지도 않는다. 역사적 운명의 새벽이 곧 그리스적인 것이며, 이러한 것으로서 존재 자체[5]는 존재자 속에서 스스로를 환히 밝히면서 인간의 어떤 본질〔존재의 부름에 소박하게 응답하는 탈존적 존재로서의 인간〕을 요구한다. [6] 인간의 본질은 역운적인 것으로서 그 안에서〔즉 존재의 요구 속에서〕역사적으로 진행되는데, 마치 그것〔인간의 본질〕이 '존재' 안에 보존되어 있다가 존재로부터 풀려나는, 하지만 그럼에도 불구하고 존재와는 결코 분리되지 않는 식으로 그렇게 역사적으로 진행된다.

그리스적인 것과 그리스도교적인 것, 근세적인 것과 범세계적인 것 (das Planetarische), 그리고 앞에서 암시한 의미에서의 서-양적인 것 (das Abend-Ländische) 등을, 우리는 존재의 근본특징으로부터 — 즉 존재가 레테(Λήϑη) 속에 있는 알레테이아('Αλήϑεια)로서, 드러내기보다는 오히려 숨기고 있는 그런 존재의 근본특성〔존재자를 존재자로서 드러내어주면서도 스스로는 숨기면서 물러서는 특성〕으로부터 — 사유한다. 그렇지만 존재의 본질과 그 본질의 유래가 이렇게 숨겨져 있다는 것은 그 안에서 존재가 시원적으로 스스로를 환히 밝히는〔존재 자체의〕특성이기에, 사유가 존재를 따라갈 수 없는 까닭은 바로 여기에 있다. 존재자 자신은 존재의 빛(das Licht des Seins) 안으로 들어서지 못한다. 존

---

5) 1950년 초판의 각주에는, 존재 자체가 '생기'라고 적혀 있다.
6) 1950년 초판의 각주에는, '필요-고유화'라고 적혀 있다.

재자의 비은폐성, 즉 존재자에게 증여된 밝음(Helle)이 존재의 빛을 흐리게 한다.

존재는 존재자 속으로 스스로 탈은폐함으로써 스스로 물러서고 있다(sich entziehen).

이런 식으로 존재는 존재자를 환히 밝히면서 존재자를 오류(Irre)에 현혹케 한다. 존재자는 오류 속으로 생기되는데, 이러한 오류 속에서 존재자는 존재의 주위를 떠돌아다니면서(umirren) 그리하여 (마치 영주의 영역이나 시인의 영역처럼) 오류의 영역[Irrtum, 존재망각과 존재이탈이 공속하는 탈생기의 영역]을 수립한다. 오류의 영역은 역사의 본질공간이다. 그 안에서 역사적으로 본질적인 것은 그와 같은 것을 쉽게 지나치며 간과한다(vorbeiirren). 그리하여 역사적으로 다가오는 것은 필연적으로 오해된다. 이러한 오해를 통하여 역사적 운명은 자신의 씨앗에서 무엇이 자라날지 기대한다. 역사적 운명은 자신이 관계하는 것들을 역운적인 것의 가능성과 비역운적인 것의 가능성으로 가져온다. 역사적 운명은 역사적 운명과 관계하면서 스스로를 시험해 본다. 인간의 과실(過失, sichversehen)은 존재의 환한 밝힘의 자기은닉에 상응한다.

오류가 없다면 역사적 운명과 역사적 운명과의 관계도 없을 것이며, 역사도 존재하지 않을 것이다. 연대상의 간격과 인과적 연속성은 역사학에 속하는 것이지, 그것이 역사는 아니다. 우리가 역사적으로 존재한다면, 우리는 그리스적인 것과 멀리 떨어져 있는 것도 아니며 또 조금 떨어져 있는 것도 아니다. 그러나 우리는 오류 속에서 그리스적인 것과 관계하고 있다[그리스적인 것과 관계함에 있어, 우리는 그리스적인 것을 잘못 보고 있기에 미로 속을 헤매고 있다는 의미].

존재는 존재자 속으로 스스로 탈은폐함으로써 스스로 물러서고 있다.

이런 식으로 존재는 자신의 진리와 더불어 [드러내기를] 삼가고 있다. 이러한 삼감[Ansichhalten, 억제함]이 존재가 탈은폐하는 초기의 방식이다. 삼감의 초기의 징표는 알-레테이아이다. 그것은 존재자의 비

-은폐성을 가져옴으로써, 존재의 은폐성〔Verborgenheit, 은닉성〕을 처음으로 수립한다. 그러나 숨김〔Verbergung, 은폐〕은 〔스스로 드러내기를〕삼가면서 완강히 거부한다(das ansichhaltende Verweigern)는 특징 속에 머무르고 있다.

우리는 이렇게 자신의 본질의 진리와 더불어 환히 밝히는 삼감을 존재의 에포케(ἐποκή)라고 부를 수 있다. 스토아 학파의 언어사용에서 유래한 이 용어는 그러나 여기에서는 후설의 경우처럼 대상화함에 있어서 정립적 의식작용을 중지한다는 방법적 태도를 지칭하지 않는다. 존재의 에포케〔ἐποκή, 삼감, 후설의 판단중지가 아니라 존재가 그 자신의 고유한 진리(비-은폐성) 속으로 스스로 물러나 내빼며 숨기는 존재 자신의 역동적 특성〕는 존재 자신에 속한다. 그것은 존재망각의 경험으로부터 사유된다.

존재의 에포케(ἐποκή)로부터 존재의 역사적 운명의 시대적 본질이 나오며, 그 안에 본래적 세계사가 존재한다. 존재가 자신의 역사적 운명 속에서 삼갈 때마다, 갑자기 예기치 않게 세계가 생기한다(sich ereignen). 세계사의 각각의 시대(에포케)는 모두 오류의 시대〔존재망각이 점철되면서 심화되는 각각의 시대〕이다. 존재의 에포케적 본질은 존재의 은닉된 시간성격에 속하며, 존재 안에서 사유된 '시간'7)의 본질을 특징짓는다. 그밖에 사람들이 〔시간이라는〕 이러한 이름 아래에서 표상하고 있는 것은 대상적으로 생각된 존재자에게서 빌려온 시간의 공허한 겉모습에 불과할 뿐이다.

그러나 터-있음(Da-sein)의 탈자적 성격은 우리가 우선적으로 경험할 수 있는 하나의 상응, 즉 존재의 에포케적 성격에 응답하는 그런 상응(Entsprechung)이다. 존재의 에포케적 본질은 터-있음의 탈자적 본질

---

7) 1950년 초판의 각주에는, 이러한 시간은 '스스로를 은닉하며 간직하는 환한 밝힘으로서의 시간-놀이-공간'이라고 적혀 있다.

을 고유하게 열어 밝히면서 생기한다. 인간의 탈-존(Ek-sistenz)은 탈자적인 것을 견디어내며(ausstehen), 그리하여 존재의 에포케적 성격을 참답게 보존하는데, 이러한 존재의 본질에 〔터-있음의〕 터(das Da) 8) 와 따라서 터-있음이 속해 있다.

우리가 그리스적인 것이라고 부르는 것 속에는, 에포케적으로 사유해 볼 때, 존재의 에포케의 시작(Beginn)이 놓여 있다. 이렇게 그 자체가 에포케적으로〔역사적-역운적 의미에서〕 사유되어야 할 시작이 존재로부터 존재 안에서 〔생기하는〕 역사적 운명의 새벽(die Frühe)이다.

중요한 것은, 우리 모두가 과거에 대해 스스로 표상하고 설명하는 것에 달려 있기보다는, 우리가 역운적인 것을 어떻게 마음 깊이 기억하느냐(eingedenk) 하는 방식에 달려 있다. 사유함이 없다면 이런 일이 정말로 일어날 수 있을까? 하지만 그런 일이 일어난다면, 그때 우리는 좁은 소견에서 나온 주장들을 단념하고 역사적 운명의 부름(Anspruch, 요구)에 우리를 열어놓게 될 것이다. 그러한 부름이 아낙시만드로스의 초기 잠언에서 말하고 있는 것일까?

역사적 운명의 부름이 우리의 본질 속에서 말하고 있는지, 우리는 확신하지 못한다. 존재의 섬광(Blick)과 곧 〔존재의 번쩍이는〕 번갯불(헤라클레이토스, 《단편》 64.)이 존재의 진리에 대한 우리의 연관 속에 내리치고 있는지, 아니면 오래 전 뇌우가 몰아치던 어느 날 하늘을 가르던 한줄기 희미한 번개만이 그 싸늘한 빛의 잔영을 우리의 과거 기억 속에 드리우고 있는지 그 여부는 여전히 의문으로 남아 있다.

그 잠언은 우리에게 온타(ὄντα)를 그 존재에 있어서 말하고 있는 것일까? 우리는 그 잠언에서 말해진 것을, 즉 존재자의 에이나이(εἶναι)를 청취하고 있는 것일까? 온타(ὄντα)와 에이나이(εἶναι)가 그리스적으

---

8) 1950년 초판의 각주에는, '자기은닉의 환한 밝힘이라는 의미에서의' 터(Da)라고 적혀 있다.

로 말하고 있는 것으로부터 한 줄기 섬광이 오류의 혼돈을 가로질러 아직도 우리에게 이르고 있는 것일까? 이 섬광의 밝은 빛 속에서만 우리는 여전히 그 잠언에서 말해진 것으로 옮겨가(über-setzen), 그것을 사유의 대화 속에서 번역할 수 있을 것이다. 아마도 온타(ὄντα)와 에이나이(εἶναι), 즉 존재자와 존재라는 낱말을 사용하는 가운데 도처에서 생기는 혼란은, 언어가 모든 것을 충분히 말해줄 수 없기 때문에 생긴다기보다는 오히려 우리가 사태를 충분히 분명하게 사유하고 있지 않기 때문에 생기는 것이다. 언젠가 레싱은 말하길, "언어는 우리가 분명하게 사유한 것만을 표현할 수 있다"고 했다. 그러므로 그 잠언이 언어로 이끌어 오는 사태를 분명하게 사유하도록 우리에게 허용되는 적합한 기회에 주목하는 것이 우리에게는 중요할 것이다.

우리는 우리가 구하고자 하는 그 기회를 아낙시만드로스의 잠언 안에서 찾으려는 경향이 있다. 이런 경우에 우리는 언제나 번역의 과정에서 요구되는 신중함을 상실할 위험이 있다.

그렇다면 일단 그 잠언의 도움을 받아 그것을 번역하기에 앞서, 그 잠언에서 말해진 것이 거기로부터 언어에 이르게 되는 그 근원적인 유래 속으로, 즉 타 온타(τὰ ὄντα) 속으로 옮겨가는 것이 필요하다. 이 낱말이〔우리에게〕말해주고 있는 것은 곧, 그 잠언이 말하고 있는 그것〔타 온타(τὰ ὄντα)〕이 그 잠언이 발언하고 있는 그것이 아니라는 것이다. 그 잠언이 말하고 있는 그것은 그것이 발언되기에 앞서 이미 모든 그리스인들의 일상적 언어사용에서 말해지고 있던 것이다. 따라서 우리는 우리로 하여금 거기로〔그 잠언에서 말해진 것이 언어에 이르게 되는 그 근원적 유래 속으로〕옮겨가게 해주는 그 기회를 우선은 그 잠언을 벗어난 외부에서 찾아야 하며, 이럴 경우에만 우리는 타 온타(τὰ ὄντα)가 그리스적으로 사유하여 무엇을 말하고 있는지〔제대로〕경험할 수 있다. 또한 다른 한편에서 우리는 그 잠언의 원문을 아직도 전혀 한정하고 있지 못하기 때문에 우선은 그 잠언의 외부에 머무를 수밖에 없다. 이렇게 한계를 정하는 작업도 궁극적으로는, 다시 말해 사태에 있어서 최우선적으로는, 후대의 지배적인 견해들과는 달리 초기에 언어화되어〔그리스인들의 일상적인 삶 속에서〕사유되었거나 사유될 수 있었던 것에 대한 앎으로부터 규정된다.

우리에게 제시된 번역의 원문은 습관적으로 심플리키오스의《자연학》주석서에서 취해진 아낙시만드로스의 잠언이다. 하지만 그 주석서는 아낙시만드로스의 잠언이 어디에서 시작하여 어디에서 끝나는지 확실히 결정할 수 있으리만큼 명확하게 인용하고 있지 않다. 오늘날에도 여전히 그리스어의 탁월한 전문가들은 그 잠언의 원문을, 우리가 처음에 숙고하면서 인용하였던 형태 그대로 취하고 있다.

그러나 훌륭하고 저명한 그리스 철학 전문가이며 옥스퍼드 판 플라톤 전집의 편찬자인 존 버네트(John Burnet)는 이미 자신의 저서《그리스 철학의 시원들》(Die Anfänge der griechische Philosophie)에서, 과연 심플리키오스의 인용문이 통상적으로 받아들여지고 있듯이 그렇게 시작되고 있는지에 대해 의문을 표명한 바 있다. 버네트는 딜스에 반대하여 이렇게 말하고 있다(1908년 제2판 및 1913년에 출간된 독일어 번역본 43쪽의 각주 4를 참조하라). "딜스는 사실상의 인용문을 엑스 혼 데 헤 게네시스(ἐξ ὧν δὲ ἡ γένεσις) … 라는 말로 시작하고 있다. 그러나 그리스인들이 원문에 인용문을 부가하는 사용방식은 이와는 다르게 말하고 있다. 그리스 작가가 인용문을 직접 시작하는 일은 극히 드물다. 게다가 게네시스(γένεσις)와 프토라(φθορά)라는 표현은 플라톤적인 전문 용어의 의미를 지닌 것으로서 아낙시만드로스에게 전가될 수 없다는 것은 더욱더 확실하다."

이러한 사색으로 말미암아 버네트는 아낙시만드로스의 말이 카타 토 크레온(κατὰ τὸ χρεών)에서 비로소 시작한다고 보고 있다. 버네트가 그리스적 인용방식에 대해 일반적으로 말하고 있는 것은 이 낱말들에 선행하는 것들을 배제하기 위해서이다. 이에 반해 게네시스(γένεσις)와 프토라(φθορά)라는 낱말들의 용어적 사용과 관련된 그의 사색은 이런 식으로는 유지될 수 없다. 게네시스(γένεσις)와 프토라(φθορά)가 플라톤과 아리스토텔레스에 이르러 개념어가 된 후에 학술용어가 되었다는 사실은 맞는 말이다. 그러나 게네시스(γένεσις)와 프토라(φθορά)는 이미 호머도 알고 있었던 오래된 낱말들이다. 아낙시만드로스는 그것들을 개념어로 사용하지 않았음이 분명하다. 심지어 그가 그렇게 사용할 수 없었던 까닭은, 그에게는 개념적 언어가 틀림없이 이질적인 것이었기 때문이다. 개념적 언어는 존재를 이데아(ἰδέα)로 해석하는 그런 해석을 바탕으로 삼아 비로소 가능한 것으로서, 차후에 그것은 물론 불가피한 것이 된다.

하지만 카타 토 크레온(κατὰ τὸ χρεών)에 선행하는 문장 전체는 그 구조와 어조에서 고대적이라기보다는 오히려 훨씬 아리스토텔레스적이다. 일반적으로 용인되고 있는 원문의 끝 부분인 카타 텐 투 크로누 탁신(κατὰ τὴν τοῦ χρόνου τάξιν)도 또한 마찬가지로 후대의 〔언어적〕특징을 여실히 보여주고 있다. 버네트가 의심하였던 원문의 구절을 삭제하는데 동의하는 사람은 일반적으로 용인되어온 끝 부분도 그대로 둘 수는 없을 것이다. 그러므로 아낙시만드로스가 말한 근원적인 말로는 오직 다음과 같은 것만이 남아 있게 될 것이다.

> … 카타 토 크레온(κατὰ τὸ χρεών). 디도나이 갈 아우타 디켄 카이 티신 알레로이스 테스 아디키아스.
> 필연에 따라 …. 왜냐하면 그것들은 자신이 저지른 부정에 대하여 서로 벌을 받고 대가를 치르기 때문이다.

바로 이러한 말들과 관련하여 테오프라스트는 아낙시만드로스가 너무 지나치게 시적인 방식으로 말하고 있다고 적어 놓고 있다. 나는 수년 전에 나의 강의에서 자주 다루어진 문제들을 다시 한번 전체적으로 깊이 숙고해본 이래로, 그 선행하는 텍스트는 단순히 배제될 것이 아니라 아낙시만드로스의 사상이 지닌 그 엄밀함과 화술의 힘에 비추어 볼 때 그의 사유를 보여주는 간접적 증거로서 유지되어야 한다고 전제하게 되었으며, 이 말들을 아낙시만드로스가 직접 〔발언한〕 참다운 말이라고 받아들이게 되었다. 따라서 우리에게 요구되는 것은, 게네시스(γένεσις)와 프토라(φθορά)라는 낱말들이 개념어로 정착되기 이전의 낱말들이든 혹은 플라톤과 아리스토텔레스에 의해서 사용된 개념어이든 이에 상관없이, 우리는 그것들이 그리스적으로 사유되었던 바 그대로 그렇게 이해해야 할 것이다.

이에 따르면 게네시스(γένεσις)는 근대적으로 표상된 발전(Ent-wicklung)이라는 의미에서의 발생적인 것을 결코 뜻하지 않으며, 프토라(φθορά)도 또한 퇴화나 수축 혹은 쇠약 등을 가리키는 발전의 반대현상을 의미하지 않는다. 오히려 게네시스(γένεσις)와 프토라(φθορά)는 퓌시스(Φύσις)로부터 그리고 퓌시스(Φύσις) 내에서, 스스로를 환히 밝히면서 피어오르다가 저물어가는 방식들〔성하다가 쇠하여 가는 방식들〕로서 사유되어야 한다. 물론 우리는 게네시스(γένεσις)를 출현(Entstehen)이라고 번역할 수 있지만, 우리는 여기서의 출(밖으로)-현(드러남)(Ent-stehen)을 벗어남(Ent-gehen)으로, 즉 출현하는 모든 것이 은닉성으로부터 벗어나 은닉되지 않은 것 속으로 나오게(hervor-gehen) 되는 그런 벗어남으로 사유해야만 한다. 〔또한〕 우리는 분명히 프토라(φθορά)를 소멸(Vergehen)이라고 번역할 수 있지만, 우리는 여기서의 소-멸(Ver-gehen)을 가버림(Gehen)으로, 즉 은닉되지 않은 것에서 다시 벗어나 은닉된 것 속으로 떠나 가버리는(weg- und abgehen) 것으로 사유해야만 한다.

아마도 아낙시만드로스도 게네시스(γένεσις)와 프토라(φθορά)에 관해 말했을 것이다. 비록 (나는 이렇게 읽고 싶지만) 게네시스 에스틴〔γένεσις ἔστιν, 출-현이 존재한다〕과 프토라 기네타이〔φθορὰ γίνεται, 소멸이 출-현한다〕와 같은 역설적인 말의 구조가 고대어에 부합하는 표현이라고 하더라도, 과연 그것이 전승된 문장의 형태로 있어 왔는지는 여전히 의문스럽다. 게네시스(γένεσις)는 은닉되지 않은 것으로 나와 다가옴(das Hervor- und Ankommen in das Unverborgene)이다. 프토라(φθορά)는 그렇게 다가오게 된 것이 은닉되지 않은 것으로부터 벗어나 은닉된 것으로 떠나 가버림(Angekommenes aus dem Unverborgenen hinweg- und abgehen in das Verborgene)을 뜻한다. … 로 나옴(das Hervor in …)과 … 로 떠나감(das Hinweg zu …)은 비은폐성 내에서 은닉된 것과 은닉되지 않은 것 사이에 **현성한다**(wesen). 그것은 다가옴과 그렇게 다가오게 된 것의 가버림에 관련되고 있다.

아낙시만드로스는 게네시스(γένεσις)와 프토라(φθορά)에서 지칭된 것에 관해 틀림없이 말했을 것이다. 그러나 그가 거기서 정말로 타 온타(τὰ ὄντα)를 언급했었는지는 열어두어야 할 것이다. 오히려 이와는 반대로 아무것도 말해진 바 없다. 두 번째 문장에서의 아우타(αὐτά)는 그것이 말하고 있는 범위에서 볼 때, 그리고 이 두 번째 문장이 카타 토 크레온(κατὰ τὸ χρεών)을 다시 지시하고 있다는 점에서 볼 때, 선개념적으로(즉 개념적으로 정착되기 이전에) 경험되는 존재자 전체를, 다시 말해 타 폴라〔τὰ πολλά, 다양하게 존재하는 것〕 타 판타〔τὰ πάντα, 존재하는 것 전체〕, 즉 '존재자'를 지칭한다고 여길 수밖에 없다. 그러나 우리는 아직도 여전히, 온(ὄν)과 에이나이(εἶναι)가 그리스적으로 사유해 보았을 때 무엇을 지칭하고 있는지 해명하지도 않은 채, 타 온타(τὰ ὄντα)에 관해서 그렇게 말하고 있다. 하지만 그 사이에 이러한 해명을 시도하기 위한 좀더 자유로운 공간이 확보되었다.

우리는 일반적으로 용인되어온 잠언의 원문에서 출발하였다. 우선 이것을 잠정적으로 살펴보던 가운데 우리는 그것을 해석할 때 나타나는 잡다한 선입견들을 제거하였다. 그리하여 우리는 언어에 이르고 있는 것으로부터, 즉 게네시스(γένεσις)와 프토라(φθορά)〔라는 낱말〕로부터 하나의 눈짓을 받아들이게 되었다. 그 잠언은 은닉되지 않은 것으로 나와 다가오는 것에 관해서, 그리고 이렇게 다가온 후 거기로부터 [즉 은닉되지 않은 것으로부터] 떠나 가버리는 것에 관해서 말하고 있다.

그러나 우리는 이런 식으로 다가옴(Ankunft)과 떠나감(Abgang)에서 자신의 본질을 가지고 있는 것에 대해서 존재자라고 부르지 않고, 오히려 생성하다가 소멸하는 것, 다시 말해 덧없이 사라져가는 것이라고 부르고 싶어 한다. 왜냐하면 우리는 오래 전부터 마치 생성이 일종의 무이며 [따라서] ― 사람들이 예전부터 오로지 단순한 지속이라고 이해하고 있는 그런 ― 존재에는 속하지 않는 것인양 그렇게 생성에 존재를 대립시키는 데에 익숙해 있기 때문이다. 그러나 생성이 **존재한다**(ist)면, 우리는 존재를 본질적으로 사유함으로써, 존재가 단지 공허한 개념적 생각 속에서 생성을 포함하고 있는 것이 아니라, 오히려 존재가 생성(게네시스와 프토라)을 존재에 알맞게 본질적으로 비로소 지탱해주며 형성해주고 있다고 여겨야만 할 것이다.

따라서 이제 해명되어야 할 사항은, 우리가 과연 무슨 권리로 생성하는 것을 덧없이 사라져가는 것으로서 표상하고 있느냐 하는 점이 아니라, 그리스인들이 온타(ὄντα)의 영역에서 나옴[das Hervorkommen, 나타남]과 떠남[der Weggang, 사라짐]을 다가옴의 근본특징으로서 경험하고 있을 때, 그들은 과연 존재의 어떤 본질을 사유하고 있느냐 하는 점이다.

그리스인들이 타 온타(τὰ ὄντα)라고 말할 때, 무엇이 그들의 언어에 이르고 있는가[그들의 화제가 되고 있는가]? 아낙시만드로스의 잠언을 벗어나, 우리를 거기로 옮겨가게 인도해 주는 것은 어디에 있는가? [여기서] 문제가 되고 있는 낱말과 그것의 변형들인 에스틴(ἔστιν), 엔(ἦν), 에스타이(ἔσται), 에이나이(εἶναι) 등은, 특히 사유가 이 낱말을 고유하게 자신의 근본어로 택하기도 전에, 어디에서나 언어로 말해지고 있기 때문에, 사태적으로, 시간적으로, 그리고 영역적으로 철학의 바깥에 놓여 있으면서도 모든 관점에서 사유의 말함에 선행하고 있는 어떤 기회를 감지하는 것이 필요하다.

우리는 호머에게서 그런 기회를 감지한다. 우리는 단어가 단지 사전적 어휘로만 나타나는 그런 단순한 구절이 아닌 어떤 구절을 그에게서 발견한다. 그것은 오히려 온타(ὄντα)가 지칭하는 바의 그것을 시적으로 언어로 이끌어오고 있는 구절이다. 사전상의 모든 낱말(렉시스, λέξις)들은 말함(레고메논, λεγόμενον)을 통해 사유된 것을 전제하고 있기 때문에, 우리는 증거가 되는 구절들을 공허하게 긁어모으는 일은 그만두기로 하겠다. 이런 경우에 흔히 그런 구절들은 〔그 구절들에 관해서〕 아무것도 철저하게 사유되지 않고 있다는 사실만을 증명할 뿐이다. 이러한 방법을 즐겨 사용함으로써 사람들은 어떤 모호한 구절을 마찬가지로 모호한 또 다른 구절에 끼워 넣음으로써 갑자기 명료해지기를 기대한다.

우리가 설명하려는 구절은 《일리아드》(Ilias)의 제 1권 서두인 68행에서 72행 사이에 발견된다. 우리가 시인으로 말미암아 말해진 사태 가까이로 건너갈 수 있는 한, 그 구절은 그리스인들이 온타(ὄντα)라는 말로 지칭한 바의 그것에로 옮겨갈 기회를 우리에게 제공해주고 있다.

다음과 같은 점을 지적하기 위해서는 언어사적인 서론이 필요하다. 〔그러나〕 이러한 서론이 여기서 제기되는 언어학적 문제에 적중할 것을 요구하거나 혹은 그런 문제를 해결하도록 요구하지는 않는다. 플라톤과 아리스토텔레스에게서 우리는 온(ὄν)과 온타(ὄντα)라는 낱말들을 개념어로 마주하게 된다. '존재자적'과 '존재론적'이라는 후대의 명칭은 그에 따라 차후에 형성된 것이다. 그러나 언어적으로 보면 온과 온타는 추측컨대 에온(ἐόν)과 에온타(ἐόντα)라는 근원적인 낱말들의 다소 세련된 형태일 것이다. 오직 이러한 낱말들 속에서만 우리가 에스틴(ἔστιν)과 에이나이(εἶναι)라고 진술하는 것들도 또한 원문에서 은은하게 울려온다. 에온(ἐόν)과 에온타(ἐόντα)의 에(ε)는 〔그리스어의〕 에스틴(ἔστιν), 〔라틴어의〕 에스트(est)와 엣세(esse), 〔독일어의〕 이스트(ist)에서의 어간 에스(ἐσ)의 에(ε)이다. 이에 반해 온(ὄν)과 온타(ὄντα)는, 마치 그것들이 후대의 문법학자들에 의해 분사(μετοχή, Participium)라고 해석되었던 것, 즉 한 낱말의 동사적 의미와 명사적 의미를 분유하고 있는 것이라고 해석되었던 낱말의 형태에서 우리가 사유해야만 하는 그것을 그 자체로 고유하게 지칭하고 있듯이, 그렇게 어간이 없는 분사적 어미로서 나타난다.

그래서 온(ὄν)은 존재자가 **존재한다**(ein Seiendes sein)는 의미에서 '존재하는'(seiend)을 말하기도 하지만, 이와 동시에 온은 존재하는 하나의 **존재자**(Seiendes)를 지칭하기도 한다. 온이라는 분사적 의미의 이중성 속에는 '존재하는'과 '존재자' 사이의 차이가 숨겨져 있다〔하이데거는 존재와 존재자 사이의 존재론적 차이에 주목하는 가운데 아낙시만드로스의 잠언을 해석해 들어감〕. 이렇게 설명할 때 우선은 지나치게 세세하게 문법적으로 따지는 것처럼 보일지는 모르지만, 실은 그것이 존재의 수수께끼이다. 분사 온은 형이상학에서 초월론적이며 초월적인 그런 초월로서 나타나는 바의 그것을 가리키는 낱말이다.

고대어에서 그렇듯이 파르메니데스와 헤라클레이토스도 항상 에온(ἐόν)과 에온타(ἐόντα)라고 쓴다.

그러나 에온〔ἐόν, 존재하는〕은 단순히 분사 에온타〔ἐόντα, 존재자〕의 단수형이 아니라, 그것은 단적으로 단일한 것(das schlechthin Singuläre), 즉 자신의 단수에서 유일하게 모든 수에 앞서 하나로 통일하는 유일무이한 일자를 지칭한다.

우리는 좀 과장하여, 그러나 여전히 진리에 무게를 둔 채 다음과 같이 주장할 수도 있을 것이다. 즉, 번역(Übersetzung)이란 에온(ἐόν)〔이라는 낱말〕에서 〔이미〕 언어에 이르고 있었던 것의 진리 속으로 옮겨가는 그런 옮겨감(Übersetzung)에 기인하고 있다고 가정한다면, 서-양의 역사적 운명은 에온(ἐόν)이라는 낱말의 번역에 달려 있다는 것이다.

이 낱말에 대해서 호머는 우리에게 무엇을 말해주고 있는가? 우리는 《일리아드》의 서두에서 트로이를 목전에 둔 아카이아인들의 처지에 대해 잘 알고 있다. 아폴론 신이 퍼뜨린 흑사병이 9일 동안 그리스 진영에서 창궐하고 있었다. 병사들이 집결한 가운데 아킬레스는 칼카스에게 신의 분노를 점쳐 줄 것을 요구한다.

> … 칼카스가 다시 일어섰다. 그는 테스토리데스의 아들이고, 존재하는 것과 존재할 것 그리고 예전에 존재하였던 것을 꿰뚫어본 가장 지혜로운 점쟁이이며, 또한 태양의 신 아폴론도 인정하는 예언력을 통해 그리스 선박을 트로이 앞으로 안내하였던 사람이다.

호머는 칼카스가 말하기에 앞서 그를 예언자로 특징짓고 있다. 예언력을 지닌 사람은 호스 에데(ὃς ᾔδη), 즉 "꿰뚫어 본" 사람이다. 〔여기서〕에데는 "그는 보았다"는 뜻의 현재완료 오이덴(οἶδεν)의 과거완료형이다. 어떤 사람이 보았을 때 비로소 그는 진정으로 보고 있는 것이다. '본다'는 것은 '보았다'는 것이다. 보여진 것은 다가와 그의 시야 속에 머물게 된다. 예언자는 언제나 이미 보고 있었다. 미리 보았기에 그는 예언을 한다. 그는 현재완료형(*Perfektum*)으로부터 미래형(*Futurum*)을 본다. 만일 시인이 예언자가 보고 있음을 보고 있었음이라고 이야기한다면, 그는 예언자가 보았다는 것은 과거완료형인 에데, 즉 '그가 보았었다'라고 말해야 한다. 예언자가 미리 보았던 것은 무엇일까? 분명히 그것은 그의 시야를 관통하는 빛 속에 현-존하는〔*an-wesen*, 빛 속으로 다가와(*an-gehen*) 현성하다(*wesen*)〕것일 뿐이다. 그러한 봄에 의해 보여진 것은 은닉되지 않은 것 가운데 현존하는 것일 수 있을 뿐이다. 그러나 무엇이 현존하는가? 시인은 다음과 같이 삼중적인 것을, 즉 존재하는 것, 존재할 것, 그리고 예전에 존재하였던 것을 말하고 있다.

우리가 시적인 낱말에서 끄집어낸 첫 번째 사실은, 타 에온타(τὰ ἐόντα, 존재하는 것)가 타 엣소메나(τὰ ἐσσόμενα, 존재할 것)와 프로 에온타(πρὸ ἐόντα, 예전에 존재하였던 것)와 구별된다는 것이다. 따라서 타 에온타(τὰ ἐόντα)는 현재적인 것이라는 의미에서의 존재자를 지칭한다. 우리 후대인이 '현재적'(gegenwärtig)이라고 말할 때, 우리는 한편으로 '지금의 것'(das Jetzige)을 생각하여 이것을 시간내재적인 것(das Innerzeitige)이라고 표상한다. 지금이란 시간 흐름의 한 단계이다. 또 다른 한편에서 우리는 현재적인 것을 '대상적인 것'(das Gegenständige)과 관련시키기도 한다. 이것은 객관적인 것으로서 표상하는 주체와 관련된다. 그러나 우리가 에온타(ἐόντα)를 좀더 자세하게 규정하기 위해서 '현재적'이라는 낱말을 사용한다면, 우리는 에온타(ἐόντα)의 본질로부터 '현재적인' 것을 이해해야지 그 반대로 생각해서는 안 된다. 그러나 에온타(ἐόντα)는 과거적인 것이기도 하고 미래적인 것이기도 하다. 이 두 가지는 현존자의 한 방식, 즉 비현재적으로 현존하는 것[지금은 부재하지만 현존하는 것, 다시 말해 다가오고 있는 것과 이미 어떤 식으로든 있어왔던 것]의 한 방식이다. 현재적으로 현존하는 것을 그리스인들은 또한 [좀더] 명료하게 타 파레온타(τὰ παρεόντα)라고 말하기도 하는데, 여기서 파라(παρά)란 '… 가까이에'(bei), 즉 비은폐성 가까이에 다가온 [것]이라는 의미를 갖는다. [독일어의] '현재적'(gegenwärtig)이라는 낱말에서의 전철 gegen은 어떤 주체에 마주 대하고 있는 것(das Gegenüber)을 뜻하는 것이 아니라, 그 안으로 그리고 그 안에서 가까이 다가온 것이 머무르고 있는 그런 비은폐성의 열린 영역(die offene Gegend)을 뜻한다. 따라서 에온타(ἐόντα)의 성격을 지닌 '현재적'이라는 낱말은, '비은폐성의 영역 안에 머물러 있고자 다가와 있는'(angekommen in der Weile innerhalb der Gegend der Unverborgenheit)이라는 의미를 갖는다. 그러므로 프로 에온타(πρὸ ἐόντα)와 엣소메나(ἐσσόμενα)와 고유하게 구별되어, 우선적으로 강조되어 말해진 에온타(ἐόντα)는 그리스인들에게는, 이미 설명된 의미에서 비은폐성의 영역 안에 머물러 있고자 다가와 있는 그런 현존자를 지칭한다. 그렇게 다가와 있음(Angekommenheit)이 본래적인 다가옴(Ankunft)이고, 본래적인 현존자의 현존이다. 과거적인 것과 미래적인 것도 또한 현존자이며, 다시 말해 비은폐성의 영역 바깥에 현존하는 것이다. 비현재적으로 현존하는 것은 부재하는 것(das Ab-wesende)이다. 이러한 부재자로서의 그것은, 그것이 비은폐성의 영역 속으로〔출현하여〕나오기도 하고 또 그 영역으로부터 떠나가기도 한다는 점에서, 현재적으로 현존하는 것과 본질적으로 관련되어 있다. 부재하는 것도 또한 현존하는 것이며,〔다시 말해〕비은폐성의 영역으로부터〔떠나가〕부재하는 것으로서, 비은폐성 속으로〔또다시 출현하여 나오기도 한다는 점에서〕현존하고 있다. 과거적인 것과 미래적인 깃도 또한 에온타(ἐόντα)이다. 따라서 에온(ἐόν)은 '비은폐성 속으로 현존하는'(anwesend in die Unverborgenheit)이라는 뜻이다.

에온타(ἐόντα)에 관한 이러한 해명으로부터 귀결되는 사실은, 그리스인의 경험 속에서도 현존자는 필연적으로 이중적인 의미를 지닐 수밖에 없다는 것이다. 타 에온타(τὰ ἐόντα)는 한편으로는 현재적인 현존자를 의미하고, 다른 한편으로는 현재적으로 그리고 비현재적으로 현성하는(wesen) 모든 현존자를 의미한다. 그러나 보다 넓은 의미에서의 현존자를 우리는, 개념적으로 생각하는 습관에 따라, 특정한 현존자, 즉 현재적인 현존자와 구별되는 현존자의 일반적 개념이라고 표상해서는 결코 안 된다. 왜냐하면 그것은 사태적으로 보면 곧 현재적인 현존자이고 또 이러한 현존자 안에 주재하고 있는 비은폐성이기 때문인데, 이러한 비은폐성이 비현재적으로 현존하는 것으로서의 부재자의 본질을 철저히 지배하고 있다.

예언자는 현존자의 시야 안에 서 있다. 다시 말해 그는 이와 동시에 부재자로서의 부재자의 은닉성을 환히 밝혀주고 있는 그런 현존자의 비은폐성 안에 서 있다. 예언자는, 그가 모든 것을 현존하는 것으로서 보고 있었던 한에서, 보고 있는 것이다. 그래서 바로 그 때문에 그는 그리스 선박들을 트로이 앞으로까지 인도할 수 있었던 것이다. 그는 신이 부여한 예언력을 통해서 이런 일을 할 수 있다. 예언자는 미친 자[μαινόμενος, 질주하는 자]이다. 그러나 이러한 광기의 본질은 어디에 있는가? 미친 자는 자기를 벗어나 있다. 그는 떠나 있다(weg sein). 우리는 이렇게 묻는다. 어디를 향해 그리고 어디로부터 떠나 있는가? 단지 현재적으로 현존하는 것일 뿐인 눈앞에 놓여 있는 것의 단순한 쇄도로부터 떠나, 부재자를 향해서, 따라서 동시에 언제나 다가오는 것이면서도 가버리는 것일 뿐인 그런 현재적인 현존자를 향해서 떠나 있다. 예언자는 온갖 방식으로 현존하는 현존자의 현존의 통일적인 터전 속으로 자신을 벗어나 있다. 그래서 그는 이러한 터전 속으로 '떠나' 있으면서도, 곧바로 마치 창궐하고 있는 흑사병과 같이 현존하는 것을 향해서 되돌아 올 수도 있다. 예언자의 떠나 있음이라는 이러한 광기는 미친 자가 눈을 부릅뜨고 사지를 뒤트는 그런 상태 속에 존립하는 것이 아니다. 예언을 하는 이 미친 짓은 신체적으로 평정한 눈에 보이지 않는 고요 속에서 행해질 수 있다.

예언자에게는 현존자와 부재자가 모두 '**하나의**' 현존 속으로 집결되어 보존된다. 고대 독일어 "바"(war)는 보호(Hut)를 의미한다. 우리는 이것을 아직도 '지각하다'(wahrnehmen)라는, 즉 '보존하여 받아들이다'(in die Wahr nehmen)라는 낱말 속에서 알고 있으며, 또한 '알아채다'(gewahren), '참답게-간직하다'(verwahren)라는 낱말 속에서 알고 있다. '보존함'(Wahren)이란 '환히 밝히면서 모아들이는 간직함'(das lichtend-versammelnde Bergen)이라고 사유될 수 있다. 현존은 현존자를 ―그것이 현재적인 것이든 비현재적인 것이든― 비은폐성 속에서 보존한다[현존으로서의 존재는 존재자를 자신에게 고유한 비-은폐성 속에 모아들여 참답게 드러내며 간직한다]. 현존자를 〔참답게〕 보존함(*Wahr*) 으로써 예언자는 말한다(*sagen*). 그는 〔이런 의미에서〕 예언가(*Wahr-Sager*) 이다.

우리는 여기서 이러한 보존을 환히 밝히면서 간직하는 모아들임(*die lichtend-bergende Versammlung*) 이라는 의미에서 사유하는데, 지금까지 감추어진 현존의 — 즉 존재의 — 근본특성은 이러한 것으로서 암시된다. 앞으로 언젠가 우리는 진리(*Wahrheit*) 라는 낡은 낱말을 보존(*Wahr*) 으로부터 사유하는 법을 배우게 될 것이며, 또 진리란 존재의 참다운-보존〔*Wahrnis*, 참됨〕이고, 현존으로서의 존재는 그러한 참다운-보존에 속한다는 사실을 경험하게 될 것이다. 존재의 보호로서의 참다운-보존에 상응하여 목자는 말하는데, 여기서의 목자는 전원의 양치기나 자연의 신비와는 아무런 관계도 없다. 오직 그가 무의 자리지기〔*Platzhalter des Nichts*, 즉 무의 자리를 시키는 자라는 말을 하이데거는《형이상학이란 무엇인가?》의 나중말 부분에서 처음으로 사용〕로 머물러 있는 한에서만, 그는 존재의 목자(*Hirt des Seins*)일 수 있을 뿐이다. 이 둘은 동일한 것이다. 인간은 오직 터-있음의 풀려나-있음(*Ent-schlossenheit*) 속에서만 이 두 역할을 할 수 있다.

예언자란 현존자 전체를 현존에서 이미 보았던 자이다. 라틴어로 말해서 '그가 보고 있다'(*vidit*) 는 말은, 독일어로 하자면 '그가 알고 있다'(*er steht im Wissen*) 는 말이다. 앎의 본질은 보았다는 사실에 있다. 보았다는 사실에는 일종의 시각적 과정의 수행과는 다른 어떤 것이 언제나 이미 작용하고 있다. 보았다는 사실에서는 현존자에 관한 관계가 감성적인 혹은 비감성적인 모든 종류의 파악 행위의 배후 속으로 되돌려지고 있다. 보았다는 것은 거기로부터 스스로를 환히 밝히는 현존과 관련된다. 봄(*Sehen*) 의 행위는 눈에 의해서 규정되는 것이 아니라 존재의 환한 밝힘에 의해서 규정된다. 그 안에 〔즉 존재의 환한 밝힘 안에〕 내존함(*Inständigkeit*)은 모든 인간적 의미들의 총총히 짜여진 그물망

(*Gefüge*)이다. 앎이란 봄의 본질이 보았다는 사실에 있음을 아는 것이다. 이러한 앎이 시야를 〔밝혀주며〕 유지해준다. 그러한 앎은 현존을 가슴 깊이 기억하고 있다. 앎이란 존재의 회념(*das Gedächtnis des Seins*)이다. 그 때문에 므네모시네〔Μνημοσύνη, 회상, 회념, 기억 등〕는 뮤즈 신〔문예와 학술의 여신〕의 어머니이다. 앎이란 근대적 의미에서의 학술적 지식(*Wissenschaft*)이 아니다. 앎이란 존재의 참다운-보존(참됨)을 사유하면서 알아차림(*das denkende Gewahren der Wahrnis des Seins*)이다.

호머의 말은 우리를 어디로 옮겨-놓았는가? 에온타(ἐόντα)로 옮겨-놓았다. 그리스인들은 존재자를 비은폐성 속으로 현존하는 현재적이거나 비현재적인 현존자로서 경험한다. 우리가 온(ὄν)을 '존재하는'이라는 낱말로 번역한 것은 이제는 더 이상 우둔한 짓이 아니다. 에이나이(εἶναι)의 번역어인 '존재하다'와 이 그리스어 자체도 이제는 더 이상 어떤 무규정적인 일반자를 임의적으로 막연하게 표상하기 위해 경솔하게 사용된 가명이 아니다.

우리가 진리의 본질을 '환히 밝히면서 간직하는 모아들임'이라고 사유한다면, 그리고 진리를 존재자나 존재의 한 속성이라고 하는, 오늘날 후대인에게 자명하게 여겨지는 형이상학의 선입견으로부터 해방된다면, 존재는 현존자의 현존으로서 그 자체가 이미 진리라는 사실이 이와 동시에 밝혀진다. 〔형이상학의 선입견과는 달리〕 존재는, 즉 이 낱말을 이제 사유된 방식으로 말해서, 현존으로서의 에이나이(εἶναι)는, 은닉된 방식으로 진리의 한 속성이다. 물론 여기서의 진리는 신적인 인식이나 혹은 인간적인 인식의 한 성격으로서의 진리도 아니며, 또 어떤 성질이라는 의미에서의 속성도 아니다. 더 나아가 다음의 사실도 분명해진다. 즉, 타 에온타(τὰ ἐόντα)는 이중적인 의미에서 현재적 현존자를 지칭하기도 하고 비현재적 현존자를 지칭하기도 하는데, 후자는 전자의 관점에서 보면 부재자라는 사실이다. 그러나 현재적 현존자는 마치 단절된 하나의 조각과도 같이 그렇게 부재자 사이에 놓여 있는 것이 아니다. 현존자가 먼저 시야에 들어올 경우, 어떤 것이 다른 것을 동반하기도 하고 또 어떤 것이 다른 것을 떠나가게도 하면서 모든 것은 함께 현성한다. 비은폐성 안에서 현재적으로 현존하는 현존자는 열린 영역으로서의 비은폐성 안에 머무른다(weilen). 영역 속으로〔다가와〕현재적으로 머무르는 것〔Weilige, 체류하는 것〕은 이 영역 안에서 은폐성으로부터 나와 비은폐성으로 다가온다. 그러나 현존자는 또한 이미 비은폐성에서 벗어나 은폐성으로 가버리고 있는 한에서, 현존자는 다가와 머무르는 식으로 **존재한다**. 현재적 현존자는 그때그때마다 머무르고 있다. 그것은 출현하여-다가옴(Hervorkunft)과 떠나감(Hinweggang) 속에 체류한다(verweilen). 머무름이란 옴(Kunft)에서 감(Gang)으로의 이행이다. 현존자는 그때마다-체류하는 것(das Je-weilige)이다. 이행하며 머무르면서 현존지는 여진히 출생(Herkunft) 가운데 머무르기도 하고 사망(Hingang) 가운데 머무르기도 한다. 그때마다의 현존자, 즉 현재적인 것은 부재로부터 현성한다. 우리의 습성적인 표상은 모든 부재를 제거하고 싶어하지만, 실은 이러한 부재야말로 본래적인 현존자에 대해서 말해질 수 있다.

타 에온타(τὰ ἐόντα)는 그때마다-체류하는 것의 통일적인 다양성을 가리킨다. 비은폐성 속에서 그런 식으로 현존하는 각각의 현존자들은 그때마다 자신의 방식에 따라 각각 다른 것으로 현존한다.

결국 우리는 타 에온타(τὰ ἐόντα), 즉 앞에서 언급된 그런 존재자는 결코 자연사물을 의미하지 않는다는 사실을 호머의 구절에서 이끌어내게 된다. 전술한 경우에서 시인은 에온타(ἐόντα)라는 말로 트로이 앞에 직면한 아카이아인들의 상황과 신의 분노, 흑사병의 창궐, 타오르는 죽음의 불, 그리고 장군들의 경악 등을 지칭하고 있다. 호머의 언어에서 타 에온타(τὰ ἐόντα)는 철학적 개념어가 아니라, 사유 속에서 말해진 낱말이다. 그것은 단지 자연사물들도 아니고, 또 인간의 표상에 단지 마주하여 서 있는 대상들도 아니다. 인간도 또한 에온타(ἐόντα)에 속한다. 그는 환히-밝히며-받아들이면서, 따라서 모아들이면서, 현존자 그 자체를 비은폐성 속에 현성하게 하는 그런 현존자이다. 칼카스를 시적으로 묘사함에 있어 현존자가 예언자의 봄과 관련되어 사유되고 있다면, 이것은 그리스적으로 사유해서, 〔이미〕 보았던 자로서의 예언자는 어떤 탁월한 의미에서 현존자 전체에 속해 있는 하나의 현존자라는 사실을 의미한다. 그러나 이것은 현존자가 예언자의 주체성에 종속된 객체이며 또 단지 그런 객체에 불과할 뿐이라는 사실을 의미하지는 않는다.

타 에온타(τὰ ἐόντα), 즉 현재적이거나 비현재적인 현존자는 아낙시만드로스의 잠언에서 고유하게 언어에 이르고 있는 것을 지칭하고는 있지만 눈에는 그다지 잘 띄지 않는 이름이다. 그 낱말은 아직은 전혀 말해진 적이 없지만 사유 속에서 묵언적으로 모든 사유에게 〔이미〕 말을 건네고 있던 그런 것을 지칭한다. 그 낱말은 앞으로 〔그 낱말이〕 발언되든 아니든 간에 서양의 모든 사유를 〔이미 철저히〕 요구하고 있는 그런 것을 지칭한다.

그러나 에온〔ἐόν, 현존하는〕과 에이나이〔εἶναι, 현존하다〕는 아낙시만드로스 이후 수십 년이 지난 뒤에 파르메니데스에 이르러 비로소 서양 사유의 근본단어로 진술되었다. 이것은 오늘날 널리 만연된 그릇된 견해에서 아직도 주장되고 있듯이, 파르메니데스가 존재자를 '논리적으로' 진술명제와 그것의 계사(copula)에 의거하여 해석했기 때문에 일어난 것은 물론 아니다. 아리스토텔레스가 존재자의 존재를 카테고리아〔κατηγορία, 범주〕에 의거하여 사유했을 때조차도, 그가 그리스 사유 내에서 그 정도로까지 멀리 나가지는 않았었다. 아리스토텔레스는 존재자를, 진술하기 위해서는 이미 앞에 놓여 있는 것이라고, 즉 그때마다의 비은폐적인 현존자라고 이해하였다. 아리스토텔레스는 실체의 본질이, 즉 그리스적으로는 우시아(οὐσία)의 본질이 파루시아(παρουσία)

의 의미에서 이미 명백히 드러나 있다고 보았기 때문에, 그는 휘포케이메논(ὑποκείμενον), 즉 실체를 진술명제의 주어로부터 해석할 필요가전혀 없었다. 아리스토텔레스도 또한 현존자의 현존성을 주어의 대상성에 입각하여 사유하지 않았고, 에네르게이아[ἐνέργεια, 현실태] ― 물론 이것은 중세의 스콜라 철학에서의 순수 현실(actus purus)의 현실성(actualitas)과는 근본적으로 판이하게 구분되는 것이다 ― 로서 사유하였던 것이다.

그러나 파르메니데스의 에스틴(ἔστιν)은 명제의 계사로서의 '이다'(ist)를 의미하지 않는다. 그것은 에온(ἐόν), 즉 현존자의 현존함을가리킨다. 에스틴(ἔστιν)은 제 1 실체와 제 2 실체, 즉 현존(existentia)과본질(essentia)로 구분되기에 앞서 존재의 순수한 부름에 상응하고 있다. 하지만 그때 에온(ἐόν)은 에온타(ἐόντα)의 비은폐성의 은닉된 충만으로부터 시유되고 있다. 비록 초기의 그리스 정신문화가 이러한 본질적 충만 자체를 모든 관점에서 경험할 수도 없었고 또 그럴 필요도 없었다고 하더라도, 이러한 충만은 그리스 정신문화에게는 친숙한 것이었다.

개념에서 벗어나 말해진 에온타(ἐόντα)의 에온(ἐόν)을 사유적으로경험함으로써, 퓌시스(Φύσις), 로고스(Λόγος), 모이라(Μοῖρα), 에리스(Ἔρις), 알레테이아(Ἀλήθεια), 헨(Ἕν) 등과 같은 초기 사유의 근본단어들이 말해지고 있다. 근본단어들의 영역 속으로 되돌아가 비로소 사유될 수 있는 헨(Ἕν)과는 달리, 에온(ἐόν)과 에이나이(εἶναι)는 현존자를 지칭하는 (발언된) 근본단어가 된다. 헨(Ἕν)으로서의 존재의 역사적 운명으로부터 비로소 본질적인 변화가 일어나 근대는 실체의 단자론(Monadologie)의 시대로 접어들게 되었으며, 또 단자론의 시대는 정신 현상학 속에서 완성되기에 이른다.

파르메니데스는 존재를 논리적으로 해석한 적이 없었다. 하지만 그에 반해 형이상학에서 생겨나 이것을 지배하게 된 논리학은 초기의 근본단어들 속에 간직된 존재의 본질적 풍부함을 파묻어버리는 지경에 이르게 되었다. 그리하여 존재는 가장 일반적이면서도 가장 공허한 개념이라는 불운한 위치로 전락하게 되었다.

그러나 사유의 초창기 이래로 존재는 '환히 밝히면서 간직하는 모아들임'이라는 의미에서 현존자의 현존을 지칭하고 있는데, 바로 이러한 모아들임이 사유되어 로고스(Λόγος)라는 명칭을 얻게 되었다. 로고스(λέγειν, 읽다, 모으다)는 '탈은폐하여 간직함'(das entbergende Bergen)인 알레테이아(Ἀλήθεια)로부터 경험된다. 알레테이아(Ἀλήθεια)의 이중적 본질 속에는 에리스와 모이라(Μοῖρα)의 사유된 본질이 간직되어 있으며, 또 이러한 명칭들 속에는 이와 동시에 퓌시스(Φύσις)가 말해지고 있다.

현존의 경험으로부터 사유된 이러한 근본단어들의 언어 속에서, 아낙시만드로스의 잠언에 나오는 디케(δίκη), 티시스(τίσις), 아디키아(ἀδικία) 등의 낱말들도 말해지고 있다.

이러한 낱말들 속에서 말하고 있는 존재의 말 걸어옴(Anspruch, 요구)이 철학을 그 본질에서 규정하고 있다. 철학은 신화로부터 생겨난 것이 아니다. 그것은 오로지 사유로부터 사유 속에서 생겨난다. 그러나 사유는 존재의 사유이다. 사유는 생겨나지 않는다. 사유는 존재가 현성하는 한에서만 있다. 그러나 사유가 제 학문들과 신앙 속으로 퇴락하는 것9)은 존재의 불행한10) 역사적 운명이다.

존재의 역사적 운명의 초창기에 존재자, 즉 타 에온타(τὰ ἐόντα)는 언어에 이르고 있다. 그렇게 언어에 이르고 있는 것의 자제된 충만(die verhaltene Fülle, 스스로 내보여주길 삼가는 존재의 빛 속에서 현존자의 이

---

9) 1950년 초판의 각주에는, 여기서의 퇴락이란 '존재망각 속에서 존재자에 빠져 있음'(《존재와 시간》 참조)을 가리킨다고 했다.

10) 1950년 초판의 각주에는, 여기서 '불행하다'(böse)는 것은 '나쁘다'(schlecht)는 것이 아니라고 했다.

중적 현존을 드러내는 충만]으로부터 아낙시만드로스의 잠언은 무엇을 말하고 있는가? 원본으로 추정되는 그 글에 따르면, 그 잠언은 다음과 같다.

> … 카타 토 크레온. 디도나이 갈 아우타 디켄 카이 티신 알레로이스 테스 아디키아스.
>
> (… κατὰ τὸ χρεών· διδόναι γὰρ αὐτὰ δίκην καὶ τίσιν ἀλλήλοις τῆς ἀδικίας.)

통상적으로 번역하면 다음과 같다.

> 필연에 따라 …. 왜냐하면 그것들은 자신이 저지른 부정에 대하여 서로 벌을 받고 대가를 치르기 때문이다.

이 잠언은 지금도 여전히 두 문장으로 구성되어 있지만, 첫 번째 문장에는 마지막 단어들만 남아 있을 뿐이다. 〔이제〕 두 번째 문장을 해명하기로 하자.

아우타(αὐτά)는 앞 문장에서 언급된 것을 받고 있다. 그것은 오직 타 온타(τὰ ὄντα), 즉 현존자 전체, 다시 말해 비은폐성 안에서 현재적으로 그리고 비현재적으로 현존하는 현존자일 뿐이다. 이러한 것이 에온타(ἐόντα)라는 낱말에서도 명백히 언급되고 있는지 혹은 그렇지 않은지 그 여부는 원문 자체가 불확실하기에 열어두어야 할 것이다. 아우타(αὐτά)는 그때마다-체류하는 것의 방식으로 현성하는 모든 현존자, 즉 신들과 인간, 신전과 도시, 바다와 육지, 독수리와 뱀, 나무와 숲, 바람과 빛, 돌과 모래, 낮과 밤 등을 지칭한다. 모든 것은 각자 자신에게 할당된 시간 속에서 다른 것과 더불어 머무르면서 현존하기에, 현존자는 하나의 통일적인 현존에(im Einen des Anwesens) 함께 속해 있다. 이렇게 다양한 것들(πολλά)은 자신을 총체적으로 포괄하는 어떤 것을 그 배후에 지니고 있는, 일련의 분리된 대상들이 아니다. 오히려 현존 그 자체 속에는 어떤 은닉된 모아들임의 상호 체류(das Zueinander-Weilen)가 편재하고 있다. 그래서 헤라클레이토스는 이렇게 현존 속에서 하나가 되게 모아들이면서 탈은폐하는 본질을 통찰하여, 이러한 헨('Εν, 존재자의 존재)을 로고스(Λόγος)라고 불렀다.

그러나 아낙시만드로스는 그때마다 서로에게 머무르면서 비은폐성 속으로 다가오게 된 이러한 현존자 전체를 어떻게 미리 경험한 것일까? 도처에서 현존자를 근본적으로 가로지르고 있는 것은 무엇일까? 이 잠언의 마지막 말이 그것을 말해주고 있다. 이와 더불어 우리는 번역을 시작해야 한다. 헤 아디키아(ἡ ἀδικία)라는 말은 현존자의 근본특성을 가리키고 있다. 사람들은 그것을 문자 그대로 번역하여 '부정'(Ungerechtigkeit, 부정의)이라고 한다. 그러나 이러한 문자 그대로의 번역이 이미 낱말에 충실한 것일까? 다시 말해 그러한 번역어는 과연 그 잠언에서 언어에 이르고 있는 것을 주목하고 있을까? 아우타(αὐτά), 즉 비은폐성 속으로 그때마다-머무르고-있는 그런 현존자 전체가 〔우리의〕 시야에 밝혀지고 있는 것일까?

그때마다 현존하는 현존자는 과연 어느 정도로 부정한가? 무엇이 현존자에게서 부정한 것일까? 현존자가 그때그때마다 머무르며 체류하면서 그렇게 자신의 현존을 성취하고 있다는 사실이야말로 현존자의 정의가 아닐까?

아-디키아(ἀ-δικία)라는 낱말은 우선 디케(δίκη)가 결여되어 있음을 말한다. 사람들은 흔히 디케(δίκη)를 정의(das Recht)라고 번역한다. 이 잠언의 번역에서는 그것이 심지어 벌(Strafe)이라고 번역되기도 한다. 만일 우리가 법률적이고 도덕적인 견해에서 벗어나 언어에 이르고 있는 것에 유의한다면, 아디키아(ἀδικία)라는 말은 그것이 지배하고 있는 곳에서는 사물들이 올바로 존립하지 못한다는 사실을 말해주고 있다. 이것은 어떤 것이 안배된 곳〔die Fuge, 현존하기에 적당한 자리〕에서 벗어나 있다(etwas ist aus den Fugen)는 뜻이다. 하지만 무엇에 관해 그렇게 말해지고 있는 것일까? 그것은 그때마다-체류하는 현존자에 관해서 말해지고 있다. 그러나 현존자에게서 안배된 곳이란 어디에 주어져 있는가? 또 안배된 곳은 어디에 있는 것일까? 어떻게 현존자는 '안배된 곳이 없이도'(ἄδικον, 아디콘), 즉 안배된 곳에서 벗어나 존재할 수 있는 것일까?

그 잠언은, 현존자가 '아디키아'(ἀδικία)에, 즉 '안배된 곳에서 벗어나' 있음을 분명히 말하고 있다. 하지만 이것은, 현존자가 더 이상 현존하지 않는다는 사실을 뜻하지는 않는다. 또한 이것은 현존자가 때때로 혹은 아마도 자신의 특정한 속성에 따라 안배된 곳에서 벗어나 있다는 것을 말하는 것도 아니다. 그 잠언이 말하는 것은, 현존자가 자신이 존재하는 바의 그런 현존자로서 안배된 곳에서 벗어나 있다는 것이다. 현존 그 자체에는, 안배된 곳에서 벗어나 있을 수 있는 가능성과 아울러 안배된 곳도 틀림없이 함께 속해 있다. 현존자는 그때그때마다 머무르고 있는 것이다. 머무름〔Weile, 체류기간〕은 떠나가면서도 다가오는 것으로서 현성한다. 머무름은 떠나감과 나타남 사이에 현성한다. 이렇게 이중적인 부-재(Ab-wesen) 사이에 머무르고 있는 모든 체류자의 현존이 현성한다. 그때마다-체류하는 것은 이러한 사이 속에 〔존재하도록〕 안배되어 있다. 이러한 사이가 〔각자에게 숙명적으로〕 안배된 곳(Fuge)이며, 이에 따라 체류자는 〔이 세상에〕 출현하여 〔저 세상으로〕 떠나가도록 그때마다 안배되어 있는 것이다. 체류자의 현존은 출현하는 저쪽(das Her von Herkunft)을 향하기도 하고 떠나가는 저쪽(das Hin von Weggang)을 향하기도 한다. 현존은 이 양 방향에 따라 부재로 이어진다. 현존은 이렇게 안배된 곳에서 현성한다. 현존자는 나옴에서 생겨나 떠나감 속으로 사라지는데, 현존자가 머물러 있는 한, 이 양자는 물론 동시에 존립한다. 머무름은 안배된 곳에서 현성한다.

하지만 그렇다면 그때마다-체류하는 것은 바로 자신의 현존의 안배된 곳에 있는 것이지, 우리가 지금 말하고 있듯이 안배되지 않은 곳 (Un-Fuge)에, 즉 아디키아(ἀδικία)에 있는 것이 결코 아니다〔각자에게 안배된 곳으로서의 Fuge가 현존자의 현-존(An-wesen)과 관계한다면, 안배되지 않은 곳으로서의 Un-Fuge는 현존자의 이중적인 부-재(Ab-wesen)와 관계함〕. 물론 그 잠언은 이러한 것을 말하고 있다. 즉, 그 잠언은 아디키아(ἀδικία)가 에온타(ἐόντα)의 근본특성이라는 사실을 본질적인 경험에 의거하여 말하고 있다.

그때마다-체류하는 것은 현존을 이중적 부재 속으로 이어주는 안배된 곳에 머무르고 있는 것으로서 현성한다. 하지만 동시에 현존자로서 바로 그때마다-체류하는 것만이 자신의 체류기간 동안에 머무를 수 있다. 다가오게 된 것은 지속적인 것이라는 의미에서 더욱더 현존적으로 남아 있고자 하기에 오직 이런 이유에서만 자신의 체류기간을 고집할 수 있다. 그때마다-체류하는 것은 자신의 현존을 고수한다. 이런 식으로 그것은 자신의 이행적인 머무름으로부터 스스로를 이끌어내고 있다. 그것은 완고한 고수 속으로 펼쳐진다. 그것은 더 이상 다른 현존자에 대해서는 전혀 아랑곳하지 않는다. 그것은 마치 이러한 것이 머무름이라고 하는 듯 지속적 존립을 완강히 주장한다.

자신에게 안배된 체류기간 속에 현성하면서 현존자는 안배된 곳에서 벗어나 안배되지 않은 곳에서 그때마다-체류하는 것으로서 존재한다. 그때마다-체류하는 모든 것은 안배되지 않은 곳에 서 있다. 현존자의 현존에는, 즉 에온타(ἐόντα)의 에온(ἐόν)에는 아디키아(ἀδικία)가 속해 있다. 그렇다면 안배되지 않은 곳에 서 있다는 바로 이러한 것이 현존자의 본질이 될 것이다. 그래서 어쩌면 사유의 초기 잠언에서는 그리스적 존재경험의 염세주의적 측면이 — 그렇다고 해서 허무주의적인 것은 아니다 — 나타나게 되었을 것이다.

그렇다면 그 잠언은 현존자의 본질이 안배되지 않은 곳에 존립한다고 말하는 것일까? 그렇기도 하고 그렇지 않기도 하다. 그 잠언은 안

배되지 않은 곳을 현존자의 근본특성으로서 언급하고는 있지만, 그것
은 오직 다음을 말하기 위해서 그런 것일 뿐이다.

디도나이 갈 아우타 디켄 … 테스 아디키아스.
(διδόναι γὰρ αὐτὰ δίκην … τῆς ἀδικίας.)

"그것들은 대가를 치루어야 한다"고 니체는 번역하였고, "그것들은
자신의 부정에 대하여 벌을 받는다"고 딜스는 번역하였다. 그러나 그
어디에서도 벌을 받고 대가를 치루어야 한다고 말해진 적이 없으며,
또 보복을 정의로 간주하는 사람들의 판단에 따라 처벌을 받고 징벌을
받아야 한다고 말해진 적도 결코 없다.

하지만 그 동안에 그때마다-체류하는 현존자의 본질을 사유해봄으로
써, 별 생각 없이 발언된 "사물들의 부정"이란 머무름 속에서의 안배되
지 않은 곳으로서 해명되었다. 안배되지 않은 곳, 즉 정당성을 결여한
부당성은, 그때마다-체류하는 것이 오직 지속적 체류만을 완강히 고수
하려는 데에 존립한다. 고수함으로서의 머무름은, 안배된 체류기간에
입각해서 사유해보면, 순전히 존속하려는 항거[Aufstand, 봉기]이다.
그때마다 현존자를 비은폐성의 영역 속으로 머무르게 하는 현존 자체
속에서 지속성은 항거한다. 체류기간의 이러한 항거하는 측면을 통해
서 그때마다-체류하는 것은 단순한 지속성을 주장한다. 그때 현존자는
안배된 체류기간이 없이도 그리고 이에 대항하여 현성한다. 그 잠언은
그때그때마다 머무르는 현존자가 안배되지 않은 곳 속으로 사라진다고
말하는 것이 아니다. 그 잠언이 말하는 것은 그때마다-체류하는 것이
안배되지 않은 곳의 관점에서〔안배되지 않은 곳을 고려하는 가운데〕안배
된 곳을 준다는 것이다.

여기서 '준다'는 것은 무슨 뜻인가? 안배되지 않은 곳에서 현성하는
그때마다-체류하는 것이 어떻게 안배된 곳을 줄 수 있다는 것인가? 그

것은 자신이 가지고 있지도 않은 것을 줄 수 있을까? 그것이 준다면, 그때 그것은 곧바로 안배된 곳을 없애버리지는 않을까? 그때그때마다 머무르는 현존자는 안배된 곳을 어디로 주고 있으며, 또 어떻게 주고 있는가? 우리는 좀더 분명하게, 다시 말해 사태에 입각하여 물어보아야 한다.

현존자 그 자체는 자신의 현존이 안배된 곳을 어떻게 주어야만 하는가? 여기서 언급된 '줌'(Geben)은 오직 현존의 방식 속에서만 존립할 수 있다. 줌이란 단지 주어버림〔Weggeben, 없애버림〕이 아니다. 좀더 근원적으로 보면 줌이란 승인해 준다(Zugeben)는 의미를 갖는다. 그러한 줌은 자기에게 고유하게 속해 있는 것을 어떤 다른 것에게 속하게 한다. 현존자에게 속해 있는 것은, 현존자를 출현과 사멸〔의 지평〕 속으로 이어주는 자신의 체류기간의 안배된 곳이다. 그때마다-체류하는 것은 안배된 곳에서 자신의 체류기간을 보존한다. 그러므로 그것은 단순히 지속되기만 하는 안배되지 않은 곳 속으로 떨어져 나가려고 하지 않는다. 안배된 곳은 그때마다-체류하는 것에게 속해 있으며, 또 그때마다-체류하는 것은 이렇게 안배된 곳으로 귀속해 있다. 안배된 곳(Fuge)은 〔거기에 어떤 것이 정당하게 귀속해 있는〕 적합한 곳〔Fug, 적합함, 정당함〕이다.

현존으로서의 존재에 입각하여 사유해보면, 디케(δίκη)란 〔현존자의 현존을 현존자의 이중적 부재에 올바로〕 안배하여-이어주는 적합함(der fugend-fügende Fug)이다. 아디키아(ἀδικία), 즉 안배되지 않은 곳(Un-Fuge)은 부-적합한 곳〔Un-Fug, 부-적합, 부당함〕이다. 이제 우리에게 남아 있는 필요한 작업은, 이렇게 대문자로 씌어진 낱말을 그것의 충만한 언어적 힘에 의거하여 위대하게 사유하는 것일 뿐이다.

그때마다-체류하는 현존자는, 그것이 체류하는 한에서, 즉 그것이 체류하면서 생겨나 사라지고, 또 그것이 체류하면서 출현하여 사멸에 이르기까지 이행의 계속된 안배가 존립하는 한에서, 현존한다. 이렇게 그때마다 체류하면서 이행을 계속하는 이러한 존립이 현존자의 적합한(정당한) 지속성이다. 이러한 지속성은 단순한 존립을 주장하지 않는다. 그것은 안배되지 않은 곳에 귀속되지 않는다. 그것은 부-적합을 감내하여 극복한다. 그때마다-체류하는 것은 자신의 체류기간 동안 머무르면서 현존이라는 자신의 본질에 적합함을 속하게 한다. 디도나이(διδόναι)란 이렇게 속하게-함(Gehören-lassen)을 일컫는다.

그때마다 머무르는 현존자의 현존은 아디키아(ἀδικία) 그 자체에, 즉 부-적합에 존립하는 것이 아니라, 현존자가 그때그때마다 적합함을 속하게 한다는 사실에 존립한다. 현재적 현존자는 비현재적 현존자 사이에서 단절되어 밀려난 것이 아니다. 현재적 현존자는 그것이 비현재적인 것에게로 스스로를 속하게 하는 한에서 현재적인 것이다.

> 디도나이 … 아우타 디켄 … 테스 아디키아스,
> (διδόναι … αὐτὰ δίκην … τῆς ἀδικίας,)

동일한 그것들이 부-적합을 감내하여 극복하는 가운데 적합함을 속하게 한다. 여기서 언어에 이르고 있는 이러한 경험은, 즉 존재자를 그것의 존재에서 경험하는 이러한 경험은 염세주의적인 것도 아니고 허무주의적인 것도 아니며 또 낙천주의적인 것도 아니다. 그것은 비극적인 것이다. 하지만 이것은 좀 과장된 말이다. 우리가 비극의 본질을 심리학적으로 혹은 미학적으로 설명하지 않고 오히려 '디도나이 디켄 테스 아디키아스'(διδόναι … δίκην … τῆς ἀδικίας)를 사유함으로써 비극의 본질양식을, 즉 존재자의 존재를 곰곰이 숙고할 경우에, 우리는 아마도 비극의 본질에 어렴풋하게나마 접근하게 될 것이다.

그때마다 머무르는 현존자, 즉 타 에온타(τὰ ἐόντα)는 그것이 안배하는 적합함을 속하게 하는 한에서 현성한다. 안배된 곳의 적합함은 무엇에게 속해 있으며, 또 어디에 속해 있는가? 그때마다-체류하는 현존자는 언제 어떤 방식으로 적합함을 수여하는가? 적어도 우리가 지금까지 숙고한 바에 따르면 그 잠언은 이에 관해서는 아무것도 직접 말하고 있지 않다. 그러나 우리가 아직도 번역되지 않은 것에 주의를 기울인다면, 디도나이(διδόναι)가 누구를 혹은 무엇을 향하고 있는지에 대해서는 그 잠언이 분명히 말해주는 것 같다.

> 디도나이 갈 아우타 디켄 카이 티신 알레로이스
> (διδόναι γὰρ αὐτὰ δίκην καὶ τίσιν ἀλλήλοις)

그때마다-체류하는 현존자는 적합함을 알레로이스(ἀλλήλοις), 즉 서로에게(einander) 속하게 한다. 이렇게 사람들은 흔히 원문을 읽곤 한다. 사람들이 알레로이스(ἀλλήλοις)를 일반적으로 딜스처럼 — 니체는 그것을 번역에서 간과하였지만 — 좀더 분명하게 생각하여 제대로 언급할 경우에, 그들은 그 낱말을 디켄(δίκην)과 티신(τίσιν)에 관련시킨다. 하지만 나의 시각으로는 알레로이스(ἀλλήλοις)를 디도나이 디켄 카이 티신(διδόναι δίκην καὶ τίσιν)과 직접 관련시키는 것은 언어적으로도 꼭 필요한 일이 아니며, 또 무엇보다도 사태적으로도 정당하지 않다고 보인다. 따라서 알레로이스(ἀλλήλοις)가 디켄(δίκην)과 직접 관련된 것인지, 아니면 그것이 바로 앞의 티신(τίσιν)과 관련된 것인지 하는 물음은 오로지 사태에 입각하여 봄으로써 비로소 물어질 수 있다. 이에 관한 결정은 디켄(δίκην)과 티신(τίσιν) 사이에 있는 카이(καί)를 우리가 어떻게 번역하느냐에 달려 있다. 그러나 이것은 티시스(τίσις)가 여기서 무엇을 말하고 있느냐에 의해서 규정된다.

사람들은 흔히 티시스(τίσις)를 대가(Buße)라고 번역하곤 한다. 그리하여 디도나이(διδόναι)는 '치르다'(bezahlen)라고 곧잘 해석된다. 그때마다-체류하는 현존자들은 대가를 치르고 이 대가를 벌로 지불한다(디케, δίκη). 법정은 모든 것을 완전히 갖추고 있다. 물론 부정의가 어디에 있는지를 올바로 말할 수 있는 자는 아무도 없지만, 그곳에는 부정의도 결여되어 있지 않다.

티시스(τίσις)는 물론 대가라고 해석될 수 있지만, 반드시 그런 것은 아니다. 왜냐하면 그러한 해석으로는 본질적이고도 근원적인 의미가 말해지지 않기 때문이다. 티시스(τίσις)는 평가함(Schätzen)이다. 어떤 것을 평가한다는 것은, 어떤 것에 주의하여 평가된 것을 그 자체로 만족해한다는 뜻이다. 평가로 말미암아 본질적으로 귀결되는 만족은 좋은 일에서는 선행으로 나타나는 반면, 나쁜 일과 관련해서는 벌로 나타날 수 있다. 그러나 우리가 이미 아디키아(ἀδικία)와 디케(δίκη)〔라는 낱말〕에서처럼 그 잠언에서 언어에 이르고 있는 사태에 입각하여 사유하지 않는 한, 우리가 낱말을 단순히 설명한다고 하더라도 그 잠언에서 언어에 이르고 있는 그 낱말의 사태에는 다가가지 못할 것이다.

그 잠언에 따르면 아우타(티 에온타), 즉 그때마다 체류하며 현존하는 것들은 부-적합에 놓여 있다. 그것들은 체류함으로써 머무른다. 그것들은 머무름을 고수한다. 왜냐하면 그것들은 출생에서 사멸로 이행해 가는 가운데 머뭇거리면서 체류기간을 관통하기 때문이다. 그것들은 머무름을 고수한다, 즉 자제한다. 그때마다-체류하는 것들이 체류하면서 머무름을 고수하는 한, 그것들은 그러한 상태로 지속하면서 그러한 고수를 끝까지 관철해나가는 경향을 따르게 된다. 그것들은 끝없이 지속되기를 강하게 요구하며, 디케(δίκη)에는, 즉 체류의 적합함에는 더 이상 아랑곳하지 않는다.

하지만 그렇게 함으로써 또한 모든 체류자는 이미 타자에 대하여 저항하고 있다. 아무도 타자의 체류적 본질에 주의하지 않는다. 그때마다-체류하는 것들은 서로에 대해 무관심하다. 각각의 체류자는 체류하는 현존 자체 속에 편재하면서 이러한 현존을 고수하는 욕구에 의해 그때마다 체류할 뿐이다. 따라서 그때마다-체류하는 것들은 단순한 무관심 속으로 용해되지 않는다. 이러한 무관심 자체가 그것들을 고수하도록 몰아감으로써 그것들은 현존자로서 현존하게 된다. 현존자 전체는 단지 무관심한 개별자로 조각나지 아니하며, 덧없는 개체로 흩어지지 않는다. 오히려 그 잠언은 이제 이렇게 말한다.

디도나이 … 티신 알레로이스
(διδόναι … τίσιν ἀλλήλοις)

그때마다-체류하는 것들은 어떤 것을 다른 것에게 속하게 한다, 즉 서로를 고려한다. 티시스(τίσις)를 고려(Rücksicht)라고 번역한다면 이러한 번역은 이미 앞에서 언급하였던 '주의하여 평가한다'는 본질적인 의미와도 잘 들어맞을 것이다. 이것은 사태에 입각하여, 즉 그때마다-체류하는 것의 현존에 입각하여 사유된 번역일 것이다. 그러나 티시스(τίσις)가 좀더 본질적이기에 중립적으로 모든 현존자, 즉 아우타(타 에온타)에 대하여 말해지고 있는 반면에, 우리에게 고려라는 낱말은 너무도 직접적으로 인간적인 본질을 지칭하고 있다. 고려라는 우리의 낱말은 그 잠언에서의 티시스(τίσις)를 지칭하기 위한 번역어로서 말해지기 위해서, 그리고 적합함이라는 뜻의 디케(δίκη)와 상응하여 말해지기 위해서 필요한 범위만이 아니라 특히 중요한 핵심을 모두 결여하고 있다.

그런데 한편 우리의 언어는 어떤 오래된 낱말을 간직하고 있다. 즉, 부당함(Unfug)이라는 낱말에서 우리는 특히 그것을 부정적 형태로 알고 있을 뿐만 아니라 게다가 경멸적인 의미로만 알고 있다. 우리에게 이 낱말은 어떤 부당하고도 저급한 행위, 즉 무례한 방식으로 행해진 어떤 것을 흔히 가리키고 있다.

그와 마찬가지로 우리는 '파렴치한'(ruchlos)이라는 낱말을, 방종하고 비열하다는 뜻의 '염치없는'(ohne Ruch)이라는 의미로 여전히 사용하고 있다. 우리는 Ruch[염치, 어떤 것을 배려하는 마음]가 무엇을 뜻하는지 전혀 모르고 있다. 중세 독일어인 "ruoche"라는 낱말은 신중하거나 세심한 염려를 뜻한다. 염려(Sorge)란 어떤 다른 것이 자신의 본질에 머무르도록 세심히 주의를 기울이는 것이다. 그때마다-체류하는 것을 그것의 현존과 관련하여 사유해보면, 이렇게 주의를 기울이는 마음이 티시스(τίσις) 즉, Ruch이다. 독일어 "geruhen"(세세히 마음쓰다)은 Ruch에 속한 것으로, Ruhe(휴식)와는 무관한 것이다. '세세히 마음쓴다'는 것은 어떤 것을 평가하고 그것 자체로서 허락하여 인정한다는 것을 의미한다. '고려'라는 낱말이 인간적 관계를 지칭하고 있다는 앞의 지적은 또한 ruoche에 관해서도 적용된다. 그러나 우리는 그 낱말의 잊혀진 의미를 사용하여 그것을 어떤 본질적 범위에서 새롭게 수용하고 있으며, 디케(δίκη)를 적합함(Fug)이라고 부르듯이 이에 상응하여 티시스(τίσις)를 Ruch, 즉 '배려'라고 부른다.

그때마다-체류하는 것들이 그지 단순히 시속하려고 끊임없이 고집을 피우고 그리하여 이러한 집착 속에서 현재적인 현존자로부터 서로를 밀어내고자 완전히 흩어지지 않는 한에서, 그것들은 적합함을 속하게 한다(디도나이 디켄, διδόναι δίκην).

그때마다-체류하는 것들이 적합함을 부여하는 한에서, 그것들은 이에 따라 또한 이미 서로에 대한 관계 속에서, 즉 그때마다 하나가 다른 하나에게 배려를 속하게 한다(디도나이 … 카이 티신 알레로이스, διδόναι … καὶ τίσιν ἀλλήλοις). 우리가 우선 타 에온타(τὰ ἐόντα)를 현존자라고 사유하고, 또 이것을 그때마다-체류하는 것 전체로서 사유하고 있을 때에만 비로소, 알레로이스(ἀλλήλοις)라는 낱말에는 그것이 이 잠언에서 언급하고 있는 바의 그런 의미가 부여된다. 즉, 그때마다 현존하고 있는 하나의 체류자는 비은폐성의 열린 영역 속에서 다른 체류자와 서로 관계하고 있다는 의미가 부여된다. 우리가 타 에온타(τὰ ἐόντα)를 사유하지 않는 한, 알레로이스라는 낱말은 막연한 다수성 속에서 무규정적 상호관계를 지칭하는 명칭으로 남아 있게 될 것이다. 우리가 알레로이스(ἀλλήλοις) 속에서 그때마다-체류하는 것의 다수성을 엄밀하게 사유하면 사유할수록, 티시스(τίσις)에 대한 알레로이스의 필연적 관계가 더욱더 분명해질 것이다. 이 관계가 분명하게 나타나면 나타날수록, 하나가 다른 하나를 배려한다(디도나이 … 티신 알레로이스, διδόναι … τίσιν ἀλλήλοις)는 것이야말로 그때마다-체류하는 것들이 현존자로서 일반적으로 체류하는, 즉 적합함을 부여하는(디도나이 디켄, διδόναι δίκην) 방식이라는 점을 우리는 더욱더 명확하게 인식하게 된다. 디켄(δίκην)과 티신(τίσιν) 사이의 카이(καὶ)는 아무런 뜻도 없는 단순한 접속사 "그리고"가 아니다. 그것은 본질적인 결과를 의미한다. 현존자들이 적합함을 부여할 때, 이것은 그것들이 그때마다-체류하는 것들로서 서로에게 배려를 부여한다〔서로서로 배려한다〕는 식으로 일어난다. 부-적합의 극복은 배려를 〔상호간에〕 속하게 함으로써 본래적으로 일어난다. 이것은 곧, 아디키아(ἀδικία) 속에는 부-적합의 본질적인 결과로서 비-배려(Un-Ruch)가, 즉 배려되지 않은 것〔das Ruchlose, 파렴치함〕이 놓여 있다는 말이다.

> 디도나이 … 아우타 디켄 카이 티신 알레로이스 테스 아디키아스
> (διδόναι … αὐτὰ δίκην καὶ τίσιν ἀλλήλοις τῆς ἀδικίας)
> 그것들은 적합함을 〔속하게 하며〕, 따라서 또한 부-적합(을 극복하는 가운데) 하나가 다른 하나에게 배려를 속하게 한다.

'속하게 한다'는 것은, 카이라는 낱말이 시사하고 있듯이 이중적이다. 왜냐하면 에온타(ἐόντα)의 본질이 이중적으로 규정되기 때문이다. 그때마다-체류하는 것들은 나타남과 떠나감 사이에 안배된 곳으로부터 현존한다. 그것들은 이중적 부재 사이에 현존한다. 그때마다-체류하는 것들은 자신이 체류하는 그때그때에 현존한다. 그것들은 현재적인 현존자로서 현존한다. 자신의 체류기간을 고려하는 가운데 그것들

은 배려를 수여하는데, 특히 하나의 체류자가 다른 것을 배려하도록 그렇게 수여한다. 그러나 현존하는 것들은 안배된 곳의 적합함을 무엇에게 속하게 하는가?

방금 설명된 이 잠언의 두 번째 문장은 이러한 물음에 대해서 아무런 대답도 하지 않는다. 그러나 그 문장은 우리에게 하나의 눈짓을 제시하고 있다. 왜냐하면 "디도나이 갈 아우타 … "(διδόναι γὰρ αὐτὰ … , 말하자면 그것들은 … 속하게 한다) 라는 문장에서 우리는 하나의 낱말을 빠뜨리고 있었기 때문이다. '왜냐하면' 혹은 '말하자면'이라는 뜻의 '갈'(γὰρ)이라는 낱말은 어떤 것의 근거나 이유를 설명해주는 말이다. 여하튼 어떠한 경우에서도 그 두 번째 문장은 선행하는 문장에서 말해진 것이 과연 어떤 점에서 그렇게 말해지는 것인지를 설명해주고 있다.

그 잠언에서 번역된 두 번째 문장은 무엇을 말하고 있는가? 그것은 에온타(ἐόντα), 즉 현존자에 관해서 말하고 있는 바, 현존자는 그때마다-체류하는 것으로서 아직은 배려되지 않은 부-적합 속으로 자유롭게 풀려나 있다는 것을 말하고 있으며, 또한 그것은 현존자가 그렇게 현존하는 것으로서 — 적합함을 속하게 하고 하나가 다른 하나를 배려하는 가운데 — 부-적합을 어떻게 극복하고 있는지 말하고 있다. 이렇게 속하게 한다는 것은 그때마다-체류하는 것이 머무르면서 현존자로서 현존하는 방식이다. 잠언의 두 번째 문장은 현존자가 어떠한 방식으로 현존하는지 말하고 있다. 그 잠언은 현존자와 그것의 현존에 관하여 말하고 있다. 그 잠언은 이것(현존자의 현존)을 사유된 것의 밝은 빛 가운데 세워두고 있다. 두 번째 문장은 현존자의 현존에 관하여 설명하고 있다.

따라서 첫 번째 문장은 반드시 현존 자체를 언급하고 있어야만 하며, 특히 현존이 현존자 그 자체를 어느 정도로 규정하고 있는지를 언급해야만 한다. 왜냐하면 오직 그런 한에서만 거꾸로 두 번째 문장은 '갈'(γὰρ)이라는 낱말에 의해 첫 번째 문장과 다시 관련되는 가운데 현존자의 현존을 설명할 수 있기 때문이다. 현존은 현존자와의 관련 속에서 언제나 그것(현존)에 따라 현존자가 현성하게 되는 그런 것이다. 첫 번째 문장은 그것에 따라〔현존자가 현성하게 되는〕그런 현존을 언급하고 있다. 첫 번째 문장에는 오로지 마지막 세 단어만이 보존되어 있을 뿐이다.

　… 카타 토 크레온(κατὰ τὸ χρεών).

　사람들은 이것을 "필연에 따라 …"라고 번역한다. 우리는 우선 토 크레온(τὸ χρεών)을 번역하지 않은 상태로 놓아두고자 한다. 그러나 또한 우리는 이미 앞에서 설명된 두 번째 문장에 의해서, 그리고 이 두 번째 문장이 첫 번째 문장과 다시 관계를 맺는 그 방식에 의해서 토 크레온(τὸ χρεών)에 관해 두 가지 점을 사유해 볼 수 있다. 첫째는 그것이 현존자의 현존을 언급하고 있다는 점이고, 둘째는 만일 존재자에 대한 존재의 관계가 오직 존재로부터만 나오고 존재의 본질 속에 기인하는 것이라면 크레온(χρεών)이라는 낱말 속에는 — 그것이 현존자의 현존을 사유하고 있는 한 — 현존자에 대한 현존의 관계가 어떤 식으로든 사유되고 있다는 점이다.

　토 크레온(τὸ χρεών) 앞에는 카타(κατὰ)라는 낱말이 있다. 카타(κατὰ)는 '위로부터 아래로' '이쪽으로'라는 뜻이다. 카타(κατὰ)는 위로부터 하위의 것이 상위의 것 밑에서 그리고 상위의 것으로 말미암아 현성하게 되는 그런 상위의 것으로 되돌아가도록 지시하고 있다. 카타(κατὰ)는 상위의 것으로 소급되어 이와 관련된 가운데 말해지고 있는데, 바로 이렇게 관련된 상위의 것은 그것에 따라 어떤 것이 다른 것과 더불어 이렇게도 되고 저렇게도 되는 일종의 하향적인 성향〔Gefälle, 위에서 아래로 흘러내림으로써 결과적으로 어떤 것이 출현하게 되는 성향〕을 자기 안에 지니고 있다.

그러나 현존의 하향적 성향으로 말미암아 현성하는 것이 아니라면, 현존자 그 자체는 무엇의 하향적 성향으로 말미암아 현성할 수 있겠는가? 그때마다-체류하는 현존자는 카타 토 크레온〔κατὰ τὸ χρεών, 토 크레온에 따라〕체류한다. 우리가 토 크레온〔τὸ χρεών〕을 사유해야 한다고 하더라도, 어쨌든 이 낱말은 우리가 이미 사유하였던 에온타〔ἐόντα〕의 에온〔ἐόν〕을 지칭하는 최초의 이름이다. 토 크레온〔τὸ χρεών〕은 사유가 존재자의 존재를 언어로 이끌어온 가장 오래된 이름이다〔여기서 단적으로 보이듯이, 토 크레온〔τὸ χρεών〕을 사유함에 있어 하이데거는 이 낱말을 '필연'이라고 옮기는 기존의 다른 번역가 혹은 사상가들과는 달리, 서양의 그리스적-유럽적 사유를 일찍이 일깨웠던 존재의 시원적 낱말로서 이해하고 있음〕.

그때마다-체류하는 현존자들은 아직은 배려되지 않은 부-적합을 극복함으로써, 즉 체류 자체 속에 편재히는 하나의 본질적 가능성으로서의 아디키아〔ἀδικία〕를 극복함으로써, 현존한다. 현존자의 현존은 이러한 극복의 과정이다. 이러한 극복은 그때마다-체류하는 것들이 적합함을 속하게 하고 따라서 서로 간에 배려함으로써 수행된다. 적합함이 무엇에 속해 있는가 라는 물음에 대한 대답은 주어진 셈이다. 적합함은 그것〔토 크레온〕에 따라 현존이, 다시 말해서 극복이 현성하게 되는 그런 것에 속해 있다. 적합함은 카타 토 크레온〔κατὰ τὸ χρεών, 크레온에 따라〕존재한다. 따라서 아무리 멀리 떨어져 있더라도 크레온〔χρεών〕의 본질은 밝게 빛난다. 크레온〔χρεών〕이 현존의 본질로서 현존자와 본질적으로 관련되어 있다면, 이러한 관계 속에는 토 크레온〔τὸ χρεών〕이 적합함을 관장하고 따라서 또한 배려를 관장하고 있다는 사실이 반드시 깃들어 있어야만 한다. 크레온〔χρεών〕은 그것〔크레온〕에 따라 현존자가 적합함과 배려를 속하게 하도록 속속들이 관장하고 있다. 크레온〔χρεών〕은 현존자에게 이러한 관장함(Verfügen)을 양도해주고, 그리하여 그때마다-체류하는 것의 체류기간으로서 그것의 다가오는 방식을 현존자에게 보내준다.

현존자는 부-적합의 부(Un-)를, 즉 아디키아(ἀδικία)의 아(ἀ-)를 극복하는 한에서 현존한다. 아디키아(ἀδικία)에서의 이러한 아포(ἀπό)는 크레온의 카타와 상응한다. 두 번째 문장을 이끄는 갈(γάρ)은 한쪽에서 다른 쪽으로 이어주고 있다.

지금까지 우리는 토 크레온(τὸ χρεών)이라는 낱말 자체에 대해서는 묻지 않은 채 그 낱말이 이 잠언의 두 번째 문장과 관련해서 무엇을 가리키고 있는지 오직 그것만을 사유하고자 하였다. 토 크레온(τὸ χρεών)이란 무엇을 뜻하는가? 그 잠언의 원문에 제일 먼저 나오는 그 낱말을 우리는 가장 나중에 설명하고 있다. 왜냐하면 그 낱말은 사태적으로는 가장 우선하는 것이기 때문이다. 어떤 사태에서 그렇다는 말인가? 현존자의 현존이라는 사태에서 그렇다. 그러나 존재의 사태[11]는 존재자의 존재(Sein des Seienden)로 존재하는 그런 것[12]이다.

이 수수께끼같이 다의적인 2격의 언어적 형태는 현존자가 현존에서 유래한다는[13] 일종의 발생적 성격을 가리키고 있다. 그러나 이 양자의 본질과 더불어 이러한 유래의 본질도 은닉되어 있다. 그 뿐만 아니라 심지어 현존과 현존자 사이의 관계도 사유되지 않은 채로 남아 있다. 아주 예전부터 현존과 현존자는 마치 저마다 각각 독립적으로 존재하는 것처럼 보여지고 있다. 부지불식간에 현존 자체는 현존자가 된다. 현존자에 입각하여 표상된 채, 현존은 모든 현존자를 넘어선 것이 되고 따라서 최고의 현존자가 된다〔예컨대, 플라톤의 선의 이데아와 아리스토텔레스의 순수 형상〕. 현존이 언급되고 있을 때에는 이미 현존자가 표상되고 있다. 근본적으로 현존 그 자체가 현존자와 구별되고 있

---

11) 1950년 초판의 각주에는, 존재의 사태란 '역사적 운명'이라고 했다.
12) 1950년 초판의 각주에는, 존재론적 차이를 암시한다고 적혀 있다.
13) 1950년 초판의 각주에는, 현존이 비치는 가운데 현존자는 나타나고 유래하지만, 이러한 비침(Scheinen, 빛남)은 현상하지 않는다고 했다.

지 않다〔존재론적 차이의 망각〕. 현존은 단지 가장 일반적이면서도 가장 최고의 현존자로서 간주되고 있을 뿐이며, 따라서 그런 하나의 현존자로서 간주될 뿐이다〔이로써 존재-신-론으로서의 형이상학이 등장〕. 현존의 본질이 망각되고 있을 뿐만 아니라, 이와 더불어 현존자에 대한 현존의 차이14)도 망각되어 있다. **존재망각이란 존재자에 대한 존재의 차이의 망각이다.**

물론 차이의 망각은 사유가 잊어버린 결과로 초래되는 것이 결코 아니다. 존재의 망각은 망각 자체를 통해 감추어진 존재의 본질에 속한다. 그것은 본질적으로 존재의 역사적 운명에 속하는 것이어서, 이러한 역사적 운명의 새벽은 현존자가 자신의 현존 속에 드러남으로써 시작된다. 이것은 곧, 존재가 자신의 본질과 더불어, 즉 존재자와의 차이와 더불어, 스스로 삼감으로써 존재의 역사는 존재망각과 더불어 시작한다는 것이다. 차이는 잊혀진 채 망각된다. 이제 비로소 구분된 것, 즉 현존자와 현존이 탈은폐된다고 하더라도, 이러한 것이 구분된 것으로서 탈은폐되지는 않는다. 오히려 현존이 마치 하나의 현존자처럼 나타나 자신의 유래를 어떤 최고의 현존자 속에서 발견함으로써 차이의 초기 흔적도 또한 사라지게 된다.

그럼에도 불구하고 차이의 망각은 — 이러한 망각과 더불어 존재의 역사적 운명은 이러한 역사적 운명 속에서 스스로를 완성하기 위하여 〔존재망각의 역사적 운명은 니체의 힘에의 의지 사상에서 완성된 것으로 하이데거는 보고 있음〕 시작되는 것인데 — 결코 어떤 결함이 아니라, 그 안에서 서양의 세계사가 건네줌〔Austrag, 품어줌〕에 이르게 되는〔존재사적으로 발원되어 나타나는〕 가장 풍부하고도 가장 포괄적인 생기-사건 (Ereignis, 생기(Ereignis)는 존재의 진리가 고유하게 일어나는 사건〕이다.

---

14) 1950년 초판의 각주에는, "사이-나눔"(Unter-Schied)은 모든 존재자의 존재와 무한히 구분된 채 존재자의 존재로 머무른다. 따라서 '존재'라는 낱말을 가지고서 차이(Unterschied)를 지칭하는 것은 부적절하다"라고 했다.

그것은 형이상학의 생기-사건이다. 지금 **존재하고 있는** 것은, 이미 앞서 지나간 역사적 운명의 그림자 속에 즉, 존재망각이라는 역사적 운명의 그림자 속에 놓여 있다.

그러나 존재자에 대한 존재의 차이는, 그것이 이미 현존자의 현존과 더불어 드러나고 그리하여 존재의 언어 속에 보존되고 있는 어떤 흔적을 새겨놓았을 때에만, 망각된 하나의 차이로서 경험될 수 있다. 이렇게 사유할 경우에, 우리는 존재에 관한 후대의 낱말에서보다는 오히려 초기의 낱말에서 차이가 ─ 비록 그것이 차이 그 자체로서 언급된 적은 없었다고 하더라도 ─ 환히 밝혀지고 있었다고 추측해도 무방할 것이다. 따라서 차이가 환히 밝혀져 있었다고 하더라도, 이것은 또한 〔초기의 낱말에서〕 차이가 차이로서 나타나고 있다는 것을 의미할 수는 없다. 아마도 그 반면에 현존 그 자체 속에서는 현존자에 대한 관계가 알려지고 있을 것이고, 그리하여 현존이 **이러한 관계로서** 낱말 속에 나타나고 있을 것이다.

존재의 초기 낱말인 토 크레온(τὸ χρεών)은 그러한 것을 가리키고 있다. 그러나 우리가 크레온(χρεών)이라는 낱말의 어원을 충분히 탐구하여 그 낱말의 의미를 분석함으로써 차이를 찾아내어 그것의 본질의 배후에 도달할 수 있다고 생각한다면, 우리는 실망하지 않을 수 없을 것이다. 우리가 아직도 사유되지 않고 있는 존재망각을 사유해야 할 사태로서 역사적으로 경험하면서 이미 아주 오래 전에 경험되었던 것을 존재의 역사적 운명에 입각하여 사유하였을 경우에만 비로소, 그 초기의 낱말은 아마도 후대의 회상 속에서 말을 건네올 것이다〔토 크레온(τὸ χρεών)의 어원적 의미에 대한 문헌학적 해석이 중요한 것이 아니라, 현존과 현존자 사이의 망각된 차이를 눈짓으로 알려오는 이 낱말이 지시하는 그 사태에 대하여 회상해 들어가는 사유의 태도가 중요하다고 하이데거는 강조〕.

사람들은 크레온이라는 낱말을 흔히 "필연"(*Notwendigkeit*)이라고 번역한다. 이로써 사람들은 강제적인 것, 혹은 어쩔 수 없음 등을 생각한다. 그러나 우리가 이러한 파생적 의미에만 전적으로 매달린다면 잘못을 범하는 것이다. 크레온(χρεών)이라는 낱말 속에는 크라오(χράω), 크라오마이(χράομαι)가 깃들어 있는데, 이 낱말들은 헤 케이르(ἡ χείρ), 즉 '손'(Hand)과 관련되어 있다. 크라오는 내가 어떤 것을 손수 다루다(be-handeln), 내가 어떤 것과 관계하다, 누구에게 손을 내밀다(누구를 원조하다) 등을 뜻한다. 그러므로 크라오는 동시에, [누구에게 무엇을] 위임하다, 손수 교부하다(einhändigen), 넘겨주다(aushändigen), [⋯에] 속하도록 내맡기다 등을 의미한다. 그런데 이러한 넘겨줌은 내맡기는 행위(überlassen)인 동시에 또한 이러한 행위와 더불어 내맡겨진 것을 간직하는 방식으로 이루어진다.

따라서 분사 크레온은 근원적으로는 강제라든지 혹은 필연적인 행위와는 아무런 상관도 없다. 또한 그 낱말은 애초부터 전적으로 어떤 것을 승인하여 순서를 정해준다는 뜻을 전혀 가지고 있지도 않다.

그 낱말이 우리에게 있어서는 아낙시만드로스의 잠언에서부터 사유되어야 한다는 점을 우리가 철저히 유념하고 있다면, 그 낱말은 오직 현존자의 현존이라는 말에서 그 본질적인 것을, 따라서 2격 속에서 어둡지만 충분히 말해지고 있는 그 관계를 지칭할 수 있을 것이다. 그렇다면 토 크레온(τὸ χρεών)이란 현존을 손수 교부해주는 것(das Einhändigen)이며, 이러한 교부는 현존을 현존자에게 넘겨주고 그리하여 현존자로서의 현존자를 수중에 간직하는, 즉 현존 속에 보존하는 것이다.

현존 자체의 본질 속에 주재하는, 현존자에 대한 [현존의 이러한] 관계는 유일무이한 것이다. 그것은 단적으로 다른 어떤 관계와도 비교될 수 없는 것이다. 그것은 존재 자체의 유일무이함(Einzigkeit)에 속해 있다. 그러므로 존재의 본질적 특성을 명명하기 위해서는 언어가 유일무이한 낱말을 찾아내야 할 것이다. 여기서 존재에게 말을 건네는 모든 사유적인 낱말이 얼마나 힘들게 감행되는 것인지 알 수 있다. 그러나 이렇게 힘들게 감행된다고 하더라도 그것이 불가능한 것은 아니다. 왜냐하면 존재는 언제 어디에서나 다양한 방식으로 모든 언어를 가로질러 말하고 있기 때문이다. 어려움은 사유 속에서 존재의 낱말을 발견하는 데 있는 것이 아니라, 오히려 그렇게 발견된 낱말을 본래적인 사유 속에서 순수하게 간직하는 데 있다.

아낙시만드로스는 토 크레온이라고 말하고 있다. 우리는 생소하게 들리기도 하고 또 우선은 오해의 여지도 있는 그런 번역을 감행하여, 토 크레온을 필요(Brauch)라고 번역하고자 한다.

이렇게 번역함으로써 우리는 낱말 자체에도 생소하지 않고 그 낱말이 잠언에서 가리키고 있는 사태에 대해서도 역행하지 않는 어떤 의미를 그 그리스어에서 무리하게 요구하고 있다. 하지만 번역은 일종의 무리한 요구이다. 사유의 영역에서 행해지는 모든 번역은 그렇게 무리하게 요구하기 마련이라는 점을 우리가 곰곰이 생각해본다면, 번역이 지니고 있는 이러한 성격은 전혀 없어지지 않을 것이다.

과연 어느 정도로 토 크레온(τὸ χρεών)은 필요라고 할 수 있는가? 우리가 그 낱말을 우리의 언어에서 좀더 명확하게 사유해본다면, 그 번역의 생소함은 완화될 것이다. 우리는 흔히 '필요로 하다'(brauchen)라는 말을 '이용하다'(benützen), '이익을 얻기 위해 필요로 하다'(benötigen)는 등의 의미로 이해한다. 그리하여 이용을 하는데 필요한 것이 통상적인 것(das Übliche)이다. 사용되는 것은 관례적으로 쓰인다(im Brauch sein). 여기서 토 크레온에 대한 번역어인 '필요'라는 말을 이렇게 일반적인 파생적 의미에서 사유해서는 안 된다. 오히려 우리는 어원적 의미를 견지해야 한다〔하이데거는 brauchen을 일상적 의미가 아닌 어원적 의미에서 숙고하고 있는데, 그가 이러한 숙고를 통해 도달하고자 하는 사유의 열린 장은 이 글의 마지막에서 언급되는 brauchen의 고유한 의미 — 즉 존재 자체가 자신의 고유한 진리로 현성하기 위해서 인간의 본질을 '필요로 한다'는 그런 의미 — 와 연관돼 있음〕. brauchen(필요로 하다, 사용하다)은 〔중세 독일어로는〕 bruchen(즐겨 쓰다), 라틴어로는 frui(즐기다, 향유하다)이고, 이 말은 독일어의 fruchten(열매를 맺다), Frucht(열매)와 관계가 있다. 우리는 흔쾌히 이것을 "즐기다"(genießen)라고 번역하는데, 〔genießen의 사어인〕 nießen(즐기다)은 어떤 사태를 즐기면서 그런 식으로 그것을 사용하다 라는 뜻이다. "즐긴다"는 것은 우선 파생적 의미에서 보자면 단순히 먹고 마신다는 것을 뜻한다. 앞에서 언급된 brauchen의 근본의미인 frui는 아우구스티누스의 다음과 같은 말에서 잘 나타난다. "우리가 즐긴다고 말할 때, 그것은 훌륭한 것을 손에 지닌다는 것 이외에 다른 말일 수 있을까?"(Quid enim est aliud quod dicimus frui, nisi praesto habere, quod diligis?, 《관습에 대하여》, 제1권 3장; 《그리스도교 교의에 관하여》, 제1권 2~4장). frui(즐기다)라는 말에는 praesto habere(손에 지니다, 보존하다)라는 뜻이 깃들어 있는데, praesto, praesitum(손에 지니고 있는, 보존되고 있는 것)은 그리스어로는 휘포케이메논(ὑποκείμενον), 즉 비은폐된 것 속에 이미 앞서 놓여 있는 것, 즉 우시아(οὐσία), 다시 말해 그때마다 현존하는 것을 일컫는다. 따라서 "필요로 한다"는 것은 '현존하는 어떤 것을 현존하는 것으로서 현존하게 한다'는 의미이며, frui, bruchen, brauchen, Brauch 등은 어떤 것을 그 자신의 고유한 본질에게 넘겨주고 그것을 그렇게 현존하는 것으로서 보존하는 손길 속에 간직한다는 뜻이다.

토 크레온을 번역함에 있어 '필요'는 존재 자체 속에서 현성하는 것(das Wesende im Sein selbst)으로서 사유되고 있다. bruchen이나 frui라는 말은 이제는 더 이상 최고의 존재자와 같은 어떤 존재자와의 관계 속에서 (즉 인간에게 허락된 축복으로서의 신에 대한 향유 속에서) 단지 즐기기만 하는 인간의 향유적 태도를 말하는 것이 아니다. 이제 '필요'는 존재 자체가 현존자에 대한 관계로서 현성하고 있는 그런 방식을, 다시 말해 존재 자체가 현존하고 있는 것으로서의 현존자에게 다가와 〔그것과 관계맺는 가운데〕 그것을 손수-다루는〔be-handeln, 현존하는 것을 현존 자체 속에 직접 현존하게 하는) 그런 관계로서 현성하는 방식을 지칭한다.

'필요'는 현존자를 그것의 현존 속으로, 즉 머무름 속으로(현존자가 현존자로서 현존하도록, 즉 머무르도록) 넘겨준다. 필요는 현존자에게 그것이 체류할 기간을 나누어준다. 그때마다 나누어진 체류자의 체류 기간은 현존자를 이중적 부재 (출현과 사멸) 사이에서 잠정적으로 관장 하는 안배된 곳에 거하고 있다. 체류기간의 안배된 곳은 현존자를 그 렇게 현존하는 하나의 현존자로서 한정하며 제한을 가한다. 그때마다-체류하는 현존자, 즉 타 에온타(τὰ ἐόντα)는 한계(πέρας) 속에서 현성 한다.

필요(Brauch)는 안배된 곳(Fuge)의 몫을 나누어주는 행위로서(이런 의미에서 아낙시만드로스의 토 크레온(τὸ χρεών)은 파르메니데스의 모이라 (Μοῖρα)와 상통) (이러한 몫을) 송부하는 안배함(Fügen, 섭리함)이며, 즉 적합함(Fug)을 관장할 뿐 아니라, 이와 더불어 배려를 관장하는 것 (Verfügung)이다. 필요는 넘겨진 것(즉, 적합함과 배려)을 우선적으로 보관하고 자기에게 모아들여 그것을 현존자로서 현존 속에 간직하는 방식으로 적합함과 배려를 건네준다.

그러나 적합함을 관장하면서 현존자를 한정하는 필요는 한계를 넘 겨준다. 그러므로 (자연의 섭리적) 필요는 토 크레온(τὸ χρεών)인 동시 에 '토 아페이론'(τὸ ἄπειρον)이다, 즉 그것은 그때마다-체류하는 현존 자에게 체류기간의 한계를 보내주는 가운데 현성하고 있다는 점에서 '한계가 없는 것'이다.

심플리키오스가 아리스토텔레스의 《자연학》에 대한 주석서에서 보 고함으로써 전해오는 말에 따르면, 아낙시만드로스는 "현존자는 자신 의 본질의 근원적 유래를 한계가 없이 현성하는 것 속에 가지고 있 다"(ἀρχὴ τῶν ὄντων τὸ ἄπειρον)고 말했다는 것이다(일체 만물의 상생적-상극적 관계를 주재하는 것으로서의 토 아페이론(한계가 없는 것, 무한정자)

은 안배되는 것, 즉 섭리되는 것으로서의 현존자가 아니라, 섭리하고 안배하는 것으로서의 퓌시스(Φύσις)의 현존 자체임]. 한계가 없이 현성하는 것(토 아페이론)은 적합함과 배려를 통해서 안배되지 않는다. 그것은 현존자가 아니라, 토 크레온이다.

〔자연의 섭리적〕필요는 적합함과 배려를 관장하면서 체류 속으로 놓아주며〔체류하도록 허용해주며〕, 현존자를 그때마다 체류하도록 양도해준다. 그러나 이로써 그것이 체류하는 머무름으로부터 순전한 지속으로 굳어지게 될 위험이 항존하게 된다. 따라서 필요는 그 자체가 동시에 현존을 부-적합 속으로 넘겨주는 것이기도 하다. 필요는 〔부-적합의〕부-(Un-)를 안배한다.

그러므로 그때마다 체류하는 현존자는 적합함과 아울러 배려를 〔섭리적〕필요에 속하게 하는 한에서만 현존할 수 있다. 현존자는 카타 토 크레온〔κατὰ τὸ χρεών, 필요에 따라〕현존한다. 필요는 현존자를 그때그때마다 체류하는 그것의 현존 속으로 관장하면서 보존하여 모아들이는 것이다.

토 크레온(τὸ χρεών)을 〔퓌시스의 섭리적〕필요라고 번역한 것은 어휘의 어원적-사전적 고찰에서 생긴 것이 아니다. 필요라는 낱말의 선택은 존재망각이 역운적으로 시작하던 시기에 존재의 본질 속에 깃들어 있던 차이를 사유하고자 시도하는 그런 사유의 선행적인 옮겨놓음에서 유래한다. '필요'라는 낱말은 존재망각의 경험 속에서 사유에게 구술된 것이다. '필요'라는 낱말 속에서 여전히 본래적으로 사유되어야 할 그것과 관련하여 토 크레온은 아마도 '흔적'(Spur)이라고, 즉 서구의 형이상학으로서 세계사적으로 전개된 존재의 역사적 운명 속에서 이내 곧 사라지고 말았던 그런 흔적이라고 명명될 것이다.

아낙시만드로스의 잠언은 현존자를 그것의 현존에서 사유하는 가운데, 토 크레온이 무엇을 가리키고 있는지를 설명해주고 있다. 그 잠언 속에서 사유된 크레온은 그리스인들이 모이라(Μοῖρα)라는 이름을 통해 몫의 분배라고 경험한 그것을 최초로 가장 지고하게 사유하여 해석한 것이다. 모이라는 신들과 인간들 밑에 있다. 토 크레온, 즉 필요는 현존자를 그때마다 비은폐된 영역 속에 체류하도록 인도하여 넘겨주는 것이다.

토 크레온은 환히 밝히면서 간직하는 모아들임〔존재 자체의 근본특성〕의 아직은 드러나지 않은 본질을 자기 안에 간직하고 있다. 필요는 모아들임, 즉 로고스(Λόγος)이다. 이렇게 사유된 로고스의 본질로부터 헨('Hν), 즉 통합하는 일자로서의 존재의 본질이 규정된다. 그와 같은 헨을 파르메니데스는 사유하고 있다. 그는 이렇게 통합하는 것의 통일을 명백히 모이라(Μοίρα)라고 사유하고 있다(《단편집》 VIII, 37). 존재의 본질경험으로부터 사유된 모이라는 헤라클레이토스의 로고스에 상응한다. 모이라와 로고스의 본질이 아낙시만드로스의 크레온(χρεών)에서 더 일찍이 사유되고 있다.

사상가들 사이에 의존성과 영향력을 추적한다는 것은 사유의 오해이다. 모든 사상가는 존재의 말 건넴(Zuspruch)에 의존하고 있다. 이러한 의존성의 범위가 현혹하는 영향력의 자유를 결정한다. 그러한 의존성의 폭이 넓어지면 넓어질수록, 사유의 자유도 그만큼 강력해지며, 또 예전에 사유되었던 것을 잘못 스쳐 지나감으로써 ― 하지만 그럼에도 불구하고 아마도 심지어 그런 식으로만 ― 동일한 것〔만물제동이 이루어지는 하나의 영역〕을 사유하는 사유의 위험도 그만큼 강대해진다.

물론 우리 후대인은 파르메니데스와 헤라클레이토스의 사상을 숙고하기에 앞서 아낙시만드로스의 잠언을 회상하면서 사유해야만 했다. 그때에 비로소 한 사상가의 철학은 존재에 관한 이론이었고 다른 사상가의 철학은 생성에 관한 이론이었다고 하는 오해도 사라지게 될 것이다.

하지만 아낙시만드로스의 잠언을 사유하기 위해서는, 우리가 무엇보다 먼저 ― 그러나 언제나 다시금 ― 일보를 내딛음으로써, 어디에서도 말해지지 않은 낱말인 에온(ἐόν), 에온타(ἐόντα), 에이나이(εἶναι) 등이 말하고 있는 그것에로 옮겨가는 작업이 필요하다. 이 낱말들은 비은폐성 속으로의 현존을 말하고 있다. 거기에는 **현존 자체가 비은폐성을 동반한다**는 사실이 아직도 숨겨져 있다. 비은폐성 자체가 현존이다. 이 둘은 동일한 것(das Selbe)이지만 똑같은 것(das Gleiche)은 아니다.

현존자는 비은폐성 속에서 현재적으로나 비현재적으로 현성하는 것이다. 존재의 본질에 속한 알레테이아(Ἀλήϑεια)와 더불어 궁극적으로는 레테도 사유되지 않은 채로 남아 있으며, 그 결과 현재적인 것과 비현재적인 것, 다시 말해 그 안에서 모든 현존자가 다가오고 그때마다-체류하는 것들의 상호-현존(das Zueinander-Anwesen)이 전개되고 제한되는 그런 열린 영역의 구역도 사유되지 않은 채로 남아 있다.

존재자는 그때마다-체류하는 방식으로 현존하는 현존자이기 때문에, 존재자는 비은폐성 속으로 다기와 그 안에 머무르면서 나타날 수 있다. 나타남은 현존의 본질결과(Wesensfolge, 현존으로 말미암아 본질적으로 결과하는 것)이며, 현존의 한 양식이다. 이렇게 나타나고 있는 것만이 항상 현존을 향해 사유됨으로써 외양과 모습을 비로소 보여준다. 존재를 먼저 비은폐성 속으로의 현존이라는 의미에서 사유하고 있던 그런 사유만이 현존자의 현존을 이데아(ἰδέα)로서 사유할 수 있다. 그러나 그때마다-체류하는 현존자는 동시에 비은폐성 속으로 산출되어-나온 것(das Hervor-Gebrachte)으로서 체류한다. 현존자는 스스로 피어올라 자기 자신을 산출함으로써 생겨난다. 그것은 인간에 의해 제작됨으로써 생겨난다. 이러한 두 가지 관점에 따르면 비은폐성 속으로 산출되어 다가오게 된 것은 그리스적으로 사유해서 명백히 에르곤(ἔργον), 즉 산출되어-나온 것이다. 현존성의 빛 속에서 사유된 에르곤이라는 성격을 고려해본다면, 현존자의 현존은 산출되어-있음(Hervorgebrachtheit) 속에 현성하는 그런 것으로서 경험될 수 있다. 이렇게 산출되어-있음이 현존자의 현존이다. 존재자의 존재는 에네르게이아(ἐνέργεια)이다.

아리스토텔레스가 현존, 즉 에온(ἐόν)의 근본특징이라고 사유한 에네르게이아, 플라톤이 현존의 근본특징이라고 사유한 이데아, 그리고 헤라클레이토스가 현존의 근본특징이라고 사유한 로고스, 파르메니데스가 현존의 근본특징이라고 사유한 모이라(Μοῖρα), 또한 아낙시만드로스가 현존 속에서 현성하는 것이라고 사유한 크레온(χρεών) 등은 모두 동일한 것을 지칭하고 있다. 동일한 것의 은닉된 풍요로움 속에서 통합하는 일자의 통일성이, 즉 헨(Ἕν)이 사상가 각자에 의해 그들 자신의 방식으로 사유되고 있는 것이다.

그런 사이에 곧 에네르게이아가 악투알리타스(actualitas)로 번역되기에 이르는 존재의 에포케가 도래하게 되었다. 그리스적인 것은 파묻히고, 오늘날에 이르기까지 그것은 로마적으로 각인된 채 나타나고 있을 뿐이다. 악투알리타스는 현실성(Wirklichkeit)으로 되고, 현실성은 객관성으로 된다. 그러나 객관성 자체는 대상성이라는 자신의 본질 속에 남아 있기 위해 여전히 현존의 성격을 필요로 한다. 그것은 표상의 재현(Repräsentation)에 있어서의 현재〔Präsenz, 현존〕이다. 에네르게이아(ἐνέργεια)로서의 존재의 역사적 운명에서 결정적인 전환점은 〔에네르게이아가〕악투알리타스로 이행하였다는 사실에 있다.

단순한 번역이 이러한 것을 야기하였다고 할 수 있을까? 그런데 아마도 우리는 번역에서 무엇이 고유하게 일어날 수 있는지를 사색하게 되었을 것이다. 역사적 언어와의 본래적인 숙명적 만남은 〔존재의 진리가 고유하게 일어나는〕일종의 고요한 사건(Ereignis)이다. 그러나 그 안에서 존재의 역사적 운명은 말하고 있다. 이것을 서-양〔Abend-Land, 저녁-땅이라는 의미의 서양〕은 어떤 언어로 옮겨놓을 것인가?

우리는 이제 아낙시만드로스의 잠언을 번역하고자 한다.

… 카타 토 크레온. 디도나이 갈 아우타 디켄 카이 티신 알레로이스 테스 아디키아스.

(… κατὰ τὸ χρεών. διδόναι γὰρ αὐτὰ δίκην καὶ τίσιν ἀλλήλοις τῆς ἀδικίας.)
필요에 따라 … . 즉, 그것들은 적합함을 속하게 하고, 따라서 또한 부적합을 (극복하는 가운데) 서로 간에 배려한다[어떤 것의 배려를 다른 것에게 속하게 한다].

우리는 이 번역을 학문적으로 증명할 수도 없고, 또 어떤 권위에 의거하여 그것을 단순히 믿을 필요도 없다. 학문적 증명은 결코 오래가지 않으며, 믿음은 사유 속에서 어떤 자리도 갖지 못한다. 그 번역은 오로지 잠언을 사유하는 동안에만 숙고될 수 있다. 그러나 사유한다는 것은 사상가들 사이의 역사적 대화 속에서 존재의 진리를 시 짓는 것이다.

따라서 우리가 그 잠언을 단지 역사학적으로나 문헌학적으로 설명하려고 한다면, 그 잠언은 결코 우리에게 말을 걸어오지 않을 것이다. 기이하게도 이제 그 잠언은, 우리가 오늘날 세계의 역사적 운명의 혼란이 어디에서 성립하는지를 숙고함으로써 우리 자신에게 익숙한 표상 행위를 더 이상 주장하지 말 것을 요구하고 있다.

인간은 지구와 지구의 환경 전체를 전복시키고, 자연의 은닉된 지배를 다양한 힘의 형식 속에서 강탈하여, 전 지구를 통괄하는 계획과 질서 밑에 역사의 진행을 종속시키려는 도발적 태세를 갖추고 있다. 이렇게 도전적인 인간은 무엇이 **존재하는지**를 단순히 말할 수도 없고, 또 하나의 사물이 **존재한다**는 이러한 사실 자체가 **무엇**인지도 전혀 말하지 못한다.

존재자 전체가 정복되어야 할 유일무이한 의지의 대상이 된다. 존재라는 이 단순한 것은 유일무이한 망각 속에 파묻히게 된다.

어떤 인간이 이러한 혼란의 심연을 측정할 수 있단 말인가? 인간은 이러한 심연 앞에서 두 눈을 감으려 할 수도 있다. 인간은 또 다른 이면에 차단벽을 세울 수도 있다. 그러나 심연은 사라지지 않는다.

자연에 관한 이론들이나 역사에 관한 학설들이 그 혼란을 해결할 수는 없다. 그것들은 모든 것을 인식 불가능한 것으로 혼란시킬 뿐이다. 왜냐하면 그것들 자체가 존재자와 존재의 차이 저 너머에 놓여 있는 그런 혼란에 의해서 유지되고 있기 때문이다.

도대체 구원이 있는가? 위험이 **있을** 때에만 비로소 구원도 있다. 존재 자체가 최후에 이르고 존재 자체에서 유래한 망각이 역전될[15] 때, 위험은 **있다**.

그러나 존재가 그 본질에 있어 인간의 본질을 **필요로 한다**(*brauchen*)면? 그리고 인간의 본질은 존재의 진리를 사유하는 데 있다고 한다면?

그렇다면 사유는 존재의 수수께끼에서 시를 지어야 한다. 그것은 일찍이 사유된 것을, 사유해야 할 것의 가까이 안으로 데려간다.

---

15) 1950년 초판의 각주에는, '극단적 망각으로서의 몰아세움(*Gestell*) 그리고 동시에 생기 안으로의 눈짓으로서의 몰아세움'이라고 적혀 있다.

제 7판 편집자 후기

I

하이데거 전집(5권)의 원문이 《숲길》의 단행본 신판에 처음으로 사용된 것은 단행본 제 6판(1980)에 이르러서였다. 하지만 하이데거 자신이 소장본 여백에 적어 놓은 난외 주석이 전집에서는 각주로 처리되어 있음에도 단행본 제 6판에서는 여전히 빠져 있었다. 이제 바야흐로 제 7판에서는 이런 난외 주석까지 담아 출간하고, 그리하여 이제부터는 단행본의 낱말과 쪽수가 전집 5권과 같아진다.

단행본 제 6판 이래로 "예술작품의 기원"이라는 논문의 원문을 담은 인쇄본은 하이데거가 1960년판 레클람 총서 특별본을 새롭게 교열해서 낸 판본이었다. 이 교정본은 구판 《숲길》에 견줘 여러 대목을 가볍게 손보았으며 절(節)들은 더 세분했고 또한 1956년 출간된 적 있는 '부록'을 덧붙인 확장본이었다.

신판 《숲길》의 원문이 전집을 기반으로 둠에 따라 제 6판 이래로 단행본은 하이데거가 문체상의 이유로 또는 표현에 명확성을 기하기 위해 소장본에 교정해 놓은 부분까지 싣고 있다. 이렇게 교정한 부분들은 오직 그 개선적 성격으로 말미암아 난외 주석 및 개별 대목의 주석과 구별된다. 또한 하이데거가 기호를 사용해 이 교정 부분을 식별한 방식을 놓고 볼 때에도, 이 교정 부분들은 난외 주석과 구별된다. 하이데거가 직접 교정했다는 이유로 그런 종류의 교정 부분을 원문에서 특별히 강조하면 안 될 것이다.

《숲길》의 전집 간행에 즈음해 철자법 및 구두법상에서 하이데거가 했던 명백한 실수 몇 가지가 암묵적으로 교정되었다.

단행본 1판에서 5판에 이르기까지 쪽수는 언제나 난외 여백 쪽으로 가 있다.

II

하이데거 소장본의 난외 주석을 실은 판본은 설명이 좀 필요하다. 본문에 매번 소문자[1]로 달아놓은 각주 표시는 각주에 수록해 놓은 난외 주석을 참조하도록 지시한다. 소장본에서 난외 주석은 쪽의 여백에 있거나, 아니면 하얀색 간지(間紙)를 끼워 넣은 책인 경우 그 간지로 만들어진 쪽에 자리하고 있다. 저자 자신이 덧붙여 놓은 표시가 있었다는 점, 또 이런 표시가 없는 경우에는 의미의 맥락을 고려할 수 있다는 점을 근거로 하여 본문에 소문자로 표기할 각주 기호의 위치를 정함으로써 편집자는 난외 주석이 본문의 단어 중 어느 단어에 속하는지를 결정할 수 있었다.

《숲길》의 저자 소장본으로는 초판본(1950)이 있다. 이것의 면지(面紙) 위에는 손 글씨로 '메스키르히[2] 저자 소장본'이라 적혀 있다. "예술 작품의 기원"이란 논문의 저자 소장본으로는 이 초판본 외에도 《숲길》 제3판(1957)에서 분리한 책 한 권과 레클람 총서의 특별판(1960) 두 권이 있다. 이 가운데, 하얀색 간지로 구분한 한 권이 가장 광범위하게 사용되고 있다. 마르틴 하이데거가 편집자에게 특히 그 중요성을 지적

---

1) 〔역자 주〕 한국어판에는 소문자 대신 번호로 구분했다.

2) 〔역자 주〕 메스키르히(Meßkirch)는 독일 바덴뷔르템베르크(Baden-Württemberg) 주에 있는 성(城)의 이름이다. 이 성 안에 하이데거 박물관이 있다.

해준 바 있는 대부분의 난외 주석 역시 바로 이 책에서 끌어낸 것이다.

난외 주석을 정돈하는 편집자의 일은 저자가 준 방침에 따라 처리되었다. 이 방침을 의무적으로 따라야 했으므로, 편집자가 손으로 쓴 저자의 주석들을 정돈하기 위해 선택할 수 있는 가능성의 폭은 매우 좁아서 오직 본질지향적인 것으로만 제한되었다. 이 밖에 짧기는 해도 독자에게 분명한 것으로 다가가는 주석들이 틀림없이 있다. 본질적으로 또 그런 까닭에 만일 원문의 자리를 사상적으로 가리킴으로써 독자의 이해를 촉진하는 데 적합하다는 점이 난외 주석의 성격이라면, 바로 이 난외 주석이야말로 독자에게 전달되어야 하는 것이다. 이런 의미에서 볼 때 난외 주석은 삼중의 관점에서 본질적이다. 첫째로 난외 주석은 변함없는 의식평면상에 원문의 자리를 명확하게 지정할 수 있다. 둘째로 우리는 변화해 버린 의식평면에 속하는 자기비판적 성격의 주석과 마주친다. 셋째로 우리는 나중의 주제어와 이전의 생각 사이의 실질적 관련을 드러내 주는 그러한 기재 내용과 맞닥뜨린다.

난외 주석을 단 날짜를 확실하고도 분명하게 특정할 수 없다는 점은 그것의 성격에서, 또 그것이 생겨나는 상황에서 비롯된다. 난외 주석은 거의 예외 없이 부록 내지 자기완결적 성격의 짧은 텍스트 정도로 작성되는 것이 아니라, 오히려 독서와 참조 행위를 반복하는 가운데 오직 개별적인 단편으로서만 생겨나는 일이 많다. 대부분의 경우 문제가 되는 것은 갑자기 떠올라 신속하게 휘갈기며 메모할 수밖에 없었던 생각의 파편들이다. 저자가 작성한 텍스트와 달리 그런 종류의 독서 메모에 날짜를 매길 수 없음은 당연하다.

대략적으로나마 날짜를 추정하는 데에는 난외 주석 앞에 매번 붙여 놓은 저자 소장본의 출판년도 표기가 방향을 잡도록 도움을 줄 것이다. 메스키르히 저자 소장본에서 취한 난외 주석들은 1950년과 1976년 사이에 생겨난 것이다. 레클람판의 저자 소장본 두 권에서 뽑은 "예술작품의 기원"이란 논문의 난외 주석은 1960년과 1976년 사이에 생겨난 것이다.

그러나 난외 주석의 날짜 추정 문제가 일반적으로 의미를 가지게 되는 것은 오직 우리가 그 문제를 한낱 문제를 위한 문제로 제기할 때가 아니라, 마르틴 하이데거가 사유의 도정에서 머물렀던 다양한 정박지 중 어느 정박지에 그 난외 주석이 사상적으로 귀속하는가라는 관심을 가지고 문제를 제기할 때뿐이다. 하이데거의 저작들을 주의 깊게 되풀이해서 읽었던 사람이라면 다양한 난외 주석이 그 사상적 내용과 언어 사용법으로 미루어 더 이전의 정박지와 관계를 맺고 있는지 아니면 더 이후의 정박지와 관계를 맺고 있는지 스스로 알게 된다.

난외 주석이란 긴 시간을 두고 이루어진 독서 메모로서 매번 저자 소장본이 판형을 달리하여 출판되던 해에 시작해 때로는 더 늦은 판으로 넘어가며 생겨나므로, 이를 전체적으로 저작에 대한 저자의 최종적 언사로 여기면 안 된다. 그렇게 여기면 무엇보다도 사유의 도정에서 이미 거쳐 왔던 정박지상의 의식평면에 귀속되는 그러한 주석들이 그 적절함을 잃고 만다. 하지만 그렇다고 해서 철학자가 정녕 앞서 도달한 정박지들을 떠나 버렸다는 것을 빌미로 오직 철학자의 최종 정박지에서 나온 난외 주석에만 관심을 가져야 한다는 식의 견해를 옹호하면 안 된다. 하이데거는 자신의 모든 정박지를 자신의 통일적 사유 방식의 일부로 이해했다. 그가 새로운 정박지를 찾았던 것은 지금까지의 정박지가 잘못된 것으로 밝혀졌기 때문이 아니라, 바로 그의 사유 상황이 그에게 변화된 방식으로 나타났기 때문이었다. 그 하나하나가 존재에 관한 물음을 제기하는 과정에 물음을 진척시켰다는 점에서 이 모든 정박지들은 진리를 산출했다. 우리가 이전 정박지의 그 어떤 저작도 포기하고 싶지 않듯, 이전의 의식평면에서 생겨난 난외 주석들 역시 그 고유의 무게감을 가지고 있다.

1994년 9월 1일

브라이스가우 프라이부르크에서

F. -W. 헤르만

하이데거의 〈숲길〉 속으로

신상희 지음

나남
nanam

지은이 **신상희**

건국대 철학과를 졸업하고 독일 프라이부르크대학에서 철학박사 학위를 받았다.
건국대 인문과학연구소 학술연구교수를 지냈다.

주요 저서로 *Wahrheitsfrage und Kehre bei Martin Heidegger*(《하이데거의 진리
물음과 전회》, K&N Verlag, 1993), 《시간과 존재의 빛: 하이데거의 시간이해
와 생기사유》(한길사, 2000), 《하이데거와 신》(철학과 현실사, 2007), 《하이
데거의 언어사상》(공저) 등이 있으며, 역서로는 《하이데거》(발터 비멜), 《하
이데거의 존재와 시간을 찾아서》(F. W. 폰 헤르만), 《야스퍼스》(한스 자너),
《동일성과 차이, 초연한 내맡김》(하이데거), 《이정표》(하이데거), 《강연과 논
문》(하이데거), 《사유의 사태로》(하이데거), 《언어로의 도상에서》(하이데거),
《회상》(하이데거) 등이 있다.

하이데거의
《숲길》 속으로

2020년 2월 1일 발행
2021년 10월 25일 2쇄

지은이   신상희
발행자   趙相浩
발행처   (주) 나남
주소   10881 경기도 파주시 회동길 193
전화   (031) 955-4601 (代)
FAX   (031) 955-4555
등록   제 1-71호(1979. 5. 12)
홈페이지   http://www.nanam.net
전자우편   post@nanam.net

하이데거의
《숲길》 속으로

차
례

　《숲길》의 저자 마르틴 하이데거는 플라톤과 아리스토텔레스 이래 이성 일변도로 치닫던 서구의 전통철학을 뒤흔든 20세기 사상계의 거장이다. 그는 끊임없이 전통과 더불어 사유하고 호흡하면서도 전통의 낡은 틀에 얽매이지 않은 채, 오히려 그 낡은 틀을 존재의 근원으로부터 다시 새롭게 풀어내어 우리들 각자의 삶의 세계를 근원적으로 열어 밝히고자 시도한 깨어 있는 사상가이다. 그는 존재사유의 도정에서, 인간의 삶의 원초적 세계는 욕망과 지성에 의해 물든 소유의 세계가 아니라 그 이전에 존재의 무구한 세계라는 것을 현대인에게 조용히 일깨워준다. 존재의 세계란, 하늘과 땅을 포함하여 지상에 존재하는 일체의 것이 우리에게 말없이 다가와 스스로를 있는 그대로 드러내 보여주면서 서로 상보적인 관계 속에 조화롭게 펼쳐지는 그런 진리의 세계를 가리킨다. 인간은 지상의 모든 것을 남김없이 지배하여 무제한적으로 이용하는 이 땅의 주인이 아니라, 오히려 존재의 세계 안에 거주하는 존재의 이웃으로서 만물을 아낌없이 보살펴야 할 삶의 과제를 떠안고 있다고 그는 강조한다. 그의 사유는 마치 하나의 별을 향해 다가가듯 존재의 진리를 향해 묵묵히 걸어가는 사색의 기나긴 노정을 보여준다. 밤하늘의 별빛이 나그네에게 길을 밝혀주듯, 존재의 빛은 진리를 향해 길을 떠난 이의 길을 비춰주면서 그 길을 안내해주는 이정표가 된다. 이러한 존재사유의 길에서 사상가는 자신이 걸어간 길 위에 흔적을 남기기 마련인데, 그 흔적들이 그의 사유작품들이다. 《숲길》은 진리를 향해 길을 떠나갔던 한 사상가의 고뇌와 숙고의 여정 그리고 그의 소박한 마음을 담아놓은 사유의 귀중한 흔적이다. 이러한 흔적으로서의 《숲길》은 하이데거의 초기 저작인 《존재와 시간》, 그리고 그의 후기 사유의 중심작품이라고 말해지는 《철학에의 기여》, 《이정표》, 《강연과 논문》 등과 아울러 그의 5대 주요작품 가운데 하나이다.

《숲길》에는 예술의 본실에 대한 *그의* 유녕한 담론인 "예술작품의 근원" 이외에도 서양의 근대적 사유의 본질성격을 치밀하게 파헤치면서 비판한 "세계상의 시대", 그리고 헤겔의 《정신현상학》 서론 부분을 존재사적으로 해체하면서 그의 경험개념의 성격을 밝히고 있는 "헤겔의 경험개념"이 실려 있다. 또한 《숲길》에는 '신은 죽었다'는 니체의 주장 속에 담긴 니힐리즘의 본질성격을 심층적으로 해부하여 비판하는 글이 실려 있고, 또한 릴케의 만년의 즉흥시를 소재로 삼아, 신이 떠나가 버린 궁핍한 시대에 시인이 떠맡아야 할 사명은 어디에 있는지를 진지하게 숙고한 그의 유명한 릴케 시론 "무엇을 위한 시인인가?"가 실려 있다. 마지막으로, 그리스 초기 사상가인 아낙시만드로스의 잠언에 대해 기존의 전통적 해석과는 달리 하이데거 특유의 존재론적 해석을 가하면서 해명하는 글이 실려 있다.

하이데거의 《숲길》이 이제 비로소 완역되어 우리나라 독자들에게 친근히 다가갈 수 있게 되었다. 이 반가운 소식을 전하는 옮긴이의 마음은 기쁘기 한량없다. 비교적 최근에는 《존재와 시간》을 비롯하여 《이정표》, 《강연과 논문》, 《동일성과 차이/초연한 내맡김》, 《형이상학입문》, 《사유란 무엇인가?》, 《니체》, 《언어로의 도상에서》, 《사유의 사태로》 등 하이데거의 주요 작품들이 거의 우리말로 번역되어 독자들이 그의 사상을 가까이 접할 수 있는 기회가 넓혀졌다. 그러나 불과 10년 전까지만 해도 상황은 지금과는 매우 달랐다. 그 당시에는 하이데거의 주요 저작들이 국내에 거의 번역되지 않았을 뿐만 아니라, 설령 있다고 하더라도 매우 부실한 상태를 면할 수 없었고, 또 더러는 완역이 아니라 부분적으로 발췌되어 번역된 글들이 전부였다. 그런 척박한 상황에서 옮긴이는 《존재와 시간》을 제외하고 나서 가장 시급히 번역되어야 할 하이데거의 주요 저작은 바로 《숲길》과 《이정표》라고 생각했다. 《이정표》는 2~3년 전 한길사에서 출간되어 나왔으나, 《숲길》은 그 이후 한국학술진흥재단에서 주관하는 2005년도 동서양명저 번역사업의 번역과제로 선정됨으로써 그 출간 시기가 조금 더 늦추어졌다.

10년 전에 시작한 번역이 이제 비로소 그 결실을 이루게 되니 감회가 무량하다. 참으로 장구한 세월동안 옮긴이는 가시밭길을 걷는 심정으로 《숲길》을 번역해 왔다. 강의를 하고 연구논문을 쓰면서 틈틈이 시간을 쪼개내어 하루에 한두 쪽씩 땀 흘려 글을 옮기다 보면, 어느덧 세월이 훌쩍 덧없이 흘러가는 것을 허망한 마음으로 바라보아야 했다. 번역의 과정이 너무도 고통스럽고 힘겹다 보니 중도에 번역작업을 포기하고 싶은 생각이 들 때도 있었다. 그러나 하이데거의 사상에 관심을 갖는 학자들과 후학들 그리고 일반 독자를 위해, 또한 동시대를 살아가는 학자로서의 나 자신에 대한 책임을 다하기 위해, 나는 그때마다 마음을 가다듬고 다시 진력하지 않을 수 없었다. 서양학문을 탐구하는 나에게 번역작업이란 결코 하찮은 소일거리가 아니라, 내가 꼭 떠맡아야 할 학자로서의 의무라고 생각하기 때문이다.

이런 생각이 확고해진 까닭은 유학시절의 고단한 경험에서 비롯된다. 독일 프라이부르크 대학교에서 폰 헤르만 교수의 지도하에 하이데거의 사상에 관해 심도 있게 탐구할 무렵, 하이데거의 어려운 원전을 일일이 독해하면서 때로는 덧없이 흘려버린 헤아릴 수 없는 기나긴 시간들이 매우 야속하게 느껴졌던 적이 한두 번이 아니었다. 중요한 원전들이 우리말로 제대로 번역되어 있다면, 원전에 대한 이해도 좀 더 수월해질 것이고, 이에 따라 나의 유학시절도 상당히 단축될 수 있으련만, 이 모든 것을 혼자서 감당해야 한다는 것이 낭비처럼 여겨져 무척 아쉬웠던 것이다. 사실 번역이란 아무것도 아닌 하류의 작업이 아니라, 타국의 정신문화를 수용하고 이해하여 널리 보급함으로써 우리 자신의 문화적 역량을 축적하고 확대하여 새롭게 창출하기 위한 첫걸음이라고 나는 생각한다. 그러므로 적어도 서양학문에 관심을 갖고 탐구하는 학자라면 자신의 독자적 연구만을 위해 헌신할 것이 아니라, 자신의 남+ 영역 안에서 우리의 문화적 시평을 확대하기 위한 양서를 찾아내어 동시대인과 후대인을 위해 충실히 번역하고 소개하는 일을 결코 게을리해서는 안 될 것이다.

《숲길》, 이 한 권의 책을 번역하기 위해 기울인 나의 정성과 노력은 그 동안 논문 몇 편과 저서를 출간하기 위해 들였던 모든 노력을 훨씬 상회한다. 이 한 권의 책이 세상에 나오기 위해서는, 실로 강산도 변한다는 10년이란 장구한 세월이 요할 것이라는 것을 나는 처음에는 전혀 예상하지 못하였다. 《숲길》에 실린 6편의 글 가운데 4편의 글은 기존에 번역된 글들을 참조하면서 그런대로 번역작업이 순조롭게 진행되었다. 그러나 "헤겔의 경험개념"과 "아낙시만드로스의 잠언"을 우리말로 옮기면서 적지 않은 어려움에 부딪혔다. 이러한 과정을 거쳐 초벌번역은 5~6년 만에 끝났으나, 그 후 여러 차례의 윤문과정을 거치면서 다시 세심히 교정하고 손질하면서 또 몇 년의 세월을 흘려보내야 했다. 최근에는 한국학술진흥재단의 재정적 후원을 받으면서 해당 심사자들이 지적한 비판적 조언들을 참조하여 마무리 손질을 보기도 하였다. 하지만 그럼에도 불구하고 미진한 부분들이 적지 않게 있으리라 생각된다. 이에 대한 독자의 따가운 질책이 있길 바란다.

어쨌든 이제는 기나긴 어둠의 터널을 빠져나온 것 같아 아주 홀가분하고 기쁘다. 이 터널을 빠져나오기 위해 힘을 보태준 몇몇 지인들에게 이 자리를 빌려 고마운 마음을 전하고 싶다. 먼저 F. W. 폰 헤르만 은사님의 저서 《하이데거의 예술철학》(문예출판사)을 오래 전에 번역한 이기상 교수님에게 감사하고 싶다. 옮긴이는 《숲길》에 실린 "예술작품의 근원"을 번역하면서 이에 힘입은 바가 크다. 그리고 10여 년 전, 하이데거 학회에서 마련한 윤독회 시간에 "세계상의 시대"를 번역하고 윤문하고 토론하면서 그 자리에 참여하여 함께 의견을 나누었던 하이데거 학회 회원들에게 고마움을 전하고 싶다. 아울러 "헤겔의 경험개념"에 대한 초벌번역을 마련해준 문동규 박사에게 진심으로 감사함을 전한다. 그는 《숲길》에 실린 6편의 번역 글들을 정성껏 살펴보면서 귀중한 조언과 많은 도움을 주었다. 그리고 특히 여러 가지 어려운 상황 속에서도 연구와 번역에 매진할 수 있도록 도와준 사랑하는 아내 혜원과 아들 예철 그리고 딸 예현에게 고마운 마음을 전한다. 끝으로 옮긴이의 노력의 결과가 독자들에게 친근하게 그리고 폭넓게 다가갈 수 있도록, 철저한 장인 정신으로 이 글을 더욱 세심히 가다듬고 편집하여 한 권의 훌륭한 책으로 탄생시킨 나남출판 편집부 모든 분들에게도 충심으로 감사하다는 인사를 전하고 싶다. 이 분들의 도움이 없었다면 《숲길》의 번역은 아마도 지금보다는 더욱 늦어졌을 것이다. 아무튼 이런 힘겨운 과정을 통해 탄생한 한국어판 《숲길》이 독자들과 후학들에게 의미 있는 숙고의 시간을 마련해줄 수 있다면, 옮긴이는 그것으로 족할 것이다.

2008년 1월
수유동 서재에서
신 상 희

1. 하이데거의 예술론

마르틴 하이데거는 "예술작품의 근원"에서 전개되는 모든 논의는 **생기**(Ereignis)**로서의 존재의 본질**에 대한 물음의 도상에서 펼쳐지는 것이기에, 예술의 본질에 대한 숙고는 오로지 생기사유의 지평에서 제대로 이해될 수 있다고 이 글의 보탬말(Zusatz)에서 지적하고 있다.[1] 그러나 1935~1936년에 처음 발표된 그의 예술론 안에는 생기사유의 지평은 거의 표출되어 있지 않고 오히려 그의 논의의 심층에 감추어져 있다. 이에 역자는 하이데거의 이러한 지적에 따라 그의 예술론을 생기사유의 지평에서 드러내어 해석학적으로 재구성하는 가운데 그의 논의를 심층적으로 다시 숙고해보고자 시도한다.

1) 생기사유의 지평에서 예술작품의 근원에 대한 해명

하이데거는 "예술작품의 근원"에서 예술작품이 예술작품으로서 드러나게 되는 그 근원에 대하여 물음을 제기하면서 논의를 시작한다.[2]

---

1) M. 하이데거, 《숲길》(신상희 옮김, 나남출판, 2008; 이하 《숲길》로 표기) 111쪽 이하 참조. "예술작품의 근원"(1935~1936)에 첨가된 "보탬말"은 레클람 판본(1960)에 처음으로 실려 출간되었다.

예술작품의 근원에 대한 물음은 예술작품의 본질이 비롯하는 그 유래에 관한 물음이다. 예술가가 예술작품을 창조하였기에, 예술작품은 현실적으로 존재한다. 그러므로 예술가는 예술작품의 근원과 같은 것으로 여겨질 수도 있다. 그러나 달리 생각해보면, 예술가는 예술작품을 창조하였기에, 비로소 예술가라는 칭호를 부여받는다. 이럴 경우에는 예술작품이 예술가의 근원이 되는 것처럼 여겨진다. "예술가는 작품의 근원이며, 작품은 예술가의 근원이다."3) 이것은 얼핏 보기에, 논리적 사유가 피해야 할 순환논법인 것처럼 보인다. 그러나 좀 더 생각해보면, 이 두 가지 관계 중 어느 하나의 관계가 다른 하나의 관계를 일방적으로 지탱해주지는 못한다. 어느 누가 예술가라는 칭호를 얻게 되고, 또 어떤 것이 예술작품이라는 찬사를 받게 되는 까닭은, 예술가와 예술작품의 근원적 바탕이 예술에 있기 때문이다. 그러나 예술은 어디에 있는가? 작품을 떠나서 예술을 찾는 것은 불가능하다. 따라서 예술가와 예술작품의 근원이자 유래가 되는 예술의 본질을 이해하기 위해서라도, 우리는 현실적인 예술작품의 세계 안으로 접근해 가봐야 한다. 이 짤막한 논의과정에서도 우리의 이해와 해석의 시선은 예술작품에서부터 예술로, 또 예술로부터 예술작품에게로 전환되고 있다. 그러나 하이데거는 우리로 하여금 이러한 순환과정 속으로 들어가 예술작품의 근원에 대한 물음을 진지하게 제기해 보도록 권한다. 이러한 순환과정은 순전히 논리적 순환관계로 그치는 것이 아니다. 왜냐하면 그것은 자기 안에 "해석학적 순환구조"를 가지고 있어서, 이러한 순환과정을 관통해나가는 가운데 예술작품의 근원에 대한 이해가 획득될 수 있기 때문이다. 4)

---

2) 《숲길》, 11쪽 참조.

3) 《숲길》, 같은 곳.

4) Friedrich Willhelm von Herrmann, *Heideggers Philosophie der Kunst*, Vittorio Klostermann Verlag, Frankfurt a. M., 1980(《하이데거의 예술철

만일 예술작품의 유래가 예술작품 자체 안에서 드러난다고 할 경우에, 우리는 오직 예술작품을 출발점으로 삼아 예술이 무엇인지를 파악하고자 시도할 수 있을 것이다. 그래서 우선 예술작품을 그것의 고유한 현실성 속에서, 즉 작품의 사물적 성격 속에서 이해하고 접근하는 것이 중요한 과제로 부각된다. 이에 하이데거는 우리가 익히 잘 알고 있는 사물규정의 다양한 방식들을 분석해간다. 사물의 사물존재에 대해 우리에게 전승된 대표적인 세 가지 규정은 다음과 같다. 우선은 여러 가지 특성을 갖춘 담지자로서 사물을 규정하는 태도가 있고, 그 다음으로는 감관 속에 주어진 다양한 요소들의 통일체로서 사물을 규정하는 태도가 있으며, 셋째로는 질료와 형상의 통일로서 사물을 규정하는 태도가 있다. 그는 이러한 세 가지 전승된 사물규정들을 하나하나 비판적으로 검토해간 연후에 다음과 같은 귀결에 이른다. 즉 이러한 전승된 사물규정들을 통해서는, 퓌시스적인 것으로서 자기 안에 고요히 머무르거나 혹은 자생적으로 존재하는 근원적인 사물존재(φύσις)는 드러나지 않고, 오히려 전승된 사물규정들은 이러한 근원적 사물존재를 덧칠하여 은폐시키는 규정들에 불과할 뿐이며, 또한 이러한 덧칠함 속에는 존재자를 다양한 방식으로 사유하고자 시도했던 형이상학의 역사가 드리워져 있다는 것이다. 특히 질료와 형상의 통일로서의 사물에 대한 규정은 다른 사물규정들보다 막강한 위세를 가지면서, 예술작품을 심미적 상부구조와 사물적 하부구조로 나누어 규정하는 미학이론의 중요한 핵심개념으로서 수용되어 여전히 그 영향력을 발휘하고 있다. 그러나 여기서 하이데거는 지적하기를, 질료와 형상의 통일로서 사물을 파악하는 견해는 일차적으로 도구에 대한 해석에서 유래하는 것이지, 순전한 사물 혹은 예술작품에 대한 해석에서 유래하는 것이 아니라는 것이다. 더욱이 전승된 존재론은 존재자를 파악함에 있어 언제나

학》, 이기상 옮김, 문예출판사, 1997, 86쪽) 참조.

그것의 존재를 표상되어 있음(*Vorgestelltsein*) 또는 눈앞에 있음(*Vorhandensein*)이라는 차원 안에서 머물고 있기에, 도구적 존재자를 그것의 도구존재에 있어서 제대로 이해한 적이 없다고 그는 비판한다.

일찍이 하이데거는 《존재와 시간》의 도구분석에서, 도구의 도구존재는 용도성(*Dienlichkeit*) 속에서 일차적으로 드러난다고 보았다.[5] 이러한 용도성에 대한 이해는 도구적 존재자의 사용사태 전체성 속에 뿌리를 내리고 있으며, 사용사태 전체성에 대한 이해는 세계의 세계성에 대한 보다 포괄적인 이해의 지평 속에서 성취될 수 있었다. 그런데 도구가 무엇인지 알기 위하여, 그는 망치, 못, 교통신호등과 같은 도구적 존재자를 직접적으로 문제로 삼아 다루어가던 《존재와 시간》에서의 논의와는 달리, 이 예술작품의 논문에서는 약간의 특이한 우회로들 걷는다. 그는 이 글에서 반 고흐의 그림에 담긴 농부의 신발을 예로 삼아 사색해간다. 도구의 도구존재는, 일단은 그 도구가 어떤 일을 하기 위한 쓰임새로 사용되는 특정한 용도성 안에서 발견된다. 농부의 신발은 농부가 밭일을 하면서 자기가 신고 있는 신발에 대해 전혀 아무런 불편도 느끼지 못하고 그저 자신이 하고 있는 자신의 일에 완전히 매진할 수 있을 때, 오직 그때만이 신발의 용도성은 가장 참답게 드러난다. 우리는 이러한 도구사용의 과정에서 도구의 도구적 성격을 발견하게 된다. 그러나 용도성이라는 도구의 도구적 성격만으로는 도구의 도구존재가 여실히 다 드러난 것이 아니다. 오히려 도구의 근원적인 도구존재는 신뢰성(*Verläßlichkeit*) 속에서 참답게 드러나는데, 이러한 신뢰성을 여실히 드러내며 보여주는 것이 곧 예술작품이라는 것이다. 반 고흐의 예술작품은 어떤 식으로 농촌 아낙네의 신발의 세계를 드러내고 있는가? 하이데거는 다음과 같이 서술하고 있다.

---

5) M. 하이데거, 《존재와 시간》(*Sein und Zeit*), Max Niemeyer Verlag, Tübingen, 1979, §15~§18, 참조.

너무 오래 신어서 가죽이 늘어나 버린 신발이라는 이 도구의 안쪽 어두운 틈새로부터 밭일을 나선 고단한 발걸음이 엿보인다. 신발이라는 이 도구의 수수하고도 질긴 무게 속에는 거친 바람이 부는 드넓게 펼쳐진 평탄한 밭고랑 사이로 천천히 걸어가는 강인함이 배어 있고, 신발가죽 위에는 기름진 땅의 습기와 풍요로움이 깃들어 있으며, 신발 바닥으로는 저물어가는 들길의 고독함이 밀려온다. 신발이라는 이 도구 가운데에는 대지의 말없는 부름이 외쳐오는 듯하고, 잘 익은 곡식을 조용히 선사해 주는 대지의 베풂이 느껴지기도 하며, 또 겨울 들녘의 쓸쓸한 휴경지에 감도는 해명할 수 없는 대지의 거절이 느껴지기도 한다. 더 나아가 이 도구에서는, 빵을 확보하기 위한 불평 없는 근심과, 고난을 이겨낸 후에 오는 말없는 기쁨과, 출산이 임박해서 겪어야 했던 〔산모의〕 아픔과 죽음의 위협 앞에서 떨리는 전율이 느껴진다. 이 도구는 대지에 속해 있으며, 농촌 아낙네의 세계 속에 포근히 감싸인 채 존재한다. 이렇듯 포근히 감싸인 채 귀속함으로써 그 결과 도구 자체는 자기 안에 〔고요히〕 머무르게 된다. 6)

이러한 하이데거의 서술은 우리가 임의적으로 사용하는 실제적인 신발에 대한 묘사로서의 존재적 서술이 아니다. 그의 서술은 반 고흐의 예술작품이 드러내 보여주는 농촌 아낙네의 신발에 대한 직접적인 경험 속으로 우리를 데려다 놓는, 도구의 근원적 도구존재로서의 신뢰성에 대한 현상학적 서술이다. 이러한 서술을 통해서 그가 우리에게 말하려는 바는 우선은 다음과 같다. 즉 도구의 도구존재는 질료와 형상의 통일이라는 전승된 사물규정 안에서는 드러나지 않으며, 또한 도구의 순전한 용도성 안에서도 드러나지 않는다. 도구의 근원적인 도구존재는, 그리고 이와 동시에 사물의 참다운 사물존재는 대지와 세계를 밝혀주면서도 이 둘의 긴밀한 관계 안에 머무르는 그런 신뢰성 안에서 비로소 드러난다. 사물의 이러한 신뢰성에 힘입어, 농촌 아낙네는 대

---

6) 《숲길》, 35쪽 이하 참조.

지의 침묵하는 부름 속으로 들어서게 되고, 자기 자신의 세계를 밝혀 나가게 된다.

그렇다면 이러한 현상학적 서술을 통해서 하이데거가 말하고자 의도하는 핵심적인 메시지는 무엇인가? 그것은, 반 고흐의 그림과 같은 그런 예술작품을 통해서 우리는 사물을 사물로서 그것의 사물존재에서 비로소 경험하게 된다는 것이다. 반 고흐의 그림은 농촌 아낙네의 신발이 진실로 무엇인지를 여실히 드러내고 있는데, 이러한 존재의 환한 밝힘 안에서 신발이라는 하나의 사물이 비로소 하나의 사물로서 정립되는 것이다. 그러기에 예술작품 속에서는 존재의 진리의 일어남이 현성하고 있는 것이요, 바로 여기에 예술작품의 본질적 성격이 놓여 있다고 하이데거는 사유한다.

> 예술작품 속에서는 존재자의 진리가 작품 속으로 스스로를 정립하고 있다. 여기서 정립한다는 말은 '서 있게 함'을 뜻한다. 어떤 존재자가, 즉 한 켤레의 농촌 아낙네의 신발이 작품 속에서 자신의 존재의 빛 가운데로 들어선 것이다. 존재자의 존재는 지속적으로 밝혀지는 그런 〔열린〕 장소에 이르게 된다. 그렇다고 한다면, 예술의 본질은 존재자의 진리가 작품-속으로-스스로를-정립하고-있음이다. 7)

여기서 우리는 예술의 본질에 대한 하이데거의 첫 번째 핵심적인 규정에 이르게 되는데, 그것은 사방세계에 대한 그의 후기담론과도 긴밀히 연결될 수 있다. 즉 세계와 대지를 자기 안에 모아들이는 사물의 사물존재가 작품 속으로 정립되어 여실히 드러나고 있을 때, 작품은 비로소 하나의 예술작품으로서 드러나게 된다는 것이다. 따라서 작품은 사물적 하부구조와 심미적 상부구조의 통일에 의해서 하나의 예술작품이 되는 것이 아니라, 오히려 작품은 자기 안에 정립되는 어떤 것이 자신

---

7) 같은 책, 38쪽 참조.

의 존재의 열린 장 안으로 들어와 스스로를 여실히 드러내 보일 때, 달리 말해서 사방세계를 펼쳐 보이면서 사물화하는 그런 사물의 참다운 존재를 작품 속에 구현할 때, 비로소 하나의 현실적인 예술작품이 된다는 사실이다. 이런 점에서 예술작품의 현실성은 오직 예술작품 속에서 작용하고 있는(am Werk sein, 작품화되고 있는) **존재의 진리가 고유하게 생기하는 사건으로부터만** 직접적으로 경험될 수 있다.

예술작품 안에서는 사물의 사물존재가 스스로를 나타내 보이는데, 바로 이렇게 작품 안에서 "스스로를 나타내 보임"(sichzeigen)이 곧 존재자의 존재의 빛남(Scheinen)이다. 농촌 아낙네의 신발존재의 빛남은, 반 고흐의 작품 속에서 신발이라는 하나의 사물이 농촌 아낙네의 삶의 세계를 모아들이고 펼쳐 보이면서 스스로를 드러내 보이는 탁월한 방식이다. 이 탁월한 방식으로 말미암아 우리는 반 고흐의 그림을 대하면서 그 작품을 아름답다고 느끼게 된다. 우리에게 아름답다는 느낌을 촉발시키는 존재의 빛남이 **예술미**의 본질이다. **예술**이란 그 안에서 존재자의 존재의 빛남이 일어나는 비은폐성(알레테이아)의 영역이며, 이러한 진리로서 작품 안에서 "스스로 생기하면서"(sicher eignen) 현성한다.8) 따라서 예술의 영역 안에서 일어나는 예술미는 존재하는 사물이나 인간 또는 어떤 역사적 사건이 자신의 존재의 비은폐성 안으로 들어서는 탁월한 방식이다. 이러한 예술미를 수반하는 **예술작품**은, 비은폐성으로서의 진리가 스스로 생기하여 작품화되는9) 예술의 영역 안에서 근원적으로 정초된다. 이런 점에서 예술작품의 근원에 대한 물음은 존재자의 존재가 그 자신의 고유한 진리 속에서 일어나는 **생기의 본질영역**에 대한 물음 속으로 합류해 들어간다.

그래서 하이데거는 "예술작품의 근원"의 보탬말에서 다음과 같이

---

8) 같은 책, 43쪽 참조.
9) 예술가의 창작활동은 존재자의 존재의 진리가 생기하는 작품화의 과정에 속해 있다.

말한다.

> '예술작품의 근원'에서 전개되는 모든 논의는 의도적으로 — 하지만 겉으로는 분명히 말해지지 않은 상태로 — 존재의 본질에 대한 물음의 도상에서 움직이고 있다. 예술의 본질에 대한 숙고는 오직 존재에 대한 물음으로부터만 전적으로 그리고 결정적으로 규정된다. 예술은 문화의 역량도 아니며, 정신의 현상도 아니다. 예술은 '존재의 의미'를 규정하는 생기에 귀속해 있다.[10]

존재의 진리가 고유하게 일어나는 사건으로서의 생기는 하이데거의 후기 사유를 이끌어 가는 핵심어로서, 이 낱말 안에는 이중적이면서 통일적인 연관관계가 전회적으로 맞물려 소용돌이치고 있다. 그것은 우리에게 다가오는 존재의 진리의 생기하는 본질연관과 이렇게 다가오는 존재의 진리에게 생기된 채 기투해가는 인간의 본질관계가 하나로 어우러진 연관관계(Bezugsverhältnis) 속에서 존재의 진리가 그때그때마다 고유하게 일어나는 역사적 사건을 가리킨다.[11] 예술작품의 근원에 대한 해명의 과정에서는 이러한 사건으로서의 생기가 논의의 주제로서 전적으로 다루어지는 것은 아니지만, 그것은 **세계와 대지 사이의 투쟁의 격돌**을 통해서 사물의 사물존재가 작품 속에 정립되는 유일무이한 **진리사건**으로서 펼쳐지고 있다.[12] 예술작품은 무엇보다도 그 안에서 진리사건이 일어나고 있는 **하나의 탁월한 장소**라고 한다면, 우리는 이제 진리가 어떻게 작품과의 본질적 연관성 속에서 사유될 수 있는지 숙고해보아야 할 것이다.

---

10) 같은 책, 112쪽 이하 참조.
11) 이에 대한 상세한 논의는 다음 글을 참조하라. 신상희, "생기-사유의 근본구조", 《시간과 존재의 빛》, 한길사, 2000, 특히 305~406쪽 참조.
12) M. 하이데거, 《철학에의 기여》(Beiträge zur Philosophie), GA. Bd, 65, 1989, 391쪽 참조.

2) 예술작품과 진리사건 — 세계의 건립과 대지의 내세움

이런 목적에 도달하기 위하여 하이데거는 하나의 탁월한 장소로서의 그리스 신전에 대한 분석을 시작한다.[13] 그리스 신전은 회화처럼 어떤 것을 단순히 모사하고 있는 게 아니라, 신이 그의 현존의 개방성 안으로 들어서도록 신에게 봉헌된 성스러운 건축작품이다. 이 신전은 그리스 민족의 삶의 행로와 유의미한 연관들을 모아들여 통일하면서 그들의 역사적 세계를 밝혀주고 있다. 신전은 이렇듯 **세계와의 연관** 속에서 드러나고 있을 뿐만 아니라, 다른 한편으로는 **대지와의 연관** 속에서도 제시되고 있다. 신전은 대지 위에 고요히 서 있음으로써, "사물들에게는 비로소 사물들 자신의 모습을 밝혀주고, 인간들에게는 비로소 그들 자신에 대한 전망을 밝혀준다."[14] 즉 신전은 자신을 지탱해주고 있는 암반과 이 암반의 육중한 어둠, 그리고 신전에 부딪히는 세찬 바람과 밀려드는 파도의 물결을 있는 그대로 드러내어 보여주고 있을 뿐만 아니라, 신전 주변의 환히 트인 드넓은 공간과 거기에 서식하는 다양한 동식물들을 있는 그대로 드러내어 보여주고 있다. 신전은 대지 위 하늘 아래 빛과 어둠으로 충만한 공간 안에서, 뇌우와 폭풍에 내맡겨진 채 바닷가에 서 있을 뿐만 아니라, 동식물 한가운데에 서 있다. 신전은 존재자 전체의 한가운데에서 각각의 존재자의 존재를 있는 그대로 드러내어 존재의 빛남 속으로 데려오는 하나의 탁월한 장소로서 탈은폐되고 있다. 신전 안에서는 이러한 탈은폐-사건이, 즉 **진리사건**이 일어나고 있기에, 신전은 하나의 탁월한 예술작품이라고 하이데거는 생각한다. 신전을 통해서 신은 자신의 현존 속으로 개방될 뿐만 아니라, 신전은 탁월한 방식으로 그리스 민족의 세계를 열어놓고 있으

---

13) 《숲길》, 46~47쪽 참조.
14) 같은 책, 49쪽 참조.

며, 또한 퓌시스로서의 대지를 있는 그대로 드러내고 이와 아울러 인간이 거주할 고향의 터전으로서의 대지를 출현시키고 있기에, 신전은 그 안에서 존재의 진리의 사건이 고유하게 생기하고 있는 탁월한 예술작품인 것이다. 이렇듯 신전은 세계를 열어 놓는 동시에 그 세계를 대지 위에 되돌려 세움으로써, 대지 자체는 인간이 거주하기 위한 "고향과도 같은 아늑한 터전으로서 솟아나온다."15) 인간은 세계를 밝혀주면서 열어놓는 신전을 건립함으로써, 대지 위에서 자기가 거주할 삶의 처소를 마련하는 동시에 세계-안에-있음으로서 살아가는 자신의 삶에 대한 전망을 획득한다.

이렇듯 예술작품의 본질이 그 안에서 진리사건이 고유하게 일어나는 **생기의 탁월한 장소성**에 놓여 있다고 한다면, 그리고 진리사건은 세계와 대지 사이의 긴밀한 상호연관을 보여주는 방식으로 생기하는 것이라고 한다면, 우리는 앞으로 이러한 연관에 좀더 주목해보아야 할 것이다. 어떤 하나의 작품이 예술작품으로서 존재한다는 것은, 작품 안에 **세계를 건립하고**(aufstellen) 이렇게 밝혀진 세계의 열린 장 안으로 **대지를 내세운다**(herstellen) 것을 뜻한다.16) 예술작품은 하나의 세계를 건립하면서 열어 놓는다. 여기서 세계란 눈앞에 존재하는 사물들의 총체를 의미하지 않는다. 세계란, 그 안에서 우리들의 삶의 다양한 결정들이 내려져 역사적으로 전개되는 삶의 전체적 궤도이자 유동하는 존재의미의 개방적 관계망이다. 그러기에 이러한 세계는 대상을 표상하듯 그렇게 표상될 수 있는 성질의 것이 아니다. 오히려 "세계는 세계화한다."17) 이 말은 곧, 세계는 그 안에서 그때그때마다 존재자적 사건들이 일어나는 개방적인 의미연관 전체로서 펼쳐진다는 것을 뜻한다. 이러한 개방적 의미연관의 전체적 그물망으로서의 세계는 존재자

---

15) 같은 책, 48쪽 참조.
16) 같은 책, 49~52쪽 참조.
17) 같은 책, 51쪽 참조.

의 존재가 개방되기 위한 가능조건이 될 뿐만 아니라 인간이 이러한 존재자들과 교섭하기 위한 가능조건이 된다. 작품은 세계가 세계화하는 그런 열린 공간을 자기 안에 마련해줌으로써 작품화되기 시작한다. 공간을 마련해준다는 것은, 그 안에서 존재자의 존재가 드러나는 열린 장의 트인 곳을 자유롭게 내어주어 작품 속에 정립해가는 일종의 **창작행위**이다. 이러한 창작행위에 있어서 첫째로 중요한 것이 세계를 건립하는 것으로서의 공간을 마련하는 작업이다. 그러나 세계의 건립은 예술작품의 작품존재에 속해 있는 하나의 본질적 특성에 불과하다. 예술작품의 작품존재에 속해 있는 또 다른 하나의 본질적 특성은 대지의 〔불러〕 내세움이다. 여기서 내세움이라고 옮긴 독일어 Herstellen은 통상적으로는 '제작함'이라는 의미를 갖는다. 제작한다는 것은 돌, 나무, 청동, 색, 언어, 소리 등과 같은 작품질료로부터 하나의 작품을 산출해내는 행위(Hervorbringen)이다. 그런데 이러한 질료적 요소들은 모두 대지의 차원에 속해 있다. 예술작품은 자기 안에 세계를 건립하면서 이러한 질료적 요소들을 소모시키는 것이 아니라 오히려 이러한 요소들의 질감을 세계의 열린 장 안으로 이끌어와 더욱 찬연히 나타내준다. 하이데거는 이러한 나타냄의 성격을 열린 장 안으로의 대지의 〔불러〕 내세움이라고 부른다.

> 작품이 돌의 육중함과 무게 속으로, 나무의 딱딱함과 유연함 속으로, 청동의 단단함과 광채 속으로, 색채의 빛남과 어둠 속으로, 소리의 울림 속으로, 낱말의 명명력 속으로 되돌아가 〔거기에〕 자기를 세울 때, 이 모든 것이 나타나게 된다. 거기로 작품이 되돌아가 자기를 세우게 되는 그곳, 다시 말해 이렇게 되돌아가–자기를–세우는 가운데 작품이 〔대지에 귀속하는 것을 그것 자체로서 온전히〕 나타나게 하는 바로 그것, 이러한 것을 우리는 대지(Erde)라고 부른다.[18]

18) 같은 책, 54쪽 참조.

여기서 언급된 대지는 예술작품의 질료적 출처로서의 대지이다. 이러한 질료적 출처로서의 대지는 앞에서 언급한 '인간이 거주하기 위한 고향과도 같은 아늑한 터전'으로서의 대지와 구분된다. 예술작품은 자기 안에 건립된 세계를 질료적 출처로서의 대지 안으로 되돌려 세운다. 예컨대 신전에서 건립되는 세계가 돌의 육중함과 무게 속으로 되돌려 세워질 때, 그 세계는 인간이 거주하기 위한 고향적 터전으로서의 대지 위에 되돌려 세워질 수 있다. 이런 방식으로 신전이라는 하나의 작품은 질료적 출처로서의 **대지를** 고향적 터전으로서의 **대지로서 존재하게 한다**(*die Erde eine Erde sein lassen*). 19)

작품 속에 건립된 세계의 열린 장 안으로 대지가 밀어 넣어짐으로써, 세계는 대지 위에 되돌려 세워진다. 인간은 이러한 대지 위에서 세계 안에 거주하는 자신의 존재를 열어 밝혀나간다. 대지는 자신의 품 안에서 자라나는 모든 것들을 지탱해주고 감싸주면서도 전혀 고단해 하지 않고 지칠 줄도 모른다. 이러한 것으로서의 대지는 "본질적으로 자기를 닫아 두고 있는 것"(*das wesenhaft Sich-verschließende*) 20) 이다. 왜냐하면 대지는 그 본질상 자기를 열어 밝히려는 인간의 온갖 시도에 대해서 자기를 거부하는 것으로서 스스로 물러나기 때문이다. 예컨대, 바위의 무거움은 자신의 육중함을 우리에게 넌지시 알려주지만, 그 무거움은 자신에게로의 침입을 거부한다. 우리가 바위를 깨부숴 바위의 무거움 속으로 침입하고자 해도, 조각난 바위들은 여전히 자신의 내부를 보여주지 않는다. 우리가 바위를 산산이 깨부숴 그 조각들을 남김없이 저울에 달아 무게의 총량을 정확히 측정해본다고 하더라도, 우리에게 주어지는 것은 한낱 덧없는 숫자일 뿐 바위의 그 육중한 무거움은 빠져나간다. 바위의 무거움은 해명되지 않은 상태로 남아 있을 때

---

19) 같은 책, 54쪽 참조.
20) 같은 책, 55쪽 참조.

우리에게 다가온다. 이렇듯

> 대지가 본질적으로 개시될 수 없는 것(*das wesenhaft Unerschließbare*)
> 으로서 보존되고 참답게 간직되는 곳에서만, 대지는 대지 자신으로
> 서 환히 밝혀진 채 개방되어 나타날 수 있다.[21]

대지 위의 모든 자연적 사물들은 이와 같이 자신을 드러내 보여주면
서도 자기 안으로의 침입을 철저히 거부하는 방식 속에서 서로 간에
조화롭게 어우러져 존재한다. 그러므로 작품 안으로 대지를 불러-내
세운다(*her-stellen*)는 것은, 이렇게 자기를 닫아두고 있어서 본질적으
로는 개시될 수 없지만 그럼에도 불구하고 서로 조화롭게 어우러져 있
는 **퓌시스**(φύσις)**로서의 대지**를 작품 안에 건립된 세계의 열린 장 속으
로 데려와 그것이 있는 그대로 나타나게 한다는 것을 의미한다.

3) 예술작품의 통일성과 예술미 — 세계와 대지 사이의 긴밀한 투쟁

하이데거는 예술작품의 작품존재에 속해 있는 세계의 건립과 대지
의 내세움이라는 두 가지 본질적 특성에 대해 서술한 후, 세계와 대지
사이의 긴밀한 투쟁관계에 대하여 숙고하기 시작한다.

> 세계와 대지는 본질적으로 서로 다른 것이지만, 그렇다고 해서 결코
> 분리된 것이 아니다. 세계는 대지 위에 근거하며, 대지는 세계를 솟
> 아오르게 한다. 세계와 대지 사이의 관계는 결코, 서로 아무런 관련
> 도 없이 그저 대립되고 있는 것의 공허한 통일 속으로 위축되지 않는
> 다. 세계는 대지 위에 고요히 머물면서 이 대지를 높여 주려고 노력한
> 다. 세계는 스스로를 여는 것(*das Sichöffnende*)으로서 어떠한 폐쇄도

---

21) 같은 곳 참조.

용납하지 않는다. 그러나 대지는 감싸주는 것으로서 그때그때마다 세계를 자기에게 끌어들여 자기 안에 간직해두려는 경향이 있다.[22]

스스로를 여는 것으로서의 세계는 대지 위로 되돌려 세워짐을 필요로 하며, 자기를 닫아버리는 것으로서의 대지 위에서만 자기 자신의 개방적 본질을 여실히 드러낸다. 또한 대지는 자기를 닫아버리는 것으로서 솟아나와 세계를 감쌀 수 있기 위해서는 세계의 열려 있음을 필요로 하며, 이러한 세계의 열려 있음 안에서만 대지는 자기 자신을 닫아두는 자신의 폐쇄적 본질을 여실히 드러내게 된다. 이렇게 세계와 대지는 서로 투쟁관계 속에 있다. 그러나 이 둘의 투쟁은 서로가 서로를 제압하려는 파괴적 투쟁이 아니다. 오히려 투쟁 속에서 세계와 대지는 각자 자신의 고유한 본질 속으로 해방된다. 투쟁은 투쟁하는 양자가 각각 자신의 고유한 본질에 당도하도록 서로 타자를 촉진한다.

세계를 건립하고 대지를 내세우면서, 작품은 이 둘의 긴밀한 투쟁관계를 통일적으로 자기 안에 선명히 드러내는 방식으로 완수해간다.

> 작품의 작품존재는 세계와 대지 사이에서 벌어지는 이러한 투쟁의 격돌 속에 존립한다. 투쟁은 긴밀한 소박함 속에서 그 최고의 수준에 이르기 때문에, 작품의 통일성은 투쟁의 격돌 속에서 생겨난다. 투쟁의 격돌은 작품의 운동의 과도한 지속적 결집이다. 따라서 자기 안에 고요히 머물고 있는 작품의 이러한 고요한 머무름은 그 본질을 투쟁의 긴밀함 속에 지니고 있다.[23]

세계와 대지 사이의 투쟁의 격돌 속에서, 즉 세계의 열려 있음과 대지의 닫혀 있음이 서로 대립하면서도 서로가 서로를 필요로 하는 공속

---

22) 같은 책, 58쪽 이하 참조.
23) 같은 책, 59쪽 이하 참조.

적 연관관계 속에서, 세계의 건립과 대지의 내세움은 작품 안에 긴밀하게 결집됨으로써, 자기 안에 고요히 머무르는 작품의 통일성을 이루게 된다. 따라서 **예술작품의 통일성은 세계와 대지 사이의 긴밀한 투쟁의 결집 속에서 생기한다.**

하이데거는 여기서 비-은폐성으로서의 진리의 근원적 투쟁 — 즉 환한 밝힘과 이중적 은닉 사이의 투쟁 — 과 관련하여 세계와 대지 사이에 깃들어 있는 투쟁적 성격에 주목한다. 앞에서 이미 말했듯, 존재자의 존재의 진리가 작품 속에 정립되는 것이 예술작품의 본질이라고 한다면, 그리고 작품 속에 정립되는 진리가 이제는 좀 더 구체적으로 세계와 대지 사이의 투쟁적 진리로서 밝혀지고 있다면, 작품의 통일성을 형성하는 세계와 대지의 투쟁적 특성에 대해 숙고해보는 것은 매우 적절한 일이다. 진리의 본질 속에는 환한 밝힘(*Lichtung*)과 이중적 은닉(*Verbergung*) — 거부(*Versagen*)와 위장(*Verstellen*) — 사이에서 일어나는 근원적 투쟁이 스스로 생기하고 있다.

> 진리의 본질은 그 자체에 있어서, 거기에 존재자가 들어서 있으면서도 거기로부터 존재자가 스스로를 자기 자신에게로 물러나 세우는 저 열린 한가운데(*offene Mitte*)를 쟁취하려는 근원적-투쟁(*Urstreit*)이다. 24)

그런데 이 열린 한가운데에, 즉 존재의 열린 장 안에 세계와 대지도 속해 있다. 세계는 단순히 존재의 열린 장에 상응하는 환한 밝힘이 아니며, 대지는 존재의 시원적 은닉에 상응하는 완강한 거부(*Verweigerung*)가 아니다. 세계는 그 안에서 모든 본질적 결정들이 내려지는 유의미한 삶의 개방적 연관들 전체이며, 이것은 오로지 탈은폐와 이중적 은닉 사이에서 생기하는 존재의 환한 밝힘에 힘입어 열려질 수

---

24) 같은 책, 67쪽 참조.

있다. 대지는 존재자 전체가 개방되는 한가운데에서 만물을 감싸주면서도 자기를 닫아버리는 퓌시스(φύσις)로서 자기 자신을 개현하면서 우리에게 다가온다. 존재의 탈은폐가 진리의 시원적 은닉으로부터 환히 밝혀지면서 생기할 경우에만, 세계는 비로소 스스로를 여는 것으로서 열려질 수 있다. 이렇게 하나의 세계가 열리면서 펼쳐질 때 — 즉 세계가 세계화할 때 — 대지는 존재자 전체의 열린 한가운데에서 자기를 닫아버리는 것으로서 나타난다. 세계와 대지는 만물이 어우러져 있는 존재의 환히 트인 장 안에서 그때마다 자신의 고유한 본질에 따라 투쟁하고 있으며, 오직 이러한 것으로서만 세계와 대지는 진리의 근원적 투쟁 속으로, 즉 탈은폐와 은닉의 투쟁 속으로 들어선다. 이러한 진리의 근원적 투쟁 속에서 세계와 대지의 투쟁은 더욱 긴밀하게 벌어진다. 그래서 작품 속에서 작품화되는 세계와 대지 사이의 투쟁의 격돌은 그 안에서 존재자 전체의 비-은폐성이 생기되어 쟁취되는 투쟁의 내밀한 결집으로 펼쳐진다.

> 진리가 환한 밝힘과 은닉 사이의 근원적-투쟁으로서 일어나는 한에서만, 대지는 세계를 솟아오르게 하고, 세계는 대지 위에 스스로 지반을 놓는다. 〔…〕 진리가 일어나는 방식들 가운데 하나가 작품의 작품존재이다. 세계를 건립하고 대지를 내세우는 작품은 투쟁의 격돌이며, 이러한 투쟁 속에서 존재자 전체의 비은폐성이 — 즉 진리가 — 쟁취된다.[25]

하이데거는 진리의 일어남을 환한 밝힘(탈은폐)과 은닉 사이의 근원적 투쟁으로서 드러내 보이고, 이러한 근원적 투쟁 속에서 세계와 대지 사이의 투쟁적 진리가 펼쳐지는 것임을 명확히 규명한 연후에, 그는 다시금 예술작품의 작품존재에 대한 논의로 되돌아간다.

---

[25] 같은 책, 68쪽 참조.

작품 속에는 진리가 작용하고 있으며, 따라서 단지 참된 어떤 것만이 존재하는 것은 아니다. 농부의 신발을 보여주고 있는 그림이나, 로마의 분수를 말해주는 시는 〔…〕 존재자 전체와 관련하여 비은폐성이 그 자체로서 일어나게 한다. 신발이 단순하면서도 본질적으로, 그리고 분수가 아무런 꾸밈도 없이 순수하게, 그것들 자신의 본질속에서 나타나면 나타날수록, 그만큼 더 직접적이면서도 매력적으로 그것들과 더불어 모든 존재자는 더욱 잘 존재하게 된다. 이런 식으로 '스스로를 은닉하는 존재'는 환히 밝혀진다. 그런 식으로 존재하는 빛이 자신의 빛남을 작품 속으로 퍼트려 놓는다. 작품 속으로 퍼져 있는 그 빛남(Scheinen)이 아름다운 것(das Schöne)이다. 아름다움(Schönheit, 美)은 진리가 비은폐성으로서 현성하는 하나의 방식이다. 26)

앞에서 언급하였듯이, 존재자의 존재의 빛남이 예술미이다. **예술미란 비-은폐성으로서의 진리가**, 다시 말해 탈은폐와 이중적 은닉의 근원적 투쟁으로서의 진리가, 작품 속에서 스스로 생기하면서 현성하는 하나의 탁월한 방식이다. 전승된 논의에서 미는 대체로 진리의 영역에서 배제되어야 할 것처럼 여겨져 왔다. 그러나 하이데거에 따르면, 예술적 아름다움은 각 개개인의 주관적인 심미적 체험으로부터 밝혀지는 것이 아니라, **예술작품 속에서 스스로 생기하는 존재의 진리의 현성방식으로부터 밝혀진다는 것이다.** 그러나 이러한 그의 견해는, 미가 진리를 경험하기 위한 오직 유일한 하나의 방식이라는 주장이 아니라, 오히려 진리를 경험하기 위한 여러 가능한 방식들 가운데 한 가지 방식이라는 점을 말하고 있을 뿐이다.

---

26) 같은 책, 69쪽 참조.

4) 예술작품의 창작과 보존

　어떤 예술가가 위대한 예술가인가 아니면 삼류 예술가인가 라는 이 물음에 대한 대답은, 무엇보다 먼저 그가 진리의 현성방식에 어느 정도로 관여해 들어가면서 자신의 창작활동을 펼쳐나가는가 그 여부에 따라 주어진다. 이에 예술작품의 작품존재에 대한 하이데거의 논의는 작품존재를 구성하는 또 다른 특징으로서 작품의 창작된 존재에 대한 숙고로 넘어간다. 그러나 이러한 숙고로 넘어간다고 해서 진리문제로부터 벗어나는 것은 아니며, 오히려 그 반대로 우리는 진리를 더욱 깊은 차원에서 경험하게 된다. 무엇보다 먼저 창작의 본질은 존재자의 존재의 진리를 작품 속에 정립하는 예술작품의 본질에서부터 규정되어야 한다. 다시 말해 창작의 본질은, 사물의 사물존재가 생기하는 진리사건에 대해 창작하는 예술가가 맺고 있는 본질연관으로부터 규정되어야 한다. 창작한다(Schaffen)는 것은 어떤 것을 그것의 은닉된 영역으로부터 이끌어내어 그것 자신의 모습이 드러나는 존재의 열린 장 안으로 데려와 나타나게 하는 일종의 산출행위(Hervorbringen)이다. 이러한 것으로서의 창작행위를 우리는 '산출되는 어떤 것 속으로 출현하게 하는 행위'(das Hervorgehenlassen in ein Hervorgebrachtes)라고 특징지을 수 있을 것이다. 작품이 작품화된다(Werkwerden)는 것은 예술가의 창작행위 속에서 진리가 고유하게 일어나는 하나의 현성방식이다. 그렇다면 이렇게 창작되는 것 속에서 일어나야만 하는 그 진리란 무엇인가?

　　은닉이라는 의미에서의 '아직은-탈은폐되지-않은-것'의 유래영역이 진리에 속해 있는 한, 진리는 〔그 본질에 있어〕 비-진리(Un-Wahrheit)이다. 진리로서의 비-은폐성(Un-verborgenheit) 속에는 이와 동시에 모종의 이중적 거절(Verwehrung)이라는 다른 '비-'(Un-)

가 현성하고 있다. 진리는 환한 밝힘과 이중적 은닉의 상호대립 속에서 그 자체로서 현성한다. 스스로를 내보이기도 하고 스스로 물러서기도 하는 그런 존재자로서의 모든 것이 거기 안으로 들어서기도 하고 또 거기로부터 물러서기도 하는 그런 열린 장이 그 안에서 그때마다 어떤 방식으로 쟁취되는 그런 근원적-투쟁이 곧 진리이다. 이러한 투쟁이 언제 어떻게 돌발하여 일어나든지 간에, 그때마다 이러한 투쟁을 통해 투쟁하는 것들은 ─ 즉 환한 밝힘과 은닉은 ─ 서로 갈라져 맞서게 된다. 이렇게 해서 투쟁공간〔으로서〕의 열린 장이 쟁취된다. 27)

진리 자체 안에서 일어나는 근원적 투쟁은, 그 안에서 존재자가 있는 그대로 나타나는 열린 장을 쟁취하려는 투쟁이다. 그래서 진리가 자신의 열린 장 안으로 들어와 스스로를 설립할(sicheinrichten) 때에만 그리고 그 동안에만, 열린 장의 열려 있음은 존재할 수 있다고 하이데거는 말한다. 진리가 열린 장 안으로 들어와 스스로를 설립한다는 그의 이러한 지적은 작품의 창작된 존재를 이해하기 위한 매우 중요한 지침을 우리에게 제공해준다. 예술작품의 본질이 진리가 작품 속으로 스스로를 정립하는 데 있다고 한다면, 그리고 예술가의 창작행위가 이러한 예술작품의 본질에 응답하면서 그 본질을 구현해 나가는 행위라고 한다면, 이러한 본질의 구체적 실현은 진리가 예술가의 창작활동 속에서 작품의 열린 장 안으로 들어와 스스로를 설립하면서 열려 있음의 열린 장을 차지하는 그런 구체적 활동을 통해 성취될 것이기 때문이다. 그래서 진리의 본질 속에는 진리가 "작품이 되려는 성향"(der Zug zum Werk)이 놓여 있다고 하이데거는 말한다. 28)

진리의 이러한 성향은, 그 자신의 고유한 본령 속에서 환한 밝힘과

---

27) 같은 책, 76쪽 이하 참조.
28) 같은 책, 78쪽 참조.

이중적 은닉의 근원적-투쟁으로서 현성하는 존재의 진리가 자신에 의해 환히 밝혀지는 존재자의 한가운데에서 스스로 '존재자적으로' 존재하게 되는 하나의 탁월한 가능성이다.

> 진리가 자신에 의해 열려진 존재자 속에서 스스로를 설립하는 하나의 본질적 방식이 '진리가 스스로를-작품-속으로-정립함'이다. [29]

> 작품 속으로 진리가 스스로를 설립함이란, 예전에 있어 본 적도 없고 이후에도 결코 더 이상 생기지 않을 그런 하나의 존재자를 산출함이다. 이 산출은 이러한 존재자를 열린 장 안으로 세워놓음으로써, 가져와야 할 것이 비로소 그 안으로 자신이 출현하게 되는 그런 열린 장의 열려 있음을 환히 밝힌다. 산출이 존재자의 열려 있음을 ― 즉 진리를 ― 제대로 가져올 경우에, 산출된 것은 하나의 작품으로 존재한다. 이러한 산출행위가 곧 창작행위이다. 이러한 가져옴(Bringen)으로서의 창작은, 비은폐성과의 〔긴밀한〕 연관 속에서 받아들이면서도 끄집어내는 하나의 행위이다. [30]

여기서 받아들인다(Empfangen)는 낱말에는 창작하는 예술가에게 스스로 생기하면서 다가오는 존재의 진리의 본질연관이 놓여 있으며, 끄집어낸다(Entnehmen)는 낱말에는 이렇게 생기하면서 다가오는 존재의 진리에 대해 창작하는 예술가가 생기된 채 응답하면서 기투해가는 본질관계가 놓여 있다. 그러므로 산출함으로서의 창작행위는 존재자의 존재의 진리가 고유하게 일어나는 생기의 본질영역 안에서 전개되는 것이다.

이러한 창작행위를 통해서 예술작품이 창작된다고 할 경우에, 작품의 **창작된 존재**(Geschaffensein, 창작되어 있음)란 무엇을 의미하는가? 그

---

29) 같은 책, 77쪽 참조.
30) 같은 책, 78쪽 이하 참조.

것은 환한 밝힘과 은닉의 근원적 투쟁 안에서 현성하는 **세계와 대지의 투쟁적 진리가 형태 속으로 확립되어 있음**을 의미한다. 우리는 앞에서, 진리는 세계와 대지 사이의 투쟁의 격돌 속에서 환한 밝힘과 이중적 은닉의 근원적 투쟁으로서 현성한다고 말했다. 진리의 근원적 투쟁에 기반을 두고 있는 세계와 대지 사이의 투쟁적 진리는 "작품 속으로 바로 세워지기를 원한다."[31] 여기서의 원함(*wollen*)이란 진리가 작품으로 되려는 성향을 가리킨다. 그리하여 이러한 투쟁적 진리는 열린-균열(*Auf-riß*, 초벌그림)과 근본-균열(*Grund-riß*, 밑그림) 그리고 다양한 균열(*Riß*, 선)들을 관통해 이러한 균열들을 전체적으로 짜엮어 통일적 윤곽(*Um-riß*)을 형성하는 가운데 산출되어야 할 예술작품 속으로 스스로를 설립해가며, 마침내 하나의 형태(*Gestalt*) 속으로 확립되기에 이른다. 이렇게 "진리가 형태 속으로 확립되어 있음"(*Festgestelltsein der Wahrheit in die Gestalt*)이 곧 작품의 창작된 존재라고 하이데거는 말한다.[32]

균열이라는 낱말 안에서, 우리는 무엇보다도 먼저 세계와 대지 사이에서 벌어지는 투쟁이 점차적으로 형태 속으로 확립되어 가는 선들로 구체화되어 작품 속에 나타나는 **진리사건**의 한 방식을 경험할 수 있어야 한다. 따라서 이러한 균열들을 통해서 형성된 형태는 단순히 예술가의 자의적 태도에 의해 표현된 어떤 주체의 산물이 아니라, 진리가 창작하는 예술가를 필요로 하는(*brauchen*) 가운데 작품 속에서 스스로를 구체적으로 형상화하는 진리사건의 한 방식이라고 하이데거는 사유한다.

작품이 창작되는 과정 속에서 균열로서의 투쟁은 대지에로 되돌아가 세워지고, 대지 자체는 '자기를 닫아버리는 것'으로서 산출되며 사용된다. 그러나 이러한 사용은 대지를 질료(소재)로서 소모하거나 남

---

31) 같은 책, 79쪽 참조.
32) 같은 책, 81쪽 참조.

용하는 것이 아니라, 오히려 대지를 비로소 대지 자체로 해방시킨다. 이러한 대지의 사용은 대지를 가지고서 작품화하는 하나의 행위이며, 그것은 외관상으로는 마치 질료를 수공업적으로 이용하는 것처럼 보인다. 그래서 작품의 창작행위는 마치 수공업적 행위처럼 보이기도 한다. 33)

그러나 작품의 창작행위는 도구의 제작행위와는 단적으로 구분된다. 도구가 제작되었을 때, 도구의 완성된 존재는 자신의 쓰임새 속에서 소모되고 사라지게 되지만, 작품의 창작된 존재는 소모되어 없어지는 것이 아니라 창작된 예술작품 안으로 함께 창작되어 들어오게 되기 때문이다.

작품의 창작된 존재에 대한 이러한 해명을 통하여, 우리는 작품의 작품적 성격과 작품의 현실성에 좀더 가까이 접근하게 된다. 작품의 창작된 존재란, 세계와 대지 사이의 투쟁이 균열을 통해서 형태 속으로 확립되어 있음이다. 그리고 이때 창작된 존재 자체는 고유하게 작품 안으로 창작되어 들어오고, 그리하여 **작품이** 이렇게 투쟁적 진리에 의해 창작된 작품으로 **존재한다**는 이 단순하고도 소박한 사실은 일상성에 젖어있는 우리들에게는 아주 '기이한 사건'으로서 혹은 '적막한 충격'으로서 열린 장 안으로 들어오게 된다.

작품이 좀 더 본질적으로 자신을 열면 열수록, '작품이 있으며 오히려 없는 게 아니다'라는 이 유일무이한 사실은 그만큼 더 찬란히 빛나게 된다. 이러한 충격이 좀 더 본질적으로 열린 장 안으로 들어오면 들어올수록, 그만큼 더 작품은 낯설고 고독한 것이 된다. 작품의 산출행위 속에는 '그것이 존재한다'는 유일무이한 사실이 제시되고 있다. 34)

---

33) 같은 책, 81쪽 참조.
34) 같은 책, 83쪽 이하 참조.

바로 이러한 사실에서 예술작품의 독창성과 유일무이성이 환히 드러나는 것이라고 하이데거는 생각한다.

그러나 작품의 창작된 존재에 대한 이러한 해명을 통해서 작품의 현실성이 모두 다 남김없이 드러난 것은 아니다. 그래서 작품의 창작 및 창작된 존재에 대한 해명은 작품의 **보존**(*Bewahrung*)에 대한 논의로 넘어간다. 여기서 작품을 보존한다는 것은, 작품을 박물관이나 전시장에 잘 진열하여 그것의 상태가 변하지 않게 잘 보관한다는 것을 뜻하지 않는다. 작품을 보존한다는 것은, **작품을** 그것이 존재하는 바의 그런 **작품으로 존재하게 하는**(*sein lassen*) 태도를 뜻한다. 이런 태도란 "작품 속에서 일어나는 진리 가운데 머물기 위해, 세계와 대지에 대한 〔종래의〕 습성적 연관들을 변화시킴으로써, 장차 모든 통상적 행위와 평가, 그리고 그러한 앎과 시선을 자제하고 삼가는(*ansichhalten*)" 그런 태도를 뜻한다. 35)

왜 이러한 태도가 예술작품을 보존하면서 감상하는 사람들에게 요구되는가? 그것은 형태로 확립된 작품이 고요히 자기 안에 머무르면 머무를수록, 그리고 인간과 관련된 모든 부차적 연관들로부터 풀려나 순수하게 존재하면 존재할수록, '작품이 존재하고 있다'는 그 단순한 사실은 그만큼 더 소박하게 열린 장 안으로 들어와 우리들에게 본질적으로 다가오기 때문이다. 그래서

> 작품 자체가 자기 자신에 의해 개시된 존재자의 열려 있음 안으로 좀 더 순수하게 밀려들면 밀려들수록, 그만큼 더 소박하게 작품은 이러한 열려 있음 안으로 우리를 밀어 넣으면서, 이와 동시에 습관적으로 익숙한 것으로부터 벗어나도록 우리를 떠밀어낸다. 36)

---

35) 같은 책, 85쪽 이하 참조.
36) 같은 책, 84쪽 참조.

우리에게 익숙하고 편안한 것(das Geheuere)으로 여겨져 왔던 존재자에 대한 종래의 앎은 뒤엎어지고, 작품이 진리 안에 머물면서 존재하고 있다는 이 유일무이한 사실은 기이하고도 섬뜩한(un-geheuer) 충격으로 다가온다. 작품을 참답게 보존하고자 할 경우에, 우리는 이러한 변화를 감수해야 한다. 그래서 작품이 하나의 작품으로 온전히 존재하게 하기 위해서, 보존자와 감상자는 자신의 심미적인 자의적 태도를 일체 멀리하고 삼가야 한다. 그 대신에 그는 작품 속에서 스스로 생기하는 진리를 주시하여, 그것에 의해 부름 받아 스스로 변화하면서도 이러한 변화를 견디어 내어야 한다. 이러한 태도를 하이데거는 작품의 보존이라고 말한다.

그리하여 작품이 제대로 보존될 경우에, 작품은 자신의 창작된 존재속에서 참답게 생기하여 현성하는 유일무이한 예술작품으로서 우리에게 스스로를 나타내 보인다. 이에 작품이 진정 하나의 작품으로 존재하는 한, 그 작품은 창작하는 자와 마찬가지로 언제나 보존하는 자와어떤 식으로든 관련된 채 존재하기 마련이다. 작품은 스스로 현실화되기 위해서, 무엇보다도 작품 안에서 생기하는 진리의 말 건넴에 응답하는 참된 창작자와 참된 보존자를 기다린다. 작품을 창작하고 보존한다는 것은, 작품 안에서 생기하는 존재자의 비-은폐성으로서의 진리안에 창작자와 보존자가 탈자적으로 들어서 있어(innestehen), 이러한 **진리를 수립하고 수호해 나간다는 것**을 뜻한다. 그래서 하이데거는 다음과 같이 말한다.

> 작품의 창작된 존재에는 본질적으로 창작하는 자만이 아니라 보존하는 자도 또한 속해 있다. 그러나 작품은, 창작하는 자를 그의 본질에서 가능하게 하고 또 그의 본질로부터 보존하는 자를 필요로 하는 그런 것이다. 예술이 작품의 근원이라고 한다면, 이 말은 곧, 예술이작품에 본질적으로 함께 속해 있는 창작자와 보존자를 그들의 본질에서 발원하게 한다는 뜻이다. 37)

5) 예술작품의 근원으로서의 예술의 시 짓는 본질

논의의 마지막 단계에 이르러 하이데거는 예술작품 속에 근원적으로 감추어져 있는 작품의 근원으로서의 예술이란 그 자체로 무엇인지 다시 묻는다. 이러한 물음을 통해서 그는 논의의 첫 단계로 다시 귀환하는 것처럼 보인다. 그러나 그것은 단지 그렇게 보일 뿐이며, 예술의 본질에 대한 논의는 좀 더 깊은 차원 속으로 흘러든다.

> 예술의 본질에 대한 물음과, 예술에 관한 앎의 도정은, 비로소 다시금 어떤 근본바탕 위에 놓여야만 한다. 이 물음에 대한 대답은, 다른 모든 참된 대답과 마찬가지로, 물음의 기나긴 진행과정에 있어 마지막 발걸음을 내딛는 극단적인 시도일 뿐이다. [38]

여기서 예술의 본질에 대한 물음이 근원적으로 발원될 수 있는 그 **근본바탕**이란 무엇인가? 그것은 단적으로 말해서, 비-은폐성으로서의 존재의 진리가 예술의 본질에 대해 물음을 제기하고 있는 터-있음에게 다가와 스스로 터-있음의 터(*Da des Da-seins*)로서 고유하게 생기하는 **생기의 본질영역**을 가리킨다. **예술작품의 근원으로서의 예술은 오로지 이러한 생기의 본질영역 안에서만, 그리고 오로지 이러한 본질영역으로부터만 존재자의 진리의 생기함으로서 근원적으로 참답게 발원한다.** 작품 속에서는 이러한 진리의 일어남이 작용하면서 작품화되고 있다. 그래서 우선 예술의 본질은 작품-속으로의-진리의-정립(*das Ins-Werk-Setzen der Wahrheit*)이라고 규정되었다.

그러나 이러한 규정에는 생기의 본질영역 안에서 전회적으로 소용돌이치는 이중적 의미가 깃들어 있다. [39] 그것은 다음과 같다. 즉 그

---

37) 같은 책, 91쪽 참조.
38) 같은 곳 참조.

안에서 존재자로서의 존재자의 도래가 일어나는 그런 존재의 열린 장으로서의 진리가 창작하고 보존하는 터-있음에게 다가와 스스로를 작품 속으로 정립하는 것이요, 이러한 진리의 시원적 자기정립에 생기된 채 응답하면서 기투하는 방식으로 창작하고 보존하는 터-있음이 자기에게 다가오는 존재자의 비은폐성으로서의 그 진리를 작품 속으로 정립하여 형태 속으로 확립하면서 참답게 보존하는 것이다.[40] **예술은 이렇게 생기의 본질영역 안에 뿌리내리고 있는 이중적 의미에서의 진리의 정립이다.**

그래서 하이데거는 다음과 같이 말한다.

---

39) M. 하이데거, 《철학에의 기여》, *GA*. Bd. 65, "생기 안에서 전회", 57쪽, 262쪽, 407쪽 참조. 인간의 본질에게 생기며 다가오는 존재의 진리의 본질연관과 이렇게 다가오는 존재의 진리에게 생기된 채 응답하며 기투하는 인간의 본질관계가 통일적으로 공속해 있는 긴밀한 연관관계를 생기 안에서의 전회라 한다. 이에 대한 상세한 논의는 다음의 글을 참조하라. 신상희, 《시간과 존재의 빛》(하이데거의 시간이해와 생기사유), 한길사, 2000, 제3부, 제1장, 전회의 본질의미, 305~338쪽 참조.

40) 이에 하이데거는 《숲길》의 보탬말에서 다음과 같이 말한다.

'작품-속으로의-진리의-정립'이라는 예술의 규정에 입각하여 어떤 "본질적 이중성"이 언급되고 있다. 이러한 이중성에 따르면, 진리는 한편으로는 "주체"이면서, 다른 한편으로는 "객체"이다. 하지만 이렇게 특징지은 두 가지 특징은 "부적합한" 것이다. 진리가 "주체"라면, 이 경우에 "작품-속으로의-진리의-정립"이라는 규정은 곧 "진리가 작품-속으로-스스로를-정립한다"(*Sich-ins-Werk-Setzen der Wahrheit*)는 말이 된다(92쪽〔원본 59쪽〕 및 38쪽〔원본 21쪽〕 참조). 예술은 이렇듯 생기로부터 사유되고 있다. 그러나 존재는 인간에게 다가오는 말 건넴(*Zuspruch*)이지만, 인간이 없다면 이러한 〔말 건넴으로서의〕 존재도 없다. 그러므로 예술은 동시에, "진리를 작품-속으로-정립함"(*Ins-Werk-Setzen der Wahrheit*)이라고 규정되며, 이런 경우에 이제 진리는 "객체"가 되고 예술은 창작하고 보존하는 인간적 행위가 된다(《숲길》, 113쪽).

모든 예술은 존재자로서의 존재자의 진리의 도래가 일어나게 함 (*Geschehenlassen der Ankunft der Wahrheit*) 으로서 그 본질에 있어 시 짓기(*Dichtung*) 이다. 거기에서 예술작품과 예술가가 동시에 존립하게 되는, 그런 예술의 본질이란 진리가 스스로를-작품-속으로-정립함이다. 예술의 이러한 시 짓는 본질로부터 예술이 존재자의 한가운데에서 열린 곳을 열어젖히게 되며, 이 열린 곳의 열려 있음 안에서 모든 것이 예전과는 전혀 다르게 존재하게 된다. 41)

여기서 시 짓기란 예술가가 자신의 상상력을 동원해 임의적으로 어떤 것을 착상하여 구성하는 그런 활동이 아니다. 시 짓기는 그 안에서 존재자가 존재자로서 환히 밝혀져 존재하게 되는 그런 존재의 열린 장을 "환히 밝히는 기투"이다. 42) 하이데거가 규정한 시 짓기로서의 예술의 본질에 대한 해석은 모든 예술을 좁은 의미에서의 시(*Poesie*)로 환원시키려는 시도가 아니다. 오히려 그것은 모든 예술에서 시 지어지는 것이 바로 존재의 알-레테이아라는 의미에서의 비-은폐성이라는 사실을 특별히 강조하기 위해서 취해진 본질규정이다. 43)

이제 우리는 마지막으로 시 짓기를 진리의 수립이라고 규정하는 하이데거의 말에 귀 기울여본다.

예술이란 작품-속으로의-진리의-정립으로서 시 짓기다. 단지 작품의 창작행위만이 시를 짓는 예술적인 활동이 아니라, 작품의 보존도 또한 이와 마찬가지로 그 자신의 고유한 방식에 있어 시를 짓는 예술적 활동이다. 〔…〕 예술의 본질은 시 짓기이다. 그러나 시 짓기의 본질은 진리의 수립(*Stiftung*) 이다. 우리는 여기서 수립함(*Stiften*) 을 삼중

---

41) 《숲길》, 92쪽 이하 참조.
42) 같은 책, 93쪽 참조.
43) Walter Biemel, *Heidegger*, Rowolt Taschenbuch, Hamburg, 1973(《하이데거》, 신상희 옮김, 한길사, 1997, 180쪽) 참조.

적 의미에서 — 즉 선사함(*Schenken*)으로서의 수립, 터닦음(*Gründen*)으로서의 수립, 그리고 시작함(*Anfangen*)으로서의 수립함으로 — 이해한다. 44)

시 짓기로서의 진리의 수립은 우선은 예술작품을 창작한다는 관점 속에서 사유되고 있다. 비-은폐성으로서의 진리가 시 짓는 기투를 통해 작품 속으로 정립됨으로써, 우리에게 익숙하였던 예술작품에 대한 종래의 모든 일상적 앎은 허물어지고, 작품이 존재한다는 유일무이한 사실만이 섬뜩한 충격으로 우리에게 엄습해온다는 것을 우리는 방금 앞에서 지적하였다. 그런데 예술작품이 **존재한다**는 이 놀라운 존재사건과 더불어 우리에게는 존재자가 존재자로서 근원적으로 탈은폐되는 **존재의 새로운 차원**이 열리게 된다. 이 새로운 차원은 존재하고 있는 모든 것을 능가하면서도 각각의 존재자에게 자신의 현존을 수여해주는 것이기 때문에, 그것은 넘쳐흐르는 것이다. 진리의 수립은 이러한 넘쳐흐름(*Überfluß*)을 허용해준다는 의미에서의 선사함이다.

진리의 수립으로서의 시 짓는 기투는, 그 안으로 각각의 역사적 민족이 이미 내던져져 있는 그러한 삶의 터전을 열어 놓는 행위이다. 이러한 터전이 바로 대지이며, 그곳은 역사적 민족의 공동체를 지탱해주고 감싸주는 그 민족의 대지가 된다. 그 민족의 대지는 거기에 그 민족이 체류해 왔고 지금도 체류하고 있으며 또 앞으로도 체류해야 할 공동체적 삶의 시원적 밑바탕이다. 그러나 이러한 삶의 **시원적** 밑바탕은 거기에 체류하고 있는 역사적 민족에게서조차 대개는 은닉되어 있고 망각되어 있다. 그러기에 이렇게 은닉된 채로 남아 있는 그 민족의 공동체적 삶의 시원적 밑바탕을 열어 밝히면서 터닦아 나가야 한다는 것은 그 민족에게 주어진 **존재의 역사적 운명**일 것이다. 이러한 존재의 역사적 운명에 귀 기울이면서, 한 민족의 세계를 예술작품 속에 내

---

44) 《숲길》, 97쪽 이하 참조.

세워지는 대지의 차원 위에 열어 놓으면서 건립해나가는 것이 진리의 수립으로서의 터닦음이다.

선사함으로서의 진리의 수립과 터닦음으로서의 진리의 수립은 시작함으로서의 진리의 수립과 분리된 것이 아니라, 이 셋은 하나로 통일된 채 존재의 진리의 열린 장 안에 공속한다. "선사함과 터닦음은, 우리가 일종의 시원(Anfang)이라고 부르는 그것의 매개되지 않은 것을 자기 안에 지니고 있다."45) 여기서 언급된 시원은 어떤 것이 발생하기 시작하는 시간적 시초로서의 태초적인 것을 의미하지 않는다. 레클람 판본(1960)의 주석에 따르면, 여기서의 시원이란 스스로 앞서 솟아오르는 존재의 진리의 다가옴(An-gehen)을 시 짓는 기투가 받아들인다(Emp-fangen)는 근원적 의미에서 경험된 그런 "시원"(An-Fangen)으로서 생기적으로(ereignishaft) 사유되고 있다.46) 그러므로 시원이란 거기로부터 존재자로서의 존재자의 진리가 솟아나 펼쳐지는 존재의 심연이다.

이러한 심연 안에서 앞으로 도래할 모든 역사적 사건들과 사물들은 어떤 식으로든 탈은폐되어 펼쳐질 것이기에, 시원은 앞으로 도래할 모든 것들에 앞서(vor) 이러한 것들을 떠나보내면서 스스로 솟아나는(springen) 앞선-도약(Vorsprung)이다. 그러나 도래할 모든 것들을 미리 건너뛰어 넘어서고 있는 앞선-도약으로서의 시원은, 우선은 대개 위장된 방식으로 탈은폐된 존재자의 한가운데에 체류하는 세인들에게는 숨겨진 채로 남아 있다.47) 그래서 시원은 존재의 심연이다. 이러한 시원은 "언제나 섬뜩한 것이 몰고 오는, 다시 말해 평온한 것과의

---

45) 같은 책, 99쪽 이하 참조.
46) 같은 곳 참조.
47) Friedrich-Wilhelm von Herrmann, *Heideggers Philosophie der Kunst*, Vittorio Klostermann Verlag, Frankfurt a. M., 1980(《하이데거의 예술철학》, 이기상 옮김, 문예출판사, 1997, 466쪽) 참조.

투쟁으로 말미암아 빚어지는 비밀스러운 충만"을 자기 안에 지니고 있다.[48] "시 짓기로서의 예술은 진리의 투쟁을 시원적으로-수립한다(Anstiftung)는 셋째 의미에서의 수립이며, 이것이 곧 시원으로서의 수립이다."[49]

예술작품을 창작한다는 관점 속에서 사유된 시 짓기로서의 진리의 삼중적 수립은 이제 예술작품의 보존과 관련하여 사유된다. 왜냐하면 진리의 수립은 오직 작품을 작품으로서 존재하게 하는 예술작품의 참다운 보존 속에서만 현실화되기 때문이다. 그러므로 예술작품을 보존하는 각각의 방식은 작품 안에 진리를 수립하는 각각의 방식에 상응한다. 예술은 진리를 솟아오르게 하여, 그 진리를 수립하고 창작하고 보존하는 시 짓기다. 이와 같이 진리를 수립하는 보존으로서의 예술은 작품 속에서 존재자로서의 존재자의 진리를 열어 놓으며 솟아오르게 한다. 존재자를 존재자로서 열어 놓으며 솟아오르게 하면서, 그것을 ― 거기로부터 자신이 유래하고 있는 그런 본질장소로서의 ― 존재의 열린 장 안으로 가져온다는 것, 바로 이것이 **근원**(Ur-sprung)이라는 낱말이 의미하는 참뜻이다. 예술작품의 근원은 시 짓는 예술가, 즉 창작하는 자와 보존하는 자의 근원이 되는 동시에, 더 나아가 한 민족의 역사적인 터-있음의 근원이 된다. 바로 이러한 근원이 **예술**이다. 왜냐하면 예술은 본질상 그 안에서 존재의 진리가 역사적으로 생기하면서 현성하는 하나의 탁월한 방식이기 때문이다.

---

48) 《숲길》, 100쪽 참조.
49) 《숲길》, 100쪽 이하 참조.

2. 니체의 니힐리즘에 대한 하이데거의 비판

1) 니체의 니힐리즘

19세기 무렵 유럽 전 지역에 유포되었었던 니힐리즘(Nihilism)이란 말은, 직접적으로 경험될 수 있는 감각적 존재자만이 존재할 뿐 '그 이외의 것은 아무 것도 존재하지 않는다(nihil)'는 견해를 표방한다. 이것은 오랫동안 인류에게 삶의 척도를 부여해 주었던 전통적 권위와 보편적 규범 그리고 영원한 진리의 체계들이 부정되고, 감각적 지각을 통해 확인할 수 있는 것만을 현실적인 것으로서 인정하는 실증주의적 세계관이 유럽사회에 강력한 지배력을 떨치게 되었다는 것을 의미한다. 그런데 니체에게서 니힐리즘이란 말은 유럽의 역사 속에서 19세기에 이르러 비로소 나타나기 시작한 하나의 정신적 사조에 불과한 것이 아니라, 오히려 이러한 문화적 사조에서 표방되고 있는 것보다는 좀 더 근본적이며 강력하고 본질적인 어떤 것을 의미한다. 그것은 이미 플라톤 이래로 유럽의 정신문화를 주도해 왔던 초감성적 세계의 지배권이 붕괴되어 최고의 가치들이 그 세력을 잃고 무가치하게 되는 유럽 정신의 역사적 운동을 의미한다. [50]

여기서 초감성적 세계란 그 자체로 존재하면서 언제나 영원한 타당성을 갖는다고 여겨져 온 진선미를 중심으로 한 최고의 가치들의 영역이다. 이러한 최고의 가치들의 영역으로서의 초감성적 세계는 차안의 세계 위에 군림하면서 이 차안의 세계에 대해서 최고의 가치들을 실현할 것을 삶의 무조건적 이상으로서 요구한다. 따라서 그것은 존재자 전체에게 목적과 질서 그리고 의미를 부여해주는 그런 이념과 이상,

---

50) 그러나 니체와는 달리, 하이데거에게서 니힐리즘은 존재를 망각한 서양 역사의 근본운동으로서 그것의 전개과정은 결과적으로 세계의 파멸을 초래할 수밖에 없는 몰락의 과정을 보여준다.

규범과 원칙, 목표와 가치를 총칭하는 이름이다.

그런데 참으로 현실적으로 존재하면서 모든 것을 규정해주던 진리와, 모든 것의 존재가 그것에 의존하고 있는 그런 최고선, 그리고 존재하는 것 전체에 삶의 질서를 부여해주면서 조화롭게 통일을 이루어주는 이러한 근원적 존재의 아름다움, 아마도 우리가 그것에 대해서 지고한 존재라고 부를 수 있는 이러한 최고의 가치들이 현실적 삶의 세계 속에서 도저히 실현될 수 없는 그런 공허한 가치에 불과하다는 통찰이 일어날 때, 차안의 세계에 대해 최고의 가치들이 지니고 있던 구속력은 동요하기 시작한다. 심지어 초감성적 세계가 차안의 세계에 대해 더 이상 아무런 지배권도 가질 수 없는 무력한 상태에 이르게 된다면 어떻게 될 것인가? 그리고 이러한 상태가 가상이 아니라 오히려 삶의 유일한 현실이라면 어떻게 될 것인가? 존재하는 모든 것에게 통일적 의미를 부여해 주던 최고의 가치들이 무가치하게 될 경우에, 이러한 가치들에 근거하던 삶의 세계도 무가치해지며 무의미 속으로 빨려들 것이다. 모든 것은 공허해지고 가치상실감에 젖어든다. 이러한 상태에서 대두하는 것이 심리적 상태로서의 니힐리즘이라고 니체는 보고 있다.

그러나 이러한 니힐리즘은 아직은 불완전하고 수동적인 차원에 머물고 있다. 이러한 단계의 니힐리즘이 불완전한 까닭은, 종래의 최고의 가치들이 그 힘을 잃어버린 초감성적 영역 자체를 철저히 제거하는 대신에, 오히려 그 자리에 모종의 사회주의적 이상이나 혹은 최대다수의 최대행복을 주장하는 지상세계의 보편적 행복론을 대체해 넣음으로써 심리적 불안을 해소하려고 시도하기 때문이다. 그러나 이러한 니힐리즘은 나약한 니힐리즘에 불과하며 아직은 본래적 니힐리즘의 상태에 도달한 것이 아니다. 그래서 니체는 "불완전한 니힐리즘"을 극복하여 그것을 그 본질에 있어 완성해나갈 것을 강력히 촉구한다.

니힐리즘의 완성은 종래의 최고의 가치들이 붕괴되고 무가치하게 되는 상태에 소극적으로 머물러 있는 한, 결코 성취될 수 없다. 종래의 최고의 가치들의 붕괴는 가치상실의 허무한 시대를 관통하면서 새로운 가치들의 정립을 강력히 요구한다. 따라서 종래의 최고의 가치들의 무가치화로서의 니힐리즘은 그 본질에 있어 근본적으로는 생동하는 삶(생성)의 전적인 긍정이며 새로운 가치들의 새로운 정립이다. 이러한 새로운 가치정립은 종래의 가치들의 영역을 철저히 제거하고 초감성적 세계로부터 벗어나 이 땅 위에 새로운 가치들을 마련하는 것을 자신의 유일한 과제로 삼는다. 이러한 상태에서 자신의 본질을 완성해 나가는 니힐리즘을 니체는 "탈자적 니힐리즘" 혹은 "고전적 니힐리즘"이라고 부른다.[51]

이런 점에서 니체는 니힐리즘을 부정적으로 바라보지 않고 오히려 긍정적으로 사유하고 있는데, 그는 니힐리즘의 이러한 운동의 본질적 성격을 "신은 죽었다"[52]는 단언을 통해 집약적으로 드러내고자 하였다.

2) "신은 죽었다"는 니체의 단언

여기서 그의 단언에서 언급된 신은 일단은 그리스도교의 신을 가리킨다. 그러나 그가 말하는 그리스도교의 신은 신실한 믿음의 대상으로서의 신을 가리키기보다는 오히려 그리스도교의 교리를 구성하는 신학

---

51) 같은 책, 303~306쪽; 하이데거, *Der Europäische Nihilismus*, Pfullingen, Neske Verlag, 1967, 66~72쪽; 하이데거, 《니체와 니힐리즘》, 박찬국 옮김, 철학과 현실사, 2000, 120~125쪽; 《니체전집 22》(유고 1887년 가을~1888년 3월, 백승영 옮김, 책세상, 2000), 특히 9~138쪽 참조.

52) 니체는 1882년에 집필된 그의 저서 《즐거운 학문》(*Die fröhliche Wissenschaft*)의 단편 125 "미친 사람"(Der tolle Mensch)에서 이 말을 하였다(*Die fröhliche Wissenschaft*, *Nietzsches Werke*, Kritische Gesamtausgabe, Berlin, V-2). 니체의 이 저서는 최근에 번역된 《니체전집12》(안성찬·홍사현 옮김, 책세상, 2005)에 실려 있다.

적 대상으로서의 신, 즉 최고의 존재자이자 최상의 가치로서 추앙받는 그런 신인 동시에 더 나아가 근본적으로는 앞에서 상술하였던 초감성적인 세계 일반을 지칭하기 위한 명칭으로 사용하고 있다. 그러므로 "신은 죽었다"는 니체의 단언은 그리스도교의 신에 대한 '신앙'이 더 이상 유지될 수 없다는 의미에서 단순히 부정적으로 이해될 수 있는 성질의 것이 아니다. 오히려 그의 단언은 서구의 정신문화 속에서 지상 세계의 삶에 대한 지배세력을 나날이 확장시켜 왔던 신앙의 교리로서의 그리스도교 신학에 대한 비판이자 가상의 현실세계에 대한 참된 존재세계의 절대적 우위를 상소한 플라톤주의의 전통 형이상학에 대한 비판이라고 이해되어야 한다. 그러므로 이러한 단언을 통해서 니체가 강조한 니힐리즘은 초감성적인 세계의 지배력이 쇠퇴하고 소멸해감으로써 존재자로서의 존재자 전체가 자신의 존재의미를 상실해 가는 역사적 과정을 가리킨다.

이러한 초감성적인 것의 영역은 플라톤 이래로 참다운 존재의 영원한 세계로서 간주되었고, 더욱이 플라톤의 철학에 대한 그리스도교적 해석이 가해지면서 세속적이고 무상한 생성의 현실세계에 척도를 부여해주는 초-자연적인(meta-physisch) 영원한 진리의 세계로서 그 영향력을 지속해 왔다. 그런데 "신이 죽었다"라는 말은, 서양의 정신문화 전반에 걸쳐 막강한 영향력을 발휘하던 최상의 가치들의 영역으로서의 이러한 초감성적 세계, 다시 말해 형이상학적 세계가 현실적 삶에 아무런 도움도 주지 못하는 상태에 도달함으로써 그 종말에 이르렀다는 주장이다. 그래서 니체는 플라톤주의로 대변되는 전통적 형이상학에 대항하는 반대 운동으로서 자신의 철학을 정립하고자 했다.

그는 니힐리즘과 가치사상으로 무장한 자신의 철학이야말로 앞으로 다가올 새로운 시대를 개진하기 위한 서곡이라고 생각했다. 초감성적 영역 속에 이성을 통해 다양한 방식으로 정립되던 종래의 최고의 가치들과 삶의 모든 목표들이 모조리 붕괴되고 무가치하게 되었기에, 이러한 종래의 이상적 가치들과의 관계들을 깨끗이 청산하고, 앞으로는 힘에의 의지를 중심으로 한 새로운 가치정립의 원리에 기초하여 지상의 삶을 피안의 삶으로부터 적극적으로 해방시키려는 노력이야말로 시대의 역사적 요구에 참답게 부응하는 것이라고 그는 보았다. 이러한 가치전환의 사상은 단순히 종래의 최고의 가치들을 새로운 가치로 전환시키는 데에 그치는 것이 아니라, 오히려 그 이전에 종래의 가치들이 차지하던 초감성적 **존재영역** 자체가 인간에 의해 완전히 소멸되고 **부정**되는 것을 의미하며, 이와 동시에 종래의 전통적인 존재사유가 새로운 가치사유로 전환되는 것을 의미한다.

새로운 가치사유가 지상에서의 지배권을 전적으로 확보하기 위해서는 존재자 전체를 규정할 수 있는 새로운 원리의 정립이 요구된다. 그런데 존재자로서의 존재자 전체의 진리를 규정하고 해명하는 것이 형이상학이라고 한다면, 존재자 전체를 규정하고 정립하는 새로운 가치정립의 원리를 주창하는 니체의 가치사상은 그 자체가 이미 '형이상학'인 셈이다. 그러나 전통적 형이상학에 대한 유일한 대항운동으로서 주장된 니체의 가치사상으로서의 고전적 니힐리즘은 서양의 형이상학을 철저히 극복한 사상이라기보다는, 오히려 하이데거가 자신의 존재사적 관점에서 숙고해볼 경우에는 존재망각의 역사 속에서 전개되어 왔던 서양의 형이상학을 그 종말의 단계에서 완성한 하나의 사상에 불과할 뿐이다.

그래서 하이데거는 "신은 죽었다"라는 단언을 통해서 주창되는 니체의 니힐리즘을 그 자신의 존재사적 관점 속에서 해체하여 심층적으로 이해하고자 시도한다. 하이데거는 1930년대 중반부터 1940년대 무렵에 이르기까지 자신의 저술과 일련의 강의를 통해, 가치사상에 입각해 새로운 시대의 서막을 열고자 시도한 니체 자신의 철학과 한판 거대한 대결을 벌이고 있다.

하이데거의 존재사적 관점에 따르면, 니체의 철학은 그리스의 제 1시원에서 비롯한 서양의 형이상학적 사유를 새로운 가치정립의 원리를 통해서 근본적으로 극복하고 있는 것이 아니라, 오히려 존재망각과 존재이탈의 역사적 진행과정 속에서 존재자로서의 존재자 전체의 진리를 규정하고 표상하며 장악하고자 시도한 서양의 형이상학을 극단적으로 완성한 전형적인 모습에 불과하다. 서양 형이상학의 종말을 예고하고 있다는 점에서는 니체와 하이데거, 이 두 사상가의 관점은 외관상 일치한다. 그러나 서양 형이상학의 종말을 힘에의 의지를 중심으로 한 가치-사상적 관점에서 이해하고 있는 니체와는 달리, 하이데거는 그의 고유한 존재물음의 길을 걸어가면서 1930년대 중반에 형성된 생기-사유적 관점53) 속에서 서양 형이상학의 종말을 주목하고 있다.

하이데거가 보기에, 서양의 형이상학적 사유는 그리스의 제1시원에서 발원한 후 생생한 존재경험을 상실한 채 존재자성으로서의 존재에 입각하여 존재자로서의 존재자 전체를 다양하게 규정하고자 시도하면서 전개하여 왔지만, 이러한 사유의 역사적 전개과정 속에서 존재 자체는 그 자신의 고유한 진리 속에서 드러나지 못하고 오히려 감추어지고 은폐되어 철저한 어둠 속에 머무름으로써, 현대에 이르러 고삐 풀린 기술적 지배의지에 함몰된 인간의 존재상실이 지상 도처에서 넘실거리는 탈-생기된(ent-eignet) 문화를 결과적으로 초래할 따름이다. 이렇게 탈-생기된 인류의 정신문화는 실은 그 안에 존재 자체가 멀리 떠나가 버려(verlassen) 존재의 참다운 진리가 사라진 허무주의의 문화로서 이미 세계의 파멸을 암묵적으로 예고하는 것이지만, 스스로 존재망각에 빠져 있다는 사실조차 까맣게 잊은 채 지상의 모든 것을 끊임없이 소유하고 장악하며 소비하려는 기술적 지배의지에 휘둘리며 살아가는 현대인들에게 이 세계는 새로운 기술적, 과학적, 경제적, 정치적,

---

53) 하이데거, 《철학에의 기여》(*Beiträge zur Philosophie*), *GA*. Bd. 65, Vittorio Klostermann Verlag, 1989; 신상희, 《시간과 존재의 빛》(한길사, 2000), 제3부 제2장, 349~369쪽 참조.

군사적, 문화적, 예술적 가치를 무한히 창출해나가기 위한 더할 나위 없이 자유로운 기회의 땅이자 무한한 욕망을 실현할 참다운 세계로 비추어진다.

힘에의 의지를 유지하고 강화시켜나가려는 니체의 가치사상에 따를 경우, 기술문명 시대의 현대인은 새로운 가치를 정립하고 창조하면서 니힐리즘의 문화를 완성하는 자유로운 주체로 추앙될 수 있으나, 하이데거의 존재사유에 따를 경우, 그들은 자기 존재의 의미를 철저히 상실하며 살아가는 이방인에 불과하다. 왜 이렇게 상반된 이해가 생기는가? 그것은 존재를 바라보는 눈의 양식에 따라 세상을 바라보는 눈이 달라지기 때문이다. 하이데거에 의하면, 존재를 가치로서 이해하는 니체의 철학은 존재 자체를 그것의 고유한 진리에서 전혀 사유하지 못했던 전통적 형이상학의 필연적 산물이자 그것의 완성에 불과하다. 즉 가치정립의 원리로서의 힘에의 의지는 니체의 형이상학을 구성하는 존재자성으로서의 존재의 한 변형에 불과할 뿐이라고 하이데거는 바라본다.

이렇듯 니체와 관련되어 집필된 하이데거의 다양한 담론들은[54] 니체의 가치사유와 하이데거의 존재사유 사이에서 펼쳐지는 사상적 대결을 보여주고 있다. 특히 그 가운데에서도 필자는 《숲길》에 실린 하나의 담론에[55] 주목해보는데, 그 이유는 하이데거가 니체의 형이상학과 대결하는 가운데 존재망각에 빠진 형이상학적 사유의 종말을 예고하고 사유의 다른 시원을 향해 나아가고자 준비하면서 존재의 진리를 보다 근원적으로 열어 밝히려는 그 자신의 생기-사유(Ereignis-Denken)의 근

---

54) 니체의 사상에 대한 하이데거의 탐구는 주로 1935~1948년 사이에 집중적으로 다루어졌다. 이 시기에 프라이부르크 대학에서 행한 그의 강의는 전집 43권, 44권, 46권, 47권, 48권 등에 실려 있으며, 이 밖에도 단행본으로 간행된 Nietzsche I, II, 그리고 Der Europäische Nihilismus 등이 있다.

55) 하이데거, "신은 죽었다'는 니체의 말", 《숲길》.

본통찰을 숙고해볼 수 있는 매우 귀중한 시각을 제시해주고 있기 때문이다.

그러면 여기서 하이데거가 바라보는 니체의 가치사유는 어떤 특성을 지니고 있는지 간단히 살펴보자. 그것은 단적으로 말해서 힘에의 의지(Wille zur Macht)의 형이상학이다. 니체는 존재자로서의 존재자 전체의 진리를 정립하는 핵심 개념이 힘에의 의지에 놓여 있다고 본다. 종래의 최고의 가치들의 무가치화로서의 니힐리즘은 힘에의 의지를 새로운 가치정립의 원리로서 전적으로 긍정하면서 가치전환을 무제약적으로 의욕하는(wollen) **의지**(Wille)의 형이상학이다. 이런 섬에서 힘에의 의지는 새로운 가치정립의 원리인 동시에 가치전환의 원리이다. 힘에의 의지가 의욕하는 그것은 의지 자체이다. 이런 점에서 힘에의 의지는 의지에의 의지(Wille zur Wille)이다. 힘에의 의지는 자신이 소유하고 있지 못한 어떤 것을 소유하고자 의욕하는 그런 일상적 의미에서의 의지가 아니라, 스스로 자신의 힘을 강화시켜 나가기 위해 자신이 도달한 힘의 상태를 부단히 넘어서는 그런 본질적 의미에서의 의지로서 존재한다. 그러므로 존재자를 그것의 존재에서 규정하고 있는 힘에의 의지는 부단히 자신의 힘을 보존하면서 증대해 나가는 한에서만 자신의 본질을 유지할 수 있다.

힘의 본질은 그때마다 도달된 힘의 단계를 스스로 지배하며 다스리는 그런 주인이 된다는 사실에 놓여 있다. 힘은 부단히 스스로를 향상시키면서 더욱더 강해지려고 의욕하는 한에서만, 힘으로서 존재한다. 즉 힘에의 의지가 그때그때마다 도달된 힘의 단계를 초월하면서 힘이 더욱더 강력해지도록 스스로를 초극하며 강화해나갈 경우에만, 힘은 자신의 고유한 본질에 있어 유지될 수 있다. 따라서 부단히 자기 자신을 초극하도록 스스로에게 명령함으로써 자신의 무조건적 본질을 실현해나가는 힘에의 의지는 힘을 유지하고 향상시키기 위한 삶의 조건들을 필요로 한다. 힘은 자신의 본질에 있어 이러한 조건들을 통찰하고,

평가하며, 해석하고, 예견하는 원근법적 전망의 성격을 갖는다. 이러한 원근법적 전망의 성격에 의해서 정립되어 평가될 수 있는 힘에의 의지의 조건들을 니체는 '가치'라고 부른다.[56]

니체에 따르면 가치란 삶의 과정에서 요구되는 힘의 유지와 향상을 위한 조건들이다. 이러한 조건들 가운데 매우 중요한 삶(생성)의 가치로서 그는 진리와 예술을 제시한다. 여기에서의 진리란 그리스적으로 경험된 존재자의 비은폐성(ἀλήθεια)으로서의 진리, 혹은 중세적으로 경험된 지성과 사물의 일치(adaequatio)로서의 진리, 더 나아가 근세적으로 경험된 표상의 확실성(certitudo)으로서의 진리가 아니라, 거기로부터 힘에의 의지가 자기 자신을 무제약적으로 의욕할 수 있는 그런 시야영역을 언제나 자신에게 안전하게 확보해두려는 확고부동한 태도를 가리킨다. 다시 말해서 진리란 힘에의 의지 안에서 정립된 필수적 조건으로서의 가치, 즉 힘을 유지하여 자신의 존립을 확실하게 보장하기 위한 그런 조건으로서의 필연적 가치를 가리킨다.[57] 이로 인해 니체에게서 존재는 힘에의 의지가 자기 자신을 유지하기 위해서 무제약적으로 정립하는 그런 가치로 환원되고 만다.

이에 비해 예술은 진리보다도 한층 더 중요한 지고의 가치라고 그는 생각한다. 왜냐하면 예술은 힘에의 의지 안에서 정립된, 힘의 향상을 위한 창조적 조건이기 때문이다.[58] 니체에게서 예술은 단순히 예술가들의 심미적 영역만을 지칭하는 것이 아니다. 오히려 예술은 그 본질에 있어 힘에의 의지를 강화하기 위한 삶의 모든 가능성들을 열어 밝히면서 창조하는 행위이다. 이러한 예술적 창조행위를 통해서 힘에의 의지는 자기 자신을 무한히 해방한다. 다시 말해서 힘에의 의지는 인간의 예술적 창조활동을 통해서 자신을 무한히 전개한다. 인간은 힘에

---

56) 《숲길》, 312쪽 참조.
57) 같은 책, 317쪽 참조.
58) 같은 책, 319쪽 참조.

의 의지로서의 존재의 역사적 숙명이 자기 자신을 전개하는 장소가 된다. 이런 방식으로 예술과 진리는 서로가 서로를 필요로 하는 상보관계 속에서 삶의 가치를 유지하고 향상시켜 나가는 힘에의 의지의 이중적인 본질성격을 보여준다.

이런 의미에서 니체는 힘에의 의지의 전개과정으로서의 삶이란 부단한 가치평가와 가치해석의 활동이라고 이해한다. 그래서 힘에의 의지는 삶의 근거가 되는 동시에 그 자체가 가치를 정립하고 평가하고 해석하고 창조하는 근본영역이 된다. 모든 존재자가 그 자신의 본질에 있어 힘에의 의지로서 존재한다고 인식될 경우에, 이러한 힘을 유지하고 향상시켜 나가는 인간만이 만물의 척도로서 군림하면서 진정한 의미에서 가치를 소유하고 향유하며 살아갈 수 있다. 이렇듯 니체는 존재자의 존재를 힘에의 의지로서 경험하고 있기에, 가치에 대한 그의 사유는 힘에의 의지의 형이상학 속에 근거한다.

그러므로 종래의 최고의 가치들이 무가치하게 되고 모든 가치들이 새롭게 전환되는 이행과정으로서의 니힐리즘에 대한 니체의 해석은 가치사상에 대한 그 자신의 이론적 표명이기 이전에, 플라톤 이래로 존재사적으로 전개되어 왔던 존재자로서의 존재자 전체의 진리에 대한 하나의 형이상학적 해석이다. 그가 힘에의 의지를 새로운 가치정립의 원리이자 척도로서 사유하면서 자신의 사상을 니힐리즘의 본래적 완성이라고 파악하고 있는 한, 그는 서구 형이상학의 역사적 운동과정으로서의 니힐리즘을 종래의 모든 최고의 가치들이 그 가치를 상실하게 된다는 부정적 의미에서만 이해하고 있는 것이 아니라, 이와 동시에 그러한 니힐리즘의 극복이라는 긍정적 의미에서도 이해하고 있다. 모든 가치정립은 힘에의 의지로부터 출발하여 언제나 힘에의 의지에로 되돌아간다.

모든 존재자가 부단히 자기 자신을 강화하는 힘에의 의지로서 존재하는 한, 그것은 지속적으로 생성되는 삶 가운데 이러한 의지에 응답하는 방식으로 존재한다. 그런데 이러한 존재자의 생성은 자신을 벗어난 어떤 외부의 목적을 향해서 나아가는 것이 아니라, 오히려 언제나 힘에의 의지로부터 출발하여 힘에의 의지를 보존하고 강화하고자 자기 자신에게로 되돌아오는 힘에의 의지의 자기초극적 원운동 안에서만 진행될 뿐이다. 그러므로 삶의 지속적 생성과정 속에 펼쳐지는 존재자 전체의 존재는 가치를 무화시키면서 새롭게 창출해나가는 힘에의 의지의 이러한 원운동 안에서 동일한 것을 재현하면서 언제나 자기 자신에게 회귀해 들어가는 근본성격을 갖는다. 이러한 존재자의 존재의 근본성격을 니체는 '동일한 것의 영원한 회귀'(die ewige Wiederkunft des Gleichen)라고 부른다. 힘에의 의지가 현실적인 것의 현실성, 즉 존재자의 본질(essentia)을 지칭하는 개념이라면, 동일한 것의 영원한 회귀는 이러한 본질에 따라 존재하는 존재자의 존재방식(existentia)을 특징짓는 개념이다. 59) 동일한 것의 영원한 회귀라는 존재방식 속에서 힘에의 의지는 지상의 존재자 외부에 군림하거나 혹은 군림한다고 여겨져 왔던 초감성적 세계의 어떠한 목표나 이상도 무조건적으로 파괴하며, 그러한 세계 속에서 자라난 종래의 가치질서체계를 모조리 붕괴시킨다.

이에 따라 인간에게는 새로운 지상명령이 주어진다. 즉 새로운 가치 정립의 원리에 따라, 종래에 영원한 타당성을 가지면서 그 자체로 존재한다고 여겨지던 진선미를 중심으로 한 초감성적 세계의 모든 가치들을 전환시키면서 존재자 전체의 존재를 새로운 가치질서 속으로 정리해 나가야 한다는 힘에의 의지의 무제약적 요구를 떠맡게 된다.

"신은 죽었다"는 의식과 더불어, 인간은 사유하는 나(Ich denke)의 절대적 주체 또는 모든 것을 자기 안에 정립하는 자기의식의 초월적 주체로서 스스로를 경험하던 근대인들보다도 한층 더 높은 역사의 구성원으로 깨어난다. 왜냐하면 인간은 힘에의 의지의 요구에 응답하는 의

---

59) 같은 책, 313쪽 참조.

지에의 의지의 무조건적 주체로서 스스로를 정립하기 때문이다. 이제 인간은 더 이상 초감성적 세계에 복종할 필요가 없다. 초감성적 세계 안에 존립하면서 삶의 목표와 척도를 제공해주던 종래의 모든 가치들은 붕괴되어 그 종말에 이른다. 그런 세계는 이미 자신의 생명력을 상실해버렸기에 이미 죽은 것이나 다름이 없다. 현실적인 것의 유일한 현실성으로서 사유되던 초감성적 세계의 존재기반은 덧없는 것으로 여겨져 지워지고 만다. 바로 이것이 니체에 의해서 발언된 "신은 죽었다"라는 말의 형이상학적 의미이다.[60] 이제 남아 있는 것은 오직 지상의 세계일 뿐이다. 신을 살해한 인간은 이러한 지상 세계에서 스스로 존재(삶)의 척도로서 존재하면서, 힘에의 의지의 무조건적 지배를 안전하게 확립해야 할 과제를 힘에의 의지 자체로부터 부여받는다.

인간이 물질적, 신체적, 심리적, 정신적 존립을 안전하게 확보해나가려는 자신의 존립보장 속에서 "신의 살해"(das Töten des Gottes)는 암암리에 계속 진행된다.[61] 그리고 이러한 행위는 힘에의 의지에 응답

---

60) 《숲길》, 287쪽 참조. 니체의 이러한 단언에 대해 하이데거는 생기-사유에 입각한 자신의 고유한 관점을 덧붙인다. "'신이 죽었다'는 말은 신이 전혀 존재하지 않는다는 단적인 부정이 아니라, 〔…〕신이 살해되었다는 노여움을 뜻하며", 더 나아가 이 말은 "오히려 신 자신이 스스로 자신의 생생한 현존의 상태로부터 멀어져갔음을 암시하는 의미"로서 이해될 수 있다는 것이다(《숲길》, 350쪽 참조). 즉 존재가 가치로서 여겨질 경우에, 존재 자체는 그 자신의 고유한 본령(알-레테이아의 레테) 속으로 물러서면서 은닉되는데, 이러한 존재의 은닉으로 말미암아 그 안으로 신이 자신의 현존을 비추어주는 성스러움의 영역은 그 빛을 잃게 된다. 이렇듯 성스러움의 영역이 그 빛을 잃어 지상의 세계에서 사라지게 되는 역사적 현상 속에는 존재의 은닉과 더불어 이러한 은닉의 차원 속으로—즉 존재의 아득한 멂(fernste Ferne) 속으로—그 스스로 물러나서 멀어져 가는(sich entfernen) 신의 사라짐이라는 역사적 운명이 주재하고 있다고 하이데거는 사유한다.

61) 같은 책, 352쪽 이하 참조. "신을 살해함에 있어 마지막 일격은 형이상학이 제공하는데, 이 형이상학은 힘에의 의지의 형이상학으로서 '가치를 사유한다'는 의미에서 자신의 사유를 전개하는 그런 형이상학이다. 존재를 순전히

하기 위해 존재자 전체를 지배하려는 인간 자신의 안전성 때문에 행해진다. 그런데 삶의 불확실성을 해소하면서 안전성을 마련해나가려는 이러한 존립보장의 수행은 종래의 가치질서 속에 여전히 종속되어 있는 기존의 인간들을 통해서는 완수될 수 없다. 따라서 인간의 본질을 새롭게 정립할 필요가 제기된다. 여기서 새로운 인간이란, 힘에의 의지에 입각하여 종래의 모든 가치들을 전환시키고 지상에의 무조건적 지배력을 확보해나가는 가운데 부단히 자기 자신을 초극하면서 창조해가는 그런 유형의 인간을 말한다. 니체는 자신의 고유한 본질을 힘에의 의지로부터 의욕하면서 종래의 인간유형을 넘어서는 이런 인간을 '초인'(Übermensch)이라고 부른다.

> '초인'이란, 힘에의 의지를 통해 규정된 현실성으로부터 또 이러한 현실성을 위하여 존재하는 그런 인간이다.[62]

초인은 자신의 고유한 의욕행위 속에서 힘에의 의지를 현실적인 모든 것의 근본특성으로서 받아들이면서, 힘에의 의지라는 존재의 역사적 운명 속에서 자기 자신을 이해한다. 이런 점에서 초인은 힘에의 의지의 무조건적 집행자로서 지상의 지배권을 인수하고자 의욕하면서 힘에의 의지를 유지하고 향상시키기 위한 새로운 가치들을 정립하고 평가하고 해석하면서 다양하게 창조해나가는 자를 가리킨다.

하나의 가치로 전락시킨다는 것은 분명히 최후의 일격이다. 그러나 니체 자신은 이러한 일격이 — 존재 자체에 입각하여 사유해볼 경우에 — 어떤 타격을 주는 것이라고는 전혀 인식하지 못하였다."

62) 같은 책, 338쪽 참조.

3) 니체의 니힐리즘에 대한 하이데거의 비판과 그 극복

앞에서 필자는 가치사상으로서의 힘에의 의지의 형이상학을 구성하는 니체의 핵심 개념들을 간단히 일별해 보았다. 니체는 이러한 핵심 개념들을 통해서 서구 형이상학의 역사적 진행과정을 날카롭게 주시하면서 그것을 최고의 가치들이 무가치하게 되는 니힐리즘의 전개과정이라고 보았다. 힘에의 의지를 중심으로 정립한 니체의 사상적 기투는 이러한 전개과정으로 이해된 서구 형이상학의 역사를 극복하려는 시도였기에, 그는 자신의 철학을 니힐리즘의 극복이라고 생각한다. 물론 니체가 생각하듯, 니힐리즘이 최고의 가치들의 무가치화로서 이해되고 힘에의 의지가 모든 가치들을 새롭게 정립하는 가치전환의 원리로서 간주되는 한, 그의 사상적 기투는 니힐리즘의 극복이라고 말할 수 있다. 그러나 니체의 의도와는 달리, 모든 것을 가치에 따라 사유하고 평가하며 해석하는 그런 사유가 그 근본에 있어 허망한 니힐리즘[63]이라고 한다면, 어떻게 될 것인가? 이 경우에는 최고의 가치들의 무가치화에 대한 니체의 경험까지도 니힐리즘의 영역 속에 철저히 구속되어 있는 하나의 허무적인 경험에 불과한 것이 아닐까?[64]

하이데거가 보기에, 니체는 니힐리즘의 본질영역을 근본적으로 철저히 경험한 사상가가 아니다. 니체 이전의 모든 형이상학자들과 마찬가지로, 그도 또한 니힐리즘의 본질을 전혀 인식하지 못한 하나의 사상가에 불과하다. 오히려 그는 니힐리즘이 완성되어 가는 시기에 "니힐리즘의 몇 가지 특성들을 경험하면서 그것을 허무주의적으로 해석하였으며, 이로써 니힐리즘의 본질을 완전히 파묻어버렸다"고 하이데거는 비판한다. [65] 니힐리즘의 감추어진 본질영역은 존재 자체가 그 자

---

63) 니체의 니힐리즘이 허망한 니힐리즘인 까닭은, 존재가 허망한 가치로 전락하고 말았다는 탈-생기적인(*ent-eignishaft*) 역사적 사건 안에 존립한다.

64) 《숲길》, 349쪽 참조.

신의 고유한 진리 속에서 전혀 경험되지 못하여 **망각**되기 시작하는 바로 **그곳**에 자리하고 있다. 66) 그리하여 존재 자체가 아무것도 아닌 것 (*nihil*) 으로 망각의 어둠 속에 남겨진 그곳에서는 언제나 니힐리즘 (*Nihilism*) 이 고개를 내밀고 있는 것이다. 이에 하이데거는 다음과 같이 말한다.

> 니힐리즘의 본질은 다음과 같은 역사 속에 깃들어 있다. 즉 존재자로서의 존재자 전체가 나타날 경우에, 존재 자체와 존재의 진리는 아무것도 아닌 상태에 놓이게 되어, 이로 말미암아 존재자로서의 존재자의 진리가 마침내 존재로서 여겨지게 되는 그런 역사 속에 깃들어 있다. 67)

그런데 그리스 시원에서 존재를 퓌시스(Φύσις) 로서 경험하면서 발원하기 시작한 서양의 사유는 지구촌 전체를 장악하려는 현대기술의 고삐 풀린 지배의지가 맹위를 떨치는 오늘날에 이르기까지 망각의 어둠 속에 남겨진 존재 자체의 역사적 운명 (*Geschick*) 에 대해서는 단 한 번도 사유해 본 적이 없다고 하이데거는 지적한다. 서양의 형이상학적 사유

---

65) 같은 책, 347쪽 참조.

66) "〔의지에의 의지의 지배 속에서 완성되는〕 니힐리즘의 본질은 존재망각 속에 거하고 있다." 하이데거, "존재물음에로", 《이정표》(*Wegmarken*), *GA*. Bd. 9, Vittorio Klostermann, 1979, 421쪽 및 422쪽(《이정표1》, 신상희 옮김, 한길사, 2005, 366쪽 및 367쪽) 참조. 이와 관련하여 다음의 논문을 참조하라. 박찬국, "하이데거에 있어서 니힐리즘의 극복과 존재물음", 〈철학사상〉 제3호, 서울대학교 철학사상연구소, 1993, 119~173쪽. 박찬국은 이 글에서, 현대인이 니힐리즘을 극복하기 위해서는 "무엇보다도 현대가 풍요의 시대가 아니라 니힐, 즉 공허가 지배하는 궁핍한 시대라는 것을 자각"하여, 경악과 경외라는 "근본기분을 통해 현재 일어나고 있는 존재의 역사적 운명을 적극적으로 인수"해야 한다고 강조한다.

67) 《숲길》, 354쪽 참조.

는 존재를 그 자신의 진리 속에서 고유하게 경험하지 못한 채, 언제나 존재자로서의 존재자의 진리 안에 머물고 있다. "존재의 진리는 아낙시만드로스에서 니체에 이르기까지의 형이상학의 역사 기간 내내 이 형이상학에게는 은닉되어 있었다."[68]

서양의 형이상학적 사유는 존재자로서의 존재자의 진리 안에 머물면서 존재자의 본질존재로서의 존재자성만을 다양한 방식으로 — 플라톤의 이데아(ἰδέα), 아리스토텔레스의 에네르게이아(ἐνέργεια), 토마스 아퀴나스의 악투알리타스(actualitas), 데카르트의 표상(perceptio), 라이프니츠의 모나드(Monade), 칸트의 대상성(Gegenständlichkeit), 헤겔의 절대정신에 의해 정립되는 절대적 개념들, 니체의 힘에의 의지 등으로 — 사유해 왔을 뿐이다. 그러나 존재가 존재자를 존재자로서 근거짓는 그런 본질존재로서의 존재자성으로서 사유되기 시작하자마자, 존재는 그 자신의 고유한 본령 속으로 스스로 물러서며(sich entziehen) 어둠 속으로 감추어지고 망각되기에 이른다. 존재는 존재자를 존재자로서 아프리오리하게 규정하는 초월적인 가능조건이자 선천적인 인식조건으로서 간주되고, 급기야 힘에의 의지의 집행자에 의해서 평가되는 가치로서 간주되면서, 힘에의 의지 자체에 의해 정립되는 하나의 조건으로서 평가절하되고 만다. 그래서 **존재**는 힘에의 의지 자체에 의해서 무제약적으로 정립되고 언제든지 폐기될 수 있는 그런 **허망한 가치로 전락한다.**

존재자의 존재가 가치라는 낙인이 찍히고, 따라서 그것의 본질이 확정될 경우에, 언제나 이러한 형이상학 안에서는 〔…〕 존재 자체를 경험할 수 있는 모든 길은 없어지고 만다. [69]

---

68) 하이데거, "'형이상학이란 무엇인가' 들어가는 말", 《이정표》(Wegmarken), 369쪽(《이정표 1》, 신상희 옮김, 한길사, 2005, 131쪽) 참조.
69) 《숲길》, 347쪽 참조.

힘에의 의지의 형이상학에서 전개되는 가치사유는 "존재를 완전히 밖으로 밀어내버리기" 때문에, "가장 극단적인 의미에서 살해적이다".[70] 가치사유는 존재의 본질을 전적으로 은폐하기에, 이로 말미암아 존재자로서의 존재자 전체도 완전히 왜곡된 해석에 빠지게 된다. 가치가 존재로 하여금 그 자신의 고유한 진리 속에 존재하는 그런 존재로서 아예 존재할 수 없게 밖으로 밀어내버린다면, 니체의 이러한 가치사유야말로 니힐리즘의 진정한 극복이 아니라 실은 "니힐리즘의 완성"(Vollendung des Nihilismus)[71]인 것이다. 이러한 가치사유는 존재 자체가 스스로를 개현하며 솟아나와(aufgehen) 자신의 현-존(An-wesen)의 생생함에 도달할 수 없게 할 뿐 아니라, 원천적으로 존재 자체가 자신의 진리 속에서 현성하는(wesen) 그런 자리에 도달할 수 없게 한다.[72] 그리하여 "완성된 니힐리즘의 단계에서는, 마치 존재자의 존재와 같은 것은 아예 존재하지도 않는 것처럼, 즉 존재는 (공허한 무라는 의미에서) 아무것도 아닌 것처럼, 그렇게 보인다."[73]

그렇다면 서양의 형이상학적 사유가 이렇게 완성된 니힐리즘의 단계로 떨어질 수밖에 없는 역사적 근거는 결정적으로 어디에 놓여 있는가? 그것은 단적으로 말해서, 무(das Nichts)의 본질에 대한 물음의 부재 속에 놓여 있다.[74] 서양의 형이상학이 그리스적 시원에서 발원한 이래로 존재자로서의 존재자 전체를 다양하게 규정하고 근거짓고 해석하고자 시도하여 왔지만, 이러한 사유의 기나긴 역사적 전개과정 속에서 존재자 전체를 드러내는 무(das Nichts)는 아무것도 아닌 것(nichts)으로 간

---

70) 같은 책, 353쪽 참조.

71) 같은 책, 355쪽 참조.

72) 같은 책, 356쪽 이하 참조.

73) 하이데거, "존재물음에로", 《이정표》, 415쪽(번역서, 357쪽) 참조.

74) 하이데거, Der Europäische Nihilismus, Pfullingen, Neske Verlag, 1967, 29~30쪽(《니체와 니힐리즘》, 박찬국 옮김, 68쪽) 참조.

주됨으로써 무에 대한 사유는 철저히 배제되어 왔다. 서양의 사유는 논리학의 지배하에서 무를 하찮은 것 혹은 공허하기 그지없는 것으로 간주하여 무의 본질에 대한 물음을 단 한 번도 진지하게 제기한 적이 없다. 더욱이 무의 본질에 대한 몰이해로 말미암아 존재 자체는 그 자신의 고유한 진리 속에서 드러나지 못하고 오히려 감추어지고 은폐되어 철저한 망각의 어둠 속에 머무르게 되었고, 급기야 현대에 이르러 고삐 풀린 기술적 지배의지에 함몰된 인간의 존재망각은 완성된 니힐리즘이라는 그 극단적 파국의 상황에 이르게 되었다.

바로 이렇게 무에 대한 물음의 부재와 존재의 진리에 대한 물음의 부재로 말미암아 서양의 형이상학은 니힐리즘으로 떨어질 수밖에 없었다고 하이데거는 생각한다. 이런 점에서 무를 배제하고 존재를 망각한 서구 형이상학의 역사는 결국 그 최종적 단계에 있어 존재가 아무것도 아닌 것(nichts)으로서 여겨지게 되는 니힐리즘의 역사인 셈이다. 형이상학의 역사가 존재망각의 역사라는 바로 이 점을 우리가 존재사적으로 깊이 통찰하여 숙고해볼 경우에, 니힐리즘의 본질은 니힐(Nihil)의 감추어진 본질영역으로부터, 즉 존재의 베일로서의 무(das Nichts)의 심연으로부터 드러나 우리에게 알려질 수 있다.[75] 따라서 니힐리즘의 진정한 극복은, 니체가 생각하듯 지상에서의 새로운 가치들을 창조해나가는 힘에의 의지의 무조건적 지배권을 확실히 확보해나가는 방식 속에서 이루어지는 것이 아니라, 서구 형이상학의 역사적 전개과정 속에서 철저히 망각된 존재 자체의 역사적 운명을 그 근원에서부터 새롭게 숙고하는 사유(das besinnliche Denken)를 통해서만 이루어질 수 있을 것이다.

이에 니힐리즘을 극복하기 위해 숙고하는 사유는 존재 자체의 시원

---

75) 하이데거가 《형이상학이란 무엇인가?》에서 해명한 무의 본질에 대한 논의로는 다음 글을 참조하라. 이기상, 《하이데거의 존재사건학》, 서광사, 2003, 143~162쪽; 신상희, "서양의 형이상학에 대한 비판과 신적인 신에 대한 사유", 《하이데거와 신》, 철학과 현실사, 2007.

적 근원으로 다가갈 것을 우리에게 요구한다.[76] 이러한 사유는 사유가가 존재자의 존재를 표상하면서 존재자를 그것의 존재자성에서 근거지우려는 형이상학적 사유와는 달리, 그 스스로 사유가에게 다가와(*angehen*) 자기 자신을 내보이는 사태 자체의 말 건넴(*Zuspruch*)에 조용히 응답하면서 그 뒤를 좇아가는 그런 사유이다. 이러한 사유에서는 사유해야 할 근원적 사태로서의 존재 자체가 존재자 전체의 열린 장 속으로 자기 자신을 보내주어(*zuschicken*) 존재자를 존재자로서 현존하게 하고(*anwesen lassen*) 탈은폐하면서도, 자기 자신의 고유한 본질영역 속으로 스스로 물러서는 그런 것으로서 경험된다. 그래서 형이상학의 역사 속에 나타난 존재의 다양한 규정들은 단순히 사유가의 자의적 태도에 의해 일방적으로 형성된 것이 아니라, 각 시대마다 사유가들에게 존재를 현존으로서 탈은폐하면서도 자기 자신의 고유한 본질영역 속으로 스스로 물러나 감추는 존재 자체의 역운적(*geschicklich*) 특성으로 말미암아 각인되어 나온 것이라고 하이데거는 사유한다.[77]

존재자 전체의 열린 장 속에 자신을 현-존으로서 보내주면서도 스스로 물러나 감추는 존재 자체의 이러한 역운적 특성은 서양 사유의 시작을 특징짓는 결정적으로 중요한 요소이다. 서양의 사유가 시작된 이래로 존재 자체는 자신에 의해 보내지는 것으로서의 현-존을 위해 자신의 고유한 본령 속으로 스스로 물러나 감추어지고, 이에 상응하여 사유가는 자신에게 주어진 존재를 받아들여(*vernehmen*) 그것을 오로지 존재자

---

76) 하이데거, "존재물음에로", 《이정표》, 385쪽(번역서, 321쪽) 참조. "니힐리즘의 본질에 대한 숙고는 존재(×)로서의 존재를 논구하는 가운데 비로소 유래한다." 즉, 니힐리즘을 극복하기 위해 니힐리즘의 본질을 숙고하는 사유는 존재 자체가 그 자신의 고유한 본령 속에서 드러나는 그런 본질장소에 대한 해명을 통해서만 비로소 이루어진다는 것이다. 존재 자체의 시원적 근원과 무가 무화하는 무의 심연은 동일한 차원이다.

77) 하이데거, 《사유의 사태로》(*Zur Sache des Denkens*), Max Niemeyer Verlag, Tübingen, 1976, 8쪽 이하 참조.

에 입각하여 존재자의 존재로서 이성적 사유를 통해 규정하며 개념화하기 시작한다. 그러나 이러한 개념화의 작업 속에서 존재는 현-존을 열린 장 속으로 탈은폐하면서도 스스로를 은닉하는 그런 존재 자체로서는 사유되지 못하고, 단지 존재자를 근거짓는 본질존재(존재자성)로서 사유되기 시작한다. 이러한 형이상학적 사유 속에서 존재는 밖에 머물게 되고(aus-bleiben), 자기 스스로를 은닉하는 은닉성 속으로 숨겨진다. 그리하여 현-존을 수여해주는 존재 자체는 점점 더 망각 속으로 빠져들기 시작하고, 이와 더불어 이러한 존재 자체에게 고유한 진리로서의 비-은폐성 자체의 경험도 허물어지기 시작한나.

그러나 이렇게 발원되기 시작한 서양의 형이상학적 사유의 부단한 전개과정 속에서 역사적으로 각 시대마다 각인된 존재의 다양한 규정들은 단순히 폐기되어야 할 존재의 부정적 각인들에 불과한 것이 아니라, 존재의 보다 근원적인 본질을 회상하며(andenken) 사유해 나가기 위한 도약의 발판이자 사유의 귀중한 보고가 된다. 왜냐하면 각각의 시대마다 변화되는 존재의 형이상학적 규정들은 존재 자체의 보내줌(das Schicken)에 의해 숙명적으로 보내어진 것(das Geschickte)으로서 사유되기 때문이다.[78] 존재자의 존재로서의 존재자성에 대한 다양한 형이상학적 규정들은 스스로를 현-존으로서 보내주면서도 자기 자신은 물러서는 존재 자체의 에포케(ἐποχή, 자기억제, 삼감)로 말미암아 발생하는 것이기에, 존재의 물러섬은 존재의 다양한 형이상학적 규정들을 각각의 시대마다 관통하고 있다. 존재의 에포케는 그 역사적 진행과정에서 스스로를 덮어가면서 진행하기에, 존재의 시원적 현상은 점점 더 다양한 방식으로 은폐되기에 이른다.[79] 존재의 물러섬(밖에 머무름)과 사유가의 존재망각은 그 근저에서 서로 공속하면서 맞물려 진

---

78) 하이데거, 《사유의 사태로》, 8쪽 참조(번역서, 문동규·신상희 옮김, 길, 2008).
79) 하이데거, 《사유의 사태로》, 9쪽 참조.

행되고, 이러한 공속적 관계 속에서 존재는 점점 더 망각의 어둠 속으로 빠져들어 최종적으로는 아무것도 아닌 것으로 여겨지게 되며, 이에 상응하여 사유하는 인간의 이성과 자기의식, 그리고 정신과 지배의지는 점차적으로 존재의 주인으로 등장하면서 자신의 지배권을 지상에서 공고히 확보하며 확장해나간다.

서양 형이상학의 역사는 이렇듯 존재의 물러섬(*Entzug*) 혹은 존재의 밖에 머무름(*Ausbleib*)과 인간의 존재망각이 그 근저에서 서로 공속하여 일어나는 탈-생기(*Ent-eignis*)의 역사이자 니힐리즘의 역사이다. [80] 서양의 형이상학적 사유를 특징짓고 있는 사유가의 존재망각과 니힐리즘의 출현은 존재가 존재자에게서 떠나가 버리는(*verlassen*) 이러한 존재의 물러섬과의 긴밀한 공속적 연관관계 속에서 유래하는 것이기에, 망각의 극복 및 니힐리즘의 진정한 극복은 오로지 존재 자체의 역사적 운명을 근원적으로 통찰함으로써만 성취될 수 있다.

> 존재의 역사적 운명으로부터 사유해본다면, 니힐리즘이라는 낱말의 '니힐'(*nihil*)은 존재가 아무것도 아닌 상태(*nichts*)에 있다는 것을 뜻한다. 존재는 그 자신의 고유한 본질의 빛에 이르지 못한다. 존재자가 존재자로서 나타남에 있어 존재 자체는 밖에 머무르게 된다. 존재의 진리는 빠져나가고, 그것은 망각된 상태로 머물게 된다. 그러므로 니힐리즘은 그 본질에 있어, 존재 자체와 더불어 일어나는 하나의 역사일 것이다. 또한 존재가 스스로 물러서기 때문에 그것이 사유되지 않은 상태로 머물러 있다고 한다면, 이러한 사실은 존재 자체의 본질 속에 놓여 있을 것이다. 존재 자체는 자신의 진리 속으로 스스로 물러선다. [81]

---

80) "존재자로서의 존재자의 진리의 역사인 형이상학은 그 자신의 본질에 있어서 니힐리즘이다"(《숲길》, 356쪽 참조). 신상희, 《시간과 존재의 빛》, 제3부 제1장, 특히 332쪽 이하 참조.

81) 《숲길》, 355쪽 참조.

그런데 그리스적으로 경험된 알-레테이아(Ἀ-λήθεια)의 레테의 영역 속으로, 즉 진리의 시원적 은닉성의 영역 속으로 스스로 물러서는 이러한 존재의 물러섬은, 존재 자체가 그 자신의 진리(비-은폐성) 속에서 고유하게 일어나는 사건으로서의 "생기가 생기하는"(das Ereignis ereignet)[82] 그런 본질영역 속에 깃들어 있다. 이에 존재의 물러섬은 생기의 본질영역으로부터 숙명적으로 발원한다. 이런 점에서 서구 형이상학을 근본적으로 규정하며 특징짓는 존재망각은 존재 자체로서의 생기의 본질영역 속에 귀속해 있는 셈이다.[83] 그러므로 생기의 본질영역에 대한 근본적 통찰을 통해서만[84] 우리는 존재망각의 역사적 진행과정으로서의 니힐리즘의 심연에서 깨어나, 존재망각을 비로소 존재의 물러섬과의 긴밀한 공속적 연관관계 속에 뿌리내리고 있는 그런 망각의 본질현상으로서 경험하면서 니힐리즘을 극복해나갈 수 있을 것이다. 따라서 니힐리즘의 진정한 극복은 존재망각을 감내하여 초극해나가는 회상하는 사유(das andenkende Denken) 속에서만, 달리 말해서 형이상학을 감내하여 초극해나가는(verwinden) 생기-사유의 과정 속에서만 참답게 이루어질 수 있을 것이다.[85] 그러나 우리가

---

82) 하이데거, 《사유의 사태로》, 24쪽 참조. (번역서, 문동규·신상희 옮김, 길, 2008)

83) 하이데거, "존재물음에로", 《이정표》, 415쪽(번역서, 358쪽) 참조. "겉으로는 존재와 단절된 것처럼 보이는 이 망각은 존재의 본질을 엄습하고 있을 뿐만 아니라, 그것은 존재 자체의 사태에 속해 있으며, 존재의 본질의 역사적 운명으로서 편재하고 있다."

84) 이에 대해 논자는 이미 일찍이 《시간과 존재의 빛》(제2부 제2장 참조)에서 상세히 논의하며 해명한 바 있다. 생기가 생기하는 본질영역 속에서 존재 자체는 사유가에게 스스로를 환히 밝히면서 다가와 터-있음의 환히 밝혀진 터 안으로, 즉 시간-공간의 열린 장 안으로 현존을 수여해주면서도 자기은닉의 시원적 본령(Eigentum) 속으로 늘 스스로 물러서며 은닉한다. 이런 점에서 존재 자체의 시원적 자기은닉은 역사적으로 다양한 방식으로 펼쳐지는 존재의 탈은폐와 물러섬을 사유적으로 경험할 수 있는 원천인 셈이다.

형이상학을 감내하여 초극해나가기 위해서는 무엇보다도 먼저 형이상학의 본질을 그 은닉된 근본바탕에 있어 명확히 통찰하여 해명할 수 있어야 할 것이다. 이런 점에서 '형이상학이란 그 본질에 있어 무엇인가'라는 물음은 아직도 존재망각과 고향상실의 어둠 속에 배회하고 있는 우리들에게는 새롭게 되물어져야 할 숙고의 과제로서 남아 있을 것이다. 86)

85) 하이데거, "형이상학의 극복", 《강연과 논문》(Vorträge und Aufsätze), 67~95쪽 참조, Pfullingen, Neske, 1985(번역서, 이기상·신상희·박찬국 옮김, 이학사, 2008). 하이데거, "존재물음에로", 《이정표》, 416쪽(번역서 359쪽) 참조. "형이상학을 감내하여 초극함은 존재망각을 감내하여 초극함이다."
86) 신상희, "서양의 형이상학에 대한 비판과 신적인 신에 대한 사유", 《하이데거와 신》, 철학과 현실사, 2007; 박찬국, "현대에 있어서 고향상실의 극복과 하이데거의 존재물음", 《하이데거의 존재사유》, 철학과 현실사, 1995, 79~124쪽 참조.

예술작품의 근원

이 글의 초고는 1935년 11월 13일에 프라이부르크 예술학술원에서〔처음으로〕강연되었고,〔그 이듬해인〕1936년 1월에 취리히 대학 학생회의 초청으로 재차 반복되었던 강연의 내용을 담고 있다. 여기에 실린 글은 1936년 11월 17일과 11월 24일에, 그리고 그 해 12월 4일에 프랑크푸르트의 자유 독일 주교 승회(Freie Deutsche Hochstift)에서 발표되었던 세 가지 강연문을 담고 있다. 1956년에 작성된 보탬말(*Zusatz*)은 레클람(Reclam) 총서의 특별 간행본에 실려 1960년에 처음으로 출판되었다. 여기에 인쇄된 논의 텍스트는 몇 군데에 약간의 수정이 가해지고 목차 구성이 좀더 세분화된, 레클람 문고의 최근 판본을 따른 것이다.

세계상의 시대

이 글은 1938년 6월 9일에 "형이상학을 통한 근대 세계상의 정초"라는 제목으로 강연된 바 있다. 이 강연은 예술학, 자연과학, 의학의 공동 학술회에서 '근대 세계상의 정초'를 주제로 삼아 프라이부르크에서 개최되었던 일련의 강연들 가운데 마지막 강연이다.

헤겔의 경험개념

여기서 논의된 내용은 1942~43년에 헤겔의 정신 현상학과 아리스토텔레스의 형이상학(제4권 및 제9권)에 관한 세미나 연습 시간에 교수 방법론적 형식으로 충분히 토론된 바 있으며, 같은 시기에〔그의〕친밀한 사적 모임에서 두 개의 강연으로 나뉘어 발표되었다. 여기에 인쇄된〔헤겔의〕텍스트는 1937년에 마이너 출판사(Felix Meiner Verlag)의 철학 문고(Philosophische Bibliothek)에서 간행되었던, 호프마이스터(Joh. Hoffmeister) 판본의《정신현상학》에서 발췌된 것이다.

'신은 죽었다'는 니체의 말

〔이 글의〕본론 부분은 1943년에 그와 친분이 있던 소규모 모임에서 재차 강연된 바 있다. 글의 내용은 1936년에서 1940년 사이에 프라이부르크 대학교에서 다섯 학기 동안 행해졌던 '니체 강의'에 기인하고 있다. 그 강의는 존재의 역사로부터 니체의 사유를 서구 형이상학의 완성으로서 파악하는 과제를 내세우고 있다. 니체의 저작에서 끌어온 텍스트 구절들은 8절판의 판본에서 인용된 것이다.

무엇을 위한 시인인가?

이 강연은 1926년 12월 29일에 타계한 라이너 마리아 릴케(R. M. Rilke)를 회고하면서 그의 서거 20주년에 아주 단출한 모임에서 발표되었다. 텍스트의 물음에 대해서는 오이포리온(Euphorion N. F.) 전집 제37권(1936년, 125쪽 이하)에 실려 있는 에른스트 찐(Ernst Zinn)의 연구가 비교될 수 있다.

아낙시만드로스의 잠언

이 글은 1946년에 작성된 한 논고에서 발췌된 것이다. 텍스트 비판을 위해서는, 딜마이어(Fr. Dirlmeier)의 다음 글을 참조하라. "밀레토스의 아낙시만드로스의 명제"(Der Satz des Anaximander v. Milet.), 라인 문헌학 박물관, 전집 제87권(1938), 376~382쪽.